DROIT DES AFFAIRES

DANS LA MÊME COLLECTION

SÉRIE « ENSEIGNEMENT »
Yves Guyon, *Droit des affaires,* tome 1, 12e éd.
Yves Guyon, *Droit des affaires,* tome 2, 9e éd.

SÉRIE « RECHERCHES »
V. Beaufort (de), *Les OPA en Europe.*
C. Berr et H. Tremeau, *Le droit douanier,* 5e éd.
G. Bourdeaux, *Le crédit acheteur international.*
D. Brault, *Droit de la concurrence comparé.*
S. Castro et N. Allix, *L'entreprise associative.*
J.Y. Chérot, *Les aides d'Etat dans les communautés européennes.*
D. Cohen, *Le droit des dessins et modèles.*
D. Cohen, *La protection internationale des dessins et modèles.*
N. Comair-Obeid, *Les contrats en droit musulman des affaires.*
C. David, *L'impôt sur le revenu des ménages.*
L. Godon, *Les obligations des associés.*
R. Grenier, *Le second marché.*
F. Grua, *Contrats bancaires,* t. I (Contrats de services).
H. Hovasse, *Les augmentations de capital à souscription conditionnelle.*
D. Legeais, *Les garanties conventionnelles sur créances.*
G. Naffah, *La prime d'émission.*
B. Rajot, *L'application des règles communautaires de concurrence aux transports maritimes.*
M. Serna, *L'image des personnes physiques et des biens.*
N. Stolowy, *Les délits comptables.*
B. Teyssié, *Le comité d'entreprise européen.*
Le règlement des différents commerciaux (Préface d'Y. Guyon et L. Simont).

DANS LA COLLECTION DROIT DES AFFAIRES POCHE

J.B. Bosquet-Denis, *Le droit pénal des sociétés.*
R. Castell et F. Pasqualini, *Le commissaire aux comptes.*
A. Couret et J.L. Medus, *Les augmentations de capital.*
A. Couret, N. Morvilliers et G.A. de Sentenac, *Le traitement amiable des difficultés des entreprises.*
Y. Guyon, *L'arbitrage.*
D. Legeais, *Le cautionnement.*
H. Maccioni, *L'image de marque.*
M. Moreau, *La grève.*
C. Ruellan et F. Gras, *Les groupements d'employeurs.*
P. Serlooten, *La fiscalité des contrats d'affaires.*
P. Serlooten, *Fiscalité de la transmission des entreprises.*
P. Serlooten, *Fiscalité du financement des entreprises*
B. Teyssié, *Le licenciement.*
Ph. le Tourneau, *La concession commerciale exclusive.*
Ph. le Tourneau, *Le franchisage.*
Ph. le Tourneau, *La responsabilité civile professionnelle.*

**COLLECTION
DROIT DES AFFAIRES ET DE L'ENTREPRISE**
dirigée par Yves Guyon

SÉRIE : ENSEIGNEMENT

YVES GUYON
Agrégé des Facultés de droit

DROIT DES AFFAIRES

Tome 2
*Entreprises en difficultés
Redressement judiciaire - Faillite*

9e édition

*Ouvrage couronné par l'Académie
des Sciences morales et politiques
(Prix J. Hamel)*

ECONOMICA
49, rue Héricart, 75015 Paris

© Ed. ECONOMICA, 2003

Tous droits de reproduction, de traduction, d'adaptation et d'exécution
réservés pour tous les pays.

Principales abréviations

A.L.D. :	Actualité Législative Dalloz
Art. L :	Renvoi à un article de la partie législative du Code de commerce (version 2000)
Bull. civ. :	Bulletin des arrêts de la Cour de cassation (Chambres civiles)
C. civ. :	Code civil
C. com. :	Code de commerce
CJCE :	Cour de justice des Communautés européennes
Civ. :	Cour de cassation, chambre civile (suivi du numéro de la chambre)
C.M.F. :	Code monétaire et financier
Com. :	Cour de cassation, chambre commercial et financière
Crim. :	Cour de cassation, chambre criminelle
D. :	Recueil de jurisprudence Dalloz
D. A :	Dalloz Affaires
D. P. :	Recueil périodique Dalloz (avant 1941)
Dr. soc. :	Droit social
Gaz. Pal. :	Gazette du Palais
J. Cl. :	Jurisclasseur
J.C.P. :	Jurisclasseur périodique (édition générale)
J.C.P. éd. CI :	Jurisclasseur périodique (édition commerce et industrie)
J.C.P. éd. E. :	Jurisclasseur périodique (édition entreprise)
J.C.P. éd. N :	Jurisclasseur périodique (édition notariale)
J.O. :	Journal officiel (Lois et décrets)
J.O. doc. adm. :	Journal officiel (documents administratifs)
NCPC	Nouveau Code de procédure civile
Rép. min. :	Réponse ministérielle
Rev. proc. coll. :	Revue des procédures collectives
Rev. jurisp. com. :	Revue de jurisprudence commerciale
Rev. soc. :	Revue des sociétés
Rev. trim. dr. civ. :	Revue trimestrielle de droit civil
Rev. trim. dr. com. :	Revue trimestrielle de droit commercial et économique
S. :	Recueil Sirey
Soc. :	Cour de cassation, chambre sociale

Sommaire

Introduction générale 1

**Première partie Le traitement extrajudiciaire
des difficultés des entreprises** 37

Chapitre I   La prévention des difficultés 39
Chapitre II   L'alerte 51
Chapitre III   Le redressement amiable des entreprises
                  en difficultés 69

**Deuxième partie Le traitement judiciaire de la
défaillance des entreprises** 103

Titre I   *L'ouverture de la procédure de
                   redressement judiciaire* 105

Chapitre I   Les conditions de fond de l'ouverture de la
                  procédure de redressement ou
                  de liquidation 107
Chapitre II   Les conditions de forme de l'ouverture de
                  la procédure de redressement ou
                  de liquidation 147

Titre II   *La période d'observation* 199
Chapitre I   Le but de la période d'observation 203
Chapitre II   La situation des partenaires au cours de
                  la période d'observation 217

Titre III   *La phase définitive* 291
Chapitre I   Le sort de l'entreprise 293
Chapitre II   La situation des créanciers 345
Chapitre III   La situation du débiteur, des associés
                  et des dirigeants 413

Conclusion générale 461
Eléments bibliographiques 465
Testez vos connaissances 469
Index alphabétique 471

Introduction générale

1001. – Appréhension par le droit des difficultés des entreprises. Il est hélas assez habituel qu'une entreprise traverse des crises. Selon la gravité de celles-ci diverses mesures doivent être envisagées. La loi doit tout d'abord mettre sur pied des mécanismes susceptibles de *prévenir* les difficultés puis d'opérer le *redressement* des entreprises temporairement défaillantes, mais susceptibles de retrouver un fonctionnement bénéficiaire. Si ces mesures échouent, la loi doit prévoir les règles qui permettront de *liquider* le moins mal possible l'entreprise défaillante, notamment en assurant un paiement équitable des créanciers et en s'efforçant de limiter les conséquences des licenciements. Enfin, le législateur doit édicter des *sanctions* ou des mesures de sûreté qui atteindront les chefs d'entreprise malhonnêtes ou notoirement incompétents, afin de les écarter de la vie des affaires.

Le droit des entreprises en difficultés a donc quatre objectifs :
– prévenir les difficultés ;
– redresser les entreprises en situation compromise ;
– liquider les entreprises dont la défaillance financière est irrémédiable ;
– frapper de sanctions les dirigeants coupables.

Des objectifs aussi ambitieux ne peuvent être que rarement atteints. Le droit des procédures collectives est le *droit de l'échec*, car tout le monde perd dans une faillite. Or il faudrait être bien naïf pour croire que le droit peut transformer un échec en réussite. Il n'y a pas en ce domaine de bonnes lois. Il y en a seulement de moins mauvaises que d'autres ne serait-ce que parce qu'elles n'aggravent pas les difficultés de l'entreprise et ne compromettent pas le paiement des créanciers.

Cette branche du droit est actuellement régie par une loi du 1er mars 1984 sur la prévention des difficultés et par une loi du 25 janvier 1985 sur le redressement et la liquidation judiciaire des entreprises en cessation des paiements. Ces deux lois ont été assez profondément modifiées par celle du 10 juin 1994 puis incorporées sans changement dans le livre VI du Code de commerce publié en septembre 2000 (art. L. 611-1 et suivants).

On examinera dans cette introduction :
— l'importance du droit des entreprises en difficultés ;
— l'historique et le droit comparé ;
— enfin les caractères essentiels de la législation actuelle.

SECTION I
Importance du droit des entreprises en difficultés

1002. – L'importance du droit des entreprises en difficultés n'a pas besoin d'être soulignée. Chacun perçoit les conséquences de la crise économique dans sa vie quotidienne ou dans celle de ses proches.

Cette importance peut se mesurer de deux manières.

§ 1. – L'importance quantitative

1003. – Statistiques des défaillances d'entreprises. On peut, tout d'abord, se placer d'un *point de vue statistique* [1].

Les statistiques des défaillances financières, établies par l'Insee, donnent les chiffres suivants :

Année	Nombre total des défaillances (montant arrondi)
1966	8 000
1973	9 000
1975	15 000
1990	46 000
1993	63 000
1996	65 000
1998	47 000
2000	40 000
2002	43 000

Ces statistiques reflètent l'état général de l'économie car il est évident qu'en période de crise les défaillances d'entreprises se multiplient.

La situation est apparemment moins mauvaise au Royaume Uni (55 000 procédures) et surtout en Allemagne (15 000 procédures) [2].

---

1. Sayag et Serbat, *L'application du droit de la faillite, éléments pour un bilan*, études du CREDA, Litec, 1992 – *Le Monde*, 6 février 2003.
2. *Rev. sociétés*, 1994, 870.

Mais les chiffres sont difficilement comparables, car le domaine des procédures n'y est pas le même qu'en France.

De son côté, le *montant du passif impayé augmente encore plus rapidement*. Le passif déclaré au greffe du tribunal de commerce de Paris est passé de 892 millions d'euros en 2000 à 1 670 millions en 2002. Dans le même temps, les emplois menacés par ces procédures sont passés de 12 600 à 16 500 [1].

1004. – Interprétation de ces statistiques. Comme toutes les statistiques, ces chiffres doivent être interprétés avec prudence. D'abord ces données ne portent pas sur des éléments comparables. En effet le domaine d'application des procédures collectives s'est agrandi puisque limité traditionnellement aux entreprises industrielles et commerciales, il s'est étendu à partir de 1986 aux entreprises artisanales et, au moins en principe, à partir de 1989 aux exploitations agricoles. Par conséquent l'augmentation du nombre des défaillances d'entreprises n'est peut-être que la conséquence de cette extension et non pas seulement la manifestation d'une aggravation de la situation économique. Ensuite, l'intolérable n'est pas qu'une entreprise non viable disparaisse car en raison du principe de la liberté du commerce et de l'industrie, aucun contrôle préalable n'existe quant à l'opportunité de la création des entreprises [2]. La liquidation des affaires en cessation des paiements est donc l'inévitable sanction des constitutions imprudentes ou des gestions maladroites. L'intolérable est qu'une entreprise disparaisse alors que sa survie était possible. Or, les statistiques ne permettent pas de distinguer ces deux cas. Enfin les disparitions provoquées par des difficultés économiques demeurent marginales par rapport aux autres causes de disparition (décès, dissolution volontaire, etc.) et globalement, jusqu'à une période très récente, il se créait chaque année plus d'entreprises qu'il n'en disparaissait [3].

Cependant, deux phénomènes, que ne révèlent pas les statistiques, sont préoccupants.

D'une part, les « faillites », au sens large, ne menacent plus comme autrefois uniquement les petites et les moyennes entreprises. Actuellement, même les *géants de l'industrie sont menacés* ou disparaissent.

Ce fut notamment le cas de Boussac et de Manufrance, et surtout, en 1984, de Creusot-Loire, et en 1986 des Chantiers Normed. Et les principales entreprises sidérurgiques auraient été liquidées si l'Etat ne leur avait accordé une aide massive. La disparition de telles entreprises a des

---

1. Rev. soc. 2003, 187.
2. Guyon, *Que reste-t-il du principe de la liberté du commerce ?* dans Dix ans de droit de l'entreprise, p. 5, 1978.
3. Rép. min. 9 avr. 1992, *Rev. soc.*, 1992, 411.

conséquences beaucoup plus ravageantes que la liquidation d'un petit boutiquier. Ainsi, la société Creusot-Loire, qui est le sinistre le plus grave intervenu à ce jour, assurait directement 30 000 emplois et beaucoup plus si l'on tient compte de ses 10 000 sous-traitants. Entre 6 et 8 milliards de francs de fonds publics ont été engloutis en vain dans les tentatives de redressement [1]. Or ces fonds auraient mieux été utilisés ailleurs, notamment dans des actions de modernisation. Le Crédit Lyonnais est l'exception qui confirme la règle, sans doute parce qu'il s'agit d'une société nationale de première dimension. Sa liquidation judiciaire aurait causé de telles perturbations que la loi du 28 novembre 1995 a cherché à l'éviter en organisant un plan spécifique de redressement. Mais les conséquences de cette catastrophe financière, évaluée à plus de 150 milliards de francs, pour être différées n'en seront que plus douloureuses pour les contribuables. En 2002, Vivendi Universal et France Telecom n'ont évité que de justesse la cessation des paiements. Heureusement les difficultés des méga-entreprises, même si elles sont spectaculaires, ne doivent pas cacher que l'immense majorité des procédures collectives s'appliquent à de petites entreprises, notamment des commerçants en nom personnel ou des SARL dont le capital est voisin du minimum légal [2]. Les difficultés sont alors peu nombreuses, au moins du point de vue juridique. Le tribunal se borne à un constat de carence. Puisqu'il n'y a pas d'actif, point n'est besoin de répartir celui-ci entre les créanciers. Puisque l'entreprise a disparu, il ne saurait être question d'organiser sa survie.

D'autre part, *les faillites ne sont plus des accidents individuels*, conséquences d'une mauvaise gestion. Provoquées souvent par des événements internationaux, elles atteignent des secteurs économiques entiers (textile, imprimerie, construction navale, travaux publics, promotion immobilière et établissements de crédit finançant ce secteur, entreprises des nouvelles technologies, etc.). Il n'est plus possible de trouver un concurrent qui rachètera l'entreprise non rentable, avec la quasi-certitude qu'une meilleure gestion aboutira à un renflouement. Les faillites ne sont plus des mesures d'assainissement. Ce sont des pans entiers de l'économie qui s'écroulent. Par conséquent, le personnel ne retrouvera à s'employer que s'il est capable de se reconvertir vers d'autres secteurs économiques moins dépressifs. Cette mutation n'est pas toujours possible, faute d'une formation professionnelle suffisante. Elle s'accompagne toujours de sacrifices (déclassement professionnel, nécessité de changer de région, etc.). Elle vaut cependant lieux qu'un chômage définitif [3].

Le droit des entreprises en difficultés tend donc à glisser du droit privé vers le droit public, puisque *les vrais remèdes relèvent de la*

---

1. *Le Monde*, 14 déc. 1984.
2. Info stat justice n° 18, nov. déc. 1990.
3. J.-P. Jobard, *Gérer l'entreprise en difficulté*, dans *La survie des entreprises privées en difficulté*, p. 7, éd. Sorej, Montréal, 1982.

politique économique [1]. Or, dans ce domaine, les seules solutions efficaces consistent non pas à maintenir en survie les entreprises en difficultés, mais à créer un climat favorable à l'activité économique et surtout à éviter que des décisions politiques maladroites n'augmentent les difficultés déjà existantes, en faisant peser sur les entreprises de nouvelles contraintes et de nouvelles charges. L'Etat doit favoriser les mutations et les adaptations et non pas maintenir par des subventions des activités économiquement dépassées. Mais de telles décisions nécessiteraient un courage politique qui a jusqu'ici fait défaut aux gouvernements successifs, qui n'ont pas osé remettre en cause des droits acquis, pourtant souvent dépourvus de toute légitimité républicaine.

§ 2. – Importance qualitative

***1005.** – Diversité des intérêts en présence.* L'importance des procédures collectives doit aussi s'apprécier du *point de vue de ceux qui y participent*. Toute défaillance financière durable et grave d'une entreprise met en jeu des intérêts nombreux et difficilement conciliables. Comme le prévoit l'article L. 620-1, il faut à la fois :
– sauvegarder l'entreprise,
– maintenir l'emploi,
– et apurer le passif.

L'intérêt de l'entreprise en difficultés est d'obtenir des délais de paiement ou des remises de dettes qui lui permettront une reprise aussi rapide que possible de ses activités. Cependant, la disparition d'une entreprise est un phénomène aussi naturel que le décès d'une personne physique. Le droit doit s'efforcer d'en atténuer les conséquences. Mais une politique de soutien systématique des « canards boiteux » serait aussi contraire à l'intérêt général que le maintien en survie artificielle des malades ayant atteint le stade du coma dépassé. Elle mènerait à une catastrophe car les crédits nécessaires au soutien des entreprises non rentables proviennent des impôts prélevés à la fois sur les entreprises saines, risquant ainsi de compromettre leur équilibre et sur les particuliers, diminuant ainsi leur pouvoir d'achat, qui ne peut plus être utilisé sur le marché. Les difficultés ne feraient que se généraliser car aucune entreprise ne peut demeurer rentable si elle a des charges de plus en plus lourdes et de moins en moins de clients. On ne peut lutter contre la gangrène que par des amputations, aussi cruelles soient-elles. Il vaut mieux vaincre la crise avec quelques entreprises saines, plutôt que d'y demeurer avec une

---

1. J. Paillusseau, *Du droit des faillites au droit des entreprises en difficultés : Etude Houin*, p. 109, Paris 1985 – E. Teynier, *La règle de droit de la faillite et le sort économique des entreprises défaillantes*, Rev. trim. dr. com., 1985, 57.

multitude d'entreprises malades. Mais des mesures aussi draconniennes supposent beaucoup de courage politique.

Pour les créanciers, au contraire, l'essentiel est d'être payé aussi vite et aussi complètement que possible. Mais les situations sont très différentes. Les prêteurs professionnels (banques et établissements financiers) ont généralement pris la précaution de garantir leurs avances par des sûretés (hypothèques, nantissements, etc.). Une fraction du patrimoine du débiteur est par avance affectée au remboursement de leur créance, qui pourra vraisemblablement avoir lieu, malgré les difficultés financières. Il en va de même du Trésor public et de la Sécurité sociale. Leurs créances, d'un montant souvent important, sont garanties par des privilèges légaux efficaces. Au contraire, les créanciers chirographaires, parce qu'ils sont payés après tous les autres, n'ont que peu de chance d'obtenir un remboursement. Un auteur a donc souligné la précarité de leur situation en les comparant à des « misérables fantassins par rapport aux blindés représentés par les créanciers munis de sûretés » dans le combat pour le paiement de ce qui leur est dû [1].

Mais les créanciers ne demandent pas toujours seulement le paiement d'une somme en argent. L'intérêt des *clients* est que, malgré sa défaillance financière, l'entreprise soit en mesure de livrer les marchandises commandées ou de mener à bonne fin les travaux qui ont été commencés. Les *sous-traitants*, les concessionnaires se préoccupent du maintien ou du renouvellement des contrats de longue durée qu'ils ont conclus avec l'entreprise défaillante. Les *salariés* craignent d'éventuels licenciements et la remise en cause d'avantages acquis.

Enfin *la collectivité toute entière ne peut se désintéresser du sort d'une entreprise* dont la disparition augmentera le chômage, dégradera l'environnement économique d'une région et fera parfois cesser une production nationale, obligeant à recourir à l'importation, etc. Et même si la liquidation de l'entreprise s'impose comme une mesure d'assainissement économique, la collectivité ne peut abandonner les victimes du combat économique. La question se pose notamment à propos des petits commerçants, ruinés par l'établissement de magasins à grande surface et des salariés mis au chômage parce qu'ils travaillaient dans un secteur en voie de régression. *Des mécanismes de solidarité* (assurance ou garantie collective) *devraient contrebalancer la rigueur des règles juridiques.*

1006. – *Tentative de conciliation*. Le droit des procédures collectives s'efforce de concilier ces intérêts, sans y parvenir entièrement. Si l'on accorde trop de délais et de remises au débiteur, pour faciliter la survie de son entreprise, on sacrifie les créanciers. Si, à

---

1. Gavalda, *J.C.P.*, 1973, II, 17371.

l'intérieur de cette catégorie, on donne une grande efficacité aux sûretés conventionnelles, on améliore le crédit, mais on réduit à néant les chances de remboursement des simples chirographaires. Certes on peut établir certaines priorités, comme par exemple décider que les salariés doivent être payés avant les sous-traitants et les sous-traitants avant les banquiers. Mais les sous-traitants et les banquiers ont eux-mêmes des salariés qui risquent eux aussi des licenciements, si leur employeur est contraint de déposer son bilan parce qu'il n'a pas été lui-même payé ou remboursé en temps utile.

Le droit des procédures collectives est donc un droit éminemment conflictuel, qui sert de *banc d'essai* à la plupart des techniques juridiques. En effet de même que c'est dans l'adversité que l'on reconnaît ses amis, de même la qualité d'une législation se juge lorsqu'elle s'applique à une situation conflictuelle. Notamment, le droit des sûretés, branche du droit civil, est durement mis à l'épreuve en cas de procédure collective. L'efficacité de ces mécanismes de garantie se trouve diminuée, au moment pourtant où leur utilité aurait été la plus appréciée. Parfois même c'est l'existence des sûretés qui est mise en péril [1]. La même constatation peut être faite, quoique de manière plus nuancée, à propos du droit des sociétés, du droit de la concurrence et de la théorie générale des obligations [2]. Ce caractère pluridisciplinaire du droit des procédures collectives est un facteur d'intérêt, mais aussi de difficulté, car celui qui étudie ou qui pratique cette branche du droit doit être un juriste polyvalent.

Malgré ses apparences idéologiques, le droit des procédures collectives est aussi un *droit réaliste*, qui n'hésite pas à appliquer des solutions pragmatiques dès lors que celles-ci permettent de redresser l'entreprise défaillante ou d'améliorer le paiement des créanciers [3].

Mais le droit des « faillites » n'a jamais été un secteur paisible. Bien au contraire, l'histoire révèle que l'évolution, dans ce domaine, a toujours été rapide et contrastée.

SECTION II

Historique

1007. – L'évolution historique de la faillite montre que trois finalités se sont succédées. Dans un premier temps, le législateur a voulu punir le commerçant qui n'honorait pas ses engagements. Puis il a voulu protéger les créanciers impayés. Enfin, à une époque beaucoup

---

1. M. Cabrillac et C. Mouly, *Droit des sûretés* n° 8.
2. E. Chvika, *Droit privé et procédures collectives*, thèse Paris II, 2002. – Y. Guyon, *Le droit des contrats à l'épreuve du droit des procédures collectives* : Mélanges J. Ghestin, p. 405, 2001.
3. J.P. Haehl, *L'apport des tribunaux de commerce à la jurisprudence et à la législation* : Rev. jurisp. com., déc. 1998, p. 32.

plus récente, il s'est préoccupé d'assurer la survie des entreprises qui méritaient d'être sauvées. Mais ces finalités n'ont jamais été exclusives, bien au contraire. La recherche d'un objectif nouveau n'exclut pas les finalités anciennes, même si le caractère de l'institution se modifie. Le droit des procédures collectives est donc devenu, au fil des années, de plus en plus complexe, mais sans jamais parvenir à des résultats satisfaisants [1]. On constate cependant un adoucissement continu de la situation juridique du débiteur, fondé initialement sur des motifs humanitaires puis, à une époque plus récente, sur des considérations économiques, car l'endetté d'aujourd'hui est souvent le client de demain [2].

1008. – L'Ancien droit. La faillite trouve son origine la plus lointaine dans les statuts des villes italiennes, à la fin du XVe siècle, notamment à Gênes, Florence et Venise.

Ces procédures avaient essentiellement un caractère pénal et corporatiste. Elles étaient organisées par les commerçants et appliquées directement par eux à leurs partenaires défaillants. En effet les commerçants bénéficiaient de nombreuses facilités en matière de crédit. S'ils en abusaient, c'est-à-dire s'ils ne pouvaient pas payer leurs créanciers à l'échéance, la communauté des marchands les traitait comme des délinquants. Celui qui avait failli à ses engagements était présumé être un fraudeur (« faillitus, ergo fraudator »). Il pouvait être emprisonné. Ces sanctions déjà sévères étaient aggravées lorsque les faillis avaient commis des malhonnêtetés caractérisées. On brisait solennellement leur banc à l'assemblée des marchands, d'où l'expression encore en vigueur de banqueroute (« banca rotta »). En même temps on liquidait leurs biens en suivant une procédure respectueuse de l'égalité des créanciers et aboutissant si possible au vote d'un concordat, c'est-à-dire d'un accord sur les modalités de règlement des créanciers (délais de paiement, remises de dette). Ces derniers jouaient un rôle actif dans la procédure, qui les intéressait au premier chef. La faillite était en quelque sorte une affaire de famille. Elle était organisée par les commerçants pour les commerçants. On y voyait déjà apparaître l'idée que mieux vaut parfois ménager le débiteur, pour continuer de faire affaire avec lui à l'avenir, plutôt que de le contraindre à une liquidation définitive.

L'*Ancien droit français* conserva à peu près le même régime, tout en distinguant mieux la malchance, l'imprudence et la fraude (Ordon-

---

1. M.A. Frison-Roche, *Le législateur des procédures collectives et ses échecs* : Mélanges A. Honorat, p. 109 – M.H. Renault, *La déconfiture du commerçant, du débiteur sanctionné au créancier victime* : Rev. trim. dr. com. 2000, 533 – F. Terré, *Droit de la faillite ou faillite du droit* : Rev. jurisp. com. 1991, 1.
2. B. Oppetit, *L'endettement et le droit* : Mélanges Breton-Derrida, p. 295.

nances de 1536 et de 1673). Dans ce dernier cas, le failli s'exposait à des peines sévères, allant jusqu'aux galères ou à la peine capitale.

Cependant le failli disposait de nombreux moyens pour échapper aux rigueurs de la loi. Il pouvait s'entendre avec ses créanciers par des pactes amiables, que le législateur s'efforça en vain de réglementer, afin de leur donner un caractère plus équitable. Il pouvait aussi obtenir des autorités judiciaires des *lettres de répit*, qui lui permettaient de retarder l'ouverture de la procédure, donc de disparaître ou d'organiser son insolvabilité. Par conséquent, le système fonctionnait mal.

Certes il existait quelques mesures tendant à informer la communauté des marchands de la défaillance de l'un d'eux. Ainsi le failli était en principe astreint au port d'un *bonnet vert*, procédé rudimentaire d'alerte et de prévention [1]. Mais cette mesure était plus pittoresque qu'efficace.

1009. – *Le Code de commerce de 1807*. Il est encore empreint d'une grande rigueur car il a été élaboré à un moment où le comportement scandaleux de certains fournisseurs aux armées n'incitait pas Napoléon à l'indulgence. Il cumule deux mécanismes, applicables au commerçant qui a cessé ses paiements.

a) Du point de vue civil une procédure particulière, la faillite, tend à organiser la liquidation des biens du débiteur et leur répartition entre les créanciers dans des conditions aussi ordonnées et égalitaires que possible. Mais le mécanisme utilisé est sévère pour le débiteur :

– le failli est incarcéré à la maison d'arrêt pour dettes, dès le début de la procédure ou gardé à vue à son domicile ; il peut cependant obtenir un sauf-conduit, qui lui est presque toujours accordé, sauf en cas de fraude ;
– tous les biens du failli sont mis sous scellés. Par crainte des collusions entre époux, les droits de la femme sont considérablement restreints. Notamment les créanciers ont le droit de saisir tous les meubles meublants, l'argent et les bijoux à moins que la femme ne puisse prouver par écrit que ces biens lui appartiennent (présomption mucienne). Enfin, dans certains cas, l'épouse perd les libéralités et avantages matrimoniaux que son mari lui avait consentis ;
– le failli perd l'administration de ses biens ;
– le failli est frappé de nombreuses déchéances professionnelles et civiques, mais plus infamantes qu'efficaces ;
– enfin, le concordat et ultérieurement la réhabilitation, sont difficiles à obtenir.

Ce régime présentait de multiples inconvénients :
– *Il était trop rigoureux à l'égard du débiteur,* qui ne courait finalement que des risques limités en dissimulant la cessation des paye-

---

1. J.F. Bregi, *Quelques aspects du droit de la faillite d'après les arrêts notables du parlement au pays de Provence* : Mélanges A. Honorat, p. 49, 2001.

ments. Trop souvent la procédure ne s'ouvrait que lorsque le commerçant était presque insolvable ou en fuite. Lorsque l'intéressé s'était suicidé, aucune procédure collective ne pouvait s'ouvrir, en raison du caractère para-pénal de la faillite. Les créanciers en étaient alors réduits au régime inorganisé et injuste de la déconfiture (v. *infra*, n° 1023).

– *Il était inefficace pour les créanciers*. Le Code de commerce multipliait les frais, les délais et les formalités qui lassaient les créanciers et achevaient de vider le patrimoine du failli. Le remboursement s'opérait dans les conditions les plus mauvaises, car le commerce était interrompu. Or, compte tenu du contexte économique de l'époque (la plupart des faillites s'appliquaient à des boutiquiers), la clientèle disparaissait dès la fermeture. La faillite entraînait donc la disparition d'entreprises victimes peut-être de difficultés temporaires.

– *Il ne garantissait pas d'avenir*, car le failli n'était pas éliminé de la vie des affaires où il avait causé tant de perturbations. Il pouvait reprendre une activité commerciale et ruiner à nouveau ses créanciers.

> Les inconvénients de ce régime étaient aggravés par le fait que les syndics, chargés du règlement des faillites, n'étaient pas des professionnels. Leur compétence était insuffisante et leur honnêteté trop souvent douteuse. Par conséquent beaucoup de faillites se réglaient de manière officieuse, sans intervention du tribunal, malgré les risques de fraudes résultant de ces transactions occultes où les créanciers les plus habiles se taillaient la part du lion [1].

b) Du point de vue répressif, le droit pénal punissait de sanctions pénales le failli qui avait commis des fautes soit volontaires (détournements, fraudes par opérations fictives), soit de négligence (défaut de déclaration de la cessation des payements accompagnée d'un dépôt de bilan au tribunal de commerce dans un délai de 3 jours ; comptabilité irrégulière ou même dépenses personnelles exagérées). La banqueroute simple était un délit puni d'un emprisonnement de un mois à deux ans. La banqueroute frauduleuse était un crime. Le failli était traduit devant la cour d'assises et passible des travaux forcés.

1010. – ***Adoucissement du droit de la faillite au XIXe siècle.*** La bourgeoisie d'affaires, devenue de plus en plus influente, demanda l'abrogation de ces articles du Code de commerce. Elle y parvint en plusieurs étapes qui, très schématiquement résumées, sont les suivantes [2] :

– *La loi du 28 mai 1838* remplaça les dispositions originaires du Code de commerce en les adoucissant sensiblement. Fort bien rédigée,

---

1. Y. Guyon, *Une faillite au XIXe siècle, selon le roman de Balzac « César Birotteau »*, Mélanges Jauffret, p. 377, Aix 1974.
2. C. Labrusse, *L'évolution du droit français de la faillite depuis le Code de commerce*, dans *Faillites*, sous la direction de R. Rodière, p. 5, 1970.

elle améliora aussi les conditions de règlement du passif, notamment en allégeant les formalités et en prévoyant que le syndic serait non plus élu par les créanciers, ce qui favorisait les fraudes, mais désigné par le tribunal.

– *La loi du 4 mars 1889* institua une deuxième procédure, *la liquidation judiciaire, conçue comme une faveur réservée en principe aux commerçants malheureux et de bonne foi* [1]. Les déchéances étaient atténuées et le débiteur conservait l'administration de ses biens. Il était assisté – et non représenté – par un liquidateur. Il demeurait donc en rapport avec la clientèle, ce qui facilitait un éventuel redressement de l'entreprise.

1011. – Retour à la rigueur, les décrets-loi de 1935. Les difficultés financières et les faillites consécutives à la crise de 1929 rendirent nécessaire un *retour à une plus grande rigueur*. Cette réforme fut opérée en deux temps.

D'une part, un décret-loi du 30 octobre 1935 accélère et simplifie la procédure. Il augmente les pouvoirs du tribunal et diminue ceux des assemblées de créanciers. En effet, la faillite et la liquidation judiciaire n'intéressent pas seulement les créanciers. D'une manière certes indirecte mais indiscutable elles concernent aussi l'intérêt général. Une économie saine suppose que le commerçant, utilisateur de crédit, règle ponctuellement ses dettes et que les entreprises irrémédiablement déficitaires soient éliminées. Il n'est donc pas logique de laisser ces procédures aux mains des seuls créanciers, qui sont souvent négligents.

D'autre part un décret-loi du 8 août 1935 édicte des règles spécifiques en cas de faillite d'une société. En effet les procédures collectives n'étaient applicables qu'aux commerçants. Elles n'atteignaient pas les dirigeants des sociétés anonymes ou des SARL, même s'ils agissaient sous le couvert de sociétés de façade où ils étaient majoritaires. La personnalité morale constituait un moyen commode pour ne pas payer ses dettes et échapper aux inconvénients de la faillite. Les dirigeants sociaux continuaient souvent de mener un train de vie somptueux, grâce aux bénéfices distribués par la société pendant la période faste et aux salaires qui leur avaient été versés pour des fonctions plus ou moins fictives. Dans le même temps les créanciers étaient réduits à la misère puisqu'ils ne pouvaient saisir que les biens à peu près inexistants de la société. Le décret-loi et des textes postérieurs prévoient donc que des poursuites pourront être intentées contre les dirigeants de la société en cessation des paiements.

> On peut s'interroger sur le fondement théorique de ces mesures. Faut-il y voir l'application aggravée des règles de la responsabilité civile ou au contraire la reconnaissance d'une certaine transparence de la personnalité

---

1. Thaller, *Droit commercial*, 5 éd., n° 1734, Paris, 1916.

morale ? Il est difficile de répondre d'une façon certaine. En tout cas ces mesures ont été conservées lors des réformes postérieures. Aujourd'hui encore les dirigeants d'une société en cessation des paiements peuvent, sous certaines conditions, être condamnés à payer avec leurs biens propres une partie du passif, être mis personnellement en redressement judiciaire et être frappés de déchéances (v. *infra*, n° 1369).

Ces réformes furent mal appliquées. Tout d'abord, la distinction de la faillite et de la liquidation judiciaire tendit à s'estomper. Théoriquement, la liquidation judiciaire était une faveur faite aux commerçants plus victimes de la conjoncture que coupables d'une gestion malhonnête ou imprudente. En pratique, elle tendait à être accordée de manière systématique. En second lieu, une loi du 30 août 1947 interdisait l'exercice des professions commerciales et la gestion des sociétés aux faillis non réhabilités, ce qui constituait une excellente mesure d'assainissement [1]. Mais de fréquentes lois d'amnistie et des réhabilitations libéralement accordées effaçaient les déchéances frappant le failli et les peines de la banqueroute n'étaient jamais prononcées parce que trop lourdes. *On confondait le sort des bons et des mauvais commerçants et on instaurait un droit de ne pas payer ses dettes* [2].

1012. – Régime sélectif du décret de 1955. Une nouvelle réforme s'imposait afin de revenir à un système plus sélectif. Elle fut opérée par le *décret* du 20 mai 1955 incorporé dans le Code de commerce par l'ordonnance du 23 décembre 1958. Le texte distingue à nouveau deux régimes.

– Le *règlement judiciaire* est le mode normal d'apurement du passif. Il s'applique aux commerçants dont le comportement ne justifie ni une élimination de la vie des affaires, ni une sanction particulière. Cette procédure se termine par un concordat, à la suite duquel le commerçant est remis à la tête de ses affaires. Le règlement judiciaire est une procédure objective qui vise à rembourser au mieux les créanciers et non à frapper de sanctions et de déchéances un débiteur plus victime que coupable.

– La *faillite* subsiste, mais prend un caractère répressif plus marqué. Réservée aux commerçants indignes, elle ne conduit pas au concordat mais à l'union, c'est-à-dire à la liquidation forcée de tous les biens du débiteur. Celui-ci était éliminé de la vie commerciale. L'entreprise disparaissait. En outre le débiteur coupable de fautes graves pouvait être condamné pour banqueroute à des peines correctionnelles ou criminelles. Ces secondes n'étaient d'ailleurs jamais demandées car un jury aurait probablement acquitté le banqueroutier. Aussi, la banqueroute frauduleuse fut-elle correctionnalisée par

---

1. Guyon, *Droit des affaires*, t. I, n° 46.
2. G. Ripert, *Le droit de ne pas payer ses dettes* : *D.H.*, 1936, 57.

l'ordonnance du 23 décembre 1958, ce qui devait permettre d'assurer une répression plus efficace.

Ici encore *le nouveau régime n'était pas parfait*. On pouvait notamment lui adresser trois griefs principaux :

– *D'une part il ne s'appliquait qu'aux commerçants*. Or de nombreuses personnes morales menaient des activités économiques sans avoir pour autant la qualité de commerçant, compte tenu de la définition assez stricte de l'acte de commerce. Il s'agissait, par exemple, des coopératives agricoles et des sociétés de construction. En cas de cessation des paiements, la liquidation des biens de ces sociétés s'opérait de manière inorganisée, au détriment des créanciers. On le vit notamment à propos des scandales dans les sociétés de construction vers les années 1960. Il était donc nécessaire d'étendre la faillite ou le règlement judiciaire à toutes les personnes morales de droit privé, même non commerçantes.

– *D'autre part le décret du 20 mai 1955 confondait le sort du commerçant et celui de l'entreprise*. La faillite, en éliminant le débiteur faisait aussi disparaître l'entreprise, même lorsque celle-ci était susceptible de redressement sous l'impulsion d'un nouveau dirigeant. Réciproquement le règlement judiciaire, parce qu'il était appliqué aux commerçants de bonne foi, maintenait dans le circuit économique des entreprises qui n'étaient pas rentables.

– *Enfin, les procédures s'ouvraient trop tard*, à un moment où l'entreprise était déjà en cessation des paiements. Or des mesures intervenues plus tôt auraient facilité son redressement.

1013. – *Naissance d'un droit moderne des procédures collectives : la loi et l'ordonnance de 1967*. Une nouvelle réforme fut réalisée par la *loi du 13 juillet 1967* et par l'*ordonnance du 23 septembre 1967*.

Les textes de 1967 organisent quatre procédures :

– Le *règlement judiciaire* est la procédure d'apurement du passif d'une entreprise économiquement saine qui pourra retrouver un fonctionnement normal après le vote d'un concordat. Cette procédure rappelle la liquidation judiciaire, telle qu'elle avait existé entre 1889 et 1955.

– La *liquidation des biens* tend à l'élimination des entreprises qui ne sont pas viables. Elle correspond à la faillite, au sens strict, dans la terminologie antérieure, mais ne s'applique qu'aux biens du débiteur et non à sa personne.

– La *faillite personnelle* est une sanction civile qui atteint le chef de l'entreprise coupable de fautes ou de négligences. Elle peut se doubler des sanctions correctionnelles de la banqueroute, lorsque les manquements sont caractérisés.

– Enfin une procédure particulière, la *suspension provisoire des poursuites* s'applique aux entreprises importantes qui traversent des difficultés graves, mais qui ne sont pas encore en cessation des paiements.

Certains aspects de la loi du 13 juillet 1967 rappelaient les régimes antérieurs. Ainsi les créanciers étaient appelés à jouer un rôle actif dans la procédure en votant un concordat, c'est-à-dire un plan accordant au débiteur à la fois des délais de paiement et des remises de dette. Surtout les textes de 1967 continuaient de distinguer entre la procédure conduisant à une liquidation (liquidation des biens) et celles tendant à un redressement (règlement judiciaire et suspension provisoire des poursuites).

La loi du 25 janvier 1985 conserve cette distinction. Toutefois elle en retarde la mise en application puisque la procédure s'ouvre en principe par une période d'observation, indépendante de la situation de l'entreprise. C'est seulement à l'issue de celle-ci que le tribunal choisit entre le redressement et la liquidation.

Mais d'autres aspects du régime de 1967 étaient plus novateurs.

D'une part, suivant les recommandations du Doyen Houin, *la loi de 1967 distinguait pour la première fois le sort du débiteur de celui de l'entreprise*. Le sort de l'entreprise s'appréciait selon un critère économique objectif : la possibilité de redressement. Si celle-ci existait, le tribunal prononçait le règlement judiciaire, qui se terminait par un plan de règlement du passif (concordat) et une reprise d'activité. Au contraire, si l'entreprise n'était pas susceptible de survie, le tribunal prononçait la mise en liquidation de son patrimoine. Tous les éléments d'actif étaient vendus. L'entreprise disparaissait, à moins que telle ou telle branche d'activité, qui contrairement au reste était rentable, ne soit vendue séparément à un repreneur, au moyen d'une cession à forfait. En revanche, le sort du débiteur dépendait de son comportement, c'est-à-dire d'un critère subjectif ou moral. Si l'intéressé avait été actif, compétent et diligent, l'ouverture de la procédure collective n'entraînait contre lui aucune sanction ou aucune déchéance. Il pouvait conserver sa qualité de commerçant ou de dirigeant de société. Seul le débiteur imprudent, négligent ou coupable de fautes volontaires s'exposait aux sanctions civiles de la faillite et aux sanctions pénales de la banqueroute [1]. La distinction du débiteur et de l'entreprise a été conservée par la loi du 25 janvier 1985. Certains ont pourtant remarqué qu'elle n'était pas toujours réaliste, car l'entreprise vaut généralement ce que valent les hommes qui la dirigent. Sauf accident, il est rare qu'un excellent dirigeant soit à la tête d'une entreprise exécrable et la réciproque est encore plus vraie.

En outre, comme en raison de l'unité du patrimoine, l'entreprise individuelle n'a pas d'existence propre, la procédure produit forcément ses conséquences à l'égard du débiteur, chaque fois que celui-ci est une personne physique. On se demande dès lors si cette procédure garantit suffi-

---

1. A. Brunet, *De la distinction de l'homme et de l'entreprise*, Etudes Roblot n° 471, Paris, 1984 – R. Houin, *Permanence de l'entreprise à travers la faillite*, dans Aspects économiques de la faillite, p. 135, Sirey 1970.

samment les droits fondamentaux du débiteur en égard aux exigences de la Convention européenne de sauvegarde des droits de l'homme [1].

D'autre part, la loi du 13 juillet 1967 et l'ordonnance du 23 septembre 1967 distinguaient selon le *degré de gravité des difficultés*. Le règlement judiciaire et la liquidation des biens s'ouvraient en cas de cessation des paiements, c'est-à-dire à un moment où la situation de l'entreprise était fortement dégradée. Au contraire, la suspension provisoire des poursuites s'appliquait plus tôt, c'est-à-dire dès que l'entreprise connaissait des difficultés graves, donc susceptibles de provoquer une cessation des paiements, mais à un moment où celle-ci ne s'était pas encore produite. L'idée était excellente car une intervention judiciaire est d'autant plus efficace qu'elle est plus précoce [2].

Sur ce point, la loi du 25 janvier 1985 s'éloigne du dispositif de 1967. Elle supprime la procédure de suspension provisoire, réputée inefficace. Elle ne permet, avant la cessation des paiements, qu'un règlement amiable extra-judiciaire, reposant sur la bonne volonté des créanciers. Cette réforme constitue un grand bond en arrière : il est regrettable que le tribunal doive attendre la cessation des paiements pour pouvoir intervenir. C'est un peu, toutes proportions gardées, comme si on décidait d'attendre pour soigner un malade qu'il soit dans un état comateux. Le législateur a été conscient de son erreur. Une loi du 30 décembre 1988, applicable aux seuls agriculteurs puis une loi du 10 juin 1994 de portée générale ont rétabli un mécanisme de suspension provisoire des poursuites, inspiré de l'ordonnance de 1967.

Enfin *la loi du 13 juillet 1967 étend le domaine des procédures collectives* puisque celles-ci sont désormais applicables aux personnes morales de droit privé non commerçantes, notamment les sociétés civiles.

1014. – Bilan de la réforme de 1967. *Le dispositif mis en place en 1967 n'était pas mauvais*, comme en témoigne sa stabilité. Alors que la loi du 24 juillet 1966 sur les sociétés a été modifiée une trentaine de fois, pendant ses vingt premières années d'application, la loi du 13 juillet 1967 n'a fait l'objet, pendant la même période, que de trois réformes dont deux portaient sur des points de détail (L. du 12 mai 1980 sur la clause de réserve de propriété ; L. du 24 janv. 1984 sur la validité des paiements par bordereaux Dailly). Seule la loi du 15 octobre 1981 avait opéré une modification d'ensemble, à la fois de la loi du 13 juillet 1967 et de l'ordonnance du 23 septembre 1967, en renforçant le rôle du ministère public dans les procédures collectives [3].

---

1. N. Fricero, *Les procédures collectives à l'épreuve du procès équitable* : Mélanges A. Honorat, p. 17 – J.L. Vallens, *Droit de la faillite et droits de l'homme* : Rev. trim. dr. com. 1997, 567 – C.E.D.H. 6 juin 2000 : Rev. jurisp. com. 2001, 20 J.P. Sortais.
2. Pour un bilan de la procédure de suspension provisoire des poursuites, v. les obs. de M. Larrieu sous Paris 10 juill. 1984, *J.C.P.*, 1985, II, 20514.
3. Soinne, *L'intervention du ministère public dans les procédures collectives*, D., 1983, 11.

Si la loi et l'ordonnance de 1967 ont été vouées à disparition, c'est parce que les circonstances économiques avaient changé.

En *période d'expansion économique*, comme c'était le cas en 1967, la cessation des paiements est presque toujours un accident individuel, atteignant généralement une entreprise mal gérée. Il est aisé de trouver un concurrent qui accepte de reprendre tout ou partie de l'entreprise, de maintenir le personnel et de continuer les contrats qui en valent la peine. La difficulté essentielle est de payer les créanciers de manière équitable en réalisant un compromis entre ceux qui bénéficient d'une sûreté et ceux qui sont seulement chirographaires. Or, de ce point de vue, la loi de 1967 offrait des solutions acceptables, car il ne faut pas oublier que le droit des faillites est par hypothèse un droit de répartition de la pénurie. Par conséquent tous les créanciers ne peuvent pas être payés immédiatement et intégralement.

En *période de dépression*, les difficultés des entreprises prennent une tout autre dimension. Ce sont désormais des pans entiers de l'économie qui s'écroulent. Le sauvetage des entreprises déficitaires et le reclassement du personnel salarié sont de plus en plus aléatoires. Les dépôts de bilan tendent à devenir des drames collectifs. La politique économique, parfois même la politique tout court l'emportent sur les techniques juridiques : il ne s'agit plus seulement de payer les créanciers, mais aussi et surtout d'organiser la survie de l'entreprise et la sauvegarde des emplois.

Or, de ce point de vue, *on pouvait adresser un double grief à la loi de 1967*. D'une part *elle se préoccupait trop du paiement des créanciers et pas assez de la survie de l'entreprise*. Il ne faut toutefois pas exagérer la portée de cette critique. Le paiement des créanciers et la survie de l'entreprise ne sont pas forcément inconciliables. Bien au contraire, les créanciers peuvent avoir intérêt à sacrifier une partie de leurs droits afin de conserver un partenaire. Simplement la loi de 1967 n'envisageait pas la survie de l'entreprise comme une fin en elle-même, mais comme un moyen, parmi d'autres, de permettre au débiteur d'apurer son passif [1]. D'autre part la *loi de 1967 n'associait pas suffisamment les salariés à la procédure*. Elle les assimilait à des créanciers, ce qui n'était pas tout à fait exact. Les salariés ne demandaient pas seulement le paiement des salaires en retard. Ils souhaitaient surtout être informés et pouvoir participer à l'élaboration des plans de redressement, afin d'éviter autant que possible les licenciements. Or la loi de 1967 ne permettait pas une concertation des créanciers et des autorités judiciaires avec les salariés. Ceux-ci se sentant exclus avaient tendance à se tourner vers des actions de fait, plus spectaculaires qu'efficaces : séquestrations des dirigeants, occupations d'usines, interruptions de la circulation routière ou ferroviaire, etc.

---

1. V. les obs. de M. Houin à la *Rev. trim. dr. com.*, 1975, 633.

Toutes ces raisons expliquent que la loi et l'ordonnance de 1967 aient été abrogées et remplacées :
- par la loi du 1er mars 1984 sur la prévention des difficultés et le règlement amiable ;
- et par la loi du 25 janvier 1985 sur le redressement judiciaire et la liquidation.

Ces deux lois figurent désormais dans le Code de commerce, publié en septembre 2000. Elles en constituent le livre VI, mais cette codification s'est opérée à droit constant.

1015. – Conclusion. Ces modifications terminologiques incessantes doivent être présentes à l'esprit lorsque l'on interprète une décision de justice ancienne. Le tableau ci-après les résume de manière schématique.

Date de la loi	Elimination	Assainissement ou redressement	Prévention
1807	Faillite	Faillite	
1889	Faillite	Liquidation judiciaire	
1955	Faillite	Règlement judiciaire	
1967	Liquidation des biens	Règlement judiciaire	Suspension provisoire des poursuites
1984 et 1985 (Code de commerce)	Liquidation judiciaire	Redressement judiciaire	Règlement amiable

L'évolution récente n'est pas satisfaisante[1]. En effet, les réformes se succèdent à peu près tous les vingt ans (1935, 1955, 1967, 1985). Or c'est la durée nécessaire pour qu'une loi complexe entre dans les mœurs et fasse l'objet d'une interprétation jurisprudentielle suffisante. Notamment les textes de 1967 ont été abrogés au moment même où se dissipaient les grandes controverses jurisprudentielles auxquelles ils avaient donné lieu. Les progrès réalisés par les réformes risquent ainsi d'être contrebalancés par les inconvénients de l'incertitude engendrée par la mise en application d'un droit nouveau.

L'évolution historique montre que les questions posées par les procédures applicables aux entreprises en difficultés peuvent donner

---

1. R. Houin, *Introduction au colloque sur les innovations de la loi sur le redressement judiciaire*, t. 1, p. 10, 1986.

lieu à des réponses variables. Une brève incursion en droit comparé n'est donc pas inutile.

SECTION III
Notions sommaires de droit comparé

1016. – L'examen, même rapide, des législations étrangères montre que les réglementations sont diversifiées [1]. Deux clivages méritent surtout d'être soulignés.

§ 1. – Domaine d'application des procédures collectives

1017. – *La faillite procédure générale ou procédure applicable aux seuls commerçants.* Dans certaines législations, les procédures collectives ne s'appliquent qu'aux entreprises commerciales. Dans d'autres, elles ont un domaine général. Cette différence ne saurait étonner. On trouve ici un aspect particulier du problème plus général de l'*unité* ou de la *dualité* du *droit privé*, c'est-à-dire de l'existence d'un droit commercial distinct du droit civil. Il arrive parfois, comme en France, qu'une même question reçoive deux réponses différentes selon que l'on est en présence de commerçants ou de non-commerçants. Par exemple, la preuve des contrats entre commerçants est libre, la preuve des contrats entre non-commerçants est réglementée (C. civ. 1341). Dans d'autres pays au contraire, notamment la Grande-Bretagne, la preuve obéit toujours aux mêmes règles.

Il en va de même en matière de faillites.

Dans certains pays la faillite n'est pas réservée aux commerçants, mais s'applique à toute personne en état de cessation des paiements. C'est le cas notamment de la Grande-Bretagne, des Pays-Bas, de l'Allemagne (Loi du 5 oct. 1994)[2] et de l'Autriche (Loi du 1er juillet 1982). Ce système assure l'égalité entre les créanciers. Mais il est inutilement complexe et coûteux lorsque, hypothèse fréquente, le simple particulier n'a que quelques créanciers. Par conséquent l'unification des procédures n'est jamais totale. Ainsi en Grande-Bretagne le régime de droit commun (bankruptcy) ne s'applique ni aux petites affaires qui sont réglées selon une procédure simplifiée (small bankruptcies) ni aux personnes morales qui ne sont pas soumises à la procédure de la faillite, mais à celle de la liquidation obligatoire judiciaire (compulsory winding up) (Insolvency Act 1986). De même en

---

1. Y. Chaput (sous la direction d'), *L'apurement des dettes*, p. 441, Creda 1998. H. Rajak, *European corporate insolvency*, John Wiley ed., 1995.
2. F. Trockels, *Aperçu du nouveau régime de l'insolvabilité en Allemagne*, Rev. proc. col., 1996, 23.

Allemagne les petits débiteurs sont soumis à une procédure simplifiée, précédée d'une tentative de règlement amiable.

– *D'autres Etats adoptent un système dualiste.* Le commerçant est seul soumis à la faillite. La cessation des paiements d'un simple particulier n'entraîne pas de conséquences propres. Les créanciers opèrent leurs saisies librement et en ordre dispersé. Ce système est notamment pratiqué en Italie, en Belgique, en Espagne, en Grèce, etc.

Cette grande opposition laisse évidemment place à des régimes intermédiaires. Ainsi en Suisse il existe théoriquement deux procédures distinctes pour les commerçants et les non-commerçants – la faillite et la poursuite pour dettes. Mais elles sont calquées l'une sur l'autre. La différence formelle cache une quasi-unité de fond.

Enfin, dans les *pays d'économie purement socialiste*, le renflouement ou la liquidation des entreprises s'opèrent de manière originale. Il ne s'agit plus de payer les créanciers mais de continuer l'exécution du plan de développement économique, malgré la défaillance d'un partenaire. La réglementation s'inspire donc plus du droit public que du droit privé. Il en résulte notamment que les entreprises les plus utiles à l'économie nationale ne sont pas susceptibles de liquidation judiciaire. Elles seront renflouées dans tous les cas.

En France, le régime est dualiste. Le domaine d'application de la faillite, au sens large, se détermine selon deux critères. Pour les personnes physiques, c'est la qualité de commerçant, d'artisan ou d'agriculteur. Pour les personnes morales, c'est la qualité de personne morale de droit privé, critère plus large puisqu'une association peut faire l'objet d'une procédure de redressement judiciaire, même si elle n'a pas accompli d'actes de commerce.

§ 2. – Finalités des procédures collectives

1018. – Prévention, redressement, liquidation. La plupart des législations organisent des procédures qui combinent le dépistage des difficultés (phase préalable de prévention et d'alerte) et une phase de traitement aboutissant au redressement des entreprises saines et à la liquidation des entreprises non rentables [1].

Certaines législations font prévaloir la prévention. Ainsi, en Belgique, un service d'enquête commerciale existe au sein de chaque tribunal de commerce (L. 8 août 1997). Ce service convoque les débiteurs en difficultés, pour les aider à trouver une solution de redressement [2]. Ce mécanisme paraît séduisant car il est souple et permet des interventions rapides. En droit hellénique, une institution administrative spécialisée est chargée de la gestion des entreprises en situation diffi-

---

1. Y. Pavec, *Les procédures collectives dans les pays de la CEE*, Rev. jurisp. com. 1984, 121. Soinne, *Traité des procédures collectives*, n° 16. P. Woodland, *Observations sur les orientations des droits européens de la faillite*, J.C.P., 1984, I, 3137.
2. J.-L. Duplat, *Le service des enquêtes commerciales outil de prévention en matière de faillites en Belgique* : Rev. jurisp. com. 1989, 49.

cile et de l'élaboration d'un accord avec les créanciers. C'est seulement en cas d'échec que s'ouvre la procédure de liquidation [1].

Le droit italien donne de nombreux exemples de procédures de redressement, avec toute une gamme de mesures graduées selon le degré de la difficulté, et allant des procédures les plus souples aux plus contraignantes (concordat préventif et « administrazione controllata » ouverte en cas de difficultés temporaires). De même au Portugal, un décret-loi du 2 juillet 1986 instaure une procédure de sauvetage (recuperacao) qui a pour objet d'exécuter un plan de redressement approuvé par l'assemblée des créanciers et homologué par le juge.

D'autres législations considèrent que le but premier de la procédure demeure le paiement des créanciers, fût-ce au prix de la liquidation de l'entreprise. Ainsi, les pays anglo-saxons, ont généralement des procédés de liquidation simples, efficaces, mais assez brutaux. Notamment, les banquiers peuvent, lorsqu'ils ne sont pas payés, saisir sans formalité et sans délai l'ensemble des biens de leur débiteur et les vendre, sans intervention de justice. Ils ont seulement l'obligation d'agir de bonne foi. Ce système a pour conséquence que les crédits ne sont jamais consentis par d'autres que les banquiers. Notamment le crédit fournisseur est ignoré. La brutalité de la liquidation entraîne la disparition d'entreprises viables mais a pour contrepartie une grande fluidité des structures commerciales. Les entreprises liquidées sont immédiatement remplacées et le débiteur peut reprendre de nouvelles activités.

Les législations prévoient également des solutions très différentes quant à l'organisme qui prend en charge l'entreprise en difficultés (Administration ou tribunal) et quant au moment de cette intervention (situation préoccupante, cessation des paiements, insolvabilité). Enfin certains pays, comme la Belgique et le Liban, connaissent un concordat préventif, qui peut s'ouvrir avant la procédure proprement dite, et dans lequel les créanciers jouent un rôle prépondérant [2].

Tous les systèmes se heurtent cependant à une difficulté commune : *la place qu'il convient de reconnaître aux privilèges et aux sûretés.* Certes, malgré le principe d'égalité, les causes de préférence doivent continuer de jouer. Mais la multiplication récente de celles-ci risque de priver les procédures collectives de toute utilité. Ici encore les diverses législations nationales donnent des solutions très variables. L'une des plus originales est la loi danoise du 8 juin 1977, qui a supprimé les privilèges, sauf celui des salariés, mais y compris celui du Trésor public, ce qui mérite d'être souligné [3]. La loi autrichienne de 1982 et la loi allemande de 1994 prévoient également une réduction assez radicale des droits des créanciers privilégiés.

---

1. Liakopoulos, *Le redressement des entreprises en difficulté en droit hellénique*, Rev. int. dr. comp., 1985, 985.
2. M.-C. Hélou Saadé, *Le concordat préventif en droits français, libanais et belge comparés*, thèse Paris I, 1984.
3. Gomaar, *Le droit danois des entreprises en difficulté*, Journées de la société de législation comparée, 1984, 403.

Enfin, bien qu'à des degrés divers, la plupart des législations modernes tendent à organiser une participation collective des salariés à la procédure et à envisager la sauvegarde des emplois comme une finalité propre de celle-ci (Loi allemande du 20 février 1985 sur le plan social dans les procédures de faillite – Loi belge du 22 janvier 1985).

1019. – *Vers un droit communautaire ou international des entreprises en difficulté.* Déjà complexes en droit interne, les procédures collectives le deviennent encore d'avantage lorsque le débiteur a des actifs répartis dans plusieurs Etats ou des créanciers établis à l'étranger. Or cette situation est de plus en plus habituelle avec la mondialisation des échanges. Dans ce domaine difficile, deux conceptions sont possibles. La première, et la plus satisfaisante, consisterait à admettre une universalité de la faillite. Un seul tribunal serait compétent pour organiser le paiement des créanciers et le redressement de l'entreprise, même lorsque celle-ci a des actifs et des créanciers dans plusieurs Etats. Si l'on parvenait à ce résultat une faillite internationale ne serait pas sensiblement différente d'une faillite interne. Selon une seconde conception dite réaliste, l'organisation de la faillite internationale est un leurre. Elle se heurte à la souveraineté des Etats qui n'acceptent pas que dans une matière aussi sensible les décisions soient prises par un tribunal étranger. Elle soulève aussi des objections de la part des créanciers qui souhaitent saisir les biens de leur débiteur situés à l'étranger mais ne sont pas prêts à accepter le concours de créanciers étrangers sur les biens localisés en France.

Pendant longtemps le droit des faillites internationales a été quasiment inexistant [1]. Il s'ouvrait autant de procédures que d'Etats dans lesquels de débiteur avait des actifs. Les créanciers devaient faire valoir leurs droits dans chacune d'entre elles. L'égalité n'était pas respectée car l'importance des paiements dépendait de la proportion qui existait dans chaque Etat entre l'actif et le passif du débiteur. Certains créanciers étaient fort bien remboursés parce qu'ils étaient peu nombreux et que des actifs importants étaient situés dans l'Etat où ils faisaient valoir leurs droits. D'autres ne touchaient à peu près rien parce que la situation était inverse.

La situation était encore aggravée par le fait que les conventions de La Haye du 1er février 1971 et de Lugano du 16 septembre 1988 sur l'exécution des décisions judiciaires ne s'appliquaient pas aux procédures collectives. L'exequatur demeurait donc nécessaire dans les conditions de droit commun [2]. En conséquence les créanciers pouvaient librement saisir les biens situés à l'étranger, ce qui était contraire au

---

1. J. Béguin, *Un îlot de résistance à l'internationalisation : le droit international des procédures collectives* : Mélanges Y. Loussouarn, p. 31, 1993 – Y. Guyon, *La faillite en droit international* : Mélanges G. Daublon, p. 141, 2001 – V. aussi Congrès des greffiers des tribunaux de commerce 2002 *Rev. proc. coll.* 2003, 40.
2. Com. 17 octobre 2000 : *D.* 2001, 688, note J.P. Vallens.

principe de l'arrêt des poursuites individuelles. Le droit des faillites dites internationales était par conséquent celui de la frustration, du désordre et de l'inefficacité en raison de l'égoïsme des créanciers et d'une conception exacerbée de la territorialité des décisions de justice.

La situation est cependant en train d'évoluer, au moins dans l'Union européenne, en raison de l'entrée en vigueur du règlement 1346/2000 du 29 mai 2000 sur les procédures d'insolvabilité [1]. Ce règlement donne compétence pour ouvrir la procédure principale au tribunal du lieu du centre des intérêts principaux du débiteur (Décr. 27 déc. 1985, art. 1). Ce tribunal applique sa propre loi. Tous les créanciers sont en principe traités de manière égale, quels que soient leur nationalité ou leur domicile. Toutefois des procédures secondaires demeurent possibles mais coordonnées avec la procédure principale, notamment pour régler le sort des immeubles que le débiteur possède dans des pays étrangers. Enfin le règlement facilite l'exécution à l'étranger des jugements intervenus à l'occasion de procédures collectives. Ainsi le paiement des créanciers est assuré dans des conditions relativement satisfaisantes.

Toutefois des progrès sont encore souhaitables. Il faudrait renforcer l'efficacité des sûretés mobilières, notamment celles qui portent sur des véhicules automobiles, qui en raison de leur mobilité échappent aux effets de la faillite. De plus et surtout il faudrait organiser le redressement international de l'entreprise qui a des centres d'exploitations dans plusieurs Etats. Certes selon la jurisprudence un plan de redressement arrêté en France doit prendre en considération les filiales ou les succursales situées à l'étranger [2]. Mais il n'est pas certain que, vu l'importance des enjeux en cause, un Etat accepte d'exécuter une fermeture d'établissement ordonnée par un tribunal étranger.

La situation est encore moins satisfaisante en dehors de l'Union européenne. Une convention internationale d'Istanbul du 5 juin 1990 n'est pas entrée en vigueur et un projet de loi uniforme sur les procédures collectives n'a pas abouti, car son adoption nécessiterait une harmonisation préalable du droit des sûretés et des obligations, ce qui est utopique [3].

L'histoire et le droit comparé ont permis de prendre conscience des difficultés de la matière. Il faut maintenant se demander selon quels

---

1. D. Bureau, La fin d'un îlot de résistance, le règlement du conseil relatif aux procédures d'insolvabilité : *Rev. crit. dr. in. privé* 2002,613 – A. Honorat et C. Henry, *La compétence juridictionnelle en matière de procédures d'insolvabilité* : Mélanges J.P. Sortais, p. 313, Lausanne 2003. – M.N. Legrand, La défaillance d'entreprise, le règlement 1346/2000 relatif aux procédures d'insolvabilité : *Rev. soc.* 2001,292 – M.E. Mathieu-Bouyssou, Aperçu des règles de droit judiciaire privé relatives aux procédures d'insolvabilité européennes après le règlement communautaire n° 1346/2000 : *D.* 2002,2245 – M. Menjucq, Droit international et européen des sociétés n° 319 et s.
2. Civ. 1, 19 novembre 2002 : *D.*, 2003, 797, note G. Khairallah.
3. J.L. Vallens, *La loi type de la CNUDCI sur l'insolvabilité internationale* : D. 1998, 157. – V. aussi F. Gianviti (sous la direction de), *Pour des procédures d'insolvabilité ordonnées et efficaces*, publications du Fonds monétaire international, 2000.

grands principes le droit français envisage la prévention et le traitement des difficultés financières des entreprises.

SECTION IV
Traits généraux du droit des entreprises en difficultés

1020 et 1021. – Les trois piliers législatifs du régime originaire. Le droit des entreprises en difficultés a des objectifs ambitieux et généraux sinon contradictoires puisqu'il tend à la fois :
– à la prévention des difficultés ;
– à leur traitement, ce qui suppose à la fois lorsque cela est possible, le paiement des créanciers le redressement de l'entreprise et le maintien des emplois ;
– et enfin à appliquer des sanctions ou des mesures de sûreté aux commerçants et aux dirigeants malhonnêtes ou notoirement incompétents.

Le dispositif législatif et réglementaire, élaboré sous l'impulsion de R. Badinter, comprend trois volets :

1) Le *premier volet* concerne la *prévention des difficultés des entreprises et le règlement amiable*. Il est constitué par la loi du 1er mars 1984, entrée en vigueur le 1er mars 1985 (C. com. art. L. 611-1 et suivants).

Cette loi a été complétée par un décret général du 1er mars 1985, un décret du 3 juillet 1985 sur le nouveau statut des commissaires aux comptes et un décret du 27 août 1985 relatif aux centres de prévention agréés.

Cette loi met sur pied des mécanismes d'alerte et prévoit un règlement amiable des difficultés, avant l'ouverture de toute procédure. Elle ne s'applique que si l'entreprise n'est pas encore en cessation des paiements.

> Malgré son titre, cette loi comporte aussi de nombreuses dispositions qui n'ont qu'un rapport indirect avec le droit des entreprises en difficultés : rehaussement à 50 000 F du capital minimum des SARL ; réforme du commissariat aux comptes ; amélioration de l'information prévisionnelle, etc.

2) Le *deuxième volet* est consacré aux *procédures collectives* proprement dites. C'est la loi n° 85-98 du 25 janvier 1985 sur le *redressement judiciaire et la liquidation* des entreprises (C. com. art. L. 620-1 et suivants). C'est un texte important, comprenant 243 articles. Cette loi a été complétée par un décret 85-1387 du 27 décembre 1985 sur la compétence, et par un décret 85-1388 de la même date sur la procédure.

> La nouvelle procédure de redressement judiciaire remplace à la fois le règlement judiciaire, la liquidation des biens et la suspension provisoire

des poursuites. La loi du 13 juillet 1967 et l'ordonnance du 23 septembre 1967 ont été abrogées, mais ont continué de s'appliquer aux procédures en cours le 31 décembre 1985.

La nouvelle procédure de redressement judiciaire s'inspire de la procédure de suspension provisoire des poursuites. Elle s'ouvre par une phase d'observation, en principe courte. Puis, pendant la phase de traitement, elle consacre le recul des droits des créanciers au profit d'un renforcement des pouvoirs du tribunal. Elle s'efforce également d'associer les salariés au déroulement de la procédure.

Cette loi n'a rien de révolutionnaire. Cependant un résultat identique aurait pu être atteint par des moyens plus simples. Il aurait suffi d'étendre la suspension provisoire des poursuites à toutes les entreprises, quelle que soit leur dimension, et de donner un privilège aux créanciers ayant contracté pendant la période dite de curatelle. Cette réforme aurait même permis au tribunal d'intervenir avant la cessation des paiements, donc à un moment où son action est plus efficace que s'il lui faut attendre celle-ci, comme c'est le cas pour l'ouverture du redressement judiciaire.

Comme tous les textes soumis à un examen attentif du Parlement, et donc où le projet gouvernemental a été modifié par des amendements, la *loi du 25 janvier 1985 est d'une qualité technique inégale*. Certaines dispositions sont fort subtiles et montrent que ses auteurs initiaux étaient d'excellents juristes. D'autres malheureusement sont maladroites, obscures, redondantes, parfois même incompréhensibles [1]. Il est vrai que la matière était difficile et que le projet, malgré sa technicité, a déchaîné bien des controverses. *Le résultat aurait pu être pire.*

Les premiers bilans de l'application de la réforme sont relativement favorables. La mise en application de la nouvelle procédure n'a pas entraîné un blocage de la machine judiciaire. Cependant, assez paradoxalement, la loi sur le redressement judiciaire paraît inciter les tribunaux à prononcer des liquidations plus nombreuses et surtout plus précoces que sous l'empire de la loi de 1967 [2].

Dans sa rédaction originaire la loi du 25 janvier 1985 sacrifiait les intérêts des créanciers titulaires de sûretés afin de permettre le redressement des entreprises. Il en est résulté une crise du crédit bancaire. Une loi du 10 juin 1994 a remédié à cet inconvénient en redonnant plus d'efficacité aux sûretés réelles, notamment en cas de liquidation et en donnant plus de garanties aux créanciers en cas de plan de cession [3].

---

1. Derrida, Godé et Sortais, *Redressement et liquidation judiciaires des entreprises*, n° 13.
2. P. Le Besnerais, *Premières applications de la loi du 25 janvier 1985*, Banque 1986, 635. V. cep. beaucoup plus réservé, B. Lyonnet, *La faillite de la loi sur les entreprises en difficultés*, Gaz. Pal., 1986, doc. 432.
3. M. Cabrillac et P. Petel, *Le printemps des sûretés réelles* : D., 1994, 243.

3) Le *troisième volet* est relatif aux *auxiliaires de justice*, qui interviennent dans les procédures collectives. C'est la loi 85-99 du 25 janvier 1985 modifiée par la loi du 3 janvier 2003 complétée par un décret 85-1389 du 27 décembre 1985 modifié par le décret du 29 décembre 1998 (C. com. art. L. 811-1 et suivants).

La profession unique de syndic a éclaté en trois professions distinctes :
– les *administrateurs judiciaires*, qui participent à la gestion des entreprises en redressement judiciaire ;
– les *mandataires judiciaires au redressement et à la liquidation des entreprises*, qui représentent les créanciers ;
– enfin les *experts en diagnostic* qui, lors de la phase d'observation ouvrant la procédure recherchent si l'entreprise peut être redressée ou si elle doit être liquidée.

Un décret 85-1390 du 27 décembre 1985 fixe le tarif des honoraires dus à ces auxiliaires de justice.

Ici encore la réforme est relativement modérée. Notamment le texte définitif n'a pas retenu une mainmise de l'Administration sur ces professions, comme cela avait été envisagé à un moment. Or cette solution n'était pas souhaitable car l'État, qui est créancier dans la plupart des procédures collectives, ne doit pas pouvoir exercer des pressions sur les auxiliaires de justice dont le rôle est de représenter équitablement tous les créanciers.

Ces trois lois constituent actuellement le livre sixième du Code de commerce.

1022. – Le pilier manquant : la réforme des tribunaux de commerce. Cet ensemble législatif aurait dû être complété par une réforme des tribunaux de commerce compétents pour connaître la plupart des procédures collectives. En effet, d'une part *les procédures collectives ne sont plus l'affaire des seuls créanciers commerçants.* Elles intéressent aussi les salariés, le Trésor public, la Sécurité sociale et même la collectivité publique, dans la mesure où les défaillances d'entreprises ne sont plus toujours des accidents individuels. D'autre part, *la loi du 25 janvier 1985 a sensiblement accru les pouvoirs du tribunal.* Notamment, en cas de redressement de l'entreprise, les créanciers ne sont plus appelés à voter un concordat, soumis seulement à homologation judiciaire. Désormais, c'est le tribunal qui arrête seul le plan de redressement, fixe les délais de paiement qui s'imposeront aux créanciers et choisit le repreneur. Pour ces deux motifs, on pouvait hésiter à laisser la procédure se dérouler – ne fût-ce qu'en première instance et lorsque le débiteur est commerçant ou artisan – devant une juridiction consulaire composée uniquement de commerçants élus par leurs pairs. Les Pouvoirs publics avaient donc envisagé des formules d'échevinage ou de mixage qui, au sein des tribunaux de commerce, auraient associé des magistrats professionnels et des magistrats élus, comme cela se pratiquait en Alsace-Lorraine et dans les départements d'outre-mer[1]. Ce projet de réforme, maladroitement présenté, a soulevé de vives critiques et a été abandonné. Simplement la loi du 25 janvier 1985 (art. 7) a prévu que la procédure dite générale, c'est-à-dire applicable aux entreprises importantes, serait jugée par un tribunal dont la compétence s'étend, en principe, à l'ensemble du département[2]. Les petits tribunaux ne peuvent connaître que la procédure simplifiée. Et la loi du 16 juillet 1987 impose une certaine ancienneté aux magistrats consulaires qui interviennent dans les procédures collectives (v. *infra*, n° 1152).

Cependant la question s'est posée à nouveau au printemps 1998 parce qu'un rapport parlementaire a dénoncé, de manière parfois excessive, le mauvais fonctionnement des juridictions consulaires[3]. Or comme celles-ci ont des pouvoirs considérables qu'elles exercent sans avoir à demander l'accord des créanciers, leur dysfonctionnement fragilise l'ensemble du dispositif.

Un projet de loi avait prévu que les tribunaux de commerce seraient présidés par un magistrat professionnel lorsqu'ils connaîtraient des procédures collectives.

> Ce projet a été mal accueilli par les magistrats consulaires. Il présentait néanmoins deux avantages. Il permettait une meilleure justice en associant la compétence technique des magistrats professionnels à la connaissance du monde des affaires par les magistrats consulaires. Il améliorait la transparence des procédures collectives, car les magistrats professionnels ne peuvent pas être suspectés de connivence avec les débiteurs en difficulté alors que ceux-ci sont les électeurs et parfois les concurrents ou les partenaires des magistrats consulaires.

Ce projet a été abandonné, au profit d'une mini réforme consistant en la suppression des tribunaux de commerce trop petits et en une amélioration de la formation des magistrats consulaires.

Le nouveau droit des entreprises en difficultés présente les caractères suivants :

§ 1. – Un régime organisé et cohérent

1023. – Une date essentielle : la cessation des paiements. La législation actuelle édicte des mesures qui s'appliquent sans discontinuer depuis les premiers indices de difficultés, jusqu'au redres-

---

1. P. Lemaire, *Réflexions sur la réforme des tribunaux de commerce*, dans *Le règlement des différends commerciaux*, p. 145, Economica, 1984.
2. V. le tableau annexé au décret 85-1387 du 27 décembre 1985.
3. F. Colcombet et A. Montebourg, *Les tribunaux de commerce, une justice en faillite ?* : Ass. nat. rapport 1038, juillet 1998.

sement ou à la liquidation de l'entreprise. Sur cette route de la dégradation financière, l'étape essentielle est franchie lorsque l'entreprise ne peut plus faire face au passif exigible avec son actif disponible. On dit alors qu'elle est en cessation des paiements (v. *infra*, n° 1114).

Avant la cessation des paiements, aucune procédure collective ne peut s'ouvrir. La loi du 1er mars 1984, s'efforce seulement de mettre sur pied des mécanismes d'alerte et d'inciter les créanciers à s'entendre avec leur débiteur au moyen d'un règlement amiable. Le régime antérieur était plus énergique. Les entreprises importantes pouvaient bénéficier d'un plan judiciaire de redressement avant même d'être en cessation des paiements (Ord. 23 sept. 1967).

La cessation des paiements marque le moment où la procédure collective doit s'ouvrir, c'est-à-dire le début d'une période plus contraignante. Après une phase d'observation, qui permet de connaître la gravité des difficultés, le tribunal décide soit de liquider l'entreprise soit de la redresser au besoin en la cédant à un tiers.

Cette procédure collective s'accompagne de *restrictions imposées au débiteur*, qui n'a plus le pouvoir de gérer librement son entreprise et d'une *discipline collective applicable à tous les créanciers*, qui ne peuvent plus continuer de poursuivre individuellement le débiteur.

Très schématiquement, le déroulement de la procédure peut se représenter de la manière suivante :

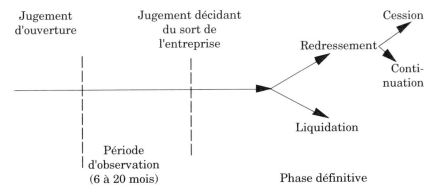

Certains se sont demandés si le caractère collectif et organisé de la procédure n'était pas remis en cause par la *disparition de la masse des créanciers*[1]. Il ne le semble pas car, même si la loi de 1985 ne parle plus de masse, elle continue d'imposer aux créanciers, individuellement ou collectivement, une organisation assez contraignante (v. *infra*, n° 1222)[2].

---

1. Derrida, Godé et Sortais, *Redressement et liquidation judiciaires des entreprises*, n° 396.
2. A.-M. Frison-Roche, *Le caractère collectif des procédures collectives* : Rev. jurisp. com. 1996, 293.

Le redressement judiciaire s'oppose par conséquent à la *déconfiture*, régime applicable aux personnes physiques non commerçantes qui ne peuvent plus payer leurs dettes. Bien plus d'ailleurs qu'un régime, il s'agit d'une absence de régime, car on ne trouve sur ce point que quelques textes épars dans le Code civil, qui réglementent l'action oblique, l'action paulienne et le droit de gage général des créanciers. Mais ces dispositions ne se rattachent à aucun plan d'ensemble (C. civ. art. 1166, 1167 et 2003). Notamment le débiteur reste à la tête de ses affaires et peut continuer de se ruiner ou organiser son insolvabilité. En outre, les créanciers chirographaires saisissent ses biens en ordre dispersé : le paiement est le prix de la course. Ce système encourage la rapacité des créanciers, car celui qui fait preuve de mansuétude risque d'arriver trop tard. Les inconvénients de cette inorganisation ont été en partie atténués par la loi du 31 décembre 1989, dite loi Neiertz, sur le surendettement des particuliers. Cette loi met sur pied des mécanismes de règlement amiable et d'apurement judiciaire des dettes contractées par les simples particuliers (V. *infra*, n° 1107-1). Mais elle est moins contraignante et moins efficace qu'une véritable procédure collective.

L'avantage pour l'économie d'un système de règlement organisé est évident. On respecte mieux les droits des créanciers et, quoique d'une manière indirecte, on favorise la survie de l'entreprise victime d'une défaillance momentanée. En effet les créanciers, se sachant protégés, accepteront des délais de paiement, ce qu'ils ne feraient pas en cas de déconfiture. Ces avantages d'un régime organisé expliquent pourquoi le domaine d'application des procédures collectives s'est constamment élargi. Réservées traditionnellement aux seuls commerçants, personnes physiques ou sociétés, ces procédures ont été étendues en 1967 aux personnes morales de droit privé non commerçantes, en 1985 aux artisans et en 1988 aux agriculteurs.

Mais bien qu'organisé et cohérent, le régime applicable aux entreprises en difficultés n'est pas monolytique.

§ 2. – Un régime diversifié

1024. – Maintien des mécanismes de diversification instaurés en 1967. Cette diversification était évidente dans le régime de 1967 puisque celui-ci distinguait trois procédures (règlement judiciaire, liquidation des biens, suspension provisoire des poursuites). Elle paraît au premier abord moins nette dans le régime actuel, puisque la loi du 25 janvier n'organise qu'une seule procédure, le redressement judiciaire.

Néanmoins de nombreux facteurs de diversification subsistent. Nous en avons d'ailleurs déjà rencontré plusieurs :
– la distinction du *sort de l'entreprise et du sort du débiteur* (v. *supra*, n° 1013) ;
– la distinction fondée sur la *gravité des difficultés financières* rencontrées par l'entreprise. Avant la cessation des paiements, seul le

règlement amiable est possible. Après celle-ci le juge intervient et décide soit le redressement soit la liquidation. Cette distinction rappelle, de manière atténuée, celle qui existait entre la suspension provisoire des poursuites, le règlement judiciaire et la liquidation des biens [1].

1025. – Apparition de nouveaux mécanismes de diversification. La loi du 25 janvier 1985 instaure des mesures nouvelles de diversification.

– Les unes tiennent compte de la *dimension de l'entreprise*. La procédure dite générale s'applique aux entreprises importantes, c'est-à-dire à celles qui emploient au moins 50 salariés ou qui réalisent un chiffre d'affaires supérieur à 3,1 millions d'euros (art. L. 620-2, al. 2). Le régime simplifié s'applique aux autres entreprises, c'est-à-dire, dans plus de 95 % des cas [2].

La loi du 25 janvier 1985 est présentée en trompe-l'œil, puisqu'elle consacre 138 articles au régime général et 11 seulement au régime simplifié. Mais cela peut se comprendre car il n'est pas illogique d'exposer d'abord la procédure la plus complexe, puis de procéder par voie de renvoi pour la procédure la plus simple. La loi du 24 juillet 1966 a utilisé cette méthode pour la constitution des sociétés anonymes. La constitution sans appel public à l'épargne est traitée par renvoi à la constitution avec appel public à l'épargne, bien que ce second procédé soit rarement utilisé en pratique.

L'instauration d'un *régime ultra-simplifiée* est actuellement envisagée. Celui-ci s'appliquerait aux entreprises dont l'actif est d'un montant dérisoire.

– De même, la *situation du débiteur* témoigne d'une autre tendance, à la diversification. Sous l'empire de la loi de 1967, le régime était rigide : le débiteur était assisté par le syndic en cas de règlement judiciaire et représenté par lui en cas de liquidation des biens. Au contraire, l'ordonnance du 23 septembre 1967 laissait au tribunal une faculté de personnalisation pendant la période de suspension provisoire des poursuites. La loi du 25 janvier 1985 s'inspire de ce régime. Pendant la période d'observation, elle instaure un *dessaisissement judiciaire à contenu variable* (v. *infra*, 1213). Les pouvoirs du débiteur ne sont réduits que dans la mesure, variable dans chaque procédure, où ces restrictions sont nécessaires à la sauvegarde des intérêts des créanciers et au redressement de l'entreprise. La loi du 25 janvier 1985 se montre réaliste dans un souci d'efficacité [3].

---

1. Teynier, *La règle du droit de la faillite et le sort économique de l'entreprise défaillante*, Rev. trim. dr. com., 1985, 57.
2. *Infostat Justice*, n° 19, janv. 1991.
3. Y. Guyon, *Le réalisme de la loi du 25 janvier 1985 sur les procédures collectives* : Mélanges P. Bezard, p. 311, 2002.

§ 3. – Un régime essentiellement judiciaire

1026. – *Traitement judiciaire, administratif ou privé des difficultés des entreprises.* Même en cas de cessation des paiements, seul un tribunal peut imposer au débiteur des restrictions à ses pouvoirs de gestion et aux créanciers des atteintes à leurs droits [1].

Le caractère judiciaire de la procédure est une garantie pour le débiteur et les créanciers car les tribunaux sont des organismes indépendants. Par conséquent, les procédures collectives obéissent à des règles impératives qui ne peuvent être écartées, même si les créanciers et le débiteur sont d'accord notamment en décidant de recourir à un arbitrage [2]. La contrepartie est probablement une certaine lenteur.

Dans l'absolu le caractère judiciaire du traitement des entreprises en difficultés n'est pas la seule méthode concevable.

On peut faire du redressement et de la liquidation des *institutions de caractère privé* : les créanciers y jouent alors le rôle essentiel. Cette conception a gouverné en partie le régime de la faillite au début du XIXe siècle. De fait les créanciers sont évidemment les principaux intéressés. Sous l'empire de la loi du 13 juillet 1967, ils votaient le concordat, c'est-à-dire le plan de règlement du passif lorsque la liquidation totale et définitive de l'entreprise ne s'imposait pas. Depuis la mise en vigueur de la loi du 1er mars 1984, ils jouent un rôle prépondérant dans l'élaboration du règlement amiable qui devient la principale mesure de redressement des entreprises menacées par la cessation des paiements. S'agissant d'entreprises agricoles, la loi du 30 décembre 1988 a même prévu que le règlement amiable était un préalable, qui devait nécessairement précéder l'ouverture de la procédure judiciaire, lorsque celle-ci est demandée par un créancier (art. L. 621-2). Il y a là une résurgence inattendue du rôle des créanciers. Dans le monde agricole, la procédure judiciaire de redressement ou de liquidation n'est que subsidiaire par rapport au mécanisme quasi-privé du règlement amiable. Cependant l'Etat ne peut se désintéresser des procédures collectives. Il doit s'assurer que les créanciers sont payés dans des conditions régulières, que les commerçants malhonnêtes ou incompétents sont éliminés, que les entreprises viables sont sauvegardées, que les salariés licenciés sont réembauchés, etc. *La politique de contrôle des faillites* devient un complément de la politique industrielle. Elle doit prendre en considération l'intérêt général [3].

---

1. P. Cagnoli, *Essai d'analyse processuelle du droit des entreprises en difficulté*, 2002. – P. Jeannerot, *L'intervention judiciaire dans les procédures de redressement judiciaire*, thèse Paris I, 1992 – F. Terré, *Droit de la faillite ou faillite du droit*, Rev. jurisp. com., 1991, 28.
2. Civ. 1, 8 mars 1988 : *D.*, 1989, 577, note J. Robert – 4 févr. 1992, *D.*, 1992, 180, note G. Cas.
3. Boy, Guillaumond, Jeammaud, Jeantin, Pages et Pirovano, *Droit des faillites et restructuration du capital*, Presses Université Grenoble, 1982.

Doit-on alors faire prévaloir ce caractère économique et donner à la procédure un aspect administratif ? La liquidation des entreprises en difficultés serait confiée à un organisme dépendant du ministère de l'Economie. La solution n'est pas inconcevable. Ainsi en Suisse, pays qui n'est pourtant pas particulièrement favorable aux interventions de l'Etat, un organe para-administratif, l'Office des faillites, joue un rôle important dans le déroulement des liquidations. Il en va de même en Grèce où la loi du 5 août 1983 charge un organisme public de redresser les entreprises en difficultés importantes, les autres demeurant soumises à une procédure judiciaire [1]. Toutefois les procédures collectives supposent la solution de nombreuses questions juridiques et l'arbitrage de conflits d'intérêts. Un organe administratif serait mal placé pour y procéder. Cette solution a pourtant été retenue par la loi du 31 décembre 1989 sur l'aide aux particuliers surendettés (v. *infra*, n° 1107-1). La procédure est essentiellement administrative et ne devient judiciaire qu'en cas de désaccord entre le débiteur et ses principaux créanciers.

Par conséquent, le caractère judiciaire de ces procédures doit être conservé sauf si l'entreprise n'a ni actif ni salariés, auquel cas une radiation administrative du registre du commerce serait suffisante. Cependant, d'une part *le rôle des tribunaux s'est modifié*[2]. Ceux-ci ne prennent plus seulement des décisions juridiques, mais exercent un pouvoir économique, notamment en arrêtant le plan de redressement, en choisissant le repreneur et en autorisant certains licenciements. Les tribunaux n'appliquent pas alors des règles légales. Ils statuent en opportunité. La loi de 1985 marque donc à la fois un recul du droit et une augmentation des pouvoirs de l'autorité judiciaire. D'autre part, l'*Administration joue un rôle de plus en plus actif en matière de prévention des difficultés*. La phase judiciaire de la procédure ne s'ouvre dans bien des cas qu'après que les Pouvoirs publics aient renoncé au renflouement. Cette tendance a l'avantage de l'efficacité, car une intervention administrative rapide et discrète peut rétablir la situation d'une entreprise qui sans cela aurait continué de glisser vers la cessation des paiements. Elle a l'inconvénient de priver les procédures collectives d'une partie de leur intérêt puisqu'elles ne pourront être que des procédures de liquidation, applicables seulement à des entreprises pratiquement insolvables. L'Administration se réserve les meilleurs cas et s'attribue le mérite de succès faciles. Mais elle laisse aux tribunaux les dossiers pratiquement insolubles, sans s'abstenir de critiquer pour autant le faible résultat des procédures collectives. Il y a là un phénomène malsain. Le droit italien adopte une solution inverse. La procédure de « liquidazione coatta controllata » est ouverte par un tribunal, mais la liquidation ou éventuellement l'élaboration d'un concordat, a lieu sous l'autorité des Pouvoirs publics [3].

---

1. T. Hatzigayos, *Les nouvelles tendances du droit de la faillite en Grèce* : Rev. jurisp. com., 1990, 1.
2. Derrida, Godé et Sortais, *op. cit.*, n° 8.
3. Soinne, *Traité des procédures collectives*, n° 103.

La contre-partie du caractère judiciaire de la procédure est souvent son excessive lenteur. Ainsi la France a été condamnée par la Cour européenne des droits de l'homme dans une liquidation où aucun acte de procédure n'avait été accompli pendant plus de dix ans [1].

La procédure suivie est originale en raison de son caractère collectif et déroge par conséquent sur de nombreux points au droit commun des procédures individuelles [2].

§ 4. – Le droit des entreprises en difficultés, droit de compromis

1027. – De l'égalité des créanciers à l'effacement des créanciers. Le droit des entreprises en difficultés est un droit de compromis, car même si la cassation des paiements n'est pas l'insolvabilité, il est peu probable que tous les créanciers pourront être payés intégralement à l'échéance initialement prévue. L'un des objectifs de la procédure est d'arbitrer les conflits entre créanciers, afin de leur assurer un traitement égal [3]. Le principe d'égalité des créanciers est une constante des procédures collectives [4]. Il a une double signification.

En premier lieu il implique une *participation obligatoire de tous les créanciers à la procédure collective*. Par conséquent dès le jugement d'ouverture les poursuites individuelles sont en principe arrêtées. Seul le représentant des créanciers peut agir pour le compte de tous (v. *infra*, n° 1239). Bien mieux, les actes conclus par le débiteur entre la cessation des paiements et le jugement d'ouverture sont susceptibles d'annulation, car il est fort probable que le co-contractant a voulu profiter des ultimes moments de liberté du débiteur pour traiter avec lui dans des conditions préférentielles (v. *infra*, n° 1316).

En second lieu, le principe d'égalité signifie que les *créanciers subissent, en principe, les mêmes délais de paiement et les mêmes réductions de leurs droits. Toutefois cette égalité ne s'applique pleinement qu'à ceux qui ont des droits identiques* c'est-à-dire les créanciers chirographaires. Les procédures collectives laissent subsister les sûretés, les actions directes contre des tiers et les actions en revendication, même si elles en diminuent les effets. Ce maintien des sûretés est justifié par l'intérêt du

---

1. CEDH 17 janvier 2002 : *D.*, 2002, 807 ; *Rev. jurisp. com.* 2002, 272, note J.P. Sortais.
2. F. Aubert, *La procédure des procédures collectives* : Mélanges A. Honorat, p. 7 – P. Cagnoli, *Essai d'analyse processuelle du droit des entreprises en difficulté*, 2002 – F. Derrida et P. Julien, *Le droit procédural du redressement et de la liquidation judiciaires et le droit judiciaire privé* : Mélanges P. Drai, p. 285 – J.L. Vallens, *Procédure civile et procédures collectives, les faux amis* : Mélanges A. Honorat, p. 245.
3. P.M. Le Corre, *Les créanciers face au redressement et à la liquidation des entreprises*, Presses universitaires Aix, 2000.
4. M. Cabrillac, *Les ambiguïtés de l'égalité entre les créanciers*, Mélanges Breton - Derrida, p. 31, Paris 1991 – F. Pollaud-Dulian, *Le principe d'égalité dans les procédures collectives*, *J.C.P.*, 1998, I, 138.

crédit. Autrefois, il avait une portée presque absolue. La loi de 1967 et surtout celle de 1985 ont notablement diminué les droits des créanciers titulaires de sûretés, portant ainsi une atteinte certaine au crédit. La loi du 10 juin 1994 a partiellement atténué ces excès en améliorant la situation des créanciers hypothécaires lorsque l'entreprise est mise en liquidation judiciaire [1]. Mais, bien que regrettables, ces réductions procèdent de la logique des procédures collectives, car si les droits des créanciers titulaires de sûretés s'exerçaient complètement, la quasi-totalité de l'actif du débiteur serait d'avance répartie entre eux, selon un ordre de préférence fixé par le droit civil. Lorsqu'on en viendrait aux créanciers chirographaires, c'est-à-dire à ceux pour qui les procédures collectives ont été instaurées, il ne resterait rien à distribuer [2]. Cependant les salariés qui ont juridiquement la qualité de créanciers, se voient appliquer un régime particulier car ils sont plus intéressés par le maintien des emplois que par le paiement des salaires, celui-ci étant généralement pris en charge par un organisme d'assurance (AGS).

Traditionnellement l'égalité se manifestait par la réunion des créanciers, ou au moins des créanciers chirographaires, dans une masse, qui prenait en charge leurs intérêts communs. Le syndic agissait au nom et pour le compte de la masse. En tant que personne isolée, le créancier ne jouait qu'un rôle effacé dans les procédures collectives.

Assez curieusement pour un projet élaboré par un gouvernement socialiste, la loi du 25 janvier 1985 a voulu mettre fin « au fétichisme du caractère collectif des procédures de règlement du passif » [3]. Selon les auteurs de la loi aucun intérêt collectif véritable ne contrebalancerait le jeu des égoïsmes individuels. La loi nouvelle ne fait donc plus référence à la masse des créanciers. Mais cette suppression est sans doute plus apparente que véritable, car on ne voit pas comment une procédure pourrait être collective sans que les créanciers aient certains intérêts communs. Ce sont seulement certaines conséquences techniques de l'existence de la masse qui ont été supprimées [4].

Ce changement de perspective appelle une appréciation nuancée. Certes il est ambitieux d'envisager un traitement de l'entreprise qui permette à la fois un redressement, un paiement des créanciers et un maintien des emplois. Mais une ambition excessive peut aussi conduire à un échec total, la procédure ne permettant ni de redresser l'entreprise, ni de payer les créanciers, ni de sauvegarder les emplois. En sacrifiant les créanciers, on lâche peut-être la proie pour l'ombre. Il faut, en effet, se rappeler que les banques n'accorderont des crédits aux entreprises que si elles peuvent faire jouer leurs garanties en cas de défaillance du débiteur. Dès lors la solution la plus rationnelle, qui a en

---

1. M. Cabrillac et P. Petel, *Juin 1994, le printemps des sûretés réelles*, *D.*, 1994, 243.
2. Derrida, *Le crédit et le droit des procédures collectives*, Etudes Rodière, p. 67, Paris, 1982 – Soinne, *Le paradoxe de l'entreprise éclatée*, *J.C.P.*, 1981, éd. CI, II, 13551.
3. Jeantin, *D.*, 1984, 395.
4. V. les obs. de MM. Gavalda, Patin et Stoufflet, *D.*, 1984, p. 23. V. *infra*, n° 1222.

partie inspiré la loi du 10 juin 1994, est d'imposer aux créanciers des sacrifices si le redressement de l'entreprise est plausible mais de leur permettre de faire jouer leurs sûretés si la liquidation est ordonnée.

Pour que l'égalité soit respectée, *les procédures doivent être transparentes* afin que chaque créancier connaisse les droits qui sont accordés aux autres. Par conséquent les principales décisions sont prises en audience publique et font l'objet de mesures de publicité. Néanmoins une amélioration de la transparence paraît souhaitable, car dans un domaine aussi sensible il ne faut pas donner l'impression que les décisions sont prises au mépris de l'intérêt général [1].

1028. – Le principe de l'unité de la procédure. L'égalité se manifeste également par le fait qu'il ne peut y avoir qu'une procédure collective par débiteur car celui-ci n'a qu'un seul patrimoine qui répond de l'ensemble de ses dettes (C. civ. art. 2092). : c'est le principe de l'unité. Même si le débiteur a des créanciers dans toute la France, *un seul tribunal est compétent pour apurer tout le passif grâce à tout l'actif*. Ce principe est facile à respecter en droit interne. Dans les relations internationales au contraire il peut y avoir pluralité, ce qui entraîne des inégalités. Sauf lorsqu'il existe une convention internationale, les créanciers sont plus ou moins bien payés selon que l'actif situé dans le pays est plus ou moins important par rapport au passif exigible dans ce même Etat (v. *supra*, n° 1019).

Enfin *la règle de l'égalité veut que le débiteur ne puisse pas faire l'objet d'une seconde procédure de redressement judiciaire tant que la première n'est pas terminée* [2]. En effet il serait difficile de traiter de manière égale les créanciers qui participent à ces deux procédures. Cette règle n'est cependant pas absolue, notamment lorsque le débiteur reprend une activité commerciale et cesse à nouveau ses paiements alors que la première procédure n'est pas achevée. Un tel enchevêtrement de procédures entraîne des difficultés presque insurmontables.

1029. – Plan. Les mesures applicables aux entreprises en difficultés seront examinées en suivant l'ordre chronologique.

Une *première partie* sera consacrée *au traitement extra-judiciaire des difficultés*, c'est-à-dire aux mesures qui interviennent avant la cessation des paiements.

Une seconde partie sera consacrée au *traitement judiciaire des défaillances*, c'est-à-dire à la procédure de redressement ou de liquidation judiciaire, qui s'ouvre dès la cessation des paiements.

---

1. Y. Guyon, *La transparence dans les procédures collectives*, Petites Affiches, 21 avril 1999.
2. Com. 19 février : *D.*, 2002, 2523, note Perdriau et Derrida ; *Rev. trim. dr. com.* 2002, 376, note J.P. Vallens – V. cep. Com. 4 février 2003 : *D.*, 2003, 1496, note V. Martineau – Bourgninaud.

**Tableau comparatif des mesures applicables
aux entreprises en difficultés
dans le régime de 1967 et dans le régime actuel**

Situation de l'entreprise	Régime de 1967	Régime actuel
Difficultés financières graves	Suspension provisoire des poursuites (Ord. 23 sept. 1967)	Prévention et règlement amiable (L. 1er mars 1984)
Cessation des paiements	Règlement judiciaire ou Liquidation des biens (L. 13 juill. 1967)	Redressement ou liquidation judiciaires (L. 25 janv. 1985)

Première partie

Le traitement extrajudiciaire des difficultés des entreprises

1030. – *Avantages et inconvénients du traitement extrajudiciaire des difficultés des entreprises.* Le traitement extrajudiciaire suppose que l'entreprise n'est pas encore en cessation des paiements. D'un côté, à ce stade, il a toutes les chances d'être efficace, car il est plus facile de prévenir que de guérir. Les difficultés des entreprises, comme les maladies des personnes physiques, sont d'autant plus aisément curables qu'elles sont prises à leur début. De ce point de vue la politique la meilleure consiste à maîtriser les créations d'entreprises, surveiller la gestion et réagir à temps en cas de difficulté [1].

Mais, d'un autre côté, le débiteur qui paye ses créanciers exécute toutes ses obligations. Le principe de la liberté du commerce et même celui de la liberté individuelle empêchent à juste titre de lui imposer des contraintes trop importantes.

Dans ce domaine délicat, trois impératifs doivent être respectés si l'on veut que le traitement extrajudiciaire permette le rétablissement des entreprises qui, laissées à elles-mêmes, seraient tôt ou tard en cessation des paiements.

---

1. E. Kerckhove, *Prévention et règlement amiable*, Rev. proc. coll., 1994, 441 – A.M. Romani, *Les techniques de prévention des risques de défaillance des entreprises* : Mélanges A. Honorat, p. 173 – M. Rouger, *Difficultés économiques et interventions judiciaires* : *ibid.*, 187.

Le premier impératif est la *rapidité*. La situation financière d'une entreprise risque de se dégrader très vite. On pourrait transposer aux défaillances des entreprises ce que le général Mac Arthur disait de l'histoire des guerres perdues. Les unes et les autres peuvent se résumer en deux mots « trop tard ». Trop tard pour comprendre les dangers des difficultés en puissance ; trop tard pour se préparer à les affronter ; trop tard pour unir les forces de résistance ; trop tard pour rallier ses amis. La loi doit instaurer des mécanismes d'alerte souples susceptibles d'être mis en œuvre rapidement par toute personne y ayant intérêt.

Le second impératif est la *discrétion* [1]. La révélation d'une difficulté passagère ou secondaire risque de porter atteinte au crédit de l'entreprise et de créer un mouvement de panique chez les salariés. La prévention précipiterait alors la catastrophe (cessation des paiements) qu'elle tendait à éviter. Les mesures de traitement extrajudiciaire doivent donc être confidentielles surtout à leur début [2].

Le troisième impératif est la *sécurité*. Les créanciers qui participent à un redressement amiable doivent être assurés qu'on ne leur demandera pas de nouveaux sacrifices et que l'accord conclu avec le débiteur ne risquera pas d'être annulé.

La loi du 1er mars 1984 s'est efforcée de concilier ces impératifs plus ou moins contradictoires. Elle prévoit trois séries de mesures, qui seront examinées dans autant de chapitres :
– la prévention,
– l'alerte,
– et enfin le redressement extrajudiciaire.

---

1. Y. Guyon, *La transparence dans les procédures collectives*, n° 15 : Petites Affiches, 21 avril 1999. – H.J. Nougein, Le juge de la prévention : *Rev. jurisp. com.* n° spéc. nov. 2002 p. 30 – M. Armand Prevost (sous la direction de), Secret et transparence dans le traitement des difficultés des entreprises : *Rev. jurisp. com.* sept. 2001.
2. Pour les mesures spécifiques applicables aux banques, V. L. 25 juin 1999 incorporée dans les articles L. 312-4 et suivants du Code monétaire et financier (H. Le Nabasque, *L'adaptation du droit des procédures collectives à la situation des établissements financiers* : Rev. dr. bancaire 1999, 148).

Chapitre I

La prévention des difficultés

1031. – Ambiguïtés de la prévention. La loi du 1ᵉʳ mars 1984 est le premier texte législatif officiellement consacré à la prévention des difficultés des entreprises. L'innovation est cependant moins grande qu'il ne paraît au premier abord. Toute règle juridique contribue à la prévention des difficultés, dans la mesure où elle facilite le bon fonctionnement et le développement des entreprises. Beaucoup de lois antérieures faisaient donc de la prévention sans le proclamer ouvertement [1].

Le vocabulaire utilisé ici a une connotation plus médicale ou militaire que juridique, car prévenir c'est à la fois soigner et défendre. La loi du 1ᵉʳ mars 1984 édicte des règles disparates et peu spécifiques, qui ne sont certainement pas les seules mesures de prévention envisageables mais qui sont peut-être les plus efficaces et les plus raisonnables.

Cette première ambiguïté est aggravée par une seconde. Les mesures édictées par la loi de 1984 s'appliquent aux entreprises quelle que soit leur situation financière car, par hypothèse, la prévention intéresse des entreprises encore saines. En effet, de même que tout bien portant est un malade qui s'ignore, de même toute entreprise rentable est potentiellement une entreprise en difficulté. Par conséquent la prévention a un domaine d'application qui ne dépend pas de la situation financière de l'entreprise.

La loi de 1984 s'oriente dans une double direction : la prévention par l'information et la prévention par le financement.

En revanche la loi de 1984 a heureusement écarté une troisième technique qui aurait consisté à contrôler l'opportunité des constitutions d'entreprises. Il faut s'en féliciter, car un tel contrôle aurait été à la fois

---

1. A. Couret, N. Morvilliers et G. de Sentenac, *Le traitement amiable des difficultés des entreprises*, Economica, 1995.

contraire à la liberté du commerce et économiquement inefficace, comme l'a montré l'effondrement des économies socialistes.

SECTION I
La prévention par l'information

1032. – Importance de l'information. Un chef d'entreprise ne peut pas redresser une situation qui commence à se dégrader s'il ignore la nature et l'importance des difficultés qu'il rencontre. L'information précède nécessairement l'action et constitue par conséquent un outil de gestion indispensable [1]. Les dirigeants doivent savoir si, à court terme, l'entreprise disposera de ressources suffisantes pour faire face à ses dettes exigibles. Mais ils doivent aussi se préoccuper de la continuité de l'exploitation à moyen et à long terme en gérant correctement leur endettement [2].

La loi du 1er mars 1984 commence par s'inscrire dans le même mouvement que la loi du 24 juillet 1966 sur les sociétés commerciales. Elle perfectionne l'information classique tournée vers le passé. Mais elle innove aussi en instaurant, dans certaines entreprises, une information prévisionnelle.

On se bornera à donner sur ces deux points des indications sommaires, car la matière relève tout autant du droit des sociétés que du droit des entreprises en difficultés [3].

§ 1. – L'amélioration de l'information tournée vers le passé

1033. – Réformes récentes en matière d'information des associés. Plusieurs lois récentes modifient sur de nombreux points la loi du 24 juillet 1966, afin d'améliorer l'information donnée aux associés et au public. On rappellera les traits dominants d'une matière supposée connue.

1) *L'information est plus globale.* En effet, jusqu'ici, l'information était donnée au sein de chaque société. Mais l'information sur le groupe, auquel appartient souvent une société, était très embryonnaire.

Toutes les sociétés d'une certaine importance [4] qui contrôlent d'autres entreprises doivent désormais :

---

1. P. Catala, *Ebauche d'une théorie juridique de l'information*, D., 1984, 97 – J.-P. Jobard, P. Navatte et P. Raimbourg, *Finance*, p. 451, 1994.
2. A. Sayag et M. Jeantin (sous la direction de), *L'endettement mode de financement des entreprises*, Creda 1997.
3. V. les obs. de MM. Peyramaure et Le Cannu ds le numéro spécial de la *Revue de jurisp. com.*, févr. 1986.
4. V. les seuils fixés par l'art. 248-14 du décret du 23 mars 1967 modifié par le décret du 17 janvier 1990.

– *publier des comptes consolidés* c'est-à-dire des comptes qui récapitulent, dans un document unique, la situation et les résultats de toutes les entreprises du groupe (art. L. 233-16) ;
– *et faire vérifier et certifier ceux-ci par les commissaires* en fonction dans la société-mère (art. L. 225-235)[1].

Cette information synthétique contribue à la prévention des difficultés en faisant connaître aux associés de la société-mère la situation véritable du groupe alors qu'ils auraient pu être abusés par des informations relatives à la seule société-mère.

L'innovation est cependant moins grande qu'il n'apparaît car, en raison des incitations de la COB, les sociétés cotées publiaient déjà des comptes consolidés.

La loi du 15 mai 2001 impose aux associés de la société mère d'approuver les comptes consolidés (art. L. 225-100). Cette mesure laisse perplexe car les comptes ne sont que la synthèse de ceux déjà arrêtés par les sociétés du groupe. Comment dès lors les associés de la société-mère pourraient-ils approuver et par conséquent assumer la responsabilité d'un ensemble dont ils ne maîtrisent pas les composantes ?

2) *L'information est de meilleure qualité.* En effet la loi du 1er mars 1984 a rajeuni le statut des commissaires aux comptes, réalisant la réforme la plus importante intervenue depuis la loi du 24 juillet 1966[2]. La loi sur la sécurité financière du 1er août 2003 va dans le même sens. L'indépendance des commissaires est renforcée par la création d'un Haut Conseil du Commissariat aux comptes. Leur domaine d'intervention est étendu à toutes les personnes morales d'une certaine importance, y compris les associations. Leurs honoraires sont calculés d'une manière plus rationnelle (Décr. 3 juill. 1985, art. 42 et s.).

Les informations données par les dirigeants et contrôlées par les commissaires aux comptes sont donc encore plus fiables que dans le passé[3].

La qualité de l'information est également améliorée par les contrôles opérés par la COB devenue AMF lorsque la société fait publiquement appel à l'épargne. Notamment depuis la loi du 2 août 1989, la COB peut à la fois édicter une réglementation et en assurer le respect en prononçant des injonctions ou des amendes administratives[4].

3) *Enfin, l'information est mieux diffusée.* Le décret du 29 novembre 1983 a amélioré la *publicité donnée aux comptes annuels des sociétés et au rapport de gestion.*

---

1. P. Feuillet, *La consolidation des comptes*, Rev. soc., 1986, 173.
2. A. Sayag et A. Palmade, *Le commissariat aux comptes en proie aux réformes*, Rev. soc., 1985, 339.
3. R. Castell et F. Pasqualini, *Le commissaire aux comptes*, Economica 1995 – J. Moneger et T. Granier, *Le commissaire aux comptes*, Dalloz 1995.
4. Y. Guyon, *Droit des affaires*, t. I, n° 778-1.

D'une part, l'obligation de déposer les comptes au greffe, où tout intéressé peut en prendre connaissance, a été étendue des sociétés anonymes aux SARL et aux sociétés en nom collectif dont tous les associés sont des sociétés (Décr. 2 août 1994 – Décr. 23 mars 1967, art. 44-1). Ce dépôt doit s'accompagner de la publication d'un avis au BODAC dont l'utilité est cependant discutable (art. 13-2, 44-2 et 293).

D'autre part le rapport des commissaires aux comptes doit être déposé en même temps que les comptes (Décr. 23 mars 1967, art. 293). Ce rapport est utile, car il peut contenir des observations ou des réserves, qui restreignent la fiabilité des comptes.

Les comptes et leurs annexes peuvent être consultés soit au greffe soit par minitel.

Grâce à cette publicité, les partenaires d'une entreprise (banquiers, fournisseurs, clients, sous-traitants, salariés, etc.) peuvent obtenir rapidement et discrètement des informations sur sa situation financière. Le seul inconvénient est que ces informations sont un peu anciennes. Elles sont toutefois utiles car la situation d'une entreprise saine ne se modifie pas en quelques mois.

Malheureusement cette obligation est mal respectée, ce qui est regrettable car l'omission du dépôt des comptes est souvent le révélateur d'une situation compromise. Néanmoins toute personne y ayant intérêt peut demander la désignation d'un mandataire « *ad hoc* » chargé d'effectuer cette formalité (art. L. 123-5-1 nouveau)[1].

Les sociétés civiles, les coopératives agricoles et les associations doivent aussi tenir une comptabilité et désigner un commissaire aux comptes dès lors qu'elles atteignent une certaine dimension (art. L. 612-1 – Décr. 1er mars 1985, art. 22). Les nombreux abus qui se produisent dans le monde associatif montrent que ces mesures sont insuffisantes.

Ces mesures, déjà intéressantes en elles-mêmes, ont été complétées par l'instauration d'une information prévisionnelle.

§ 2. – L'instauration d'une information prévisionnelle

1034. – L'information prévisionnelle est nécessaire à la prévention des difficultés, car prévenir c'est prévoir et prévoir c'est aussi prévenir car la connaissance des difficultés qui menacent les entreprises incitera les dirigeants à tenter de les éviter.

La loi du 1er mars 1984 a instauré deux sortes d'informations prévisionnelles, les unes obligatoires, les autres facultatives.

A. *L'information prévisionnelle obligatoire*

1035. – *Domaine de l'information prévisionnelle.* L'information prévisionnelle est obligatoire dans les *entreprises importantes*,

---

1. Y. Guyon, *Droit des affaires*, t. I, n° 418 – Com. 15 juin 1999 : Rev. soc., 1999, 607, note P. Fortuit ; Rev. trim. dr. com. 1999, 876, note C. Champaud.

c'est-à-dire essentiellement les sociétés qui emploient au moins 300 salariés ou dont le chiffre d'affaires hors taxes annuel est égal ou supérieur à 18 millions d'euros (art. L. 232-2 et décr. 23 mars 1967, art. 244). Ce critère tiré de la dimension est, par certains côtés explicable. Dans les petites entreprises, la prévision peut se faire de manière empirique, sans avoir besoin d'établir les documents complexes et coûteux prévus par la loi de 1984. Cependant ce critère aurait pu être complété par une référence au degré d'endettement de l'entreprise. En effet, si celle-ci a uniquement des capitaux propres, l'information prévisionnelle est moins utile.

1036. – Contenu de l'information prévisionnelle. La loi du 1er mars 1984 oblige ces entreprises à établir quatre documents [1].

Les deux premiers ne sont pas véritablement prévisionnels, mais préparent et précèdent la prévision proprement dite. Il s'agit :
– de la *situation de l'actif réalisable et disponible et du passif exigible*. L'entreprise peut ainsi savoir si elle est ou non menacée par une cessation des paiements, c'est-à-dire par l'impossibilité de régler le passif exigible avec l'actif disponible ;

> La terminologie utilisée par l'article L. 232-2 est assez surprenante.
> D'une part, on ne comprend pas ce qu'est le passif exigible car, l'entreprise n'étant pas en état de cessation des paiements, il ne devrait pas y avoir de passif exigible non payé. Sinon le stade de la prévention est dépassé et la procédure de redressement judiciaire doit s'ouvrir immédiatement. L'article L. 232-2 vise donc sans doute soit le passif dont l'échéance, non encore survenue, est cependant déjà déterminée, soit le passif échu, mais non encore réclamé.
> D'autre part, la notion d'actif réalisable n'a pas grande signification. L'article L. 232-2 indique qu'il ne s'agit pas de l'actif immobilisé, puisque les valeurs d'exploitation sont exclues. Mais il ne s'agit pas non plus de l'actif disponible. L'actif réalisable comprend donc vraisemblablement les stocks. Mais la valeur de ceux-ci est difficile à apprécier.

– d'un *tableau de financement* ou tableau des emplois et des ressources, qui décrit la manière dont au cours de l'exercice écoulé les ressources de l'entreprise ont permis de faire face à ses besoins.
Les deux autres documents prévus par l'article L. 232-2 ont véritablement un caractère prospectif. Il s'agit :
– du *compte de résultats prévisionnels*. Il constitue le pendant des comptes de résultat qui récapitulent les produits et les charges de l'exercice écoulé (art. L. 123-13, al. 2) ;
– et du *plan de financement*. Il permet de s'assurer que les besoins prévisibles seront couverts par un financement adapté et que

---

1. Y. Guyon, *L'information prévisionnelle*, J.C.P., 1985, éd. E, I, 14608 – J.-P. Jobard, *Gestion financière de l'entreprise*, n° 747.

l'entreprise ne risquera pas de se trouver dans une situation difficile ou même en cessation des paiements. Bien entendu ce plan reste indicatif, car les ressources des entreprises commerciales ne sont pas toutes connues à l'avance, contrairement à celles des personnes morales de droit public. Il paraît souhaitable que la durée de ce plan dépasse celle du prochain exercice.

1037. – Diffusion de l'information prévisionnelle. A la différence des comptes annuels, les documents prévisionnels ne font pas l'objet d'une publicité, car ils contiennent des informations qui peuvent porter atteinte au crédit de l'entreprise. Leur diffusion est restreinte à trois catégories de bénéficiaires (Décr. 23 mars 1967, art. 244-4)[1].

D'une part, ces documents sont immédiatement communiqués au *comité d'entreprise*. Les membres de cet organisme sont tenus à une obligation de discrétion (C. trav., art. L. 432-4). On peut cependant craindre que le comité n'attire l'attention des salariés sur des informations alarmantes, ce qui risque de compromettre encore davantage la situation de la société.

D'autre part, ces informations sont communiquées aux *commissaires aux comptes*. La règle est logique car les commissaires doivent savoir tout ce qui se passe dans la société. Cette communication peut être le prélude d'une procédure d'alerte (v. *infra*, n° 1051). Comme les commissaires sont tenus au secret professionnel, aucune indiscrétion n'est à craindre (art. L. 225-240).

Enfin, les informations prévisionnelles sont portées à la connaissance du *conseil de surveillance, lorsqu'il en existe un*.

En revanche, les associés ne sont tenus au courant qu'à l'occasion de l'assemblée générale annuelle (art. L. 232-3). Livrées à l'état brut, les informations prévisionnelles risqueraient d'être dangereuses car un associé peu averti pourrait prendre ces prévisions pour des certitudes. Les dirigeants de l'entreprise doivent donc les commenter, dans un rapport écrit, qui souligne la pertinence et la cohérence des prévisions. En réalité, ce rapport n'est déjà qu'à demi prospectif car, au moment où il est présenté aux associés, c'est-à-dire généralement à la fin du mois de juin, l'exercice est déjà partiellement écoulé. Cette tardiveté est regrettable car les associés sont informés après tous les autres, alors pourtant qu'ils courent des risques, si la situation financière continue de se dégrader[2].

1038. – Sanctions. Le non-respect des règles gouvernant l'information prévisionnelle constitue une irrégularité, mais ne donne pas lieu à sanctions spécifiques. Le commissaire aux comptes doit signaler le fait dans un rapport spécial qu'il adresse aux dirigeants, et qui

---

1. Rép. min. 12 janv. 1987, *J.C.P.*, 1987, éd. E, II, 14907 ; Rev. soc., 1987, 334.
2. Brunet et Germain, *L'information des actionnaires et du comité d'entreprise dans les sociétés anonymes depuis les lois de 1982, 1984 et 1985*, Rev. soc., 1985, 1.

est communiqué au comité d'entreprise (art. L. 232-3 et 232-4). La responsabilité civile des dirigeants peut être engagée dans les conditions de droit commun si l'absence ou l'inexactitude des informations prévisionnelles cause un dommage à la société ou à des tiers.

L'information prévisionnelle est certainement un bon outil de prévention des difficultés. Des précautions s'imposent cependant pour éviter toute confusion, dans l'esprit des associés et des tiers, entre l'information prévisionnelle et l'information portant sur un exercice social écoulé. En effet la première est, de par son objet même, beaucoup moins fiable que la seconde. Pour cette raison il vaut mieux parler de documents prévisionnels plutôt que de comptabilité prévisionnelle et s'en tenir à des indications très générales.

B. *L'information prévisionnelle facultative*

1039. – Groupements de prévention agréés. Les entreprises qui n'atteignent pas la dimension prévue par la loi du 1er mars 1984 peuvent, à titre facultatif, tenir une comptabilité prévisionnelle analogue à celle imposée aux grandes entreprises. Toutefois, comme le mécanisme légal est lourd et coûteux, il est probable que peu d'entreprises se soumettront volontairement à cette contrainte. Or, les petites et les moyennes entreprises sont souvent celles dans lesquelles les dirigeants sont les plus mal informés. L'inexpérience, lorsque l'entreprise est récente, ou la routine lorsqu'elle est plus ancienne, les empêche de voir venir les difficultés.

Les entreprises immatriculées au registre du commerce ou au répertoire des métiers peuvent adhérer à des *groupements de prévention agréés* (art. L. 611-1 modifié par la loi 2003-721) (Décr. 27 août 1985). Ces groupements s'inspirent de la même idée que les centres de gestion agréés qui, sous le contrôle de l'Administration, donnent à leurs adhérents une assistance technique en matière fiscale et leur permettent de bénéficier d'abattements supplémentaires [1].

> L'adhérent fournira régulièrement au groupement des informations comptables et financières. Celui-ci les analysera, avec notamment l'aide de la Banque de France, et informera le chef d'entreprise des indices de difficultés qu'ils révèlent éventuellement. Cette information aura un caractère confidentiel. Si le chef d'entreprise le souhaite, le groupement pourra faire procéder à une expertise plus approfondie. Enfin, le groupement pourra faciliter à ses adhérents l'octroi de crédits bancaires qui permettront de passer un cap difficile.

La réforme est excellente, car le dépistage des difficultés suppose une comparaison avec la situation des entreprises ayant des activités similaires. Or, le chef d'entreprise ne dispose pas de ces éléments de

---

1. C. Saint-Alary Houin, *Droit des entreprises en difficulté*, n° 116 – D. Legeais, *Les groupements de prévention agréés*, *J.C.P.*, 1987, éd. E, II, 15066.

comparaison, en raison du secret des affaires et du caractère encore imparfait des mesures de publicité financière imposées aux sociétés. Toutefois il ne faudrait pas que ces groupements se transforment en instruments d'une co-gestion insidieuse des entreprises par l'Administration fiscale. La réussite de l'expérience suppose donc que les groupements soient indépendants de l'Administration et se limitent à leur mission d'information. Jusqu'ici d'ailleurs peu de groupements se sont constitués, leur utilité ayant été mal comprise par les industriels et les commerçants, qui préfèrent avoir recours à des conseils en gestion.

Les groupements sont responsables envers leurs adhérents et les tiers dans les conditions de droit commun.

SECTION II
La prévention par le financement

1040. – Insuffisance des fonds propres. Presque toutes les entreprises françaises souffrent d'un endettement excessif qui les rend vulnérables car elles doivent rembourser le principal et payer les intérêts, même si leurs bénéfices sont moins importants que prévu [1]. La meilleure mesure de prévention consiste donc à *développer* ou à *reconstituer les fonds propres.*

Bien qu'employé de plus en plus souvent, le terme « fonds propres » n'a pas de signification juridique précise. Dans les entreprises individuelles, les fonds propres sont les actifs de l'exploitant, même s'ils ne sont pas affectés à un usage professionnel, car l'intéressé n'a qu'un patrimoine. Ces fonds se distinguent aisément des fonds empruntés. Dans les sociétés les fonds propres comprennent les capitaux et les réserves, c'est-à-dire les fonds qui appartiennent à la société [2]. Mais on y englobe les prêts participatifs et certains emprunts obligataires à long terme. On parle alors, de quasi-fonds propres ou de fonds assimilables à des capitaux propres pour montrer que, sans avoir la nature juridique du capital ou des réserves, ces fonds ont une stabilité presque aussi grande.

Plusieurs séries de mesures ont été prises récemment afin d'améliorer et de reconstituer les fonds propres [3].

Ici encore on se bornera à quelques rappels, car la matière relève surtout du droit des sociétés.

---

1. Conseil économique et social, *Les relations de l'entreprise avec les institutions financières*, J.O., Avis et rapports du CES, 1989, n° 2 – *Epargne et financement des investissements productifs à l'horizon 1993*, ibid., 1991, n° 24.
2. J. Stoufflet, *Les capitaux propres* : Rev. soc., 1986, 541.
3. H. Blaise, *Les fonds propres de l'entreprise* : Mélanges Derruppé, p. 215, Paris 1991 – A. Brunaud, *L'investissement des entreprises* : Rapport du Conseil économique, 1998, n° 3 – Y. Reinhard, *L'actif net des sociétés* : Mélanges Roblot, p. 297, Paris 1984.

§ 1. – Le renforcement des fonds propres

1041. – Réformes tendant à augmenter les fonds propres. Les mesures tendant au renforcement des fonds propres sont nombreuses et relativement anciennes. Elles se sont succédées, avec des succès divers, depuis la loi du 13 juillet 1978, dite loi Monory. Les plus importantes d'entre elles sont les suivantes :

1) *Le capital minimum des sociétés a été rehaussé.* Ainsi le capital des sociétés anonymes est passé de 100 000 à 250 000 F soit 37 000 euros (L. 30 déc. 1981) et celui des SARL de 20 000 à 50 000 F soit 7 500 euros (L. 1er mars 1984). Ces minimums n'avaient pas été modifiés depuis la mise en application de la loi du 24 juillet 1966.

La portée de cette double réforme est cependant réduite :
– D'une part ces minima demeurent faibles, compte tenu des investissements nécessaires au lancement d'une affaire, même de dimension modeste. La nouvelle société aura presque toujours besoin de prêts bancaires nettement supérieurs aux apports des associés [1].

Un nouveau rehaussement du capital minimum avait été envisagé en 1994. Il a été abandonné au motif, peu convaincant, qu'il ne fallait pas rendre plus difficile la constitution des sociétés. Cependant lors de la constitution d'une société anonyme les apports en numéraire doivent désormais être libérés immédiatement de la moitié et non plus seulement du quart de leur valeur nominale (art. L. 225-3).

D'autre part depuis la loi n° 2003-721 du 1er août 2003 les SARL peuvent se constituer avec un capital d'un euro seulement (C. com. art. L. 223-2). De telles sociétés sont financièrement vulnérables et ne trouveront de crédit qui si les associés acceptent de s'en porter caution.

La constitution d'une société avec un capital d'un montant insuffisant en égard à ses besoins de financement est une faute qui engage la responsabilité des fondateurs [2].

2) *Les augmentations de capital ont été facilitées.* Notamment la renonciation au droit préférentiel de souscription a été assouplie. Les actionnaires peuvent également choisir de réinvestir leur dividendes en actions nouvelles au lieu de les percevoir en numéraire (art. L. 232-18). Enfin certaines incitations fiscales – encore timides – ont rendu les augmentations de capital plus attrayantes [3].

Les réformes de fond ont été complétées par la loi du 8 août 1994 qui a simplifié les formalités des augmentations de capital, notamment en

---

1. Y. Guyon, *Droit des affaires*, t. I, n° 481.
2. Com. 19 mars 1996, *Rev. soc.*, 1996, 840, note T. Bruguier. – 16 oct. 2001 : *Bull.* IV, n° 167, p. 158.
3. Y. Guyon, *Droit des affaires*, t. I, n° 427 et s.

assouplissant les autorisations ou les délégations données par l'assemblée extraordinaire des actionnaires aux dirigeants [1].

3) *Enfin, de nouvelles formes de valeurs mobilières ont été créées.* Elles offrent à l'épargnant des titres mixtes, à mi-distance de l'action (titre d'associé) et de l'obligation (titre de créance). L'épargnant a donc une gamme de choix plus étendue que par le passé. On espère qu'il sera ainsi incité à placer son argent en valeurs mobilières plutôt qu'en d'autres formes de placement moins productifs [2].

Ces titres mixtes sont :
– les *actions à dividende prioritaire* sans droit de vote. Toutefois, le droit de vote est de nouveau accordé au souscripteur si le dividende prioritaire n'est pas payé pendant trois exercices (art. L. 228-14) ;
– les *certificats d'investissement*, qui donnent à leurs titulaires les prérogatives pécuniaires des actionnaires, mais non le droit de vote. Contrairement au cas des actions à dividende prioritaire sans droit de vote, ce droit n'appartient jamais au titulaire de ces titres, même si la société ne distribue aucun dividende. Ces certificats emportent une dissociation complète entre le titre d'actionnaire et les droits pécuniaires qui en découlent [3].
– les *titres participatifs*, constatant des créances de dernier rang mais donnant droit à des intérêts plus élevés que ceux d'un prêt chirographaire ou garanti par une sûreté (CMF, art. L. 213-32 et s.). Leur émission est réservée aux sociétés du secteur public et aux coopératives. Habituellement ils ne sont remboursables que lors de la dissolution de la société ;
– depuis la loi du 14 décembre 1985, les sociétés peuvent émettre des *valeurs mobilières composées ou innommées*, c'est-à-dire des combinaisons de titres non expressément prévues par la loi permettant de convertir une créance en un titre représentant une quotité du capital social (art. L. 228-91). Il peut s'agir par exemple d'obligations à bons de souscription d'actions ou de bons secs (art. L. 228-95). Ces mécanismes de financement sont avantageux pour le souscripteur qui ne convertit son titre de créance en action que si la parité d'échange ou de conversion lui est favorable parce que le cours des actions a monté. En revanche, vu du côté de la société émettrice, ces produits financiers ne sont pas aussi sûrs que les émissions d'actions, car le titulaire du titre de créances n'est jamais obligé de le transformer en titre de capital. Il peut préférer en demander le remboursement, ce qui risque, le cas échéant, de compromettre l'équilibre financier de la société émettrice ;

---

1. B. Saintourens, *Les réformes du droit des sociétés par la loi du 8 août 1994*, Rev. sociétés, 1994, 625.
2. Y. Guyon, *Traité des contrats, Sociétés (aménagements statutaires et conventions entre associés)*, 5 éd., n° 70 et s.
3. Bouloc, *Les nouvelles valeurs mobilières*, Rev. soc., 1983, 501.

– enfin une société peut émettre des obligations remboursables en actions. Le titulaire de ces titres est un actionnaire à terme car lors de l'échéance il n'aura aucune faculté de choix.

Ce dispositif juridique s'est accompagné de nombreuses incitations fiscales [1].

> Le résultat de ces réformes est mitigé. D'un côté la Bourse a connu un spectaculaire regain d'activité. D'un autre côté certains épargnants semblent désorientés par ce foisonnement de nouvelles formes de valeurs mobilières entre lesquelles le choix n'est pas toujours facile et sur lesquelles ils ne sont pas suffisamment renseignés.

La prévention ne consiste pas seulement à contribuer au développement des entreprises. Elle doit aussi aider à surmonter les difficultés qui se présentent.

§ 2. – La reconstitution des fonds propres

1042. – Règles applicables aux sociétés anonymes et aux SARL. La perte des fonds propres est un phénomène inquiétant, qui annonce une cessation des paiements si des mesures énergiques ne sont pas prises [2].

La loi de 1966 a prévu un régime particulier applicable aux SARL et aux sociétés anonymes lorsque les capitaux propres sont devenus inférieurs à la moitié du capital c'est-à-dire, en termes plus simples, en cas de perte de la moitié du capital social (art. L. 223-42 et 225-248). Par exemple le capital est de 500 euros, mais l'actif n'est plus que de 200 euros. Dans les quatre mois de la constatation de cette perte, les associés doivent être consultés spécialement pour décider s'il y a lieu à dissolution ou à continuation. S'ils optent pour cette seconde solution, la perte du capital fait l'objet d'une publicité et doit être comblée dans un délai de deux ans par de nouveaux apports ou par la mise en réserve de bénéfices. Ce recomplètement doit permettre à l'actif d'être à nouveau au moins égal à la moitié du capital. Sinon ou bien le capital doit être réduit, ce qui n'est possible que s'il est supérieur au minimum légal, ou bien la société doit se transformer.

Si l'assemblée générale ne prend aucune décision dans le délai légal de 4 mois ou 2 ans, tout intéressé peut demander en justice la dissolution de la société. Mais le tribunal peut accorder à la société un délai de 6 mois pour régulariser (art. L. 232-42 et 225-248 avant dernier alinéa).

---

1. J.-P. Le Gall, *Quelques réflexions sur la fiscalité des capitaux propres des sociétés*, Rev. soc., 1986, 375.
2. S. Dana-Demaret, *Le capital social*, n° 271, Paris, 1989 – Paillusseau et Petiteau, *Les difficultés des entreprises*, n° 39.

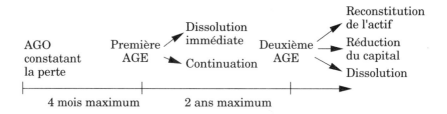

Un régime voisin s'applique dans les associations qui émettent des valeurs mobilières (CMF, art. L. 213-8).

Ce régime assez contraignant est justifié. Il n'est pas normal qu'une société puisse indéfiniment continuer de fonctionner alors qu'elle a perdu une part substantielle de ses fonds propres. Cependant les mesures de publicité qui lui sont imposées compromettent son crédit et risquent de compliquer son redressement.

*
* *

1043. – Conclusion. Ces mesures de prévention sont intéressantes mais insuffisantes. La véritable prévention, et la seule pleinement efficace, consisterait à *créer un environnement favorable aux entreprises* en levant les innombrables charges et contraintes artificielles qui entravent leur fonctionnement. On éviterait ainsi l'apparition ou le développement de beaucoup de difficultés. De ce point de vue, les mesures de libéralisation édictées par l'ordonnance du 1er décembre 1986, et notamment le retour à la liberté des prix, contribuent de manière efficace à la prévention des difficultés [1].

Un avis du Conseil national de la consommation du 17 décembre 1998 préconise la mise en place de mécanisme de *prévention des situations de surendettement des particuliers* [2]. Il s'agirait notamment de créer des guichets uniques de proximité susceptibles de conseiller et d'assister les personnes en situation économique difficile. En outre une certaine moralisation de la publicité en matière de crédits paraît souhaitable.

Mais prévenir ne suffit pas. Il faut aussi organiser la résistance, lorsqu'apparaissent des indices de difficultés sérieuses.

---

1. Tézenas du Montcel, *L'entreprise, de la liberté à la contrainte*, *Cahier de droit de l'entreprise*, 1986, n° 5, p. 3.
2. BOCC 1998, 784.

Chapitre II

L'alerte

1044. – *De la prévention à l'alerte*. Il n'est pas facile de distinguer l'alerte de la prévention [1].

Théoriquement la prévention a un domaine général et un caractère objectif. Elle s'applique indépendamment de la situation de l'entreprise, voire aux seules entreprises saines, car lorsque la difficulté apparaît c'est que la prévention a échoué. Au contraire, *l'alerte consiste à découvrir les indices de difficultés, afin d'organiser rapidement et discrètement une résistance efficace* (v. *supra*, n° 1030).

En pratique cependant la distinction tend à s'estomper. Beaucoup de mesures peuvent être considérées soit comme des mécanismes de prévention soit comme des mécanismes d'alerte, car on ne sait pas très bien si la situation de l'entreprise est encore normale ou déjà difficile. Cette confusion est encore aggravée par le fait que le terme alerte, qui est d'origine militaire, évoque à la fois une idée de connaissance et une idée de défense. L'alerte permet de ne pas être surpris par l'attaquant, d'avoir le temps de réagir. Elle n'a pas pour objet de préparer la capitulation mais d'organiser la résistance.

L'alerte a donc un double aspect, d'abord un dépistage des difficultés puis une révélation de celles-ci au chef d'entreprise afin de lui permettre de réagir à temps.

SECTION I
Le dépistage des difficultés

1045. – *Le dépistage doit s'envisager de deux manières*. D'un point de vue global, ou macro-économique, il consiste à rechercher quelles sont les causes qui entraînent le plus souvent la vulnérabilité financière des entreprises. D'un point de vue individuel, ou micro-

---

1. Sur la prévention en général, v. J.-M. Auby, *Le droit de la santé*, p. 217, 1981.

économique, il revient à rechercher les indices qui, dans une entreprise donnée, permettent de découvrir les difficultés à un moment où leur traitement est encore facile.

§ 1. – L'aspect global : les causes des difficultés des entreprises

Il est intéressant pour les juristes de connaître, même sommairement, l'origine des difficultés financières, car les conséquences de celles-ci et les remèdes qui permettront de les surmonter varieront en fonction de cette origine [1].

1046. – Causes internes. Certaines causes sont internes à l'entreprise. *Ce sont les plus graves, mais celles dont l'existence est relativement facile à déceler.*

1) Les unes ont un *aspect juridique.* Notamment il arrive fréquemment que la forme de la société ne corresponde pas à la dimension de l'entreprise. Théoriquement les SARL conviennent bien aux petites et moyennes entreprises, et les sociétés anonymes aux affaires importantes. Or, le droit fiscal et le droit de la Sécurité sociale ont longtemps indûment privilégié les sociétés anonymes, de telle sorte que beaucoup de petites entreprises se sont constituées sous cette forme qui est juridiquement trop lourde eu égard à leur dimension. A l'inverse, certaines associations ont une activité commerciale pour laquelle elles ne sont pas faites. Le contrôle des sociétaires sur les dirigeants est alors le plus souvent inexistant, ce qui peut conduire à des catastrophes [2].

Les statistiques confirment cette impression en montrant que certaines formes de sociétés sont nettement plus vulnérables que d'autres notamment les SARL. [3]

2) D'autres causes proviennent d'une *mauvaise gestion* de l'entreprise.

Certains facteurs peuvent diminuer ou annuler la *rentabilité* de l'entreprise. Les stocks sont trop importants comparés au chiffre d'affaires. Les frais généraux sont trop élevés et le personnel trop nombreux ou bénéficiaire d'avantages ou de salaires nettement supérieurs à ceux accordés par les entreprises concurrentes. L'entreprise occupe des locaux trop vastes ou trop luxueux. Les investissements sont insuffisants de telle sorte que l'entreprise, produisant avec un matériel vétuste, ne peut pas profiter des progrès de la technologie.

La mauvaise gestion peut aussi avoir un aspect *financier.* Trop d'entreprises au lieu d'avoir un capital suffisant, font appel au maximum à des financements externes (découverts, avances en compte

---

1. CREDA, *L'application du droit de la faillite*, p. 89, Litec, 1982.
2. S. Castro et N. Alix, *L'entreprise associative* n° 54, Economica 1990.
3. Rép. min. 13 oct. 1980, *J.C.P.*, 1981, IV, 8.

courant, escompte, etc.) et recourent au crédit-bail pour l'acquisition de leurs immeubles et de leur matériel. Ces entreprises ne disposent d'aucune réserve. Elles sont sur la corde raide et le moindre incident fait figure de catastrophe. *L'insuffisance des fonds propres et corrélativement le recours excessif à l'endettement, sont à l'origine de presque toutes les défaillances d'entreprises* (v. *supra*, n° 1040)[1].

3) Enfin, il ne faut pas oublier les *causes humaines*, comme les mésententes entre associés, les conflits sociaux et surtout les *déficiences de la direction ou du contrôle*, liées à un vieillissement de celle-ci, aux difficultés de la transmission du pouvoir à une nouvelle génération ou à une incapacité de s'adapter à une évolution de l'environnement[2].

Ces défaillances se sont manifestées notamment dans certaines sociétés nationalisées où les dirigeants ont imprudemment laissé les dirigeants des filiales se lancer dans des spéculations immobilières catastrophiques (Crédit Lyonnais, Crédit foncier, GAN, etc.). Elles ont aussi atteint beaucoup de « start up » qui ont imprudemment tablé sur le développement des technologies liées à la télécommunication et à l'internet.

1047. – Causes externes. D'autres causes sont imputables à une *évolution de l'environnement*. Tantôt l'évolution défavorable est prévisible, comme par exemple la concurrence résultant de l'implantation à proximité d'un commerçant détaillant d'un magasin à grande surface, ou une modification des facteurs locaux de commercialité (commerce d'alimentation installé dans un quartier qui se transforme en quartier de bureaux).

Tantôt l'évolution défavorable est *imprévisible*. Il s'agit essentiellement des événements internationaux (notamment les fluctuations des cours des matières premières ou des devises, les troubles dans les pays où l'entreprise a une clientèle importante, etc.), d'un changement de politique (blocage des prix ; augmentation des impôts et des charges sociales) ou de la *défaillance d'un partenaire* (un client ne paye pas ; un fournisseur ne livre pas ; une entreprise qui avait été cautionnée ne fait pas face à ses engagements et le créancier exerce un recours contre la caution), etc.

1048. – Causes accidentelles. D'autres causes enfin sont purement accidentelles, comme la maladie d'un dirigeant, l'incendie ou le cambriolage des locaux, des détournements commis au préjudice de

---

[1]. B. Cordier, *Le renforcement des fonds propres dans les sociétés anonymes*, Paris, 1989 – M. Cozian, Sous-capitalisation et fiscalité : *Rev. jurisp. com.* 2001, 244. – CREDA, *L'endettement, mode de financement des entreprises*, Litec 1997.

[2]. P. Jeannerot, *L'intervention judiciaire dans les procédures de redressement judiciaire*, n° 508, thèse Paris I, 1992 – *Rapport du Conseil des Impôts*, 1994, 51.

l'entreprise par un comptable indélicat, des grèves répétées des services publics (Poste, transports, EDF, etc.).

Le redressement sera en principe facile lorsque les difficultés proviennent d'une cause accidentelle. Il sera possible en cas de mauvaise gestion (encore qu'il ne suffise pas toujours de remplacer les dirigeants imprudents ou incompétents) et il sera beaucoup plus aléatoire lorsque l'environnement est défavorable. Néanmoins la plupart des défaillances sont provoquées par plusieurs causes. Généralement *les entreprises éprouvent des difficultés parce qu'elles ont des charges financières trop lourdes* (intérêts et remboursement des emprunts), *emploient trop de personnel et ne réalisent pas assez d'investissements*. Elles ont une rentabilité marginale, qui tend à se réduire d'année en année. Toute augmentation des charges sociales ou fiscales, tout renchérissement des matières premières, tout blocage des prix, toute baisse des ventes risquent de provoquer un déficit. Or, comme ces entreprises n'ont pas de fonds propres, ce déficit ne peut pas être couvert. Il entraîne, à court terme, la cessation des paiements.

On peut dégager de cette étude élémentaire l'idée que *l'entreprise vulnérable est une entreprise dépendante*. Elle n'a plus sa liberté de décision. Son comportement lui est dicté par sa banque, ses clients, ses fournisseurs, parfois même par son personnel salarié (ou plus souvent par les syndicats qui conseillent celui-ci), sans parler de l'intervention des Pouvoirs publics. Or, chacun de ces partenaires a une politique propre, qui correspond rarement à celle qui conviendrait le mieux à l'entreprise.

Par exemple le banquier, lorsqu'il devient le principal bailleur de fonds, substitue l'analyse financière à l'analyse commerciale ou industrielle du risque. Il refuse son concours à des opérations aléatoires, de telle sorte que l'entreprise perd peu à peu son dynamisme.

Par « *a contrario* » certains ont tenté de cerner le profil du *créateur idéal d'entreprise* : c'est un homme de plus de 25 ans, bien conseillé, exerçant son activité dans un secteur industriel innovant et disposant de fonds propres d'au moins 75 000 euros [1].

Cette typologie des causes de défaillance les plus courantes doit conduire à la recherche de mécanismes qui permettent à chaque chef d'entreprise de déceler, le plus rapidement possible, les phénomènes inquiétants.

§ 2. – L'aspect individuel : les indices révélateurs de l'existence de difficultés

1049. – Difficulté de trouver des indices pertinents. Il ne semble pas que la loi puisse définir les critères qui permettent de déceler

---

[1]. J.-L. Mercier obs. à la *Rev. proc. coll.*, 1991, 257 – Les « Notes bleues de Bercy », 1995, n° 65.

l'apparition d'une situation préoccupante qui, faute de mesure de redressement appropriées, conduira l'entreprise à la cessation des paiements.

En effet, *la plupart des critères d'alerte proposés jusqu'ici sont en réalité des critères qui constatent une situation financière déjà profondément dégradée* [1].

Cela est vrai des critères recommandés par le *comité Sudreau* sur la réforme de l'entreprise. Ces critères, élaborés en 1975 mais sur des idées antérieures à la crise économique, ne font que constater la cessation des paiements ou annoncer l'imminence de celle-ci : report renouvelé d'échéances, notification de protêts, non-paiement des cotisations fiscales ou sociales, perte de plus de la moitié du capital social, refus de certification des comptes par les commissaires, non dépôt des comptes ou greffe, etc.

Les critères proposés par l'« *Accountants International Study Group* » ou par la Caisse nationale des marchés de l'Etat ont déjà un caractère plus prospectif. Il s'agit notamment de :
– relations défectueuses avec les fournisseurs (refus de rabais ; intérêts de retard, etc.) ;
– trop lente rotation des stocks ;
– dépendance financière vis-à-vis des sociétés du groupe ;
– nécessité d'utiliser des emprunts à court terme pour financer des projets à long terme qui ne sont pas rentables immédiatement ;
– mise en gage d'actifs pour financer une dette existante ;
– vente d'actifs générateurs de revenus à long terme pour obtenir des liquidités, etc. [2]

Enfin, selon la doctrine de l'orthodoxie financière, l'endettement de l'entreprise ne doit pas dépasser 3 ou 4 années d'autofinancement et le montant des capitaux propres. En outre le recours à l'endettement ne doit jamais dépasser 75 % du montant des investissements [3].

Ces indices sont intéressants parce qu'ils permettent une certaine prévision. Ils doivent cependant être interprétés avec prudence. Tel élément défavorable peut être contrebalancé par un élément favorable (baisse du chiffre d'affaires mais conclusion de marchés importants dans des domaines nouveaux). *Seule une vision globale permet une prévision réaliste.*

En outre, *il faudrait trouver des indices permettant un diagnostic encore plus précoce.* Malheureusement ceux-ci risquent alors d'être imprécis et de jeter le doute sur une entreprise qui est en réalité parfaitement saine. Par conséquent, les juristes doivent faire preuve de modestie. Il ne leur appartient pas de définir des critères d'alerte.

---

1. Bénisty, *Le moment d'ouverture des procédures collectives*, thèse, Paris I, 1983. *Dictionnaire permanent difficultés des entreprises*, v° Alerte et Indicateurs.
2. *Dictionnaire permanent des difficultés des entreprises*, v° Diagnostic économique et financier.
3. Jobard, Navatte et Raimbourg, *Finance*, p. 463.

C'est au chef d'entreprise de déceler l'apparition des difficultés en se dotant d'un bon réseau d'information et en entretenant des relations confiantes mais lucides avec ses banques et son personnel salarié.

Mais si la loi ne peut pas définir les indices d'alerte, elle peut en revanche instaurer des procédures d'alerte.

SECTION II
La révélation des difficultés et les procédures d'alerte

1050. – La grande innovation de la loi du 1er mars 1984 est d'avoir instauré des procédures d'alerte.

Malgré leur dénomination, celles-ci ne tendent pas seulement à avertir les dirigeants, car ceux-ci sont généralement conscients des difficultés traversées par leur entreprise. Elles ont aussi pour but de les mettre en face de leurs responsabilités, en les incitant à prendre des mesures de redressement.

Il existe quatre grandes catégories d'alerte.

§ 1. – Le devoir d'alerte des commissaires aux comptes

Le commissaire doit déclencher une alerte lorsqu'il constate des faits de nature à compromettre la continuité de l'exploitation [1].

A. *Domaine de l'alerte*

1051. – Entreprise où il existe un devoir d'alerte. Contrairement à la réglementation sur l'information prévisionnelle, qui ne s'applique qu'aux entreprises importantes, *la procédure d'alerte est liée à la seule présence d'un commissaire aux comptes.*

Dès lors peu importe la forme de la personne morale (société civile ou commerciale, association, GIE) et le fait que le commissaire aux comptes y exerce sa mission à titre obligatoire ou facultatif (art. L. 234-1 et 612-3). La loi n'a pas voulu d'un commissariat au rabais qui créerait une illusion de sécurité en endormant les vigilances.

1052. – Faits donnant lieu à alerte. Le commissaire doit déclencher l'alerte lorsqu'il relève des *faits de nature à compromettre la continuité de l'exploitation.* (art. L. 234-1).

Cette expression s'inspire manifestement de la terminologie anglaise « *going concern* ». Elle n'est pas très juridique et laisse place

---

1. J. Moneger et T. Granier, *Le commissaire aux comptes*, n° 465.

à une marge d'appréciation non négligeable car si le commissaire n'est pas un prophète, il ne doit pas non plus être un aveugle. Les précisions suivantes peuvent cependant être données [1].

– L'utilisation du pluriel (des faits) montre que l'alerte ne doit être déclenchée qu'en présence d'un *ensemble convergent de faits significatifs*.
En effet, un fait préoccupant peut être contrebalancé par un fait favorable de sens contraire. Le déclenchement de l'alerte serait alors inutile.

– Les faits doivent être de nature à provoquer une cessation des paiements, si aucune mesure de redressement n'est prise en temps utile. Pratiquement l'alerte doit être donnée lorsqu'il y a une *rupture de l'équilibre des flux financiers*, c'est-à-dire lorsque les recettes normalement prévisibles ne permettront pas de régler les dettes qui vont venir à échéance dans un avenir relativement proche. Mais, bien entendu, l'alerte suppose que la cessation des paiements n'est pas encore intervenue et peut être évitée, car qui dit alerte dit organisation de la résistance et non constatation de la défaite.

L'alerte doit notamment être déclenchée en cas d'altération des conditions de l'exploitation (résultat déficitaire, accroissement excessif des charges, baisse anormale d'activité) de dégradation de la situation financière, de perte de la confiance de tiers (suppression d'un soutien financier, perte d'un client important) etc. [2]. Ces indices n'ont pas nécessairement un aspect comptable ou financier. Ainsi la perte d'un procès peut compromettre la continuité de l'exploitation.

– Les faits préoccupants ne doivent pas avoir donné lieu à une réaction appropriée des dirigeants, car l'alerte a pour objet de stimuler leur diligence ou, le cas échéant, de constater leur carence.
– *Enfin, les faits doivent avoir été relevés par le commissaire à l'occasion de l'exercice de sa mission.*

Le devoir d'alerte du commissaire n'est pas général. En effet, le commissaire ne doit pas s'immiscer dans la gestion (art. L. 225-235). Il ne doit pas déclencher l'alerte si les dirigeants prennent des décisions inopportunes sans pour autant compromettre la stabilité de l'entreprise. Le commissaire est donc dans une situation inconfortable, analogue à celle résultant de l'obligation qui lui est faite de dénoncer les faits délictueux au procureur de la République (art. L. 225-240, al. 2). [3]
On risque de rencontrer ici les mêmes controverses. Notamment faut-il admettre que le commissaire a l'obligation de rechercher systématiquement l'existence de faits devant donner lieu à alerte ? Ou suffit-il que l'intéressé porte à la connaissance des dirigeants les seuls faits qu'il a relevés à l'occa-

---

1. Paillusseau et Petiteau, *Difficultés des entreprises*, n° 535.
2. Assises nationales du commissariat aux comptes 1986 : Dictionnaire permanent des difficultés des entreprises, v° Diagnostic économique et financier, annexe 3.
3. Y. Guyon, *Droit des affaires*, t. I, n° 383.

sion de ses diligences normales ? Cette seconde interprétation paraît exagérément restrictive, car elle priverait l'alerte d'une partie de son utilité. L'obligation de déclencher l'alerte doit s'entendre comme l'une des manifestations du caractère permanent de la mission du commissaire (art. L. 225-236). *Le commissaire a pour mission permanente de s'assurer qu'il n'existe pas de fait de nature à compromettre la continuité de l'exploitation.* Une collaboration du commissaire et de l'expert comptable est souhaitable, mais elle est entravée par le secret auquel sont tenus ces deux professionnels.

Une difficulté peut enfin se rencontrer lorsque des sociétés d'un même groupe établissent des comptes consolidés. On peut alors se demander si le commissaire de la société mère a l'obligation de déclencher l'alerte, lorsque la continuité de l'exploitation d'une filiale est compromise. La réponse paraît être négative. Certes la mission du commissaire est en principe permanente et générale. Cependant, en matière de comptes consolidés, l'article L. 225-235 semble la limiter à la certification des comptes sur la base d'éléments fournis par les filiales. Par conséquent le devoir d'alerte incombe à titre principal au commissaire en fonction dans la filiale.

Si la loi du 1er mars 1984 n'a pas nettement défini les cas d'alerte, elle est en revanche plus précise sur la procédure à suivre.

B. Mécanisme de l'alerte

1053. – Les quatre phases de l'alerte. Pour être efficace, l'alerte doit demeurer confidentielle aussi longtemps que possible. Mais elle doit aussi, le cas échéant, aboutir à la révélation des difficultés à d'autres que les dirigeants, afin que la résistance puisse s'organiser en dépit de leur aveuglement ou de leur mauvaise volonté. Habituellement le commissaire commence par prendre contact oralement avec le dirigeant de l'entreprise. Si ce préalable officieux, parfois dénommé phase O, se révèle inefficace, le commissaire passe à l'alerte proprement dite. Dans les sociétés anonymes, celle-ci se déroule en quatre phases (art. L. 234-1 et Décr. 23 mars 1967, art. 251-1. Pour la procédure dans les autres sociétés, V. art. L. 234-2)[1].

– *Le commissaire commence par demander des explications au président du conseil d'administration* ou au directoire. A ce stade la procédure d'alerte est confidentielle. Si le commissaire reçoit, dans le délai de quinze jours, des réponses qu'il juge satisfaisantes, notamment si les dirigeants envisagent des mesures de redressement, les choses en restent là. La seule question qui se pose alors est de savoir si le président du tribunal, à l'occasion d'une demande de règlement amiable, peut demander à avoir connaissance de la réponse des dirigeants. Il semble que oui, compte tenu du très large pouvoir d'investigation dont il dispose (v. *infra*, n° 1086). Mais le même droit ne paraît pas appartenir au procureur de la République.

---

1. Pour le cas des sociétés par actions simplifiées, V. les obs. de J. Paillusseau, *J.C.P.*, 2000, I, 262.

S'il n'y a pas de réponse, ou si le commissaire estime que celle-ci ne suffit pas à faire disparaître la menace de cessation d'activité, il passe au stade suivant.

– Dans la deuxième phase, *le commissaire provoque une délibération du conseil d'administration* ou de conseil de surveillance, dont les résultats sont communiqués au comité d'entreprise. La procédure n'est donc plus véritablement confidentielle, même si une obligation de discrétion incombe aux membres de ce comité (v. *supra*, n° 1037).

La demande du commissaire doit être formulée dans les huit jours qui suivent la réception de la réponse des dirigeants ou la constatation de leur non-réponse à la première demande d'explication. Le conseil d'administration ou le conseil de surveillance doivent être convoqués dans les huit jours et leur réunion se tenir dans les quinze jours. La convocation est faite non par le commissaire mais par le président du conseil d'administration ou par le directoire (Décr. 23 mars 1967, art. 251-1). Cette seconde solution est curieuse mais laisse, semble-t-il, la possibilité de faire convoquer le conseil de surveillance par son président (art. L. 225-81). Le commissaire est convoqué à la séance. La délibération de ces conseils est portée à la connaissance du comité d'entreprise, dont des représentants avaient d'ailleurs été convoqués à la séance du conseil. Le commissaire reçoit copie de cette délibération (Décr. 23 mars 1967, art. 251-1). Il la transmet au président du tribunal de commerce (art. L. 234-1, al. 2).

– Si la continuité de l'exploitation reste compromise, *le commissaire établit un rapport spécial destiné aux actionnaires* et peut même, en cas d'urgence, convoquer lui-même une assemblée générale à l'effet de lui soumettre ce rapport. Les difficultés de l'entreprise sont alors portées sur la place publique, car il est difficile de ne pas mettre le tiers au courant de la réunion de l'assemblée générale et les actionnaires ne sont astreints à aucune obligation de discrétion.

– Enfin, si les décisions prises en assemblée ne permettent pas d'assurer la continuité de l'exploitation, le commissaire saisit le président du tribunal de commerce, qui place la société en observation (v. *infra*, n° 1061).

Cette dernière phase est une innovation de la loi du 10 juin 1994. Elle doit être approuvée car, sans elle, le commissaire était démuni face à des dirigeants qui s'entêtaient à ne vouloir rien faire. Malheureusement comme le commissaire aux comptes n'est pas délié de son secret professionnel à l'égard du président, il doit se borner à lui indiquer que l'alerte a été vainement déclenchée. Mais il ne doit lui communiquer aucune autre information.

Bien entendu, si à un moment quelconque de l'alerte, le commissaire découvre que la société est en cessation des paiements, il doit s'assurer que les dirigeants déposent le bilan dans le délai légal de quinze jours (art. L. 621-1). En revanche le commissaire est tenu de respecter les quatre phases, même si la situation de la société est déjà très gravement compromise [1]. On peut le regretter, car ce formalisme entraîne des pertes de temps, qui risquent de réduire à néant l'efficacité de l'alerte.

La distinction des trois premières phases est artificielle, si le président domine à la fois le conseil d'administration et l'assemblée. Ces deux organes feront alors la même réponse que lui à la demande du commissaire, sauf si la situation s'est profondément dégradée entre temps.

Le commissaire qui déclenche la procédure d'alerte a droit à des honoraires supplémentaires (Décr. 12 août 1969, art. 121 modifié par le décret du 3 juillet 1985).

Lorsque la société fait publiquement appel à l'épargne, le commissaire doit signaler à l'AMF le déclenchement de la procédure d'alerte (CMF art. L. 621-22).

C. Sanctions

1054. – *Responsabilité du commissaire et des dirigeants.* Le cas du commissaire qui n'a pas déclenché l'alerte en temps utile est relativement simple [2]. L'intéressé engage sa responsabilité envers tous ceux qui subissant les conséquences de l'ouverture du redressement judiciaire. Mais le commissaire n'est tenu que d'une *obligation de moyens*. Les demandeurs doivent prouver sa faute et le lien de causalité qui unit celle-ci au dommage qu'ils ont subi.

La situation est plus complexe lorsque le commissaire a déclenché l'alerte. En effet, l'article L. 225-241 lui confère une certaine immunité dans l'exercice de sa mission d'alerte. Il prévoit, en effet, que la responsabilité du commissaire ne peut pas être engagée pour les informations ou divulgations de faits auxquelles il a procédé en exécution de l'article L. 234-1. Cette immunité rappelle celle qui s'applique à la révélation de faits délictueux au procureur de la République [3]. Elle doit s'interpréter de la même manière.

> Par conséquent, il est hors de doute que le commissaire n'engage pas sa responsabilité en déclenchant la procédure d'alerte lorsqu'il existe des faits de nature à compromettre la continuité de l'exploitation et que cette alerte cause un dommage à la société, aux associés ou à des tiers.

L'immunité s'applique également, et c'est là qu'elle présente sa véritable utilité, lorsque le commissaire a déclenché l'alerte alors que la continuité de l'exploitation n'était pas véritablement compromise. Mais, par application du droit commun, le commissaire commettrait une faute génératrice de responsabilité civile et justifiant son relèvement judiciaire, s'il ouvrait une procédure d'alerte de mauvaise foi contre une

---

1. *Bull. cons. nat. com. aux cptes*, 1987, 106.
2. A. Liénard, *La responsabilité du commissaire aux comptes dans le cadre de la procédure d'alerte* : Rev. proc. coll. 1996, 1.
3. Guyon, *Droit des affaires*, t. I, n° 383.

société dont il ne pouvait pas ignorer la prospérité[1]. Il en irait sans doute de même s'il commettait une faute lourde, assimilable au dol, dans l'appréciation du caractère préoccupant de la situation sociale.

On peut donc penser que, malgré la protection offerte par l'article L. 225-241, le devoir l'alerte risque d'aggraver la responsabilité des commissaires aux comptes.

> Les dirigeants engagent leur responsabilité dans les termes du droit commun lorsqu'ils ne donnent pas une suite satisfaisante à l'alerte déclenchée par les commissaires aux comptes.
> Ce premier mécanisme d'alerte n'a donné que des résultats mitigés.
> En effet le président du tribunal de commerce de Paris n'est alerté en moyenne que deux cents fois par an, alors que le tribunal ouvre près de 4 000 procédures collectives.

§ 2. – Le droit d'alerte du comité d'entreprise

1055. – *Titulaires du droit d'alerte.* La loi du 1er mars 1984 a donné aux représentants des salariés le droit de déclencher une procédure d'alerte, afin d'éviter si possible une disparition ou une re-organisation de l'entreprise qui entraînerait des licenciements. A la différence du commissaire, les salariés ont la faculté et non l'obligation de déclencher l'alerte (C. trav., art. L. 432-5)[2].

Ce droit est en principe attribué au comité d'entreprise, c'est-à-dire se limite aux entreprises d'au moins 50 salariés.

> Toutefois si, dans ces entreprises, un comité n'a pu être institué, le droit d'alerte appartient dans les mêmes conditions aux délégués du personnel (C. trav., art. L. 422-4). Mais, bien que la question soit discutée, les délégués ne paraissent pas disposer du droit d'alerte dans les entreprises de moins de 50 salariés[3]. Ce droit appartient au comité d'entreprise au sens strict. L'alerte ne peut donc pas être déclenchée par un simple comité d'établissement (comité existant au sein d'une usine, par exemple), car celui-ci n'a pas une vue globale de la situation. De même le comité de groupe ne peut pas agir, car l'alerte doit être donnée au sein de chaque société.
> Dans les entreprises de plus faible dimension, le droit d'alerte n'est pas réglementé, car il est réputé pouvoir s'exercer directement.

1056. – *Faits pouvant donner lieu à alerte.* Afin de ne pas donner aux salariés l'impression d'être à la remorque du commissaire, la loi de 1984 leur permet de déclencher l'alerte dans des cas différents. Le comité peut agir lorsqu'il a connaissance de *faits de*

---

1. Com. 14 nov. 1995 : *Bull. civ.* IV n° 264, p. 243.
2. G. Couturier, *Droit du travail*, t. II, n° 69 – M. Morand, *Les représentants du personnel et le déroulement de la procédure d'alerte interne*, J.C.P., 1988, éd. E, II, 15357 – J. Savatier, *Le comité d'entreprise et la prévention des difficultés des entreprises*, J.C.P., 1987, éd. E, II, 15066.
3. Paillusseau et Petiteau, Les difficultés des entreprises, n° 500.

nature à affecter de manière préoccupante la situation économique de l'entreprise. Le critère est plus large. Il viserait notamment des difficultés qui, sans menacer à court terme la survie de l'entreprise, nécessiteraient des mesures de restructuration ou des réductions de salaires et des licenciements pour maintenir sa capacité bénéficiaire [1]. Ce critère est à la fois extensif, car il pourrait, à la limite, s'appliquer à des faits intéressant la vie privée du chef d'entreprise et restrictif, car le comité a pour seule mission de défendre les intérêts des salariés et non ceux de l'entreprise.

Le comité d'entreprise aura connaissance de ces faits préoccupants en utilisant les moyens d'information dont il dispose : recours à un expert comptable qui commentera les comptes ; explications demandées au commissaire aux comptes (C. trav., art. L. 432-4) ; dialogue avec le chef d'entreprise ; analyse des documents prévisionnels qui ont été communiqués au comité (v. *supra*, n° 1037) ; assistance aux séances du conseil d'administration ; expertise de gestion ordonnée en justice (art. L. 225-231), etc.

Ainsi, dans une certaine mesure, le droit d'alerte permet au comité de s'immiscer dans la gestion et de devenir le censeur de la politique économique du chef d'entreprise.

1057. – *Mécanisme de l'alerte*. Le droit d'alerte se déroule en deux temps :

– *Le comité d'entreprise commence par « demander à l'employeur de lui fournir des explications »*. Au fond, cette faculté n'appelle pas de commentaires. On peut même penser qu'elle était implicitement incluse dans les attributions générales du comité. En la forme, la loi du 1er mars 1984 s'exprime de manière désobligeante pour le chef d'entreprise : celui-ci est sommé de s'expliquer, comme s'il était coupable des difficultés rencontrées. Le chef d'entreprise qui refuserait de répondre commettrait le délit d'entrave.

– Si le comité n'obtient pas de réponse satisfaisante ou si le caractère préoccupant de la situation se confirme, *le comité établit un rapport*. Il peut, pour la rédaction de celui-ci, se faire aider par un expert comptable, rémunéré par l'entreprise et convoquer le commissaire aux comptes. Le comité d'entreprise peut décider de communiquer le rapport au conseil d'administration ou au conseil de surveillance. Cet organe devra y répondre de manière motivée dans le délai d'un mois (C. trav. art. R 432-17). Enfin, en cas d'urgence, le comité peut demander en justice la désignation d'un mandataire chargé de convoquer l'assemblée des actionnaires (C. trav. art. L. 432-6-1-I ajouté par la loi du 15 mai 2001).

---

1. Soc. 19 févr. 2002 : *Bull.* V n° 70, p. 64, *Rev. trim. dr. com.* 2002, 720, note F. Macorig-Venier.

Par conséquent, le droit d'alerte semble avoir pour but principal de faciliter la mise en œuvre de la responsabilité des dirigeants [1].

On peut espérer que le comité agira avec discrétion lorsqu'il mettra en œuvre la deuxième phase de ce droit d'alerte. Sinon il faudrait donner aux dirigeants le moyen de faire établir de manière rapide et indiscutable que l'entreprise n'est pas dans une situation préoccupante. Malheureusement, le Code de commerce n'a pas prévu ce mécanisme de réponse. Seule une sanction « *a posteriori* » est concevable, la condamnation du comité à des dommages et intérêts, s'il a causé un préjudice à la société en déclenchant fautivement une procédure d'alerte. La question peut se poser notamment lorsque le dirigeant propose des mesures de redressement qui portent atteinte aux intérêts des salariés (licenciements, blocage des salaires, etc.) et que le comité, jugeant celles-ci inacceptables continue la procédure d'alerte. Une intervention du juge serait alors concevable [2].

Bien qu'ayant des domaines en principe différents, le devoir d'alerte des commissaires et le droit d'alerte des salariés devraient s'exercer de manière coordonnée. On peut notamment se demander ce qui se passerait au cas où le comité déclencherait l'alerte alors que le commissaire affirmerait que la continuité de l'exploitation n'est pas compromise. Seul un tribunal pourrait trancher le litige, mais le crédit de l'entreprise serait de toute manière compromis.

§ 3. – Le droit d'alerte des associés

1058. – Les associés sont les parents pauvres de la prévention des difficultés, ce qui est assez étonnant car ils ont un intérêt certain à la bonne marche de la société.

Une lecture superficielle du Code de commerce laisserait d'ailleurs croire qu'ils ne disposent d'aucun droit d'alerte. Il n'en est rien, au moins dans les SARL et les sociétés anonymes [3]. Deux mécanismes sont prévus, dont on ne fera qu'une description sommaire car leur étude détaillée relève du droit des sociétés.

1059. – Les questions écrites. Les associés peuvent, deux fois par an, poser des questions écrites aux dirigeants sur les faits de nature à compromettre la continuité de l'exploitation. Le critère est ici le même que celui qui déclenche l'alerte par le commissaire.

Ce droit appartient :
– dans les SARL à tout associé non gérant (art. L. 223-36),

---

1. Pour un bilan pratique de cette procédure, V. Rapport Calandra, Conseil économique, 25 nov. 1992, p. 102 ; *J.O.* Rapports du Conseil économique, 1992, n° 18.
2. Paris, 9 mai 1989, *Rev. proc. coll.*, 1989, 485, note Y. Chaput.
3. A. Brunet et M. Germain, *L'information des actionnaires et du comité d'entreprise dans les sociétés anonymes*, n° 55, *Rev. soc.*, 1985, 35.

– et dans les sociétés anonymes à un ou plusieurs actionnaires représentant au moins le cinquième du capital (art. L. 225-232). Pour atteindre ce minimum les associés peuvent se grouper au sein d'une association de défense.

Les dirigeants doivent répondre dans le délai d'un mois (Décr. 23 mars 1967, art. 44-3 et 195-1). La réponse est communiquée au commissaire aux comptes, mais non au comité d'entreprise. Elle a donc un caractère confidentiel.

Cette première procédure est assez illusoire. Elle permet tout au plus à l'associé de prendre date, en montrant qu'il a été conscient des difficultés à un moment où les dirigeants se sont montrés trop optimistes.

Tout associé peut aussi poser des questions écrites à l'occasion des assemblées générales (art. L. 223-26 et 225-108). Ce droit est plus intéressant. Mais il ne peut s'exercer qu'à l'occasion de l'assemblée, c'est-à-dire une fois par an, alors que la situation de l'entreprise peut se dégrader rapidement.

1060. – L'expertise de gestion. Dans les SARL et les sociétés anonymes, des associés représentant 10 % ou 5 % du capital ou des parts peuvent demander la désignation en justice d'un expert chargé de faire la lumière sur une ou plusieurs opérations de gestion « a priori » contestables (art. L. 223-37 et 225-231)[1]. Pour atteindre ce minimum, les associés peuvent se grouper au sein d'une association de défense.

Longtemps très restrictive, la jurisprudence admet désormais la désignation d'un expert, dès lors que la gestion aboutit à des résultats critiquables ou préoccupants.

Les résultats de l'expertise sont cependant décevants : l'expert établit un rapport qui est communiqué aux associés à l'occasion de l'assemblée générale. Mais la révocation des dirigeants ou l'annulation de l'opération contestable suppose une nouvelle action en justice[2].

En outre l'expertise de gestion est une procédure assez longue, alors que l'alerte doit être rapide.

Les associés sont donc défavorisés en matière d'alerte.

§ 4. – Le pouvoir d'alerte du président du tribunal

1061. – Le président, organe essentiel de l'alerte. Depuis la loi du 10 juin 1994, le président du tribunal de commerce joue un rôle essentiel en matière d'alerte (art. L. 611-2)[3]. Il est, à bien des égards,

---

1. Y. Guyon, *Droit des affaires*, t. I, n° 447.
2. Y. Guyon, *Les nouveaux aspects de l'expertise de gestion*, J.C.P., 1985, éd. E, I, 14593.
3. M. Rouger, *Difficultés économiques et interventions judiciaires* : Mélanges A. Honorat, p. 187.

le fer de lance de la procédure. Il n'agit pas en qualité d'organe juridictionnel mais en tant que professionnel réputé avisé, susceptible d'aider l'entreprise à un moment difficile où des décisions rapides s'imposent.

La compétence du président est large puisqu'elle s'applique aux commerçants personnes physiques, aux artisans, aux sociétés commerciales et aux GIE.

L'énumération recouvre à peu près les entreprises qui relèveraient de la compétence du tribunal de commerce en cas d'ouverture d'une procédure collective (v. *infra*, n° 1139). La solution est logique car on ne voit pas pourquoi le président du tribunal de commerce s'occuperait d'entreprises qui ne sont pas soumises à sa juridiction. Toutefois d'une manière inexplicable les GIE à caractère civil, bien qu'échappant à la compétence consulaire, relèvent du président du tribunal de commerce en matière d'alerte.

Un mécanisme comparable s'applique aux personnes morales non commerçantes (art. L. 611-5). La compétence appartient alors au président du tribunal de grande instance. Mais celui-ci est peu qualifié pour conseiller les chefs d'entreprise car il est un magistrat professionnel et non un homme d'affaires. La question ne se pose pas pour les personnes physiques qui n'ont pas la qualité de commerçant ou d'artisan car elles ne sont pas soumises aux procédures collectives (pour le règlement amiable des entreprises agricoles, v. L. 30 déc. 1988, art. 22 et s.).

Le président intervient lorsque l'entreprise connaît des difficultés de nature à compromettre la continuité de son exploitation (pour le sens de cette expression, v. *supra*, n° 1052). Il est averti de cette situation soit par les dirigeants de l'entreprise, soit par les commissaires aux comptes qui ont vainement déclenché une procédure d'alerte, soit par la rumeur publique. Il peut également être tenu informé par le greffier du tribunal de commerce qui lui signale les inscriptions de sûreté, les protêts, les publicités effectuées en cas de perte de l'actif social, le défaut de dépôt des comptes dans les délais et plus généralement tous les actes, documents ou procédures révélant une dégradation préoccupante de la situation de l'entreprise. En pratique c'est au président d'organiser lui-même son réseau d'information, de telle sorte que l'efficacité de l'alerte est très différente selon les juridictions [1].

Il est dommage que le Trésor et l'Urssaf, qui sont les mieux placés pour constater les difficultés des entreprises, n'aient pas été astreints à les signaler au président (pour la publicité des privilèges du Trésor et de la Sécurité sociale, v. *infra*, n° 1346). De même aucune liaison n'a été prévue entre le président et les groupements de prévention agréés.

Le président convoque le chef d'entreprise afin d'envisager avec lui les mesures propres à redresser la situation. Des précautions sont

---

1. J.M. Lucheux, *La prévention* : Rev. jurisp. com. déc. 1998, p. 11.

prises pour que cette convocation ait un caractère confidentiel et que l'entretien se déroule dans un climat convivial. La mission du président est imprécise. Il n'a aucun pouvoir de contrainte mais seulement un rôle d'information et de mise en garde. Il doit aider son interlocuteur à faire le point et l'orienter vers les personnes ou les organismes qui pourront l'assister dans le redressement de l'entreprise. En somme le président, qui est lui aussi un commerçant, met son expérience et son objectivité au service d'un de ses pairs incapable de surmonter seul ses difficultés. Mais il ne formule pas directement de conseils. Il est comme le psychanalyste qui écoute en silence son patient.

A l'issue de l'entretien plusieurs solutions sont envisageables. Le président peut inviter le chef d'entreprise à demander un règlement amiable, si le redressement paraît possible ou, au contraire, à déposer son bilan si la cessation des paiements est déjà intervenue. Le président peut aussi fixer un nouveau rendez-vous à l'intéressé et, dans l'intervalle, diligenter une enquête sur sa situation économique et financière. A cet effet le président bénéficie d'un large pouvoir d'investigation (art. L. 611-2, al. 2). Toutefois le banquier de l'entreprise reste tenu au secret professionnel à l'égard du président qui peut seulement s'adresser aux organismes de centralisation des risques bancaires et des incidents de paiement. Enfin, mais cette mesure semble nécessiter l'accord du chef d'entreprise, le président peut nommer un administrateur « ad hoc » (v. infra, n° 1065).

**Tableau des principaux critères utilisés
pour le déclenchement des mesures d'alerte**

Situation de l'entreprise	Mesure envisagée
Perte supérieure à la moitié du capital social.	Mesures de publicité et réunion d'assemblées (art. L. 223-42 et 225-248).
Faits de nature à compromettre la continuité de l'exploitation.	– Convocation du chef d'entreprise par le président du tribunal de commerce (art. L. 611-2). – Droit pour les associés minoritaires de poser une question écrite (art. L. 223-36 et 225-232). – Obligation pour le commissaire aux comptes de déclencher l'alerte (art. L. 234-1).
Faits de nature à affecter de manière préoccupante la situation économique de l'entreprise.	Droit d'alerte du comité d'entreprise (C. trav. art. L. 432-5).
Indice de difficulté.	Information donnée au chef d'entreprise par le groupement de prévention agréé (art. L. 611-1).

Le président du tribunal de commerce est ainsi la clef de voûte des mécanismes d'alerte. Son intervention, qui ne constitue pas une mise sous tutelle judiciaire de l'entreprise, aidera le chef d'entreprise, dramatiquement seul en face des difficultés qui l'assaillent.

Quelques améliorations pourraient accroître l'efficacité de cette alerte, notamment en institutionnalisant les relations du président avec le parquet et le greffe, car celles-ci ne reposent aujourd'hui que sur la bonne volonté des intéressés [1].

1062. – Conclusion. Les mécanismes d'alerte simplifiés et allégés par la loi du 10 juin 1994 se révèlent efficaces, la difficulté principale étant d'assurer leur confidentialité.

L'alerte n'est pas une fin en soi. Elle permet de préparer la riposte, c'est-à-dire les mesures extrajudiciaires de redressement.

---

1. En 1997, 12 500 entretiens préventifs ont eu lieu (*Rev. jurisp. com.* 2003, 116).

Chapitre III

Le redressement amiable des entreprises en difficultés

1063. – Efficacité limitée du redressement amiable. Le redressement extrajudiciaire des entreprises en difficultés a nécessairement une *efficacité limitée*, car il suppose l'accord du débiteur et des créanciers. Or les difficultés ne sont pas favorables à la conciliation : le débiteur refuse parfois de prendre conscience d'une réalité de plus en plus désagréable ; les créanciers préfèrent un remboursement partiel mais immédiat à un plan de sauvetage de l'entreprise qui leur paraît aléatoire ; les salariés, inquiets de la situation, utilisent la seule arme dont ils disposent, c'est-à-dire la grève, sans se rendre compte que celle-ci aggravera les difficultés.

Mais même s'il est décevant, le redressement extrajudiciaire a cependant l'avantage d'être *souple* et d'une *mise en œuvre rapide* et *discrète*. Il est donc parfois utile.

Pendant longtemps laissé à l'initiative du débiteur et des créanciers, le redressement extrajudiciaire fait l'objet d'une réglementation depuis la loi du 1er mars 1984 lorsqu'il a un aspect collectif. C'est le règlement amiable.

Mais des initiatives individuelles demeurent possibles, par lesquelles il conviendra de commencer.

1064. – Nécessité d'un diagnostic avant redressement. Toutes les entreprises en difficultés ne sont pas susceptibles de redressement.

Une question préalable se pose, qui n'est pas d'ordre juridique. Il faut pouvoir formuler rapidement un diagnostic sur les chances de survie. L'article L. 813-1 prévoit l'instauration d'experts en diagnostic d'entreprises, qui pourraient jouer un rôle utile dès ce stade, mais dont la tâche sera complexe (v. *infra*, n° 1171). Malheureusement cette profession est très peu développée et les tribunaux y ont trop rarement recours.

SECTION I
Les initiatives individuelles

A supposer que l'entreprise soit susceptible de redressement, deux séries de mesures doivent être prises.

§ 1. – Mesures d'urgence

Dès qu'il apparaît que l'entreprise est viable, il faut prendre des mesures évitant que le passif ne continue de s'accumuler et, bien que cela soit plus difficile, essayer d'obtenir des délais de paiement. Ces mesures d'urgence sont généralement décidées par le tribunal de commerce statuant en référé. Mais, contrairement aux véritables procédures collectives, elles ne constituent pas un ensemble cohérent. Le tribunal agit au coup par coup, selon les besoins spécifiques de l'entreprise en difficultés.

1065. – Remplacement ou assistance des dirigeants. Lorsque les difficultés sont dues à une mauvaise gestion, il faut commencer par écarter les dirigeants en fonction. Mais il est malaisé d'y parvenir lorsque ceux-ci n'acceptent pas de se retirer spontanément.

La situation est pratiquement irrémédiable dans les *entreprises individuelles*. Les créanciers bénéficient seulement de l'action oblique ou de l'action paulienne, dont la recevabilité est subordonnée à une cessation des paiements réalisée ou au moins imminente (C. civ. art. 1165 et 1166). Ils ne peuvent, en principe, obtenir plus, car écarter le dirigeant de la gestion serait une atteinte à son droit de propriété. Tout au plus une mise en location-gérance du fonds pourrait lui être imposée [1].

La situation est différente dans les *sociétés*. Les techniques sociétaires permettent, dans bien des hypothèses, de désigner un mandataire de justice lorsque l'entreprise traverse une crise financière [2]. La demande peut être présentée par des *associés minoritaires*, qui s'inquiètent de la gestion de la société. Elle ne soulève pas d'objection de principe, car l'intérêt des associés et leur qualité pour agir sont indiscutables [3].

On se demande en revanche si l'instance en désignation d'un administrateur provisoire peut être intentée par les créanciers sociaux.

---

1. Aix, 2 juillet 1982, *Rev. jurisp. com.*, 1983, 369, note Delebecque.
2. Y. Guyon, *L'administration judiciaire*, Jurisclasseur soc., fasc. 37 – B. Lyonnet, *L'administration judiciaire*, Rev. jurisp. com., 1991, 241.
3. Y. Chassagnon, *L'intervention judiciaire dans les entreprises en difficultés*, p. 71, 2 éd., Paris, 1986.

> Traditionnellement la jurisprudence considérait que les créanciers n'ont pas le droit de s'immiscer dans la gestion des affaires de leur débiteur, tant que celui-ci n'a pas cessé ses paiements et n'ont par conséquent pas qualité pour demander la désignation d'un administrateur provisoire [1]. Toutefois leur action devient recevable si la société n'a plus de représentant légal, car les créanciers ont le droit d'avoir en face d'eux un interlocuteur qui agit au nom et pour le compte de la société. Il conviendrait, allant plus loin, d'admettre aussi la demande des créanciers chaque fois que la société est menacée de cessation des paiements à court terme et de manière inéluctable, sauf si ses dirigeants sont écartés de la gestion.

De même, malgré la rédaction ambiguë de l'article L. 611-3, *le président du tribunal de commerce* ne semble pas pouvoir nommer d'office un administrateur provisoire, car ce serait admettre l'immixtion d'un tribunal dans la gestion d'une entreprise qui n'est pas encore en cassation des paiements. Cette désignation ne peut être ordonnée que si le débiteur a demandé un règlement amiable (v. *infra*, n° 1086).

L'action en désignation est de la compétence du président du tribunal statuant en référé, car il y a urgence. Habituellement il s'agit du tribunal de commerce, parce que la société en difficultés a un caractère commercial.

> Lorsque la demande est présentée par le dirigeant lui-même, c'est-à-dire lorsqu'il n'y a pas litige elle devrait pouvoir être faite sous forme de requête, afin d'avoir un caractère confidentiel.

La demande pourra aboutir à un triple résultat, au cas où elle sera jugée recevable et bien fondée. Ou bien le tribunal désignera seulement un *contrôleur de gestion*, chargé d'aider matériellement ou d'assister juridiquement les dirigeants sociaux en préparant avec eux un plan de redressement et en pouvant mettre son veto à certaines décisions, quitte à devoir en référer immédiatement au tribunal qui l'a désigné. L'expérience montre en effet que la plupart des dirigeants parviennent malaisément à sauver leur entreprise en difficultés sans un appui venu de l'extérieur. Mais la tâche de ce contrôleur, dont la présence serait imposée aux dirigeants, ne sera pas aisée. Il sera souvent nécessaire d'aller plus loin, c'est-à-dire d'écarter les dirigeants en fonction.

Dans ce cas, le tribunal peut désigner soit un *mandataire « ad hoc »* chargé d'une mission déterminée, soit un *administrateur provisoire ou judiciaire* qui se substitue entièrement aux dirigeants [2]. La mesure est grave, car l'autorité judiciaire prétend mieux apprécier l'intérêt social que les dirigeants désignés par les associés majoritaires.

---

1. Com. 14 févr. 1989, *Rev. soc.*, 1989, 633, note Randoux – Paris, 29 nov. 1996, *Rev. soc.*, 1997, somm. 393 – V. cep. Lyon, 30 mars 1978, *Rev. soc.*, 1979, 320, note Merle ; *D.*, 1978, Info. rap., 417, note M. Vasseur.
2. G. Bolard, *Administration provisoire et mandat « ad hoc », du fait au droit*, J.C.P., 1995, I, 3882 – B. Jadaud, *Le règlement conventionnel des difficultés des entreprises par un mandataire « ad hoc »* : Mélanges Jeantin, p. 411.

Actuellement la désignation d'un administrateur provisoire ou d'un mandataire « *ad hoc* » est fréquemment utilisée dans les entreprises en difficultés. Mais, la plupart du temps, les dirigeants acceptent de s'effacer, soit qu'ils aient pris conscience de leur inaptitude, soit que certains créanciers importants subordonnent le maintien de leurs crédits à un changement de l'équipe dirigeante.

L'administrateur aura pour rôle de tenter de surmonter la crise. Il sera souvent conduit à suggérer aux associés une nouvelle répartition du capital entre les anciens associés, ou l'admission de tiers par une augmentation de capital réservée, ou une mesure de restructuration. Ces propositions devront être entérinées par une assemblée générale extraordinaire. En outre l'administrateur peut négocier avec les créanciers pour les persuader d'accorder des délais de paiement ou des remises de dette et préconiser un plan de redressement : licenciements, ventes d'actifs, abandon de certaines productions, etc. Mais normalement ce plan sera exécuté par les nouveaux dirigeants [1]. Si l'administrateur n'y parvient pas, il devra envisager le dépôt du bilan. Sa mission devrait être d'une durée assez brève.

Dans l'ordre des urgences, sa première tâche sera d'essayer d'obtenir des délais de paiement.

1066. – Délais de grâce. Dans les relations commerciales, l'échéance a en principe un caractère impératif car le créancier compte sur le paiement du débiteur pour régler ses propres dettes.

1) Pourtant le *juge* peut accorder au débiteur un délai de grâce, compte tenu de sa position personnelle ou de la situation économique. (C. civ. art. 1244-1 et s. ajoutés par la loi du 9 juillet 1991) [2]. En cas d'urgence, la compétence appartient au juge de l'exécution, qui peut être saisi même après un jugement définitif de condamnation. Les tribunaux utilisent assez largement cette faculté. Néanmoins la portée du *délai de grâce judiciaire* est limitée.

– D'abord le délai de grâce ne profite pas aux débiteurs tenus cambiairement (art. L. 511-81). Le consentement des créanciers est par conséquent nécessaire au report de l'échéance d'un effet de commerce. Dans les autres cas, le tribunal recherche si le débiteur est de bonne foi et si le report d'échéance sera supportable pour le créancier.

– Ensuite, le délai de grâce ne peut excéder deux années ou, pour une même dette, être renouvelé de telle manière qu'il durerait plus (L. 11 oct. 1985). Ce laps de temps est souvent trop court pour redresser une situation véritablement compromise, notamment lorsque l'entreprise doit se réorganiser et trouver des concours extérieurs.

---

1. Guyon, *La mission des administrateurs provisoires de sociétés*, Mélanges Bastian, t. I, p. 103.
2. G. Paisant, *La réforme du délai de grâce par la loi du 9 juillet 1991* : Contrats, concurrence, consommation, déc. 1991, 3 – E. Putman, *Retour sur le droit de ne pas payer ses dettes*, Rev. recherche juridique, 1994, 109 – A. Sériaux, *Réflexions sur les délais de grâce*, Rev. trim. dr. civ., 1993, 789.

– Le juge ne peut accorder que des délais et non des remises, au moins s'agissant du principal. Mais il peut réduire les intérêts à un taux égal à celui de l'intérêt légal.
– Enfin et surtout, le délai de grâce n'a aucun caractère collectif. Il doit être sollicité à l'occasion de chaque poursuite. Il ne donne aucune garantie d'avenir, car les juges ont un pouvoir souverain pour apprécier son opportunité [1].
Ces dispositions sont d'ordre public (C. civ. art. 1244-3).

La loi du 11 octobre 1985 interdit aux personnes autres que les membres des professions juridiques réglementées, de s'entremettre dans l'élaboration d'un plan de règlement de dette. Les contrats conclus par le débiteur à cet effet sont nuls (C. cons. art. L. 321-1) [2]. La loi semble s'appliquer même aux débiteurs qui exercent une activité commerciale, alors qu'elle aurait pu se borner à protéger les simples particuliers.

Un régime plus efficace s'applique aux *particuliers surendettés* (L. 31 déc. 1989 dite loi Neiertz). Le débiteur, qui n'a pas pu conclure avec ses créanciers un règlement amiable, peut demander au juge de l'exécution de bénéficier d'un *redressement judiciaire civil*. S'il accepte la demande, parce que le débiteur est malheureux et de bonne foi, le juge peut imposer aux créanciers, autres que le Trésor et la Sécurité sociale, des délais allant jusqu'à 3 ans et exceptionnellement des remises de dette (pour les autres mesures prévues par le redressement judiciaire civil, v. *infra*, n° 1108). Ces mesures exorbitantes s'expliquent parce que les simples particuliers ne sont pas soumis aux procédures collectives. Le redressement judiciaire civil est l'ébauche d'un apurement organisé de leur passif.

Pour les délais de grâce accordés d'office en cas de règlement amiable homologué, v. *infra*, n° 1087-3.

2) Les délais de grâce judiciaires sont complétés par *des délais de grâce administratifs*.

Les reports d'échéance les plus importants sont actuellement consentis par la *commission départementale des chefs des services* [3] *financiers et des organismes de Sécurité sociale* (Décr. 30 mai 1997). En effet, dès ses premières difficultés financières, l'entreprise paye avec retard ses impôts et taxes (y compris la TVA perçue sur ses clients) et ses cotisations de Sécurité sociale (y compris celles prélevées sur ses salariés). La CCSF examine la situation des retardataires. Elle peut leur accorder un plan de recouvrement échelonné de leurs diverses dettes. Ce plan peut être subordonné à la fourniture par le débiteur de garanties spéciales. Comme le Trésor public et la Sécurité sociale bénéficient déjà de nombreuses sûretés sur les biens du débiteur, la meilleure garantie est la caution fournie par un tiers de solvabilité indiscutable (société du même groupe, membres de la famille, voire banque, etc.).

---

1. Civ. 1, 5 juill. 1988, *Bull. civ.* I, n° 216, p. 153.
2. Un régime transitoire est prévu par le décret du 18 décembre 1996.
3. X., *Octroi de délais de paiement de dettes fiscales*, *J.C.P.*, 1997, éd. E, I, 706.

Par conséquent les délais de grâce ne constituent qu'une mesure provisoire et ponctuelle. Ils peuvent seulement, à titre exceptionnel, précéder et préparer des mesures positives de renflouement.

§ 2. – Mesures définitives de redressement

1067. – Diversité des techniques de redressement. Pour être efficaces, les mesures de redressement doivent être discrètes, rapides et réalistes.

Le sauvetage des entreprises en difficultés s'opère aujourd'hui de manière désordonnée. De même qu'il n'existe pas de critère objectif dans le choix des entreprises qui méritent d'être sauvées, de même les mesures de renflouement ont des modalités et des origines très diverses. La matière relève plus de la pratique que du droit. En effet, la liberté contractuelle et la liberté du commerce ont pour conséquence que le débiteur en difficulté n'est jamais obligé de demander une aide et que chaque partenaire est libre de décider ou non de l'accorder et, dans l'affirmative, d'en choisir les modalités juridiques. Cependant, la survie résulte rarement de la décision d'un seul. Beaucoup plus généralement elle est la conséquence d'une convergence de bonnes volontés. Les associés, les créanciers, les salariés et les Pouvoirs publics ont chacun un rôle à jouer dans le renflouement. S'ils ne sont pas d'accord, celui-ci risque d'être impossible [1].

On laissera de côté les mesures de *restructuration*, tels que les apports partiels d'actif à une autre société ou les licenciements. En effet ces opérations ne se présentent pas sous un aspect juridique original du seul fait que l'entreprise est en difficultés. Elles sont seulement plus difficiles à mener à bien que si elles étaient intervenues à froid.

Les initiatives individuelles ont une double origine : tantôt elles émanent de l'Administration, tantôt elles sont le fait de personnes privées.

A. *Les initiatives publiques*

1068. – Avantages et inconvénients des aides publiques aux entreprises en difficultés. On se limitera ici à un exposé sommaire, car la matière relève plus du droit administratif économique que du droit privé [2].

Bien que couramment pratiquée, l'aide de l'Etat ou des collectivités publiques aux entreprises en difficultés ne s'impose pas comme une évidence. Bien au contraire, la dure réalité des faits devrait conduire l'Etat à s'incliner devant les mécanismes de la concurrence, même s'ils

---

1. A. Couret, N. Morvilliers et G. de Sentenac, *Le traitement amiable des difficultés des entreprises*, Economica, 1995.
2. C. Saint-Alary Houin, *Droit des entreprises en difficultés*, n° 189.

aboutissent à l'élimination d'entreprises. Mais d'un autre côté, les Pouvoirs publics ne peuvent se résigner à la disparition d'entreprises dont la production est nécessaire à la sécurité nationale, ou qui emploient un personnel nombreux, ou qui contribuent au développement économique d'une région peu favorisée. Ils s'efforceront d'aider ces entreprises, alors qu'ils en laisseront péricliter d'autres, ce qui fausse le jeu de la concurrence. Mais ils devront surtout n'aider que les entreprises susceptibles de redressement et agir avec discernement, sous peine d'engager leur responsabilité [1].

La notion d'entreprise en difficulté, et par conséquent susceptible de bénéficier d'une aide, est très large : échéances difficiles, licenciements pour cause économique, mise en chômage technique du personnel, carnets de commande en baisse, etc. Bien qu'étant en principe des mesures de prévention, ces aides ne prennent pas toujours fin avec la cessation des paiements et l'ouverture d'une procédure de redressement. Mais elles changent alors de nature, car elles s'intègrent dans le plan d'entreprise.

Depuis la mise en place de la décentralisation, les aides publiques ne proviennent plus seulement de l'Etat. Elles peuvent aussi être accordées par des collectivités territoriales.

1) Les aides de l'Etat
Bien qu'en diminution ces dernières années, ces aides sont encore les plus importantes, qu'il s'agisse d'aides directes ou d'aides indirectes, c'est-à-dire d'un aménagement de la fiscalité des entreprises en difficultés.

1069. – Les aides directes. Leur but est de sauvegarder des entreprises, donc des emplois, sans que pour autant l'Etat se substitue aux initiatives privées. Ces aides sont accordées par trois organismes [2].

1) *A l'échelon départemental*, et lorsque l'entreprise emploie moins de 250 salariés, la décision est prise par le CODEFI (Comité départemental d'examen des problèmes de financement des entreprises) [3]. Présidé par le préfet, le CODEFI regroupe le trésorier-payeur général, les directeurs départementaux des services économiques et fiscaux, un représentant de l'Urssaf et un représentant de la Banque de France. Les représentants du Ministère public sont, associés aux travaux de cet organisme [4]. Le comité est saisi par le chef d'entreprise.

---
1. Trib. com. Rouen, 10 mars 1981, *Rev. jurispr. com.*, 1982, 387, note J. Mestre ; *D.*, 1982, 391, note Amselek – Cons. Etat 25 mars, 1983, *D.*, 1983, 647, note Moulin – Paris 10 juill. 1986, *Rev. jurisp. com.*, 1987, 17, note Gallet ; *D.*, 1987, Somm. 286, note Vasseur – Trib. com. Paris, 2 déc. 1985, *Gaz. Pal.*, 1986, 131, note Marchi ; *Rev. jurisp. com.*, 1986, 192, note J. Mestre.
2. *Dictionnaire permanent difficultés des entreprises*, v° CIRI, CORRI, CODEFI.
3. D. Tardieu-Naudet, *Les CODEFI*, *J.C.P.*, 1978, éd. CI, II, 12823.
4. Rép. min. 26 août 1991, *Rev. soc.*, 1991, 841.

Après examen du dossier, le CODEFI s'efforce de susciter un plan de redressement. Trois grandes éventualités sont concevables :
– un redressement interne, financé essentiellement par les associés ;
– une reprise de l'affaire par un « repreneur » privé, que le CODEFI s'efforcera de trouver ;
– une reprise par les salariés qui constituent une société coopérative ouvrière de production (SCOP), une société anonyme à participation ouvrière (SAPO), ou, bien que cela soit plus contestable, qui utilisent la technique du rachat par l'intermédiaire d'une holding constituée à cet effet [1].

Le Comité peut aider à la réussite du plan :
– en faisant accélérer le règlement des sommes éventuellement dues à l'entreprise par des Administrations ;
– en accordant un prêt du FDES 150 000 € maximum par affaire, à un taux d'intérêt avantageux ;
– et en intervenant auprès de la Commission départementale pour que celle-ci accorde des délais pour le règlement des dettes fiscales et sociales (v. *supra*, n° 1066).

En outre, le CODEFI veille au reclassement de la main-d'œuvre, lorsque le plan prévoit des licenciements.

Les difficultés des agriculteurs sont traitées par une commission spéciale instaurée par une circulaire du 10 octobre 1988. Cette commission se substitue aux multiples organismes qui venaient précédemment en aide aux agriculteurs.

2) *A l'échelon régional*, et lorsque l'entreprise emploie moins de 400 personnes, la décision est prise par le Comité régional de restructuration industrielle (CORRI).
Outre des fonctionnaires, le CORRI comprend des représentants des établissements financiers (Crédit National, Société de développement régional) et un agent public désigné par le président du Conseil régional.
Le CORRI est saisi par les CODEFI de son ressort, soit par les services du Premier ministre.
Son rôle est le même que celui des CODEFI mais il peut accorder des prêts d'un montant maximum de 750 000 €.

En 1993, ces comités ont été saisis de 3 450 dossiers et ont attribué 155 millions de francs au titre des prêts de restructuration [2].

3) *Enfin à l'échelon national*, les dossiers qui, en raison de leur importance ou de leur difficulté n'ont pu être traités localement, sont

---

1. Y. Guyon, *Droit des affaires*, t. I, n° 402.
2. « Les Notes Bleues de Bercy », 31 janv. 1995.

soumis au CIRI (Comité interministériel de restructuration industrielle). Ce comité remplace depuis 1982 le CIASI (Comité interministériel pour l'aménagement des structures industrielles)[1].

Il est difficile de dresser le bilan de ces aides publiques[2]. A leur actif on remarquera que les interventions administratives sont souples et rapides. Elles permettent de sauver des entreprises qui, sans elles, auraient continué de se dégrader. Mais ces aides sont accordées de manière désordonnée, et surtout selon des critères et modalités confidentiels, sinon arbitraires. On peut donc craindre que les fonds publics, c'est-à-dire l'argent des contribuables, soient parfois dilapidés en vue du soutien d'entreprises non rentables dont l'Administration recule seulement la liquidation[3]. En outre, la compatibilité de ces aides avec les art. 87 et suivants sur Traité d'Amsterdam n'est pas évidente (Règlement 659/1999 du 22 mars 1999)[4].

Il serait souhaitable que des représentants des industriels soient associés aux travaux de ces comités, par exemple des membres des chambres de commerce. Il faudrait aussi que les aides fassent l'objet d'une publicité systématique et rapide. En effet, on ne saurait tolérer que certaines entreprises vivent de la mendicité publique. Les aides publiques doivent donc être conçues comme des incitations au redressement (Aide-toi, l'Etat t'aidera) et non comme des versements à fonds perdus. Une plus grande rigueur serait souhaitable[5].

Un progrès a cependant été réalisé par une circulaire du 24 juin 1982 instaurant une amorce de collaboration entre le parquet, les CODEFI, les CORRI et le CIRI.

Le coût élevé des subventions aux entreprises en difficultés conduit à envisager leur remplacement par une aide indirecte, consistant en une fiscalité appropriée.

1070. – *Les aides indirectes : la fiscalité des entreprises en difficultés.* La fiscalité propre aux entreprises en difficultés est encore très partielle. Même si elle est moins choquante que les subventions, sa légitimité n'est pas indiscutable. Normalement une entreprise doit pouvoir payer ses impôts. Elle ne doit bénéficier d'allégements que pendant une période courte, sinon il y aurait

---

1. A. de Faucon, *L'approche des affaires en difficultés par le CIASI* : Banque, 1982, 63. – G. Gourdet, *Un lieu de restructuration et de négociation, le CIASI*, ds. *Changement social et droit négocié*, p. 185, Paris, 1988.
2. V. cep. Ministère Economie, *Note bleue*, n° 329 du 3 mai 1987.
3. E. Cohen, *L'Etat brancardier*, Paris, 1989.
4. T. Fouquet, L'obligation de récupération des aides d'Etat incompatibles octroyeés aux entreprises en difficulté : *Rev. jurisp. com.* 2002, 251. – M. Germain et Hermiette, *Capital social et droit communautaire des aides étatiques*, J.C.P., 1989, éd. E, II, 15503 – L. Idot, *Les aides aux entreprises en difficulté et le droit communautaire* : Rev. trim. dr. euro., 1998, 295 – CJCE, 14 sept. 1994, *Rev. soc.*, 1995, somm. 111.
5. V. à propos des chantiers Normed, les obs. de M. Haehl à la *Rev. trim. dr. com.*, 1990, 480.

atteinte au libre jeu de la concurrence et rupture de l'égalité devant les charges publiques [1]. Plutôt que d'entrer dans les détails d'une réglementation fluctuante, il convient de se poser deux questions [2].

Tout d'abord à quelles entreprises les mesures de faveur doivent-elles s'appliquer ? Dans un souci de prévention, elles devraient profiter aux entreprises dès l'apparition des premières difficultés. Mais on risque alors un certain arbitraire qui, pour être évité, conduirait à n'appliquer ces mesures de faveur qu'aux entreprises en redressement judiciaire, ce qui sera souvent trop tardif[3]. On peut aussi n'accorder ces aides qu'aux repreneurs d'entreprises en difficulté, en contre-partie des risques qu'ils acceptent de courir en vue du maintien des activités et des emplois.

En second lieu, *il faut déterminer le contenu de ces mesures*. La solution la plus équitable serait de s'en tenir à des sursis d'imposition, qui permettraient à l'entreprise de passer un cap difficile. Mais cela risque de ne pas suffire et il faudra en venir aux remises d'impôts déjà dus ou aux exemptions d'impositions à venir. Peut-être faudrait-il les limiter au cas où l'entreprise en difficulté est reprise par un tiers. Toutefois, là encore, les exemptions ne peuvent être que limitées, sous peine de perturber le jeu de la concurrence et de mettre en difficulté les entreprises saines, accablées de charges et d'impôts auxquels échappent les repreneurs.

> Les principales mesures tendent à faciliter soit les restructurations, soit les changements d'actionnariat, soit les reprises par une société constituée à cet effet (C. gén. impôts art. 44 ter). C'est dans ce dernier cas que les avantages fiscaux sont les plus importants (exonération de l'impôt sur les sociétés pendant deux ans, réduction de droits de mutation, exonération de la taxe professionnelle et des impôts locaux, etc.).

De toute manière ces mesures ne sont que des pis-aller. Il serait préférable de remplacer *les aides aux entreprises en difficultés par une politique en faveur du développement des entreprises* : allégement des charges, incitation aux investissements par la recherche des profits, libéralisation de la réglementation afin de permettre aux entreprises de s'adapter aux changements du marché, etc.

Par conséquent, dans ce domaine comme dans beaucoup d'autres, l'action de l'Etat est encore mal coordonnée, coûteuse pour le contribuable et peu efficace pour l'entreprise en difficultés.

Ces mêmes inconvénients risquent de se retrouver à propos des aides accordées par les collectivités territoriales.

---

1. B. Lagarde, *Fiscalité et défaillance d'entreprise*.
2. Sur cette réglementation, v. *Dictionnaire permanent des difficultés des entreprises*, v. Aspects fiscaux – P. Serlooten, *Défaillance de l'entreprise (aspects fiscaux)*, 1997.
3. V. Com. 18 avr. 1989, *Bull. Joly*, 1989, 565, note Derouin et Streiff.

2) Les aides des collectivités territoriales

1071. – Décentralisation et aides aux entreprises en difficultés. Les collectivités locales ne peuvent intervenir qu'exceptionnellement en faveur des entreprises en difficultés (L. 2 mars 1982, art. 5, 48 et 56)[1]. Elles n'ont pas en ce domaine une compétence de principe, mais ne peuvent agir que dans les cas prévus par la loi. En outre elles doivent respecter le libre jeu de la concurrence et ne pas gérer directement des activités économiques ou commerciales. Ces aides supposent que la *disparition de l'entreprise présente des inconvénients pour la collectivité intervenante*. Cet intérêt s'entend largement : il recouvre non seulement les pertes d'emplois et la dégradation du tissu économique local mais encore la diminution des recettes fiscales, l'accroissement des charges de l'aide sociale, le dommage causé à l'environnement par l'abandon de certains locaux, etc.

Les modalités de l'aide sont, « mutatis mutandis », les mêmes que celles de l'intervention de l'Etat. Depuis la loi du 5 janvier 1988 (art. 9) elles sont en principe de la compétence des régions ou des départements, les communes ne devant intervenir qu'à titre exceptionnel. Les mesures envisageables sont :

– des *aides directes* : prêts, subventions, prise en charge partielle des intérêts dus à d'autres prêteurs, prime régionale à l'emploi (Décr. 22 sept. 1982) ;

– des *aides indirectes* : garantie d'emprunts, dans les limites fixées par décret (art. 49), aide à l'achat d'immeubles, assistance technique, exonération d'impôts locaux ;

– des *prises de participation* dans des sociétés soumises à des statuts spéciaux (sociétés d'économie mixte locales, sociétés de développement régional) (C. gén. collec. territoriales art. L. 1522 et s. modifiés par la loi du 2 janvier 2002). Au contraire les prises de participation dans les sociétés de droit commun sont en principe prohibées.

La réalisation de l'aide est subordonnée à la signature d'une convention précisant les mesures de redressement envisagées par l'entreprise. L'expérience montre que l'action des collectivités locales, et notamment celles des communes, manque souvent de réalisme et va parfois à l'encontre de la politique suivie par le Pouvoir central[2]. De plus l'utilisation des aides n'est pas suffisamment contrôlée. Ici encore ce sont les contribuables, et notamment les entreprises saines, qui font les frais de ces gaspillages en devant supporter une augmentation des impôts locaux.

Heureusement ces aides sont globalement peu importantes puisqu'elles ne représentent que 0,2 % du montant total des aides des

---

1. Ravanel, *Les pouvoirs des collectivités locales en matière d'aides aux entreprises*, Conseil d'Etat, Etudes et documents, 1990, n° 41.
2. V. par ex. Trib. com., Paris, 16 déc. 1985, *Gaz. Pal.*, 1986, 167, note Marchi. Pour un bilan de cette action, v. ministère de l'Economie, *Note bleue, 1993/14*.

collectivités locales en matière économique. Elles sont versées à 60 % par les départements, essentiellement sous forme d'aides directes [1].

Les aides publiques ne sont généralement accordées que si les créanciers privés acceptent aussi de participer à l'effort de redressement.

B. Les initiatives privées

1072. – Habituellement l'entreprise en difficultés ne peut survivre que si, outre des mesures de restructuration, elle peut se procurer de nouvelles sources de financement. D'assez nombreuses possibilités lui sont offertes.

1) Le rôle des banques

Le plus souvent l'entreprise en difficultés commence par s'adresser à une banque pour demander *l'octroi* ou le *renouvellement d'un prêt* d'un montant suffisant pour passer l'échéance difficile. Le banquier se trouve alors dans une situation embarrassante. En effet, il court non seulement le risque de n'être pas remboursé, mais aussi celui d'engager sa responsabilité, aussi bien en cas de refus que d'acceptation du crédit qui lui est demandé [2].

1073. – *Responsabilité pour retrait abusif de crédit.* Un premier point n'est pas discuté. *Le banquier commet une faute en retirant brutalement et sans motif un crédit consenti à son client pour une durée indéterminée* [3]. L'hypothèse est fréquente. Une banque consent tacitement, et souvent pendant longtemps, un découvert à une entreprise. Puis elle refuse de payer des chèques ou des traites et de prendre des effets à l'escompte. Confirmant la jurisprudence antérieure, l'art. L. 313-12 du Code monétaire et financier prévoit que, sauf faute du bénéficiaire du crédit, le concours consenti à une entreprise ne peut être réduit ou interrompu qu'à l'expiration d'un délai de *préavis*. Toutefois la portée de cette obligation est atténuée par le fait que le préavis ne s'impose pas si la situation de l'entreprise est irrémédiablement compromise [4]. Bien que l'expression soit ambiguë, il faut entendre par là la nécessité inéluctable de déposer le bilan à plus ou moins brève échéance et non l'impossibilité définitive d'un redressement.

Habituellement l'action en responsabilité est intentée par l'entreprise victime directe de la rupture du crédit. Toutefois la caution de l'entre-

---

1. *Les Notes bleues de Bercy*, n° 181, 30 avr. 2000.
2. R. Routier, *La responsabilité du banquier*, L.G.D.J., 1997 – J. Stoufflet, *Retour sur la responsabilité du banquier donneur de crédit* : Mélanges M. Cabrillac, p. 517.
3. Y. Guyon, La rupture abusive de crédit : *Rev. dr. bancaire* 2002, 369. – Com. 18 mai 1993, *Bull. civ.* IV, n° 189, p. 135 – 5 mars 1996 : *Bull. civ.* IV, n° 70, p. 57 – 5 janv. 1999 : *Bull. civ.* IV, n° 3, p. 3.
4. Com. 19 oct. 1999 : *Bull. civ.* IV, n° 167, p. 140.

prise en difficulté a aussi intérêt à agir, car la rupture fautive du crédit lui cause un dommage en aggravant la situation du débiteur principal[1].

Une telle action ne réussit que rarement, car l'entreprise ne parvient presque jamais à prouver que la faute du banquier est la cause du préjudice qu'elle a subi[2].

1074. – *Responsabilité pour octroi abusif de crédit*. *Il est plus difficile de savoir si le banquier peut engager sa responsabilité à l'égard des tiers par l'octroi ou le maintien d'un crédit* à une entreprise en difficulté.

En effet on ne peut reprocher systématiquement aux banques de prêter leur concours à des opérations cherchant à assurer la survie d'entreprises et donc le maintien de la production et de l'emploi. En accordant des crédits, le banquier exerce sa profession. Mais, d'un autre côté, un soutien abusif, qui prolonge artificiellement la poursuite d'une activité déficitaire, donne à l'emprunteur une solvabilité apparente et incite ses partenaires à continuer de lui faire confiance (livraisons à crédit, versement d'acomptes, octroi d'une caution, etc.)[3].

L'hypothèse doit être bien circonscrite. Le banquier doit cesser tout crédit lorsqu'il y a cessation des paiements ou connaissance d'une situation sans issue[4].

Au contraire, lorsque l'entreprise est seulement en situation difficile, les décisions les plus récentes paraissent ne retenir la responsabilité du banquier à l'égard des autres créanciers que dans deux séries de cas.

• *Tout d'abord, le banquier a pu prendre des risques anormaux* en acceptant de soutenir une entreprise qu'il savait d'ores et déjà vouée à la cessation des paiements[5]. Au contraire, si la situation était susceptible de redressement, le crédit est seulement inopportun. On ne peut alors reprocher au banquier de s'être trompé dans une appréciation économique délicate, ou d'avoir accepté de prendre des risques, car ce faisant il accomplit sa profession[6].

Il est malaisé de caractériser la faute du banquier, car celui-ci dispose rarement d'une information complète et objective sur la situation de son client, qui cherche naturellement à minimiser ses difficultés. Toutefois certains indices permettent de présumer que la situation est désespérée et donc que le banquier a commis une faute en accordant un crédit.

---

1. Com. 12 avr. 1983, *J.C.P.*, 1984, II, 20237, note J. Duclos.
2. Com. 3 nov. 1992, *J.C.P.*, 1993, II, 21993, note D. Vidal. – 4 déc. 2001 : *D.* 2002, 719.
3. G.A. Likillimba, *La soutien abusif d'une entreprise en difficulté*, 2 éd., 2002 – I. Parléani, L'octroi abusif de crédit : *Rev. dr. bancaire* 2002, 365.
4. Com. 9 oct. 1974, *Bull. civ.* IV, n° 241, p. 196.
5. Com. 2 mai 1983, *D.*, 1984, Inf. rap. 11, note Derrida ; *Rev. trim. dr. com.*, 1984, 319, note Cabrillac et Teyssié.
6. Com. 15 juin 1993, *Bull. civ.* IV, n° 240, p. 171 – 11 mai 1999 : *J.C.P.*, 1999, E, 1730, note D. Legeais – V. aussi Com. 15 nov. 1994, *J.C.P.*, 1995, II, 673, note Y. Guyon ; *Rev. soc.*, 1995, 66, note M. Jeantin.

Il s'agit tout d'abord du *montant inhabituel du prêt*. En effet, il existe en ce domaine des usages professionnels assez précis. En dépassant le plafond de découvert normal, le banquier non seulement prend un risque pour lui-même mais devrait s'apercevoir que la demande de son client est motivée par l'imminence d'une cessation des paiements [1].

Un autre indice est tiré des *conditions du prêt*. Si le banquier a exigé des taux d'intérêt anormalement élevés ou s'il a demandé des sûretés d'une valeur disproportionnée eu égard au montant du crédit, c'est sans doute parce qu'il connaissait le caractère quasi inévitable de la catastrophe.

Enfin, plus généralement, le banquier aurait dû avoir son attention attirée sur les *conditions anormales de fonctionnement des comptes de ses clients*, notamment en décelant des remises à l'escompte d'effets de complaisance [2].

Mais le banquier n'est pas un policier et ne doit pas s'immiscer dans la gestion des affaires de son client. Il ne commet pas de faute lorsque son client lui fournit des explications convaincantes sur une situation apparemment difficile [3] ou « *a fortiori* » lui remet des documents comptables dont la falsification aurait nécessité des investigations particulières [4].

• *En second lieu le banquier engage sa responsabilité s'il accorde des crédits au hasard, sans se préoccuper de leur utilité, c'est-à-dire sans se demander si un véritable redressement est possible* [5]. *Le banquier manque alors à son devoir de conseil.*

En outre, le banquier a l'obligation de veiller à la bonne utilisation des crédits affectés au financement d'une opération déterminée. Au contraire, les crédits généraux et indifférenciés échappent à son contrôle [6]. Toutefois le renouvellement systématique de ces crédits, sans aucune demande d'explication, serait fautif.

Dans tous les cas la faute de la banque doit être prouvée par le demandeur, car le banquier ne contracte pas une obligation de résultat [7].

1075. – *Autres risques courus par le banquier.* Le banquier ne commet pas de faute si son concours financier est l'un des éléments d'un plan de redressement sérieux et cohérent [8]. Toutefois il court alors

---

1. Com. 28 oct. 1986, *Bull. civ.* IV, n° 193, p. 167 – 7 oct. 1997 : Rev. trim. dr. com., 1998, 188, note M. Cabrillac – 11 mai 1999 : précité.
2. Com. 7 janv. 1976, *J.C.P.*, 1976, II, 18327, note Gavalda.
3. Amiens, 24 févr. 1969, *J.C.P.*, 1969, II, 16124, note Gavalda.
4. Com. 10 juin 1986, *D.*, 1987, IR, 298, note Vasseur – 24 sept. 2002, *Bull. civ.* IV, n° 128, p. 136.
5. Com. 26 mars 1996, *Bull. civ.* IV, n° 95, p. 79 – 25 mars 2003, *Bull. civ.* IV, n° 50, p. 58.
6. Com. 31 mai 1994, *Rev. soc.*, 1995, 496, note J. Stoufflet.
7. Com. 18 juin 1996, *J.C.P.*, 1996, éd. E, II, 896, note D. Legeais.
8. Com. 15 juin 1993, précité, n° 1074.

un autre risque car en participant à l'élaboration du plan de redressement, il s'immisce dans la gestion des affaires de son client. Si le plan échoue et qu'un redressement judiciaire est ouvert, le tribunal risque de juger que le banquier s'est comporté en *dirigeant de fait* et est donc passible de la responsabilité spéciale prévue par l'art. L. 624-3 (v. *infra* n° 1371)[1]. Ces tentatives ont jusqu'ici échoué[2]. De même, il est rare que l'immixtion du banquier dans les affaires de son client soit telle qu'elle aboutisse à la constitution d'une *société créée de fait*[3]. S'il en était ainsi, le banquier serait de plein droit tenu de la totalité du passif puisque l'engagement de l'associé de fait est le même que celui de l'associé en nom collectif. Enfin certains créanciers se sont placés sur le terrain pénal en soutenant que le banquier s'était rendu complice du délit de banqueroute commis par son client. Mais ils ne sont généralement pas parvenus à prouver l'élément intentionnel du délit[4].

Pris entre le marteau du soutien abusif et l'enclume de la rupture abusive, le banquier est dans une situation périlleuse[5]. Il ne doit cesser son soutien ni trop tôt ni trop tard. S'il décide de maintenir ou d'augmenter les crédits, il doit le faire selon un plan de financement cohérent, tout en évitant de se comporter en dirigeant de fait. Pour tenter de concilier ces inconciliables, il semble que le banquier doive subordonner le maintien de son soutien financier à l'élaboration et à l'exécution par les dirigeants d'un plan de redressement[6]. Le banquier serait sans doute couvert si son soutien était expressément prévu dans un règlement amiable (v. *infra*, 1089).

1076. – ***Exercice et résultat de l'action intentée contre le banquier.*** L'exercice de l'action en responsabilité se heurte à une difficulté. En effet, par hypothèse, le débiteur à qui le crédit litigieux a été consenti est ultérieurement mis en redressement judiciaire, de telle sorte que le *principe de l'égalité entre les créanciers suppose que l'action soit exercée en leur nom à tous par leur représentant légal* (art. L. 621-39)[7]. Cependant l'action individuelle d'un créancier demeure recevable lorsque l'intéressé a subi un dommage qui lui est personnel, car, par exemple, il est le seul à avoir fait crédit au débiteur indûment soutenu par la banque (v. *infra*, n° 1358). Mais la jurisprudence retient une conception de plus en plus restrictive du dommage individuel car la dépréciation et

---

1. Rép. minist. 11 oct. 1984, *Rev. soc.*, 1985, 262.
2. Com. 9 mai 1978, *D.*, 1978, 419, note Vasseur ; Banque, 1978, 899, note L. Martin. Paris 3 mars 1978, *D.*, 1978, IR, 420, note Vasseur, qui admet la qualité de dirigeant de fait de la banque, mais l'exonère de toute responsabilité au motif qu'elle a accompli les diligences requises des dirigeants sociaux. V. *infra*, n° 1389.
3. Paris, 21 févr. 1984, *Rev. trim. dr. com.*, 1984, 706, note Cabrillac et Teyssié – Aix, 19 avr. 1990, *ibid.*, 1990, 441, note Cabrillac et Teyssié.
4. Crim. 20 nov. 1978, *D.*, 1979, 525, note Derrida et Culioli.
5. Stoffel-Munck, *D.* 2002, 1975.
6. Com. 7 oct. 1987, *Rev. proc. coll.*, 1988, 192, note Chaput.
7. Com. 16 nov. 1993, *D.*, 1994, 57, conc. R. de Gouttes, note Derrida et Sortais – 3 juin 1997 : D. 1997, 517, note F. Derrida.

l'immobilisation de la créance ainsi que la perte des intérêts sont considérés comme des dommages collectifs [1]. L'action individuelle paraît aussi recevable en cas d'inaction du représentant des créanciers [2]. Cette répartition des compétences rappelle celle qui s'applique aux actions en responsabilité intentées contre les dirigeants des sociétés anonymes [3].

> Lorsque l'obligation du banquier au passif est admise, il faut encore en fixer le montant. Cette appréciation nécessite presque toujours une expertise. En effet, le dommage causé n'est pas égal à la totalité de l'insuffisance d'actif, mais seulement au supplément d'appauvrissement de l'entreprise intervenu à partir du moment où le soutien du banquier a permis une survie artificielle. Toutefois, par application du droit commun de l'obligation « *in solidum* », certains arrêts condamnent le banquier à réparer l'entier dommage au motif qu'il a contribué à le provoquer et qu'une distinction des causalités est impossible [4].
>
> La responsabilité des dispensateurs de crédit autres que les banquiers doit s'apprécier de la même manière [5]. Il peut s'agir des clients, des fournisseurs [6] et même éventuellement des Pouvoirs publics s'ils ont soutenu abusivement une entreprise en difficultés (v. *supra*, n° 1068).

Cette menace de responsabilité risque de tarir les crédits et donc de forcer les entreprises en difficultés à recourir à d'autres formes de financement.

2) *Le rôle des associés*

1077. – Les associés sont les personnages clefs. Sous l'impulsion des dirigeants, ce sont eux qui prennent les initiatives essentielles et décident du choix entre la résistance et l'abandon, sur lequel les autres partenaires s'aligneront, au moins dans le deuxième cas, car on ne sauve pas une société malgré elle. Ce choix est d'ailleurs difficile car si les associés ont un devoir de résistance, ils peuvent aussi commettre une faute en prolongeant, dans un intérêt personnel, une activité irrémédiablement compromise, aggravant ainsi le préjudice subi par les créanciers impayés.

a) La résistance

La résistance consiste à vouloir, individuellement ou collectivement, assurer la survie de l'entreprise en difficultés.

---

1. Ass. plén., 9 juill. 1993, *D.*, 1993, 469, note Derrida ; *J.C.P.*, 1993, II, 22122, conc. Jeol, note F. Pollaud-Dulian – Com. 14 déc. 1999 : *Bull. civ.* IV, n° 230, p. 133.
2. Com. 25 mai 1981, *D.*, 1981, 643, note Derrida.
3. Guyon, *Droit des affaires*, t. I, n° 462.
4. Com. 5 mars 1996, *J.C.P.*, 1996, éd. E, II, 878, note Chazal.
5. M.E. Laporte, *La charge du crédit dans la vente commerciale*, n° 88, thèse, Poitiers, 1990.
6. Com. 22 févr. 1994 (2 arrêts), *Bull. civ.* IV, n° 72 et 73, p. 55 – 30 oct. 2000 : *ibid.*, n° 170, p. 150.

1078. – La résistance individuelle. Elle est essentielle car c'est elle qui intervient généralement la première. Elle peut cristalliser les autres bonnes volontés. Elle est le plus souvent le fait des associés majoritaires, qui sont aussi dirigeants de la société, et qui ont donc un intérêt personnel à sa survie.

L'associé peut renoncer à l'exercice d'un droit. Par exemple, il abandonne le dividende voté à son profit ou le remboursement du solde créditeur de son compte courant [1]. Ces renonciations à des droits acquis sont valables. Elles pourraient être favorisées par un régime fiscal mieux approprié, notamment lorsque l'associé renonçant est une société appartenant au même groupe que l'entreprise en difficulté [2]. Au contraire l'engagement de ne pas distribuer des bénéfices futurs est une convention de vote dont la validité, bien que discutable, semble pouvoir être admise puisque cet engagement est conforme à l'intérêt de la société.

L'associé peut aussi aider la société de manière plus active en lui consentant un prêt, une garantie ou un cautionnement pour lui permettre de passer le cap difficile. Le procédé le plus habituel est le blocage du solde créditeur des comptes courants d'associés [3].

Ces aides ne sont pas toujours aussi désintéressées qu'il apparaît au premier abord. Elles sont surtout pratiquées dans les groupes de sociétés, où elles entraînent toutes sortes de difficultés car elles risquent de méconnaître les intérêts des minoritaires de la société de qui émane l'aide [4]. Certes, la jurisprudence admet la licéité des sacrifices provisoirement consentis par une filiale dans l'intérêt du groupe [5]. Mais cette licéité demeure exceptionnelle, le principe étant l'indépendance financière des sociétés du groupe et le droit pour les minoritaires de faire respecter celle-ci [6].

1079. – La résistance collective. Beaucoup plus efficace que la résistance individuelle, elle peut prendre plusieurs formes.

1) Les associés peuvent d'abord *faire appel à des tiers* qui apporteront des fonds, *sans pour autant prendre le contrôle de la société*.

Le premier moyen d'y parvenir est l'*émission d'actions à dividende prioritaire sans droit de vote*. Les actionnaires anciens ne perdront pas le contrôle de la société. Mais, outre les difficultés inhérentes à toute augmentation de capital dans une société en perte, l'émission de ces

---

1. Paris, 9 juin 1989, *Rev. trim. dr. com.*, 1990, 45, note Champaud – Trib. gde inst. Strasbourg, 21 nov. 1969, *Rev. trim. dr. com.*, 1970, 156, note Houin.
2. Cons. Etat, 2 juin 1986, *Rev. soc.*, 1986, 620, note O. Fouquet – 11 mars 1988, *J.C.P.*, 1988, éd. E, II, 15312, note D.F.
3. I Urbain-Parléani, *Les comptes courants d'associés*, n° 487, Paris, 1986 – Com. 24 juin 1997, *J.C.P.*, 1997, II, 22966, note P. Mousseron ; *Rev. soc.*, 1998, 185, note L. Godon.
4. Ohl, *Les prêts et avances entre sociétés d'un même groupe*, Paris, 1982.
5. Crim. 4 février 1985, *D.*, 1985, 478, note Ohl ; *J.C.P.*, 1986, II, 20585, note Jeandidier ; *Rev. soc.*, 1985, 648, note Bouloc.
6. Com. 29 mai 1972, *J.C.P.*, 1973, II, 17337, note Guyon – 7 oct. 1974, *J.C.P.*, 1975, II, 18129, note Grua.

actions se heurte à un obstacle spécifique. En effet, elle n'est permise qu'aux sociétés qui ont réalisé des bénéfices distribuables au cours des deux derniers exercices (art. L. 225-126). Le recours à ces titres n'est donc possible qu'au moment où les difficultés apparaissent. De plus la réussite de l'opération suppose un redressement rapide de la situation, car si les dividendes prioritaires dus au titre de trois exercices ne sont pas payés, les titulaires de ces titres retrouvent un droit de vote proportionnel à la fraction du capital qu'ils détiennent (art. L. 228-14). Le but recherché ne sera plus atteint puisque les apporteurs de fonds participeront à la marche de la société, ce qui peut entraîner un renversement de majorité. Enfin ces actions ne peuvent représenter plus du quart du capital social (art. L. 228-12, al. 2).

La société peut tenter d'obtenir un *prêt participatif*. La technique est financièrement efficace puisque les prêts participatifs sont assimilés à des fonds propres (CMF art. L. 313-14). Le prêteur est dans la situation d'un quasi-associé. Il ne perçoit qu'un intérêt fixe assez faible, l'essentiel de sa rémunération étant proportionnelle aux bénéfices. Donc ce mode de financement peut mieux accompagner la reprise qu'un crédit classique. Mais le créancier court un risque accru en raison de sa situation de dernier rang (CMF art. L. 313-15). Si la société qui sollicite le prêt connaît déjà de sérieuses difficultés, seuls des impératifs très particuliers justifieront l'acceptation d'un tel risque.

> Les prêts participatifs publics ou privés ne sont donc qu'exceptionnellement accordés à des entreprises en difficultés [1]. En outre, si toutes les entreprises commerciales peuvent contracter des emprunts participatifs individuels, seules les coopératives et les sociétés du secteur public peuvent émettre des titres participatifs (art. L. 228-36).

De même, l'émission de *certificats d'investissement*, sans droit de vote, risque de n'attirer aucun souscripteur (art. L. 228-30).

Donc la résistance nuancée, qui est de loin la technique la plus avantageuse, ne peut être utilisée que rarement.

2) Les associés doivent alors opter pour la *résistance totale*, c'est-à-dire apporter eux-mêmes l'argent frais nécessaire au sauvetage en procédant à une *augmentation de capital*, qu'ils souscrivent en totalité.

> Une difficulté préalable doit cependant être résolue. Puisque la société est en difficultés, son actif est généralement inférieur à son capital. L'augmentation de celui-ci ne peut pas se réaliser directement. En effet la valeur vénale des actions (qui dépend de l'actif) est inférieure à leur valeur nominale (qui est calculée sur le capital). Or le principe de la souscription intégrale du capital social et de ses augmentations interdit

---

1. Conseil économique, avis du 25 janv. 1984, *Le prêt participatif*, *J.O.*, Avis du CES 1984, n° 2.

les souscriptions au-dessous de cette valeur. Mais, d'un autre côté, personne n'accepterait de verser 100 € pour une action qui n'en vaudrait, par exemple, que 80 ou 50. Il faut donc commencer par réduire le capital du montant des pertes afin que la valeur vénale corresponde à la valeur nominale. L'augmentation devient alors possible. Cette double variation en sens inverse est connue sous le nom imagé de *coup d'accordéon* [1].

En principe l'augmentation de capital est librement décidée par l'assemblée générale extraordinaire des associés (art. L. 225-129). Toutefois lorsqu'un établissement de crédit est en difficulté, le gouverneur de la Banque de France peut inviter ses actionnaires à prendre des mesures de soutien (CMF art. L. 511-42). Mais cette invitation a une force contraignante plus morale que juridique [2].

De telles augmentations constituent la solution idéale puisque, en raison du droit préférentiel de souscription, la répartition du capital n'est pas modifiée. Toutefois, il est rare que tous les actionnaires aient des disponibilités suffisantes pour souscrire et souhaitent augmenter leur participation dans une société qui périclite.

Il faudra alors se résoudre à une attitude d'abandon.

b) L'abandon

L'attitude d'abandon consiste à se résigner à un sauvetage venu de l'extérieur.

1080. – L'abandon provisoire. Il consiste en la conclusion d'un *contrat de location-gérance*, car les associés pourront reprendre la gestion directe une fois les difficultés terminées.

L'entreprise en difficultés abandonne l'exploitation directe de son fonds et loue celui-ci à un tiers qui lui verse une redevance. Le procédé permet un redressement si les difficultés provenaient d'une mauvaise gestion, car le remplacement de dirigeants incompétents par une équipe plus qualifiée devrait suffire à provoquer le redressement.

Tous les articles L. 144-1 et s., qui édictent une réglementation restrictive, sont applicables. Par conséquent le titulaire du fonds ne peut louer celui-ci qu'à la condition d'avoir été commerçant pendant une durée d'au moins 7 années et d'avoir exploité le fonds depuis au moins 2 ans. Ces délais peuvent cependant être réduits ou supprimés par une autorisation donnée par le président du tribunal de grande instance. (Pour la location-gérance après l'ouverture de la procédure, v. *infra*, n° 1216).

Un autre moyen d'éviter les difficultés provenant d'une mauvaise gestion consiste à confier celle-ci à un « agent général », désigné par un con-

---

1. Com. 17 mai 1994, *Rev. soc.*, 1994, 485, note S. Dana.
2. J.J. Crédot, *Le devoir d'actionnaire d'un établissement de crédit* : Mélanges AEDBF – France, II, p. 147, 1999.

trat dit de « *management* »[1]. L'expérience prouve que ce procédé ne constitue pas une recette miracle car rares sont les agents généraux susceptibles de s'adapter à toutes les situations.

1081. – L'abandon définitif. Lorsque la mise en location-gérance n'est pas possible, les associés doivent se résoudre à un *abandon définitif*.

Ou bien ils *cèdent leurs parts* ou leurs actions à un tiers qui est le plus souvent un concurrent et que l'on désigne habituellement sous le nom de *repreneur*. Ces cessions sont souvent décevantes car, vu la situation de la société, l'acquéreur ne propose qu'un prix assez bas voire symbolique[2]. En outre, l'opération est généralement échelonnée et assortie d'une condition résolutoire au cas où la cessation des paiements se produirait avant sa réalisation définitive[3]. Enfin, le régime fiscal de ces cessions n'est pas très incitatif puisque le passif est pris en compte pour le calcul des droits d'enregistrement[4].

Ou bien les actionnaires décident une augmentation de capital et renoncent à leur droit préférentiel de souscription en faveur d'un tiers qui, le plus souvent, prendra le contrôle de la société. Cette renonciation a des conséquences graves. Elle ne doit être décidée qu'en connaissance de cause. Par conséquent l'assemblée extraordinaire ne statue que sur le double rapport du conseil d'administration et du commissaire aux comptes (art. L. 225-135)[5].

Toutefois, compte tenu de la situation difficile de la société, les tribunaux se montrent peu exigeants, car nécessité n'a pas de loi. Cette tendance est illustrée par un arrêt de la cour de Paris du 19 mars 1981[6]. Des minoritaires se plaignaient qu'une augmentation de capital, avec renonciation au droit préférentiel de souscription, avait permis à un concurrent de prendre à bon compte le contrôle de la société. La cour de Paris rejette leur demande, au motif que l'information avait été suffisante. Pourtant le rapport du conseil d'administration indiquait simplement que, si le prix d'émission consenti au sauveteur pouvait paraître faible, il avait été difficile de trouver mieux. Quant au rapport du commissaire aux comptes, il mentionnait, de manière encore plus succincte, qu'aucune vérification objective du prix d'émission n'avait pu être opérée.

3) Le rôle des salariés

1082. – De la contestation à la collaboration. Une étude complète des divers partenaires du renflouement devrait faire place à l'atti-

---

1. P. Merle, *Contrat de management et organisation des pouvoirs dans la société anonyme*, D., 1975, 245.
2. Com. 3 janv. 1985, *Rev. soc.*, 1985, 826, note J.H.
3. Com. 3 janv. 1980, *Gaz. Pal.*, 1980, 669, note A.P.S.
4. Com. 1er mars 1982, *Gaz. Pal.*, 1982, 545, note Soinne.
5. Guyon, *Droit des affaires*, t. I, n° 432.
6. *J.C.P.*, 1982, II, 19720, conclusions Jéol, note Guyon.

tude des *salariés* et des *syndicats*. Celle-ci a un caractère prépondérant. Le redressement sera facilité par un climat social calme, qui permettra le maintien de la production et une renégociation de certains avantages acquis. Au contraire il sera voué à l'échec, si le personnel multiplie les grèves et les occupations de locaux. Malheureusement, faute de mécanismes de concertation suffisants, les rapports qui s'établissent entre le capital et le travail dans les entreprises en difficultés sont des rapports de fait, sinon de force. Le juriste les connaît mal [1].

On a néanmoins l'impression que *les salariés sont conscients de la nécessité de maintenir l'outil de production. Malheureusement ils sont mal informés et insuffisamment consultés.* Ils s'en remettent trop souvent à des consignes syndicales qui ne tiennent pas assez compte de la situation locale. La bonne volonté des salariés débouche ainsi fréquemment sur des attitudes peu réalistes, qui accélèrent la dégradation de l'entreprise.

> Certaines mesures paraissent néanmoins susceptibles d'améliorer la collaboration entre les dirigeants et les salariés, dès ce stade des difficultés.
> D'une part la *deuxième loi Auroux* du 28 octobre 1982 a notablement renforcé l'information des salariés et facilité leur dialogue avec les dirigeants. Un échange constructif devrait s'instaurer, en vue de trouver en commun les mesures susceptibles de surmonter les difficultés. La jurisprudence la plus récente va en ce sens puisqu'elle facilite l'abandon de certains avantages acquis, dès lors que celui-ci a pour contre-partie le maintien des salariés dans leur emploi menacé [2]. D'autre part le *droit d'alerte du comité d'entreprise* peut également produire des résultats intéressants (v. *supra*, n° 1055).

Les Pouvoirs publics ont également favorisé la reprise des affaires en difficultés par les salariés [3]. Notamment la loi du 9 juillet 1984, modifiée par celle du 17 juin 1987 (art. 27) avait permis aux salariés de constituer, dans des conditions avantageuses, une holding qui rachetait la majorité des titres de la société en difficulté. De tels achats étaient déjà assez couramment pratiqués avant cette loi. Ils ont généralement donné des résultats décevants, ce qui n'est pas étonnant, car ils devraient intervenir quand l'entreprise est encore saine. Depuis ce régime de faveur a subi des hauts et des bas selon les dispositions des lois de finance.

On a finalement l'impression que les salariés ne commencent à jouer un rôle actif qu'au moment de l'ouverture de la procédure de redressement ou de liquidation, c'est-à-dire le plus souvent trop tard.

---

1. F. Jullien, *Le rôle des salariés et des syndicats dans la survie des entreprises en difficulté en droit français* dans ouvrage Fieda sur la survie des entreprises en difficultés, éd. Sorej, Montréal, 1982.
2. Cass. soc. 19 févr. 1997, Bull. civ., V, n° 70, p. 48.
3. A. Delfosse, *Holdings et reprise d'entreprise*, Paris 1988 – L. Martin, *La reprise d'une entreprise par ses salariés (RES)*, Rev. jurisp. com., n° spécial, nov. 1988, p. 127.

4) Le rôle des tiers

1083. – *Les repreneurs d'entreprises en difficultés.* Ce peuvent être, soit des professionnels, soit des personnes qui préfèrent le rachat d'une affaire en difficultés à la création d'une entreprise nouvelle [1]. Leur intervention est souvent prépondérante. Mais la politique à suivre à leur égard est difficile à déterminer, car la reprise est un contrat aléatoire. D'un côté, les reprises doivent être favorisées, puisqu'elles permettent de sauver des entreprises. Il faut notamment que le repreneur soit garanti contre des contestations émanant des anciens propriétaires de l'entreprise, jaloux de voir qu'un tiers a réussi là où ils ont échoué. Il faut aussi lui éviter le risque d'être considéré comme l'associé de fait du commerçant en difficultés, et donc tenu à ce titre de la totalité du passif accumulé avant son intervention [2]. D'un autre côté, les reprises peuvent donner lieu à des abus, qui doivent être sanctionnés notamment lorsque le repreneur liquide l'entreprise à son seul profit au lieu de la redresser [3].

Le CIRI a pris en ce domaine une heureuse initiative en dressant un fichier des repreneurs éventuels et en le mettant à la disposition des entreprises qui sollicitent des aides publiques.

> Les mesures de sauvetage et de renflouement entraînent une difficulté supplémentaire lorsqu'elles sont prises par des entreprises étrangères. L'alternative est alors ou bien d'accepter la disparition de l'entreprise française en péril avec tous les troubles que cela entraîne, ou bien d'admettre qu'elle passe sous le contrôle de capitaux étrangers. La question dépasse le domaine juridique. Il suffit de savoir que tout sauvetage qui entraîne une prise de contrôle directe (augmentation de capital) ou indirecte (prêt) d'une entreprise française par un non-résident non-communautaire constitue un investissement direct. La réalisation de l'opération est, en principe, subordonnée à une autorisation du ministère de l'Economie (Décr. 27 janv. 1967). Celui-ci se décide pour des motifs d'opportunité.

Ces initiatives individuelles souffrent d'un vice commun : elles manquent de coordination, ce qui diminue leur efficacité. C'est cet inconvénient que tente de pallier la loi du 1er mars 1984, en mettant sur pied un mécanisme collectif, le règlement amiable.

SECTION II

Les initiatives collectives en vue du redressement des entreprises : le règlement amiable

1084. – *Inconvénients des concordats amiables.* Une action collective des créanciers est le moyen le plus sûr de redresser l'entreprise en difficultés.

---

1. Bienaymé, *Les repreneurs* dans *La reprise des affaires en difficulté*, Rev. fr. compta., 1981, 332.
2. Com. 1er déc. 1981, *J.C.P.*, 1983, II, 19976, note Fieschi-Vivet.
3. F. Cazenave, *Les repreneurs d'entreprise*, Le Monde du Dimanche, 8 mars 1981 – Trib. correct., Paris, 17 déc. 1986, *Gaz. Pal.*, 1987, 153, note Marchi.

Par conséquent, sans qu'une réglementation spéciale soit nécessaire, tous les créanciers ou les principaux d'entre eux peuvent se mettre d'accord afin de consentir à leur débiteur en difficultés un *moratoire général* ou un *concordat amiable* [1]. Conformément au principe de la relativité des conventions, ce contrat est inopposable aux créanciers qui n'y ont pas personnellement consenti [2]. Seul le consentement individuel des obligataires n'est pas requis (art. L. 228-65). Ce cas mis à part, l'exigence de l'unanimité, bien que parfaitement fondée, rend difficile l'octroi d'un concordat amiable. Notamment celui-ci n'aura aucune utilité si un créancier important entend exercer rigoureusement ses droits à l'échéance.

Les effets de cet accord sont librement débattus par les parties. Celles-ci peuvent convenir d'un simple moratoire, c'est-à-dire consentir au débiteur un délai de paiement au cours duquel les créanciers renoncent à leur droit de demander l'ouverture d'une procédure collective [3]. Les créanciers peuvent aussi accepter d'abandonner une partie du montant nominal de leur créance. Enfin des concordats amiables peuvent combiner les deux avantages ainsi accordés au débiteur.

Bien que permettant le sauvetage de certaines entreprises, *le concordat amiable* présente des inconvénients.

Son établissement est difficile. Certes les créanciers exigent le plus souvent que le débiteur fasse un rapport sur l'état de ses affaires et les causes de ses difficultés. Ils lui demandent aussi de présenter un plan de règlement et de redressement. Mais ces renseignements n'ont pas toujours le sérieux que l'on pourrait souhaiter, surtout lorsqu'ils ne sont pas vérifiés par un tiers objectif et compétent. En effet, le concordat amiable était parfois préparé par des officines de gestion de dettes, qui ne présentaient pas les garanties souhaitables de compétence professionnelle et d'honorabilité. Cette activité a d'ailleurs été réglementée par la loi du 11 octobre 1985 [4]. Sur ces bases incertaines, d'âpres marchandages s'engagent, plus ou moins faussés par la menace de recourir à la procédure de redressement judiciaire. Enfin, les créanciers les plus importants risquent de consentir moins de sacrifices que les autres, de telle sorte que le principe de l'égalité entre créanciers ne sera pas respecté. On peut donc craindre que certains créanciers contestent la validité de cet accord, surtout lorsque celui-ci intervient alors que le débiteur est déjà virtuellement en état de cessation des paiements.

L'exécution du concordat amiable est toujours précaire. L'apparition d'un nouveau créancier qui ferait valoir immédiatement tous ses droits entraînerait du même coup une cessation des paiements qui produira des conséquences plus graves que si elle était intervenue plus tôt. On peut redouter aussi que le débiteur se soit engagé à la légère et qu'il ne puisse pas respecter les échéances concordataires.

---

1. Derrida, *Concordat préventif et droit français*, Mélanges Hamel, p. 489, Paris, 1961.
2. Montpellier, 13 janvier 1959, *Rev. trim. dr. com.*, 1961, 677, note Houin.
3. Civ., 12 mars 1889, *D.P.*, 1890, 1, 15.
4. Civ. 1, 7 avr. 1999. *D.A.*, 1999, 868 – J. Smallhoover et S. Vital-Durand, *La nouvelle réglementation du recouvrement amiable des créances*, J.C.P., 1997, éd. E, I, 680.

Enfin, si le concordat amiable échoue, le débiteur risque de se voir reprocher de n'avoir pas déposé son bilan en temps utile et d'avoir poursuivi abusivement une exploitation déficitaire [1].

Pour remédier à ces inconvénients le droit français avait eu recours, notamment en 1937-1938, *au règlement amiable homologué judiciairement* (*D.L.*, 25 août 1937). L'intervention du tribunal n'a cependant guère été efficace, car le concordat amiable demeurait un faisceau de contrats individuels alors qu'il aurait dû devenir un acte juridique collectif, comme les concordats préventifs pratiqués en Allemagne (Vergleichsverfahren), en Angleterre (Deeds of Arrangement) et en Belgique [2].

La loi du 1er mars 1984 s'efforce cependant de faciliter la conclusion de *règlements amiables,* qui sont un peu plus que de simples accords purement privés mais un peu moins que des plans de redressement arrêtés par une autorité judiciaire (art. L. 611-3) [3]. Ils consistent en la faculté pour les dirigeants d'une entreprise de demander au président du tribunal la désignation d'un conciliateur, sous les auspices duquel ils négocieront, avec leurs principaux créanciers, l'obtention de délais de paiement ou de remises de dettes, nécessaires au redressement de l'entreprise (Décr. 1er mars 1985, art. 36 et s.). Le régime du règlement amiable a été amélioré par la loi du 10 juin 1994, qui espère en faire le mécanisme le plus efficace du redressement des entreprises en difficultés.

Le règlement amiable est une institution de caractère hybride. En effet, si la loi fixe ses conditions de mise en application, ses effets demeurent essentiellement contractuels, même si la loi du 10 juin 1994 a renforcé les pouvoirs du tribunal.

§ 1. – Les conditions de mise en application du règlement amiable

A. *Conditions de fond*

1085. – *Entreprises susceptibles de bénéficier d'un règlement amiable.* Quatre conditions de fond sont nécessaires pour qu'une entreprise puisse bénéficier d'un règlement amiable (art. L. 611-3).

---

1. Com. 8 oct. 1996, *Bull. civ.* IV, n° 226, p. 198.
2. M.-C. Hélou-Saadé, *Le concordat préventif en droits libanais, français et belge comparés*, thèse, Paris I, 1984.
3. M. Bayle, *De l'intérêt du règlement amiable*, Rev. trim. dr. com., 1988, 1 – Y. Chaput, *Le règlement amiable*, J.C.P., 1985, éd. E, II, 14455 – C. Gavalda et J. Menez, *Le règlement amiable des difficultés des entreprises*, J.C.P., 1985, I, 3196 – M. Labbé, *Le règlement amiable*, thèse, Paris I, 1987 – J.-F. Martin, *Le règlement amiable, Gaz. Pal.*, 1984, doc., 328 – M. Mathieu, *Le banquier et le règlement amiable, Banque*, 1986, 959 – R. Meynet, *Le règlement amiable, un nouvel outil de gestion*, J.C.P., 1987, éd. E, II, 14868 – Rives-Lange, *Le règlement amiable des difficultés des entreprises*, éd., Banque, 1985 – V. aussi *Rev. jurisp. com.*, n° spécial février 1986, *Le souci d'éviter la faillite des entreprises.*

Chapitre III - Le redressement amiable des entreprises en difficultés

1) *Le demandeur doit être un commerçant, un artisan ou une personne morale de droit privé* (art. L. 611-5). Un règlement amiable d'une nature particulière est applicable aux entreprises agricoles (L. 30 déc. 1988 incorporée dans les art. L. 351-1 et s. du Code rural)[1] et aux simples particuliers (L. 31 déc. 1989 incorporée dans les articles L. 331-1 et s. du Code de la consommation, v. *infra*, n° 1108).

Par conséquent seules les personnes physiques exerçant une activité libérale ne bénéficient d'aucune procédure de règlement amiable, ce qui signifie qu'elles sont les seules à devoir payer leurs dettes à l'échéance. Cette conséquence est assez paradoxale dans une économie qui prétend vouloir développer les activités de service.

La *forme de l'entreprise importe peu* : le règlement amiable peut être demandé par une personne physique, une société, une association, un GIE, etc.

Puisque, par hypothèse, le débiteur n'est pas en cessation des paiements, un créancier ne peut pas demander l'ouverture du règlement amiable à sa place en agissant par la voie oblique (C. civ. art. 1166). Mais les banques subordonnent parfois à une telle demande l'octroi ou le renouvellement d'un prêt.

2) *L'entreprise ne doit pas être en mesure de couvrir ses besoins par un financement approprié ou éprouver une difficulté quelconque*. Cette condition est très générale, ce qui évitera les discussions. Elle est également réaliste, car les difficultés juridiques, économiques ou financières vont souvent de pair, de telle sorte qu'il est impossible de les distinguer. La loi n'exige pas que les difficultés soient graves, durables ou renouvelées. Cependant le règlement amiable n'a pas lieu d'être ordonné si les difficultés sont minimes ou passagères. La désignation d'un mandataire « *ad hoc* » est alors suffisante.

En pratique beaucoup de règlements amiables ont été obtenus par des promoteurs immobiliers qui, du fait de la crise, ne pouvaient pas vendre les immeubles récemment construits et devaient tout de même rembourser les banques qui leur avaient accordé des prêts.

La preuve de l'existence de ces difficultés s'effectue librement mais la tenue d'une comptabilité prévisionnelle, même rudimentaire, permettra d'établir que les besoins courants ne pourront pas être couverts par un financement normal.

---

1. J. David, *Le désendettement en agriculture*, Mélanges Cornu, p. 101 – Kerckhove, *Prévention et traitement des difficultés des exploitations agricoles*, Rev. proc. coll., 1989, 113. – Y. Lachaud, *L'application des procédures collectives à l'agriculture*, Rev. dr. rural, 1989, 129 – Le Cannu, *Le redressement amiable et la liquidation judiciaire des exploitations agricoles*, Bull. Joly, 1989, 113 – Ourliac et de Juglart, *L'exploitation agricole et son environnement*, J.C.P., 1989, I, 3394.

3) *L'entreprise ne doit pas être en cessation des paiements.* Sinon il est trop tard pour se contenter d'un règlement amiable. Il faut ouvrir une procédure de redressement ou de liquidation judiciaire. Mais, bien que la loi ne le précise pas, il faut aussi que *l'entreprise soit susceptible de se redresser.* Le règlement amiable n'a pas pour objet d'obtenir des délais et de gagner du temps avant le dépôt du bilan. Il ne doit s'ouvrir que si l'entreprise est viable et permettre de surmonter définitivement un accident de parcours. La preuve de l'absence de cessation des paiements, comme toute celle d'un fait négatif, est difficile. Elle entraîne la vulnérabilité des accords conclus à l'occasion des règlements amiables car ceux-ci sont menacés des nullités de la période suspecte, si le règlement est lui-même annulé parce qu'intervenu après la cessation des paiements (V. *infra,* n° 1316). En effet, le règlement amiable suspend pour l'avenir l'exigibilité du passif, mais n'a pas le pouvoir d'effacer rétroactivement une exigibilité déjà acquise [1].

Toutefois le règlement amiable des entreprises agricoles obéit à des règles spécifiques, car il est le préalable nécessaire du redressement judiciaire, lorsque la procédure s'ouvre sur assignation des créanciers. Or si des créanciers doivent recourir au règlement amiable lorsqu'il y a déjà cessation des paiements, il serait illogique d'empêcher l'agriculteur de recourir à ce mécanisme de conciliation lorsqu'il se trouve dans la même situation (art. L. 621-2).

4) Non seulement il ne faut pas qu'il y ait cessation des paiements, mais le dirigeant demandeur doit aussi indiquer les moyens qui lui permettront de *faire face aux difficultés* qu'il rencontre.

B. Conditions de forme

1086. – Intervention du président du tribunal. Les conditions de forme sont souples, car le règlement amiable n'est pas une procédure contentieuse. L'essentiel est la discrétion car toute divulgation de pourparlers précédant un règlement amiable risque de porter atteinte au crédit de l'entreprise. Les difficultés seraient alors accrues [2].

Le règlement amiable est déclenché à l'initiative du dirigeant de l'entreprise et de lui seul. Dans le cas général, ni les créanciers, ni les salariés, ni le ministère public ne peuvent intervenir et le tribunal ne peut pas se saisir d'office. En effet comme l'entreprise est encore en mesure d'exécuter ses obligations, on ne peut pas lui imposer une mesure de redressement. Toutefois, dans les entreprises agricoles, la demande peut être présentée par les créanciers (C. rur. art. L. 351-2). Elle fait alors figure de préalable à la procédure de redressement judiciaire.

---

1. Com. 14 mai 2002 : *D.* 2002, 1837, note A. Lienhard ; *Rev. trim. dr. com.* 2002, 532, note F. Macorig-Venier, *J.C.P.,* 2003, E, 108, note F. Vinckel.
2. V. Rép. min., 9 mai 1985, *J.C.P.,* 1985, éd. E, II, 14598.

Au stade des pourparlers préalables, le dirigeant n'est pas tenu d'avertir le comité d'entreprise. Mais il semble obligé de le faire dès que le projet a un caractère définitif, car le règlement amiable est une initiative qui intéresse la marche générale de l'entreprise. Le comité doit donc être informé et consulté (C. trav., art. L. 432-1)[1]. Mais ses membres sont astreints sur ce point au secret professionnel ce qui les met dans une situation embarrassante (art. L. 611-6. V. *supra*, n° 1037).

Le dirigeant saisit par requête, le *président du tribunal* de commerce ou le président du tribunal de grande instance, selon que l'entreprise est ou non commerciale (Décr. 1er mars 1985, art. 35-1 et 36). Les artisans sont ici assimilés aux commerçants. Tous les tribunaux ont compétence, même les plus petits.

En cas de groupe de sociétés, il serait souhaitable que le président du tribunal saisi par la société mère puisse aussi connaître des demandes de règlement amiable présentées par les filiales, même si celles-ci ne relèvent pas de sa compétence territoriale ou de sa compétence d'attribution. En, effet toutes ces demandes sont unies par un lien de connexité (*N.C.*, pr. civ. art. 101).

S'il estime la demande recevable, le président peut commencer par désigner un *mandataire « ad hoc »* dont il fixe la mission (art. L. 611-3). Souvent ce mandataire se voit confier à la fois la prise de mesures conservatoires et l'établissement de premiers contacts avec les principaux créanciers. Il rend compte au président de l'accomplissement de sa mission (v. *supra* n° 1065). Ce procédé, qui allie le pragmatisme à l'efficacité, donne généralement de bons résultats.

Le président va ensuite s'informer sur la situation de l'entreprise, afin d'apprécier ses chances de redressement. Il peut agir personnellement ou désigner un expert. *Le président ou l'expert dispose d'un large pouvoir d'investigation* puisque les commissaires aux comptes, les administrations et les organismes de Sécurité sociale sont déliés du secret professionnel à son égard. Le président peut, en outre, consulter les services chargés de la centralisation des risques bancaires. Mais seul l'expert peut obtenir communication de l'état des comptes du requérant (art. L. 611-3). Ce pouvoir est capital car, on l'a vu, l'élaboration d'un concordat amiable était souvent rendue illusoire par un manque d'information sur la situation véritable du débiteur. Mais, en cas d'information pénale, le secret de l'instruction reste opposable au président. On regrettera également que la collaboration du président et du procureur de la République n'ait pas été organisée par la loi, car le Parquet bénéficie souvent d'excellentes informations sur les entreprises en difficultés. Cette enquête ne doit pas durer plus d'un mois (Décr. 1er mars 1985, art. 37, al. 2).

---

1. Y. Guyon, *Le règlement amiable des difficultés des entreprises et les salariés*, Droit social, 1985, 267.

Si le président estime que les conditions sont remplies, il nomme un conciliateur chargé d'inciter les créanciers à conclure un règlement amiable. Le conciliateur reçoit communication des informations obtenues par le président et est, en contrepartie, astreint au secret professionnel. Mais il n'a aucun pouvoir de coercition sur les créanciers.

La décision de désignation d'un conciliateur prend la forme d'une ordonnance sur requête. Elle est susceptible d'un recours en rétractation, notamment en cas de rejet, puis d'un appel (Décr. 1er mars 1985, art. 39-1).

Le président choisit librement le conciliateur qui doit être à la fois compétent, indépendant, disponible et impartial, ce qui restreint le nombre de personnes susceptibles d'exercer correctement ces fonctions.

Le président fixe les conditions de la rémunération du conciliateur, en accord avec le demandeur [1]. Le conciliateur est un auxiliaire de justice occasionnel [2].

Afin de respecter la confidentialité de l'accord, gage de son succès, celui-ci ne fait l'objet d'aucune mesure de publicité. Cette confidentialité est difficilement compatible avec la nécessité d'une information complète des actionnaires des sociétés cotées [3].

Si le conciliateur ne parvient pas à accorder les parties, un dépôt de bilan est généralement inévitable. Si l'accord est conclu, le règlement amiable produit des effets essentiellement contractuels.

§ 2. – Les effets du règlement amiable

D'une manière générale, la mission du conciliateur consiste à analyser le fonctionnement de l'entreprise, à suggérer des mesures de redressement et surtout à rechercher la conclusion d'un accord avec les créanciers. Ce n'est pas une mission de gestion mais une mission d'étude qui doit être menée dans l'intérêt de l'entreprise, des salariés et des créanciers.

Mais les pouvoirs du conciliateur sont différents selon que l'on se trouve dans la période d'élaboration du plan de redressement ou après la conclusion de celui-ci.

A. L'élaboration du plan de redressement

1087. – Durée du règlement amiable. Le conciliateur est nommé pour une durée maximum de trois mois, avec faculté de demander une prolongation d'un mois (art. L. 611-3 « *in fine* »). Ce délai relativement bref est justifié car le redressement amiable n'a de chances de réussir que s'il intervient rapidement.

---

1. B. Soinne, *La fixation de la rémunération du conciliateur*, *J.C.P.*, 1998, éd. E, 1247.
2. Com. 17 févr. 1998, *Bull. civ. IV*, n° 73, p. 57.
3. Rapport COB 2001, 63.

Toutefois un délai de quatre mois est parfois insuffisant pour préparer des plans de redressement complexes. Dans ce cas le président commence par désigner un simple mandataire « *ad hoc* », qui prépare le terrain. L'ouverture du véritable règlement amiable, par la nomination du conciliateur, n'intervient que lorsque le dossier est débrouillé.

Le conciliateur a une double mission : assurer le fonctionnement de l'entreprise et préparer le plan de redressement.

1087-1. – Le fonctionnement de l'entreprise. De manière ambiguë, l'article L. 611-4 prévoit que le conciliateur a pour mission de « favoriser le fonctionnement de l'entreprise ».

Certes le conciliateur ne remplace pas les dirigeants et ne les assiste pas dans la gestion. Mais comme le règlement amiable ne peut réussir que si l'exploitation retrouve un cours normal, le conciliateur doit faire le nécessaire pour parvenir à ce résultat. Par conséquent pendant les pourparlers qui précèdent la conclusion de l'accord, le conciliateur doit demander la désignation d'un mandataire « *ad hoc* » ou d'un administrateur provisoire, si cela lui paraît nécessaire.

Mais le conciliateur se heurte parfois à l'intransigeance de certains créanciers, qui veulent saisir les actifs de l'entreprise. Il peut alors demander au président du tribunal d'ordonner la *suspension provisoire des poursuites* intentées contre celui qui a sollicité le règlement amiable (art. L. 611-4, al. 3).

Cette mesure peut être imposée à tous les créanciers, y compris le Trésor public. Autrefois elle ne s'appliquait que dans le règlement amiable agricole (L. 30 déc. 1988, art. 26) et dans le redressement judiciaire des particuliers surendettés (v. *infra*, n° 1107-1). Son extension à toutes les entreprises augmente les chances de conclusion des règlements amiables car, lorsque cette faculté de suspension n'existait pas, beaucoup de projets d'accord n'aboutissaient pas en raison de l'intransigeance d'un seul créancier. Désormais le débiteur peut bénéficier d'un répit pour préparer le règlement amiable (pour l'arrêt des poursuites pendant la période d'observation, v. *infra*, n° 1239). Malgré son utilité, cette suspension suscite des réserves. Elle se concilie mal avec le caractère contractuel et confidentiel du règlement amiable. Elle entraîne une confusion entre le règlement amiable et le redressement judiciaire, qu'elle risque de vider de sa substance. Sa suppression est par conséquent envisagée au profit d'une faculté d'ouverture anticipée de la procédure collective à la demande du débiteur (v. *infra*, n° 1116).

La suspension, qui ne peut pas dépasser la durée de la mission du conciliateur c'est-à-dire quatre mois, arrête les poursuites intentées contre le débiteur et tendant à obtenir soit le paiement d'une créance antérieure soit la résolution d'un contrat soit la saisie d'un bien.

Cette suspension ne paraît pas bénéficier aux cautions, qui demeurent tenues de payer à l'échéance mais ne peuvent pas se retourner contre le débiteur pendant la durée de la suspension. Les cautions risquent ainsi d'être les principales victimes de cette mesure [1]. Le résultat est paradoxal car comme les commerçants se cautionnent souvent entre eux, les difficultés de celui que l'on a cautionné seront plus lourdes de conséquence que les propres difficultés de la caution. En outre la caution a intérêt à demander l'ouverture d'un redressement judiciaire pour bénéficier de la suspension (v. *infra*, n° 1240-1).

Sauf autorisation du président du tribunal, la suspension des poursuites a pour contrepartie l'interdiction de payer les créanciers antérieurs, à peine de nullité. L'interdiction ne s'applique pas au paiement des salaires.

Lorsqu'il est assorti d'une suspension provisoire des poursuites, le règlement amiable rappelle l'ordonnance du 23 septembre 1967 sur le redressement des entreprises en difficultés. Il souffre de la lacune qui avait contribué à l'échec de cette procédure, l'absence de droit de préférence reconnu aux créanciers qui feront crédit à l'entreprise en difficulté pendant cette période de suspension.

B. Les caractères et le contenu du plan de redressement

1087-2. – *Le redressement financier de l'entreprise.* La mission du conciliateur consiste à inciter le débiteur et ses principaux créanciers à conclure un règlement amiable. Cette tâche complexe requiert beaucoup de doigté.

Le règlement amiable comporte deux séries de stipulations.

A titre principal, il énumère les différentes mesures qui permettront à l'entreprise de surmonter ses difficultés. De ce premier point de vue il présente les caractères suivants.

1) *Le règlement amiable n'a pas un caractère global.* La loi fait preuve de réalisme. Inutile d'essayer d'obtenir la participation de tous les créanciers, y compris les plus petits. On cherchera seulement l'accord des principaux créanciers, c'est-à-dire de ceux dont le concours suffira à permettre le redressement de l'entreprise et dont la liste est fournie par le débiteur (Décr. 1er mars 1985, art. 36). Ces créanciers peuvent même ne participer au règlement amiable que pour une partie de leur créance [2]. Néanmoins le règlement amiable a un caractère collectif. Il n'est pas une simple juxtaposition d'accords individuels conclus entre le débiteur et les créanciers. Chaque créancier ne s'engage qu'au vu des engagements consentis par les autres créanciers. Mais ces sacrifices ne sont pas nécessairement égaux.

L'aspect collectif du règlement amiable a aussi pour conséquence qu'un accord conclu avec un seul créancier ne serait pas un règlement amiable au sens strict. Mais, même dans ces cas, le débiteur et le créancier peuvent charger un tiers de les aider à préparer un projet d'accord.

---

1. Cf. P. Simler, *Cautionnement et garanties autonomes*, n° 685.
2. Com. 13 oct. 1998, Bull. civ. IV, n° 235, p. 196.

2) *Il n'a aucun caractère forcé*. Les créanciers acceptent librement de consentir au débiteur des délais de paiement, des remises de dettes ou une autre forme d'aide (cautionnement afin de faciliter l'obtention d'un prêt, etc.). On se demande si ces délais et remises s'appliquent seulement aux dettes échues ou s'ils peuvent s'étendre aux dettes futures, mais certaines. Une conception extensive paraît préférable, afin de faciliter le redressement de l'entreprise.

Les créanciers qui ont accordé des délais ne peuvent plus exercer de poursuites contre le débiteur[1]. En contrepartie les délais qui leur étaient impartis pour agir contre le débiteur sont suspendus pendant la durée du règlement amiable. A l'expiration du règlement amiable, les créanciers retrouvent la plénitude de leurs droits. On se demande toutefois si cette suspension s'applique aux délais préfix.

En principe les autres créanciers conservent leur droit de poursuite car le règlement amiable, qui a une nature contractuelle, leur est inopposable. Toutefois *cet effet relatif disparaît si à la demande du débiteur le président du tribunal homologue le règlement amiable* (art. L. 611-4, al. 8). Cette homologation est de droit si le règlement a été conclu avec tous les créanciers, ce qui est rare. Dans les autres cas, elle peut être refusée par le président. L'ordonnance qui l'accorde peut imposer des délais de paiement, allant jusqu'à deux ans, aux créanciers qui n'ont pas participé à l'accord y compris le Trésor public[2]. Le règlement amiable n'est plus alors un mécanisme purement contractuel, puisqu'il porte atteinte aux droits des tiers. Mais son efficacité est plus grande.

> L'homologation a une portée essentiellement symbolique car elle ne couvre pas les éventuelles irrégularités qui ont pu se produire lors de l'élaboration de l'accord, notamment les vices du consentement des créanciers insuffisamment informés ou l'existence d'une cessation des paiements.
>
> Bien que la question demeure discutée, il semble que les délais ou les remises consenties par les créanciers ne profitent pas aux cautions, que celles-ci soient simples ou solidaires[3]. En effet le cautionnement, malgré son caractère accessoire, a pour objectif de protéger les créanciers contre toutes les défaillances du débiteur.

Théoriquement les salariés pourraient renoncer à des avantages acquis ou accepter des réductions de salaires, afin de faciliter le redressement. Mais cela se produit rarement car l'accord doit être donné individuellement... ce qui paraît incompatible avec l'urgence et le caractère confidentiel de l'élaboration du règlement amiable. On regrettera que le Code de commerce n'ait pas instauré un mécanisme spécial, qui

---

1. Com. 14 mai 2002 : *D.* 2003, 615, note V. Martineau-Bourguinaud ; *J.C.P.*, 2003, 108, note F. Vinckel.
2. Com. 16 juin 1998 : D. 1998, 429, note F. Derrida ; *J.C.P.*, 1998, E, 1795, note P. Serlooten, *Rev. trim. dr. com.*, 1998, 918, note F. Macorig – Venier.
3. Cf. Civ. 1, 13 nov. 1996, *J.C.P.*, 1997, éd. E, II, 903, note D. Legeais ; *D.*, 1997, 141, note T. Moussa, conc. Sainte-Rose.

aurait permis aux salariés de participer collectivement au règlement amiable et de contribuer ainsi à la sauvegarde des emplois. La même difficulté se rencontre à propos du Trésor public et de l'Urssaf qui, en raison de leur statut spécifique, ne peuvent pas consentir librement des remises d'impositions ou de cotisations. Le règlement amiable repose par conséquent principalement sur la bonne volonté des banques.

3) *Enfin le règlement amiable a un caractère synallagmatique*, qui l'apparente à une transaction. En effet si les créanciers consentent des délais de paiement ou des remises de dettes, le débiteur doit, de son côté, prendre des engagements nécessaires à l'assainissement de sa situation : augmentation de capital, compression de frais généraux, ventes d'actifs improductifs, voire même licenciements qui s'opéreront dans les conditions de droit commun puisque le règlement amiable n'est pas une procédure collective.

1087-3.** – **La gestion de l'entreprise pendant la période de redressement. Le conciliateur n'a pas pour seule mission de faciliter la conclusion du plan amiable de redressement. Il doit aussi faire stipuler, dans le règlement amiable, les mesures propres à assurer le bon fonctionnement de l'entreprise. Il s'agira le plus souvent de la désignation d'un contrôleur de gestion, que le débiteur devra informer et consulter, selon les modalités prévues par le règlement amiable. Mais ce contrôle ne doit pas aboutir à une mise sous tutelle du débiteur. Son efficacité est d'ailleurs limitée car, comme le règlement amiable n'est pas publié, les restrictions de pouvoirs qu'il impose au débiteur sont inopposables aux tiers.

Ces précautions permettront au règlement amiable de s'exécuter sans incident, évitant ainsi les difficultés provoquées par la défaillance du débiteur.

§ 3. – L'inexécution du règlement amiable

1088.** – **Résolution du règlement amiable ou prononcé du redressement judiciaire. En cas d'inexécution des engagements résultant de l'accord, le tribunal prononce la résolution de celui-ci et la déchéance des délais de paiement accordés (art. L. 611-4, al. 10). Par application du droit commun, le tribunal apprécie souverainement si le défaut d'exécution est suffisamment grave pour motiver la résolution [1]. Mais peu importe la nature de l'engagement inexécuté : non respect d'une échéance de paiement, défaut de fourniture d'une sûreté, violation d'un engagement de non licenciement ou d'une clause d'inaliénabilité, etc.

---

1. Malaurie et Aynés, *Droit des obligations*, n° 542.

Le plus souvent la résolution est le prélude de l'ouverture d'une procédure de redressement ou de liquidation judiciaire. Cette ouverture est obligatoire en cas de non exécution d'un engagement de nature financière (art. L. 621-3). Cette solution est logique lorsque le manquement est en lui-même constitutif d'une cessation des paiements, comme le non respect d'une échéance. Elle l'est moins lorsque l'inexécution, bien que de nature financière, ne s'accompagne pas d'une cessation des paiements, comme le défaut de constitution d'une sûreté dans les conditions prévues pour le règlement amiable (v. *infra*, n° 1123).

Mais, en réalité, toute inexécution, quelle que soit sa nature, risque de provoquer une cessation des paiements et donc l'ouverture d'une procédure collective puisque la résolution de l'accord entraîne la déchéance de tous les délais de paiement prévus par le règlement amiable ou accordés par le tribunal. Le débiteur se trouve tenu immédiatement d'un passif qu'il n'a vraisemblablement pas les moyens de payer.

On peut même prédire qu'en cas d'échec du règlement amiable, il ne sera pas possible d'aboutir à un redressement judiciaire, la seule solution étant la liquidation.

> Bien que la loi utilise le terme « résolution », l'inexécution semble devoir être sanctionnée par une résiliation, qui opère seulement pour l'avenir. On ne reviendra pas rétroactivement sur les dispositions du règlement amiable qui ont été exécutées (art. L. 621-3).

1089. – Conclusion : une demi-mesure à l'efficacité limitée.
La loi du 10 juin 1994, en réformant le règlement amiable qui jusque-là avait un caractère purement contractuel, a voulu en faire le fer de lance de la prévention. Les résultats sont assez encourageants [1]. Des règlements amiables ont notamment permis de sauver des promoteurs en difficulté en raison de la crise de l'immobilier. Toutefois cette institution hybride présente des inconvénients.

En effet le règlement amiable ne peut avoir un caractère confidentiel qu'en l'absence d'homologation et de suspension provisoire des poursuites. Son efficacité est alors subordonnée à la force persuasive du conciliateur et à la bonne volonté des créanciers qui ont participé à l'accord. En outre le redressement risque d'être compromis, à tout moment, par des poursuites intentées par un créancier qui n'a pas signé l'accord.

Si au contraire le règlement amiable s'accompagne d'une suspension des poursuites ou d'une homologation, son efficacité est plus grande. Mais il a, dans ce cas, un caractère public et risque de faire double emploi avec le redressement judiciaire. Toutefois il n'assure pas aux créanciers les garanties d'un traitement égal et n'offre pas à

---

1. En 2001, le tribunal de commerce de Paris a nommé 100 mandataires « *ad hoc* » et ouvert 25 règlements amiables.

l'entreprise les mêmes facilités de financement, puisque les créanciers qui traitent avec elle pendant l'exécution du plan de redressement ne bénéficient d'aucune priorité de paiement. Au contraire les créanciers qui financent une entreprise en redressement judiciaire sont efficacement protégés par l'article L. 621-32 (v. *infra*, n° 1245).

Par conséquent malgré les progrès réalisés par la loi du 10 juin 1994 la prévention risque d'être trop souvent insuffisante pour empêcher la cessation des paiements. Certes on connaît les préventions qui ont échoué alors que l'on ignore souvent celles qui ont réussi. Mais l'expérience semble montrer que la prévention n'est guère l'affaire des juristes. Elle dépend plus de la pratique, que de la loi. En tout cas, si la prévention échoue, il faudra ouvrir une procédure de redressement ou de liquidation.

Deuxième partie

Le traitement judiciaire de la défaillance des entreprises

1090. – Importance de la cessation des paiements. La cessation des paiements, marque le passage entre les techniques amiables de prévention et les procédures contraignantes de redressement ou de liquidation. Au stade des difficultés préalables, l'autorité judiciaire n'a aucun pouvoir particulier, ce qui est regrettable. Au contraire dès la cessation des paiements, le tribunal devient l'autorité qui a la maîtrise et la responsabilité du traitement de la défaillance de l'entreprise. Mais, cette procédure unique est scindée en deux phases : une phase courte et préparatoire d'observation suivie d'une phase plus complexe de traitement définitif.

> Le principe de la liberté du commerce ne permet pas d'imposer une procédure contraignante à une entreprise qui paye ses créanciers, même si elle est à la veille d'un dépôt de bilan (v. *infra*, n° 1115). On peut le regretter. L'ordonnance du 23 septembre 1967 avait néanmoins instauré une procédure de redressement, ouverte à la demande du débiteur ou d'un créancier, dès que l'entreprise était en situation difficile, mais non irrémédiablement compromise. Cette procédure, réservée aux entreprises importantes, a été abrogée par la loi du 25 janvier 1985, qui s'est néanmoins largement inspirée de ses techniques.

Le traitement judiciaire des entreprises en difficultés suppose l'examen de trois séries de questions :

104 / *Droit des affaires*

- L'ouverture des procédures   Titre I
- La phase d'observation   Titre II
- La phase définitive   Titre III

**Tableau montrant
le déroulement schématique
d'une procédure de redressement judiciaire**

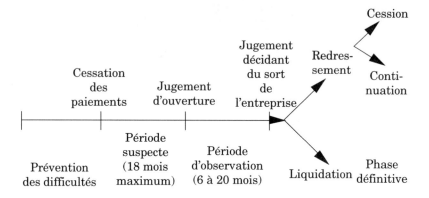

TITRE I

L'ouverture de la procédure de redressement judiciaire

1091. – Les procédures de redressement judiciaire des entreprises sont particulièrement lourdes de conséquences.

Elles s'ouvrent si l'entreprise est en *cessation des paiements*. En présence d'une situation aussi préoccupante, l'intervention du tribunal est la *dernière chance* de redressement.

Mais seules des mesures énergiques pourront réussir là où ont échoué des mécanismes plus légers, comme notamment le règlement amiable. La profonde dégradation de l'entreprise nécessite des remèdes drastiques. L'état du malade ne relève plus de l'hygiène ou de la médecine, mais de la chirurgie lourde. Parfois la situation de l'entreprise est tellement grave que le tribunal ne peut qu'ordonner immédiatement sa liquidation.

Les procédures collectives sont des *procédures de sacrifice* qui limitent les pouvoirs du débiteur et qui restreignent les droits des créanciers. Aussi ne peuvent-elles s'ouvrir que si des conditions strictes sont remplies tant du point de vue du fond (Chapitre I) que de la forme (Chapitre II).

Chapitre I

Les conditions de fond de l'ouverture de la procédure de redressement ou de liquidation

1092. – Extension du domaine des procédures collectives. Les procédures collectives ont un domaine d'application bien délimité même si, au fil des réformes, celui-ci s'est élargi.

D'une part ces procédures ne s'appliquent pas à tous les débiteurs. Certaines personnes physiques, notamment les simples particuliers, en demeurent exclues. Les premières conditions d'ouverture sont donc relatives aux caractères de l'entreprise.

D'autre part ces procédures ne s'appliquent que si l'entreprise est en cessation des paiements. Il faudra préciser cette notion, qui ne se confond ni avec la situation difficile ni, à l'inverse, avec l'insolvabilité.

Enfin la dimension de l'entreprise conduit à ouvrir la procédure dans des conditions différenciées, puisque les petites entreprises se voient appliquer en principe une procédure simplifiée.

SECTION I
Conditions relatives aux caractéristiques juridiques de l'entreprise

1093. – Historique. Jusqu'à la loi du 13 juillet 1967, la position du droit français sur ce point était simple : seuls les commerçants pouvaient faire l'objet du règlement judiciaire ou de la faillite (que l'on appelle aujourd'hui redressement ou liquidation judiciaire). La règle s'appliquait aussi bien aux personnes physiques qu'aux personnes morales. Elle était peu satisfaisante, notamment pour ces dernières. En effet, dans le domaine de l'immobilier et de la construction, des sociétés civiles jouaient un rôle économique important, faisant appel à de nombreux souscripteurs et concluant des marchés considérables. En cas de cessation des paiements, la situation des créanciers était catastrophique compte tenu de l'inorganisation de la déconfiture.

Une réforme s'imposait. Bouleversant les principes admis jusque-là, l'art. 1 de la loi du 13 juillet 1967 a soumis aux procédures collectives non plus seulement les commerçants, mais toutes les personnes morales de droit privé, même non commerçantes.

La loi du 25 janvier 1985 conserve les mêmes principes. Elle opère toutefois une nouvelle extension, au demeurant assez limitée, en soumettant les artisans à la procédure de redressement ou de liquidation judiciaire. La loi du 30 décembre 1988 s'inspire des mêmes considérations, en soumettant désormais les agriculteurs à ces procédures collectives.

Plus encore que celle de 1967, la loi de 1985 est entachée d'une ambiguïté. La procédure semble faite pour les entreprises, puisque la loi vise, par exemple, l'entreprise au cours de la période d'observation (art. L. 621-16) ou le plan d'entreprise (art. L. 621-62 et s.) etc. Mais comme l'entreprise n'a pas d'existence juridique, ce sont seulement des débiteurs, personnes physiques ou morales, qui peuvent faire l'objet d'un redressement judiciaire.[1] Le mot « entreprise » est par conséquent utilisé comme une simple commodité de langage, désignant sous un vocable unique les personnes physiques et les personnes morales. En outre, alors que l'entreprise est une unité de production, les procédures collectives s'appliquent aussi à des personnes morales n'exerçant pas d'activité économique, notamment certaines associations ou certaines sociétés civiles. Il aurait été techniquement plus exact, d'utiliser le terme « débiteur ». Mais celui-ci aurait eû l'inconvénient de masquer la distinction entre la procédure applicable à l'entreprise, en vue de son redressement ou de sa liquidation, et celle applicable au débiteur ou au dirigeant en vue du prononcé éventuel de sanctions (v. *supra*, n° 1013).

Il convient de distinguer deux situations, selon que le débiteur est une personne physique ou une personne morale.

§ 1. – L'application du redressement judiciaire aux personnes physiques

1094. – Domaine limité des procédures collectives s'agissant des personnes physiques. *S'agissant de personnes physiques, l'ouverture d'une procédure de redressement judiciaire est une situation exceptionnelle, qui suppose un texte de loi* (art. L. 620-2). En effet une procédure aussi complexe ne se justifie que si le débiteur a des créanciers relativement nombreux, ce qui exclut les simples particuliers. En outre, certains milieux professionnels ne souhaitaient pas l'application du redressement judiciaire parce que cette procédure serait gênante pour leurs membres – motif exact mais peu pertinent – et également parce que la tradition attache un caractère afflictif aux procédures de

---

1. B. Soinne, L'entreprise et les lois de 1984 et 1985 : Rev. proc. coll. mars 2002 p. 19.

redressement. Cette seconde raison n'est plus vraie depuis 1967. La procédure collective est purement objective et ne s'accompagne d'aucun discrédit moral sur le débiteur qui ne peut plus payer ses créanciers. Bien au contraire l'ouverture d'une procédure allège certaines contraintes qui pesaient sur le chef d'entreprise. A la limite le dépôt du bilan est un moyen commode pour apurer d'un coup la totalité du passif et pour reprendre l'exploitation sur des bases saines.

Au terme de cette évolution, le redressement judiciaire s'applique aux personnes physiques dans deux séries d'hypothèses. A titre principal, il s'ouvre à l'encontre des seules catégories de personnes physiques désignées par la loi. Mais son domaine est plus large lorsqu'il est la conséquence ou le ricochet d'une procédure ouverte à titre principal à l'encontre d'une personne morale.

A. *L'application directe de la procédure aux personnes physiques*

Les procédures collectives s'appliquaient traditionnellement aux commerçants. Elles peuvent aussi s'ouvrir à l'encontre des artisans depuis 1985 et des agriculteurs depuis 1988.

> En revanche, les simples particuliers continuent d'échapper aux procédures collectives. Néanmoins, en cas de surendettement, ils bénéficient, sur leur demande, du règlement amiable et du redressement judiciaire civil prévus par la loi Neiertz du 31 décembre 1989. Ils peuvent ainsi obtenir un rééchelonnement de leur passif (v. *supra*, n° 1066 et *infra*, n° 1107-1).

1) *Les commerçants*

1095. – Les commerçants ont systématiquement recours au crédit. Leurs créanciers sont nombreux et doivent être spécialement protégés. Les commerçants ont donc toujours été passibles d'une procédure collective, en cas de cessation des paiements.

Mais, confirmant les règles antérieures, l'article L. 621-14 du Code de commerce prévoit que la procédure peut aussi être ouverte à l'encontre d'un commerçant retiré des affaires ou décédé.

Deux cas peuvent donc se présenter.

a) Commerçants en activité

C'est la situation normale : le commerçant est en activité au moment de la cessation des paiements et l'est encore le jour de l'ouverture de la procédure.

La détermination de la qualité de commerçant s'opère en tenant compte des critères de droit commun. En pratique c'est d'ailleurs presque toujours à propos des conséquences de la cessation des paiements que se pose la question de savoir si une personne a ou non la qualité de commerçant.

Il faut en revenir à l'article L. 121-1 du Code de commerce qui définit le commerçant comme celui qui exerce des actes de commerce et en fait sa profession habituelle [1]. Interprété au regard du droit des procédures collectives, ce texte invite à prendre en considération les conditions suivantes :

1096. – Accomplissement d'actes de commerce. Pour pouvoir faire l'objet d'un redressement judiciaire, il faut, en premier lieu, que la personne physique accomplisse des actes de commerce. *Il s'agit des actes d'échange ou de négoce* énumérés par les articles L. 110-1 et s. du Code de commerce. Ne seront pas susceptibles de redressement judiciaire les personnes qui exercent une activité économique mais ne font pas d'actes de commerce :

Il s'agit essentiellement des *membres des professions libérales* (avocats, médecins, architectes, etc.) et des *officiers ministériels* (notaires, huissiers, etc.) [2]. En effet, d'une manière générale leur statut professionnel leur interdit d'accomplir des actes de commerce. L'exclusion de principe de ces procédures est une règle traditionnelle dont le bien-fondé n'est plus évident car les procédures collectives ont un caractère objectif. En outre, les membres des professions libérales ont parfois des créanciers aussi nombreux que les commerçants. Une procédure collective serait d'autant plus justifiée que les intéressés ne bénéficient pas non plus de la loi Neiertz du 31 décembre 1988, qui ne s'applique pas aux dettes professionnelles. Les membres des professions libérales sont par conséquent les seuls tenus de payer leurs dettes à l'échéance sans bénéficier d'une aide légale. Il y a là une situation paradoxale dans un régime qui prétend favoriser les activités de services. Un projet de loi envisage par conséquent d'appliquer les procédures collectives à toutes les personnes physiques exerçant une activité professionnelle indépendante.

Néanmoins, *à titre exceptionnel*, le redressement judiciaire redevient applicable dans deux séries de cas.

Tout d'abord ces procédures s'ouvrent si, au mépris des règles de sa profession, l'intéressé agit comme un *commerçant de fait* (v. *infra*, n° 1099). Ainsi sont susceptibles de redressement judiciaire les notaires qui consentent des prêts à leurs clients, donc exercent des activités bancaires [3].

En second lieu, les membres des sociétés civiles professionnelles peuvent être mis en redressement judiciaire, même lorsqu'ils ne transgressent pas les règles de leur profession. On verra ultérieurement le motif de cette extension (v. *infra*, n° 1106).

De même les *promoteurs immobiliers* échappent aux procédures collectives. Cette situation est d'autant plus regrettable qu'une loi du

---

1. Y. Guyon, *Droit des affaires*, t. I, n° 64.
2. B. Soinne, *Professions libérales et procédures collectives*, Rev. proc. coll., 1997, 377.
3. Com. 2 févr. 1970, *D.*, 1970, 430 ; *J.C.P.*, 1970, II, 16313.

13 juillet 1967 avait englobé dans les actes de commerce énumérés par l'art. 632 de l'ancien Code de commerce les spéculations immobilières, jusque-là demeurées en dehors du droit commercial. Mais les promoteurs ont protesté et obtenu qu'une nouvelle loi, en date du 9 juillet 1970, exclue du domaine du droit commercial les achats de terrains en vue de les revendre après y avoir édifié un ou plusieurs bâtiments. La réforme n'a heureusement qu'une portée limitée car les opérations de promotion importantes sont habituellement menées par des sociétés et par conséquent peuvent donner lieu à redressement judiciaire.

En revanche, les *artisans* et les *agriculteurs* sont soumis au redressement judiciaire (v. *infra*, n° 1104 et 1104-1).

1097. – Exercice habituel d'une profession commerciale. *Il faut que les actes de commerce soient accomplis à titre de profession habituelle*, c'est-à-dire que l'intéressé tire de ces activités l'essentiel de ses revenus ou y consacre l'essentiel de son temps. Les tribunaux sont dans ce domaine assez laxistes. Jouant sur l'ambiguïté de l'article L. 121-1 du Code de commerce, qui mentionne une « profession habituelle », ils se contentent d'une habitude, même si elle n'équivaut pas à une véritable profession. Le cas se rencontre notamment pour celui qui spécule habituellement à la Bourse[1]. Mais des actes de commerce occasionnels ne suffiraient pas[2]. La question se pose de plus en plus souvent en raison du développement de la *para-commercialité*, c'est-à-dire d'activités commerciales accomplies épisodiquement par des personnes ayant une autre profession[3].

Le caractère illicite ou immoral de la profession n'empêche pas l'ouverture d'une procédure de redressement judiciaire.

Ainsi l'exploitant d'une maison de débauche ou d'une salle de jeu clandestine peut faire l'objet d'une procédure collective. La solution se justifiait avant 1967, lorsque ces procédures avaient un aspect quasi répressif. Il aurait été injuste que l'illicéité fasse bénéficier son auteur d'un régime de faveur. Actuellement cette raison n'est plus pertinente. Les créanciers ont traité dans des conditions contestables et ne méritent pas la sollicitude du législateur. De même il n'est pas sûr que les salariés de ces entreprises illicites ou immorales méritent la protection que leur accorde le Code de commerce, car ils sont presque toujours les complices de leur employeur. Mieux vaudrait donc ne pas mêler les tribunaux à la liquidation d'entreprises aussi douteuses, l'hypothèse de leur redressement par voie de justice ne se posant évidemment pas.

---

1. Com. 12 nov. 1947, *Bull. civ.* II, n° 30 – Trib. com. Marseille, 21 mai 1958, *Rev. trim. dr. com.*, 1958, 606, note Houin.
2. Com. 11 juill. 1984, *Bull. civ.* IV, n° 229, p. 191.
3. L. Casaux, *La pluriactivité*, 1993 – Le Roy, *La para-commercialité*, *J.C.P.*, 1981, éd. CI, II, 13587 – Circulaire du 12 août 1987, *B.O.O.C.*, 1987, 243.

De même l'exercice d'une activité commerciale en contravention avec une interdiction ou une incompatibilité n'empêche pas le redressement judiciaire, sans préjudice des sanctions pénales ou disciplinaires qui peuvent frapper l'intéressé [1]. En effet ces mesures tendent à protéger l'intérêt public. Elles auraient manqué leur effet si elles avaient privé les créanciers des avantages que présentent pour eux les procédures de concours, comparées à l'inorganisation de la déconfiture.

Au contraire celui qui est incapable de faire le commerce (mineur, majeur en tutelle ou en curatelle) *ne peut pas être déclaré en redressement judiciaire* s'il a tout de même accompli habituellement des actes de commerce. La solution était justifiée lorsqu'elle permettait à l'incapable d'éviter une procédure plus rigoureuse pour lui que la déconfiture civile. Elle l'est moins actuellement puisque les procédures collectives sont aussi organisées dans l'intérêt du débiteur. Il faut cependant mettre à part le cas du commerçant qui a cessé ses paiements alors qu'il était capable, puis qui a été ultérieurement mis en tutelle ou en curatelle. Le redressement ou la liquidation demeurent applicables, puisque ce ne sont pas des procédures répressives. L'intéressé sera assisté ou représenté par son curateur ou par son tuteur.

1098. – Accomplissement d'actes de commerce en son nom et pour son compte. *Il faut enfin que les actes de commerce soient accomplis par l'intéressé en son nom et pour son propre compte.* Sinon la procédure sera ouverte contre la personne représentée. Il y a là une application de la théorie de la représentation. Les effets de l'acte se produisent en la personne du représenté, et non en celle du représentant qui s'efface aussitôt l'acte conclu.

Cette condition est importante dans la pratique car elle fait en principe échapper au redressement ou à la liquidation judiciaire les *dirigeants des sociétés commerciales*. En effet c'est la personne morale seule qui fait le commerce et non son dirigeant, qui demeure, un simple particulier. Cette solution est logique, mais conduit à des résultats choquants, notamment lorsque le dirigeant est un associé largement majoritaire. Aussi depuis 1935 le droit français a-t-il réagi contre ces abus de la personnalité morale. Il admet une certaine solidarité du dirigeant avec l'être moral, ce qui permet de mettre les dirigeants en redressement judiciaire ou au moins de leur faire assumer personnellement une fraction du passif social (v. *infra*, n° 1370).

La question se pose également à propos du *conjoint du commerçant* [2]. Certes, selon l'article L. 121-3 du Code de commerce, le conjoint d'un commerçant n'est réputé lui-même commerçant que s'il exerce

---

1. Com. 2 févr. 1970, précité n° 1096.
2. M. Cabrillac, *L'extension de la procédure collective du commerçant à son conjoint collaborateur* : Mélanges A. Honorat, p. 81 – R. Perrodet, *Le conjoint du débiteur en redressement judiciaire*, Rev. trim. dr. com., 1999, 1.

une activité commerciale séparée de celle de son époux. Par conséquent, le conjoint du commerçant ne devient pas lui-même commerçant s'il participe à l'exploitation en tant que salarié ou en tant que collaborateur au sens de la loi du 10 juillet 1982. Mais le conjoint peut être aussi un co-exploitant et devenir commerçant. Normalement, cette situation se concrétise par une immatriculation, en cette qualité, au registre du commerce. Dans le cas contraire, ce sont les créanciers qui doivent établir que le conjoint s'est immiscé dans la gestion du fonds en accomplissant personnellement des actes de commerce [1]. Cette situation n'est pas favorable à la famille, puisque les patrimoines des deux époux seront englobés dans la procédure collective, même si les intéressés sont mariés sous le régime de la séparation des biens.

Toutefois, et c'est un peu le monde à l'envers, le conjoint a parfois intérêt à revendiquer la qualité de commerçant afin de se voir étendre la liquidation judiciaire de son époux. Il bénéficie alors de l'effet extinctif résultant de la clôture de celle-ci, ce qui lui permet de ne plus devoir continuer de payer le passif fiscal de l'exploitation dont il était solidaire (art. L. 622-32 – V. *infra*, n° 1339). La jurisprudence lui refuse cette faculté, car un commerçant de fait ne peut pas se prévaloir de cette qualité à l'égard des tiers [2]. Le conjoint peut toutefois bénéficier des mesures d'aide aux particuliers surendettés (V. *infra* n° 1108) [3].

L'indépendance, et par conséquent la qualité de commerçant, est également discutable lorsqu'une *personne exploite une clientèle qui ne lui appartient pas entièrement*. Le cas se rencontre notamment à propos des pompistes, de certains concessionnaires ou franchisés [4], des exploitations en commun de fonds de commerce [5] ou de certains centres commerciaux, etc. Le droit positif ne donne pas de réponse nette. La protection des créanciers devrait conduire, dans les cas douteux, à juger que l'intéressé est commerçant, afin de pouvoir ouvrir une procédure collective.

1099. – *Non-nécessité d'une immatriculation au registre du commerce.* Lorsque ces conditions sont remplies, la personne a la qualité de commerçant et peut être mise en redressement judiciaire par le tribunal de commerce. Ces conditions sont à la fois nécessaires et suffisantes. Notamment, *il n'est pas nécessaire que l'intéressé soit inscrit au registre du commerce*. En effet, (C. com. art. L. 123-8) une personne tenue à immatriculation ne peut invoquer son défaut d'ins-

---

1. Com. 15 oct. 1991, *Bull. civ.* IV, n° 286, p. 199.
2. Com. 4 oct. 1994, *D.*, 1995, 456, note V. Barabé – V. cep. Douai 13 mars 1997, *D.*, 1997, 433, note D. Voinot.
3. Com. 10 juill. 2002, *D.* 2002, 2603, note V. Avena-Robardet.
4. Com. 9 nov. 1993, *J.C.P.*, 1994, II, 22304, note G. Virassamy ; *Rev. soc.*, 1994, 321, note P. Le Tourneau.
5. Com. 18 mars 1986, *D.*, 1987, 113, note Romani ; *Rev. trim. dr. civ.*, 1987, 573, note Patarin – 7 févr. 1989, *Rev. trim. dr. civ.*, 1989, 790, note Patarin.

cription pour se soustraire aux responsabilités et aux obligations découlant de la qualité de commerçant. Le tribunal doit donc rechercher si l'intéressé remplit bien les conditions suffisantes pour être considéré comme un *commerçant de fait*.

L'application des procédures collectives aux commerçants non immatriculés appelle les mêmes réserves que celles déjà exprimées à propos des commerçants exerçant leur activité au mépris d'une incompatibilité ou d'une interdiction (v. *supra*, n° 1097). En effet, le redressement judiciaire n'est pas une sanction. Il permet de bénéficier du répit de la phase d'observation puis des reports d'échéance accordés par le tribunal. Son application au commerçant de fait peut donc être tout autant un avantage qu'une contrainte, ce qui est critiquable. Mais, de toute façon, le commerçant non immatriculé ne peut pas se prévaloir de sa qualité à l'égard des tiers, ce qui l'empêche de demander lui-même sa mise en redressement judiciaire [1].

La situation est plus simple lorsque l'intéressé est immatriculé, ce qui est aussi l'hypothèse normale. Dans ce cas, il faut s'en rapporter à l'article 123-7 du Code de commerce. *La personne immatriculée est présumée avoir la qualité de commerçant* et est soumise à toutes les conséquences de cette qualité. Sous l'empire du décret de 1967, la Cour de cassation estimait que l'immatriculation n'entraînait qu'une présomption simple. La personne immatriculée par erreur pouvait échapper au redressement judiciaire à condition de prouver qu'elle ne remplissait pas les conditions requises pour avoir la qualité de commerçant [2]. L'article L. 123-8 du Code de commerce paraît plus restrictif, puisqu'il semble réserver la preuve contraire aux tiers et non à l'intéressé lui-même. Toutefois, on ne voit pas comment une formalité de publicité (immatriculation au registre) pourrait faire devenir commerçant quelqu'un qui n'a jamais accompli d'actes de commerce.

Le commerçant en activité n'est pas le seul dont l'entreprise peut être déclarée en redressement ou en liquidation judiciaire. Ces procédures s'appliquent aussi au commerçant décédé ou retiré.

b) Commerçants retirés ou décédés

1100. – L'ouverture d'une procédure collective après la retraite ou le décès d'un commerçant était logique sous l'empire de la loi de 1967, car elle permettait de payer les créanciers dans des conditions plus satisfaisantes, ce qui était le but principal de la loi. Elle est désormais moins justifiée, puisque le redressement judiciaire tend avant tout à sauver les entreprises, ce qui semble très aléatoire lorsque l'exploitation a cessé du fait de la retraite ou du décès. Pourtant la loi de 1985 a conservé les solutions antérieures.

---

1. Com. 25 mars 1997, *Rev. soc.*, 1997, 599, note A. Honorat ; *Rev. trim. dr. com.*, 1997, 429, note J. Derruppé.
2. Com. 7 janv. 1981, *Bull. civ.* IV, n° 13, p. 10. V. aussi Com. 7 déc. 1983, *D.*, 1984, Info. rap. 280, note A. Honorat.

1101. – Commerçant retiré. Un commerçant ne doit pas pouvoir se soustraire aux procédures collectives en vendant précipitamment son fonds à l'instant où il va cesser ses paiements. Cependant, une procédure ouverte longtemps après la retraite ne correspondrait à rien. La situation est complexe car il faut tenir compte de quatre dates : celle de la retraite, celle de la cessation des paiements, celle de la radiation du registre du commerce et celle de la saisine du tribunal en vue de l'ouverture de la procédure collective.

Trois situations peuvent se présenter (art. L. 621-15).

1) Le commerçant a cessé ses activités et a été radié avant la cessation des paiements. Aucune procédure ne peut être ouverte. C'est la situation normale.

2) Le commerçant, bien que retiré, était immatriculé lors de la cessation des paiements et a été radié après celle-ci. La procédure peut alors s'ouvrir contre lui, mais à condition d'être demandée dans l'année qui suit la radiation. En effet, la situation de l'ancien commerçant doit se clarifier sans retard et il n'y a aucune raison de protéger des créanciers qui tarderaient à faire valoir leurs droits. Mais le commerçant ne peut plus demander lui-même à être mis en redressement judiciaire [1].

Le délai d'un an est un délai préfix [2]. Mais bien entendu la procédure peut s'ouvrir si l'intéressé recommence une activité commerciale, car il devient commerçant de fait.

3) Enfin le commerçant a cessé ses activités mais a omis de se faire radier du registre du commerce. La procédure peut alors continuer de s'ouvrir.

La règle est sévère car elle revient à présumer que le débiteur demeure commerçant jusqu'à la radiation. Mais quelle est la nature de cette présomption ? Est-elle simple ou irréfragable ? On peut hésiter [3].

D'un côté, en matière d'*acquisition* de la qualité de commerçant, l'immatriculation semble entraîner une présomption simple. En effet, le registre du commerce n'est pas une institution de fond, mais de publicité. Il faut donc toujours pouvoir corriger l'apparence (registre) pour la faire correspondre à la réalité (qualité de commerçant ou de simple particulier). Ce premier argument milite en faveur du caractère simple de la présomption. Le commerçant effectivement retiré, mais qui a négligé de demander sa radiation échapperait à la procédure collective dès lors que la cessation des paiements est postérieure à sa retraite. En effet, il est désormais un simple particulier et, comme tel, n'est pas passible d'un redressement judiciaire.

---

1. Com. 10 oct. 1995, *Bull. civ.* IV, n° 228, p. 213.
2. Même arrêt.
3. C.T. Barreau-Saliou, *Les publicités légales*, n° 270.

Mais, d'un autre côté, l'article L. 621-15 du Code de commerce s'exprime en termes absolus. Il ne réserve pas la possibilité d'une preuve contraire.

La présomption serait donc irréfragable en ce qui concerne la perte de la qualité de commerçant [1]. C'est la solution retenue par la Cour de cassation [2]. *Par conséquent l'ancien commerçant demeure soumis au redressement judiciaire tant qu'il ne s'est pas fait radier du registre du commerce.*

Ainsi, tel qu'interprété par la jurisprudence, l'article L. 621-15 du Code de commerce établit *deux présomptions irréfragables : présomption que le débiteur était commerçant jusqu'à la radiation* et *présomption que la cessation des paiements*, dès lors qu'elle précède la radiation, *était aussi antérieure à la retraite*. Cette sévérité s'explique par l'importance des critères formels en droit commercial et la nécessité de protéger les créanciers. Celui qui a traité avec une personne immatriculée est en droit de penser qu'il a contracté avec un commerçant. De plus la date de la radiation ne peut donner lieu à discussion. Au contraire celle de la retraite est parfois incertaine, notamment lorsque le commerçant cesse peu à peu ses activités. Il serait alors difficile de préciser si la cessation des paiements est ou non antérieure à cette retraite. On voit donc tout l'intérêt qu'il y a pour un commerçant retiré à ne pas omettre de demander sa radiation.

Lorsque le commerçant retiré est un commerçant de fait, on se demande si la procédure peut être ouverte plus d'un an après la cessation de ses activités. La jurisprudence répond généralement par l'affirmative [3].

1102. – *Commerçant décédé.* La solution est voisine lorsque le commerçant est décédé. Selon l'article L. 621-14 du Code de commerce, la procédure collective est applicable si le commerçant décède en état de cessation des paiements et si le tribunal est saisi dans le délai d'un an à partir du décès [4].

Cette règle n'a été introduite dans notre droit qu'en 1967, comme une conséquence de la distinction du sort du débiteur et du sort de l'entreprise. Dans sa rédaction initiale le Code de commerce n'avait pas prévu la faillite d'un commerçant décédé. En effet la faillite avait un aspect répressif. Or en droit pénal, le décès du présumé coupable met fin aux poursuites. Les conséquences pratiques étaient déplorables car en cas de décès, notamment de suicide du commerçant, le paiement des créanciers s'opérait dans le désordre et l'injustice.

Cependant, même encore aujourd'hui, la faillite personnelle ne peut plus intervenir après décès puisqu'elle est une sanction. Il arrive parfois qu'après

---

1. Desdevises, *L'incidence du défaut de radiation du registre du commerce sur la qualité de commerçant*, J.C.P., 1975, I, 2705.
2. Com. 9 févr. 1971, *D.*, 1972, 600, note Jauffret. V. cependant beaucoup plus nuancé dans ses motifs Com. 6 nov. 1972, *Bull. civ.* IV, n° 274, p. 259 ; *Rev. trim. dr. com.*, 1973, 350, note Houin.
3. Colmar, 14 mai 1980, *soc.*, 1984, 340, note Sousi.
4. Com. 15 déc. 1992, *Bull. civ.* IV, n° 414, p. 292.

le décès du commerçant, les héritiers continuent d'exploiter le fonds en indivision. Ils deviennent alors commerçants de fait et seront donc tous passibles d'un redressement judiciaire en cas de cessation de paiements [1].

1103. – Conclusion : influence de l'instauration des sociétés unipersonnelles. Les commerçants constituent la première catégorie de personnes physiques susceptibles de faire l'objet d'une procédure collective. Cette solution traditionnelle est partiellement remise en cause par l'instauration, dans des cas de plus en plus nombreux de sociétés unipersonnelles dans lesquelles l'obligation au passif de l'associé unique est limitée au montant de ses apports (entreprise unipersonnelle à responsabilité limitée ; société par action simplifiée unipersonnelle ; société d'exercice libéral unipersonnelle). En effet, dans ce cas, seule la société fait l'objet d'un redressement ou d'une liquidation judiciaire, en cas de cessation de paiements. Mais le patrimoine personnel de l'associé unique n'est pas atteint. Toutefois cette limitation des risques ne joue que si aucune confusion ne s'est opérée entre le patrimoine de la société et le patrimoine personnel de l'associé unique. Dans le cas contraire, qui risque d'être fréquent, la procédure collective ouverte contre la société sera étendue à l'associé unique [2]. Même s'il n'y a pas eu confusion des patrimoines, l'associé unique, lorsqu'il est une personne morale, est tenu de la totalité du passif sur ses biens personnels, si la société unipersonnelle est mise en liquidation judiciaire. En effet cette société est alors dissoute sans liquidation, de telle sorte que son passif se transmet de plein droit à la personne morale, associé unique (C. civ., art. 1844-7-7 et 1844-8) [3]. Ainsi celui-ci aura l'impression d'avoir été trompé, puisque la limitation de sa responsabilité disparaîtra au moment même où elle aurait été utile. Il résulte de tout cela que les sociétés unipersonnelles n'assurent pas toujours la protection de l'associé unique, surtout si celui-ci est une personne morale.

Mais si les sociétés unipersonnelles peuvent contribuer à la diminution du nombre des personnes physiques soumises aux procédures collectives, d'autres dispositions récentes vont en sens contraire en étendant celles-ci aux artisans et aux agriculteurs.

2) Les personnes physiques assimilées aux commerçants

Cette assimilation se rencontre dans deux cas, mais son étendue n'est pas la même.

1104. – Assimilation complète des artisans aux commerçants. L'application des procédures collectives aux artisans est une innovation de la loi du 25 janvier 1985. Celle-ci doit être approuvée.

---

1. Com. 18 mars 1986, et 7 févr. 1989, précités n° 1098.
2. Paris 13 juill. 1993, *Rev. soc.*, 1993, 874, note A. Honorat.
3. Douai, 14 nov. 1996, *J.C.P.*, 1997, II, 22785, note J.-J. Daigre ; *D.*, 1997, 312, note F. Proal.

L'entreprise artisanale est presque semblable à la petite entreprise industrielle ou commerciale [1]. Il n'y a pas de raison de soumettre les unes et les autres à des régimes différents, privant ainsi les entreprises artisanales des possibilités de redressement offertes par la loi.

A la différence de l'article 2 de la loi du 25 janvier 1985, l'article L. 620-2 du Code de commerce ne vise plus les artisans mais les personnes immatriculées au répertoire des métiers. Il faut en déduire que les procédures collectives ne seraient plus applicables aux artisans de fait, c'est-à-dire aux personnes qui effectuent du « travail au noir ». La solution est logique puisqu'à défaut d'immatriculation les intéressés ne sont pas à la tête d'une entreprise susceptible d'être redressée (V. *supra*, n° 1099). Néanmoins cette conséquence n'est pas certaine car l'incorporation de la loi de 1985 dans le Code de commerce aurait dû se faire à droit constant.

L'assimilation de l'artisan au commerçant est complète :
– d'une part, la procédure reste applicable, pendant un an, à l'artisan qui a cessé ses activités ou qui est décédé en état de cessation de paiements (art. L. 621-14 et 621-15). Néanmoins, à la différence du cas du commerçant, la loi prend en compte la seule cessation de l'activité, sans se préoccuper d'une éventuelle radiation du répertoire des métiers [2] ;
– d'autre part, le tribunal compétent est le tribunal de commerce, et non le tribunal de grande instance, bien que l'artisan ne soit pas commerçant (art. L. 621-5).

La conséquence de cette extension est que les artisans doivent désormais cotiser à l'assurance de garantie des créances de salaires (AGS) (C. trav. art. L. 143-11-1). Les charges des entreprises artisanales s'en trouvent augmentées d'autant.

Les procédures collectives ouvertes à l'encontre des artisans sont presque toujours des liquidations, car le redressement de telles entreprises est à peu près impossible après cessation des paiements.

Cette extension préfigure peut-être la disparition de la distinction des artisans et des commerçants, car celle-ci a désormais perdu son principal intérêt.

1105. – Assimilation incomplète des agriculteurs aux commerçants. Depuis la loi du 30 décembre 1988, les agriculteurs peuvent faire l'objet d'une procédure de redressement judiciaire [3]. Cette

---

1. Y. Guyon, *Droit des affaires*, t. I, n° 60.
2. Com. 26 oct. 1999 : *Bull. civ.* IV, n° 188, p. 160.
3. J. David, *Le désendettement des agriculteurs*, Mélanges Cornu, p. 101 – J. Hudault, *L'application des procédures collectives aux professions agricoles*, Rev. proc. coll., 1989, 269 – E. Kerckhove, *Prévention et traitement des difficultés des exploitations agricoles*, Rev. proc. coll., 1989, 113 – P. Le Cannu, *Règlement amiable, redressement et liquidation judiciaire des exploitations agricoles*, *Bull. Joly*, 1989, 113 – Mathieu, *Les difficultés de l'agriculture*, *J.C.P.*, 1989, I, 3405 – M. Nahoumovitch, *Le nouveau droit des entreprises agricoles en difficultés*, thèse Paris I, 1990 – Ourliac et de Juglart, *L'exploitation agricole et son environnement*, *J.C.P.*, 1989, I, 3394.

réforme, réalisée à la demande de la profession, est logique dans son principe, car les exploitants agricoles font tout autant appel au crédit que les commerçants ou les artisans. Ils sont souvent lourdement endettés envers le Crédit agricole, les coopératives et la Mutualité sociale agricole. Cependant l'irréductible particularisme du monde rural a fait obstacle à une assimilation complète.

> Les activités agricoles sont définies de manière obscure par l'article 311-1 du Code rural. Elles englobent, outre la culture et l'élevage traditionnels, les productions animales ou végétales hors sol et les activités dites de prolongement (conditionnement et transformation des productions, tourisme agricole, etc.). Ces activités doivent présenter un caractère habituel [1].
> L'entreprise agricole est soit une entreprise individuelle soit une société civile, notamment un GAEC. En revanche, l'entreprise agricole exploitée sous la forme d'une société commerciale est soumise au régime applicable aux commerçants (art. L. 621-2).

Le redressement judiciaire des exploitations agricoles, bien que régi par le Code de commerce, présente les particularités suivantes (Circulaire 7 juin 1989) :

– Tout d'abord, l'ouverture de la procédure, à la demande d'un créancier, n'est possible que si une tentative de règlement amiable a échoué (art. L. 621-2). Le redressement judiciaire a, dans ce cas, un caractère subsidiaire assez inhabituel (v. *infra*, n° 1122-1).

– Le tribunal compétent est le tribunal de grande instance et non le tribunal de commerce (art. L. 621-5).

– Enfin, comme le commerçant, et à la différence de l'artisan, l'agriculteur est soumis aux procédures collectives même s'il n'est pas immatriculé au registre spécial prévu par l'article 3 de la loi du 30 décembre 1988, mais dont l'organisation n'est toujours pas effective. Ces différences sont peu justifiées.

B. L'application de la procédure aux personnes physiques par voie de conséquence

Dans cette hypothèse les personnes physiques ne sont pas soumises aux procédures collectives en raison de leur activité. *L'application de celles-ci s'opère par voie de conséquence.*

1106. – Cas des associés ou des dirigeants d'une société en redressement judiciaire. Le redressement judiciaire est, dans certains cas, applicable aux personnes physiques membres ou dirigeants de personnes morales faisant elles-mêmes l'objet d'une procédure collective.

Il s'agit là d'une solution classique, dont la portée sera précisée ultérieurement (v. *infra*, n° 1369).

---

1. Com. 5 avr. 1994, *Bull. civ.* IV, n° 145, p. 115.

1) Tout d'abord font l'objet d'une procédure collective les *membres d'une personne morale tenus indéfiniment et solidairement du passif*, lorsque celle-ci est mise en redressement judiciaire (art. L. 624-1). En effet, pour que la personne morale cesse ses paiements, il faut que tous les membres aient cessé les leurs puisque tous sont indéfiniment et solidairement obligés de payer les dettes sociales. Cette extension a un caractère obligatoire mais doit être constatée par un jugement.

La règle s'appliquait traditionnellement dans les *sociétés en nom collectif*. Mais elle n'apportait aucune exception aux principes classiques car les associés en nom collectif ont, de par la loi, la qualité de commerçant (art. L. 221-1)[1].

Cette extension s'applique à l'associé qui, devenu incapable, s'est néanmoins maintenu dans la société[2]. En effet la procédure collective n'est plus une sanction et les tiers ont le droit de se fonder sur l'apparence qui découle de la qualité d'associé en nom.

Les choses ont changé avec la loi du 29 novembre 1966 sur les *sociétés civiles professionnelles*. Dans cette forme de société, les associés sont tenus indéfiniment et solidairement du passif (art. 15). Par conséquent, bien que non-commerçants par hypothèse, ils peuvent être mis en redressement judiciaire. Il y a là une exception aux principes les plus solidement admis dans les professions libérales. En effet, jusqu'ici les procédures collectives ne s'appliquaient qu'aux commerçants. Or, quelques exceptions mises à part, les officiers ministériels et les membres des professions libérales ne devenaient pas commerçants lorsqu'ils exerçaient leur activité dans des conditions conformes aux règles déontologiques. Les procédures collectives ne jouaient que s'ils étaient devenus commerçants de fait. Désormais, de par sa seule appartenance à la société civile professionnelle, l'associé est susceptible de redressement judiciaire, alors que ces procédures continuent de ne pas s'appliquer aux membres de la même profession exerçant à titre individuel ou en qualité d'associé non commandité d'une société d'exercice libéral (L. 31 déc. 1990)[3]. Ces différences ne sont guère justifiées.

La même extension s'applique, pour la même raison, aux *membres d'un GIE*, même s'ils n'ont pas la qualité de commerçants. En effet, ils sont tenus indéfiniment et solidairement du passif (art. L. 251-6 – V. *infra*, n° 1397).

2) La même conséquence menace le *dirigeant qui a plus ou moins confondu le patrimoine social avec son patrimoine personnel*. Si la

---

1. V. cep. F.X. Lucas, *Interrogations sur la qualité de commerçant de l'associé en nom* : Mélanges A. Honorat, p. 281.
2. Com. 8 déc. 1998 : *Bull. civ.* IV, n° 292, p. 243 ; Rev. trim. dr. civ., 1999, 359, note J. Hauser.
3. Y. Guyon, *L'exercice en société des professions libérales réglementées*, n° 13, A.L.D., 1991, 75.

société fait objet d'une procédure collective, celle-ci peut lui être étendue (art. L. 624-5). Il s'agit notamment du dirigeant qui, sous couvert de la personne morale, a fait des actes de commerce dans son intérêt personnel ou a abusivement poursuivi une exploitation déficitaire. Dans ces cas la procédure diligentée contre la personne morale peut être étendue à ce dirigeant, afin d'augmenter les garanties de paiement des créanciers sociaux. Cette « extension » n'a pas un caractère automatique. Elle aboutit à une certaine moralisation des affaires, car il aurait été choquant que les dirigeants échappent aux conséquences d'une ruine qu'ils ont souvent provoquée.

3) Enfin peuvent être mis en redressement judiciaire ou en liquidation les *dirigeants qui ont été condamnés à payer le passif de la personne morale qu'ils géraient et qui n'ont pas exécuté cette condamnation* (art. L. 624-4). L'ouverture de la procédure à l'égard du dirigeant, qui était obligatoire sous l'empire de la loi de 1967, est désormais facultative. Cette menace tend à assurer l'exécution ponctuelle des condamnations à combler tout ou partie du passif de la personne morale.

Lorsque la mise en redressement judiciaire est le résultat d'une extension, le tribunal saisi initialement reste compétent (art. L. 621-5). Par conséquent les associés ou les dirigeants d'une société commerciale relèvent du tribunal de commerce, bien que n'ayant pas personnellement la qualité de commerçant.

Ces extensions laissent perplexes. Certes elles permettent aux créanciers d'être payés même en cas d'insuffisance d'actif de la société en redressement ou en liquidation judiciaires. Mais les dirigeants ou les associés n'ont pas une entreprise susceptible d'être redressée, de telle sorte que l'extension n'aboutira qu'à une procédure collective privée de son objectif essentiel.

1107. – *Vers la généralisation du redressement judiciaire.*
L'application du redressement judiciaire à des non-commerçants, qui est aujourd'hui exceptionnelle, doit-elle devenir la règle ? On peut se poser la question quand on pense aux inconvénients de la déconfiture, c'est-à-dire de la situation du simple particulier qui ne paye plus ses dettes [1].

Le problème de la *faillite civile* n'est pas nouveau. On en avait déjà discuté, notamment en 1893, à propos de la liquidation de la société du canal de Panama. Cette société était civile par son objet. Il fallut une loi spéciale afin de la soumettre à la faillite, ce qui permit de payer un peu moins mal les créanciers. La question se pose à nouveau aujourd'hui. Elle appelle une distinction.

---

1. Vallens, *La faillite civile, une institution du droit local d'Alsace et de Moselle*, J.C.P., 1989, éd. E, II, 15424.

L'application des procédures collectives à toutes les personnes physiques exerçant une activité professionnelle indépendante, notamment les membres des professions libérales, serait un progrès. En effet ces personnes ont tout autant recours au crédit que les commerçants, les artisans ou les agriculteurs. Un projet de loi envisage par conséquent cette extension.

En revanche le cas des salariés et des inactifs est plus embarrassant, même si les intéressés font de plus en plus appel au crédit pour l'acquisition d'un logement et de biens d'équipement ou de consommation. L'intérêt des créanciers postule-t-il alors d'organiser le règlement du passif en cas de cessation des paiements et, comme en droit commercial, de réduire les droits de certains créanciers privilégiés ?

Traditionnellement, on fait valoir qu'une transposition pure et simple ne paraît pas souhaitable. En effet, de deux choses l'une :
– ou bien les créanciers, et notamment les créanciers chirographaires, principaux bénéficiaires d'une procédure organisée, sont peu nombreux : la procédure du redressement judiciaire est alors inutilement lourde et coûteuse ;
–ou bien les créanciers sont nombreux. Dans ce cas les statistiques montrent que le débiteur est souvent insolvable au moment où il cesse ses paiements. Les créanciers n'ont à peu près plus rien à se partager. Le « rendement » de ces procédures serait donc encore plus mauvais que lorsque le débiteur est un commerçant. En outre les sanctions personnelles, qui accompagnent souvent la liquidation des biens, consistent essentiellement en des déchéances professionnelles. Elles n'auraient aucune valeur intimidante à l'égard de simples particuliers. Il suffirait de se montrer plus rigoureux à l'égard des débiteurs, notamment de ceux qui organisent leur insolvabilité. Mais la tendance actuelle ne va pas dans ce sens [1].

D'un autre côté l'ouverture d'une procédure collective permettrait aux particuliers de bénéficier d'un apurement total de leurs dettes, ce qui faciliterait leur re-insertion sociale (v. *infra* n° 1339).

D'ores et déjà une décision étrangère ouvrant une procédure collective à l'égard d'une personne physique non commerçante n'est pas contraire à l'ordre public français [2].

1108. – *Le surendettement des particuliers et des ménages.*
Finalement la loi du 31 décembre 1989, dite loi Neiertz, s'engage dans une voie différente [3]. Elle n'organise pas une faillite civile, dans

---

1. Ripert, *Le droit de ne pas payer ses dettes*, D.H., 1936, 57.
2. Com. 18 janv. 2000 : *Bull. civ.* IV, n° 17, p. 13.
3. P.L. Chatain et F. Ferrière, *Le nouveau régime de traitement du surendettement après la loi du 29 juillet 1998 relative à la lutte contre les exclusions* : D., 1999, 287 – X. Lagarde, *Prévenir le surendettement des particuliers* : J.C.P., 2002, I, 163 – S. Neuville, *Le traitement planifié du surendettement* : Rev. trim. dr. com., 2001, 31 – G. Paisant, *La réforme de la procédure de traitement du surendettement par la loi du 29 juillet 1998 relative à la lutte contre les exclusions* : Rev. trim. dr. com., 1998, 743 – A. Sinay-Cytermann, *La réforme du surendettement, les innovations de la loi du 29 juillet 1998* : J.C.P., 1999, I, 106.

l'intérêt des créanciers, mais des mécanismes d'aide aux particuliers surendettés (C. consom. art. L. 331-1 et s. modifiés par la loi du 29 juillet 1998 – Circulaire 24 mars 1999).

La loi s'applique aux débiteurs qui remplissent les conditions suivantes (circulaire 22 janv. 1993) :

– être surendettés, c'est-à-dire avoir un passif échu et à échoir qui dépasse leurs facultés de remboursement [1] ;

> La notion de surendettement est originale. Elle ne se confond ni avec la cessation des paiements ni avec l'insolvabilité. Elle vise les personnes qui, soit ont un excès de dettes parce qu'elles ont eu recours au crédit au-delà de leurs facultés de remboursement (surendettement actif), soit celles qui souffrent d'une insuffisance de ressources pour couvrir leurs dépenses indispensables (surendettement passif).

– ne pas exercer une activité professionnelle indépendante, c'est-à-dire être salarié ou inactif [2] ;

– enfin être de bonne foi, c'est-à-dire avoir contracté les emprunts à un moment et dans des conditions où leur remboursement était normalement prévisible [3]. La bonne foi est toujours présumée. Elle doit continuer d'exister au jour de la demande [4].

La procédure repose sur une collaboration entre une commission administrative qui élabore les mesures de redressement et le juge qui tranche les difficultés et donne force exécutoire aux mesures préconisées.

Le débiteur, et lui seul, peut saisir une commission administrative qui l'aidera à conclure avec ses créanciers un *règlement amiable civil*. Ce plan d'apurement du passif a un caractère purement contractuel. Il comporte des sacrifices consentis par les créanciers : reports d'échéance, remises de dettes, réduction de taux d'intérêt. Mais il prévoit aussi des engagements pris par le débiteur, notamment la promesse de ne pas aggraver son insolvabilité en contractant de nouvelles dettes. Cependant le débiteur doit, dans tous les cas, conserver un minimum vital comparable au revenu minimum d'insertion ou à la fraction insaisissable des salaires [5]. La loi qui n'est pas un modèle d'élégance du style, qualifie ce minimum de « reste à vivre » !

Les choses en restent là si un plan conventionnel de redressement peut être établi. Dans le cas contraire, la commission doit commencer par constater l'insolvabilité du débiteur, c'est-à-dire l'impossibilité de

---

1. Civ. 1, 22 oct. 1991, *Bull. civ.* I, n° 278, p. 183 – 13 janv. 1993, *Bull. civ.* I, n° 18, p. 12.
2. Civ. 1, 31 mars 1992, *J.C.P.*, 1993, éd. E, II, 400, note G. Paisant – 11 oct. 2000 : *Bull. civ.* I, n° 242, p. 159 ; Rev. trim. dr. com., 2001, 251, note G. Paisant – 10 juill. 2002 : *Bull. civ.* I, n° 196, p. 150.
3. Civ. 1, 4 avr. 1991, *D.*, 1991, 307, note B. Bouloc ; *J.C.P.*, 1991, II, 21702, note Picod.
4. P.-L. Chatain, *Surendettement des particuliers : la notion de bonne foi à l'épreuve de la jurisprudence* : *J.C.P.*, 1992, éd. E, I, 121 – J.-F. Haudebourg, *Bonne foi et surendettement des ménages*, Rev. proc. coll., 1997, 1.
5. Civ. 1, 18 oct. 2000 : *Bull. civ.* I, n° 256, p. 167.

payer ses dettes, ce qui est plus que le surendettement. Elle ouvre alors une procédure qui se déroule en deux phases.

La première est une sorte de *moratoire* qui donne au débiteur un répit pour organiser l'apurement de son passif. La commission, qui n'est pas un organe juridictionnel, peut seulement recommander la suspension de l'exigibilité des dettes, autres qu'alimentaires ou fiscales, pour une durée qui n'excède pas trois ans. Le cours des intérêts est aussi arrêté (C. consom. art. 331-7-1, al. 1). Tout intéressé peut contester ces recommandations. Le litige est tranché par le juge de l'exécution, qui donne au moratoire une force exécutoire.

> Ce mécanisme doit être approuvé dans son ensemble. Cependant il est regrettable que le Trésor ne participe pas aux sacrifices imposés aux autres créanciers et il faut souhaiter que le débiteur ne profite pas de ce délai pour contracter de nouvelles dettes.
> Les créanciers ont une petite consolation puisqu'ils conservent leurs recours contre ceux qui ont cautionné le surendetté [1].

A l'issue du moratoire, la commission réexamine la situation du débiteur et propose un *plan de redressement civil*. Normalement celui-ci comporte seulement des délais de paiement. Exceptionnellement la commission peut proposer *l'effacement total ou partiel des créances,* autres qu'alimentaires ou fiscales (C. cons. art. L. 331-7-1). Cette disposition audacieuse a été introduite dans notre droit par la loi du 29 juillet 1998. Elle porte atteinte aux droits des créanciers mais paraît s'imposer face à l'extrême détresse de certains débiteurs qui, en tout état de cause, n'auraient pas pu payer. En l'absence de contestation, les mesures préconisées par la commission sont communiquées au juge de l'exécution qui leur confère la force exécutoire après en avoir vérifié la régularité dans tous les cas et le bien fondé s'il s'agit d'une remise de dette. En cas de litige, le juge arrête lui-même le plan d'apurement. On est ainsi en présence d'une collaboration originale entre une autorité administrative et un juge [2].

Afin d'éviter les abus, le débiteur ne pourra pas profiter d'une nouvelle remise, pour des dettes similaires, pendant un délai de huit ans.

> Cette protection du débiteur risque de produire des effets pervers. Notamment le bailleur sera incité à ne pas consentir des délais à son locataire impécunieux, de crainte que celui-ci n'obtienne ensuite un effacement de la dette de loyer. Il préférera demander son expulsion immédiate.
> La loi du 31 décembre 1989 édicte aussi de nombreuses mesures propres à prévenir le surendettement, notamment la création d'un fichier national des impayés, qui devrait éviter aux banques de consentir un nouveau crédit à un particulier déjà insolvable.

---

1. Civ. 1, 13 nov. 1996 : *D.*, 1997, 141, note T. Moussa.
2. L. Grynbaum, La mutation du droit des contrats sous l'effet du traitement du surendettement, *contrats, concurrence, consommation* août 2003, p. 4.

La loi Neiertz est ambiguë. Limitée aux débiteurs malheureux et de bonne foi, victimes à la fois de la crise économique, des aléas de l'existence et d'un marketing bancaire contestable, elle est une mesure de justice sociale. Appliquée sans discernement aux professionnels de l'endettement, elle risque d'accréditer l'idée que le remboursement des dettes n'est pas une obligation, ce qui augmentera le coût du crédit en général [1].

Un projet de faillite civile est actuellement à l'étude, afin de permettre aux particuliers en difficulté de bénéficier d'un effacement de leur passif impayé, comme les débiteurs en liquidation judiciaire (V. *infra* n° 1339). Le juge d'instance aurait trois possibilités : effacer les dettes sans vente des biens, en cas d'actifs et de revenus particulièrement faibles ; vendre l'ensemble des biens saisissables ; élaborer un plan de redressement comparable à celui applicable aux entreprises. Ce projet facilitera la re-insertion économique et sociale des surendettés [2].

Enfin la combinaison de la loi Neiertz et de celle du 25 janvier 1985 montre que seuls les membres des professions libérales ne bénéficient d'aucun mécanisme d'apurement de leur passif (v. *supra*, n° 1 096). Cette inégalité devant la loi est regrettable et peu justifiée car ces professionnels exercent leur activité dans des conditions peu différentes de celles des professions commerciales prestataires de services.

Ainsi, malgré les extensions récentes de leur domaine, les procédures collectives ne s'appliquent pas encore à toutes les personnes physiques. En revanche toutes les personnes morales de droit privé y sont soumises.

§ 2. – L'application du redressement judiciaire aux personnes morales

1109. – ***Domaine général des procédures collectives s'agissant des personnes morales de droit privé.*** Depuis la loi de 1967, les procédures collectives sont applicables à *toutes les personnes morales de droit privé* (art. L. 620-2).

Ainsi l'application des procédures collectives qui est l'exception s'agissant des personnes physiques devient au contraire la règle lorsque le débiteur est une personne morale. La nature civile ou commerciale de la personne morale n'est pas ici prise en considération [3]. L'application

---

1. V. *Supra* n° 1107 – B. Soinne, *Surendettement et faillite, unité ou dualité des régimes,* Rev. proc. coll., 1998, 1 – J.P. Sortais, *Faillite et surendettement, quelques éléments pour une comparaison* : Mélanges A. Honorat, p. 227.
2. Sur ce projet, v. Rapport du Conseil économique du 11 juin 2003 : *J.O. cons. éco.* 2003, n° 11.
3. N. Donio-Journo, *Le redressement et la liquidation judiciaires des personnes morales civiles*, thèse Paris II, 2002.

du redressement judiciaire à toutes les personnes morales de droit privé est justifiée. Ces groupements ont généralement des créanciers assez nombreux et peuvent exploiter des entreprises de dimension considérable. Leurs difficultés financières appellent un traitement organisé.

Deux conditions sont nécessaires : le groupement doit avoir la personnalité morale et le groupement doit relever du droit privé.

Ces conditions sont suffisantes. Le redressement judiciaire ne nécessite pas que le groupement exerce une activité économique.

A. *L'existence de la personnalité morale*

L'ouverture de la procédure suppose que le groupement jouit de la personnalité morale. En effet seules les personnes morales ont un patrimoine, c'est-à-dire un actif et un passif propres, susceptible d'être liquidé de manière autonome, séparément des patrimoines des participants. La question se pose donc de savoir quels sont les groupements dotés de la personnalité morale.

***1110.* – Détermination des groupements jouissant de la personnalité morale.** La réponse de *principe* est que les *sociétés* civiles et commerciales ainsi que les *GIE* jouissent de la personnalité morale à dater de leur immatriculation au registre du commerce (C. civ. art. 1842 ; art. L. 251-4). Les *associations* acquièrent la personnalité morale lors de leur déclaration à la préfecture (L. 1er juillet 1901, art. 2.). Enfin les *fondations d'entreprises* ont la personnalité morale à compter de la publication au Journal officiel de l'autorisation administrative qui leur confère ce statut (L. 4 juill. 1990, art. 4).

En revanche les *sociétés en participation* n'ont pas la personnalité morale (C. civ. art. 1871)[1]. Faute d'une existence légale, elles ne peuvent faire l'objet d'une procédure collective de telle sorte que les créanciers n'ont de recours que contre leurs dirigeants ou le cas échéant leurs associés.

> Si la société en cessation de paiement est demeurée occulte, seul le gérant peut être mis en redressement judiciaire. En effet, il a traité avec les tiers en son nom personnel, sans révéler sa qualité de représentant. Les associés ne peuvent pas être poursuivis.
>
> Les procédures collectives ne s'appliquent pas non plus à la société en participation qui s'est révélée aux tiers, car cette révélation ne lui fait pas perdre sa nature juridique et ne lui confère pas la personnalité morale[2]. Toutefois les créanciers sont mieux garantis car, en cas de révélation, les associés sont indéfiniment et, si la société est commerciale, solidairement tenus du passif (C. civ., art. 1872-1). Ils pourront donc être personnellement mis en redressement judiciaire, s'ils ont la qualité de commerçant[3].

---

1. F. Dekeuwer-Défossez, *L'unification des sociétés civiles et commerciales : les sociétés en participation*, Rev. trim. dr. com., 1984, 574.
2. Bézard, *Sociétés civiles*, n° 1427, Paris, 1979.
3. Com. 14 juin 1994, *Bull. civ.* IV, n° 217, p. 172.

Les *sociétés créées* de fait ne jouissent pas non plus de la personnalité morale. Les procédures collectives leur sont inapplicables, mais doivent être ouvertes directement contre les associés [1].

En revanche peuvent faire l'objet d'un redressement judiciaire les *sociétés de fait*, c'est-à-dire les sociétés annulées après leur immatriculation au registre du commerce. En effet la nullité d'une société équivaut à une dissolution. Elle ne rétroagit pas (C. civ., art. 1844-15). Il y a là une garantie pour les créanciers dans les cas, à vrai dire exceptionnels, où l'annulation d'une société peut être prononcée.

Enfin les *groupes de sociétés* ne constituent pas des personnes morales. Ils ne peuvent en eux-mêmes faire l'objet d'une procédure collective. Il faut ouvrir autant de procédures qu'il y a de sociétés, quitte à s'efforcer de regrouper toutes ces instances devant un même tribunal par application des règles de l'extension [2].

Mais les groupements dotés en principe de la personnalité morale, ne jouissent pas de celle-ci durant toute leur existence. Il faut donc déterminer la durée de la personnalité morale.

1111. – Détermination de la durée de la personnalité morale.

Les sociétés et les GIE n'acquièrent la personnalité morale qu'à compter de leur immatriculation au registre du commerce et des sociétés (C. civ. art. 1842 ; art. L. 251-4). Tant que cette formalité n'a pas été accomplie, les procédures collectives leur sont inapplicables [3]. Les inconvénients de cette solution sont atténués par le fait que les créanciers ont un recours contre les fondateurs [4] et même, le cas échéant, contre les associés ou les membres si l'exploitation a commencé car la jurisprudence estime qu'il y a alors société créée de fait [5].

Les sociétés et les GIE dissous conservent le bénéfice de la personnalité morale pour les besoins de leur liquidation (C. civ., art. 1844-8 ; art. L. 251-21). Ils peuvent donc être mis en redressement judiciaire sans qu'il y ait lieu de distinguer selon que la cessation des paiements est intervenue avant ou après la dissolution [6].

Une difficulté se présente pour savoir à quelle date prend fin la liquidation, qui entraîne la disparition définitive de la personnalité morale.

---

1. F. Derrida, *Les sociétés créées le fait et le droit du redressement et de la liquidation judiciaires, étude de jurisprudence* : Mélanges P. Bézard, p. 311, 2002.
2. Com. 5 avr. 1994, *Rev. soc.*, 1994, 318, note Y. Guyon – F. Derrida, *L'unité d'entreprise est-elle une cause autonome d'extension de procédure*, Mélanges Derruppé, p. 29.
3. Com. 10 mars 1987, *J.C.P.*, 1987, II, 20830, note Y. Guyon – Hallouin, *Les sociétés non immatriculées face au redressement et à la liquidation judiciaire*, J.C.P., 1989, éd. E, II, 15416.
4. Com. 7 juill. 1981, *Bull. civ.* IV, n° 308, p. 244 ; *Rev. trim. dr. com.*, 1981, 844, note Merle.
5. V. Com. 17 mai 1989, *Rev. soc.*, 1990, 32, note Sortais – 20 nov. 1990, *Rev. soc.*, 1991, 71 – V. cep. Com. 26 nov. 1996, *J.C.P.*, 1997, II, 22904, note D. Gibirila ; *Rev. soc.*, 1997, 357, note F. et V. Pasqualini.
6. Com. 12 avr. 1983, *Rev. soc.*, 1984, 303, note Gallet.

En principe la personnalité morale disparaît lors de la publication de la clôture de la liquidation (C. civ. 1844-8), qui doit être suivie, dans un délai d'un mois, de la radiation du registre du commerce (Décr. 30 mai 1984, art. 24). Afin d'appliquer le même traitement aux personnes morales qu'aux personnes physiques, l'article L. 621-15 du Code de commerce prévoit que la procédure peut être ouverte dans l'année qui suit la radiation du registre ou la publication de l'achèvement de la liquidation s'il s'agit d'une association.

Mais le délai n'a pas une valeur absolue. En effet, la radiation du registre du commerce peut intervenir prématurément alors que la liquidation n'est pas véritablement terminée. La Cour de cassation juge alors que cette radiation est inopérante et permet de mettre en redressement judiciaire une société radiée depuis plus d'un an [1]. L'hypothèse rappelle le cas du commerçant personne physique qui, après sa radiation, reprend une activité commerciale de fait (v. *supra*, n° 1100).

Si la société dissoute n'a plus de représentant légal, le créancier demandeur doit lui faire désigner par justice un mandataire « *ad litem* » avant de l'assigner en redressement judiciaire [2].

Lorsque la société est dissoute, la procédure ne peut évidemment aboutir qu'à une cession ou à une liquidation, toute continuation de l'entreprise étant exclue.

En revanche la procédure collective ne peut plus s'ouvrir lorsque, par exception, la dissolution n'est pas suivie d'une liquidation, car la personnalité morale de la société disparaît immédiatement (C. civ. art. 1844-8). Il en va ainsi en cas de dissolution d'une société unipersonnelle dont l'associé unique est une personne morale ou de fusion-absorption. Les créanciers exercent alors leurs recours contre l'associé unique ou la société absorbante, qui sont l'un et l'autre tenus de tout le passif.

B. Le caractère privé de la personne morale

1112. – La difficile distinction des personnes morales de droit public et des personnes morales de droit privé. Le redressement judiciaire ne s'applique qu'aux personnes morales de droit privé. L'expression est peu claire car les frontières entre le droit public et le droit privé sont fluctuantes [3].

On comprend aisément que l'Etat ou une collectivité publique de type traditionnel (département, commune, université, etc.) ne puisse faire l'objet d'un redressement judiciaire. Théoriquement d'ailleurs la question ne devrait pas se poser car en raison de l'existence d'un contrôle de l'engagement des dépenses, ces personnes morales ne devraient pas pouvoir dépenser plus que les crédits qui leur ont été alloués. En outre le résultat de la procédure serait compromis par l'insaisissabilité

---

1. Com. 12 févr. 1969, *D.*, 1969, 377, note Pirovano – Com. 23 nov. 1976, *Rev. soc.*, 1977, 461, note Mabillat – 12 avr. 1983, *Bull. civ.* IV, n° 113, p. 97.
2. V. Com. 11 juill. 1988, *Rev. soc.*, 1988, 521, note Y. Guyon.
3. V. les obs. de M.-E. Alfandari, *Rev. jurisp. com.*, 1986, n° spécial, p. 33.

des biens du domaine public. La cessation des paiements est donc sinon impossible au moins essentiellement provisoire, car les dépenses non payées seront réglées d'office sur les crédits de l'exercice suivant. C'est seulement dans le domaine international que la défaillance prolongée d'un Etat peut entraîner des difficultés. Celles-ci ne se règlent pas par l'ouverture d'une procédure judiciaire, mais par l'intervention du Fonds Monétaire International, qui impose aux Etats endettés des mesures d'assainissement et leur facilite l'obtention de moratoires [1].

Mais il est devenu banal de constater que beaucoup d'organismes sont à mi-distance du droit public et du droit privé, notamment les *établissements publics à caractère industriel et commercial*, les associations administratives, les organismes professionnels et corporatifs. Il faut rechercher quel est le statut de ces personnes morales et si elles participent ou non à une mission de service public pour savoir si elles sont ou non soumises aux procédures de concours [2].

> Par exemple la Poste (L. 2 juill. 1990) et le Réseau Ferré de France, ex-SNCF (L. 13 févr. 1997) ont un statut de droit public qui les fait échapper au redressement judiciaire. La question demeure d'ailleurs théorique puisque l'Etat prend jusqu'ici systématiquement en charge le déficit de ces personnes morales, ce qui exclut la cessation de paiements.
>
> Au contraire les sociétés d'économie mixte et les sociétés nationales (banques, compagnies d'assurances, etc.) ont un statut de droit privé. Elles sont susceptibles de règlement ou de liquidation judiciaires [3]. La question s'est posée pour France Telecom, qui a été à la limite d'une cessation des paiements.

On regrettera cependant que l'article L. 620-2 du Code de commerce ait opté pour la solution de facilité en se bornant à reprendre purement et simplement la formule « toute personne de droit privé », sans autre précision.

1113. – *Exception fondée sur la nature particulière de la personne morale.* Il n'existe qu'une exception à l'application des procédures collectives aux personnes morales de droit privé. Elle concerne les *syndicats de copropriétaires* (L. 10 juill. 1965, art. 29-4 ajouté par la loi du 21 juillet 1994). Lorsque le syndicat n'est pas en mesure de payer ses dettes, le président du tribunal de grande instance nomme un administrateur provisoire et peut ordonner une suspension des poursuites pen-

---

1. E. Gaillard, *Les conséquences en droit international privé de la restructuration de la dette des Etats* : Travaux Comité Dt. internat. privé 1988-1989, p. 77 – J. Touscoz, *La faillite de l'Etat*, Mélanges Breton-Derrida, p. 385, Paris 1991.
2. P. Delvolvé, *La faillite des entreprises publiques*, Annales université Toulouse, 1975, 265 – J. Raynaud, *L'endettement des collectivités publiques*, ds. L'endettement, Travaux, Association H. Capitant, 1995, p. 569.
3. V. Trib. gde inst. Cherbourg, 22 mai 1971, *D.*, 1972, 132, pour un syndicat d'initiative.

dant six mois [1]. Ce régime spécial se justifie par le fait que les syndicats de copropriétaires ne sont pas des entreprises. En outre la procédure collective peut entraîner une liquidation de la personne morale, or on ne conçoit pas une copropriété sans un syndicat lui servant de support.

Il n'y a pas d'autres exceptions. Par conséquent les procédures collectives s'appliquent aux associations, même si elles n'exercent pas d'activité économique et aux sociétés civiles professionnelles, alors que traditionnellement les professions libérales échappaient à la faillite.

Même si la question est discutée, les procédures collectives s'appliquent aussi aux comités d'entreprises, bien que ces groupements légaux soient dans une situation qui rappelle celle des syndicats de copropriétaires [2].

Enfin les sociétés civiles immobilières peuvent être mises en redressement judiciaire, bien que le plus souvent elles ne soient pas des entreprises, mais une simple modalité d'exercice du droit de propriété.

L'application des procédures collectives à toutes les personnes morales de droit privé est justifiée. Beaucoup de sociétés civiles se livrent à des activités importantes, notamment dans le domaine de la construction, de l'agriculture et des travaux publics. Au cas de cessation des paiements, on ne pourrait tolérer l'anarchie des poursuites qu'entraînerait le régime – ou plus exactement l'absence de régime – de la déconfiture.

Ces conditions de nature juridique ne suffisent pas. Le redressement judiciaire ne peut s'ouvrir que si l'entreprise a cessé ses paiements.

SECTION II

Conditions relatives à la situation financière de l'entreprise : la cessation des paiements

1114. – La cessation des paiements, critère traditionnel d'ouverture des procédures collectives. L'article L. 621-1 du Code de commerce reprend une solution traditionnelle. La procédure collective ne peut s'ouvrir que si l'entreprise est dans l'impossibilité de faire face à son passif exigible avec son actif disponible. Une telle entreprise est en cessation des paiements [3].

En utilisant ce critère immémorial, la loi de 1985 a choisi une solution de facilité qui ne paraît pas conforme aux besoins des entreprises modernes [4].

---

1. Paris 4 oct. 1996, *D.* 1997, 239, note C. Giverdon. – F. Rastoll, Copropriétés en difficulté, Rapport au Conseil économique, 24 sept. 2002.
2. Trib. gde inst. Paris, 23 févr. 1971, *J.C.P.*, 1971, II, 16688 ; *Rev. trim. dr. com.*, 1971, 443, note Houin – G. Couturier, *Droit du travail*, t. II n° 66.
3. T. Montéran, *L'état de cessation des paiements, clef de voute des procédures collectives* : Rev. proc. coll., 2001, 1.
4. Delesalle, *Réflexions sur le fait générateur de l'ouverture de la procédure de redressement judiciaire*, Rev. proc. coll., 1987, n° 4, p. 1.

Avant de cerner la notion de cessation des paiements, il conviendra de s'interroger sur le meilleur moment auquel une procédure collective doit s'ouvrir.

§ 1. – La problématique du moment de l'ouverture des procédures collectives

1115. – Caractères d'un bon critère d'ouverture. La détermination du moment le meilleur pour ouvrir une procédure collective est une question difficile à résoudre [1].

L'intervention judiciaire ne doit pas être tardive. En effet, si la procédure s'ouvre alors que l'entreprise n'a plus d'actif, on ne voit pas avec quels fonds le passif pourra être apuré et comment cette entreprise moribonde pourra se redresser.

Mais, à l'inverse, *l'intervention judiciaire ne doit pas être prématurée.* En effet le redressement judiciaire est une procédure lourde, traumatisante pour l'entreprise, et coûteuse pour la collectivité. Il est inutile de l'ouvrir si un redressement peut être obtenu par des procédés plus simples : à quoi bon déplacer un remorqueur de haute mer pour un sauvetage qu'une vedette de surveillance côtière peut mener à bien sans danger. En outre, dans un régime de liberté du commerce, le chef d'entreprise doit demeurer maître de sa gestion tant qu'il fait face à ses obligations.

Il faut donc que le critère d'intervention du tribunal présente deux caractéristiques :

– Il doit être *sûr*, c'est-à-dire révélateur d'une situation tellement dégradée que, sans l'aide de la justice, l'entreprise n'a aucune chance raisonnable de se redresser, c'est-à-dire de redevenir compétitive, sans aides extérieures. Il faut au contraire écarter les critères incertains qui ruineraient le crédit d'entreprises saines en permettant l'ouverture prématurée d'un redressement judiciaire.

– Il doit être d'une *mise en œuvre aisée.* Si l'intervention de la justice est nécessaire, autant vaut qu'elle ait lieu le plus tôt possible. La situation financière d'une entreprise se dégrade vite, et selon un processus qui va en s'accélérant. Le tribunal doit être en mesure de savoir, sans enquête préalable prolongée, si la procédure doit ou non s'ouvrir.

1116. – Diversité des critères envisageables. L'application de ces idées simples devrait guider le législateur dans le choix du ou des critères d'ouverture de la procédure.

Par conséquent, on doit écarter le critère de l'*insolvabilité*, c'est-à-dire le cas où la totalité de l'actif du débiteur ne suffit pas à

---

1. S. Bénisty, *Le moment de l'ouverture des procédures collectives*, thèse, Paris I, 1983 – Boisneault, *De la cessation des paiements à la situation difficile comme critère du déclenchement des procédures collectives*, thèse, Aix, 1980 – H. Bougattaya, *Le droit et l'identification des entreprises en difficulté*, thèse, Poitiers, 1985.

payer tous les créanciers. En effet ce critère présente deux inconvénients. D'une part, il ne repose pas sur une situation apparente : l'insolvabilité ne se révèle qu'après la vente des biens non liquides du débiteur. Or ces ventes, notamment celles des immeubles, demandent du temps. D'autre part, ce critère est trop tardif. S'il y a insuffisance d'actif, le redressement de l'entreprise est invraisemblable et l'apurement du passif ne pourra, par hypothèse, n'être que partiel. Très probablement seuls les créanciers titulaires de sûretés pourront être payés. Or, les procédures collectives ne sont pas faites pour eux.

On peut reprocher la même incertitude au critère de *surendettement* retenu par la loi du 31 décembre 1989 (art. 1) sur le redressement judiciaire civil (v. *supra*, n° 1108). Certes cette situation est différente de l'insolvabilité car elle prend en compte non seulement le passif échu, mais aussi le passif à échoir. Mais ce critère est trop anticipatif, car le surendetté n'est pas encore en cessation de paiements si sa situation provient de l'accumulation de dettes à terme auxquelles il ne pourra pas faire face compte tenu de ses ressources futures. Il est impossible de lui imposer des mesures de redressement tant qu'il paie ses dettes échues. Le droit peut seulement lui proposer des mesures d'aide. Et si celles-ci échouent, son redressement sera plus qu'improbable.

A l'inverse on peut écarter aussi le critère tenant compte de la simple *situation difficile*. Toute entreprise court des risques. La liberté du commerce postule que le chef d'entreprise affronte ceux-ci comme il l'entend, quitte à bénéficier seulement des mesures d'aide extrajudiciaire (v. *supra*, n° 1063). Mais permettre au tribunal d'intervenir à ce stade serait favoriser un gouvernement des juges, une bureaucratie étouffante, des atteintes à l'égalité des concurrents et finalement une disparition de l'esprit d'entreprise.

> Certes l'ordonnance du 23 septembre 1967 avait retenu ce critère pour l'ouverture de la procédure de suspension provisoire des poursuites. Mais la question se posait dans des termes différents. La suspension provisoire était une procédure organisée dans l'intérêt de l'entreprise et dont les conséquences étaient moins graves et moins définitives que celles d'un redressement judiciaire. Les tribunaux ont d'ailleurs mal appliqué ce critère, sans doute trop imprécis. Ils ont eu tendance à attendre sinon la cessation des paiements du moins l'imminence de celle-ci pour intervenir [1]. La loi du 25 janvier 1985 a donc abrogé l'ordonnance de 1967. On le regrettera car l'intervention d'un tribunal, avant la cessation des paiements, était plus efficace que le règlement amiable qui repose exclusivement sur la bonne volonté des créanciers.

Le critère le plus satisfaisant paraît être celui de *l'existence de faits de nature à compromettre la continuité de l'exploitation* [2]. Actuellement

---

1. V. par exemple dans l'affaire Creusot-Loire, Trib. com. Paris, 14 mai 1984, *J.C.P.*, 1984, II, 20271, note Y. Chaput.
2. Paillusseau et Petiteau, *Difficultés des entreprises*, n° 106.

notre droit le retient pour le déclenchement de l'alerte par le commissaire aux comptes et la convocation du débiteur par le président du tribunal. Aurait-on pu en faire le critère de l'ouverture du redressement judiciaire ? Une réponse affirmative n'est pas certaine compte tenu de l'imprécision de la notion de « fait de nature à compromettre la continuité de l'exploitation » (going concern). Ces faits sont nombreux et leur gravité ne peut être appréciée que de l'intérieur de l'entreprise. Ce critère est donc mal adapté lorsqu'il s'agit d'ouvrir la procédure de redressement à l'initiative d'un créancier ou d'une autorité judiciaire.

La solution aurait consisté à admettre deux critères d'ouverture :
– la cessation des paiements aurait permis d'*imposer* le redressement judiciaire à une entreprise, à l'initiative des créanciers ou de l'autorité judiciaire. En effet, ce critère se fonde sur une situation facile à connaître ;
– l'existence de faits de nature à compromettre la continuité de l'exploitation aurait permis au débiteur de *demander* l'ouverture de la procédure, afin de bénéficier de l'aide de la justice dans le redressement de son entreprise [1]. On aurait ainsi rendu possible une intervention précoce et efficace des tribunaux, sans porter atteinte à la liberté de gestion du débiteur encore en mesure d'exécuter ses obligations. La loi du 10 juin 1994 s'est orientée dans cette voie puisque le règlement amiable, ouvert à la seule initiative du débiteur non encore en cessation des paiements, peut s'accompagner d'une suspension provisoire des poursuites. Le débiteur peut ainsi obtenir une protection judiciaire relativement efficace, sans attendre la survenance de la cessation des paiements.

Selon un avant projet de loi, le débiteur pourrait demander l'ouverture de la procédure s'il ne peut plus faire face à ses besoins de financement en raison de son surendettement ou s'il doit procéder à une re-structuration qui nécessite l'intervention d'un tribunal. Ce projet s'inspire de la procédure américaine de « réorganisation » dite du chapitre 11. Il a été critiqué au motif qu'il favoriserait les fraudes et romprait l'égalité devant la concurrence. Il paraît néanmoins opportun dès lors que cette faculté d'ouverture anticipée est strictement encadrée.

Mais pour l'ouverture de la procédure de redressement ou de liquidation au sens strict, la loi de 1985 s'en est tenue à un critère unique : la cessation des paiements.

§ 2. – Le droit positif du moment de l'ouverture des procédures collectives

L'article L. 621-1 du Code de commerce pose un principe : le redressement judiciaire s'ouvre en cas de cessation des paiements.

---

[1]. Trib. com. Lille, 5 mai 1987, *Rev. jurisp. com.*, 1987, 255, note Derrida ; *Rev. proc. coll.*, 1987, n° 3, p. 11, note P. Didier.

Dans le cas général, cette condition est à la fois nécessaire et suffisante. Mais il n'en va pas toujours ainsi.

A. Le principe : la cessation des paiements

1117. – De la définition jurisprudentielle à la définition légale. La procédure de redressement judiciaire s'ouvre lorsque *le débiteur est dans l'impossibilité de faire face au passif exigible avec l'actif disponible* (art. L. 621-1). Cette définition de la cessation des paiements est celle que donnait la Chambre commerciale de la Cour de cassation [1]. La définition légale de la cessation des paiements est un retour à une solution abandonnée depuis la loi du 28 mai 1838. On avait, en effet, jugé préférable de s'en remettre aux tribunaux pour fixer les contours d'une notion complexe et évolutive [2]. Le caractère légal de la définition présente l'inconvénient d'entraîner une certaine rigidité. A l'inverse, il a l'avantage de mettre fin à la jurisprudence de la Chambre criminelle de la Cour de cassation qui, au prétexte de l'autonomie du droit pénal, continuait de faire référence à la nécessité d'une situation sans issue [3].

> Par exception aux principes généraux de la procédure, la cessation des paiements doit exister au jour où le tribunal statue et non au jour où il est saisi. Par conséquent la procédure ne doit pas être ouverte si un incident de paiement a fait l'objet d'une régularisation entre la saisine du tribunal et le jour où la juridiction statue en première instance ou même en appel (v. *infra*, n° 1177) [4].

Examinons les trois composantes de la cessation des paiements.

1118. – Le passif exigible. Le passif pris en considération est le passif qui n'a pas été payé, alors qu'il aurait dû l'être.

1) *La dette impayée doit être liquide*, c'est-à-dire soit être évaluée en argent soit résulter d'un titre qui contient tous les éléments permettant cette évaluation (L. 9 juill. 1991, art. 4).

Elle doit être *exigible*, c'est-à-dire échue et susceptible d'exécution forcée. En effet, le débiteur qui refuse de payer une dette non échue gère sa trésorerie de manière normale. De même si le débiteur a bénéficié d'un délai de paiement, notamment à l'occasion d'un règlement amiable, sa dette cesse d'être exigible. L'exigibilité ne suffit pas. *Il faut aussi que le paiement ait été demandé* puisque, sauf cas exceptionnels,

---

1. Com. 14 févr. 1978, *D.*, 1978, Info. rap. 443, note Honorat ; 7 déc. 1983, *D.*, 1984, Info. rap. 280, note Honorat ; v. aussi l'analyse plus comptable donnée par le Trib. com. Lille, 4 mars 1985, *Rev. jurisp. com.*, 1985, 191, note E. du Pontavice.
2. V. Martineau-Bourgninaud, La cessation des paiements, notion fonctionnelle, *Rev. trim. dr. com.* 2002, 245.
3. Crim. 20 nov. 1978, *D.*, 1979, 525, note Derrida et Culioli. 12 janv. 1981, *D.*, 1981, 348 ; *Rev. soc.*, 1981, 612, note Bouloc.
4. Com. 6 oct. 1992, *Bull. civ.* IV, n° 290, p. 204.

une mise en demeure est nécessaire pour constater la défaillance d'un débiteur. Mieux vaudrait parler de passif exigé que de passif seulement exigible. Par conséquent la simple constatation d'un résultat déficitaire ne suffit pas à caractériser la cessation des paiements[1].

La jurisprudence est fluctuante. Tantôt elle semble ne retenir que le passif exigé[2], tantôt au contraire elle prend aussi en considération le passif seulement exigible[3]. On comprend ces hésitations car d'un côté le débiteur n'est pas vraiment défaillant tant qu'il n'a pas été mis en demeure de payer[4]. D'un autre côté, attendre une mise en demeure retarde l'ouverture de la procédure. La meilleure solution consisterait à permettre au débiteur de déposer son bilan dès le non paiement d'une créance exigible mais de réserver l'action des créanciers au cas où une créance exigée n'a pas été honorée.

Pour savoir si une dette est échue, il faut s'en rapporter au terme stipulé par les parties ou aux délais d'usage.

Une situation embarrassante se présente lorsqu'une seule dette n'a pas été payée. Le caractère collectif de la procédure semble alors faire obstacle à l'ouverture d'un redressement judiciaire[5]. Cependant cette défaillance unique est habituellement le révélateur d'une situation compromise. Mieux vaut dès lors ouvrir la procédure afin de permettre la sauvegarde de l'entreprise et des droits des créanciers, qui pourraient se révéler ultérieurement.

Pour le cas des établissements de crédit, v. *infra*, n° 1121-1.

La dette doit aussi être *certaine*, c'est-à-dire indiscutée dans son existence et dans son montant. On ne saurait refuser au débiteur le droit de se défendre en contestant le bien-fondé du paiement que lui réclame le créancier[6]. Mais encore faut-il que cette discussion ne soit pas à l'évidence un moyen dilatoire, ce qui montre que la notion de cessation des paiements n'a pas un aspect purement mathématique.

2) La dette non payée peut avoir un caractère civil ou un caractère commercial. Pourtant traditionnellement le non-paiement des seules dettes de nature commerciale était susceptible de provoquer l'ouverture des procédures de concours. Mais une fois celles-ci commencées, tous les créanciers pouvaient y participer, y compris ceux dont le titre avait un caractère civil. Cette règle présentait d'autant plus d'inconvénients que parmi les dettes de nature civile figuraient les dettes d'impôts. Aussi beaucoup de commerçants retardaient-ils leur faillite en acquittant tant bien que mal leurs dettes commerciales, mais en laissant s'accumuler un passif fiscal. Les plus malhonnêtes

---

1. Com. 3 nov. 1992, *Bull. civ.* IV, n° 343, p. 244. – J.L. Courtier, La notion de cessation des paiements, passif exigible ou exigé : *Rev. jurisp. com.* 2001, 212.
2. Com. 28 avril 1998, *J.C.P.*, 1998, éd. E, 1926, note G. Likillimba.
3. Com. 17 juin 1997, *Bull. civ.* IV, n° 193, p. 168.
4. J.-C. Boulay, *Réflexion sur la notion d'exigibilité de la créance*, n° 45 : *Rev. trim. dr. com.*, 1990, 339.
5. V. Com. 15 avr. 1986, *Bull. civ.* IV, n° 61, p. 52.
6. Com. 22 févr. 1994, *J.C.P.*, 1995, II, 22447, note L. Levy.

s'arrangeaient pour organiser leur insolvabilité avant que le non-paiement d'une dette commerciale entraîne l'ouverture de la procédure. De toute manière, le passif fiscal, qui était privilégié, atteignait généralement un tel montant qu'il ne restait rien pour payer les créanciers chirographaires.

La loi du 13 juill. 1967 (art. 2) a modifié cet état de choses afin notamment de donner au Trésor public le droit de déclencher l'ouverture de la procédure [1]. *La cessation des paiements peut résulter du non-paiement d'une dette civile* [2]. L'article L. 621-2 du Code de commerce entérine cette solution en prévoyant que la procédure peut être ouverte sur l'assignation d'un créancier, quelle que soit la nature de sa créance.

Bien que justifiée en général, la règle a parfois des résultats surprenants. D'une part, il est étrange, à l'heure où l'Etat milite en faveur de la sauvegarde des entreprises, que le Trésor public ou l'Urssaf puissent provoquer la disparition de celles-ci [3]. D'autre part et surtout le commerçant personne physique qui ne paye pas une pension alimentaire à son ancienne épouse ou qui ne règle pas le loyer de son logement personnel pourrait être mis en redressement judiciaire à la requête de celle-ci ou de son bailleur, solution sans rapport avec les finalités normales des procédures collectives. Il serait préférable d'admettre que la dette peut être civile (dette d'impôt par exemple), mais qu'elle doit avoir été contractée dans l'intérêt de l'entreprise, et non pas à propos de la vie privée du commerçant. Cette solution est conforme à l'idée que c'est l'entreprise qui est mise en redressement judiciaire. Son application pratique risque cependant d'être délicate car il y a, en principe, unité de patrimoine. Ce serait au tribunal d'apprécier si la cessation des paiements de dettes civiles porte atteinte au crédit ou au bon fonctionnement de l'entreprise.

Ici encore on regrettera que l'article L. 621-2 du Code de commerce s'en soit tenu à la solution antérieure, qui était à bien des égards celle de la facilité.

Une situation particulière se présente lorsque le tribunal ouvre directement la liquidation judiciaire car celle-ci entraîne la déchéance du terme et par conséquent l'apparition d'un nouveau passif exigible. Or seul le passif exigible à la date du jugement doit être pris en compte [4].

Dans les entreprises astreintes à l'établissement d'une comptabilité prévisionnelle, un état du passif exigible doit être dressé chaque semestre (art. L. 232-2 ; Décr. 23 mars 1967, art. 244-1 ; v. *supra*, n° 1036).

1119. – *L'insuffisance de l'actif disponible.* L'actif disponible est la trésorerie de l'entreprise [5]. Il comprend les *sommes dont l'entre-*

---

[1]. M. Delmas, *Le non-paiement des dettes civiles et la cessation des paiements*, Rev. trim. dr. com., 1970, 641.
[2]. Com. 22 juin 1993, *Bull. civ.* IV, n° 264, p. 186.
[3]. Rapport Cour de cassation, 1978, 59.
[4]. Com. 26 mai 1999 : *Bull. civ.* IV, n° 110, p. 90.
[5]. J. Stoufflet, *La notion juridique de trésorerie*, Rev. jurisp. com., n° spéc. nov. 1989, p. 30.

prise peut disposer immédiatement soit parce qu'elles sont liquides soit parce que leur conversion en liquide est possible à tout moment et sans délai : caisse, solde créditeur des comptes bancaires, effets de commerce ou valeurs mobilières cotés en bourse et même, semble-t-il, crédits utilisables à vue, etc [1]. Dans les entreprises astreintes à tenir une comptabilité prévisionnelle, un état de l'actif réalisable et disponible doit être établi en même temps que l'état du passif. Mais son utilité est moindre, car il mêle le véritable disponible et le disponible potentiel, c'est-à-dire l'actif non immédiatement disponible mais réalisable plus rapidement que les immobilisations (v. *supra* n° 1036).

La liquidité doit s'apprécier compte tenu du contexte concret dans lequel se trouve l'entreprise. Ainsi, selon l'état du marché boursier, une valeur mobilière peut être considérée comme étant ou n'étant pas liquide. Tout dépend de l'existence ou de l'absence d'un acquéreur. Mais les tribunaux se montrent fermes et refusent de considérer comme disponibles les biens réalisables peu rapidement [2].

L'insuffisance de l'actif disponible est difficile à caractériser, car plusieurs situations peuvent se rencontrer.

1) Le cas le plus simple est celui de la *cessation matérielle des paiements* : le débiteur laisse protester des traites qu'il a acceptées, émet des chèques sans provision ou même ferme son entreprise et disparaît. Peu importe, en principe, le montant de la dette impayée. Toutefois il n'y aurait pas cessation des paiements en cas de difficulté accidentelle et temporaire de trésorerie.

L'insuffisance de l'actif disponible doit être expressément constatée par les juges du fond. Ceux-ci ne sauraient donc ouvrir la procédure en se bornant à constater l'existence d'un passif important ou même considérable [3]. Mais, réciproquement, peu importe l'existence d'actifs immobilisés ou l'espoir de recouvrer ultérieurement des créances sur des tiers dès lors qu'à l'échéance le débiteur ne peut pas payer [4]. De même il y a cessation des paiements même si le débiteur principal est garanti par un tiers, qui s'exécutera à sa place [5].

Cette conception matérielle de la cessation des paiements a l'avantage de la simplicité, car elle repose sur des faits indiscutables. Certains se sont demandés si elle n'était pas trop rigide et s'il ne faudrait pas aussi tenir compte de la durée du retard pris par le débiteur et du montant de la dette impayée. C'est la conception du droit

---

1. V. Com. 26 juin 1990, *D.*, 1991, 574, note P. Morvan.
2. Com. 17 mai 1989, *D.*, 1989, Info. rap. 177.
3. Com. 7 déc. 1983, *D.*, 1984, Info. rap. 280, note A. Honorat.
4. Com. 23 nov. 1983, *Bull. civ* IV, n° 319, p. 273.
5. Com. 26 juin 1990, précité.

allemand où, selon les tribunaux, la procédure ne peut s'ouvrir à l'encontre d'un commerçant personne physique que si l'intéressé n'a pas payé l'essentiel de ses dettes pendant environ un mois [1]. La simple panne de trésorerie ne serait pas constitutive de cessation des paiements. Cette conception est séduisante, mais dangereuse car un incident de paiement, mineur en apparence, est presque toujours le révélateur d'une situation profondément dégradée.

Par conséquent, non seulement il est inutile d'attendre dès qu'il y a arrêt matériel des paiements, mais encore il faut souvent pouvoir ouvrir la procédure même lorsque le débiteur continue de faire face à ses échéances par l'emploi de moyens artificiels. Une extension par assimilation s'imposait donc.

2) Depuis assez longtemps, les tribunaux jugent que les procédures collectives peuvent s'ouvrir lorsque le *débiteur*, tout en faisant face à ses échéances, *utilise des moyens factices, ruineux ou frauduleux pour se procurer des liquidités*. Par exemple il émet des effets de complaisance [2], ou il vend ses marchandises à perte, ou il contracte des emprunts qu'il ne pourra manifestement pas rembourser [3], etc.

En effet, ces procédés ne font que retarder une défaillance dont les conséquences seront d'autant plus graves qu'elles se produiront plus tard. Il faut assimiler la *cessation des paiements déguisée* à la cessation des paiements apparente pour que la procédure puisse s'ouvrir avant l'accumulation d'un passif catastrophique. On doit, pour cette raison, être très réservé à l'égard des opérations dites de *défaisance*, qui consistent à faire gérer le passif d'une entreprise par une filiale constituée à cet effet. Certes cette technique permet parfois d'éviter le dépôt de bilan. Mais elle risque aussi de seulement le retarder, aggravant ainsi les inconvénients de la procédure collective [4].

3) Certains tribunaux ont proposé une nouvelle extension, mais qui n'a pas été consacrée par la Cour de cassation. On pourrait ouvrir la procédure à l'encontre d'un *débiteur qui serait artificiellement soutenu par une société du même groupe, par une banque ou par un dirigeant* [5].

L'état de cessation des paiements existerait lorsque le débiteur a dû demander des reports d'échéance, souffre d'une insuffisance irrémédiable de fonds propres et ne survit que grâce à des crédits importants et précaires. Par conséquent *le financement précaire serait assimilé au financement illicite*.

---

1. U. Rohs et T. Kremer, *Les procédures collectives en Allemagne fédérale*, Rev. proc. coll., 1990, 315.
2. Civ. 2 mars 1932, *D.*, 1933, 1, 126, note Besson.
3. Req. 3 nov. 1937, *D.C.*, 1941, 13, note Pic.
4. C. Larroumet, *Sur la réalisation d'une « defeasance » en droit français*, Mélanges Breton-Derrida, p. 193, 1991.
5. C. Gavalda, *Crédits irréguliers dits parfois crédits noirs* : Mélanges M. Cabrillac, p. 477.

Mais comme la précarité est une notion incertaine, la cessation des paiements serait encore plus difficile à cerner qu'actuellement. En effet la fraude s'apprécie en tenant compte du comportement passé du débiteur. Au contraire le soutien n'est artificiel que s'il échoue. C'est donc l'avenir de l'entreprise qu'il faudrait prendre en considération, ce qui obligerait à des recherches relativement minutieuses. La cessation des paiements cesserait d'être une notion objective pour devenir une sorte de bilan économique de l'entreprise.

En présence d'un *groupe de sociétés*, les tribunaux tendent à lever le voile de la personnalité morale et à apprécier, au regard du groupe tout entier, le passif exigible et l'actif disponible [1]. Ce procédé doit être critiqué. En effet, la constitution de filiales a justement été préférée à la constitution de succursales pour limiter les risques financiers. Hors le cas de fraude ou de confusion des entreprises, l'autonomie juridique des filiales doit être respectée (v. *infra*, n° 1405).

1120. – L'impossibilité de faire face. Ce troisième élément de la définition est encore plus ambigu que les précédents. Selon une première interprétation, le verbe « faire face » donnerait à la cessation des paiements un caractère objectif. Seul serait en cessation des paiements le débiteur qui ne peut pas payer, à la différence de celui qui ne veut pas payer [2]. Le redressement judiciaire ne serait donc plus une mesure utilisable pour intimider un débiteur solvable de mauvaise foi.

Au contraire, selon une autre interprétation, le verbe « faire face » n'aurait aucune signification technique précise. La cessation des paiements existerait dès que le débiteur ne paye pas, sans qu'il soit besoin de s'interroger sur ses intentions. Cette solution paraît préférable, car le créancier impayé n'a généralement pas le moyen de savoir pourquoi son débiteur n'a pas exécuté ses obligations [3].

1121. – Non-nécessité d'une situation irrémédiablement compromise. La cessation des paiements existe dès que l'entreprise ne peut plus faire face au passif exigible avec son actif disponible. Mais *il n'est pas nécessaire que l'entreprise soit dans une situation désespérée, sans issue ou irrémédiablement compromise*. Cette condition supplémentaire était autrefois exigée par la jurisprudence, qui remarquait que la cessation des paiements s'opposait à la simple *suspension*, de caractère temporaire et à laquelle le débiteur pourrait porter remède à condition d'en avoir le temps. Cette conception présentait plus d'inconvénients que d'avantages. D'une part elle retardait l'ouverture de la procédure car le tribunal devait généralement ordonner une enquête pour savoir si la situation était vraiment désespérée. D'autre part, elle privait la procé-

---

1. Com. 8 juin 1999 : *Bull. civ.* IV, n° 120, p. 98.
2. Com. 27 avr. 1993, *Bull. civ.* IV, n° 154, p. 107.
3. Com. 9 janv. 1996, *J.C.P.*, 1996, éd. E, note 306.

dure collective d'une partie de son utilité car il était rare que l'intervention judiciaire suffise à sauver une entreprise en situation désespérée.

Certes l'ouverture de la procédure est inopportune lorsque la situation de l'entreprise n'est pas durablement compromise [1]. Mais, dans la généralité des cas, la cessation des paiements est le révélateur de cette dégradation car, dans l'hypothèse inverse, l'entreprise aurait trouvé un banquier pour lui faire crédit. Certes des situations atypiques semblent pouvoir se rencontrer, comme celle des entreprises dont les ventes sont concentrées sur une courte période de l'année [2] ou celles des entreprises victimes de circonstances imprévues et passagères (v. *supra*, n° 1048). Mais là encore, la cessation des paiements ne se produira que si les banquiers refusent les crédits, c'est-à-dire que si la situation ne permet pas d'espérer un redressement.

1121-1. – Cas particuliers des établissements de crédit. Par dérogation au droit commun, un établissement de crédit peut faire l'objet d'une procédure collective dès lors qu'il n'est plus en mesure d'assurer ses paiements à terme rapproché (CMF art. L. 613-26).

Cette anticipation de l'intervention du tribunal se justifie par les troubles causés par la défaillance d'une banque qui n'est plus en mesure de rembourser ses déposants. Ce mécanisme est intéressant et pourrait s'appliquer dans d'autres situations. Mais il suppose qu'une autorité de contrôle connaît de manière certaine l'imminence de la cessation des paiements.

1122. – Preuve de la cessation des paiements. La cessation des paiements doit être prouvée par celui qui demande l'ouverture de la procédure de redressement judiciaire [3]. Comme il s'agit d'un fait, cette preuve est libre. Elle peut notamment résulter de l'indication que des procédures ou des voies d'exécution ont été vainement engagées pour le recouvrement d'une créance (Décr. 27 déc. 1985, art. 7 ; v. *infra*, n° 1132). Mais de simples présomptions suffisent du moment qu'elles établissent clairement l'insuffisance des fonds disponibles et non un simple déséquilibre du bilan [4]. Elles peuvent être complétées au cours de l'enquête que le président du tribunal peut ordonner avant le jugement d'ouverture (Décr. 27 déc. 1985, art. 13) [5].

Sous l'empire de la loi de 1967, la cessation des paiements était une condition nécessaire et suffisante pour que s'ouvre une procédure collective. Il n'en va plus de même sous le régime actuel.

B. Les exceptions

1122-1. – Cas où la cessation des paiements n'est pas une condition suffisante. La mise en redressement judiciaire d'*une entreprise agricole* ne peut être prononcée, sur assignation des créanciers,

---

1. Paillusseau et Petiteau, *Les difficultés des entreprises*, n° 217.
2. Dupeyron et J.-J. Barbièri, *Activités agricoles et procédures collectives*, J.C.P., 1987, éd. N., I, 139.
3. Bordeaux, 9 avr. 1987, *Rev. jurisp. com.*, 1988, 145, note B. Nicod.
4. Paris, 18 févr. 2000 : *D.A.*, 2000, 170.
5. Trib. gde inst. Béthune, 17 sept. 1993, *Rev. pr. coll.*, 1993, 445, note Calendini.

que si au préalable, le président du tribunal de grande instance a été saisi d'une *demande de règlement amiable* (art. L. 621-2)[1]. Cette règle a un domaine d'application restrictif. Elle ne s'applique pas aux exploitations agricoles constituées sous forme de sociétés commerciales et elle n'empêche pas l'exploitant de déposer son bilan, sans être tenu de mettre préalablement en œuvre une tentative de règlement amiable.

On comprend mal la raison de cette formalité. En effet ou bien l'entreprise n'est pas encore en état de cessation des paiements et le règlement amiable sera possible. Ou bien l'entreprise est déjà en cessation des paiements. Il est alors anormal d'obliger les créanciers à envisager une procédure amiable avant de recourir aux mécanismes légaux, qui sont plus efficaces. Assez curieusement la loi du 3 décembre 1988, semble considérer le recours à la justice comme un pis-aller, acceptable seulement là où l'initiative privée a échoué. C'est là un retour à une conception passablement passéiste du traitement des entreprises en difficulté (v. *supra*, n° 1025). Toutefois la loi de 1988 n'a pas été au bout de sa logique. Elle n'exige pas l'échec du règlement amiable, mais seulement une demande de mise en œuvre de celui-ci. Le créancier pourrait par conséquent demander le règlement amiable puis, sans attendre l'intervention du conciliateur, assigner l'entreprise agricole en redressement judiciaire.

La seule justification de cette exception est le caractère particulier de la cessation des paiements des entreprises agricoles, dû au fait le plus souvent que les dépenses s'étalent sur tout l'exercice, alors que les recettes se concentrent au moment de la vente des récoltes. Un agriculteur peut être provisoirement en cessation des paiements, tout en ayant la quasi-certitude de pouvoir payer ses créanciers dès la vente de ses récoltes. Un règlement amiable peut alors sembler convenir mieux qu'un redressement judiciaire[2].

Il aurait été préférable de s'en tenir au droit commun, quitte à admettre une notion de cessation des paiements propre aux entreprises agricoles et peut-être aussi à celles qui ont une activité saisonnière marquée (tourisme, etc.).

1123.* – *Cas où la cessation des paiements n'est pas une condition nécessaire. Diverses dispositions de la loi de 1985 prévoient l'ouverture d'un redressement judiciaire à l'encontre d'une entreprise qui n'est pas en cessation des paiements. Ces exceptions sont illogiques car elles transforment le redressement judiciaire en une sanction, alors qu'il constitue un traitement d'une entreprise en difficultés.

Les cas de redressement judiciaire sans cessation des paiements sont les suivants :

1) La procédure peut être ouverte à l'encontre de celui qui n'exécute pas un *engagement financier pris à l'occasion d'un règlement amiable*

---

1. Com. 26 avr. 2000 : *Bull. civ.* IV, n° 86, p. 76.
2. M. Nahoumovitch, *Le nouveau droit des entreprises agricoles en difficulté*, p. 85, thèse, Paris I, 1990.

(art. L. 621-3). Il ne s'agit pas du non respect d'une échéance car, dans ce cas, le contrevenant est en état de cessation des paiements et *doit* être mis en redressement ou en liquidation. Il s'agit de la non-exécution d'un engagement financier d'une autre nature, par exemple le défaut de fourniture d'une sûreté promise lors de la conclusion du règlement amiable.

Une autre exception aurait pu être envisagée visant le cas de l'*inexécution d'une stipulation non financière d'un règlement amiable*. En effet le règlement amiable constitue un ensemble et son octroi est déjà un avantage non négligeable pour le chef d'entreprise. Son exécution globale aurait dû être garantie. Le Code de commerce n'a pas cru devoir le faire et distingue les engagements financiers des engagements non financiers. Le résultat sera que, en cas de nouvelles difficultés, le débiteur choisira de payer ses créanciers à l'échéance, plutôt que d'exécuter d'autres engagements figurant dans le règlement amiable, comme par exemple celui de ne pas licencier. En effet seul le non-paiement des créanciers l'expose immédiatement à un redressement judiciaire. Toutefois la différence est moins grande qu'il n'apparaît au premier abord. En effet l'inexécution d'un engagement non financier entraîne la résolution de l'accord, donc l'exigibilité immédiate du passif, de telle sorte que le débiteur se trouve presque toujours en cessation des paiements (art. L. 611-4, al. 10).

2) Le commerçant qui a pris l'entreprise en *location-gérance* au cours d'une procédure de redressement judiciaire est mis lui-même en redressement judiciaire s'il ne l'acquiert pas définitivement dans les délais prévus (art. L. 621-101). Cette disposition sévère traduit la méfiance des auteurs de la loi envers les locations-gérances d'entreprises soumises à une procédure collective. Elle doit être critiquée. La location-gérance permettait à un éventuel repreneur de se ménager un délai de réflexion pendant lequel il se familiarisait avec l'entreprise. Le nouveau régime, en liant la location-gérance et la reprise définitive, risque de décourager les bonnes volontés (v. *infra* n° 1293).

3) Enfin le *redressement judiciaire s'ouvre si le débiteur, qui a bénéficié d'un plan de redressement, n'exécute pas ses engagements* (art. L. 621-82). Peu importe ici la nature financière ou extra-financière des engagements inexécutés. Mais le tribunal dispose d'un pouvoir d'appréciation qui lui permet de maintenir le plan si le manquement, non constitutif d'une cessation des paiements, a été minime (v. *infra*, n° 1272 et 1287).

Pour le cas de l'extension d'une procédure aux dirigeants d'une personne morale (v. *infra*, n° 1404) [1].

Ces diverses exceptions ne peuvent qu'apporter un trouble dans le droit des procédures collectives. Elles devraient être abrogées, la cessation des paiements redevenant nécessaire dans tous les cas, car le redressement judiciaire est un remède et non une sanction.

---

1. Derrida, Godé et Sortais, *Redressement judiciaire,* n° 38.

Le Code de commerce invite à prendre en considération une troisième condition de fond avant d'ouvrir le redressement judiciaire.

SECTION III
Condition relative à la dimension de l'entreprise

1124. – Régime général et procédure simplifiée. Dans le régime de 1967, la dimension de l'entreprise n'était prise en considération que pour l'ouverture de la suspension provisoire des poursuites. Cette procédure était réservée aux entreprises dont la disparition était de nature à causer un trouble grave à l'économie nationale ou régionale (Ord. 23 sept. 1967, art. 1). En revanche le règlement judiciaire et la liquidation des biens se déroulaient dans des conditions identiques, quelle que soit la dimension de l'entreprise en cessation des paiements.

Cette uniformité a paru peu réaliste : la liquidation de l'entreprise d'un artisan ou d'un boutiquier qui n'a plus d'actif et qui n'emploie aucun personnel est beaucoup plus simple que le redressement d'une société de dimension nationale ou internationale [1].

L'article L. 620-2, al. 3 du Code de commerce en déduit la nécessité de distinguer entre une procédure générale et une procédure simplifiée [2].

1125. – Domaine de la procédure simplifiée. Sont soumises à la procédure simplifiée les petites et les moyennes entreprises, c'est-à-dire celles qui remplissent les deux conditions suivantes :
– employer *50 salariés au plus* ;

> Ce critère n'est pas aussi précis qu'il apparaît au premier abord, car on se demande s'il faut assimiler aux salariés les titulaires de contrats à durée déterminée ou de contrats d'adaptation, les travailleurs saisonniers ou à temps partiel, les stagiaires, les salariés mis à disposition par une autre entreprise, etc [3]. Il ne le semble pas car ces personnes ne sont pas véritablement parties intégrante de l'entreprise [4].

– et réaliser un *chiffre d'affaires* annuel inférieur à un montant fixé à *3,1 millions d'euros* par l'article 1 du décret 85-1387 du 27 décembre 1985. La loi a préféré sur ce point s'en remettre à un décret, afin que le montant du chiffre d'affaires puisse être facilement

---

1. Y. Guyon, *Le réalisme de la loi du 25 janvier 1985 sur les procédures collectives* : Mélanges P. Bézard p. 311, 2002.
2. Y. Guyon, *Le régime simplifié de la procédure de redressement judiciaire*, Rev. proc. coll., 1986, n° 1, p. 27 – J. Paillusseau, *La procédure simplifiée dans Le redressement judiciaire de l'entreprise*, p. 130, Rev. jurisp. com., n° spéc. févr. 1987.
3. Douai, 2 avr. 1987, *Rev. proc. coll.*, 1987, n° 4, p. 81, note Y. Guyon.
4. V. J. Prieur et P. Goyard, *Seuils légaux et dimension de l'entreprise*, n° 343.

rehaussé pour corriger les effets de l'érosion monétaire. Ce montant s'entend hors taxes et s'apprécie à la date de clôture du dernier exercice comptable. Il est le même que celui qui permet aux entreprises de tenir une comptabilité simplifiée et aux sociétés, autres que les sociétés par actions, de ne pas désigner obligatoirement un commissaire aux comptes (Décr. 29 nov. 1983, art. 17 ; Décr. 1er mars 1985, art. 12).

Ces deux critères sont cumulatifs [1]. La seule référence au nombre de salariés aurait pu soustraire à la procédure normale des entreprises importantes, notamment des « holdings » puisque celles-ci n'emploient généralement que peu de personnel. Réciproquement, la référence au seul chiffre d'affaires aurait pu écarter de la procédure normale des entreprises de main-d'œuvre dont la disparition serait dramatique pour la situation de l'emploi. En raison du caractère cumulatif de ces critères, les entreprises artisanales ne relèvent pas nécessairement de la procédure simplifiée. En effet, si elles emploient toujours moins de 50 salariés, elles peuvent réaliser un chiffre d'affaires supérieur à 3,1 millions d'euros, même si cette situation est peu fréquente.

Certaines cours d'appel ont tenté d'échapper au caractère cumulatif des deux critères en imaginant une distinction entre la compétence et la procédure [2]. Elles ont donc jugé qu'un tribunal ne figurant pas sur la liste annexée au décret du 27 décembre 1985 pourrait néanmoins appliquer la procédure générale à une entreprise employant plus de 50 salariés ou réalisant un chiffre d'affaires supérieur à 3,1 millions. Cette distinction n'est pas justifiée. Un tribunal dont la compétence territoriale n'a pas été élargie par le décret ne peut qu'appliquer la procédure simplifiée, et celle-ci suppose une entreprise n'employant pas plus de 50 salariés et réalisant un chiffre d'affaires inférieur à 3,1 millions [3].

En principe la dimension s'apprécie au regard d'une entreprise envisagée seule. La solution serait cependant différente si plusieurs sociétés d'un groupe formaient une unité économique atteignant la dimension requise. La procédure générale serait alors applicable même si, considérée isolément, aucune des sociétés n'atteignait 50 salariés ou 3,1 millions d'euros de chiffre d'affaires.

L'appréciation de ces deux critères se fait au jour de la saisine du tribunal (Décret 85-1387, art. 1). Or, le chiffre d'affaires réalisé la dernière année et le nombre des salariés présents dans l'entreprise à ce jour ne sont pas forcément révélateurs. Fallait-il prévoir une période de référence plus longue et tempérer ainsi l'arbitraire qui découle nécessairement de l'application de critères purement numériques ? Cela n'est pas certain, car il est difficile de savoir si le meilleur moment pour déterminer la dimension de

---

1. Trib. com. Lille 29 août 1986, *Gaz. Pal.*, 1986, 737.
2. Agen, 12 mars 1986, *D.*, 1986, 262, note Derrida – Dijon, 23 avr. 1986, *Gaz. Pal.*, 1986, somm. 220., *Rev. proc. coll.*, 1987 n° 2, p. 15, note Cadiet.
3. V. nos obs. à la *Rev. proc. coll.*, 1986, n° 4, p. 66.

l'entreprise est celui de la cessation des paiements ou celui du jugement d'ouverture. Le premier a l'avantage d'éviter les manœuvres du débiteur, qui agirait artificiellement sur tel ou tel critère pour échapper à la procédure normale. Le second a l'avantage d'être plus réaliste. L'élément prépondérant est la dimension de l'entreprise au jour du jugement et non sa dimension plusieurs mois auparavant.

Même si ces seuils ne sont pas atteints, le tribunal peut décider de convertir la procédure simplifiée en procédure générale lorsque celle-ci paraît de nature à favoriser le redressement de l'entreprise (art. L. 621-134)[1]. En revanche, il ne semble pas que le tribunal puisse « *ab initio* » appliquer la procédure générale, car lors de sa saisine il ignore la complexité du dossier. Mais une conversion en sens inverse n'est pas possible : une entreprise atteignant les seuils d'application de la procédure normale est obligatoirement soumise à celle-ci, même si sa liquidation n'entraîne aucune difficulté.

Un avant projet de loi envisage la création d'une *procédure ultra simplifiée de liquidation* applicable non pas en raison de la dimension de l'entreprise mais en fonction de ses actifs résiduels. S'il n'y a ni actifs, ni salariés, l'entreprise pourrait être liquidée immédiatement par une radiation d'office du registre du commerce c'est-à-dire par une procédure administrative. En revanche, s'il y a des actifs même faibles et aisément réalisables, la simplification est plus difficile à atteindre, car il faut respecter les droits des créanciers.

1126. – Régime de la procédure simplifiée. La procédure simplifiée présente les caractéristiques suivantes, que nous retrouverons ultérieurement (v. *infra*, n° 1218).

– La *compétence* territoriale appartient au tribunal du lieu de l'entreprise et non au tribunal à compétence élargie, seul susceptible d'appliquer la procédure générale (art. L. 621-5, al. 2 ; v. *infra*, n° 1141). Cependant, le tribunal qui a ouvert la procédure simplifiée semble demeurer compétent lorsqu'il décide de convertir celle-ci en procédure générale[2]. En effet son dessaisissement au profit du tribunal à compétence élargie entraînerait un retard contraire à la bonne administration de la justice.

– La procédure est plus *rapide*. La période d'observation est limitée à *quatre mois*, renouvelables une fois, c'est-à-dire au maximum huit mois (Décr. 27 déc. 1985, art. 111). Au contraire, dans la procédure normale, elle peut durer jusqu'à vingt mois (v. n° 1181).

– La procédure est plus *simple*, grâce notamment à un accroissement des pouvoirs du débiteur et un élargissement des missions tant du juge commissaire que du représentant des créanciers. Le plus souvent aucun administrateur n'est nommé.

---

1. Paris, 6 janv. 1988, *Rev. proc. coll.*, 1990, 167, note Guyon.
2. Derrida, Godé et Sortais, *Redressement judiciaire*, n° 54.

– Enfin les magistrats composant le tribunal de commerce n'ont pas besoin d'avoir l'ancienneté de deux ans, requise par la loi du 16 juillet 1987 (C. org. jud. art. L. 412-2).

Ces dérogations sont limitatives car, sauf disposition contraire expresse, la procédure simplifiée obéit aux mêmes règles que la procédure générale (art. L. 621-133).

1127. – Vers une justice à deux vitesses. Selon les statistiques, *la procédure générale ne s'applique que dans moins de 5 % des cas* (v. *supra*, n° 1025).

La distinction de ces deux procédures montre que le critère de la dimension de l'entreprise joue un rôle de plus en plus important en droit commercial : ainsi il est pris en compte pour l'information prévisionnelle (L. 1er mars 1984), l'établissement des comptes consolidés (L. 3 janv. 1985), etc. [1].

L'existence d'une procédure simplifiée appelle une appréciation nuancée. *L'institution est bonne, si elle permet de redresser voire de liquider rapidement et à moindre frais les petites entreprises*, car les questions simples appellent des réponses simples. Au contraire, cette procédure est critiquable si elle revient à faire examiner les difficultés des petites entreprises par de petits juges peu expérimentés, dotés de petits moyens et assistés d'auxiliaires de justice de second plan. En effet, cette *procédure des pauvres* ne peut conduire qu'à des jugements de qualité médiocre, consistant le plus souvent en des liquidations expéditives. La loi de 1985 engendre donc un risque de *justice à deux vitesses*, où seules les grandes entreprises seraient réputées dignes d'une procédure complexe susceptible d'aboutir à un redressement. Par conséquent, *la procédure simplifiée ne doit pas être une procédure expéditive*, le principe de l'égalité devant la loi impliquant que tout débiteur bénéficie des mêmes garanties. Celles-ci découlent d'abord des conditions de forme d'ouverture du redressement judiciaire.

---

1. CREDA, *Seuils légaux et dimension de l'entreprise* (sous la direction de J. Prieur), 1991.

Chapitre II

Les conditions de forme de l'ouverture de la procédure de redressement ou de liquidation

1128. – Abandon de la théorie de la faillite virtuelle. Les règles de forme présentent ici une importance particulière. Elles constituent une *garantie indispensable pour le débiteur*. En effet le redressement ou la liquidation judiciaire produisent à son égard des conséquences graves, notamment en restreignant ses droits. L'intéressé doit donc être en mesure de se défendre et d'avoir un procès équitable. Pour lui, selon la formule du juriste allemand Ihering « la forme est la sœur jumelle de la liberté ». Mais les règles de procédure sont aussi *importantes pour les créanciers* : elles leur permettent de s'assurer que l'égalité qui doit régner entre eux est bien respectée. Par conséquent, en droit français, les mesures applicables aux entreprises en cessation des paiements sont décidées par un tribunal et non par une autorité administrative [1]. Et la procédure doit respecter les principes d'un procès équitable, imposés par la Convention européenne de sauvegarde des droits de l'homme [2].

Aussi l'art. 6 *in fine* de la loi du 13 juillet 1967 posait-il le principe qu'en l'absence de jugement, le règlement judiciaire ou la liquidation des biens ne résultait pas du fait de la cessation des paiements. Ce faisant le législateur condamnait la théorie de la *faillite virtuelle*, qui avait été utilisée par les tribunaux jusqu'en 1955. Selon cette théorie la faillite était une situation de fait qui résultait de la seule cessation de paiement. Un créancier pouvait se prévaloir de l'état de faillite de fait pour prétendre, par exemple, que le débiteur ayant dû être dessaisi de ses biens n'aurait pas pu faire valablement tel ou tel acte.

Malgré quelques effets heureux sur des points de détail, la théorie de la faillite virtuelle était dangereuse :

---
1. P. Cagnoli, *Essai d'analyse processuelle du droit des entreprises en difficulté*, 2002.
2. V. *supra* n° 1013.

— Elle privait le débiteur des garanties que le législateur avait voulu lui accorder en prévoyant l'intervention d'un tribunal à titre principal dès le début de la procédure, avant toute mesure restreignant sa capacité.
— Elle était contraire au principe de l'égalité entre les créanciers. En effet le bénéfice de la faillite virtuelle était accordé à un créancier agissant isolément alors que, pour tous les autres, le débiteur était encore présumé être demeuré à la tête de ses affaires. Cette inégalité était aggravée par l'absence de publicité de la faillite virtuelle. La théorie était donc un facteur de désordre et d'insécurité.

La loi de 1985 n'a pas cru utile de rappeler la disparition de la faillite virtuelle. Mais son article 197, devenu l'article L. 626-2 du Code de commerce, en supprime la dernière application : une juridiction répressive ne peut plus condamner pour banqueroute une personne qui n'a pas au préalable fait l'objet d'une procédure de redressement judiciaire [1].

La théorie de la faillite virtuelle paraît avoir également disparu en droit international privé, dans la mesure où un jugement de faillite rendu à l'étranger ne peut pleinement produire effet en France qu'après y avoir reçu l'exequatur (v. *supra*, n° 1019).

L'examen des procédures d'ouverture doit se faire de manière concrète en suivant autant que possible l'ordre chronologique.

SECTION I
Saisine du tribunal

La loi de 1985 conserve les modes de saisine qui existaient antérieurement. Elle donne toutefois aux salariés un rôle plus actif dans l'ouverture du redressement judiciaire.

§ 1. – Déclaration du débiteur

1129. – *Caractère obligatoire du dépôt de bilan*. Tout commerçant, artisan ou agriculteur ainsi que toute personne morale de droit privé qui cesse ses paiements doit en faire la *déclaration au tribunal dans un délai de 15 jours* (art. L. 621-1). Ce délai est bref. L'Assemblée nationale avait envisagé de le porter à un mois. Elle a heureusement renoncé à ce projet car, à ce stade de dégradation de la situation de l'entreprise, mieux vaut ne pas retarder l'intervention du tribunal.

Le délai de quinze jours ne s'impose cependant qu'en cas de cessation des paiements. Dans les autres hypothèses, notamment l'inexécution d'un règlement amiable, le débiteur n'a semble-t-il aucun délai pour saisir le tribunal. Cela revient à dire que la déclaration serait alors facultative.

---

[1]. V. cep. F. Derrida, *Renaissance de la faillite virtuelle*, Mélanges Larguier, p. 95, Grenoble, 1993.

Cette formalité est désignée dans la pratique par le terme *dépôt de bilan*.

La déclaration de cessation des paiements est obligatoire. Son absence ou sa tardiveté est une cause de faillite personnelle (art. L. 625-5-5°)[1]. En effet l'ouverture tardive de la procédure rend toujours le redressement plus difficile et le paiement des créanciers plus aléatoires. En outre l'exploitation d'une entreprise, malgré la cessation des paiements, perturbe la concurrence en faisant co-exister sur un même marché des opérateurs qui acquittent leurs impôts et leurs charges et d'autres qui y échappent. Mais le tribunal n'est pas obligé de prononcer cette sanction.

En revanche le non-dépôt du bilan dans les délais n'est plus constitutif de l'infraction de banqueroute. Cette dépénalisation doit être approuvée. On regrettera que l'obligation de saisir le tribunal en cas de cessation des paiements ne se soit pas accompagnée d'une faculté de le faire, en cas de situation simplement difficile (v. *supra*, n° 1116).

1130. – *Personne à qui incombe le dépôt du bilan*. Le dépôt de bilan incombe au débiteur, c'est-à-dire à la personne physique ou morale en cessation des paiements et soumise aux procédures collectives.

Avant cette formalité, le comité d'entreprise doit être informé et consulté (C. trav., art. L. 432-1, al. 5). Par « a contrario », il faut en déduire qu'aucune information des salariés ne s'impose lorsqu'il n'existe pas de comité d'entreprise.

Le *commerçant de fait* est tenu de déposer son bilan. Mais avant de le faire, il doit commencer par s'immatriculer au registre du commerce. Sinon sa demande d'ouverture de la procédure paraît irrecevable (v. *supra*, n° 1099).

Lorsqu'il s'agit d'une personne morale, la détermination de l'organe compétent pour procéder à la déclaration entraîne quelques difficultés. D'une part, en effet, la déclaration est obligatoire. Elle s'apparente donc à un acte conservatoire. Mais, d'autre part, la déclaration équivaut à un aveu de la cessation des paiements et entraîne des conséquences graves. Elle se rapproche donc d'un acte de disposition.

D'une manière générale, la déclaration doit émaner du représentant légal, c'est-à-dire notamment du gérant, du président directeur général ou du directoire. Assez souvent cependant cet organe prend la précaution de se faire autoriser par une délibération de l'assemblée des associés (lorsqu'une convocation est possible malgré l'urgence) ou, plus souvent, du conseil d'administration ou du conseil de surveillance. Mais le dépôt du bilan ne figure pas parmi les actes que la loi réserve expressément au conseil d'administration ou au conseil de surveillance (art. L. 225-51 et 225-64). Par conséquent le président directeur général ou le directoire peuvent, de leur propre initiative mais à leurs risques et périls, saisir valablement le tribunal d'une demande d'ouverture de la procédure. Lorsque la société est gérée par un administrateur provisoire, il semble

---

1. Paris, 24 oct. 1990, *Rev. soc.*, 1991, somm. 140.

que celui-ci n'ait le pouvoir de déposer la déclaration que s'il y a été autorisé par la décision qui l'a nommé ou si la cessation des paiements est évidente. Sinon il devrait consulter les associés ou revenir devant le tribunal pour lui demander l'attribution de ce pouvoir, car normalement il n'a pas qualité pour engager définitivement l'avenir de la société [1]. Lorsque la cessation des paiements intervient dans une société en liquidation, le dépôt de bilan doit être effectué par le liquidateur, puisque celui-ci a tous les pouvoirs pour représenter la société (art. L. 237-24).

1131. – *Forme du dépôt de bilan*. La déclaration de cessation des paiements est déposée au greffe. Elle doit s'accompagner de documents destinés à éclairer le tribunal.

Leur liste est donnée par l'article 6 du décret du 27 décembre 1985. Ces documents permettront au tribunal d'apprécier :

– la *situation juridique de l'entreprise* : extrait de l'immatriculation au registre du commerce ou au répertoire des métiers ; état civil des membres de la personne morale éventuellement tenus indéfiniment et solidairement du passif ;

– sa *situation financière* : comptes du dernier exercice ; situation de trésorerie ; état chiffré de l'actif et du passif tant chirographaire que privilégié ; montant du chiffre d'affaires ;

– et enfin sa *situation sociale* : nombre des salariés ; nom et adresse des représentants du comité d'entreprise ou des délégués du personnel.

Le débiteur qui ne peut pas fournir l'une ou l'autre de ces informations doit expliquer les raisons de sa carence.

> Malgré leur utilité, ces documents ne donnent qu'une idée imparfaite de la situation de l'entreprise. En effet, s'il y a cessation ou même réduction de l'activité, le passif se trouvera augmenté par les dommages-intérêts dus à cause de la rupture des contrats en cours (indemnités de licenciement du personnel etc.). La situation est souvent plus mauvaise qu'il n'apparaît au premier abord et cela même si l'ouverture d'un redressement judiciaire n'entraîne plus la déchéance du terme, donc l'exigibilité immédiate de tout le passif.
>
> Dans la pratique, les commerçants en cessation des paiements répugnent à déposer leur bilan. Ils retardent une formalité qui est l'aveu de leur échec et qui entraînera une intervention de la justice civile ou même pénale dont ils mesurent mal les conséquences même si le dépôt de bilan est aussi parfois le prélude d'un redressement. Mais leurs motifs ne sont pas toujours égoïstes. Beaucoup de chefs d'entreprise espèrent qu'un retour à meilleure fortune évitera des licenciements.

Une procédure sur trois environ s'ouvre sur une déclaration de cessation des paiements [2]. Mais celle-ci intervient généralement après le délai légal de quinze jours [3].

---

1. Lyon le 28 novembre 1968, *Rev. trim. dr. com.*, 1969, 1101, note Houin.
2. *Infostat. Justice*, n° 18, nov.-déc. 1990.
3. Rép. minist., 16 févr. 1987, *J.C.P.*, 1987, IV, 219.

§ 2. – Assignation d'un créancier

1132. – Importance de l'assignation des créanciers. Le redressement judiciaire peut être ouvert sur l'assignation de tout créancier que son titre ait une nature civile ou commerciale ou que le créancier soit chirographaire ou bénéficiaire d'une sûreté [1]. Le montant nominal de la créance importe peu (art. L. 621-2). En cas de non-respect d'une stipulation financière du règlement amiable, seuls les créanciers parties à cet accord peuvent demander le redressement judiciaire (art. L. 621-3). On ne voit d'ailleurs pas comment les autres créanciers pourraient être avertis, puisque le règlement amiable a un caractère confidentiel.

Le droit d'assignation reconnu aux créanciers est explicable. Le redressement et la liquidation judiciaires sont des procédures qui leur permettent d'être payés dans des conditions relativement satisfaisantes. Ils ont donc intérêt à ce qu'elles se déclenchent sans tarder. De plus, comme leur débiteur bien qu'en cessation des paiements n'a pas requis lui-même l'ouverture de la procédure, leur demande s'apparente à l'exercice de l'action oblique.

L'article 7 du décret du 27 décembre 1985 indique les mentions que doit comporter l'assignation :
– la nature de la créance... ce qui ne présente guère d'utilité puisque le non-paiement d'une dette de nature civile est tout aussi constitutif de cessation des paiements que le non-règlement d'une dette commerciale ;
– son montant... ce qui est absolument nécessaire ;
– et les procédures ou voies d'exécution déjà éventuellement engagées pour en obtenir le recouvrement. En somme le créancier doit prouver la cessation des paiements, ce qui est normal. Mais cette preuve est libre. La demande du créancier est donc recevable, même s'il n'a pas intenté au préalable des poursuites, du moment que la cessation des paiements est indéniable [2].

Le décret oblige le créancier à prendre ses responsabilités, car il lui interdit d'assigner à la fois en paiement et subsidiairement en redressement judiciaire. Cette disposition suscite quelques réserves, car une assignation à double fin constituait un moyen de pression efficace sur les débiteurs mauvais payeurs [3].

Une assignation irrégulière en la forme pourrait néanmoins produire un effet indirect car le tribunal, après l'avoir rejetée, aurait la faculté de se saisir d'office.

Lorsque le débiteur est une entreprise agricole exploitée sous une forme autre qu'une société commerciale, le créancier ne peut demander le redressement judiciaire qu'après avoir provoqué un règlement amiable (v. *supra*, n° 1122-1). L'utilité de cette formalité préalable est discutable.

---

1. D. Calmels, *La saisine sur assignation d'un créancier, Gaz. Pal.*, 1986, doc. 304.
2. Com. 13 mars 1990, *Bull. civ.* IV, n° 79, p. 53 ; *Rev. proc. coll.*, 1990, 126, note L. Cadiet.
3. J. Mestre, *Réflexions sur l'abus du droit de recouvrer sa créance*, Etudes Raynaud, p. 139, Paris, 1986 – Com. 26 mai 1992, *Bull. civ.* IV, n° 206, p. 143.

Théoriquement subsidiaire par rapport à la déclaration du débiteur, l'assignation des créanciers est en fait plus fréquente. Elle émane surtout des banques et de la Sécurité sociale (Urssaf). En revanche le Trésor n'assigne à peu près jamais. Par conséquent ce sont ces créanciers professionnels qui choisissent le moment d'ouverture de la procédure et qui le font en tenant compte uniquement de leur intérêt. Afin d'éviter des assignations à des moments inopportuns, certains suggèrent que les créanciers soient tenus de respecter un préavis avant de déclencher la procédure. Malgré ses avantages, la réforme serait dangereuse, car elle retarderait la date d'intervention du tribunal. Simplement pourrait-on souhaiter que ces créanciers tiennent davantage compte de l'intérêt général et n'agissent pas à contretemps.

Notamment certaines juridictions imposent une obligation de modération à l'associé qui demande le remboursement du solde créditeur de son compte courant [1]. En effet l'associé doit éviter de mettre la société en difficulté [2]. Mais d'autres décisions assimilent l'associé à un créancier quelconque [3].

1133. – Dangers et limites de l'action des créanciers. *Bien qu'utilisée de manière fréquente, au moins par les créanciers importants, l'assignation ne joue pas le rôle qui devrait être le sien.* Les créanciers petits et moyens n'aiment pas assigner un débiteur qui est leur client ou leur fournisseur. En s'adressant au tribunal, ils ont l'impression de se porter dénonciateurs, ce qui est psychologiquement désagréable.

D'autres motifs plus techniques expliquent également le peu d'empressement des créanciers.

D'une part *l'action des créanciers est difficile.* Les relations économiques tendent à se dépersonnaliser. Souvent le créancier connaît mal son débiteur. Il peut croire que le non-paiement est provoqué par une difficulté passagère de trésorerie. Il lui est difficile de se renseigner. A l'inverse, si le débiteur est un client important, le créancier est souvent obligé de faire preuve de patience s'il veut conserver des relations d'affaires avec lui.

D'autre part l'action des créanciers ne présente pour eux qu'un intérêt réduit. En effet ou bien les créanciers sont des professionnels comme les banques. Le plus souvent les crédits ont été garantis par des sûretés. Le créancier sera alors presque mieux remboursé si aucune procédure collective n'est ouverte. Il serait paradoxal de compter sur lui pour déclencher une procédure qui risque de lui donner une réputation de sévérité susceptible d'effaroucher ses autres clients. Ou bien le créancier n'est pas un professionnel du crédit, mais par exemple un client qui

---

1. C. de Wataigant, *Le remboursement du compte courant d'associé* : Dr. sociétés, mars 2001, p. 4 – Civ. 3, 3 févr. 1999 : Rev. trim. dr. com., 1999, 456, note M.H. Monserie.
2. Aix, 6 oct. 1981, *Rev. soc.*, 1982, 308, note Sortais.
3. Com. 15 juill. 1982, *Rev. soc.*, 1983, 75, note Sortais – Orléans, 9 nov. 1994, *J.C.P.*, 1994, IV, 1223.

a payé d'avance ou un fournisseur, qui n'a pas stipulé à son profit une clause de réserve de propriété et qui n'a pas été réglé. Ce créancier, qui ne bénéficie généralement d'aucune sûreté, n'a que peu de chance d'être payé. On ne voit pas pourquoi il déclencherait une procédure dont le rendement sera, à son égard, nul ou d'une extrême médiocrité.

Une réforme utile consisterait à généraliser la faculté de regroupement, qui n'est actuellement reconnue qu'aux créanciers obligataires et aux titulaires de titres participatifs (art. L. 228-37 et 228-54)[1]. L'article L. 621-2, al. 3 du Code de commerce s'est timidement orienté en ce sens, puisqu'il donne au comité d'entreprise, c'est-à-dire à un organisme censé représenter les salariés, le droit de provoquer indirectement l'ouverture du redressement judiciaire (V. *infra*, 1137).

Enfin *l'action des créanciers est dangereuse*. L'existence d'une cessation des paiements n'est pas toujours évidente. En demandant prématurément le redressement ou « *a fortiori* » la liquidation judiciaire, le créancier commet une faute génératrice d'une responsabilité qui risque d'être lourde car les conséquences d'une procédure, même déclenchée à tort, sont souvent irrémédiables[2].

De ce point de vue la situation des banques est délicate car si elles commettent une faute en assignant trop tôt leur débiteur, ou même en lui refusant le renouvellement d'un crédit, elles engagent aussi leur responsabilité en soutenant artificiellement son activité (V. *supra*, n° 1074). En revanche, les règles de la responsabilité administrative confèrent à l'Etat une certaine immunité lorsque la procédure a été ouverte à tort à la demande du Trésor[3].

La saisine par les créanciers présente un dernier inconvénient. Le tribunal doit procéder à une enquête préalable avant de rendre son jugement, car il ne dispose pas de renseignements suffisants sur l'entreprise, n'ayant entendu que le créancier demandeur.

Devant le peu d'empressement du débiteur, la morosité des créanciers, il faut autoriser le tribunal à se saisir d'office pour que des mesures soient prises à l'encontre des entreprises en cessation des paiements[4].

§ 3. – Saisine d'office du tribunal

La saisine d'office du tribunal, qui est inhabituelle au regard des principes classiques de la procédure, se justifie dans une matière qui

---

1. Guyon, *Droit des affaires*, t. I, n° 771.
2. Civ. 2, 29 avr. 1976, *J.C.P.*, 1977, II, 18738, note Gerbay – Com. 5 déc. 1989, *Rev. trim. dr. com.*, 1990, 108, note J.-P. Haehl – 1er oct. 1997, *J.C.P.*, 1998, E., 469, note F.X. Lucas – V. du même auteur, *L'assignation téméraire en redressement judiciaire* : Mélanges AEDBF, France, t. II, p. 271.
3. Cons. Etat, 26 mars 1982, *D.*, 1983, *Info. rap.*, 319, note Moderne.
4. Deux procédures sur trois sont cependant ouvertes sur assignation des créanciers (*Infostat justice*, n° 18, nov.-déc. 1990).

intéresse l'ordre public [1]. Déjà prévue par la loi du 28 mai 1838, elle a été conservée sans modification notable par l'article L. 621-2, al. 2 du Code de commerce. La saisine d'office joue deux rôles.

1134. – Rôle principal de la saisine d'office. A titre principal, *la saisine d'office pallie la carence du débiteur et des créanciers*, en évitant qu'une entreprise ne continue de fonctionner alors qu'elle est en cessation des paiements.

La difficulté principale concerne *l'information du tribunal* car, pour pouvoir se saisir d'office, le tribunal doit connaître la cessation des paiements. Actuellement cette information n'est pas organisée. Le tribunal peut être averti par la rumeur publique, ou par un avis officieux du Procureur de la République (lui-même averti par le ministère des Finances ou encore par des créanciers qui préfèrent ne pas agir ouvertement) ou par des représentants des salariés (V. *infra*, n° 1137). Certains tribunaux diligentent des enquêtes en cas de publication d'un protêt ou d'inscription du privilège du Trésor public ou de la Sécurité sociale. De même, le président peut rester en relation avec les dirigeants des entreprises qu'il a convoqués parce qu'elles étaient en situation compromise (art. L. 611-2, v. *supra*, n° 1061). Mais *ces procédés d'information sont disparates, fragmentaires et décentralisés*. Notamment le tribunal du lieu du siège de l'entreprise, qui est seul compétent pour se saisir d'office, ne connaît pas toujours les incidents de paiement qui se produisent dans un centre d'exploitation éloigné. En outre, comme la procédure n'est pas encore ouverte, les magistrats consulaires se heurtent au secret professionnel des commissaires aux comptes, des fonctionnaires et des banquiers. Il leur est difficile de se renseigner.

> Aurait-il fallu reconnaître au président, dès ce stade, un pouvoir d'investigation auprès des tiers en relation avec l'entreprise ? Cela n'est pas certain, car un tel pouvoir aurait pu donner lieu à des abus de la part de magistrats consulaires trop curieux des affaires de leurs concurrents. Mieux vaut préserver le secret des affaires, même si les saisines d'office ne peuvent de ce fait jouer que dans les cas de cessation des paiements notoires.

Le président doit convoquer le débiteur devant la chambre du conseil, avant le prononcé du jugement d'ouverture (Décr. 27 déc. 1985, art. 8). Cette audition ou, le cas échéant, la non-comparution du débiteur, peuvent corroborer les indices de la cessation des paiements, qui étaient venus à la connaissance du tribunal.

---

1. P. Cagnoli, *Essai à analyse processuelle du droit des entreprises en difficulté*, n° 184 et 287, 2002.

La faculté pour le tribunal de se saisir d'office n'est pas contraire à la Convention européenne de sauvegarde des droits de l'homme, car elle s'accompagne de mesures qui garantissent l'impartiabilité du juge [1].

A la rigueur, justifiée quand elle a pour objet l'ouverture du redressement ou de la liquidation, la saisine d'office paraît critiquable quand elle tend au prononcé de sanctions personnelles. En effet, dans ce second cas, l'impartialité du tribunal est sujette à caution car on peut soupçonner les juges consulaires de chercher à se débarrasser d'un concurrent [2].

A titre principal, la saisine d'office ne joue qu'un rôle marginal et surtout se limite aux entreprises qui ont déjà pratiquement disparu. Elle n'intervient que dans moins de 4 % des procédures [3]. Sa suppression est envisagée, car elle fait double emploi avec la saisine par le ministère public.

1135. – Rôle subsidiaire de la saisine d'office. A titre subsidiaire, *la saisine d'office permet de régulariser une procédure mal engagée* à la requête du débiteur ou des créanciers. Cet effet correctif joue notamment dans les cas suivants :

– Si l'assignation des créanciers est irrégulière en la forme, le tribunal peut passer outre et prononcer d'office le redressement judiciaire du moment que les conditions de fond sont remplies.

– La cour d'appel qui annule ou infirme un jugement ouvrant la procédure peut prononcer d'office le redressement judiciaire, même en cas de saisine irrégulière des premiers juges (Décr. 27 déc. 1985, art. 11) [4].

– Enfin si un créancier intente contre le débiteur une simple action en paiement, le tribunal peut à cette occasion prononcer d'office le redressement judiciaire.

Cet effet correctif est finalement plus utile que la saisine d'office à titre principal. Il témoigne du rôle actif que joue le tribunal dans la procédure de redressement judiciaire alors que, dans le droit judiciaire traditionnel, le juge est un arbitre qui ne prend pas d'initiatives.

§ 4. – Saisine par le ministère public

1136. – Intérêts et limites de l'action du ministère public. La loi du 10 juillet 1970 a permis au Procureur de la République près le tribunal de grande instance d'intervenir en toutes matières devant les juridictions du premier degré de son ressort, et notamment devant les tribunaux de commerce (Code organ. jud., art. L. 311-15). Lorsque l'ordre public était intéressé, le parquet pouvait à titre principal demander la mise en règlement judiciaire ou en liquidation des biens

---

1. Com. 16 mars 1993, *D.*, 1993, 538, note J.-L. Vallens – Aix 25 sept. 2001, *J.C.P.*, 2002, E, 1766, note G. Baldino. – N. Fricero, *Les procédures collectives à l'épreuve du procès équitable* : Mélanges A. Honorat, p. 17.
2. V. les obs. de F.X. Lucas au *D.*, 2001, 1069.
3. *Infostat justice*, n° 18, nov.-déc. 1990.
4. D. Mas, *L'effet dévolutif de l'appel et les procédures collectives de règlement du passif, D.*, 1984, 169 – Civ^2 9 déc. 1997, *D.*, 1998, 229, note G. Bolard.

d'une entreprise. Cette faculté, qui avait été discutée par certains, a été expressément reconnue au Procureur de la République par la loi du 15 octobre 1981. L'article L. 621-2, al. 2 du Code de commerce confirme l'existence de ce mode de saisine, qui traduit une certaine méfiance des pouvoirs publics à l'égard des tribunaux de commerce soupçonnés de ne pas se saisir d'office aussi souvent que cela aurait été souhaitable [1].

Cette intervention du ministère public doit demeurer exceptionnelle. Bien que la loi ne le précise pas, elle devrait se limiter aux cas où la continuation de l'activité de l'entreprise en cessation des paiements cause un trouble à l'ordre public, notamment en faussant le jeu de la concurrence. Mais il serait déplorable que le parquet agisse systématiquement au lieu et place des administrations qui sont créancières de l'entreprise en difficultés. Celles-ci doivent prendre leurs responsabilités et agir à visage découvert, comme les autres créanciers. La pratique ne donne que peu d'exemples de saisine du tribunal par les parquets car ceux-ci sont mal informés des difficultés des entreprises et n'ont pas généralement des effectifs suffisants pour y donner suite.

> Par exception aux règles énoncées ci-dessus, la mise en redressement ou en liquidation d'un établissement de crédit ne peut intervenir, quel que soit le mode de saisine, qu'après avis de la Commission bancaire (CMF art. L. 613-27). Il s'agit de laisser à cet organisme le temps de prendre les mesures qui atténueront cette catastrophe.

§ 5. – Intervention des salariés

1137. – Le quasi-droit de saisine des représentants des salariés. La loi de 1967 ne reconnaissait aucun droit spécifique aux salariés, malgré l'intérêt que pouvait présenter pour eux l'ouverture d'une procédure collective à un moment où l'entreprise était encore susceptible de se redresser. Simplement les salariés pouvaient théoriquement agir, comme tout créancier. Mais la pratique ne donnait aucun exemple de ces saisines.

L'article L. 621-2, al. 3 du Code de commerce comble cette lacune. Il prévoit que *le comité d'entreprise ou, à défaut, les délégués du personnel peuvent communiquer au président du tribunal ou au Procureur de la République tout fait révélant la cessation des paiements* [2].

> Comme en matière d'alerte, l'expression « à défaut » vise le cas où il n'existe pas de comité d'entreprise et non celui où cet organisme refuse d'intervenir. De même, toujours comme en matière d'alerte, le droit d'intervention n'est pas reconnu aux délégués syndicaux.

---

1. Soinne, *L'intervention du ministère public dans les procédures collectives*, D., 1983, 11.
2. Y. Guyon, *Le rôle des salariés dans les procédures de redressement et de liquidation judiciaires*, Etudes G., Lyon-Caen, p. 451, Paris, 1989.

Cette disposition n'apporte rien de nouveau car déjà dans le régime ancien rien n'interdisait aux représentants des salariés de signaler les difficultés de leur entreprise au Procureur de la République ou au président du tribunal, qui donnaient à cette information les suites qu'ils estimaient utiles. Bien que la loi ne le précise pas, cette communication doit se faire avec discrétion, afin de ne pas risquer d'aggraver la situation de l'entreprise (C. trav., art. L 432-7).

La faculté ainsi reconnue aux représentants des salariés est justifiée. Les salariés ne doivent pas être condamnés à assister de manière passive à la dégradation de l'entreprise qui les emploie. Le droit de saisine indirecte est donc la conséquence du droit d'alerte accordé à ces mêmes organes par la loi du 1er mars 1984.

Toutefois l'article L. 621-2 du Code de commerce est doublement critiquable.

D'une part, il aurait mieux valu que les représentants des salariés ne puissent s'adresser qu'au Procureur de la République. Une intervention auprès du président du tribunal est moins justifiée, car ce dernier doit demeurer une autorité impartiale. Or ce magistrat se trouvera en position difficile si le tribunal ne le suit pas et refuse de se saisir d'office.

D'autre part, il aurait été plus conforme à la dignité et à la responsabilité des salariés de leur reconnaître un véritable droit de saisine, plutôt que de les cantonner à un rôle qui rappelle celui, assez peu glorieux, de délateurs plus ou moins occultes.

Il ne suffit pas de savoir qui peut déclencher la procédure, il faut encore déterminer devant quel tribunal l'affaire doit être portée.

SECTION II

Compétence

1138. – Les règles qui déterminent le tribunal compétent sont relativement complexes. En effet le redressement judiciaire est susceptible de s'appliquer à des commerçants et à des non-commerçants, à des sociétés importantes et à de petites entreprises. La loi du 25 janvier 1985 déroge donc aux règles établies par le Code de procédure civile [1].

Mais si elle établit des règles relativement précises, elle n'a pas prévu comment se régleraient les conflits de compétence, cette question étant envisagée par le décret du 27 décembre 1985.

§ 1. – Détermination de la compétence

Comme toujours en matière de compétence, on doit se poser deux questions : quelle est la nature de la juridiction qu'il faut saisir (compétence d'attribution) et, une fois cette nature déterminée, quelle est

---

1. Soinne, *Traité des procédures collectives*, 2 éd., n° 586.

la juridiction territorialement compétente. La loi du 25 janvier 1985 adopte une position classique dans le premier domaine. En revanche elle déroge assez notablement aux règles de la compétence territoriale.

A. Compétence d'attribution

1139. – Dualité de compétence fondée sur la qualité du débiteur. Conformément au droit commun, la compétence d'attribution dépend de la qualité du débiteur. *Elle appartient au tribunal de commerce si le débiteur est commerçant ou artisan* (art. L. 621-5).

> L'assimilation des artisans aux commerçants est logique. Mais elle devrait avoir une portée plus générale car, actuellement, les litiges autres que les procédures collectives intéressant les artisans demeurent de la compétence des tribunaux d'instance ou de grande instance.

La compétence appartient au tribunal de grande instance dans les autres cas. Il s'agit d'une compétence de droit commun, ce qui est conforme aux principes généraux de la procédure. Le tribunal de grande instance est notamment compétent pour ouvrir la procédure à l'encontre des *exploitants agricoles* et des *personnes morales civiles* (sociétés civiles, associations, fondations, GIE à objet civil). En outre ce tribunal est compétent en vertu d'un texte dérogatoire lorsque le débiteur est une coopérative agricole (C. rur. art. L. 521-1) ou une société d'exercice libéral de forme commerciale (L. 31 déc. 1990, art. 15)[1]. Ces deux extensions soulignent le caractère arbitraire et les conséquences limitées de la commercialité par la forme.

> L'article L. 621-5 précise que le tribunal initialement saisi reste compétent, au cas où la procédure ouverte doit être étendue à une ou plusieurs autres personnes. Cette règle est traditionnelle. Ainsi le tribunal de commerce qui a ouvert le redressement judiciaire d'une société commerciale est compétent pour étendre celle-ci à un dirigeant non-commerçant ou à une société civile du même groupe[2]. On estime en effet que l'unité doit l'emporter dans ce cas sur le principe qui veut qu'un non-commerçant ne puisse jamais être forcé de comparaître devant une juridiction consulaire.

Cette dualité de compétence a des conséquences limitées. En effet, le tribunal de grande instance statuant en matière de procédures collectives applique les formes de la procédure commerciale (Décr. 1985, art. 175).

La compétence des juridictions consulaires, composées uniquement de commerçants, est contestable dans la mesure où la procédure collective ne met pas seulement en cause les intérêts du débiteur et de ses

---

1. Paris, 6 juill. 1994, *J.C.P.*, 1994, éd. E, II, 598, note J.-J. Daigre ; *Rev. soc.*, 1994, somm. 525.
2. Com. 1er déc. 1992, *Bull. civ.* IV, n° 377, p. 267.

créanciers commerçants mais aussi ceux des salariés, du Trésor Public, de l'Urssaf, etc. Pour cette raison il serait souhaitable qu'un magistrat professionnel siège au tribunal de commerce.

B. Compétence territoriale

La compétence territoriale est déterminée à la fois par des règles générales et par des dispositions spécifiques.

1140. – Les règles générales déterminant les critères de compétence territoriale. La procédure doit s'ouvrir devant le tribunal le mieux placé pour apprécier la situation d'ensemble de l'entreprise en cessation des paiements, c'est-à-dire le tribunal dans le ressort duquel le débiteur a le *siège de son entreprise* (Décr. 27 déc. 1985, art. 1).

– Pour les *personnes physiques*, il ne peut s'agir que du domicile professionnel car, à titre principal, seules les personnes exerçant une activité commerciale, artisanale ou agricole peuvent faire l'objet d'un redressement judiciaire [1].

– Pour les *personnes morales*, le tribunal compétent est celui du lieu du *siège social*. Cette règle n'est apparemment que la transposition de la précédente puisque le siège d'une personne morale joue le même rôle que le domicile d'une personne physique. En réalité la compétence du tribunal du lieu du siège social entraîne certaines difficultés car *le siège, contrairement au domicile, ne correspond pas forcément au principal établissement.* Tout d'abord le siège figurant dans les statuts et mentionné au registre du commerce et des sociétés a parfois un caractère fictif. Conformément au droit commun, les créanciers peuvent alors, à leur choix, assigner soit devant le tribunal dont relève le siège statutaire soit devant le tribunal dans le ressort duquel est situé le siège véritable (C. civ., art. 1837)[2]. Plus embarrassante encore est l'hypothèse où le siège, sans être fictif, ne correspond pas au principal établissement. Les règles actuelles donnent compétence au tribunal du lieu du siège alors que celui du lieu du principal établissement serait plus qualifié pour apprécier les conséquences économiques et sociales de la procédure collective. Cependant la préférence donnée au siège social a l'avantage d'apporter une solution simple au problème de compétence posé par les sociétés à établissements multiples et dispersés. Compte tenu de l'importance des intérêts en jeu, la référence au siège doit s'entendre strictement. Par dérogation à la jurisprudence dite des gares principales, la procédure ne peut jamais s'ouvrir devant le tribunal dans le

---

1. Com. 17 févr. 1998, *Bull. civ.* IV, n° 79, p. 62.
2. Civ. 2, 15 juill. 1970, *Rev. soc.*, 1971, 526, note Honorat – Civ. 1, 21 juill. 1987, *D.*, 1988, 169, note Reméry ; *Rev. soc.*, 1988, 97, note A. Honorat – 8 mars 1988, *Rev. soc.*, 1988, 287, note A. Honorat.

ressort duquel est située une simple succursale [1]. Quand plusieurs sociétés forment un groupe, la jurisprudence donne compétence au siège de la société dominante [2].

Afin d'éviter des manœuvres dilatoires, le transfert du siège n'est opposable aux tiers que six mois après avoir été mentionné au registre du commerce (Décr. 27 déc. 1985 complété par le décret du 26 mai 1989).

La compétence du tribunal du siège s'applique également aux associés lorsqu'ils sont indéfiniment et solidairement responsables du passif. Cette règle se justifie par l'idée de l'unité de procédure entre personnes solidaires. D'une manière paradoxale, elle peut cependant aboutir à une dualité. Une personne exerce le commerce à titre personnel mais fait également partie d'une société en nom collectif ou d'un GIE. Elle cesse ses paiements : le tribunal du lieu de son domicile commercial prononce le redressement. Au même moment la personne morale cesse ses paiements. La procédure ouverte au lieu de son siège produit ses effets à l'égard de tous les membres ou associés. Par conséquent le commerçant fait l'objet d'une nouvelle procédure de redressement judiciaire devant un autre tribunal. La jurisprudence essaie d'éviter cet inconvénient en provoquant la désignation de celui des deux tribunaux qui lui paraît le mieux à même d'assurer l'apurement du passif. Mais elle n'y parvient pas toujours.

– Enfin, lorsque le *débiteur est étranger*, le tribunal compétent est celui du lieu où il a le *centre principal de ses intérêts en France* (Décr. 1985, art. 1)[3]. A défaut d'établissement, le créancier français peut choisir le tribunal territorialement compétent [4].

Toutefois, la procédure ainsi ouverte ne sera que le pâle reflet d'un véritable redressement judiciaire (v. *supra*, n° 1019). En effet, puisqu'il n'existe pas en France de véritable entreprise, l'instance se limitera pratiquement à saisir les biens disponibles en France au profit des créanciers français. Mais aucune mesure collective de liquidation ou de redressement ne peut être prise et il est en outre difficile de coordonner la procédure française avec celle ouverte le cas échéant à l'étranger [5].

Ces règles n'ont pas une portée absolue. En effet, à la demande du ministère public ou du président du tribunal saisi, l'affaire peut être renvoyée devant une autre juridiction mieux à même d'en connaître (L. 25 janv. 1985, art. 7, al. 3 maintenu en vigueur dans l'attente de la publication de la partie réglementaire du Code de commerce)[6]. Cette décision de renvoi est prise par le premier président de la cour d'appel

---

1. Guyon, *Droit des affaires*, t. I, n° 180.
2. Com. 6 mars 1972, *Bull. civ.* IV, n° 79, p. 77 ; *Rev. trim. dr. com.*, 1973, 1015, note Houin – 19 oct. 1993, *Bull. civ.* IV, n° 346, p. 250.
3. Com. 11 avr. 1995, *D.*, 1995, 640, note M. Vasseur.
4. Com. 19 mars 1979, *Rev. soc.*, 1979, 567, note Guyon.
5. Com. 19 janv. 1988, *D.*, 1988, 565, note J.-P. Remery.
6. Com. 17 févr. 1998, *J.C.P.*, 1999, éd. E, 421, note D. Voinot.

si les deux juridictions sont dans son ressort ou par le premier président de la Cour de cassation dans le cas contraire (Décr. 1985, art. 3). Ce renvoi se limite à la compétence territoriale. Il ne permet ni de modifier la compétence d'attribution, ni de passer de la procédure générale à la procédure simplifiée ni d'étendre le domaine d'intervention du représentant des créanciers initialement désigné. Pratiquement ce renvoi permet de donner compétence à un tribunal situé dans un département voisin du siège social lorsque, par exemple, le principal établissement y est situé ou de regrouper devant une même juridiction, les procédures intéressant plusieurs sociétés d'un même groupe. Il peut s'agir aussi, lorsque le dossier est explosif, de le confier à un tribunal dégagé des turbulences locales. La règle est réaliste. Elle est cependant surprenante au regard du principe de la neutralité du juge dans le litige. En effet, en demandant le renvoi, le président prend personnellement parti et sera en position difficile si la cour refuse de dessaisir le tribunal.

L'article 7 al. 3 de la loi paraît limiter cette faculté de substitution aux redressements judiciaires relevant de la procédure générale Cette restriction n'est pas gênante car le tribunal saisi d'une procédure simplifiée qui voudrait se débarrasser du dossier pourrait y arriver à condition de commencer par transformer celle-ci en procédure générale, comme il peut le faire jusqu'au jugement arrêtant le plan (art. L. 621-134).

1141. – Les règles particulières distinguant la procédure générale et la procédure simplifiée. Seuls certains tribunaux sont compétents pour connaître de la procédure générale, c'est-à-dire celle applicable aux entreprises importantes (v. *supra*, n° 1124). Il y a donc deux séries de règles (art. L. 621-5, al. 2).

Dans la *procédure simplifiée* on s'en tient au *droit commun*, c'est-à-dire au critère du *siège de l'entreprise*. Tout tribunal de grande instance et tout tribunal de commerce a vocation à connaître des procédures de redressement judiciaire ouvertes contre les petites entreprises ayant leur siège dans son ressort. Cependant, si une procédure simplifiée est convertie en procédure générale, le tribunal initialement saisi semble demeurer compétent (v. *supra*, n° 1126).

Dans la *procédure générale* la dimension de l'entreprise conduit l'article L. 621-5 du Code de commerce à déroger au droit commun, afin qu'un dossier complexe ne soit pas examiné par un tribunal mal équipé pour en connaître de manière satisfaisante. A cette fin il prévoit un *regroupement des compétences*. Initialement un seul tribunal de grande instance et un seul tribunal de commerce auraient dû avoir compétence dans chaque département. Mais, pour éviter de froisser les susceptibilités locales, le décret du 3 août 1987 a restitué à presque tous les tribunaux le droit de connaître des procédures générales, de telle sorte que les regroupements de ressort qui auraient dû être la règle sont devenus l'exception.

Le Code de commerce s'inspire ici d'une technique utilisée par l'ordonnance du 23 septembre 1967 sur la suspension provisoire des poursuites (art. 2). Ce dernier texte était d'ailleurs plus radical puisque le regroupement s'opérait à l'échelon régional et non départemental (Décr. 31, déc. 1967).

La portée exacte de ce regroupement a été discutée. Certaines juridictions ont jugé qu'un tribunal à compétence non élargie pouvait appliquer la procédure générale à une entreprise réalisant un chiffre d'affaires inférieur à 3,1 millions d'euros et n'employant pas plus de 50 salariés [1]. Cette solution est inacceptable. La procédure générale ne peut être appliquée que par les tribunaux à compétence élargie.

Ce regroupement ne doit pas s'interpréter comme une mesure de défiance envers les petits tribunaux. Il est bien plutôt une mesure de b*onne administration de la justice* : les petites juridictions n'ont pas toujours une information suffisante pour traiter des dossiers complexes ; les auxiliaires de justice n'y sont pas toujours assez nombreux et suffisamment spécialisés. Enfin, vu la facilité des moyens de communication, il n'est pas difficile pour les plaideurs de se rendre au chef-lieu du département.

La question a perdu une partie de son acuité depuis la suppression, en 2000, des tribunaux de commerce les plus petits.

Ces règles complexes peuvent donner lieu à des conflits.

§ 2. – Les conflits de compétence

Ces conflits sont réglés par les articles 2 à 5 du décret du 27 décembre 1985.

1142. – Typologie des conflits. Les hypothèses de conflits de compétence sont nombreuses.

Les *conflits de compétence d'attribution* sont rares s'agissant de *personnes physiques*. Ils ne se rencontrent, à l'état pur, que si un agriculteur, qui est assigné en redressement judiciaire devant un tribunal de commerce, conteste la compétence de cette juridiction. Mais habituellement le prétendu conflit de compétence cache en réalité une contestation portant sur l'applicabilité même de la procédure collective. Ainsi lorsqu'une personne assignée en redressement judiciaire devant un tribunal de commerce prétend ne pas avoir la qualité de commerçant ou d'artisan, elle ne soulève pas l'incompétence du tribunal mais l'irrecevabilité même de la demande, puisque les procédures collectives ne s'appliquent pas aux simples particuliers.

Au contraire ces conflits sont possibles lorsque le caractère civil ou commercial d'une *personne morale* dépend de son objet. Tel est le cas des GIE et des associations. En tout état de cause, la personne morale est soumise au redressement judiciaire (art. L. 620-2). Mais, selon son activité, la compétence appartient au tribunal de commerce ou au tribunal de grande instance.

---

1. Agen, 12 mars 1986 et Dijon, 23 avril 1986, précités, n° 1125.

La question s'est posée notamment à propos de clubs de football, constitués sous forme d'associations, lorsque ces clubs agissaient comme des entreprises de spectacles publics, donc comme des commerçants [1]. En fait derrière la question de compétence se profile celle de la responsabilité des dirigeants, qui risque d'être appréciée plus sévèrement si la personne morale est commerçante.

Pour le cas des sociétés d'exercice libéral, v. *supra*, n° 1139.

Les *conflits de compétence territoriale* se présentent de manière classique chaque fois que le débiteur, personne physique ou morale, n'a pas une activité localisée de manière indiscutable.

Mais les *règles gouvernant la compétence en matière de procédure générale risquent de donner lieu à des conflits plus originaux*. En effet, le choix entre la procédure générale et la procédure simplifiée, donc entre le tribunal à compétence élargie et le tribunal à compétence normale dépend de la dimension de l'entreprise. Or dans des cas marginaux ces seuils peuvent donner lieu à des appréciations divergentes. Par exemple une entreprise qui avait 51 salariés en licencie un à la veille de la cessation des paiements pour bénéficier de la procédure simplifiée. Des contrariétés de décision peuvent se produire : un tribunal peut ouvrir la procédure ordinaire et un autre la procédure simplifiée. Une juridiction peut juger qu'il y a cessation des paiements et l'autre refuser d'ouvrir le redressement judiciaire au motif que l'entreprise est encore « *in bonis* ». Ou bien encore une juridiction peut ouvrir un redressement judiciaire et l'autre prononcer une liquidation immédiate etc. Toutes ces questions ne sont qu'assez partiellement résolues par le décret du 27 décembre 1985 (art. 2 à 5).

1143. – Règlement des conflits. L'idée directrice est que les conflits de compétence ne doivent pas pouvoir être utilisés par un débiteur de mauvaise foi, qui en profitera pour gagner le temps nécessaire à l'organisation de son insolvabilité [2].

– *D'une part, toute contestation sur la compétence doit être tranchée à bref délai*. Ainsi en cas de saisine d'un tribunal incompétent pour connaître d'une procédure générale, le président doit immédiatement transmettre le dossier au premier président de la cour d'appel (Décr. 1985, art. 3). De même, en cas d'appel d'un jugement d'ouverture, la cour doit statuer dans les quatre mois (art. 160). Mais cette obligation a un caractère platonique, car aucune sanction n'est prévue au cas où les délais ne seraient pas respectés. Il s'agit tout au plus d'une incitation à la diligence.

– *D'autre part, lorsque sa compétence est contestée, le tribunal, s'il se déclare compétent, doit immédiatement statuer sur le fond*

---

1. Reims, 19 févr. 1980, *J.C.P.*, 1981, II, 19496, note Y. Guyon ; *Rev. trim. dr. com.*, 1980, 103, note Alfandari et Jeantin – V. aussi Dijon 4 nov. 1987, *Rev. soc.*, 1988, somm. 291.
2. Roblot, Germain et Delebecque, *Droit commercial*, t. II, n° 2882.

(Décr. 1985, art. 5). Au contraire, selon le droit commun des conflits de compétence, le tribunal n'est pas obligé de joindre au fond l'incident sur la compétence (NCPC, art. 76 et s.).

L'obligation de statuer immédiatement sur le fond a l'avantage d'éviter qu'un conflit de compétence ne retarde l'ouverture de la procédure. Elle peut cependant aboutir à des difficultés dans l'hypothèse d'une litispendance si deux tribunaux rendent le même jour deux décisions inconciliables, par exemple en ouvrant tous les deux la procédure ou encore en jugeant l'un qu'il y a cessation des paiements, l'autre que le débiteur est encore « *in bonis* ». Le conflit ne pourra être tranché que par la cour d'appel si les tribunaux font partie du même ressort [1] ou par la Cour de cassation dans le cas contraire [2]. La solution définitive risque alors de n'intervenir que tardivement.

– *Enfin, au cas de conflit de compétence, le tribunal qui se déclare incompétent peut ordonner des mesures conservatoires.* Celles-ci peuvent être ponctuelles, comme l'opposé de scellés ou l'établissement d'un inventaire. Mais le tribunal peut aussi désigner, à titre temporaire, un administrateur chargé de sauvegarder l'outil de production. On évite ainsi que le débiteur ne mette à profit ces conflits de compétences pour dilapider ses derniers biens (Décr. 1985, art. 3 et 4).

A supposer que le tribunal soit régulièrement et définitivement saisi, la procédure va pouvoir s'ouvrir.

SECTION III
Auditions

1144. *– Nécessité de concilier les impératifs de la rapidité et ceux d'une bonne information.* On se trouve ici en présence d'impératifs contradictoires.

D'un côté l'intérêt général postule que le tribunal statue le plus rapidement possible après sa saisine. Des mesures d'urgence s'imposent pour arrêter la dégradation de l'entreprise et pour amorcer son redressement. Et le jugement d'ouverture peut intervenir d'autant plus vite que la procédure commencera par une phase d'observation au cours de laquelle aucune mesure irréversible ne sera prise.

D'un autre côté l'expérience montre que l'ouverture d'une procédure collective cause toujours un choc, dont l'entreprise se remet difficilement, car son crédit a été atteint. Il ne faut pas ouvrir une procédure à tort, c'est-à-dire dans un cas où l'entreprise, malgré les apparences, n'était pas en cessation des paiements.

Le prononcé du jugement est donc nécessairement précédé non pas d'une enquête, au sens technique du terme avec le formalisme et les

---

1. Paris, 3 nov. 1982, *D.*, 1983, Info. rap. 154, note Julien.
2. Com. 12 janv. 1988, *Bull. civ.* IV, n° 10, p. 8 ; *Rev. proc. coll.*, 1988, 179, note Cadiet – 5 mars 1991, *Bull. civ.* IV, n° 92, p. 63 – 17 févr. 1998, *D.*, 1998, 274, note Perdriau et Derrida ; *J.C.P.*, 1998, II, 10171, note D. Voinot.

délais qui en découleraient, mais de l'audition de certaines personnes. Certaines auditions sont obligatoires. Le tribunal peut aussi, à titre facultatif, essayer d'obtenir des informations plus complètes en entendant d'autres personnes. Mais, dans les deux cas l'objectif de l'enquête se limite à la recherche de l'état de cessation des paiements à l'exclusion de tout examen des perspectives de redressement, question qui sera envisagée seulement au cours de la période d'observation.

§ 1. – Auditions obligatoires

1145. – Audition du débiteur, des représentants des salariés et le cas échéant du conciliateur. Le tribunal ne peut statuer qu'après avoir convoqué et si possible entendu, les personnes suivantes (art. L. 621-4) :

1) *Le débiteur.* Par débiteur il faut entendre le commerçant, l'artisan, l'agriculteur ou le représentant légal de la personne morale (gérant, président du conseil d'administration, etc.) en cessation des paiements. L'audition du débiteur est doublement justifiée. Elle permet à l'intéressé de faire valoir ses moyens de défense, au cas où il estime que son entreprise n'est pas en cessation des paiements. Elle permet au tribunal d'avoir des informations de première main sur la situation de l'entreprise.

L'audition a lieu en la chambre du conseil, c'est-à-dire devant le tribunal tout entier, mais sans la présence du public, (NCPC, art. 436). Le chef d'entreprise peut ainsi, sans danger de divulgation, faire état de renseignements confidentiels.

> Mais comme la publicité des débats est une garantie de bonne justice, il serait souhaitable de laisser au débiteur le droit d'être entendu en audience publique, s'il l'estime préférable.
>
> La loi de 1967 ne prévoyait pas l'audition du débiteur d'une manière aussi systématique. La loi de 1985 réalise un progrès, mais alourdit la tâche du tribunal.
>
> Le décret du 27 décembre 1985 paraît d'ailleurs en retrait par rapport à la loi. En effet il n'impose la convocation qu'en cas de saisine à la demande du Procureur de la République ou de saisine d'office (art. 8 et 9). Néanmoins en cas d'assignation d'un créancier, les principes directeurs de la procédure imposent d'entendre le défendeur (NCPC, art. 14).

2) *Les représentants des salariés.* Il s'agit des représentants du comité d'entreprise ou, à défaut, des délégués du personnel. Les intéressés doivent être convoqués et si possible entendus devant la chambre du conseil donc dans les mêmes conditions que le chef d'entreprise.

L'article L. 621-4 du Code de commerce n'impose que la consultation des *représentants* du comité ou des délégués. Ceux-ci sont désignés à la diligence du chef d'entreprise, qui reçoit à cet effet un avis du greffier (Décr. 1985, art. 12).

La consultation des représentants du personnel salarié, dès ce stade de la procédure, part de l'idée, juste en elle-même, que le tribunal doit connaître l'avis de toutes les forces vives de l'entreprise.

On peut cependant adresser un triple reproche à cette consultation directe :
– D'une part elle n'est pas toujours utile. En effet, en cas de dépôt du bilan, le chef d'entreprise a dû informer et consulter le comité (C. trav., art. L. 432-1). Il aurait sans doute suffi de communiquer au tribunal le résultat de cette consultation, quitte à lui permettre d'entendre les représentants des salariés s'il le jugeait utile. C'est donc non l'audition en elle-même mais son caractère obligatoire qui est contestable.
– D'autre part cette comparution risque de faire apparaître, aux yeux du reste du personnel, les représentants du comité comme co-responsables de l'ouverture du redressement judiciaire.
– Enfin, si l'assignation en ouverture d'un redressement judiciaire est manifestement mal fondée, la consultation du personnel salarié contribue à jeter le doute sur le crédit de l'entreprise en accréditant des rumeurs fantaisistes.

Cette formalité n'est pas nécessaire en cas de procédure simplifiée [1].

3) *Le conciliateur.* Son audition n'est obligatoire que si la procédure est ouverte pour inexécution d'un engagement financier contenu dans le règlement amiable ou que si le débiteur exploite une entreprise agricole.

L'article L. 621-4, al. 3 du Code de commerce n'impose pas de l'entendre en la chambre du conseil. Son audition peut donc avoir un caractère moins formaliste.

Dans la mesure où ces auditions ont un caractère obligatoire, le jugement d'ouverture devrait être infirmé s'il était rendu sans que le tribunal y ait procédé.

Pour l'avis de la Commission bancaire avant l'ouverture d'une procédure collective à l'encontre d'un établissement de crédit, v. *supra*, n° 1136.

§ 2. – Auditions facultatives

1146. – Rapport d'information. L'article L. 621-4 du Code de commerce prévoit, dans une formule redondante mais très générale, que le tribunal peut « entendre *toute personne dont l'audition lui paraîtrait utile* ». Ces auditions ont pour objet d'éclairer le tribunal sur la dimension de l'entreprise (afin de savoir si la procédure simplifiée est applicable) et sur sa situation économique, financière et sociale. Mais elles ne doivent pas aller au-delà. Notamment, les perspectives de redressement ne seront envisagées qu'ultérieurement au cours de la période d'observation.

---

1. Com. 12 mai 1992, *Bull. civ.* IV, n° 180, p. 127.

La loi n'impose aucune forme pour ces auditions. Le tribunal peut charger un juge d'y procéder et de lui faire rapport. Ce juge, dit *juge commis*, peut se faire aider par un auxiliaire de justice, notamment un expert en diagnostic d'entreprise (Décr. 1985, art. 13)[1].

Le juge commis décide librement des personnes qu'il estime utile d'entendre : dirigeants sociaux autres que le représentant légal, cadres salariés (par exemple le directeur financier), banquiers, commissaires aux comptes, principaux partenaires commerciaux, représentants syndicaux, personnalités politiques locales, etc.

Malheureusement, à ce stade préalable, le juge commis *ne jouit d'aucun pouvoir d'investigation* et le secret professionnel lui est opposable par les personnes qui y sont tenues. Ces auditions risquent donc d'être décevantes. Dans la pratique le tribunal n'y aura sans doute recours que pour les affaires importantes ou complexes, relevant de la procédure générale.

Le décret ne fixe aucun délai maximum pour ces auditions. Un tel délai aurait d'ailleurs été platonique, car on ne voit pas quelle sanction aurait pu s'appliquer s'il était dépassé[2]. Les résultats de l'enquête sont consignés dans un rapport d'information qui est dressé par écrit et déposé au greffe, où tout intéressé peut en prendre connaissance (Décr. 1985, art. 13, al. 2). Ce formalisme est nécessaire aux droits de la défense, mais retarde d'autant le prononcé du jugement d'ouverture.

SECTION IV
Jugement d'ouverture

1147. – Caractère constitutif du jugement d'ouverture. Le tribunal vérifie si les conditions de recevabilité (compétence, qualité du demandeur) et de fond sont remplies. Il doit notamment rechercher si l'entreprise est bien en état de cessation des paiements, ce qui n'est pas toujours facile à déterminer. Dans l'affirmative, il prononce le redressement ou la liquidation judiciaire (art. L. 621-4 et 621-6). Le tribunal a le devoir de vérifier que ces conditions sont remplies. Mais s'il donne une réponse positive, il ne peut pas refuser d'ouvrir la procédure, au motif par exemple, que celle-ci serait inopportune[3].

La pratique parle parfois de jugement déclaratif. L'expression est inexacte. Un jugement est déclaratif lorsqu'il se borne à constater l'existence de faits préexistants. Ce n'est pas le cas en l'espèce. Certes le tribunal constate l'existence de la cessation des paiements, mais

---

1. Sur la différence entre le juge commis et le juge commissaire, désigné par le jugement d'ouverture, v. les obs. de M. Dureuil à la *Rev. proc. coll.*, 1990, 415.
2. V. cep. pour la responsabilité de l'Etat envers les créanciers en cas de faute dolosive ou lourde, Civ. 1, 7 janv. 1992, *Bull. civ.* I, n° 5, p. 3.
3. Soinne, *Traité des procédures collectives*, 2 éd., n° 400.

aussi et surtout il crée un état de droit nouveau car, même pendant la période d'observation, les droits du débiteur et des créanciers sont modifiés. Le jugement d'ouverture a un caractère *constitutif*.

Les principales énonciations de ce jugement sont les suivantes :

§ 1. – Fixation de la date de la cessation des paiements

1148. – *Fixation initiale et report de la date de cessation des paiements*. Le tribunal commence par rechercher s'il y a cessation des paiements (art. L. 621-7). Il doit en constater l'existence, sauf dans les cas exceptionnels où celle-ci n'est pas nécessaire (v. *supra*, n° 1123).

Le jugement doit aussi fixer la date de cette cessation. Sinon celle-ci est réputée être intervenue à la date du jugement. Cette règle constitue plus une fiction qu'une présomption, car, compte tenu des délais de procédure, le jugement ne peut jamais intervenir le jour même de la cessation [1]. Celle-ci s'est produite antérieurement, ce que l'article L. 621-1 du Code de commerce reconnaît lui-même en laissant au débiteur un délai de 15 jours pour déposer son bilan. Cette période qui s'étend entre la cessation des paiements en fait et le jugement qui la constate en droit est dite *période suspecte*. *On craint que pendant ce délai le débiteur ne cherche à dilapider ses biens ou à rompre l'égalité entre ses créanciers.* Aussi les actes conclus à cette époque peuvent être annulés (v. *supra*, n° 1316).

La date retenue par le jugement a un caractère provisoire. L'expérience montre, en effet, que la vérité se découvre peu à peu. Très souvent la véritable cessation des paiements est antérieure au premier incident qui l'a clairement révélée. S'il en est ainsi, *le tribunal a le pouvoir de reporter en arrière la date de la cessation des paiements retenue lors de l'ouverture de la procédure*. Ce report est prononcé à la demande des parties ou du Procureur de la République [2]. Il peut aussi être ordonné d'office par le tribunal.

Mais cette faculté de report est doublement limitée. D'une part *la date de la cessation des paiements ne peut, en aucun cas, être antérieure de plus de 18 mois au prononcé du jugement ouvrant la procédure*. Cette disposition a pour but de ne pas nuire à la sécurité du commerce en évitant la remise en cause d'actes accomplis depuis longtemps. Une limitation analogue existe dans la plupart des Etats membres de l'Union Européenne.

> Toutefois un dépassement du délai paraît possible lorsque la procédure ouverte à l'encontre d'une société est par la suite étendue à un dirigeant ou à un associé. La période suspecte peut alors remonter jusqu'à 18 mois avant l'ouverture de la première procédure [3]. Enfin, la limite de

---

1. P. Diener, *Du caractère suspect de l'absence de période suspecte*, *D.*, 1993, 255.
2. Com. 16 févr. 1999, *D.*, 1999, 276, note F. Derrida.
3. Com., 19 juin 1978, *Bull. civ.* IV, n° 170, p. 144.

dix-huit mois ne s'applique, semble-t-il, qu'aux nullités de la période suspecte. Le tribunal pourrait donc juger que la cessation des paiements remonte à plus de 18 mois s'il s'agissait d'apprécier les responsabilités d'un banquier qui aurait soutenu indûment l'entreprise ou de savoir si un cautionnement a été valablement donné en faveur du débiteur ou encore de rechercher si tel ou tel acte est constitutif du délit de banqueroute [1].

D'autre part, comme la date de la cessation des paiements ne doit pas demeurer trop longtemps provisoire, *la modification doit être demandée avant l'expiration de la quinzaine qui suit le dépôt du rapport au vu duquel le projet de plan sera établi*, ou le dépôt de l'état des créances si la liquidation a été prononcée [2].

On se demande si la notion de cessation des paiements est la même lorsqu'il s'agit d'ouvrir la procédure et lorsqu'il s'agit de fixer plus précisément le jour où la cessation des paiements s'est produite. En principe la notion est la même. Simplement, dans le cas de report, le tribunal est mieux informé et tend donc à retenir plus souvent l'existence de moyens ruineux ou d'un soutien artificiel de l'entreprise. Au contraire, pour l'ouverture de la procédure et compte tenu de l'urgence, c'est généralement le défaut matériel de paiement qui est seul pris en considération. Par conséquent la notion de cessation des paiements utilisée en cas de report est plus élaborée que celle retenue lors du jugement. Mais les éléments essentiels ne varient pas [3]. Le report peut être ordonné même en cas de règlement amiable. En effet, l'ordonnance qui ouvre celui-ci n'a pas l'autorité de la chose jugée et a pu être prononcée à tort alors que le débiteur était déjà en cessation des paiements [4]. Bien que fondée, cette solution entache la crédibilité des règlements amiables.

§ 2. – Prononcé du redressement ou de la liquidation judiciaire

1149. – Choix entre la procédure générale et la procédure simplifiée. Lorsqu'il constate la cessation des paiements, *le tribunal doit ouvrir la procédure de redressement ou de liquidation*. Il ne saurait se contenter d'une mesure plus nuancée, comme l'octroi d'un délai de paiement ou la désignation d'un administrateur provisoire.

Certains débiteurs ont tenté de retarder l'ouverture de la procédure en soutenant que leur cessation des paiements était due à des actes anti-concurrentiels dont la portée devait être appréciée, au titre d'une question

---

1. Crim., 20 nov 1978, *D.*, 1979, 524, note Derrida et Culioli – 12 janv. 1981, *D.*, 1981, 348, note Cosson ; *J.C.P.*, 1981, II, 19660, note Guyon – Com., 23 févr. 1982, *D.*, 1982, IR, 414, note Vasseur.
2. Ass. plén., 31 mars 1995, *D.*, 1995, 321, note Derrida, conc. Jeol.
3. V. les obs. de M. Merle à la *Rev. trim. dr. com.*, 1981, 597.
4. Com. 14 mai 2002, *D.* 2002, 1837, note A.Lienhard ; *J.C.P.*, 1993, E, 108, note F. Vinckel.

préjudiciable, par la Cour de Justice des Communautés européennes [1]. Cette manœuvre dilatoire ne saurait être acceptée. S'il y a cessation des paiements, le tribunal doit ouvrir la procédure. Et, dans une instance distincte, la Cour de Luxembourg recherchera si le débiteur a été victime d'agissements fautifs.

Le tribunal doit d'abord rechercher si, compte tenu de la dimension de l'entreprise, la procédure qu'il ouvre obéit au *régime général ou au régime simplifié* (v. *supra*, n° 1124). Le tribunal à compétence normale qui constate la cessation des paiements d'une entreprise relevant de la procédure générale, doit se déclarer immédiatement incompétent. Le dossier est transmis au premier président de la cour d'appel, qui désigne la juridiction à compétence élargie qui sera chargée du dossier (Décr. 1985, art. 3). Dans l'attente de la décision du premier président, le tribunal peut désigner un administrateur judiciaire provisoire (Décr. 1985, art. 4). En effet il serait inopportun qu'une entreprise importante, dont la cessation des paiements est probable, ne fasse l'objet d'aucun contrôle judiciaire. La procédure est la même si un tribunal à compétence élargie est saisi d'une procédure simplifiée intéressant une entreprise qui n'a pas son siège dans son ressort normal.

1150. – Choix entre le redressement ou la liquidation judiciaire. En règle générale le tribunal n'est pas en mesure, lors du jugement d'ouverture, de savoir si l'entreprise pourra ou non se redresser. Il ouvre donc, à titre provisoire, un redressement judiciaire et ne se prononcera sur le sort définitif de l'entreprise qu'à l'issue de la période d'observation.

Toutefois, depuis la loi du 10 juin 1994, le tribunal peut prononcer immédiatement la liquidation si l'entreprise a cessé toute activité ou si le redressement est manifestement impossible. Cette réforme évite la comédie judiciaire qui consistait à ouvrir une période d'observation d'une durée symbolique lorsque l'actif était inexistant, la clientèle dispersée et que le débiteur ne comparaissait pas (art. L. 620-1, al. 3 et 622-1) [2].

1150-1. – Date d'effet du jugement d'ouverture. Le jugement d'ouverture prend effet à compter de sa date (Décr. 27 déc. 1985, art. 14, al. 2). Cette règle est une mesure de simplification, car les jugements indiquent rarement l'heure à laquelle ils ont été prononcés. Par conséquent tous les actes accomplis par le débiteur le jour même du jugement sont réputés avoir été conclus après l'ouverture de la procédure. On peut toutefois se demander si cette règle demeure applicable au cas où le jugement indique son heure de prononcé et où il est prouvé que le débiteur a agi avant. La question se pose surtout à propos de certains paiements effectués « *in extremis* » par le débiteur au profit de créanciers de bonne foi.

---

1. Trib. com. Angers, 5 juill. 1989, *Gaz. Pal.*, 1990, 284, note Marchi.
2. En pratique la moitié des procédures donnent lieu à liquidation immédiate (*Infostat. justice*, n° 19, janv. 1991).

Chapitre II - Les conditions de forme de l'ouverture de la procédure

§ 3. – Mise en place des organes de la procédure

1151. Historique – Sous l'empire du Code de 1807, la procédure de la faillite reposait essentiellement sur les créanciers. Ceux-ci étaient unis en une masse qui délibérait en assemblées générales. Des mandataires étaient chargés de liquider les biens du failli, c'est-à-dire de les vendre pour le compte commun. Ce système produisait des résultats médiocres. Les créanciers, qui se désintéressaient de la procédure, se faisaient représenter par des mandataires d'une honnêteté douteuse [1]. L'évolution ultérieure consista à donner au tribunal et à des auxiliaires de justice un rôle de plus en plus important. Cette tendance est logique puisque les procédures collectives intéressent l'économie en général tout autant que les créanciers.

Ces organes peuvent se répartir en trois catégories selon qu'ils interviennent à propos de la décision, du contrôle ou seulement de l'information.

Tableau schématisant les choix offerts au tribunal

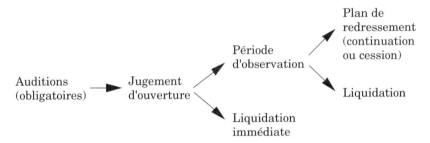

A. *Organes de décision*

La procédure de redressement judiciaire oblige à prendre des décisions nombreuses et complexes : administration de l'entreprise, apurement du passif, recherche d'une solution définitive (redressement ou liquidation). On va donc trouver une sorte de hiérarchie des actes, analogue à celle qui existe dans le droit des incapacités.

Les actes les plus importants sont de la compétence des organes judiciaires. Les autres peuvent être conclus directement par des auxiliaires de justice spécialisés.

1) *Les organes judiciaires*

1152. – Rôle prépondérant de l'autorité judiciaire dans le déroulement de la procédure. Les organes judiciaires sont les plus importants. Traditionnellement, en France, le traitement des entreprises en difficultés relève des autorités judiciaires et non de l'Administration ou directement des créanciers (v. *supra*, n° 1026). Cette

---

1. Guyon, *Une faillite au XIXe siècle…*, Mélanges Jauffret, p. 386, Aix, 1974.

conception est justifiée. Le traitement des difficultés oblige à trancher entre des intérêts opposés. Seule une juridiction peut le faire, dans des conditions satisfaisantes.

Cette prééminence a été encore accentuée par la loi du 25 janvier 1985. Le tribunal devient le grand maître de la procédure. *Il y a donc un incontestable dirigisme judiciaire, le tribunal pouvant prendre non seulement des décisions d'ordre juridique, mais aussi des décisions de nature économique*, notamment afin d'assurer le redressement de l'entreprise [1].

Cet accroissement du rôle de l'autorité judiciaire a entraîné une difficulté lorsque, comme c'est souvent le cas, la juridiction saisie est le tribunal de commerce. On pouvait craindre, en effet, qu'un tribunal composé uniquement de commerçants élus par leurs pairs ne soit pas en mesure de prendre avec une objectivité suffisante des décisions qui n'intéressent pas seulement des commerçants mais aussi les salariés, le Trésor public, etc. Par conséquent, il aurait été souhaitable que le tribunal de commerce soit présidé par un magistrat professionnel lorsqu'il statue en matière de procédures collectives.

Les décisions sont, selon leur importance, prises soit par le tribunal tout entier soit par son président ou par le juge-commissaire.

a) Le tribunal

Le tribunal qui a ouvert le redressement judiciaire continue de jouer un rôle prépondérant dans le déroulement de la procédure.

Il exerce trois séries d'attributions.

1153. – Désignation des principaux organes de la procédure. Tout d'abord le tribunal nomme et remplace les principaux organes de la *procédure*, notamment le juge-commissaire, l'administrateur, le représentant des créanciers et l'expert [2]. Il s'assure que les salariés désignent leur représentant (art. L. 621-8 et 621-10).

Certes il aurait été plus rationnel et plus démocratique que les créanciers élisent eux-mêmes leur représentant. Mais l'expérience a montré que cette solution produisait des résultats déplorables (v. *supra*, n° 1010).

1154. – Prise des décisions les plus importantes. En second lieu le tribunal prend les décisions les plus importantes.

Traditionnellement sa mission consistait à *fixer les droits des créanciers*, c'est-à-dire trancher les conflits qui s'élevaient entre eux à l'occasion de la liquidation (nullité de la période suspecte, conflits entre créanciers titulaires de sûretés concurrentes, etc.).

---

1. P. Gagnoli, *Essai d'analyse processuelle de droit des entreprises en difficulté*, 2002.
2. Sur les modalités de cette désignation, v. Circulaire du garde des Sceaux du 1er avr. 1987, *Rev. proc. coll.*, 1987, n° 2, p. 95.

Puis le tribunal a été conduit à prendre des *décisions en matière de continuation provisoire de l'exploitation* : celle-ci est-elle souhaitable et doit-elle s'opérer directement ou par le recours à une mise en location-gérance de l'entreprise.

La loi du 25 janvier 1985 laisse au tribunal ces attributions. Mais elle accroît ses pouvoirs sur trois points :

– D'une part le tribunal détermine, quels seront les pouvoirs respectifs du débiteur et de l'administrateur pendant la période d'observation.

– D'autre part *certaines sanctions personnelles qui étaient obligatoires deviennent facultatives*. Le tribunal a un pouvoir d'appréciation, dont il ne jouissait pas sous l'empire de la loi de 1967. Il en va notamment ainsi en cas de mise en redressement judiciaire du dirigeant de société qui n'a pas exécuté son obligation de combler le passif (art. L. 624-4) et de faillite personnelle, dont l'application est désormais toujours facultative (art. L. 625-3 et -25-5).

– Enfin et surtout, *le tribunal arrête seul le plan de continuation ou de cession de l'entreprise ou décide seul de sa mise en liquidation* (art. L. 621-6 et 621-65). C'est là l'innovation la plus importante. Jusque-là, le plan de redressement, appelé concordat, était préparé par le débiteur, voté par la majorité des créanciers et seulement homologué par le tribunal. Par conséquent le tribunal ne pouvait pas imposer le concordat ; il pouvait seulement refuser un concordat voté par les créanciers, si celui-ci ne lui paraissait pas sérieux. C'est uniquement dans le régime de l'ordonnance du 23 septembre 1967 que le tribunal arrêtait le plan de redressement, sans avoir besoin de l'accord des créanciers. Mais ce régime était exceptionnel, puisqu'il s'appliquait seulement aux grosses entreprises qui n'étaient pas encore en cessation des paiements.

L'exception devient la règle : le tribunal décide à la place des créanciers et doit le faire en fonction d'éléments économiques (perspectives de redressement, sauvegarde de l'emploi etc.) difficiles à apprécier. Notamment le choix du repreneur, parmi tous ceux qui ont déposé des offres, fait peser sur le tribunal une responsabilité considérable (v. *infra*, n° 1280). La loi de 1985 réalise donc une « judiciarisation » mais une « déjuridicisation » du redressement judiciaire [1]. En effet, *les pouvoirs du tribunal sont plus importants, mais ils sont moins juridiques*.

En revanche le tribunal a perdu une attribution qui était la sienne jusqu'en 1985. Il ne connaît plus en appel des ordonnances du juge commissaire en matière d'admission des créances (V. *infra*, n° 1313).

1155. – *Compétence de principe pour connaître de toutes les difficultés se rattachant au redressement judiciaire*. Enfin, *le tribunal a compétence pour connaître de toutes les contestations concernant*

---

1. Derrida, Godé et Sortais, *Redressement judiciaire*, n° 8.

le redressement judiciaire (Décr. 1985, art. 174). Cette règle a pour but d'assurer l'*unité de la procédure* en centralisant tout le contentieux devant le tribunal qui a ouvert celle-ci.

Cette compétence élargie déroge tout d'abord aux règles de la *compétence territoriale*, car toutes les actions sont regroupées devant le tribunal qui a ouvert la procédure collective, même si ce tribunal n'est pas celui du défendeur à l'action. Mais cet élargissement déroge aussi aux règles de la *compétence d'attribution* puisqu'un tribunal de commerce pourra connaître de litiges intéressant des actes civils ou réciproquement.

Néanmoins cette extension de compétence, comme toute disposition dérogatoire, doit s'interpréter de manière restrictive. *Il faut donc déterminer quelles sont les actions concernant le redressement ou la liquidation judiciaires*[1].

L'extension de compétence s'applique, sans hésitation possible, aux actions qui ont leur source dans la réglementation particulière du redressement judiciaire. Ce sont véritablement les actions nées de ces procédures, et qui seraient inconcevables sans elles. On trouve à la fois dans cette catégorie les actions naissant des opérations normales du redressement ou de la liquidation judiciaires (par exemple la plupart des oppositions contre les ordonnances prises par le juge-commissaire) et les actions découlant de situations plus exceptionnelles qui ne se rencontrent pas nécessairement dans toutes les procédures de redressement judiciaire, mais qui ne sauraient exister en dehors de celles-ci. Il s'agit notamment des actions en nullité des actes conclus pendant la période suspecte, des actions tendant à faire supporter le passif par les dirigeants sociaux[2] et de la mise en œuvre de la faillite personnelle des dirigeants. Dans tous ces cas, il est normal de donner compétence à une juridiction unique, afin d'éviter les contrariétés de décision et d'aboutir plus vite à une solution.

L'extension de compétence s'applique aussi, selon l'interprétation dominante, aux actions qui subissent nécessairement l'influence du redressement judiciaire[3]. Il s'agit de litiges qui auraient pu naître si le débiteur avait été « *in bonis* », mais qui prennent une coloration particulière du fait de l'ouverture de la procédure collective et qui exercent une influence sur les solutions qui leur seront données, notamment en améliorant le paiement des créanciers. Il est donc opportun de tenter un regroupement des contentieux, même si par sa nature propre l'action n'est pas nécessairement liée au redressement judiciaire (action paulienne, action en libération d'actions, etc.).

---

1. Granger, *La compétence du tribunal du règlement judiciaire ou de la faillite, recherche d'un critère de compétence*, J.C.P., 1957, I, 1359.
2. Trib. conflits, 2 juill. 1984, *D.*, 1984, 545 ; J.C.P., 1984, II, 20306, conclusions Lateboulle, note Alfandari. V. cep. Trib. conflits, 23 janv. 1989, *D.*, 1989, 367, note Amselek et Derrida, conclusions Flipo.
3. Com. 14 avr. 1992, *Bull. civ.* IV, n° 157, p. 110.

Ce regroupement devrait s'appliquer tant aux décisions de fond qu'aux mesures urgentes, qui ne seraient plus de la compétence du juge des référés mais de celle du juge commissaire [1].

Même si elle est justifiée dans son principe, l'extension de compétence risque de conduire à des résultats inadmissibles si elle est entendue d'une manière trop absolue [2]. Si le débiteur divorce, cette procédure peut exercer une influence sur la solution du redressement judiciaire, car la dissolution du lien conjugal produit des conséquences pécuniaires. Pourtant on comprend bien qu'il ne soit pas question de déroger à la compétence du tribunal de grande instance car l'état des personnes passe avant les considérations pécuniaires [3].

Par conséquent la compétence du tribunal qui a prononcé le redressement judiciaire cesse lorsqu'il s'agit d'actions qui, par nature, n'entrent jamais dans la compétence d'attribution du tribunal saisi.

Il en va ainsi :
– des actions relevant de la compétence des juridictions administratives, notamment une contestation relative à un impôt direct dû par le débiteur ou une difficulté d'exécution d'un contrat administratif [4] ;
– de celles qui sont de la compétence des juridictions répressives ;
– de celles qui doivent être portées devant le conseil des prud'hommes (litiges concernant le montant des salaires et indemnités, par exemple) (art. L. 621-126) [5].

En outre, si le tribunal saisi est une juridiction consulaire, il ne pourra pas connaître des actions rentrant dans la compétence exclusive des tribunaux de grande instance, notamment les actions immobilières, les actions relatives à l'état des personnes et les actions en responsabilité à l'encontre des auxiliaires de justice spécialisés qui interviennent dans la procédure de redressement judiciaire (Décr. 1985, art. 174). Même si le tribunal saisi du redressement judiciaire est un tribunal de grande instance, l'importance de ces litiges paraît justifier qu'ils soient tranchés au terme d'une procédure principale de droit commun et non comme de simples incidents d'une procédure collective pour laquelle le tribunal de grande instance applique les règles simplifiées de la procédure commerciale.

Enfin le tribunal qui a ouvert la procédure n'est pas compétent pour connaître d'une action en réparation née de la résolution d'un contrat intervenue alors que le débiteur était encore « *in bonis* » [6].

Mais ces instances intentées devant les juridictions autre que le tribunal saisi du redressement judiciaire ne peuvent plus aboutir à une condamnation à payer, mais seulement à la constatation d'une créance et à la fixation de son montant (art. L. 621-41, v. *infra*, n° 1239).

---

1. V. Derrida, Godé et Sortais, *Redressement judiciaire*, n° 216 – Com. 1er oct. 1991, *J.C.P.*, 1992, II, 21854, note Jeantin.
2. V. les obs. de M.-E. du Pontavice à la *Rev. juris. com.*, 1981, 10.
3. Groslière, *Divorce et faillite*, Mélanges Breton-Derrida, p. 131 – Soc., 3 oct. 1989, *Bull. civ.* V, n° 557, p. 339.
4. Civ. 1, 24 févr. 1981, *D.*, 1981, 345, note Honorat – Cons. Etat, 3 févr. 1978, *J.C.P.*, 1979, II, 19058, note M.B. ; *D.*, 1979, 5, note Derrida et Charles.
5. P. Delebecque, *Le contentieux des procédures de redressement et de liquidation judiciaires devant le conseil des prud'hommes*, Semaine sociale Lamy, n° 419 du 25 juill. 1988.
6. Com. 17 janv. 1995, *Bull. civ.* IV, n° 15, p. 13.

Les règles concernant l'extension de la compétence ont un caractère d'ordre public. Elles doivent être relevées d'office par le tribunal saisi du litige alors qu'il n'a pas prononcé le redressement judiciaire.

Par conséquent la notion d'action soumise à extension de compétence est complexe et donne lieu à de trop nombreuses hésitations.

Des difficultés analogues se rencontrent en droit international. En effet la convention de Bruxelles du 26 septembre 1968 sur l'exécution des décisions de justice ne s'applique pas aux procédures collectives. A l'occasion de l'exécution à l'étranger d'un jugement se rattachant à une telle procédure, il faut déterminer si le lien entre le litige et la procédure collective est assez étroit pour rendre la convention inapplicable [1]. La situation est un peu différente dans l'Union européenne car le règlement du 29 mai 2000 donne une compétence de principe au tribunal qui a ouvert la procédure, les autres n'ouvrant que des procédures secondaires (V. *supra* n° 1019). Cette centralisation se rapproche de celle pratiquée en droit interne.

L'intervention du tribunal, dans sa composition collégiale, se limite aux décisions les plus importantes. Au contraire celles qui ont un caractère plus routinier sont prises par le président ou le juge-commissaire.

b) Le président

1156. – *Pouvoirs propres du président*. Conformément à une tendance récente, le Code de commerce donne au président une compétence juridictionnelle propre, afin de hâter le déroulement de la procédure. Les principales attributions du président sont les suivantes :
– recevoir les révélations des représentants des salariés sur la cessation des paiements et y donner suite (art. L. 621-2, v. *supra*, n° 1137) ;
– demander que l'affaire soit renvoyée devant une autre juridiction (L. 25 janv. 1985, art. 7, al. 3) [2] ou la transmettre au premier président si le tribunal n'est pas compétent en raison de la dimension de l'entreprise (Décr. 1985 art. 3, v. *supra*, n° 1143) ;
– renouveler la période d'enquête dans la procédure simplifiée (art. L. 621-136) ;
– rendre des ordonnances valant titre exécutoire en faveur des créanciers qui, exceptionnellement, retrouvent leur droit de poursuites individuelles à l'issue d'une liquidation judiciaire (art. L. 622-32, al. 3).

c) Le juge-commissaire

1157. – *Statut du juge-commissaire*. Le juge-commissaire est désigné par le jugement d'ouverture (art. L. 621-8). Le tribunal pourvoit à son remplacement et peut désigner un juge-commissaire suppléant, pour le cas d'empêchement temporaire du titulaire (Décr. 1985, art. 23). Il n'y a qu'un juge-commissaire titulaire, quelle que soit la complexité

---

1. CJCE, 22 févr. 1979, *Rev. soc.*, 1980, 526, note Bismuth – Civ. 1, 10 mars 1982, *D.*, 1983, info. rap. 147, note Audit.
2. Texte provisoirement maintenu en vigueur jusqu'à la publication de la partie réglementaire du Code de commerce.

de l'affaire. L'intéressé suit le dossier d'une manière permanente. Contrairement à l'article 8 de la loi de 1967, *la loi de 1985 ne mentionne plus que le juge-commissaire agit sous l'autorité du tribunal.* Elle souligne ainsi l'autonomie et l'importance de cette fonction qui, avec celle de l'administrateur, devient l'un des pivots de la procédure [1].

Compte tenu de l'importance des fonctions qu'il exerce, le juge-commissaire, lorsqu'il appartient à la juridiction consulaire, doit être désigné parmi les magistrats ayant au moins deux ans d'ancienneté (C. org. jud. art. L. 412-4 ajouté par la loi du 16 juillet 1987).

Un avant projet de loi prévoit la possibilité, dans les affaires complexes, de désigner non pas plusieurs juges commissaires, car il y aurait risque de contrariété de décisions, mais un juge principal et des juges délégués.

1158. – Attributions du juge-commissaire. Sa mission est entendue de manière large puisque l'article L. 621-12 du Code de commerce le charge de veiller au déroulement rapide de la procédure et à la protection des intérêts en présence. Le juge-commissaire est l'intermédiaire entre le tribunal et les auxiliaires de justice spécialisés. De cet emplacement stratégique, il ne se borne pas à contrôler. Il doit, ou devrait, prendre de nombreuses initiatives, qui relèvent tout autant de l'administration que de la juridiction. Plus précisément, il exerce les attributions suivantes :

– *surveiller l'administrateur et le représentant des créanciers.* Cette première mission est délicate car le juge, qui est presque toujours un commerçant élu par ses pairs, doit contrôler des auxiliaires de justice plus spécialisés que lui dans le droit et la pratique des entreprises en difficultés. Le juge-commissaire ne doit être ni un juge parapheur, qui se borne à entériner les propositions qui lui sont faites, ni un magistrat tatillon, qui retarde la procédure par des vérifications injustifiées.

– *désigner les créanciers contrôleurs* qui, depuis la loi du 10 juin 1994, sont appelés à jouer un rôle important en matière de surveillance du bon déroulement de la procédure (v. *infra*, n° 1166).

– *participer à l'élaboration du bilan économique et social de l'entreprise.* Certes ce bilan est dressé à titre principal par l'administrateur (art. L. 621-54). Mais le juge bénéficie d'un large pouvoir d'investigation puisqu'il peut, sans se voir opposer le secret professionnel, interroger les commissaires aux comptes, les banquiers, la Sécurité sociale, le Trésor et toutes les administrations pour connaître la situation économique, financière et patrimoniale de l'entreprise (art. L. 621-55). Le juge peut aussi obtenir du Procureur de la République tous les renseignements utiles au bon déroulement de la procédure (art. L. 621-11, al. 2). Ces renseignements sont notamment nécessaires lorsqu'une instance

---

1. Vallens, *Le juge-commissaire dans les procédures de redressement et de liquidation judiciaires*, J.C.P., 1985, éd. E, II, 14550 – Soinne, *Traité des procédures collectives*, n° 284.

répressive est intentée contre le débiteur ou les dirigeants de la personne morale. Il est regrettable que le juge ne jouisse de ces droits qu'après le jugement d'ouverture. Les renseignements ainsi obtenus sont communiqués à l'administrateur.

– *prendre un grand nombre de décisions* notamment en matière d'admission des créances (art. L. 621-44), de gestion de l'entreprise pendant la période d'observation (art. L. 621-24, 621-28, 621-31, 621-37), de réalisation de l'actif (art. L. 622-16) de licenciements pour motifs économiques (art. L. 621-37), d'emprunts conclus au cours de la période d'observation (art. L. 621-32) etc.

Plus généralement, le juge-commissaire a désormais compétence, pour trancher toute difficulté, du moment que la loi n'a pas attribué compétence à un autre organe [1]. On a donc pu, à juste titre, le qualifier de « *chef d'orchestre de la procédure nouvelle* » [2]. Le juge commissaire est notamment compétent en cas d'urgence, au lieu et place du juge des référés [3].

Ces pouvoirs sont encore accrus dans la procédure simplifiée, puisqu'il n'y a pas, en principe, d'administrateur.

Si le juge commissaire, saisi d'une demande, ne rend pas son ordonnance dans un délai raisonnable, le tribunal peut se substituer à lui (Décr. 1985, art. 25 al. 2).

Les ordonnances du juge commissaire sont déposées au greffe et notifiées aux parties intéressées, qui ont huit jours pour les contester (Décr. 1985, art. 25 al. 3).

En règle générale, le recours est porté devant le tribunal (Décr. 27 déc. 1985, art. 25). Pour garantir l'impartialité de celui-ci, le juge commissaire n'y siège pas [4]. Le jugement n'est en principe susceptible d'aucune voie de recours, afin de ne pas retarder le déroulement de la procédure sauf si le juge commissaire a statué en dehors de ses attributions (art. L. 623-4) [5]. Toutefois les recours contre les ordonnances rendues en matière d'admission des créances ou de relevé de forclusion sont portés devant la cour d'appel, ce qui les rend plus efficaces (art. L. 621-46 et 621-105, v. *infra*, n° 1313). Certaines décisions mineures sont rendues en dernier ressort (art. L. 621-106).

La nature juridique des ordonnances du juge est mal déterminée. On peut se demander si elles ont toujours un caractère juridictionnel et, dans l'affirmative, si elles sont gracieuses ou contentieuses [6]. Il paraît difficile de donner une réponse unique tant les attributions du juge commissaire sont diversifiées allant du simple visa à des décisions juridictionnelles en

---

1. Com. 8 déc. 1987, *D.*, 1988, 53, note Derrida ; *J.C.P.*, 1988, II, 20927, note Jeantin ; *Rev. proc. coll.*, 1988, 177, note L. Cadiet. V. cep. Com. 10 juill. 1990, *Bull. civ.* IV, n° 205, p. 141.
2. Derrida, Godé et Sortais, *Redressement judiciaire*, n° 73.
3. Com. 1er oct. 1991, *J.C.P.*, 1992, II, 21854, note M. Jeantin.
4. Grenoble 11 sept. 1997, *D.*, 1998, 128, note J.-F. Renucci.
5. Com. 11 déc. 1990, *D.*, 1991, 440, note Derrida ; *J.C.P.*, 1991, II, 21712, note Béhar-Touchais – 16 mars 1999 : *Bull. civ.* IV, n° 65, p. 53.
6. Delesalle, *La fonction arbitrale du juge-commissaire*, Rev. proc. coll., 1986, n° 1, p. 59.

passant par des mesures d'ordre administratif. L'importance de ces fonctions ne met pas en cause l'impartialité du juge commissaire qui peut par conséquent être membre de la formation plénière du tribunal [1].

Le tribunal et le juge-commissaire ne peuvent évidemment pas mener seuls à bien une procédure qui suscite de nombreuses formalités.

2) *Les auxiliaires de justice spécialisés*

1159. – *De l'unité à la dualité*. En ce domaine, la réforme de 1985 apporte un changement important. Le syndic, auxiliaire unique et polyvalent, est remplacé par deux auxiliaires spécialisés, l'administrateur et le représentant des créanciers (mandataire-judiciaire à la liquidation des entreprises)[2].

Dans le régime de la loi de 1967, le rôle essentiel était joué par le syndic, auxiliaire de justice spécialisé dans les procédures collectives. Le syndic cumulait trois attributions :
– il représentait la masse des créanciers (L. 13 juill. 1967, art. 13) ;
– il représentait le débiteur en cas de liquidation des biens et l'assistait en cas de règlement judiciaire (L. 13 juill. 1967, art. 15) ;
– enfin il était un organe de la procédure, chargé de veiller au bon et au rapide déroulement de celle-ci.
Ce régime a été critiqué. On a remarqué qu'il n'était pas opportun que le même auxiliaire de justice cumule des fonctions de représentation du débiteur, donc d'administration, et de représentation des créanciers, donc de liquidation. Il est vrai que ces deux attributions supposent des aptitudes différentes. Or le syndic ne pouvait pas être à la fois un excellent gestionnaire et un excellent juriste. Cependant, malgré les apparences, la loi de 1967 ne manquait pas de logique. Les faillites, au sens large, étaient des saisies collectives. Les créanciers prenaient en main l'administration du patrimoine de leur débiteur défaillant par l'intermédiaire du syndic. Celui-ci n'administrait pas l'entreprise pour le compte du débiteur, mais pour le compte des créanciers. Il exerçait une mission unique dans l'intérêt des créanciers, mais selon des modalités variables. Néanmoins, il se trouvait parfois en situation difficile. Notamment lorsque des licenciements s'avéraient nécessaires ou utiles, le syndic ne savait pas s'il devait adopter le point de vue du débiteur, des créanciers... ou des salariés.

Les auteurs du projet de réforme ont été sensibles à ces critiques et ont donc décidé la *disparition des syndics de faillite* et leur remplacement par trois professions distinctes : les administrateurs judiciaires, les mandataires-judiciaires à la liquidation des entreprises et les experts en diagnostic d'entreprise (art. L. 811-1 et s.).

---

1. Com. 16 oct. 2001 : *D.* 2001, 3273, note A. Lienhard – T. Monteran, L'impartialité du juge dans les procédures collectives : *Rev. proc. coll.* 2002, 243.
2. J.-P. Adam, *Les rôles de l'administrateur judiciaire et du mandataire-liquidateur*, ds. *Le redressement judiciaire de l'entreprise*, Rev. jurisp. com., n° spéc., fév. 1987, p. 107 – Soinne, *Le statut des mandataires, la profession d'administrateur judiciaire*, Rev. proc. coll., 1986, n° 1, p. 1.

Une loi du 3 janvier 2003 a apporté quelques modifications de détail au statut de ces deux professions [1].

a) Les administrateurs judiciaires

1160. – Désignation des administrateurs judiciaires. Le jugement qui ouvre le redressement judiciaire désigne l'administrateur (art. L. 621-8). Ce choix résulte d'une appréciation souveraine, fondée sur la confiance que témoigne le tribunal à tel administrateur pour régler tel dossier [2]. Par la suite le tribunal peut d'office, sur proposition du juge-commissaire ou à la demande du ministère public, procéder au remplacement de l'administrateur ou à la désignation d'administrateurs supplémentaires, si l'importance du dossier le justifie (art. L. 621-10).

En principe les administrateurs doivent être choisis parmi les *personnes inscrites sur une liste établie par une commission nationale* (art. L. 811-2) [3]. Cette liste est divisée en sections régionales, correspondant au ressort de chaque cour d'appel. Mais les intéressés peuvent exercer leurs fonctions sur l'ensemble du territoire.

Toutefois, à titre exceptionnel, le tribunal peut désigner comme administrateur une personne non inscrite sur la liste, mais présentant une expérience ou une qualification particulière (art. L. 811-2, al. 2). Le cas peut se présenter notamment si l'entreprise en redressement judiciaire fait l'objet d'une réglementation particulière (société civile professionnelle titulaire d'un office ministériel, pharmacie, etc.). Il est alors utile d'avoir un administrateur non inscrit sur la liste mais au courant des particularités de la profession. Mais la sagesse serait de désigner aussi un administrateur inscrit sur la liste.

Dans le cas de la *procédure simplifiée*, il n'y a pas en principe d'administration judiciaire, car le débiteur reste à la tête de son entreprise. Toutefois si la désignation d'un administrateur se révèle nécessaire, celui-ci n'est pas forcément choisi parmi les professionnels inscrits sur la liste (art. L. 621-137, v. *infra*, n° 1218) [4]. Par conséquent, la plupart des procédures se déroulent sans la participation d'un administrateur professionnel, dont l'intervention se limite aux affaires complexes.

La désignation de l'administrateur par le tribunal est sans doute une solution plus réaliste que son élection par les créanciers. Elle présente néanmoins l'inconvénient de ne pas assurer suffisamment l'indépendance

---

1. V. les obs. Y. Chaput au *J.C.P.* 2003, act. 121.
2. V. cep. pour la responsabilité de l'Etat en cas de refus systématique et injustifié de désignation d'un administrateur inscrit, Civ. 1, 30 janv. 1996, *J.C.P.*, 1996, II, 22608, note Sargos ; *D.*, 1997, 83, note A. Legrand.
3. V. Paris, 7 nov. 1986, *D.*, 1987, Som., 75, note Honorat, pour les recours en matière de décision d'inscription.
4. Guyon, *Le régime simplifié de la procédure de redressement judiciaire*, Rev. proc. coll., 1986, n° 1, p. 32.

de l'administrateur qui hésitera à se heurter de front au tribunal, de peur d'être victime de mesures de rétorsion lors des nominations ultérieures.

1161. – *Statut des administrateurs judiciaires*. Il n'appelle pas de remarques particulières. En effet, contrairement à ce que l'on avait pu craindre, la tutelle de la profession est exercée par l'autorité judiciaire, et non par l'Administration. Notamment la discipline de la profession est assurée par la commission d'inscription, qui comprend des personnalités indépendantes du pouvoir exécutif.

Les administrateurs sont dans une situation qui rappelle celle des experts. En effet, ce ne sont pas des fonctionnaires puisqu'ils ne sont pas rémunérés par l'Etat mais par les entreprises qu'ils prennent en charge. Mais ils n'exercent pas non plus une profession libérale car, étant désignés par le tribunal, ils n'ont pas de clientèle. Il faut en déduire, comme cela avait été jugé pour les syndics, que leur cabinet n'a pas de valeur patrimoniale et ne peut pas être cédé [1]. Les administrateurs sont de simples particuliers et non des auxiliaires de justice chargés d'un ministère de service public [2].

Les administrateurs peuvent exercer à titre individuel ou au sein soit de sociétés civiles professionnelles soit de sociétés d'exercice libéral (L. 90-1259 du 31 déc. 1990, art. 52 – Décr. 5 nov. 1986 et 20 sept. 1993). Cette faculté de regroupement est opportune car l'administration de grosses entreprises en difficultés dépasse souvent les facultés d'une seule personne.

1162. – *Fonctions et responsabilité des administrateurs*. L'administrateur judiciaire prend en main, de manière plus ou moins complète, la gestion de l'entreprise soumise à la procédure collective. C'est un *chef d'entreprise intérimaire* et donc plus un gestionnaire qu'un juriste. Il doit exercer sa profession à titre exclusif (art. L. 811-10).

Pendant la période d'observation, l'administrateur élabore le plan de redressement de l'entreprise et participe à la gestion de celle-ci, selon les modalités fixées par le jugement d'ouverture (v. *infra*, n° 1214). Dans le cadre de sa mission, il est tenu au respect des obligations incombant au chef d'entreprise (art. L. 621-22). Il doit concilier le maintien de l'activité en vue d'un redressement et une gestion prudente, qui évite, autant que possible l'accumulation d'un passif postérieur. S'il lui apparaît qu'un redressement est possible, il doit chercher un repreneur.

Pendant la période définitive, l'administrateur joue surtout un rôle important en cas de plan de continuation ou de cession. En effet, c'est lui que le tribunal charge de la mise en œuvre de ce plan. En revanche, l'administrateur s'efface en cas de liquidation, sauf si l'exploitation est

---

1. Civ. 1, 20 mars 1984, *D.*, 1986, 189, note D. Carbonnier – 25 avr. 1990, *Bull. civ.* I, n° 88, p. 64.
2. Ch. mixte, 4 nov. 2002, *J.C.P.*, 2003, II, 10006, note E. Derieux ; Rev. soc. 2003, 308, note B. BOULOC.

continuée pendant la période transitoire. Si la liquidation judiciaire est ordonnée dès le jugement d'ouverture, le tribunal ne désigne pas d'administrateur.

Les administrateurs perçoivent une rémunération dont les modalités sont fixées par le décret n° 85-1390 du 27 décembre 1985. Le tarif prévoit un droit fixe d'un montant modeste et des droits proportionnels calculés sur le chiffre d'affaires réalisé par l'administrateur ou sur le montant de la cession [1].

– *Les administrateurs encourent une responsabilité qui obéit aux mêmes principes que celle des mandataires* (C. civ., art. 1992) [2]. L'administrateur ne contracte donc qu'une obligation de moyens, mais sa faute est appréciée avec une certaine rigueur, comme celle de tout professionnel rémunéré. Il semble que, contrairement aux solutions admises sous l'empire de la loi de 1967, la faute capitale ne soit plus la création d'un passif postérieur qui risque de demeurer impayé, mais la commission d'un acte qui compromettrait le redressement notamment la renonciation à la poursuite d'un contrat revêtant un intérêt primordial pour l'entreprise [3].

Cette responsabilité pourrait théoriquement se combiner avec celle du juge-commissaire ou du tribunal, lorsque ces organes ont autorisé un acte préjudiciable au débiteur ou aux créanciers de manière lourdement fautive [4].

Les administrateurs doivent s'affilier à une caisse de garantie et contracter une assurance couvrant leur responsabilité professionnelle (art. L. 814-3 et 814-4).

L'action en responsabilité est de la compétence du tribunal de grande instance (Décr. 85-1388, art. 174). Cette solution est regrettable car, même si l'administrateur n'est pas un commerçant, le tribunal qui a provoqué le redressement judiciaire, donc le plus souvent le tribunal de commerce, paraît le mieux placé pour apprécier le comportement de l'administrateur.

L'action se prescrit en dix ans (C. civ. art. 2227-1).

L'administrateur encourt la responsabilité pénale du chef d'entreprise, sans pouvoir se dégager par une délégation donnée au débiteur qui n'est pas son préposé [5].

L'administrateur judiciaire encourt également une *responsabilité disciplinaire*, dont le régime a été amélioré par la loi du 3 janvier 2003.

---

1. Soinne, *Traité des procédures collectives*, 2 éd., n° 852 – Com. 14 oct. 1997, *J.C.P.*, 1998, E., 80, note Behar-Touchais.
2. F. Aubert, La responsabilité personnelle des mandataires de justice : Rapport Cour de cassation, 2003. – Y. Guyon, *Le nouveau régime de la responsabilité des administrateurs judiciaires*, Rev. proc. coll., 1988, 159 – C. Saint-Alary-Houin, *Les professions d'administrateurs et de mandataires judiciaires, des professions à haut risque* : Mélanges A. Honorat, p. 193 – Perdriau, *La responsabilité civile des mandataires de justice dans les procédures collectives*, *J.C.P.*, 1989, éd. E, II, 15547 – B. Soinne, *La responsabilité des mandataires*, Rev. proc, coll., 1991, 419.
3. Com. 20 oct. 1992, *J.C.P.*, 1993, éd. E, II, 472, note Rossi – 5 oct. 1993, *Bull. civ.* IV, n° 318, p. 229 – 9 juin 1998, *ibid.*, n° 185, p. 153 – 8 déc. 1998, *ibid.*, n° 293, p. 243.
4. V. cep. Com. 18 avr. 1989, *Bull. civ.* IV, n° 120, p. 81.
5. Crim. 21 juin 2000 : *J.C.P.*, 2001, II, 10481, note A. Couret.

Les tâches des administrateurs sont difficiles et exposées aux critiques des victimes des procédures collectives. Ces auxiliaires de justice sont conduits à gérer des entreprises très diverses. Ils le font au pied levé, devant s'adapter sur l'heure à des situations parfois insolites dont ils ignoraient tout la veille. Enfin ils trouvent une affaire sans trésorerie, sans crédit, parfois sans comptabilité et parfois également avec un climat social tendu. Il ne faut donc pas s'attendre à des miracles. Toutefois trop d'administrateurs se déchargent de certaines de leurs fonctions sur des tiers, rémunérés par le débiteur et qui échappent à tout contrôle. Les sub-délégations doivent être évitées (art. L. 811-1). Il serait par conséquent souhaitable que la profession élabore rapidement des règles déontologiques, qui préciseraient les diligences incombant aux intéressés [1].

b) Les mandataires judiciaires au redressement et à la liquidation des entreprises

1163. – *La représentation des créanciers.* Avant 1985, la représentation des créanciers par le syndic avait un caractère collectif et organisé. En effet les créanciers étaient de plein droit regroupés au sein d'une masse, dont le syndic était le représentant. La loi du 25 janvier 1985 ne mentionne plus l'existence d'une masse tout en prévoyant la désignation d'un mandataire représentant les créanciers. Faut-il en déduire que le mandataire représente chaque créancier, pris individuellement ? Rien n'est moins certain. La procédure de redressement judiciaire reste une procédure collective, même si la loi ne mentionne pas l'existence d'une masse. *Les créanciers ont un intérêt collectif, qui se superpose à leurs intérêts individuels.* Le mandataire agit au nom et pour le compte de la collectivité des créanciers (art. L. 621-39) [2]. Il représente tous les créanciers qu'ils soient chirographaires ou garantis par une sûreté, publics ou privés, créanciers commerciaux ou salariés etc. Mais, le mandataire n'est pas le représentant des intérêts individuels des créanciers de telle sorte que, bien que la question soit discutée, chaque créancier conserve le droit d'agir contre des tiers pour la défense des droits qui lui sont propres (v. *infra*, n° 1240-1) [3].

La profession a plusieurs fois changé de dénomination. L'expression « mandataire liquidateur » utilisée par la loi de 1985 a été abandonnée par la loi du 31 décembre 1990 au profit de celle de « mandataire judiciaire à la liquidation des entreprises » pour souligner le caractère officiel de la mission de ces professionnels. La loi du 3 janvier 2003 a ajouté le mot « redressement » afin de montrer que le mandataire participe aussi à

---

1. G. Bolard, *La déontologie des mandataires de justice dans les faillites*, D., 1988, 261 – H. Gattegno, *Une enquête menace les administrateurs judiciaires parisiens*, Le Monde, 8 avril 1999.
2. Com. 3 juin 1997, *D.*, 1997, 517, note F. Derrida.
3. Com. 16 mars 1993, *D.*, 1993, 583, note Derrida – 8 oct. 1996, *J.C.P.*, 1997, éd. E, II, 914, note Y. Guyon ; *D.*, 1997, 87, note Derrida. – 7 janv. 2003 : *D.* 2003, 274, note A. Lienhard.

cette opération. Dans la pratique on parle tout simplement de « mandataire » ou de « représentant des créanciers ».

Les mandataires sont désignés et remplacés par le tribunal dans les mêmes conditions que les administrateurs (V. *supra*, n° 1153). Les prétendus « mandataires » ne sont donc pas investis d'une mission contractuelle, résultant d'une désignation par leurs mandants, mais d'une mission légale.

Les mandataires doivent figurer sur une *liste nationale, divisée en sections correspondant au ressort de chaque cour d'appel*. Leur compétence est néanmoins nationale.

Leur statut, leur responsabilité et leur rémunération sont voisins de ceux des administrateurs. Mais le barème de leur rémunération a été critiqué car il les incite à liquider plutôt qu'à redresser.

En revanche *leurs fonctions sont* différentes, car *de nature plus juridique qu'économique*. Le mandataire est le représentant des créanciers pendant la période d'observation, le commissaire à l'exécution du plan de continuation ou de cession et enfin le liquidateur, si l'entreprise ne peut se redresser [1]. Sa mission consiste à déterminer les droits des créanciers, à reconstituer et liquider l'actif et enfin à assurer les paiements. Mais il est aussi un organe de la procédure doté de pouvoirs propres.

> On reproche souvent aux mandataires de ne pas informer suffisamment et correctement les créanciers qu'ils représentent. En outre leur objectivité est parfois mise en doute en cas de conflit d'intérêts entre créanciers.
>
> Le représentant des créanciers nommé par une juridiction étrangère peut exercer de plein droit ses attributions en France, à condition de suivre les règles de la procédure française [2].
>
> Certains proposent de supprimer cette profession et d'ouvrir les fonctions de mandataire aux avocats et aux professionnels du chiffre. La suggestion paraît peu opportune, car cette activité requiert une qualification spécifique et une totale disponibilité.

1164. – Appréciation de la réforme. L'intervention simultanée des administrateurs et des mandataires risque d'entraîner certaines difficultés. Un équilibre devra être trouvé, à mi-distance de l'antagonisme et de la connivence. Ici aussi on pourra parler de cohabitation.

En outre, la coordination entre l'action de ces deux professionnels peut entraîner des pertes de temps.

On peut enfin se demander si la réforme s'est attaquée aux vraies difficultés, qui tenaient au nombre insuffisant des syndics et à la médiocrité de la compétence professionnelle de certains d'entre eux. En ce qui concerne les administrateurs judiciaires, on est passé d'un extrême à

---

1. B. Dureuil, *Simples remarques d'un praticien sur la place du mandataire liquidateur dans la loi du 25 janvier 1985*, Rev. proc. coll., 1986, n° 2, p. 11.
2. Com. 14 mai 1996, *D.*, 1996, 586, note M. Vasseur.

l'autre. Avant la réforme, il y avait 9 administrateurs à Paris et à peu près autant dans le reste de la France (Marseille et Lille, notamment). Or il y avait déjà en 1986, 140 administrateurs inscrits sur la liste nouvelle, ce qui est beaucoup, même si certains syndics sont devenus administrateurs [1]. En revanche, on se félicitera que le décret 85-1389, complété par le décret du 8 octobre 1991, impose aux futurs membres de ces professions d'être titulaires d'un diplôme de l'enseignement supérieur et d'avoir une certaine expérience professionnelle. En effet, la réussite de ces professions suppose que leurs membres aient une qualification suffisante pour exercer sans défaillance et sans retard des missions souvent délicates. Quelques années seront encore nécessaires pour savoir si ces buts ont été atteints.

A côté des organes de décision, on trouve des organes de contrôle dont le rôle, certes moins important, n'est pas pour autant négligeable.

B. Organes de contrôle

1165. – Les organes de contrôle se sont multipliés à une période récente. Initialement seuls les créanciers exerçaient un contrôle sur le bon déroulement de la procédure. Puis la loi du 15 octobre 1981 a permis au ministère public d'intervenir dans les procédures collectives. Enfin la loi du 25 janvier 1985 a instauré une représentation spécifique des salariés.

Il y a donc désormais trois organes de contrôle.

1) Les créanciers contrôleurs

1166.* – *Une fonction revivifiée. Le redressement judiciaire est organisé dans l'intérêt des créanciers. Ceux-ci doivent pouvoir en surveiller le bon déroulement, afin notamment d'éviter les lenteurs inutiles. Il existait donc depuis toujours des créanciers contrôleurs, plus étroitement associés à la procédure que les autres. Toutefois l'institution était tombée en désuétude. La loi du 10 juin 1994 entend la revivifier afin de redonner confiance aux créanciers, qui ne se sentaient pas suffisamment représentés, informés et défendus par le mandataire judiciaire art. L. 621-13) [2].

Les contrôleurs sont désignés par le juge commissaire. Ce procédé n'est guère logique, mais il était impossible de procéder à une élection puisque l'expérience a montré que les créanciers ne venaient pas aux assemblées auxquelles ils étaient convoqués. S'il y a plusieurs contrôleurs, et il peut y en avoir jusqu'à cinq, le juge s'assure que certains représentent les créanciers chirographaires, les autres, les

---

1. Le Besnerais, *Les premières applications de la loi du 25 janvier 1985*, Banque, 1986, 640.
2. F. Derrida, *Du rôle des contrôleurs dans les procédures de redressement et de liquidations judiciaires* : Mélanges A. Honorat, p. 89 – M.-A. Frison-Roche, *Le contrôleur, ds. Les principales innovations du décret du 21 octobre 1994*, p. 35, Université Nice, 1995.

créanciers titulaires de sûreté. Il semble que le juge soit obligé de procéder à la désignation, dès lors qu'un créancier le demande et remplit les conditions pour être nommé.

    Le juge a une grande liberté de choix. Simplement il ne doit pas désigner un proche du débiteur. Dans la pratique le juge doit aussi éviter de nommer contrôleur un concurrent du débiteur qui mettrait à profit ses fonctions pour s'approprier des renseignements confidentiels. De même l'éventuel repreneur de l'entreprise ne doit pas être nommé contrôleur, car il aurait ainsi connaissance d'informations dont ne bénéficient pas les autres candidats à la reprise.
    Les banques demandent souvent à être nommées contrôleurs.
    Les contrôleurs sont révoqués par le tribunal, sur proposition du juge commissaire.

Les fonctions des contrôleurs relèvent de l'*information* et de la *consultation* dans l'intérêt général du bon déroulement de la procédure. Mais les contrôleurs n'ont pas de pouvoir de décision.
– Ils peuvent à tout moment présenter des observations au mandataire judiciaire, qui les communique au juge commissaire et au procureur de la République (art. L. 621-39).
– Ils sont informés et consultés lors des principales étapes de la procédure, notamment lorsque le tribunal se prononce sur le plan de redressement. Mais ils donnent un simple avis, qui n'a pas besoin d'être suivi.
– Ils peuvent demander au juge commissaire de saisir le tribunal afin de procéder au remplacement de l'administrateur ou du mandataire (art. L. 621-10). Ils peuvent, dans les mêmes conditions, demander la cessation de l'activité du débiteur et l'ouverture de la liquidation judiciaire, afin d'éviter l'accumulation d'un passif (art. L. 621-27).

    En revanche ils ne peuvent pas exercer des voies de recours car ils ne sont pas parties à la procédure [1]. Par conséquent la réforme de 1994 a une portée plus psychologique que juridique.

2) Le ministère public

1167. – *Information du ministère public.* Le ministère public a toujours joué un rôle dans les procédures collectives, car celles-ci pouvaient révéler l'existence d'infractions. Ce rôle existe encore, malgré une certaine dépénalisation des procédures collectives. Mais, depuis la loi du 15 octobre 1981, le ministère public intervient aussi en dehors de toute poursuite d'infractions, car les procédures collectives ne mettent plus seulement en jeu des intérêts particuliers mais également l'ordre public économique et social [2].

---

1. Com. 9 déc. 1997, *Bull. civ.* IV, n° 325, p. 281.
2. P. Cagnoli, *Essai d'analyse processuelle du droit des entreprises en difficulté*, n° 66, 2002. – B. Soinne, *L'intervention du ministère public dans les procédures collectives*, D., 1983, 11.

Tout d'abord le ministère public est mieux informé. L'article 425 du nouveau Code de procédure civile prescrit la communication au parquet des procédures ouvertes à l'encontre des personnes morales. Cette communication est d'ordre public [1].

D'autres mesures d'informations plus particulières sont prévues par les textes régissant les procédures collectives. Ainsi le procureur est tenu au courant, dans les mêmes conditions que le juge-commissaire, du déroulement de la procédure, par des rapports que lui adressent l'administrateur et le représentant des créanciers. Il peut également requérir à toute époque communication de tous actes et documents relatifs à la procédure (art. L. 621-11, al. 1).

Par conséquent le ministère public peut, s'il l'estime opportun, se tenir étroitement au courant de tous les aspects de la procédure. Il peut ainsi faire la liaison entre le tribunal et les pouvoirs publics, notamment lorsque l'entreprise est de dimension telle que sa disparition est un événement d'importance nationale ou régionale.

Toutes ces dispositions doivent être approuvées. L'intervention d'un magistrat du Parquet, gardien de l'ordre public, donne à la procédure une plus grande transparence et atténue l'inconvénient résultant du fait que le tribunal de commerce ne comprend aucun juge professionnel [2]. Le parquet est à la fois un *contrôleur*, dont la présence évite certains abus, un *conseiller* pour les questions d'ordre juridique et un *intermédiaire* avec les pouvoirs publics pour l'élaboration des plans de redressement.

1168. – Pouvoirs du ministère public. En second lieu, le ministère public a des pouvoirs de plus en plus étendus. Sous l'empire de la seule loi de 1967, ceux-ci étaient assez limités. La loi du 15 octobre 1981 les a déjà sensiblement élargis et la loi du 25 janvier 1985 a encore accru ce mouvement.

Tantôt le ministère public a une *compétence concurrente*. Il peut agir comme le ferait une partie à la procédure. Notamment le ministère public peut provoquer l'ouverture du redressement judiciaire (art. L. 621-2, al. 2), demander le remplacement de l'administrateur ou du représentant des créanciers (art. L. 621-10), solliciter l'application d'une sanction pécuniaire aux dirigeants de la société en redressement judiciaire (art. L. 624-6) etc.

Tantôt le ministère public a une *compétence propre*, en ce sens que certaines initiatives lui sont réservées : demande de deuxième prorogation de la période d'observation (art. L. 621-6, al. 2.) ; demande de conclusion d'un contrat de location-gérance au cours de la période d'observation (art. L. 621-34) ; appel des jugements relatifs à la désignation des

---

1. Ch. mixte, 21 juill. 1978, *D.*, 1979, Info. rap., 232, note Jullien – Com. 31 mars 1987, *Rev. proc. coll.*, 1987, n° 3, p. 20, note Cadiet – Perdriau, *La communication au ministère public des affaires de faillite*, J.C.P., 1986, I, 3228.
2. Y. Guyon, *La transparence dans les procédures collectives*, Petites Affiches, 21 avril 1999.

organes de la procédure, et statuant sur la durée de la période d'observation ou sur les modalités de la continuation de l'exploitation au cours de celle-ci (art. L. 623-6, al. 1 et 2). Cette compétence propre permet au parquet d'exercer une sorte de tutelle sur une procédure qui, en raison de la diversité des intérêts en cause, prend un caractère quasi-public.

Tantôt enfin le ministère public a une *situation préférentielle*. C'est ainsi que le parquet peut exercer les voies de recours contre une décision même s'il n'a pas été partie principale.

> Ce droit est surtout utile en matière de jugements qui arrêtent ou rejettent le plan de cession d'entreprise (art. L. 623-6). Il n'en est pas moins dérogatoire au droit commun car, en règle générale, l'appel et le pourvoi en cassation sont réservés aux plaideurs. Ici la dérogation est sans doute justifiée, car il n'est jamais trop tard pour réparer une erreur. Le Conseil constitutionnel a jugé que ce droit d'appel ne portait pas atteinte aux droits des autres parties, puisque le ministère public est chargé de la défense des intérêts généraux. Il l'a donc déclaré conforme à la Constitution [1].
>
> L'efficacité des voies de recours intentées par le ministère public a été renforcée par la loi du 10 juin 1994 qui leur donne un caractère suspensif (art. L. 623-1 et 623-6).

Ce renforcement des prérogatives du ministère public ne sera efficace que si ces magistrats sont effectivement présents devant les tribunaux de commerce, et notamment les plus petits d'entre eux. Malheureusement les membres du Parquet sont généralement trop peu nombreux pour assurer cette présence.

Le rôle accru du ministère public montre que le redressement judiciaire n'est pas uniquement l'affaire du débiteur et des créanciers. L'instauration de représentants des salariés témoigne de la même évolution.

3) Les représentants des salariés

1169. – Les trois modalités de la représentation des salariés.
La participation de représentants des salariés à la procédure est une innovation de la loi du 25 janvier 1985 [2].

> Le principe même de cette représentation a fait l'objet de controverse. Les uns ont remarqué que les salariés sont avant tout des créanciers : aucune représentation spécifique ne s'imposait donc, si l'on voulait respecter le principe de l'égalité entre créanciers. Les autres, au contraire, insistaient sur la spécificité de la situation des salariés qui ne demandent pas

---

1. Conseil constitutionnel, 18 janvier 1985, *Gaz. Pal.*, 1985, Lég. 127.
2. Y. Guyon, *Le rôle des salariés, dans les procédures de redressement et de liquidation, judiciaires*, Etudes G. Lyon-Caen, p. 451, 1989 – P. Lafarge, *La situation des salariés et de l'AGS*, ds. *Le redressement judiciaire de l'entreprise*, Rev. jurisp. com., n° spéc., fév. 1987, p. 178 – L. Rozés, *Les droits collectifs des salariés dans la nouvelle procédure*, Annales Université de Toulouse, 1986, p. 11 – Soinne, *Traité des procédures collectives*, n° 420 – B. Teyssié, *Les représentants des salariés dans les procédures de redressement et de liquidation judiciaires*, *J.C.P.*, 1986, I, 3239.

Chapitre II - Les conditions de forme de l'ouverture de la procédure / 189

tellement un paiement – l'AGS a généralement garanti le paiement des arriérés – mais la sauvegarde des emplois. Ils préconisaient donc la création d'un auxiliaire de justice spécialisé dans la représentation des salariés.

La loi de 1985 a choisi une solution moyenne. Les salariés continuent d'être représentés par le mandataire-liquidateur, comme les autres créanciers. Mais leurs intérêts sont sauvegardés par la présence de représentants spécifiques.

Cette innovation est justifiée. Sous le régime antérieur, faute d'une représentation spécifique, les salariés se sentaient exclus de la procédure et incités à des actions para-judiciaires violentes et peu efficaces [1].

La représentation des salariés est assurée de trois manières, ce qui est à la fois beaucoup et trop peu, car *la collaboration des syndicats bien que souvent essentielle, n'a pas été prévue.*

– *Tantôt la représentation est assurée par le comité d'entreprise, envisagé en tant qu'organe collégial.* Ainsi, le comité est informé et consulté avant le dépôt de bilan et, en cas de redressement judiciaire, avant toute décision relative à la poursuite de l'activité et à l'élaboration du plan de redressement (C. trav., art. L. 432-1, al. 5).

– *Tantôt la représentation est assurée par des représentants du comité d'entreprise ou des délégués du personnel.* Ces porte-parole jouent, en pratique, le rôle essentiel. Ils sont consultés à tous les stades de la procédure. Ils doivent donc être désignés si possible dès avant le jugement d'ouverture (art. L. 621-4, Décr. 1985, art. 6-8°). Leurs fonctions sont générales et imprécises. Elles consistent surtout à participer à l'élaboration éventuelle du plan d'entreprise (continuation ou cession) et à donner un avis sur les projets de licenciement. En somme, les représentants du comité sont les intermédiaires entre le tribunal et les salariés. Ils sont chargés de faire connaître les sacrifices que le personnel acceptera dans l'intérêt d'un redressement de l'entreprise et leur consultation permet de savoir si le climat social sera serein ou perturbé.

– *Tantôt enfin la représentation est assurée par un organe « ad hoc » le représentant au sens strict.*

Le représentant des salariés est désigné, dès l'ouverture de la procédure, soit par le comité d'entreprise, soit par les délégués du personnel, soit par l'ensemble des salariés statuant au scrutin secret (Décr. 1985, art. 15 et 16) [2]. Bien qu'étant un organe de la procédure, le représentant peut être un étranger. Il n'y a qu'un seul représentant. Le remplacement

---

1. Y. Guyon, *Les droits des salariés dans la liquidation collective des biens de l'entreprise*, Droit social, 1974, 139.
2. Sur l'ordre d'intervention de ces mécanismes, v. Trib. inst. Chambéry, 14 mars 1986, *Rev. proc. coll.*, 1986, n° 4, p. 65, note Guyon – Sur l'appréciation de la qualité de salarié, Soc. 16 janv. 1991, *J.C.P.*, 1991, éd. E, II, 208, note Serret.

est décidé dans les mêmes conditions que la désignation (art. L. 621-10, al. 3). On peut d'ailleurs se demander comment ce remplacement s'opérera au cas où certains salariés voudraient révoquer le représentant.

Le représentant est essentiellement chargé de la *vérification des créances salariales* (art. L. 621-36 et 621-125). Il défend les intérêts spécifiques des salariés devant le représentant des créanciers, comme le ferait un créancier contrôleur. Le temps qu'il passe dans l'exercice de ses fonctions est considéré comme temps de travail et rémunéré comme tel. Son licenciement est réglementé (art. L. 627-5).

Les fonctions de représentant des salariés risquent de demeurer assez platoniques. En effet l'intéressé ne participe pas à l'élaboration du plan d'entreprise et n'est pas consulté en cas de licenciement (art. L. 621-37). Tout se passe finalement comme si la loi, après avoir instauré cette représentation spécifique, continuait de faire du comité ou des délégués les seuls interlocuteurs du tribunal, de l'administrateur et des représentants des créanciers. C'est seulement lorsqu'il n'y a ni comité ni délégué du personnel que les représentants des salariés jouent un rôle important. En effet, dans la procédure simplifiée, ils exercent les prérogatives de ces organes (art. L. 621-135, al. 2). Cette substitution s'imposait pour que les salariés des petites entreprises ne soient pas exclus de la procédure.

1170. – *Appréciation de la réforme.* La participation des salariés aux procédures collectives est un pari qui est loin d'être gagné.

Elle se heurte à des obstacles psychologiques. Certains salariés s'étonnent d'être traités comme des cousins lors du décès de l'entreprise, alors que le défunt avait toujours refusé de les considérer comme des membres de la famille [1]. D'autres ne veulent pas être les complices des licenciements qui suivront presque inéluctablement l'ouverture du redressement judiciaire.

Les réactions frileuses sont encore nombreuses. Les incidents qui continuent d'émailler trop de dépôts de bilan (grèves, blocage des voies de circulation, séquestration des dirigeants) montrent que les mentalités et les comportements sont restés les mêmes qu'avant la mise en application de la loi de 1985. Cependant le pari n'est pas non plus perdu. Dans beaucoup d'entreprises, l'abandon par les salariés de certains avantages injustifiés permet de réussir des redressements définitifs.

C. Organes d'information

1171. – *Les experts en diagnostic.* Des experts ont toujours participé au déroulement des procédures collectives, afin notamment de

---

[1]. Morin, *La situation des salariés*, dans *La survie des entreprises en difficultés*, p. 155, éd. Sorej, Montréal, 1982.

Chapitre II - Les conditions de forme de l'ouverture de la procédure / 191

donner un avis sur la situation de l'entreprise et de collaborer à la préparation des plans de redressement.

La loi 85-99 du 25 janvier 1985 prévoit donc la création d'une profession spécialisée : les *experts en diagnostic d'entreprises* (art. L. 813-1). Ceux-ci participent à l'élaboration du rapport sur la situation économique et financière de l'entreprise, rapport destiné à éclairer le tribunal au cours de la période d'observation [1].

En réalité la mission des experts a un caractère beaucoup plus général. Le tribunal peut notamment y recourir dans les cas suivants :
– avant même l'ouverture de la procédure, pour savoir notamment s'il y a ou non cessation des paiements (art. L. 621-4) ;
– au cours de la phase d'observation pour l'élaboration du plan de redressement de l'entreprise, qui constitue le prolongement du bilan économique et social (art. L. 621-54). Toutefois, dans la procédure simplifiée l'enquête est généralement confiée à un mandataire-judiciaire à la liquidation des entreprises (art. L. 812-8, al. 2). Les experts, comme les administrateurs, devraient donc se cantonner aux dossiers importants.

Il semble même, bien que la loi ne le dise pas expressément, que l'administrateur peut se faire assister par des experts, lorsque la gestion de l'entreprise est spécialement difficile.

Les experts constituent une force de frappe efficace, qui devrait être utilisée dans les procédures les plus complexes. Malheureusement, les juges y ont trop peu souvent recours et il n'est pas certain que le nombre de ces professionnels ultra-qualifiés soit suffisant, pour permettre des interventions assez rapides. Les experts sont les pompiers des entreprises en difficultés. Ils doivent être en mesure d'intervenir en tout lieu et à tout moment.

1172. – Conclusion. Si l'on récapitule les divers organes appelés à intervenir à la procédure, on aboutit à une liste impressionnante, bien qu'elle ne soit peut-être pas complète :
– le président du tribunal,
– le tribunal,
– le juge-commissaire,
– le Procureur de la République,
– le représentant des salariés désigné par ceux-ci,
– le comité d'entreprise ou les délégués du personnel,
– les représentants du comité d'entreprise ou des délégués du personnel,
– un ou plusieurs administrateurs chargés de gérer l'entreprise et de préparer le plan de redressement,
– le débiteur, qui n'est plus dessaisi pendant la période d'observation, sauf décision contraire du tribunal,
– un ou plusieurs experts chargés, le cas échéant, de collaborer avec l'administrateur et le juge-commissaire,

---
1. Y. Guillou, *L'expert en diagnostic*, Rev. proc. coll., 1986, n° 1, p. 47.

— le conciliateur, si le redressement judiciaire s'est ouvert à la suite de l'échec d'un règlement amiable,
— un ou plusieurs créanciers contrôleurs,
— un mandataire de justice chargé de vérifier les créances et de représenter les créanciers,
— le cas échéant, un autre mandataire de justice chargé de liquider l'entreprise,
— un commissaire chargé de veiller à l'exécution du plan,
— enfin le greffier qui est l'auxiliaire indispensable du tribunal et du juge-commissaire.

On est ainsi passé d'une excessive concentration – le syndic était le maître-Jacques de la procédure –, *à une pléthore qui risque de provoquer des pertes de temps ou même des blocages.*
Compte tenu de l'importance de ses effets, le jugement qui prononce le règlement judiciaire ou la liquidation des biens ne doit pas demeurer clandestin. Il fait l'objet de mesures de publicité plus complètes et peut-on l'espérer plus efficaces que celles données aux jugements ordinaires.

SECTION V
Publicité du jugement d'ouverture

1173. – Une publicité est nécessaire car le redressement judiciaire produit des conséquences opposables à tous. Les créanciers et les tiers doivent savoir que le débiteur n'est plus entièrement libre de l'administration de ses biens et que son passif sera apuré suivant une procédure organisée.
Néanmoins la publicité, en portant les difficultés du débiteur à la connaissance de tous risques de compromettre son redressement. Historiquement on a vainement cherché la quadrature du cercle, c'est-à-dire une publicité suffisante pour alerter ceux qui sont déjà créanciers, mais insusceptible d'inquiéter ceux qui sont en relation d'affaires avec le débiteur [1].
En outre, vu l'urgence, le jugement produit ses effets même à l'égard des tiers à compter de sa date, c'est-à-dire indépendamment de toute publicité (v. *supra* n° 1149). Il y a là une exception au principe selon lequel la publicité est la condition de l'opposabilité aux tiers d'une situation juridique nouvelle.

1174. – *Publicité proprement dite.* Comme toute décision de justice, *le jugement est prononcé en audience publique* (Décr. 1985, art. 14).

---

1. E. Thaller, *Droit commercial*, 5 éd., n° 1756, Paris, 1916.

Cette formalité est moins inefficace qu'il ne paraît au premier abord. Certes les créanciers ne sont pas présents dans la salle d'audience. Mais lorsque l'entreprise en difficultés est importante, le jugement est annoncé par la presse et par les moyens audiovisuels, ce qui lui assure une publicité large et rapide. Autrefois le jugement était affiché dans une salle du Palais de Justice. Ce procédé a été abandonné.

Les formalités suivantes de publicité sont faites d'office par le greffier dans les quinze jours de la date du jugement (Décr. 1985, art. 21).

1) Un *extrait* du jugement doit tout d'abord être publié dans un *journal d'annonces légales* paraissant au lieu où siège le tribunal et partout où le débiteur exploite des établissements commerciaux. L'avis invite les créanciers à déclarer immédiatement leur créance. Comme toute publicité de ce type, cette insertion n'a qu'une efficacité peu en rapport avec son coût [1].

2) Le jugement est ensuite mentionné au *registre du commerce et des sociétés*, ou au répertoire des métiers si le débiteur est un artisan ou au registre de l'agriculture si le débiteur est un exploitant agricole [2].

Cette publicité est sans doute la plus efficace car toute personne en relation avec une entreprise peut demander un extrait d'immatriculation pour s'assurer qu'aucune procédure collective n'est en cours. Si le débiteur n'est pas tenu à immatriculation, la publicité s'opère sur un registre spécial. Le cas se rencontre notamment pour les associations.

La mention portée sur ces registres doit indiquer les pouvoirs que le jugement a conférés à l'administrateur (Décr. 1986, art. 21). Cette précision est indispensable puisque le dessaisissement du débiteur a une étendue variable (V. *infra*, n° 1213).

3) Le jugement fait aussi l'objet d'une *insertion au Bulletin officiel des annonces civiles et commerciales* (BODAC). Cette publicité est efficace, puisque le BODAC est une publication qui couvre l'ensemble du territoire national et dont les informations sont incorporées dans une banque de données télématique qui en facilite la consultation (Arrêté 17 mai 1984). Son contenu est le même que celui de l'insertion publiée dans un journal d'annonces légales.

En revanche, le jugement d'ouverture n'est plus mentionné sur le *casier judiciaire* du débiteur (C. proc. pén., art. 768-5°). En effet, ce jugement ne met pas en cause l'honorabilité du débiteur. Mais la loi de 1985 a maintenu l'inscription au casier des jugements prononçant la liquidation judiciaire. Cette formalité ne s'imposait pas, puisque ce jugement est une mesure patrimoniale sans conséquence sur la personne du débiteur du moment que la faillite personnelle n'est pas prononcée. Mais comme le bulletin n° 1

---

1. Guyon, *Droit des affaires*, t. I, n° 929.
2. Ce registre n'existe pas pour l'instant.

n'est communiqué qu'aux autorités judiciaires, cette inscription n'a pas grande portée.

Malgré leur intérêt ces formalités sont en partie inefficaces, car une personne physique peut cacher à son co-contractant qu'elle a la qualité de commerçant, d'artisan ou d'agriculteur. Celui-ci ne demandant pas un extrait du registre risque de contracter dans des conditions irrégulières. Il faudrait par conséquent envisager la création d'un fichier national des personnes physiques en redressement judiciaire. La même difficulté ne se rencontre pas sur les personnes morales puisque, au moins s'agissant des sociétés et des G.I.E., l'immatriculation se fait toujours au registre du commerce.

L'inaccomplissement de ces formalités engage la responsabilité civile du greffier. En outre, et surtout, le délai de 10 jours laissé aux tiers pour faire tierce opposition au jugement ne court qu'à dater de l'insertion au BODAC (Décr. 27 déc. 1985, art. 156) et les créanciers ne sont tenus de déclarer leurs créances que dans les deux mois de celle-ci (art. 66). Mais, pour le restant, les formalités de publicité ont un caractère assez platonique car le jugement produit ses effets à l'égard du débiteur et des tiers même si elles n'ont pas été accomplies. Bien plus, il y a même une certaine rétroactivité puisque ces effets se produisent dès la première heure du jour où le jugement a été rendu (v. *supra*, n° 1149).

> Les sociétés qui font publiquement appel à l'épargne doivent informer immédiatement le marché de l'ouverture d'une procédure collective [1].

Les formalités de publicité sont toujours relativement inefficaces puisqu'elles s'adressent à des destinataires inconnus. Elles sont donc complétées par des notifications individuelles.

1175. – Mesures d'information individuelle. Ces mesures sont nombreuses. Conformément au droit commun, le jugement est dans les huit jours de sa date, signifié au *débiteur* (Décr. 27 déc. 1985, art. 18). En outre le greffier avise le *Procureur de la République* et le *trésorier payeur général* du département (art. 19). Il faut en effet que le parquet puisse, s'il le désire, intervenir à la procédure et que le trésorier-payeur général puisse produire au redressement judiciaire pour demander paiement des impôts en retard. Le greffier adresse également copie du jugement aux *mandataires de justice* qui ont été désignés, afin que ceux-ci puissent commencer immédiatement leurs diligences. Enfin, les *créanciers connus*, et notamment ceux qui sont titulaires d'une sûreté publiée (hypothèque, nantissement) ou d'un contrat de crédit-bail sont avisés personnellement par le représentant des créanciers (art. L. 621-43 ; Décr. 1985, art. 66. V. *infra*, n° 1231).

> Dans l'ensemble, la réglementation reste la même que dans le régime antérieur : le jugement d'ouverture doit recevoir une large publicité.

---

1. Rapport COB, 2001, 63.

Une autre conception, radicalement différente, faciliterait le redressement de l'entreprise, mais compromettrait les droits des tiers. Elle consisterait à ne donner aucune publicité au jugement qui ouvre la période d'observation. Le crédit de l'entreprise ne serait pas atteint. Seul le jugement intervenant après cette période serait publié. Cette solution avait été retenue par la loi du 4 mars 1889 sur la liquidation judiciaire [1].

SECTION VI
Voies de recours

1176. – *Particularisme des voies de recours*. Les voies de recours obéissent à un régime qui déroge au droit commun. D'un côté, en effet, leur exercice abusif ou dilatoire doit être combattu. D'un autre côté, les décisions les plus importantes ne peuvent pas avoir un caractère définitif, car le juge du premier degré peut commettre des erreurs. La loi du 25 janvier 1985 distingue donc entre le jugement d'ouverture proprement dit, soumis assez largement à des voies de recours et les autres décisions prises au début de la procédure et qui obéissent à un régime plus restrictif [2].

La loi du 4 mars 1889 excluait déjà toute voie de recours contre le jugement prononçant la liquidation judiciaire, puisque cette procédure était instituée en faveur du débiteur. Au contraire les voies de recours demeuraient ouvertes en cas de faillite.

1177. – *Voies de recours contre le jugement d'ouverture*. Compte tenu de l'importance de celui-ci, elles sont assez largement ouvertes, sans pour autant risquer de compromettre le déroulement rapide de la procédure.

Le jugement qui ouvre la procédure est immédiatement exécutoire (Décr. 1985, art. 155) [3]. Cela veut dire qu'il produit ses effets avant même l'expiration des voies de recours et qu'il continue de les produire si ces voies de recours sont exercées. Cette règle, qui est dérogatoire au droit commun, se justifie par l'urgence. Elle évite qu'un débiteur de mauvaise foi n'exerce une voie de recours à seule fin de retarder l'ouverture effective de la procédure et donc continue à dilapider ses biens ou à favoriser indûment certains créanciers. Comme le jugement qui ouvre la procédure ne produit pas, en principe, d'effets irréversi-

---

1. Hilaire, *Introduction historique au droit commercial*, n° 207.
2. G. Bolard, *Les voies de recours*, dans *Les innovations de la loi sur le redressement judiciaire des entreprises*, t. 2, p. 55 – L. Cadiet, *L'évolution de l'appel dans les procédures de redressement et de liquidation judiciaires*, Rev. proc. coll., 1989, 371 – P. Cagnoli, *Essai d'analyse processuelle du droit des entreprises en difficulté*, n° 383 et s., 2002. – F. Derrida, *La notion de partie dans les décisions relatives au redressement et à la liquidation judiciaires*, D., 1989, 77.
3. J.-L. Vallens, *L'exécution provisoire du jugement de redressement ou de liquidation judiciaire*, D., 1997, 111.

bles, le débiteur ne peut pas demander la suspension de l'exécution provisoire. Cette faculté lui appartient, en revanche, par un recours formé devant le premier président de la Cour d'appel, à l'encontre du jugement qui prononce la liquidation judiciaire (Décr. 27 déc. 1985, art. 155, al. 2)[1]. Toutefois afin d'éviter les conséquences dommageables en fait d'un jugement d'ouverture rendu manifestement à tort, *l'appel interjeté par le ministère public*, mais par lui seul, *a un effet suspensif* (art. L. 623-1). On parvient ainsi à un équilibre satisfaisant entre la lutte contre les appels dilatoires et la sauvegarde des intérêts du débiteur.

L'appel peut être formé par le débiteur ou par les créanciers poursuivants (art. L. 623-1). Il est également ouvert au ministère public, même lorsque cet organe n'a pas été partie principale devant le tribunal. Le but de cette disposition dérogatoire au droit commun est de permettre l'infirmation de décisions que les pouvoirs publics estiment contraires à l'intérêt général, et le cas échéant de soumettre à la censure de magistrats professionnels un jugement rendu par un tribunal de commerce. Le comité d'entreprise n'a pas le droit de faire appel du jugement statuant sur l'ouverture de la procédure. Cette exclusion peut surprendre lorsque l'on sait que la loi de 1985 a voulu associer les salariés à la procédure. Elle est en réalité logique : le comité n'a pas le droit de saisir le tribunal (v. *supra*, n° 1137). Donc n'ayant pas été partie à l'instance, il n'a pas qualité pour interjeter appel. Mais, si l'appel est interjeté par une autre partie, les représentants des salariés doivent être entendus [2].

> Afin de ne pas retarder le déroulement de la procédure, l'appel doit être interjeté à *bref délai*, en principe dix jours à compter de la notification du jugement aux parties (Décr. 1985, art. 157 al. 1).

Bien qu'importante au regard des principes, la faculté de faire appel n'a qu'une efficacité pratique limitée. Quelle que soit sa diligence, la cour statue assez longtemps après le tribunal et donc à un moment où la situation a évolué, aussi bien en cas de rejet de la demande que de prononcé du redressement judiciaire. L'essentiel est d'aller vite si l'on ne veut pas que l'appel soit aussi inefficace qu'une opération chirurgicale effectuée sur un cadavre depuis longtemps refroidi.

> La cour bénéficie d'un pouvoir d'évocation. Elle peut notamment, lorsque des irrégularités ont été commises en première instance, annuler la procédure et statuer immédiatement au fond, au lieu de devoir renvoyer devant la juridiction du premier degré (Décr. 1985, art. 11)[3]. La célérité l'emporte sur le principe du double degré de juridiction.

---

1. Paris, 9 déc. 1986, *Gaz. Pal.*, 1987, 120 ; *Rev. proc. coll.*, 1987,n° 2, p. 21, note L. Cadiet – Rennes, 19 mai 1987, *Rev. jur. com.*, 1987, 273, note Gallet – V. aussi les obs. de M. Haehl au *J.C.P.*, 1987, II, 20911.
2. Paris, 2 mai 1986, *J.C.P.*, 1986, II, 20713, note Jeantin.
3. Com. 10 oct. 1995, *Bull. civ.* IV, n° 228, p. 213.

L'*opposition* n'est pas ouverte au débiteur, en cas de jugement rendu par défaut puisqu'un appel est possible (NCPC, art. 473)[1]. En revanche l'opposition reste admise de la part des tiers. Il s'agit en réalité d'une *tierce opposition* (art. L. 623-2). Contrairement au droit commun où elle est recevable pendant 30 ans, elle doit être exercée dans un délai de 10 jours à compter de la publicité du jugement du BODAC (Décr. 1985, art. 156).

Le pourvoi en cassation obéit aux règles du droit commun[2].

L'exercice des voies de recours entraîne une difficulté lorsque le débiteur a repris ses paiements avant la décision statuant sur la voie de recours. Théoriquement la cour devrait apprécier les faits à la date du premier jugement, donc ne pas tenir compte du retour à meilleure fortune. Mais cette solution est sévère pour le débiteur et désavantageuse pour les créanciers qui se trouvent engagés sans nécessité dans une procédure longue et coûteuse. Aussi admet-on généralement que, dans ce cas, la juridiction saisie de la voie de recours peut tenir compte de ce retour à meilleure fortune et par conséquent refuser de prononcer le redressement judiciaire. L'exercice d'une voie de recours peut ainsi devenir un moyen pour le débiteur de se procurer un ultime délai afin de réunir des fonds[3].

La pratique permet également au tribunal de rapporter ou de « rabattre » son jugement si, dans les jours qui suivent l'ouverture de la procédure, le débiteur est en mesure de reprendre ses paiements. Cette pratique est une véritable coutume « *contra legem* »[4]. Son utilité justifie l'entorse qu'elle apporte au droit commun de la procédure.

1178. – Voies de recours contre les autres décisions prises à l'occasion de l'ouverture de la procédure.
Ces voies de recours sont ouvertes dans des conditions plus restrictives, car les décisions judiciaires, autres que celle statuant sur l'ouverture de la procédure, présentent moins d'importance.

Les jugements relatifs à la nomination ou au remplacement des auxiliaires de justice ne sont susceptibles que d'un appel de la part du ministère public (art. L. 623-6). Les appels des autres parties et les pourvois en cassation sont exclus.

Les jugements relatifs à la nomination ou au remplacement du juge-commissaire ne sont susceptibles d'aucune voie de recours (art. L. 623-4).

Ces dispositions restrictives s'expliquent par le fait que les décisions de désignation d'organes relèvent plus de l'administration de la justice que de la fonction contentieuse du tribunal.

---

1. Com. 23 mai 1966, *Rev. trim. dr. com.*, 1966, 1012, note Houin.
2. A. Perdriau, *Le contrôle de la Cour de cassation en matière de faillite*, n° 230, *J.C.P.*, 1987, I, 3288.
3. Com. 7 nov. 1989, *Bull. civ.* IV, n° 273, p. 185 – 6 oct. 1992, *Bull. civ.* IV, n° 290, p. 204.
4. B. Soinne, *Traité des procédures collectives*, n° 584.

Cette réglementation doit s'appliquer de manière distributive, car le même jugement contient des décisions soumises à des régimes différents : ouverture de la procédure, désignation du juge-commissaire, nomination des auxiliaires de justice. Chaque élément du jugement unique obéit à des voies de recours qui lui sont propres.

1179. – Conclusion. On ne peut être que frappé par la complexité de l'ouverture du redressement judiciaire. Le tribunal doit se livrer à des appréciations juridiquement et économiquement difficiles et mettre en place un dispositif assez lourd. Certes les intérêts opposés du débiteur et des créanciers impliquent qu'une procédure collective ne soit pas ouverte à la légère. Mais des simplifications seraient souhaitables.

Or, de ce point de vue, les conséquences de la réforme de 1985 sont contrastées. D'un côté, en abrogeant la suspension provisoire des poursuites, elle entraîne une *régression*. Le tribunal doit attendre pour intervenir que l'entreprise soit en cessation des paiements, c'est-à-dire souvent trop tard pour qu'un redressement soit possible. D'un autre côté la loi de 1985 réalise un *progrès* en faisant précéder la décision définitive (redressement ou liquidation) d'une phase d'observation préalable, au cours de laquelle aucune décision irréversible n'est prise.

TITRE II

La période d'observation

1180. – Importance de la période d'observation. La période d'observation est une innovation majeure de la loi du 25 janvier 1985. La procédure s'ouvre par une *phase préparatoire et conservatoire* qui permet d'élaborer le bilan économique et social de l'entreprise, afin de savoir si celle-ci est susceptible de se redresser. Au cours de cette phase les poursuites des créanciers sont arrêtées. Mais aucune décision irréversible n'est prise. Toutes les éventualités demeurent possibles : continuation, cession ou liquidation. Des restrictions sont cependant apportées à la liberté de gestion du chef d'entreprise.

C'est vraisemblablement de l'échec ou de la réussite de cette période préparatoire que l'on pourra juger le bien-fondé global de la réforme de 1985.

Bien que nouvelle, sous une forme aussi générale et aussi systématique, la période d'observation s'inspire de *certains précédents*.

D'une part, sous l'empire de la loi du 13 juillet 1967 et des textes antérieurs, il y avait déjà une *période préparatoire*, caractérisée principalement par la vérification et l'admission des créances. Mais cette période préparatoire n'existait véritablement qu'en cas de règlement judiciaire. Au cours de celle-ci le syndic devait, en principe, ne liquider aucun élément d'actif, car on ignorait encore quels seraient les biens nécessaires à la reprise de l'activité de l'entreprise après homologation du concordat. Au contraire, en cas de liquidation des biens, comme cette solution était irréversible, le syndic pouvait procéder immédiatement à la vente de l'actif. Une entreprise viable risquait donc de disparaître si le tribunal, mal informé lors du jugement d'ouverture, prononçait à tort la liquidation. Cette conséquence regrettable était cependant atténuée en pratique par les cessions à forfait de branches d'activités, qui permettaient de sauver les parties saines des entreprises en liquidation.

D'autre part, l'ordonnance du 23 septembre 1967 avait instauré une procédure particulière, applicable aux entreprises importantes non encore en cessation des paiements, qui commençait par une *phase de curatelle*. Au cours de celle-ci les poursuites des créanciers étaient suspendues. L'entreprise devait mettre à profit ce répit pour élaborer un plan de redressement, qui était approuvé par le tribunal. Ce mécanisme a inspiré les rédacteurs de la loi de 1985. Il présentait cependant deux inconvénients principaux.

Tout d'abord la période de curatelle était trop courte : elle ne pouvait durer que 4 mois, ce qui n'était pas suffisant pour élaborer un plan de redressement, compte tenu de l'importance des entreprises bénéficiant de l'ordonnance de 1967.

En second lieu, et surtout, l'ordonnance n'accordait aucun privilège aux créanciers qui avaient consenti des avances à l'entreprise au cours de la curatelle. L'entreprise ne pouvait donc pas se procurer du crédit, ce qui était un obstacle à son redressement.

La loi du 25 janvier 1985 a voulu éviter ces inconvénients. Elle confère aux créanciers postérieurs une priorité de paiement (v. *infra*, n° 1245). Elle prévoit également des délais plus réalistes en ce qui concerne la durée de la période d'observation.

1181. – Durée de la période d'observation. Dans le *régime général*, la période d'observation peut être relativement longue car la dimension de l'entreprise rend assez complexe l'élaboration d'un plan (art. L. 621-6). Mais elle ne doit pas non plus s'éterniser. Fixés initialement pour une durée qui s'était révélée trop brève, les délais fixés par l'article 20 du décret de 1985 modifié par celui du 21 octobre 1994 sont désormais les suivants :

– la *durée initiale*, fixée par le jugement d'ouverture, ne doit pas dépasser 6 mois ;

– une *prorogation de même durée* (6 mois) peut être ordonnée par jugement motivé à la demande de l'administrateur, du débiteur ou du Procureur de la République. Le tribunal peut aussi l'ordonner d'office ;

– enfin une *prorogation exceptionnelle* de 8 nouveaux mois est possible, mais à la seule requête du Procureur de la République.

En principe, la période d'observation ne doit donc pas excéder 20 mois. Cette durée est raisonnable, car l'entreprise et les créanciers ne peuvent pas demeurer trop longtemps dans une situation d'attente au cours de laquelle aucun traitement des difficultés n'est entrepris. Si le projet de plan n'a pas pu être établi dans ce délai, le tribunal doit prononcer la liquidation. Cependant certaines juridictions estiment qu'il n'est jamais trop tard pour bien faire et examinent les plans de redressement présentés hors délai [1]. Le réalisme économique l'emporte alors sur le formalisme juridique.

La période d'observation peut néanmoins se prolonger au-delà de 20 mois dans deux cas :

Le premier se présentera assez fréquemment. En cas d'appel du jugement mettant fin à la période d'observation (jugement arrêtant le plan ou prononçant la liquidation), celle-ci est prolongée jusqu'à l'arrêt d'appel si

---

1. Rouen, 5 mars 1987, *D.*, 1987, 410, note Derrida.

l'exécution provisoire est arrêtée (art. L. 623-9, al. 2). En effet des mesures irréversibles ne doivent pas être prises tant que le jugement n'est pas définitif[1].

Le deuxième cas sera plus exceptionnel. La période d'observation pourra être prolongée si l'entreprise a été mise en location-gérance pendant la période d'observation (art. L. 621-34). Cette prorogation dure au maximum deux ans (v *infra*, n° 1217).

Ces durées sont des durées maximales. La période d'observation doit prendre fin et la liquidation être prononcée si l'activité ne peut plus être poursuivie.

Dans la *procédure simplifiée*, la période d'observation est plus courte parce que la faible dimension de l'entreprise permet un diagnostic rapide. Sa durée initiale est de quatre mois renouvelable une fois par jugement motivé du tribunal (art. L. 621-136 – Décr. 1985, art. 111). En revanche, il n'est pas certain que le Procureur de la République puisse demander une troisième prorogation, en application de l'article L. 621-6. Si cette prorogation s'avérait nécessaire, le parquet devrait d'abord demander la conversion de la procédure simplifiée en procédure générale. Mais normalement un délai de huit mois devrait suffire à établir le plan de redressement d'une entreprise de petite dimension.

Lorsque l'entreprise est une exploitation agricole, la période d'observation peut être prorogée jusqu'à la fin de l'année culturale, car c'est seulement à ce moment que l'on pourra apprécier les chances de redressement (Décr. 1985, art. 111).

1182. – Prononcé immédiat de la liquidation judiciaire. Depuis la loi du 10 juin 1994, la liquidation judiciaire peut être prononcée, sans ouverture d'une période d'observation, lorsque l'entreprise a cessé toute activité ou lorsque le redressement est manifestement impossible (art. L. 620-1).

Cette réforme est une simplification utile car beaucoup de dossiers sont soumis au tribunal, notamment sur saisine de l'Urssaf, à un moment où celui-ci ne peut que constater la disparition de l'entreprise. Les procédures collectives ressemblent ainsi à un hôpital où la morgue serait plus importante que les salles de soins.

Afin d'éviter des liquidations intempestives, certains proposent de limiter le prononcé de cette mesure aux cas où l'entreprise a cessé toute activité *et* lorsque le redressement est manifestement impossible. Cette suggestion paraît inopportune car dès que l'activité a cessé, le redressement est improbable sinon impossible.

La liquidation produit des conséquences importantes.

D'une part le passif existant lors de la cessation des paiements se

---

1. Lyon, 24 juill. 1987, *J.C.P.*, 1987, II, 20911, note Haehl.

trouve augmenté d'un nouveau passif résultant de l'exigibilité immédiate des dettes à terme (art. L. 622-22) [1].

D'autre part la société mise en liquidation judiciaire a le droit, comme tout débiteur, de contester cette mesure. Mais étant dissoute de plein droit, elle ne peut agir que par l'organe de son liquidateur amiable, s'il en a été désigné un [2].

Enfin, si la société est unipersonnelle, son passif est transmis de plein droit et en totalité à l'associé unique lorsque celui-ci est une personne morale, ce qui est catastrophique pour lui (V. *supra*, n° 1103).

On examinera dans deux chapitres :
– le but de la phase d'observation
– puis la situation des parties au cours de celle-ci.

---

1. Com. 26 mai 1999 : *Bull. civ.* IV, n° 110, p. 90.
2. Com. 16 mars 1999 : *Bull. civ.* IV, n° 66, p. 54 – B. Dureuil, *La représentation des sociétés déclarées en liquidation judiciaire* : Mélanges A. Honorat, p. 99.

Chapitre I

Le but de la période d'observation

1183. – Au cours de la période d'observation, l'administrateur commence par établir un rapport sur la situation de l'entreprise. Puis il propose au tribunal soit un plan de redressement, soit la liquidation. Le tribunal statue sur ces propositions par un jugement qui met fin à la période d'observation.

Cependant, dans la *procédure simplifiée*, la phase d'observation, est réduite à sa plus simple expression (art. L. 621-136). En effet la situation de l'entreprise est généralement facile à connaître, compte tenu de la modicité de sa dimension. L'enquête est faite par le juge-commissaire, car normalement aucun administrateur n'a été désigné. Le tribunal statue directement sur le rapport du juge.

On examinera, en suivant l'ordre chronologique, les trois phases de la période d'observation.

SECTION I
Le bilan économique et social de l'entreprise

Le bilan doit avoir un caractère aussi global que possible. A la différence du plan, il est essentiellement tourné vers le passé [1].

§ 1 – Elaboration du bilan

1184. – Cas de la procédure générale. Le mécanisme d'élaboration du bilan est précisé par l'article L. 621-54 du Code de commerce.

1) Le rôle principal est joué par *l'administrateur. Dans tous les cas*, par conséquent même si le débiteur demeure à la tête de l'entreprise,

---

1. P. Peyramaure, *Le bilan économique et social dans la loi du 25 janvier 1985*, J.C.P., 1986, éd. E, II, 15167 – Soinne, *Traité des procédures collectives*, n° 684.

c'est l'administrateur qui établit le bilan. La solution est logique. Un bon diagnostic suppose à la fois un certain recul par rapport à la situation de l'entreprise et des connaissances techniques sur les causes des difficultés conduisant à une cessation des paiements. Le débiteur ne remplit pas ces conditions.

L'administrateur peut entendre toutes les personnes dont l'audition lui paraît utile (art. L. 621-56). Notamment il consulte le représentant des créanciers et les dirigeants du groupement de prévention agréé, lorsque l'entreprise a adhéré à un tel organisme (v. *supra*, n° 1039).

> Lorsque la procédure s'ouvre après l'échec d'un règlement amiable, l'administrateur reçoit communication du rapport qui avait été établi par le président du tribunal, lors de la demande de désignation du conciliateur.
>
> L'administrateur doit se concerter avec le comité d'entreprise ou les délégués du personnel (art. L. 621-56, al. 4). La loi n'est pas ici très cohérente car, puisqu'il existe des représentants spécifiques des salariés, une concertation avec ceux-ci aurait été préférable.
>
> Enfin l'administrateur est surtout renseigné par le juge-commissaire.

2) En effet le *juge-commissaire dispose d'un large pouvoir d'investigation.* Il peut donner à l'administrateur des renseignements confidentiels que celui-ci n'aurait pas pu obtenir directement. Ce mécanisme détourné et lourd peut s'expliquer. L'administrateur est un simple auxiliaire de justice. Donc même s'il est astreint au secret professionnel, il serait choquant de lui donner un pouvoir d'investigation s'exerçant auprès de tiers. Au contraire, le juge-commissaire, en sa qualité de magistrat, est mieux placé pour exercer cette prérogative de puissance publique.

> D'une part le juge peut s'adresser au commissaire aux comptes, au Trésor, à la Sécurité sociale et aux banques pour obtenir des informations sur la situation économique et financière de l'entreprise. Ces personnes et organismes sont déliés du secret professionnel à son égard (art. L. 621-55). Cette disposition s'inspire de l'article 9 de l'ordonnance du 23 septembre 1967 sur la suspension provisoire des poursuites, aujourd'hui abrogée, et de l'article L. 611-4 du Code de commerce sur le règlement amiable. Elle témoigne de la multiplication en droit français de cas où le secret professionnel est partagé.
>
> D'autre part le juge peut demander au procureur de la République de lui communiquer les renseignements qu'il détient et qui sont utiles à l'élaboration du bilan (art. L. 621-11, al. 2). Le juge a ainsi un accès indirect aux informations contenues dans les dossiers d'instruction, lorsqu'une instance pénale est en cours. Mais le procureur a un pouvoir d'appréciation : il peut refuser de donner une information, s'il estime celle-ci inutile.
>
> Par conséquent la communication d'une information contenue dans un dossier d'instruction suppose une cascade de collaborations : l'administrateur s'adresse au juge-commissaire, qui s'adresse au procureur qui s'adresse au juge d'instruction. On peut se demander si la protection du secret de l'instruction nécessitait un mécanisme aussi lourd et s'il

n'aurait pas été préférable de permettre au juge-commissaire de consulter directement le juge d'instruction.

3) L'administrateur peut se faire assister d'un ou plusieurs *experts* (art. L. 621-54). La loi ne précise pas si cette assistance est de droit, ou si elle suppose une ordonnance du juge-commissaire.

Ces experts sont les experts en diagnostic d'entreprise (v. *supra*, n° 1171). Dans la pratique leur contribution est essentielle car seuls des professionnels spécialisés peuvent déterminer les raisons de la cessation des paiements d'une entreprise importante.

4) Enfin l'article L. 621-54 du Code de commerce indique que l'administrateur prépare le bilan avec le concours du *débiteur*.

Il ne précise pas les modalités de cette collaboration. Mais le débiteur a intérêt à se montrer coopérant sinon l'administrateur pourrait demander au tribunal de subordonner l'adoption du plan de redressement à son remplacement (art. L. 621-59).

1185. – Cas de la procédure simplifiée. Le bilan est élaboré directement par le juge-commissaire avec le concours du débiteur et l'assistance éventuelle d'un expert (art. L. 621-136). En effet, la faible dimension de l'entreprise rend en principe aisé l'établissement de ce bilan.

Toutefois si un administrateur a été désigné, il semblerait logique de lui confier la préparation du bilan [1].

§ 2. – Contenu du bilan

1186. – Caractère global du bilan. Le bilan doit avoir un *caractère aussi global que possible* (art. L. 621-54, al. 2). Il doit être :
– *économique*, c'est-à-dire à la fois comptable, patrimonial et financier. Le premier aspect sera facilité si l'entreprise a tenu une comptabilité régulière et si celle-ci a été contrôlée de manière permanente par un commissaire aux comptes [2] ;
– *social*. Le contenu de ce bilan peut s'inspirer de celui prévu par la loi du 12 juillet 1977 (C. trav., art., L. 438-7). Il s'agit essentiellement de la situation de l'emploi : nombre de salariés, niveau des salaires, application des conventions collectives, ambiance sociale générale ;
– et *juridique*, c'est-à-dire se rapprocher des conclusions d'un « audit juridique » en montrant si l'entreprise est juridiquement saine ou vulnérable (existence de litiges ; contrats de validité incertaine ; mauvais fonctionnement des organes sociaux etc.).

---

1. V. Versailles 28 avr. 1986, *D.*, 1987, Somm. 76, note A. Honorat.
2. C. Marmuse, *Les besoins financiers de l'entreprise en redressement*, Rev. pr. coll., 1988, 237 – G. Ponceblanc, *Diagnostic et thérapeutique des entreprises en redressement judiciaire, Gaz. Pal.*, 1989, doc. 742.

Le bilan doit préciser :
- *l'origine des difficultés*. En effet selon que les difficultés ont une origine accidentelle ou structurelle, le redressement sera plus aisé ou plus aléatoire,
- *leur importance*. Il faut entendre par là l'importance respective de chaque difficulté car, si celles-ci n'avaient pas été graves, l'entreprise ne serait pas en état de cessation des paiements,
- *et enfin leur nature*. Cette dernière rubrique risque de faire souvent double emploi avec la première, car l'origine d'une difficulté conditionne sa nature : difficulté économique ou sociale ; difficulté de production ou de commercialisation etc.

L'essentiel est que le rapport dressé par l'administrateur donne une *image fidèle de la situation de l'entreprise*. Ce rapport ne doit pas s'arrêter au jour du jugement d'ouverture mais suivre l'évolution de l'entreprise depuis celui-ci. En effet, dans ce domaine qui est très évolutif, une information ancienne est presque toujours une information inexacte.

Il n'est pas certain qu'une *information globale et cohérente puisse être obtenue*.

L'administrateur connaît mal le passif. A ce stade de la procédure, les déclarations des créances ne sont pas toujours complètes, même si la loi de 1985 s'est efforcée d'accélérer cette formalité.

Surtout, malgré les efforts de la loi, *l'administrateur connaît insuffisamment l'actif du débiteur*. Certes un inventaire est dressé, à l'initiative du juge-commissaire (art. L. 621-18). Mais rien ne garantit sa sincérité puisque le débiteur n'est pas tenu de faire une déclaration de l'état de ses biens.

C'est sur ces bases incertaines que s'élabore le projet de plan.

SECTION II
Le projet de plan

1187. – *Elaboration du projet de plan*. Le plan est la projection du bilan vers l'avenir puisqu'il précise les conditions d'un éventuel redressement [1]. Le bilan et le plan demeurent juridiquement distincts. Ils n'ont pas besoin d'être élaborés et déposés en même temps (art. L. 621-18).

Dans la procédure générale, le projet de plan est préparé par les mêmes personnes que le bilan. C'est, ici encore, l'administrateur qui joue le rôle prépondérant. Cependant ce n'est pas lui qui sauvera l'entreprise. Sa mission consiste à *susciter les bonnes volontés* :
- soit du débiteur et éventuellement de ses associés, notamment lorsque la continuation pure et simple paraît possible,

---

1. C. Lebel, *L'élaboration du plan de continuation de l'entreprise en redressement judiciaire* : Presses Univ., Aix-Marseille, 2000 – S. Neuville, *Le plan en droit privé*, n° 65, 1998.

— soit des créanciers, en les persuadant d'accepter des sacrifices que le tribunal ne pourrait pas leur imposer,
— soit des tiers, notamment les banques qui financeront le redressement ou des repreneurs qui achèteront tout ou partie de l'entreprise en difficultés.
L'administrateur est ici avant tout un négociateur et un animateur [1].

> Au contraire dans la *procédure simplifiée*, le débiteur élabore en principe seul le projet de plan, au vu du bilan dressé par le tribunal [2]. Néanmoins, compte tenu des difficultés que rencontre habituellement le débiteur dans la préparation de ce projet complexe, le tribunal peut soit charger un expert de l'assister soit désigner un administrateur judiciaire (art. L. 621-139, al. 2). Il faut souhaiter que cette décision soit prise chaque fois qu'un redressement paraît possible car il serait choquant que les chefs des petites entreprises soient laissés seuls en face de leurs difficultés alors que les dirigeants d'entreprises plus importantes sont toujours assistés par un administrateur judiciaire [3]. Traumatisé par l'ouverture de la procédure collective, insuffisamment conseillé par un juge rapporteur souvent submergé, le débiteur risque de ne pas saisir toutes les chances de redressement.

1188. – Contenu du projet de plan. Le projet de plan envisage trois séries de questions.
— *Il comprend, en premier lieu, un volet financier* (art. L. 621-54).
Le projet détermine les *modalités de règlement du passif*, car les procédures collectives ont même encore aujourd'hui pour objet de payer les créanciers. Le projet précise les délais qui pourront être imposés aux créanciers et les remises de dettes que ceux-ci accepteraient de consentir. Il fait également état des ventes d'éléments d'actifs qui paraissent s'imposer et des offres de rachat qui ont été faites par des tiers. Enfin le projet indique les garanties que le débiteur est prêt à donner pour assurer l'exécution du plan (cautions etc.).
— Dans le *volet économique*, le projet indique, pour l'avenir, *quelles seront les structures et l'activité de l'entreprise*, compte tenu des perspectives de redressement et des sources de financement qui ont pu être trouvées. Il s'agit là de la partie la plus importante du projet car l'administrateur y expose les mesures de réorganisation qu'impose le redressement, notamment la nécessité d'apporter de nouveaux fonds propres et énumère les offres de rachat – totales ou partielles – qui ont pu lui être faites [4].
— *Enfin le projet de plan comporte un volet social* qui « expose et justifie le niveau et les perspectives d'emploi ainsi que les conditions

---

1. A. Pirovano, *Le caractère négocié du plan judiciaire*, ds *Changement social et droit négocié*, p. 81, Paris, 1988.
2. Derrida, Godé et Sortais, *Redressement judiciaire*, n° 132 et 136.
3. Com. 19 mars 1991, *Rev. proc. coll.*, 1992, 63, note Y. Guyon.
4. Trib. com. Nanterre, 8 déc. 1987, *J.C.P.*, 1988, II, 21019, note Viandier.

sociales envisagées pour la poursuite de l'activité » (art. L. 621-54, al. 5). Cette partie du plan sera la plus sujette à contestation, puisque c'est elle qui indique les *projets de licenciement pour motifs économiques*. Afin de détendre le climat, le plan fera état des mesures prises en faveur des salariés licenciés. La portée de cette mesure est limitée. L'administrateur n'est évidemment pas obligé de trouver de nouveaux emplois. Il doit seulement solliciter l'aide des organismes publics compétents, c'est-à-dire essentiellement l'ANPE.

Le projet de plan constitue donc un ensemble détaillé et contraignant. Il faut que celui qui exécute le plan (débiteur ou repreneur) sache à quoi il s'engage. Il faut que les créanciers connaissent les reports d'échéance qui leur seront imposés. Le tribunal ne peut se prononcer que sur un projet précis et incontestable [1].

Si le redressement n'apparaît pas possible, l'administrateur n'établit pas à proprement parler un projet de plan. Il se borne à constater la situation et à demander l'ouverture de la liquidation de l'entreprise (pour l'exécution du plan, v. *infra*, n° 1263 et s.).

1189. – Communication du projet de plan. Le projet de plan fait l'objet de communications assez nombreuses (art. L. 621-61). On espère par là arriver à un accord, qui n'est pas juridiquement nécessaire, mais néanmoins utile pour assurer au plan des chances d'être exécuté. Mais on risque aussi d'alourdir la procédure. Cette communication du projet n'est donc peut-être pas tellement nécessaire puisque l'administrateur a tenu les principaux intéressés au courant de ses démarches.

Le débiteur, le comité d'entreprise, les créanciers contrôleurs et le représentant des créanciers sont à la fois informés et consultés sur le projet. Ils sont appelés à formuler un avis, mais celui-ci ne liera pas le tribunal.

Le procureur de la République reçoit communication du projet de plan, mais seulement s'il en fait la demande. Une communication systématique aurait été préférable, au moins dans la procédure générale, compte tenu de l'importance de ce projet.

Enfin le projet est adressé à l'autorité compétente en matière de droit du travail, formule imprécise qui selon l'article 42 du décret du 27 décembre 1985 viserait l'AGS et non, comme on aurait pu s'y attendre, la direction départementale du travail et de l'emploi.

Ces formalités n'ont qu'un caractère préalable : elles précèdent et préparent le jugement qui décidera du sort de l'entreprise.

---

1. Lemontey, *La loi sur le redressement judiciaire des entreprises*, Banque, 1985, 665.

SECTION III
Le jugement décidant du sort de l'entreprise

1190. – *Rôle actif du tribunal.* La période d'observation se termine par un jugement qui soit arrête le plan, soit prononce la liquidation judiciaire (art. L. 621-6, al. 3). Il ne faut pas confondre ce jugement avec celui qui avait ouvert la procédure (v. *supra*, n° 1147).

Ce second jugement marque une étape importante car il prend des *décisions irréversibles*. Le sort de l'entreprise, celui des créanciers et des salariés sont désormais fixés. Les intéressés ne peuvent plus espérer une amélioration de leur situation. Mais en revanche celle-ci peut continuer de se dégrader, notamment si les mesures de redressement prévues par le plan ne peuvent pas s'exécuter.

Au regard des principes, le jugement est également important. Il témoigne d'un interventionnisme judiciaire accentué puisque le *tribunal décide seul le sort de l'entreprise et les modalités de règlement des créanciers*.

> Un retour en arrière est nécessaire pour comprendre la portée de cette réforme. Sous l'empire de la loi et de l'ordonnance de 1967, le régime était le suivant.
>
> Si l'entreprise en cessation des paiements paraissait susceptible de se redresser, les créanciers étaient appelés à voter un concordat accordant au débiteur des délais de paiements et des remises de dette. Le concordat, œuvre de la majorité des créanciers, était soumis seulement à une homologation du tribunal, qui recherchait s'il était sérieux. Une fois homologué, le concordat s'appliquait à tous les créanciers chirographaires. Le rôle principal était joué par les créanciers qui pouvaient, en refusant de voter le concordat présenté par le débiteur, mettre en échec le redressement de l'entreprise.
>
> Si l'entreprise en cessation des paiements n'était pas susceptible de redressement, le tribunal constatait cette situation et prononçait la *liquidation des biens*. Les créanciers jouaient un rôle passif dans cette deuxième procédure.
>
> Enfin si l'entreprise, qui n'était pas en cessation des paiements, avait bénéficié de *l'ordonnance du 23 septembre 1967*, le tribunal, à l'issue d'une période de curatelle, arrêtait un plan de redressement, sans avoir besoin de l'accord d'une majorité de créanciers.

La loi du 25 janvier 1985 s'inspire de l'ordonnance de 1967. Mais elle accentue les pouvoirs du tribunal puisque celui-ci peut imposer aux créanciers des *délais de paiement dont la durée n'est pas limitée* (art. L. 621-76). Au contraire, sous l'empire de l'ordonnance de 1967, ces délais ne pouvaient pas excéder trois années. *Toutefois le tribunal ne peut pas imposer des remises de dettes.*

Finalement *la loi du 25 janvier 1985 adopte une position nuancée, qui marque plus une évolution qu'une révolution* dans le rôle joué par les juges dans les procédures collectives [1].

---

1. Orth, *Le rôle du juge*, ds *Le redressement judiciaire de l'entreprise*, Rev. jurisp. com., n° spéc. févr. 1987, p. 91.

D'un côté les modalités du redressement sont fixées par le tribunal et uniquement lui. Il peut imposer aux créanciers des délais de paiement dont la durée n'est pas limitée et subordonner l'adoption du plan à des augmentations de capital acceptées par les associés (art. L. 621-58).

Mais, d'un autre côté, le tribunal ne peut pas imposer de remises de dettes. Les véritables mesures de sauvetage supposent un accord individuel des créanciers.

On peut donner deux interprétations de la loi de 1985.

Les uns constateront qu'elle accentue l'intervention du pouvoir judiciaire dans les entreprises en permettant un rééchelonnement des dettes qui aboutit à la spoliation des créanciers, y compris ceux qui sont titulaires de sûretés.

Les autres regretteront qu'elle se soit montrée trop respectueuse des droits des créanciers, alors qu'elle aurait dû permettre une réduction autoritaire du montant des créances. Ils ajouteront même sans doute qu'il y a là une régression par rapport à la loi de 1967 puisque le juge ne peut pas imposer des remises, alors que l'assemblée concordataire pouvait le faire. La remarque n'est pas tout à fait exacte car les remises concordataires ne pouvaient pas être imposées aux créanciers titulaires de sûretés. Les droits de ceux-ci sont donc plus atteints par le plan que par le concordat.

On se demandera comment le jugement qui met fin à la période d'observation est rendu, quel est son contenu et s'il est susceptible de modifications.

§ 1. – Conditions de forme du jugement décidant du sort de l'entreprise

1191. – Auditions préalables. La décision fixant le sort de l'entreprise est prise par le tribunal seul (art. L. 621-62).

Mais afin de respecter le principe du contradictoire, le tribunal ne peut statuer qu'après avoir entendu ou dûment appelé :

– *le débiteur*, afin de savoir si celui-ci accepte les mesures prévues par le projet de plan ;

– *l'administrateur*, car c'est lui l'auteur du projet. Toutefois l'audition paraît moins nécessaire puisque le tribunal a reçu le rapport écrit de l'administrateur ;

– *les créanciers contrôleurs* ;

– *le représentant des créanciers*, afin d'obtenir non pas son consentement, qui n'est pas requis, mais pour savoir s'il juge acceptables les délais qui seront imposés aux créanciers.

Le représentant des créanciers doit lui-même consulter les intéressés. Cette consultation a un caractère obligatoire [1]. Elle peut se faire soit indi-

---

1. Paris, 10 juin 1987, *Rev. jurisp. com.,* 1987, 246, note Gallet – Paris, 17 juin 1987, *D.,* 1987, 546, note Derrida.

viduellement, par lettre recommandée, soit collectivement (Décr. 27 déc. 1985, art. 42 et 43). Dans ce deuxième cas, il y a une sorte de résurgence des assemblées de créanciers. Mais, contrairement à ce qui se passait dans les régimes antérieurs, celles-ci ne prennent pas de décision. Elles se bornent à donner un avis.

– *les représentants du comité d'entreprise ou les délégués du personnel*, afin notamment de connaître leurs réactions si le projet de plan prévoit des licenciements.

A s'en tenir à la lettre de l'article L. 621-62 du Code de commerce, les salariés ne seraient pas consultés lorsqu'il n'y a ni comité d'entreprise ni délégués du personnel. Cette solution est choquante. Dans ce cas il paraît souhaitable que le tribunal entende le représentant des salariés, car, sans cela, on ne voit pas pourquoi la loi prévoit d'en désigner un dès le début de la procédure [1].
De même, et la solution est surprenante, le tribunal n'est pas obligé d'entendre les repreneurs éventuels [2]. Cette audition aurait pourtant été intéressante, même si le rapport de l'administrateur analyse les différentes offres de reprise.r

Par conséquent, même s'il est juridiquement arrêté par le tribunal, *le plan est le résultat d'une négociation* entre les intéressés [3].

1192. – *Rapport de l'administrateur.* Le tribunal statue au vu du rapport de l'administrateur (art. L. 621-62). Il peut approuver ou rejeter les conclusions de ce rapport, qui peut lui-même proposer un redressement ou une liquidation. Le tribunal paraît disposer d'un pouvoir souverain [4]. Notamment lorsque l'administrateur propose une liquidation, le tribunal peut décider la prolongation de la période d'observation si la durée maximale de celle-ci n'est pas expirée, afin de permettre l'établissement d'un plan de continuation.

Le rapport est déposé au greffe où tout créancier peut en prendre connaissance (Décr. 1985, art. 44, al. 2). Cette publicité est essentielle, car on ne peut faire confiance au tribunal que si la procédure est absolument transparente. Elle doit par conséquent s'opérer aussi en cas de procédure simplifiée, même si le décret ne la prévoit pas (art. 116 al. 2).

1193. – *Prononcé du jugement.* Au vu de ces éléments d'information *le tribunal arrête sa décision, c'est-à-dire donne au plan un caractère définitif.*

---

1. Versailles, 26 nov. 1986, *Rev. proc. coll.*, 1987, n° 3, p. 35, note Y. Guyon – Versailles 14 janv. 1987, *D.*, 1987, 249, note Derrida.
2. Com. 22 mars 1988, *D.*, 1988, 375, note Derrida – 8 nov. 1988, *Bull. civ.* IV, n° 295, p. 200.
3. Patin, *Le plan, élaboration et nature juridique*, dans *Les innovations de la loi sur le redressement judiciaire des entreprises*, t. I, p. 76.
4. Com. 21 janv. 1992, *Bull. civ.* IV, n° 28, p. 28.

Mais sa marge de manœuvre est restreinte. En cas de cession, il ne peut pas augmenter les engagements du repreneur (art. L. 621-63, al. 3) [1]. En cas de continuation il lui est difficile de rendre le plan plus rigoureux pour le débiteur car le redressement de l'entreprise risquerait de devenir impossible. Les modifications se feront nécessairement au détriment des créanciers (délais de paiement plus longs) ou des salariés (licenciements supplémentaires) sauf si le tribunal persuade le débiteur d'accepter des efforts plus importants que ceux prévus par le projet de plan.

Dans la pratique les modifications interviendront vraisemblablement avant le dépôt du rapport de l'administrateur, le tribunal se bornant à accepter ou à rejeter ce rapport une fois celui-ci devenu définitif.

§ 2. – Contenu du jugement décidant du sort de l'entreprise

Le tribunal a le choix entre la continuation et la liquidation.

1194. – Le plan de redressement. Le plan est un acte complexe, puisque c'est lui qui organise le redressement de l'entreprise. Il comprend notamment les précisions suivantes :

– *Sa durée* (art. L. 621-66). Elle est fixée par le tribunal, dans un *maximum de dix ans* compte tenu des nécessités d'un redressement définitif.

– *Les modalités générales du redressement de l'entreprise* (art. L. 621-62) qui peuvent être la *continuation*, la *cession* totale ou la cession partielle. La cession totale ou partielle peut être précédée d'une période de location-gérance. Le tribunal peut aussi décider d'évincer les dirigeants sociaux ou même les forcer à céder leurs parts à un prix fixé à dire d'expert (art. L. 621-59).

– *Les licenciements qui sont immédiatement nécessaires* (L. 1985, art. 63). L'autorité administrative doit être mise au courant et les indemnités de licenciement seront éventuellement prises en charge par l'AGS (art. L. 143-11-1 C. d. trav.).

– *La désignation du commissaire à l'exécution du plan* (art. L. 621-68).

– *Les délais de paiement qui seront imposés aux créanciers* (art. L. 621-76). Le tribunal peut néanmoins disjoindre la durée du plan proprement dit et la durée – plus longue – des reports d'échéance imposés aux créanciers.

– *Enfin, le tribunal prend acte des engagements souscrits par les divers intéressés en vue du redressement de l'entreprise* (art. L. 621-63). Ces engagements peuvent être pris :

• par le débiteur, les associés ou les dirigeants : promesse d'augmenter le capital, par exemple. Mais souvent, pour plus de sécurité, le

---

1. Com. 9 nov. 1993, *Bull. civ.* IV, n° 391, p. 285.

tribunal exige que ces mesures soient prises avant le jugement arrêtant le plan (v. *infra*, n° 1267) ;
- par des créanciers, qui acceptent des délais de paiement supérieurs à ceux prévus par le plan ou qui consentent des remises de dettes ;
- par le repreneur de tout ou partie de l'entreprise : prix du rachat, engagement de non-licenciement etc. S'il y a plusieurs offres, le tribunal choisit celle qui est globalement la plus avantageuse pour tous ;
- par des tiers, notamment des banquiers qui accepteraient de financer le redressement, mais qui pourraient subordonner l'octroi de ces prêts à l'obtention de certaines garanties.

Afin de lever toute ambiguïté, l'article L. 621-63, al. 3 du Code de commerce précise que *les personnes qui exécuteront le plan ne pourront pas, en principe, se voir imposer des charges autres que les engagements qu'elles ont souscrits*. Mais, à part cela, les dispositions du plan sont opposables à tous (art. L. 621-65).

Par conséquent le jugement qui arrête le plan a pour objet :
– de transformer en engagements fermes les promesses faites par les diverses personnes qui concourent au redressement ;
– et, le cas échéant, de choisir entre les diverses offres de rachat.

Le plan tire sa force obligatoire à la fois d'une déclaration de volonté de ceux qui y participent et du jugement qui en prend acte [1]. Il paraît constituer une *réunion d'actes unilatéraux conclus sous contrôle judiciaire*. Mais, contrairement à un concordat, il n'a aucun caractère collectif. Le redressement judiciaire est une procédure plus individualiste que le règlement judiciaire.

De ce point de vue la loi du 25 janvier 1985 va à l'encontre de l'évolution récente, qui incite les individus à se regrouper. Ici les créanciers peuvent prendre des initiatives individuelles ou subir collectivement les atteintes à leurs droits que leur impose le tribunal. Mais ils ne peuvent plus, comme cela était de tradition dans les procédures collectives, s'entendre pour un règlement collectif de leurs intérêts, décidé par une assemblée statuant à la majorité.

Sur les voies de recours, v. *infra*, n° 1272-1 et 1281.

Si aucun plan de redressement ne peut être arrêté, le tribunal doit prononcer la liquidation.

1195. – La liquidation judiciaire. Cette seconde branche de l'alternative est plus simple. La liquidation judiciaire doit être prononcée à tout moment de la période d'observation, dès qu'il apparaît qu'un redressement est impossible. Elle peut aussi intervenir dès la saisine du tribunal, c'est-à-dire sans période d'observation, si l'entreprise a cessé toute activité ou si un redressement est manifestement impossible (art. L. 620-1, al. 3). Le jugement :

---

1. A. Amalvy et F. Derrida, *Plan de cession de l'entreprise et vices du consentement*, D., 1988, 208 – J. Patin, *Le plan, élaboration et nature juridique*, dans *Les innovations de la loi sur le redressement judiciaire des entreprises*, t. I, p. 80.

— *prononce la liquidation* (art. L. 621-62). Il a un caractère constitutif car il crée un nouvel état de droit. Le jugement arrêtant le plan était la continuation normale de la phase d'observation. Au contraire le jugement prononçant la liquidation marque une rupture dans la procédure et dans la vie de l'entreprise.

Cette rupture est telle qu'on peut se demander s'il n'y a pas, comme le suggère le titre même de la loi du 25 janvier 1985, deux procédures différentes l'une de l'autre. On retrouverait donc, avec une terminologie différente, la distinction faite par la loi de 1967 entre le règlement judiciaire et la liquidation des biens (voir *infra*, n° 1295).

— *met en place les organes de la liquidation* (art. L. 622-5). En principe le représentant des créanciers est nommé liquidateur. Toutefois le tribunal peu décider de choisir le liquidateur parmi les autres personnes inscrites sur la liste des mandataires-liquidateurs. Comme la liquidation s'applique à tous les biens du débiteur, le liquidateur succède à la fois au débiteur, à l'administrateur et au représentant des créanciers.

— *exceptionnellement, le tribunal peut autoriser le maintien de l'activité de l'entreprise en liquidation.* Cette décision est prise notamment afin d'achever un contrat en cours ou d'épuiser les stocks. L'administrateur reste alors en fonction (art. L. 622-10).

Le jugement qui décide du sort de l'entreprise reçoit la même publicité que le jugement d'ouverture (Décr. 1985, art. 87). Il s'agit essentiellement d'une mention au registre du commerce et d'une insertion au BODAC (v. *supra*, n° 1174).

Sur les voies de recours, v. *infra*, n° 1295.

§ 3. – Modification du jugement décidant du sort de l'entreprise

1196. – *Du redressement à la liquidation.* En principe le jugement décidant du sort de l'entreprise devrait avoir un caractère définitif. En effet il a été rendu à la suite d'une période d'observation suffisamment longue pour que la situation de l'entreprise soit connue.

De fait le jugement qui ouvre la liquidation judiciaire est irréversible. Le tribunal ne pourra pas revenir en arrière, s'il apparaît par la suite qu'un redressement peut être envisagé. En effet la vente des actifs commence dès le jugement. Il est donc trop tard pour reconstituer une entreprise dont le démantèlement est en cours.

En revanche *le jugement qui approuve le plan n'a qu'un caractère provisoire*. Il pourra être modifié en cas d'inexécution du plan [1]. La

---

1. Y. Chaput, *L'échec des plans de continuation et de cession*, ds. *L'application de la loi du 25 janv. 1985*, p. 220, bilan (Actes du colloque de Sophia – Antipolis, mars 1991) – B. Soinne, *La continuation de l'entreprise, dans Les innovations de la loi sur le redressement judiciaire des entreprises*, t. I, p. 115.

nature juridique de cette modification est discutée. L'article L. 621-82 du Code de commerce y voit une résolution [1]. L'expression n'est pas tout à fait exacte, car le plan n'a pas une nature purement contractuelle. En réalité le tribunal rétracte son précédent jugement et lui substitue une nouvelle décision, adaptée à la situation présente de l'entreprise. En cas de plan de continuation, le débiteur qui n'exécute pas ses engagements est mis en liquidation judiciaire (art. L. 621-82). Toutefois cette sanction est facultative, de telle sorte que le tribunal ne la prononcera vraisemblablement que si le débiteur n'a pas exécuté un engagement essentiel (v. *infra*, n° 1272).

En cas de cession d'entreprise, si le cessionnaire ne paie pas le prix convenu, le tribunal commence par nommer un administrateur provisoire (art. L. 621-93). Il peut ensuite prononcer la résolution du plan (art. L. 621-91, al. 4). Les biens reviendront dans le patrimoine du débiteur cédant. Le tribunal devra rouvrir la période d'observation, et chercher un nouveau repreneur, si la durée maximale de celle-ci n'est pas expirée, ce qui se produira rarement. Sinon il prononcera la liquidation. En outre la défaillance du cessionnaire est généralement le révélateur d'un état de cessation des paiements. L'intéressé fera aussi l'objet d'une procédure de redressement judiciaire. Cette situation sera catastrophique pour tout le monde. Il est donc souhaitable que le tribunal choisisse un repreneur capable de tenir ses engagements (v. *infra*, n° 1287).

La période d'observation, comme l'indique son nom, est une phase préalable. Mais, même si elle est relativement brève, elle ne peut pas aboutir à une pétrification de l'entreprise. Il faut donc se demander maintenant quelle est la situation des partenaires au cours de cette phase.

---

1. Vallens, *La résolution du plan de redressement*, n° 3, *J.C.P.*, 1987, éd. E, II, 14979.

Chapitre II

La situation des partenaires au cours de la période d'observation

1197. – *Continuation de l'exploitation.* On se trouve ici en présence d'un dilemme.

D'un côté la phase d'observation devrait être une période d'immobilité. Notamment l'entreprise bénéficie d'une suspension des poursuites susceptibles d'être intentées contre elle, c'est-à-dire d'une sorte de moratoire général. Sinon sa situation continuerait de se dégrader en raison de la saisie de ses actifs et seule une liquidation pourrait être envisagée. En outre l'immobilisme facilite l'observation, car les données recueillies par l'administrateur et le juge-commissaire n'ont pas besoin d'être mises à jour. Par conséquent, de ce premier point de vue, la période d'observation devrait être une *période d'hibernation*. Les partenaires se rencontrent pour réfléchir sur le sort de l'entreprise. Mais personne n'agirait plus.

D'un autre côté l'intérêt de l'entreprise postule une continuation de l'activité. La période d'observation ne s'est ouverte que parce que l'entreprise fonctionne et est susceptible de se redresser (art. L. 620-1). Sinon le tribunal aurait immédiatement prononcé la liquidation. Or il serait absurde d'arrêter l'entreprise pour ensuite lui faire reprendre ses activités. Une telle interruption risquerait d'entraîner une disparition de la clientèle, généralement sensible à la permanence du fonds du commerce. Elle serait mal supportée par les salariés, contraints à un chômage temporaire. Donc du point de vue de l'entreprise, *non seulement l'exploitation, doit continuer mais elle doit continuer dans des conditions aussi proches que possible de celles qui existaient avant le jugement d'ouverture* [1].

---

1. O. Charbois, *La continuation de l'activité des entreprises en redressement judiciaire*, thèse Paris I, 1990.

La loi de 1985, s'inspirant des solutions déjà données par l'ordonnance de 1967, a tenté de résoudre ce dilemme. Elle le fait en distinguant :
– la situation de l'entreprise et des salariés, pour qui la période d'observation est une période préparatoire pendant laquelle l'activité continue,
– et la situation des créanciers pour qui l'immobilisme prévaut, puisqu'ils se voient notamment imposer un arrêt de leurs poursuites.

SECTION I
La situation de l'entreprise

1198. – La période d'observation est une période préparatoire pendant laquelle l'exploitation continue. Cependant il n'est pas possible de faire abstraction de la cessation des paiements et de l'ouverture d'une procédure, qui restreint les droits des créanciers. Le chef d'entreprise subit donc quelques contraintes temporaires ou durables [1].

§ 1. – *Les mesures conservatoires*

Pour être efficaces, les mesures conservatoires doivent être prises rapidement et ne pas se limiter au patrimoine du seul débiteur. Lorsque ce dernier est une personne morale, la loi de 1985 a aussi prévu des mesures propres à éviter la disparition des biens des dirigeants, puisque ceux-ci pourront être, le cas échéant, condamnés à payer les créanciers sociaux avec leurs biens personnels.

A. *Mesures atteignant le patrimoine du débiteur lui-même*

Ces mesures tendent à éviter la dilapidation et le dépérissement du patrimoine du débiteur, durant les jours qui suivent l'ouverture de la procédure.

1199. – ***Mesures tendant à éviter le dépérissement du patrimoine du débiteur.*** Il s'agit des *actes conservatoires*, c'est-à-dire des actes dont l'accomplissement par l'administrateur ne peut nuire ni au débiteur ni aux créanciers. L'administrateur doit accomplir d'urgence ou faire accomplir par le débiteur les actes suivants (art. L. 621-16) :
– *actes nécessaires à la conservation des droits de l'entreprise contre ses propres débiteurs*, comme par exemple les recouvrements de

---

1. J.-J. Daigre, *L'entreprise pendant la période d'observation*, ds *Le redressement judiciaire de l'entreprise*, p. 11, Rev. jurisp. com., n° spéc., févr. 1987 – P. Serlooten, *L'entreprise pendant la période d'observation*, Annales Université de Toulouse, 1986, p. 25.

dettes échues. La règle s'inspire de l'action oblique (C. civ. art. 1166). Elle est toutefois plus sévère puisque le débiteur est seulement en cessation des paiements et pas nécessairement insolvable ;
– *actes nécessaires à la préservation des moyens de production*, formule large qui s'applique aussi bien au renouvellement des contrats courants d'entretien ou de fourniture qu'à la vente des stocks soumis à dépérissement ou dépréciation ;
– *inscription des sûretés*, que le chef d'entreprise aurait négligé de prendre ou de renouveler. Cette précision était inutile, car ces inscriptions sont des actes nécessaires à la conservation des droits du débiteur.
– versement à la caisse des dépôts et consignations des sommes qui ne sont pas nécessaires à la continuation de l'activité (art. L. 621-33).

Bien que la loi de 1985 ne le précise pas, il est vraisemblable que, l'administrateur demandera non pas la clôture des comptes bancaires, mais la détermination du solde de ceux-ci [1]. Cette mesure de clarification s'impose pour distinguer les opérations réalisées avant et après le jugement d'ouverture. Si l'administrateur ne la sollicite pas, le banquier devrait y procéder d'office, dès qu'il a connaissance du redressement judiciaire [2]. Mais le banquier n'a pas le droit de clôturer d'office le compte, car il s'agit de l'exécution d'un contrat en cours [3]. La nature juridique du compte ainsi continué est discutée. On peut notamment se demander si les sûretés qui garantissaient le solde débiteur continuent de s'appliquer.

Pour le fonctionnement des comptes, v. *infra*, n° 1214.

1200. – *Mesures tendant à éviter la dilapidation du patrimoine du débiteur.* Elles sont disparates et leur utilité n'est pas certaine.
a) *Le juge-commissaire peut prescrire l'apposition des scellés* sur les biens du débiteur susceptibles de dilapidation, c'est-à-dire les espèces et les marchandises (Décr. 1985, art. 4).
La mise sous scellés n'a qu'une efficacité limitée car le débiteur malhonnête a pris la précaution de dissimuler ses biens meubles avant l'ouverture de la procédure.
b) Afin également d'éviter les dilapidations et pour faciliter la connaissance de l'actif, *le juge-commissaire prescrit l'inventaire des biens de l'entreprise.* L'inventaire est dressé par l'administrateur ou par le représentant des créanciers, en présence du débiteur (art. L. 621-18 – Décr. 1985, art. 51).

---

1. C. Gavalda, *Le sort des comptes en cas de redressement ou de liquidation judiciaires*, *Cahiers dt. de l'entreprise*, suppl. mai 1988, p. 7.
2. Trib. com. Toulon, 11 juin 1986, *Rev. proc. coll.,* 1987, n° 3, p. 35, note Y. Guyon. Versailles, 29 sept. 1988, *D.,* 1989, 132, note D. Martin.
3. Com. 8 déc. 1987, *D.,* 1988, 52, note Derrida ; *J.C.P.,* 1988, II, 20927, note Jeantin ; *Banque,* 1988, 96, note Rives-Lange ; *Rev. proc. coll.,* 1988, 61, note J. Mestre et P. Delebecque ; *Rev. jurisp. com.,* 1989, 394, note Calendini.

Les intéressés peuvent se faire aider par telle personne qu'ils jugent convenable, car l'établissement d'un inventaire est parfois une opération matériellement lourde (multitude d'articles ; succursales ou entrepôts éloignés du domicile du débiteur) et intellectuellement complexe dans la mesure où il s'accompagne d'une évaluation. Celle-ci sera habituellement demandée à un expert. L'inventaire mentionne non seulement les meubles (au sens large) mais les immeubles et les dettes. Il se rapproche d'un bilan. Il doit mentionner spécialement les marchandises vendues avec réserve de propriété, puisque celles-ci ne peuvent être revendiquées que si elles existent en nature au jour du jugement d'ouverture (art. L. 621-118, v. *infra* n° 1362).

L'inventaire est aussi l'occasion pour l'administrateur de faire connaissance avec l'entreprise : visite des locaux, entretiens avec le personnel, etc.

L'inventaire est complété par des informations que le chef d'entreprise doit communiquer à l'administrateur : liste du personnel, montant des salaires à payer et surtout liste des créanciers, si elle n'a pas été annexée à la déclaration de cessation des paiements (Décr. 1985, art. 46 modifié par le décret du 21 oct. 1994).

On espère ainsi connaître la consistance du patrimoine du débiteur. La réalité est plus décevante [1]. L'administrateur connaît seulement les biens affectés à l'exercice du commerce sauf si le débiteur est assujetti à l'impôt de solidarité sur la fortune et que l'administrateur obtient communication de la déclaration d'ensemble de son patrimoine qu'il doit adresser annuellement au Fisc.

Or le débiteur personne physique a souvent d'autres biens. Sauf s'il fait preuve de beaucoup de naïveté et d'abnégation, il ne sera guère disposé à en révéler l'existence. Malheureusement l'administrateur et le représentant des créanciers ne disposent que de moyens d'investigation insuffisants et leurs fonctions ne consistent pas à opérer des enquêtes d'une nature policière. Ainsi les immeubles, malgré leur caractère stable et apparent, sont parfois difficiles à découvrir. Il n'existe pas de publicité foncière centralisée à l'échelon national et l'administrateur ou le représentant des créanciers ne peut évidemment pas interroger tous les bureaux de conservation des hypothèques. Si l'immeuble ne produit pas de revenus, la seule manière de le découvrir est d'avoir connaissance de l'avertissement de paiement de l'impôt foncier. Mais puisque celui-ci est adressé au domicile personnel du débiteur, l'administrateur n'en aura pas connaissance. La situation est encore plus difficile pour les comptes bancaires ou postaux que le débiteur n'a pas utilisé pour des opérations commerciales et qu'il a fait ouvrir dans des banques éloignées de son domicile. L'administrateur ne peut en avoir connaissance que si le débiteur a eu l'imprudence d'y encaisser des chèques. Mais souvent ces comptes sont alimentés par des dépôts d'espèces. Enfin les possibilités de dissimulation sont encore plus grandes lorsqu'il s'agit d'espèces, de bijoux (même déposé dans un coffre loué en banque) ou de comptes ouverts dans des banques

---

1. Dagot, *Un colosse aux pieds d'argile*, J.C.P., 1973, I, 2538.

étrangères. Par conséquent sans même recourir à une organisation systématique de son insolvabilité ou à des cessions d'actifs à des prête-noms, le débiteur peut, par son simple silence, dissimuler une partie de son actif. Actuellement cette attitude passive n'est passible d'aucune sanction, car elle n'équivaut pas à une dissimulation, génératrice de faillite personnelle.

Il serait souhaitable d'imposer au débiteur, comme cela se fait en Allemagne, la déclaration de tous ses biens. Les déclarations inexactes ou incomplètes seraient sanctionnées par l'application de la faillite personnelle. La loi de 1985 n'a pas retenu cette solution, jugée sans doute trop sévère. Simplement l'article 6 du décret du 27 décembre 1985 prévoit qu'en cas de dépôt de bilan le débiteur doit communiquer au tribunal un inventaire sommaire de ses biens. La loi du 10 juin 1994 a néanmoins réalisé un progrès en permettant de mettre en faillite personnelle le débiteur qui, de mauvaise foi, ne communique pas la liste de ses créanciers et de ses débiteurs (art. L. 625-8, al. 2). Il faudrait aussi que le mandataire puisse, comme les huissiers saisissants, bénéficier de l'aide du Parquet pour connaître les établissements de crédit auprès desquels le débiteur a ouvert un compte (L. 9 juill. 1991, art. 39).

L'administrateur doit également demander à l'expert comptable du débiteur de lui remettre les documents et livres comptables en sa possession (Décr. 1985, art. 46 al. 2). En effet ces documents sont nécessaires à l'établissement du bilan. Mais leur remise se heurte souvent à des difficultés si l'expert comptable prétend exercer sur eux un droit de rétention parce que ses honoraires n'ont pas été payés.

c) Enfin le juge-commissaire peut ordonner *la remise à l'administrateur des lettres adressées au débiteur* (art. L. 621-20). Cette atteinte au secret des lettres missives se justifie à la fois par la volonté d'éviter les fraudes et, le cas échéant, de faciliter la gestion de l'entreprise par l'administrateur [1].

Deux palliatifs atténuent le caractère désagréable de cette mesure, généralement mal supportée par le chef d'entreprise :
— d'une part les lettres qui ont un caractère personnel ou qui ont pour objet la notification de décisions doivent lui être immédiatement remises ;
— d'autre part le débiteur peut assister à l'ouverture du courrier par l'administrateur. Mais on ne voit pas très bien comment les choses se passeront en pratique puisque d'habitude la Poste adresse directement le courrier à l'étude de l'administrateur.

Une autre mesure conservatoire est édictée dans l'intérêt du débiteur et non plus des créanciers. Elle consiste en la faculté donnée au juge-commissaire de lui attribuer des subsides, pour lui permettre de survivre pendant la période d'observation (art. L. 621-21) [2].

---

1. V. les obs. de M. Dureuil, *Rev. proc. coll.*, 1987, n° 2, p. 35.
2. V. les obs. de M. Dureuil, *Rev. proc. coll.*, 1988, 289.

B. Mesures atteignant les associés ou les dirigeants de la personne morale dont le redressement judiciaire a été ordonné

1202. – Incessibilité des parts ou actions appartenant aux dirigeants. Lorsque les membres d'une personne morale sont tenus indéfiniment et solidairement du passif, le jugement qui prononce le redressement judiciaire de cette personne produit ses effets à leur égard (v. *supra*, n° 1106). Ces membres sont alors mis personnellement en redressement judiciaire et soumis aux mesures conservatoires décrites ci-dessus.

Cette situation exceptionnelle mise à part, les membres ou les dirigeants de la personne morale en redressement judiciaire ne subissent pas les conséquences de l'ouverture d'une procédure qui ne les concerne pas directement. Ce principe supporte toutefois une exception. En effet le jugement qui ouvre la procédure à l'encontre d'une personne morale entraîne *l'incessibilité des parts ou des actions appartenant aux dirigeants* (art. L. 621-19). Il s'agit de garantir l'exécution des sanctions pécuniaires qui pourront, le cas échéant, être prises contre eux [1].

Cette mesure conservatoire, qui s'opère de plein droit, a un domaine large. Elle s'applique à tous les dirigeants, de droit ou de fait, apparents ou occultes, rémunérés ou non.

> Néanmoins son application aux dirigeants de fait risque d'être inefficace, car seul un jugement peut leur reconnaître cette qualité de telle sorte que les intéressés auront eu le temps de vendre leurs droits sociaux. Les anciens dirigeants échappent au blocage à condition que leur retraite soit effective [2].
>
> L'immobilisation couvre toutes les parts et toutes les actions et non pas seulement les actions affectées à la garantie de la bonne exécution de la mission des administrateurs ou des membres du conseil de surveillance (art. L. 225-25 et 225-72).
>
> L'immobilisation dure, en principe, jusqu'à l'adoption du plan de redressement ou la clôture de la liquidation (Décr. 1985, art. 52). Toutefois le tribunal peut autoriser la cession ou la négociation de ces droits. A défaut de cette autorisation, l'opération est nulle.
>
> L'administrateur assure l'effectivité de cette incessibilité en faisant virer les valeurs mobilières à un compte bloqué. Mais, comme la mesure tend simplement à empêcher les cessions, et non l'exercice des autres droits appartenant aux associés, l'administrateur remet aux dirigeants un certificat qui leur permet de participer aux assemblées générales (Décr. 1985, art. 52). La dématérialisation des valeurs mobilières rend impossibles les dissimulations puisque les titres au porteur incorporés dans un support matériel n'existent plus [3].

---

[1]. J.-M. de Bermond de Vaulx, *Le sort des droits sociaux détenus par le dirigeant d'une société en redressement ou en liquidation judiciaires*, Rev. soc., 1990, 221 – Y. Guyon, *L'inaliénabilité en droit commercial*, n° 19 : Mélanges A. Sayag, p. 278.

[2]. Com., 13 déc. 1976, *Rev. soc.*, 1977, 290, note Honorat.

[3]. Guyon, *La dématérialisation des valeurs mobilières*, Rev. soc., 1984, 451.

Cette immobilisation apporte une certaine moralisation dans le droit des procédures collectives, puisque les dirigeants subissent, au moins à titre provisoire, les conséquences d'une cessation des paiements dont ils sont souvent responsables. Son efficacité économique est moins certaine. En effet, d'une part compte tenu de la situation de la société, les parts ou actions risquent d'être dénuées de valeur. D'autre part, interprété à la lettre, l'article L. 621-19 du Code de commerce fait seulement obstacle aux cessions. Un créancier personnel des dirigeants conserverait donc le droit de saisir les parts ou les actions malgré leur blocage [1]. La garantie risque ainsi d'être illusoire. Enfin il serait inadmissible que le tribunal use de son pouvoir pour contraindre le dirigeant majoritaire à céder ses parts à la personne dont l'offre n'est pas la plus avantageuse.

Une autre mesure d'immobilisation est prévue par l'article L. 621-59 du Code de commerce. Elle s'applique aussi aux dirigeants, et précède la cession forcée de leurs parts. Sa durée n'est pas limitée à la période d'observation, mais peut s'étendre à celle de l'exécution du plan de redressement [2]. Elle peut s'accompagner d'une privation du droit de vote, dont l'exercice sera confié à un mandataire de justice.

1202-1. – Rémunération des dirigeants. Afin d'éviter à la fois les abus à l'égard des créanciers et les injustices à l'égard du débiteur le juge-commissaire peut fixer la rémunération qui sera versée aux dirigeants à partir de l'ouverture de la procédure (art. L. 621-21). Mais ce pouvoir ne s'applique qu'aux rémunérations dues en raison de mandats sociaux et non aux salaires versés pour l'accomplissement d'un contrat de travail [3].

Ces mesures conservatoires sont insuffisantes parce qu'elles ont un caractère négatif. Elles doivent être complétées par des mesures positives, qui permettent la poursuite de l'activité.

§ 2. – *La gestion de l'entreprise*

1203. – Nécessité d'une poursuite de l'activité. Pendant la période d'observation, *l'activité de l'entreprise se poursuit* (art. L. 621-26). En effet qui dit période d'observation dit espoir de redressement. Or, sans poursuite d'exploitation, le redressement serait sinon impossible au moins très aléatoire. Par conséquent poursuite de l'activité et période d'observation ne peuvent en principe exister l'une sans l'autre [4]. D'ailleurs si l'exploitation a cessé, le tribunal doit prononcer la liquidation, sans ouverture préalable d'une période d'observation (art. L. 620-1).

---

1. Com., 2 mai 1985, *Rev. soc.*, 1986, 81, note B. Bouloc.
2. Derrida, Godé et Sortais, *Redressement judiciaire*, n° 139.
3. Versailles, 3 nov. 1994, *D.*, 1995, Info rap. 29 – Trib., com. Combrai 5 déc. 1995, *Rev. proc. coll.*, 1996, 268, note Taquet.
4. C. Saint-Alary-Houin, *La répartition des pouvoirs au cours de la période d'observation*, Rev. proc. coll., 1990, 3 – Com. 9 juin 1992, *Bull. civ.* IV, n° 231, p. 162.

En outre, comme la période d'observation a un caractère provisoire, *l'activité doit se poursuivre dans des conditions aussi proches que possible de celles qui existaient avant le jugement d'ouverture.*

Par conséquent c'est très logiquement que le décret du 15 décembre 1992 admet les entreprises à continuer de conclure des marchés publics pendant la période d'observation.

La loi de 1985 a voulu donner à l'intervention de la justice un caractère aussi atténué et discret que possible, afin de ne pas compromettre les chances d'un redressement.

Cette souplesse, déjà sensible dans le régime général, est encore plus accentuée dans le régime simplifié.

A. La gestion de l'entreprise dans le régime général

1204. – Souplesse des procédés de gestion. Sous l'empire de la loi de 1967, le débiteur était, dès le jugement d'ouverture, assisté par le syndic en cas de règlement judiciaire et représenté par lui en cas de liquidation des biens. Le débiteur était donc toujours dessaisi de l'administration de son entreprise. Seule l'étendue de ce dessaisissement variait. Ce régime était protecteur pour les créanciers, mais peu favorable au redressement de l'entreprise. En effet les clients et les fournisseurs n'étaient guère incités à continuer des relations avec l'entreprise puisqu'ils devaient passer par l'intermédiaire du syndic. En outre, conformément à l'idée de saisie collective, l'exploitation était continuée au nom et pour le compte des créanciers. Il en résultait des difficultés inextricables au cas où cette exploitation était déficitaire, car on ne savait pas si le passif devait être payé par le débiteur ou par la masse des créanciers [1].

La loi du 25 janvier 1985 réalise une double modification. D'une part l'exploitation est désormais continuée dans le seul intérêt de l'entreprise, afin de contribuer à son redressement. S'il se crée un nouveau passif au cours de la période d'observation, seul le débiteur sera tenu de le payer. D'autre part la loi de 1985 instaure un *mécanisme de gestion plus souple*, inspiré de l'ordonnance du 23 septembre 1967 [2]. Dans cet océan de liberté, il y a tout de même un îlot de réglementation : au cours de la période d'observation, la mise en location-gérance du fonds doit avoir un caractère exceptionnel.

1) La gestion directe

1205. – La gestion directe est la règle. La loi du 25 janvier 1985 n'édicte que peu de règles impératives. Elle instaure un *dessaisissement judiciaire à contenu variable*, qui permet au chef d'entreprise de

---

1. A. Brunet, *Masse des créanciers et créanciers de la masse*, thèse, Nancy, 1973.
2. Y. Guyon, *Le réalisme de la loi du 25 janvier 1985 sur les procédures collectives* : Mélanges P. Bézard, p. 311, 2002.

continuer, si possible, de jouer un rôle actif et donc de demeurer en relation avec ses partenaires habituels. Quelques précautions sont cependant nécessaires, qui se traduisent par l'existence de règles fixes.

a) Les règles fixes

Ces règles fixes tendent à un double but : assurer la survie de l'entreprise mais aussi protéger les créanciers. Les unes ont un caractère positif, les autres un caractère négatif.

1) Les règles fixes positives : la continuation des contrats en cours.

1206. – Le principe de la continuation des contrats en cours d'exécution. La période d'observation ne peut préparer le redressement de l'entreprise que si les contrats en cours continuent d'être exécutés. Or cette exécution va souvent à l'encontre des intérêts du co-contractant du débiteur en redressement judiciaire. Ce partenaire voudrait se dégager d'un contrat qui a déjà été mal exécuté et dont l'avenir paraît compromis. L'article L. 621-28 du Code de commerce ne le lui permet pas. En effet afin d'assurer au mieux la poursuite de l'activité, *il donne à l'administrateur la faculté d'exiger l'exécution des contrats en cours* [1]. En conséquence, par exception au droit commun des obligations, le co-contractant « *in bonis* » ne peut se prévaloir du fait qu'avant le jugement d'ouverture le débiteur avait cessé d'exécuter ses obligations, ce qui aurait dû normalement entraîner l'application de la clause résolutoire ou de l'exception d'inexécution si le contrat est synallagmatique (C. civ. art. 1184). Ce contractant doit continuer de s'exécuter si l'administrateur le lui demande (pour les livraisons, v. *infra*, n° 1360). Malgré sa sévérité cette règle est logique car comment l'entreprise pourrait-elle se redresser si ses partenaires cessaient de travailler avec elle dès l'ouverture de la procédure. La notion de contrat en cours doit s'entendre de la manière la plus simple : est en cours tout contrat dont l'exécution d'une prestation caractéristique n'est pas terminée le jour du jugement d'ouverture [2] ou dont la résolution n'a pas été prononcée par une décision passée en force de chose jugée [3]. L'article L. 621-28 du Code de commerce s'applique principalement aux contrats à exécution successive : locations, fournitures, etc. Mais il ne se limite pas à ceux-ci. Ainsi une vente est en cours si la propriété n'a pas été transférée.

---

1. C. Brunetti-Pons, *La spécificité du régime des contrats en cours dans les procédures collectives* : Rev. trim. dr. com., 2000, 783 – P. CHVIKA, *Droit privé et procédures collectives*, n° 19, thèse Paris II, 2002. – Y. Guyon, *Le droit des contrats à l'épreuve du droit des procédures collectives* : Mélanges J. Ghestin, p. 405 – E. Jouffin, *Le sort des contrats en cours dans les entreprises soumises à une procédure collective*, 1998.
2. Com. 16 févr. 1988, *Bull. civ.* IV, n° 72, p. 50 – 2 mars 1993, D., 1993, 572, note P. Devesa – 13 avr. 1999 : *Bull. civ.* IV, n° 87, p. 71 – 1er févr. 2000 : *ibid.*, n° 23, p. 19.
3. Com. 12 juin 1990, *Bull. civ.* IV, n° 172, p. 119.

Il est normal que le sort du contrat dépende du choix de l'administrateur et non de l'autre contractant. En effet l'administrateur est le mieux placé pour exercer cette option, car il est le mieux informé et le plus objectif. Ce choix fera prévaloir l'intérêt général, sur des considérations égoïstes, qui peuvent guider tel ou tel créancier. Il dépend à la fois de l'intérêt que le contrat présente pour l'entreprise et de considérations financières. En effet la continuation de l'exécution suppose que l'entreprise en redressement judiciaire pourra fournir les prestations à sa charge. Réciproquement la rupture du contrat exposera le débiteur au paiement de dommages-intérêts. La mission de l'administrateur est difficile. Dans le doute il doit, semble-t-il, opter pour la continuation, car c'est la solution la plus propice à un redressement [1]. Certains ont néanmoins remarqué que cette technique dite du « cherry picking » était discriminatoire car l'administrateur continue les seuls contrats intéressants pour le débiteur et abandonne les autres, ne laissant au co-contractant qu'un recours en dommages-intérêts le plus souvent illusoire.

> Une situation inextricable se présentera si les deux cocontractants sont l'un et l'autre en redressement judiciaire et que les deux administrateurs prennent des partis différents.

Le choix de l'administrateur n'est pas enfermé dans un délai fixe. Cette solution s'explique par la complexité des facteurs que l'administrateur doit prendre en considération (conjoncture économique générale ; état de l'entreprise ; nature et intérêt du contrat, etc). Toutefois, afin d'éviter de laisser le cocontractant dans une incertitude gênante, l'article L. 621-28 du Code de commerce autorise celui-ci à mettre l'administrateur en demeure de continuer le contrat. A l'expiration d'un délai d'un mois, le contrat inexécuté est résilié de plein droit, de telle sorte que le co-contractant retrouve sa liberté. Ce délai peut être abrégé ou allongé par le juge-commissaire.

Le choix de l'administrateur n'est soumis à aucune condition de forme. Cela n'est pas gênant car l'article L. 621-28 établit une présomption de continuation des contrats en cours, fondée sur le fait que, pendant la période d'observation, l'activité de l'entreprise est maintenue. *C'est la non-exécution du contrat qui doit être explicite.* Par conséquent le contrat se poursuit si aucune initiative en vue de la rupture n'est prise par l'administrateur ou le co-contractant.

L'administrateur peut demander la continuation même si le débiteur n'avait pas exécuté ses obligations avant le jugement d'ouverture. La loi de 1985 entérine la jurisprudence qui avait refusé de reconnaître au cocontractant un privilège sans texte, dit privilège du robinet. En effet certains fournisseurs, notamment l'EDF, avaient prétendu

---

1. Com. 9 juin 1998, *Bull. civ.* IV, n° 185, p. 153.

subordonner le maintien de leurs prestations au paiement intégral de l'arriéré dû par le débiteur. Cette prétention, qui se fondait sur le principe de l'exécution trait pour trait des contrats synallagmatiques, avait été rejetée par les tribunaux [1].

1207. – *Les conséquences du choix opéré par l'administrateur.*
L'administrateur a le choix entre deux solutions.

– *Ou bien il continue l'exécution.* Il doit alors :
• D'une part *fournir la prestation promise* au cocontractant du débiteur en redressement judiciaire. Si cette prestation est de nature pécuniaire, l'administrateur doit payer dans les conditions et aux dates prévues par le contrat, à moins que le co-contractant n'accepte un délai de paiement. Dans ce cas le paiement différé est garanti par le droit de priorité accordé aux créanciers postérieurs par l'article L. 621-32 du Code de commerce (v. *infra*, n° 1245). Si néanmoins le co-contractant n'était payé, il pourrait mettre en jeu la responsabilité de l'administrateur.

> Les sommes provenant de l'exécution des contrats alimentent les comptes bancaires du débiteur et permettent de faire face aux besoins de la poursuite de l'activité. S'il y a un surplus, celui-ci n'est pas distribué car les droits des créanciers ne sont pas encore connus. Il est déposé à la Caisse des dépôts et consignations, où il produira des intérêts au profit des créanciers (art. L. 621-33). Cependant cette affectation n'a pas un caractère définitif puisque le juge-commissaire peut modifier la répartition des sommes entre les comptes de l'entreprise et les comptes ouverts à la Caisse des dépôts (Décr. 1985, art. 62). Bien que critiquable, cette faculté va dans le sens voulu par la loi de 1985 : les droits des créanciers sont sacrifiés afin de permettre la continuation de l'activité. Il aurait été toutefois préférable qu'une mesure aussi grave figure dans la loi elle-même. En revanche, les sommes déposées à la Caisse des dépôts ne peuvent faire l'objet d'aucune opposition ou procédure d'exécution de quelque nature que ça soit (art. L. 627-1).

• D'autre part l'administrateur doit *exécuter tout le contrat*. Il ne peut pas faire un choix pour écarter les clauses qui lui paraissent inopportunes, comme par exemple une clause attributive de compétence, une clause compromissoire [2], ou une clause d'agrément [3]. En revanche une clause pénale qui prévoit une majoration des obligations du débiteur en cas de redressement judiciaire doit être réputée non écrite. En effet elle porte atteinte au principe d'ordre public de l'éga-

---

1. Com. 22 janv. 1974, *D.*, 1974, 514, note F. Derrida ; *J.C.P.*, 1974, II, 17865, note E.-M. Bey.
2. Com. 19 juill. 1982, *Bull. civ.* IV, n° 280, p. 241.
3. Com. 31 janv. 1995 : *Rev. soc.*, 1995, 320, note H. Le Nabasque ; *J.C.P.*, 1995, E, II, 678, note Y. Guyon.

lité entre créanciers [1]. L'administrateur doit également respecter le terme prévu par le contrat en faveur du co-contractant du débiteur [2].

– *Si l'administrateur n'use pas de la faculté de poursuivre le contrat, celui-ci est résilié* et l'inexécution peut donner lieu à des *dommages-intérêts*, au profit de l'autre partie, par application du droit commun. En effet la cessation des paiements, comme tout fait interne à une entreprise, ne constitue pas une cause d'exonération de la responsabilité contractuelle encourue en cas d'inexécution [3].

Le paiement de ces dommages-intérêts n'est pas garanti par le droit de priorité dont bénéficient en général les créanciers dont le titre a pris naissance après le jugement d'ouverture (art. L. 621-32-III-3) [4]. Cette solution suscite des réserves car si le contrat est antérieur, le fait générateur des dommages-intérêts est une résiliation par hypothèse postérieure au jugement d'ouverture. Elle peut cependant s'expliquer par le fait que les dommages-intérêts ne contribuent pas à la continuation de l'exploitation.

La décision de l'administrateur peut être déférée par le cocontractant au juge-commissaire, qui statue par voie d'ordonnance (Décr. 1985, art. 25) [5]. Il en va de même lorsque le co-contractant refuse de continuer l'exécution du contrat. L'appel contre les ordonnances du juge est porté devant le tribunal (art. L. 623-4-2°).

Ces dispositions réalisent un compromis satisfaisant. D'un côté l'administrateur peut obtenir l'exécution des contrats utiles au redressement de l'entreprise. D'un autre côté le co-contractant est assuré d'être soit payé en cas de continuation soit libéré dans le cas contraire, ce qui lui permet de s'adresser à un autre partenaire.

1208. – Domaine du principe de la continuation des contrats en cours. Le principe selon lequel l'administrateur décide seul la continuation des contrats supporte-t-il des *exceptions* ? *Y a-t-il des cas où le cocontractant a le droit de refuser la continuation de l'exécution* en raison de l'ouverture d'un redressement judiciaire ? L'article L. 621-28 du Code de commerce semble donner une réponse négative.

Il exclut d'abord les *clauses contraires* stipulant une résiliation, une résolution ou une indivisibilité en cas d'ouverture d'une procédure collective. Celles-ci sont inopposables à l'administrateur qui peut, malgré elles, demander que le cocontractant continue d'exécuter le contrat. La

---

1. Com., 10 déc. 1991, *Bull. civ.* IV, n° 378, p. 260 ; *Rev. trim. dr. com.*, 1992, 686, note A. Martin-Serf.
2. Com. 15 juill. 1992, *Rev. soc.*, 1983, 103, note J.-F. Barbieri – Paris 30 sept. 1991, *D.*, 1992, 140, note Derrida.
3. A. Laude, *La non continuation du contrat dans les procédures collectives*, ds. *La cassation des relations contractuelles d'affaires*, p. 109, Aix, 1997. – Pour l'application à un contrat de bail, v. com. 10 juill. 2001, *D.* 2001, 2830, note A. Lienhard.
4. V. les obs. de Mme A. Martin-Serf à la *Rev. trim. dr. com.*, 1995, 488.
5. Com. 8 déc. 1987, précité n° 1199.

loi de 1985 confirme la jurisprudence intervenue sous l'empire de la loi de 1967[1]. Cette solution est fondée, car la résolution d'un contrat important pourrait empêcher la poursuite de l'activité et conduire à une liquidation judiciaire. Elle est cependant mal supportée par les entreprises qui concluent des contrats de longue durée, avec des partenaires de solvabilité incertaine. Les praticiens s'efforcent donc de découvrir des mécanismes qui permettraient au contractant « *in bonis* » de se dégager, malgré les dispositions légales impératives.

Cette recherche semble vouée à l'échec, car sont réputées non écrites, en cas de redressement judiciaire, les clauses qui aboutiraient indirectement à une résolution du contrat[2]. La seule solution consisterait à ne conclure que des contrats de courte durée, sans clause de tacite reconduction ou à faire jouer la clause de résiliation avant le début de la période suspecte.

A l'inverse, on doit admettre qu'une clause d'irrévocabilité stipulée par les parties serait inopposable à l'administrateur, qui pourrait, malgré celle-ci, refuser d'exécuter le contrat[3].

En revanche demeurent efficaces les clauses résolutoires acquises avant le jugement d'ouverture ou celles visant l'inexécution d'une prestation due au cours de la période d'observation[4].

L'article L. 621-28 exclut ensuite les *dispositions législatives contraires*. Parmi les textes ainsi frappés de caducité on rencontre l'article 2003 du Code civil qui prévoyait la cessation du contrat de mandat en cas de déconfiture de l'une des parties.

Toutefois la loi du 25 janvier 1985 a elle-même prévu des *régimes spéciaux*, plus ou moins dérogatoires. Il s'agit essentiellement :

• du contrat de travail, ce qui n'est qu'une illustration de la règle qui veut que ce contrat obéisse toujours à un régime dérogatoire ;

• du contrat d'assurance. En principe le contrat prend fin un mois après le jugement d'ouverture (C. ass. art. L. 113-6). Cette solution de compromis est acceptable. Il aurait été regrettable que l'entreprise cesse d'être assurée dès le jugement d'ouverture. D'un autre côté la procédure collective modifie les risques : l'assureur doit pouvoir demander une re-négociation du contrat ;

• du contrat de bail, v. *infra*, n° 1349 ;

• du contrat de vente de marchandises en cours de livraison (v. *infra*, n° 1360).

L'article L. 431-7 du Code monétaire et financier prévoit que les contrats de compensation sur les marchés réglementés peuvent être résiliés de plein droit, en cas d'ouverture d'une procédure collective. La protection du marché boursier l'emporte ainsi sur la volonté de redresser le spéculateur en difficulté.

---

1. Com. 17 mars 1975, *D.*, 1975, 553, note Derrida ; *Rev. trim. dr. com.*, 1975, 638, note Houin et E. Le Gall.
2. Com. 15 avr. 1985, *D.*, 1986, I.R., 321, note Vasseur.
3. V. Trib. com. Paris, 23 avr. 1986, *J.C.P.*, 1987, II, 20741, note Stoufflet.
4. Com. 9 mai 1995, *Bull. civ.* IV, n° 136, p. 122.

En revanche, afin de lever toute équivoque, le législateur prévoit parfois que la continuation à l'initiative de l'administrateur, s'applique à certains contrats notamment le contrat d'édition en cas de redressement judiciaire de l'éditeur et le contrat de production audio-visuelle, en cas de redressement judiciaire du producteur (C. prop. int. art. L. 132-15 et 132-30).

Ces précisions entraînent une difficulté d'interprétation. Si le législateur prévoit expressément la continuation de certains contrats marqués par la considération de la personne (un éditeur ou un producteur n'en vaut pas un autre) *n'est-ce pas implicitement reconnaître que les autres contrats conclus « intuitu personae » sont résiliés par le jugement d'ouverture ?* La Cour de cassation refuse d'admettre ce raisonnement car le co-contractant, en imposant à l'administrateur la résiliation de ces contrats, compromettrait le redressement de l'entreprise. Cette position a été prise à propos des ouvertures de crédit [1]. Le banquier qui a promis un crédit à son client avant le jugement d'ouverture est tenu de lui verser les fonds, au cours de la période d'observation, si l'administrateur le lui demande. Cette solution doit être approuvée, car on ne voit pas comment une entreprise pourrait se redresser sans soutien financier. Le remboursement de ces avances est alors garanti par l'article L. 621-32 du Code de commerce (v. *infra*, n° 1245). Mais il n'est pas certain que les sûretés qui garantissaient le solde débiteur de ce compte continuent de s'appliquer [2]. Toutefois le banquier peut mettre fin au crédit s'il apparaît que la situation du débiteur est irrémédiablement compromise (CMF art. L. 313-12) [3]. Logiquement la période d'observation devrait alors prendre fin et un jugement mettre le débiteur en liquidation judiciaire.

Le refus d'un régime propre aux contrats conclus « *intuitu personae* » devrait aussi s'étendre aux concessions [4] aux cautionnements [5] et aux contrats administratifs [6]. Toutefois, dans ce dernier cas, l'option de l'administrateur a moins de conséquences qu'en droit commun puisque la personne morale publique co-contractante a généralement le droit de demander la résiliation du contrat à tout moment.

---

1. Com. 8 déc. 1987, précité n° 1199.
2. C. Gavalda, *Le sort des comptes en cas de redressement judiciaire ou de liquidation des biens*, Cahiers droit de l'entreprise, mai 1988, p. 7 – D. Martin, *Incidence du maintien forcé des conventions de compte courant sur les sûretés*, Banque et droit, 1988, 54.
3. Com. 10 oct. 1991, *J.C.P.*, 1992, II, 21854, note M. Jeantin ; Rev. trim. dr. com., 1992, 239, note Y. Chaput.
4. V. Com. 29 mai 1990, *Bull. civ.* IV, n° 158, p. 107 – 2 mars 1993, *J.C.P.*, 1993, IV, 1163.
5. A. Liénard, *Le cautionnement dans le cadre des procédures de redressement et de liquidation judiciaires*, Rev. proc. coll., 1988, 135 – G. Parléani, *La position du banquier bénéficiaire ou débiteur d'un cautionnement*, Cahiers droit de l'entreprise, mai 1988, p. 36.
6. G. Eckert, *Droit administratif et commercialité,* p. 761, thèse Strasbourg, 1994. – v. cep. Loi 2 janv. 2002 art. 12.

De même il n'y a aucune raison d'admettre la résiliation du bail commercial en cas de redressement judiciaire du bailleur [1].

Une difficulté se présente en cas de redressement judiciaire de l'associé d'une société civile. L'article 1860 du Code civil donne à ses co-associés le droit de l'exclure de la société, c'est-à-dire de mettre fin au contrat sans se préoccuper de la décision de l'administrateur. Il semble que ce texte ait été implicitement abrogé par l'article L. 621-28 du Code de commerce.

On se demande enfin quel est le sort du *règlement amiable*, lorsque le débiteur a respecté les échéances qui y étaient stipulées mais a été mis en redressement judiciaire pour non paiement d'une dette non visée par ce règlement. Comme le règlement amiable est un contrat, ses signataires ne peuvent pas, semble-t-il en demander la résiliation. Ils continueront de subir les reports d'échéance et risquent d'être payés après les créanciers qui n'ont pas participé au dit règlement.

Ainsi l'article L. 621-28 du Code de commerce s'exprime dans des termes suffisamment généraux pour permettre la continuation au seul gré de l'administrateur même des contrats où la considération de la personne est prépondérante. En effet la période d'observation ne modifie que très peu la situation du débiteur. En outre, de manière plus générale, on assiste à un mouvement de banalisation des contrats conclus « intuitu personae » [2].

Par conséquent, par exception au droit commun des obligations, le co-contractant ne peut se prévaloir, en vue d'une résiliation du contrat en cours ni d'une inexécution de ses obligations par le débiteur avant le jugement d'ouverture, ni d'une clause résolutoire expresse, ni du caractère personnalisé de la convention.

2) *Les règles fixes négatives : les actes interdits.*

1209. – Interdiction des paiements. *Certains actes sont interdits tant au débiteur qu'à l'administrateur,* car ils sont dangereux pour les créanciers ou incompatibles avec le redressement de l'entreprise (art. L. 621-24).

Ces actes, dont la liste est limitative, sont les suivants :

Il s'agit tout d'abord du *paiement des créances nées antérieurement au jugement d'ouverture* (Pour les créances postérieures, v. *infra*, n° 1251). La règle est sévère et peut mettre certains créanciers en difficulté, provoquant ainsi des faillites en chaîne. Néanmoins son respect s'impose, sinon l'égalité entre les créanciers ne serait plus respectée car, à ce stade de la procédure, on ignore la proportion du passif par rapport à l'actif et par conséquent la quotité de la valeur nominale des créances qui pourra être payée. L'interdiction s'applique en principe à tous les modes de paiement.

---

1. F. Kendérian, Le bail commercial relève-t-il du régime des contrats en cours en cas de procédure collective du bailleur : *D.* 2003, 610.
2. V. les obs. de M.-J. Mestre, *Rev. trim. dr. civ.*, 1986, 747.

Les chèques émis avant le jugement d'ouverture peuvent être payés au bénéficiaire après celui-ci, car la propriété de la provision lui a été transmise dès l'émission [1]. La remise à l'encaissement n'est donc que la matérialisation d'un transfert de fonds juridiquement déjà opéré.

L'interdiction des paiements supporte cependant quatre exceptions.

– D'une part, le juge-commissaire peut autoriser le *paiement du créancier gagiste* ou rétenteur, lorsque la chose qu'il détient est nécessaire à la poursuite de l'activité (art. L. 621-24). Par exemple, un garagiste a réparé un camion, nécessaire à la poursuite de l'activité et n'ayant pas été payé exerce son droit de rétention sur ce véhicule. Le juge-commissaire pourra permettre de le payer, afin que le camion puisse être de nouveau utilisé par l'entreprise. Il y a là un avantage considérable pour le créancier gagiste.

Cette faculté de paiement immédiat devrait s'appliquer non seulement au gage classique, mais aussi aux gages sans dépossession, du moment qu'ils confèrent un droit de rétention fictif, notamment les gages sur véhicules automobiles. Mais la jurisprudence n'est pas fixée [2].

– D'autre part, *le créancier hypothécaire* peut recevoir un paiement provisionnel si l'immeuble hypothéqué est vendu au cours de la période d'observation (art. L. 621-25, al. 2). Mais il doit, en contrepartie, fournir une garantie bancaire car ce paiement n'est qu'une avance qui ne deviendra définitive qu'une fois l'état des créances arrêté.

– De même la *compensation*, qui est un mode de paiement, *continue de jouer entre dettes connexes*, entraînant l'extinction de celles-ci (v. *infra*, n° 1366).

– Enfin, *les salariés bénéficient d'un traitement de faveur*, fondé sur le caractère alimentaire du salaire. Les sommes couvertes par le super privilège doivent être payées dans les dix jours du jugement d'ouverture (C. trav., art. L. 143-11-7 – v. *infra*, n° 1351).

Aucun autre paiement ne peut être autorisé par le juge-commissaire. Le Code de commerce est sur ce point classique dans sa rigueur. La dure loi de l'égalité s'impose à tous les créanciers dont le titre est né avant le jugement d'ouverture.

L'ordonnance de 1967 se montrait plus souple. Son article 17 autorisait les paiements, avec l'autorisation motivée du juge-commissaire. La situation était cependant différente, car il n'y avait pas cessation de paiements. Le paiement immédiat pouvait donc être considéré comme un acompte, ce qui ne paraît pas possible en cas de redressement judiciaire.

---

1. Com. 3 déc. 1991, *Rev. trim. dr. com.*, 1992, 423, note B. Teyssié.
2. Com. 9 avr. 1991, *J.C.P.*, 1991, éd. E, II, 232, note P.-M. Le Corre ; *Rev. trim. dr. com.*, 1991, 286, note Bouloc ; *D.*, 1992, somm. 256, note Derrida à propos d'un warrant agricole – 11 mai 1999 : *J.C.P.*, 2000, II, 10278, note P. Le Maigat.

1210. – Interdiction des actes de disposition. Sont également interdits, *les actes de disposition étrangers à la gestion courante* (art. L. 621-23). L'interdiction est justifiée. La période d'observation ne vise pas à liquider l'entreprise mais à rechercher si son redressement est possible.

Les actes de disposition étrangers à la gestion courante sont les ventes de nature exceptionnelles, portant sur des actifs immobilisés et ne rentrant pas dans l'objet de l'entreprise. Le type même en est, sauf cas particuliers, les ventes d'immeubles et les cessions de fonds de commerce. Au contraire les actes de gestion courants sont les ventes de marchandises intervenues dans le cadre de l'exploitation normale du fonds [1].

Lorsque le débiteur est une société, un apport partiel de son actif à une autre société doit être considéré comme dépassant la gestion courante. Certes cet acte est de la compétence des organes de gestion. Mais, portant sur une branche d'activité susceptible de fonctionner par ses propres moyens, il engage l'avenir de la société et ne doit pas être réalisé au cours de la période d'observation [2].

Mais *le juge-commissaire peut autoriser ces actes de disposition* notamment s'il apparaît que le bien ne présente aucun intérêt pour l'entreprise et que sa vente immédiate, loin d'en compromettre le redressement, pourrait au contraire le faciliter en dégageant des liquidités et en réduisant les frais généraux.

Si le bien ainsi vendu était grevé d'une sûreté réelle, la quote-part du prix correspondant aux créances garanties fait l'objet d'une consignation à moins que le juge-commissaire n'accepte le paiement provisionnel des créanciers titulaires d'une sûreté sur ce bien (art. L. 621-25 ; v. *supra*, n° 1210).

L'administrateur peut également demander au juge commissaire que la sûreté qui portait sur un bien soit remplacée par une garantie équivalente, afin que le bien puisse être vendu (art. L. 621-25, al. 2 – Décr. 27 déc. 1985, art. 56) [3]. Cette faculté de substitution permet de vendre les biens grevés dont la conservation n'est pas nécessaire à la survie de l'entreprise.

On doit se demander quelle est la nature de l'autorisation donnée par le juge-commissaire d'effectuer un acte de disposition étranger à la gestion courante. Par référence à la jurisprudence antérieure, il semble s'agir d'une *formalité d'habilitation*. Celle-ci ne produit donc effet que si le juge a statué dans la limite de ses attributions [4]. Heureusement pour l'acquéreur, celles-ci sont larges.

---

1. C. Saint-Alary-Houin, *Droit des entreprises en difficultés*, n° 506.
2. Y. Guyon, *Droit des affaires*, t. I, n° 638.
3. D. Pohé, *La substitution de garanties dans la loi du 25 janvier 1985*, Rev. proc. coll., 1992, 245 – Com. 4 juill. 2000 : *Bull. civ.* IV, n° 136, p. 123.
4. Com. 29 janv. 1985, *Bull. civ.* IV, n° 39, p. 31.

Les actes de gestion courante accomplis par le débiteur seul sont valables (art. L. 621-23, al. 2). En effet les tiers peuvent parfois ignorer que l'entreprise fait l'objet d'un redressement judiciaire. Mais le débiteur peut aussi accomplir seul les actes de toute nature qui ne sont pas compris dans la mission de l'administrateur.

Cette disposition de portée assez sibylline souligne le caractère exceptionnel de la compétence de l'administrateur. Certains se demandent également si elle ne voudrait pas dire que le débiteur conserve une liberté de principe dans la gestion de son patrimoine personnel, seuls les biens affectés à l'entreprise étant atteints par les conséquences du redressement judiciaire [1]. Cette conséquence paraît difficile à admettre car le débiteur n'a qu'un seul patrimoine.

1211. – *Interdiction des constitutions de sûretés.* Enfin sont également interdits, sauf autorisation du juge-commissaire, les *constitutions de sûretés sur les biens du débiteur* (art. L. 621-24). La prohibition est usuelle dans le droit des procédures collectives. Une fois celles-ci ouvertes, le débiteur ne doit plus avoir le droit de consentir des sûretés, car cela serait contraire au principe de l'égalité des créanciers (v. *infra*, n° 1243).

1212. – *Sanctions.* L'accomplissement par le débiteur ou l'administrateur d'un des actes interdits entraîne l'application de deux sanctions [2].

D'abord une *sanction civile. L'acte ou le paiement est nul.* La nullité peut être demandée par tout intéressé, ce qui paraît englober le Procureur de la République, si l'ordre public est intéressé. L'action doit être intentée dans un délai de trois ans, ce qui est relativement long (art. L. 621-24). L'exercice de l'action après clôture de la procédure risque d'ailleurs d'entraîner des difficultés.

Ensuite une *sanction pénale* : le débiteur est passible d'un emprisonnement et d'une amende. Le cocontractant s'expose à la même sanction lorsqu'il a agi en connaissance de cause (art. L. 626-8). La juridiction répressive peut ordonner la réintégration des biens dans le patrimoine du débiteur même lorsqu'elle prononce une relaxe (art. L. 626-11).

Malgré leur efficacité ces règles fixes ne suffisent pas à assurer la gestion de l'entreprise, car elles ont un caractère ponctuel. La loi de 1985 a donc édicté aussi des règles plus générales. Mais celles-ci ont un caractère variable.

---

1. C. Saint-Alary-Houin, *La gestion de l'entreprise pendant la période d'observation*, dans *Les innovations de la loi sur le redressement judiciaire des entreprises*, t. I, p. 44 – Poitiers, 10 nov. 1987, *Rev. proc. coll.*, 1988, 367, note Mestre et Delebecque – Trib. com. Antibes, 19 déc. 1986, *D.*, 1987, 372, note Derrida.
2. Soinne, *Traité des procédures collectives*, n° 1429.

b) Les règles variables

1213. – Avantages et inconvénients d'un dessaisissement à contenu variable. Comme l'ordonnance de 1967, *la loi de 1985 permet au tribunal d'organiser la gestion de l'entreprise, d'une manière aussi adaptée que possible aux besoins du redressement* (art. L. 621-22). Il y a là une illustration du réalisme de la loi de 1985, qui cherche avant tout les solutions les plus efficaces. On est loin du régime rigide du dessaisissement instauré par la loi de 1967. Cette souplesse est également favorable au débiteur, car elle minimise à son égard les conséquences de l'ouverture de la procédure de redressement en évitant de rompre ou de distendre les relations qu'il entretient avec ses partenaires. En revanche elle fait courir des risques aux tiers, car ceux-ci doivent non seulement se renseigner sur l'ouverture de la procédure mais s'informer des modalités de la gestion, afin de contracter valablement [1]. Cependant cet inconvénient est réduit du fait que les pouvoirs conférés à l'administrateur par le jugement d'ouverture sont mentionnés au registre du commerce (Décr. 27 déc. 1985, art. 21).

1214. – Règles principales. Le jugement d'ouverture peut opter entre trois solutions :

– *L'administrateur peut être seulement chargé de surveiller la gestion.* C'est le régime dans lequel les conséquences de l'ouverture de la procédure d'observation sont les plus réduites. *Le débiteur reste entièrement à la tête de l'entreprise* et prend seul les décisions de gestion ou de disposition, à condition de respecter les interdictions édictées par l'article L. 621-24 du Code de commerce. Mais il en rend compte à l'administrateur, qui doit s'assurer qu'aucun acte ne compromet les intérêts des créanciers et le redressement de l'entreprise. Si l'entreprise est une société, ses représentants légaux demeurent en fonction [2]. L'administrateur signale les difficultés qu'il rencontre au juge-commissaire. La surveillance exercée par l'administrateur porte non seulement sur la légalité des actes mais aussi sur leur opportunité, c'est-à-dire leur conformité aux finalités de la période d'observation et l'importance des moyens dont dispose le débiteur pour les exécuter (art. L. 621-22, al. 3).

Dans cette première hypothèse, l'« administrateur » est mal dénommé, car il surveille, mais n'administre pas.

Cependant, même dans ce cas, l'administrateur peut faire fonctionner les comptes bancaires ou postaux du débiteur, si celui-ci fait l'objet d'une interdiction d'émettre des chèques (art. L. 621-22 « *in fine* »). Mais le tribunal peut aussi suspendre les effets de cette interdiction (art. L. 621-71). On aboutit ainsi au résultat paradoxal que l'émetteur de chèques sans

---

1. Derrida, Godé et Sortais, *Redressement judiciaire*, n° 270.
2. P. Le Cannu, La société et les groupes de sociétés pendant la période d'observation, *Petites affiches* 9 janv. 2002.

provision est mieux traité en cas de redressement judiciaire que par application du droit commun.

Cette première solution a été critiquée car elle laisse au débiteur une liberté peu compatible avec la sécurité des transactions. Certains suggèrent de la supprimer, quitte à ne pas désigner d'administrateur si le débiteur est irréprochable, solution encore plus radicale mais dépourvue de toute ambiguïté (V. dans le cas de procédure simplifiée, *infra*, n° 1218).

– *L'administrateur peut être chargé d'assister le débiteur. Il doit alors participer à la conclusion soit de certains actes énumérés par le tribunal soit de tous les actes accomplis par le débiteur.* Cette technique protège mieux les créanciers que la simple surveillance car, à défaut de l'accord de l'administrateur, le débiteur ne peut s'engager valablement.

Cependant, même si elle est générale, l'assistance est triplement limitée (art. L. 621-23) :

D'une part, le débiteur continue d'accomplir seul les actes, qui, par nature, ne peuvent pas porter préjudice à ses créanciers. Il s'agit notamment des actes conservatoires et des actes qui se rapportent à sa vie personnelle [1]. Cette exception est traditionnelle car la procédure collective ne doit pas aboutir à une sorte de mise en esclavage du débiteur (v. *supra*, n° 1210).

D'autre part les actes de gestion courante, appréciés en fonction de l'activité de l'entreprise, sont réputés valables à l'égard des tiers de bonne foi [2]. Cette disposition atténue les inconvénients que présente pour les tiers un dessaisissement à contenu variable (v. *supra*, n° 1210).

Enfin le débiteur peut exercer seul les voies de recours contre le jugement d'ouverture ou le jugement décidant du sort de l'entreprise [3]. Cette faculté n'est, en effet, que la mise en œuvre du droit qu'a toute personne de se défendre personnellement devant les tribunaux (art. L. 623-1).

– *Enfin l'administrateur peut avoir une mission de représentation. Dans ce cas il agit seul, au nom et pour le compte du débiteur,* qui est écarté de la gestion. Mais même lorsqu'il est général, le dessaisissement du débiteur se heurte aux mêmes limitations qu'en cas d'assistance.

La représentation est une solution sévère pour le débiteur et peu compatible avec le redressement de l'entreprise car elle entraîne la défiance des clients et des fournisseurs, obligés désormais de traiter avec un administrateur qu'ils ne connaissent pas. Elle ne doit être ordonnée que si l'éviction des dirigeants s'impose en raison de leur incompétence ou de leur malhonnêteté.

---

1. Com. 22 févr. 1994, *Bull. civ.* IV, n° 76, p. 59.
2. Com. 27 nov. 2001 : *Bull. civ.* IV, n° 190, p. 183.
3. Com. 22 mai 1990, *D.*, 1990, 415, note Derrida.

En cas de dessaisissement, le débiteur ne peut recevoir valablement aucun paiement. Les sommes doivent être versées à l'administrateur. Si le débiteur est bénéficiaire d'un chèque, le tireur fera opposition afin que celui-ci soit encaissé par l'administrateur (CMF, art. L. 131-35).

La loi de 1985 n'a pas prévu la *sanction* qui s'appliquerait au cas où le débiteur conclurait seul un acte non interdit par ailleurs mais qui aurait supposé l'intervention de l'administrateur. Il s'agirait sans doute d'une inopposabilité aux créanciers. Mais l'acte engagerait le débiteur, qui serait tenu de l'exécution, une fois revenu à meilleure fortune [1]. La question se posait dans les mêmes termes sous l'empire de l'ordonnance de 1967 et n'avait par reçu de solution nette.

1215. – Règles complémentaires. Deux règles accessoires augmentent encore la liberté dont dispose le jugement d'ouverture en matière de détermination des pouvoirs de l'administrateur.

D'une part le tribunal, s'il désigne plusieurs administrateurs, peut les charger d'agir ensemble ou séparément. Il peut confier à l'un une mission de représentation limitée à certains actes et à l'autre une mission de surveillance générale (art. L. 621-22).

D'autre part l'organisation de la gestion peut être modifiée à tout moment dans le sens de la souplesse ou de la sévérité (art. L. 621-62).

Ce libéralisme en matière de situation du débiteur contraste avec le caractère restrictif de la réglementation applicable à la location-gérance.

2) *La location-gérance*

1216. – Avantages et dangers de la location-gérance. La location-gérance, dite encore gérance libre, est le contrat par lequel un commerçant loue son fonds de commerce à un autre commerçant qui l'exploite à ses risques et périls moyennant le versement d'une redevance. La location-gérance est donc une location mobilière [2].

La mise en location-gérance de l'entreprise en cessation des paiements présente de nombreux avantages, qui la font souvent préférer à la gestion directe. Elle fait courir moins de risques aux créanciers car, dans la pire des hypothèses, seules les redevances ne seront pas payées et la valeur du fonds pourra diminuer. Mais le passif du débiteur ne sera pas augmenté par une exploitation déficitaire puisque les dettes incombent au locataire-gérant. La location-gérance est également commode pour l'administrateur qu'elle décharge des soucis d'une gestion directe. Enfin la location-gérance prépare l'avenir car on peut espérer que le locataire se portera acquéreur du fonds, ce qui évitera la disparition de l'entreprise et limitera le nombre des licenciements [3].

---

1. Derrida, Godé et Sortais, *Redressement judiciaire*, n° 290 – Versailles, 9 avr. 1998 : *D.A.*, 1998, 1051, note A.L.
2. Guyon, *Droit des affaires*, t. I, n° 713.
3. Fleuriet, *Pouvoirs et finance d'entreprise*, p. 101, Paris, 1977 – Haehl, *Les techniques de renflouement des entreprises en difficulté*, n° 207, Paris, 1981.

Cependant *le recours systématique à la location-gérance est une solution de facilité qui favorise les abus.* Les sociétés de location-gérance sont souvent vulnérables, car elles manquent de fonds propres. Il arrive aussi qu'elles vident de ses actifs l'entreprise en redressement judiciaire, sans contrepartie pour les créanciers et les salariés. Enfin, bien que des précautions soient possibles, la location-gérance permet parfois au débiteur de reprendre en sous-main la libre gestion de son entreprise. Chassé par la porte, il rentre par la fenêtre, ce qui ne contribue guère à moraliser les procédures collectives.

1217. – Régime de la location-gérance. *Pendant la période d'observation, la location-gérance doit être exceptionnelle.* Au contraire le tribunal peut y avoir recours de manière plus systématique à l'occasion du plan de redressement (v. *infra*, n° 1293). Cette position restrictive est explicable. La période d'observation ne se justifie que si l'entreprise peut poursuivre ses activités : ce n'est pas vraiment le cas si elle est mise en location-gérance. En outre la location-gérance est déjà une solution semi-définitive, alors que la période d'observation doit laisser un choix entre toutes les éventualités.

Par conséquent l'article L. 621-34 du Code de commerce subordonne la mise en location-gérance aux conditions suivantes :

– *Elle doit être autorisée par le tribunal, saisi à la demande du seul procureur de la République* et après consultation du comité d'entreprise.

> Ni le débiteur, ni l'administrateur ni le représentant des créanciers ne peuvent la demander et la loi n'impose pas au tribunal de les consulter, ce qui est pour le moins paradoxal.

– *Elle ne s'applique qu'aux entreprises dont la disparition serait de nature à causer un trouble grave à l'économie nationale ou régionale.* La formule est voisine de celle employée par l'article 1 de l'ordonnance du 23 septembre 1967 pour déterminer les entreprises susceptibles de bénéficier d'une suspension provisoire des poursuites. On peut lui adresser les mêmes critiques.

D'une part elle manque de précision. Aucun critère objectif précis ne permet de connaître l'importance à partir de laquelle l'entreprise pourra être mise en location-gérance pendant la période d'observation. Plutôt que de retenir uniquement des critères numériques, comme le montant du chiffre d'affaires ou le nombre des salariés, les tribunaux devraient prendre en considération le caractère indispensable ou irremplaçable de l'activité [1]. L'appréciation de la dimension peut se faire au regard d'un groupe de sociétés et non individuellement à celui de chaque société en redressement judiciaire [2].

---

1. V. par ex. Trib. com. Toulouse, 24 janv. 1969, *J.C.P.*, 1969, II, 15794, note Toujas.
2. Trib. com. Marseille, 6 sept. 1977, *Rev. soc.*, 1978, 313, note Oppetit.

D'autre part cette condition a un caractère élitiste : certaines entreprises bénéficient de facilités qui ne sont pas accordées aux autres.

Cette discrimination est plus choquante que celle qui permet de distinguer entre la procédure générale et la procédure simplifiée. En effet ici on prive l'entreprise de la faculté de conclure une location-gérance qui aurait pu préparer son redressement. Au contraire, s'agissant de la procédure simplifiée, on applique à l'entreprise un traitement que l'on présume mieux adapté à sa dimension que le régime de droit commun.

– *Enfin la location-gérance ne doit pas être conclue pour une durée supérieure à deux ans.* La durée de la période d'observation est prorogée d'autant [1].

Le but de ces dispositions est clair. *La location-gérance permet de gagner du temps afin de trouver une solution, souvent politique, aux difficultés des très grosses entreprises.* Bien qu'explicable, cette solution est une atteinte au principe d'égalité devant la loi. Ce qui est bon pour les grosses entreprises et leurs salariés ne l'est pas forcément pour les créanciers. En outre le monopole donné au parquet veut dire que le pouvoir exécutif aura seul le moyen de sauver ou de laisser disparaître ces entreprises. Enfin on peut craindre que ces contrats ne soient pas toujours conclus avec l'entreprise qui offre les conditions les plus avantageuses pour les créanciers privés.

Une réforme a été envisagée. Le recours à la location-gérance serait possible pendant la période d'observation, à la demande de tout intéressé et quelle que soit la dimension de l'entreprise. Mais un contrôle judiciaire plus rigoureux serait instauré.

La bonne exécution du contrat est surveillée par l'administrateur. Si le locataire-gérant porte atteinte aux éléments de l'entreprise ou diminue les garanties qu'il avait données, le tribunal pourra prononcer la résiliation (art. L. 621-35).
L'efficacité de la location-gérance se trouve diminuée par le fait que l'administrateur n'a pas le droit, en se fondant sur l'article L. 621.28 du Code de commerce, de demander au co-contractant de continuer les contrats en cours au profit du locataire [2]. En effet la location porte sur le fonds de commerce et non sur les contrats qui permettent son exploitation.
A l'expiration du contrat, le tribunal devra rechercher une solution définitive car le locataire-gérant n'est tenu à aucune obligation d'achat, contrairement à la règle applicable aux locations-gérance conclues pendant la deuxième phase de la procédure (V. *infra*, n° 1293).

Mise à part la location-gérance, les règles applicables à la période d'observation sont déjà très souples dans la procédure générale. Pourtant la loi de 1985 les a encore assouplies en cas de procédure simplifiée.

---

1. Pour une première application v. Trib. com. Paris, 19 juin 1986, *Gaz. Pal.*, 1986, 569, note Marchi.
2. Com. 3 févr. 1981, *D.*, 1981, 377.

B. La gestion de l'entreprise dans la procédure simplifiée

1218. – La gestion directe. Dans les entreprises, sujettes à la procédure simplifiée, la période d'observation obéit à un régime plus léger en raison tant de la relative brièveté de cette phase préparatoire (v. *supra*, n° 1181) que du caractère en principe aisé de la gestion d'une affaire de petite dimension [1].

Deux situations peuvent se rencontrer :

1) *Normalement, le jugement d'ouverture ne désigne pas d'administrateur* (art. L. 621-137). *L'activité est poursuivie par le débiteur seul.* Celui-ci gère son entreprise comme si aucune procédure collective n'était ouverte [2]. Il peut par conséquent avec l'autorisation du juge commissaire exiger que ses cocontractants continuent d'exécuter les contrats en cours du moment qu'il est lui-même en mesure de fournir la prestation promise (v. *supra*, n° 1206). Il doit toutefois respecter les interdictions applicables dans le régime général, c'est-à-dire ne pas payer des créances nées avant le jugement d'ouverture et ne pas faire d'actes de disposition étrangers à la gestion courante (v. *supra*, n° 1209).

> La possibilité de ne pas désigner un administrateur part d'une idée juste : ne pas alourdir inutilement la procédure. Mais encore faut-il que le débiteur ne soit pas démuni face à une situation nouvelle et traumatisante et que le juge commissaire ait le temps de l'aider.

2) *Exceptionnellement, le tribunal peut désigner un administrateur.* Il s'agit parfois d'une mesure de défiance à l'égard du débiteur, ordonnée généralement à la demande du représentant des créanciers. Mais le plus souvent un administrateur est nommé lorsqu'un redressement paraît possible, car cet auxiliaire de justice est plus qualifié que le débiteur pour apprécier la crédibilité d'un plan d'entreprise. Le débiteur est alors assisté ou représenté par l'administrateur. Une simple mission de surveillance est impossible.

Les règles concernant la désignation de cet administrateur sont moins contraignantes que dans la procédure générale. Deux éventualités sont en effet possibles, au gré du tribunal :

– désignation d'un *véritable administrateur*, figurant sur la liste nationale prévue par l'article L. 811-2, al. 1 du Code de commerce. Cette solution paraît lourde pour une mission de courte durée et généralement simple, compte tenu de la dimension de l'entreprise ;

– désignation comme administrateur d'une *personne qualifiée*. Le tribunal bénéficie ici d'un large pouvoir d'appréciation.

---

1. Y. Guyon, *La procédure simplifiée*, Rev. proc. coll., 1986, n° 1, p. 31 – J.-P. Marty, *La situation des mandataires de justice dans la procédure simplifiée*, Annales Université de Toulouse, 1986, 73 – J. Paillusseau, *La procédure simplifiée* ds. *Le redressement judiciaire de l'entreprise*, p. 130, Rev. jurisp. com., n° spéc. fév. 1987.
2. Com. 18 avr. 1989, *Bull. civ.* IV, n° 119, p. 80 ; *D.*, 1990, Somm. 8, note Derrida.

Cette dernière disposition invite à se poser deux questions.

D'une part la « personne qualifiée » visée par l'article L. 621-137 est-elle assimilable à la personne ayant une expérience ou une « qualification particulière » et que l'article L. 811-2, al. 2 permet de nommer administrateur « à titre exceptionnel ». Dans l'affirmative cette personne serait placée sous la surveillance du ministère public, comme les administrateurs inscrits (art. L. 811-11). Dans la négative, la personne qualifiée ne serait soumise à aucun statut particulier.

D'autre part on se demande si un mandataire judiciaire à la liquidation des entreprises peut être nommé administrateur. La question est difficile à résoudre. D'un côté l'article L. 812-8 du Code de commerce interdit de nommer administrateur le mandataire qui a exercé les fonctions d'expert. Par « a contrario » la désignation d'un autre mandataire paraît licite. D'un autre côté le cumul par une même personne des fonctions d'administrateur et de mandataire-liquidateur reviendrait à reconstituer la profession de syndic. Cela n'est pas souhaitable. Il serait également contestable de voir apparaître une nouvelle profession, les administrateurs, cantonnés dans les procédures simplifiées. Par conséquent, la seule combinaison interdite paraît être celle où le même auxiliaire de justice exercerait, dans une même procédure, les fonctions d'administrateur et celles de mandataire-liquidateur. Mais une personne inscrite sur la liste des mandataires judiciaires au redressement et à la liquidation des entreprises pourrait être nommée administrateur dans une procédure simplifiée, du moment que les créanciers sont représentés par un autre mandataire [1].

1219. – *Recours à la location-gérance. On se demande si la location-gérance est possible dans la procédure simplifiée.* Il est difficile de donner une réponse. Certes, au premier abord, la location-gérance paraît exclue puisqu'elle n'est admise que si la disparition de l'entreprise est de nature à causer un trouble grave à l'économie nationale ou régionale (art. L. 621-34), alors que la procédure simplifiée s'applique aux entreprises de dimension modeste (art. L. 620-2). Cependant ces deux critères ne se recoupent pas forcément. Une petite entreprise peut être indispensable à l'économie régionale ou nationale. Il en va notamment ainsi de certains sous-traitants très spécialisés. La mise en location-gérance de leur fonds pourrait être envisagée, si aucune solution définitive ne pouvait être trouvée sans cela [2].

Le cas ne se présentera que rarement car il sera plus simple de transformer la procédure simplifiée en procédure générale (art. L. 621-134) [3].

---

1. Soinne, *La situation des mandataires, la profession d'administrateur judiciaire*, Rev. proc. coll., 1986, n° 1, p. 1.
2. Saint-Alary-Houin, *La gestion de l'entreprise pendant la période d'observation*, dans *Les innovations de la loi sur le redressement judiciaire des entreprises*, p. 57.
3. Trib. com. Paris, 17 févr. 1986, *Gaz. Pal.*, 1986, 142, note J.-P. Marchi.

1220. – Fin de la période d'observation. La période d'observation ne doit pas durer plus de 8 mois (v. *supra*, n° 1181). A l'issue de ce délai le tribunal prononce la liquidation s'il n'a pas pu arrêter un plan de redressement. Toutefois un ultime sursis peut être trouvé en transformant la procédure simplifiée en procédure générale. Le tribunal peut accorder un nouveau délai de deux mois puisque, dans cette procédure, la prolongation peut aller jusqu'à 6 mois et pas seulement 4 mois. En outre un nouveau délai de 8 mois est possible, mais à la requête du seul procureur de la République.

Ainsi, vue du côté de l'entreprise, la période d'observation ne produit que peu de conséquences puisque l'activité continue. Vue du côté des créanciers, la situation est différente.

SECTION II
La situation des créanciers

1221. – Créanciers antérieurs et créanciers postérieurs. En principe pour les créanciers, la période d'observation devrait être une *période d'attente* au cours de laquelle les poursuites seraient suspendues puisque les montants respectifs de l'actif et du passif n'étant pas déterminés, on ignore le quantum qui sera payé à chacun.

Mais une situation de pure expectative n'est pas tenable. Pendant la période d'observation l'entreprise continue de fonctionner. Elle a besoin de crédit, de telle sorte que de nouveaux créanciers s'ajoutent aux créanciers antérieurs. Leurs droits seront différents. On se trouve donc en présence de deux catégories de créanciers : les créanciers antérieurs au jugement d'ouverture et les créanciers postérieurs.

§ 1. – Les créanciers antérieurs au jugement d'ouverture

1222. – Disparition de la masse. Puisque le redressement judiciaire ne peut s'ouvrir que s'il y a cessation de paiements, on trouve nécessairement des créanciers qui n'ont pas été payés. Ce sont eux qui subissent toutes les conséquences de l'ouverture d'une procédure collective, surtout s'ils sont créanciers chirographaires.

Jusqu'à la loi du 25 janvier 1985, les créanciers dont le titre était antérieur étaient regroupés de plein droit en une *masse*. Celle-ci était représentée par le syndic et permettait l'exercice collectif des droits des créanciers (L. 13 juill. 1967, art. 13-1). *La loi de 1985 ne fait plus aucune référence à la masse.* La portée de cette réforme est incertaine [1].

---

1. A. Brunet, *La qualité de représentant des créanciers*, Rev. proc. coll., 1986, n° 3, p. 35 – M. Cabrillac, *La re-apparition de la masse* : Mélanges Gavalda, p. 69, 2000 – A.-M. Frison-Roche, *Le caractère collectif des procédures collectives*, Rev. jurisp. com., 1996, 293 – A. Martin-Serf, *L'intérêt collectif des créanciers ou l'impossible adieu à la masse* : Mélanges A. Honorat, p. 143 – Mouly, *La situation des créanciers antérieurs*, Rev. jurisp. com., n° spéc. févr. 1987, p. 139.

Selon une première interprétation, la loi de 1985 n'apporterait aucun changement véritable. En effet c'est seulement dans un arrêt ancien que la Cour de cassation avait admis l'existence d'une masse jouissant de la personnalité morale [1]. La loi nouvelle n'a pas pu supprimer ce qui n'existait pas de manière certaine. La masse était une simple commodité technique, justifiée dans le contexte de la loi de 1967 et des textes antérieurs. Elle ne présente plus d'utilité au regard de la loi de 1985 puisque, notamment les principales décisions sont prises par le tribunal et non par l'assemblée des créanciers et que l'exploitation est continuée dans l'intérêt de l'entreprise et non dans celui des créanciers. L'ordonnance de 1967 avait d'ailleurs montré la voie, en organisant une procédure de redressement sans masse des créanciers. La masse était une superstructure inutile. Sa disparition devrait passer inaperçue [2].

Selon une autre interprétation, la masse n'aurait pas été supprimée, car elle est la conséquence logique et inéluctable de l'existence d'une procédure collective. En effet selon la jurisprudence la personnalité morale, en général, n'est pas une création de la loi. Elle appartient à tout groupement pourvu d'une possibilité d'expression collective pour la défense d'intérêts licites, dignes par suite d'être juridiquement reconnus et protégés [3]. La doctrine en déduisait que la masse des créanciers jouissait de la personnalité morale, même si la loi ne la lui reconnaissait pas expressément, car elle remplissait les conditions prévues par la jurisprudence [4]. La loi de 1985 n'a donc pas pu supprimer une masse qui existe en dehors de toute intervention du législateur. D'ailleurs comment une procédure pourrait-elle être collective sans un minimum d'organisation des créanciers qui y participent. Le fait d'ailleurs que ces créanciers soient représentés par un mandataire commun montre qu'à côtés d'intérêts individuels divergents, on rencontre un intérêt collectif. Chassée par la porte, la masse rentrera par la fenêtre. La jurisprudence devra tôt ou tard y faire à nouveau référence, ne serait-ce que sous le terme voilé de « collectivité » des créanciers [5]. Et l'on peut s'attendre à ce que les créanciers se groupent en associations de défense, afin de faire valoir collectivement leurs droits.

Ces controverses sont assez théoriques. Au cours de la période d'observation, la loi de 1985 impose aux créanciers de se faire connaître et diminue certains de leurs droits, afin que des poursuites intempestives n'empêchent pas le redressement de l'entreprise.

---

1. Com. 17 janv. 1956, *D.*, 1956, 265, note R. Houin – V. plus nuancé Com. 27 mars 1973, *D.*, 1973, 577, note Derrida.
2. Lemontey, *La loi sur le redressement des entreprises, Banque*, 1985, 666.
3. Civ. 2 28 janv. 1954, *J.C.P.*, 1954, II, 7958 concl. Lemoine ; *D.*, 1954, 17, note Levasseur – Soc., 23 janv. 1990, *Rev. soc.*, 1990, 444, note R. Vatinet.
4. Lambert, *La personnalité juridique de la masse, J.C.P.*, 1960, I, 1568 et 1590.
5. Com. 16 nov. 1993, *D.*, 1994, 57, note F. Derrida et J.-P. Sortais – 28 mars 1995, *D.*, 1995, 410, note F. Derrida – 3 juin 1997, *D.*, 1997, 517, note F. Derrida.

A. L'obligation de déclarer les créances

1223. – Nécessité de déterminer le passif. Dès le début de la procédure, les créanciers dont le titre a son origine antérieurement au jugement d'ouverture doivent adresser une déclaration de leur créance au représentant des créanciers (art. L. 621-43)[1]. Cette formalité était autrefois désignée sous le terme vieilli de *production*. Son utilité est évidente. *Pour décider du sort de l'entreprise, le tribunal doit connaître l'importance respective de l'actif et du passif.* En effet le redressement sera d'autant plus difficile que le passif sera important. Le tribunal doit également savoir si le passif est chirographaire ou garanti soit par des privilèges soit par des sûretés conventionnelles.

A première vue la détermination du passif devrait être simple. Une créance suppose un titre, qui indique son montant et sa nature (existence éventuelle d'une sûreté). En réalité la situation est plus complexe. Entre commerçants, la preuve des actes juridiques se fait librement (art. L. 110-3). On peut donc être créancier sans produire un « instrumentum » (écrit) fixant sans discussion possible les droits et les obligations des parties. Certes le débiteur commerçant aurait dû tenir une comptabilité, dont la consultation permettrait de retrouver les créanciers (art. L. 123-12). Mais l'expérience montre que dans beaucoup de petites entreprises, la comptabilité est souvent incomplète, inutilisable ou inexistante. Des difficultés se rencontrent également à propos des sûretés et des garanties. Beaucoup d'entre elles ont une origine légale. Leur existence suppose que l'on commence par déterminer la qualité de celui qui s'en prévaut (par exemple l'intéressé est-il salarié, un mandataire social ou est-il rémunéré par le versement d'honoraires ?).

> L'initiative doit donc provenir des créanciers, même si la loi de 1985 prévoit que le débiteur remet au représentant de créanciers la liste certifiée de ses créanciers et du montant de ses dettes (L. 1985, art. 52 ; Décr. 1985, art. 69). Pour que cette formalité soit pleinement efficace elle devrait être accomplie suffisamment à temps pour que le représentant des créanciers puisse avertir les défaillants, découverts grâce à cette liste, qu'ils ont intérêt à se faire connaître.
>
> Ne payer que les créanciers qui ont demandé à l'être présente aussi l'avantage d'alléger le passif en écartant de la distribution les créanciers négligents ou ceux qui sont tombés dans les pièges que leur tend la loi de 1985[2]. Tous les moyens sont bons pour faciliter le redressement des entreprises.

---

1. A. Lienhard, *Modalités de déclaration des créances* : D., 2001, 1011 – C. Saint-Alary-Houin, *La reconnaissance des droits des créanciers*, ds. L'application de la loi du 25 janvier 1985, bilan, p. 68, Nice 1992.

2. B. Dureuil, *De quelques pièges tendus au créancier à l'occasion de la déclaration et de la vérification de sa créance au passif du redressement judiciaire*, Rev. proc. coll., 1992, 17.

1) Créanciers astreints à l'obligation de déclaration

Pour être utile, l'obligation de déclaration doit avoir un domaine aussi général que possible. Elle doit permettre de connaître tout le passif.

Cependant des règles particulières sont prévues en faveur de certains créanciers, dont la situation justifie qu'ils ne déclarent pas personnellement leur créance.

a) Régime général

L'article L. 621-43 du Code de commerce prévoit que *l'obligation de déclarer s'impose à toute personne demandant le paiement d'une créance due par le débiteur en redressement judiciaire*. Cette formule complexe montre que l'obligation de déclaration n'existe que si les conditions suivantes sont remplies.

1224. – Une demande de paiement de somme d'argent. *La déclaration suppose une demande en paiement d'une créance c'est-à-dire d'une somme d'argent* [1]. En effet la déclaration est la condition ou le préalable du paiement et uniquement cela. Elle permet au représentant des créanciers de connaître ceux qui entendent prendre part aux répartitions des fonds provenant des opérations de redressement judiciaire ou de liquidation. Son domaine est le passif susceptible d'être chiffré.

> Peu importe que le créancier demande à être payé ou invoque sa créance pour la compenser avec une dette dont il est lui-même tenu à l'égard du débiteur [2].

Les autres demandes ne nécessitent pas une déclaration, mais s'exercent dans les conditions de droit commun, sous réserve de la mise en cause de l'administrateur. Les solutions admises par la jurisprudence sous l'empire de la loi de 1967 semblent conserver leur valeur. Notamment, la déclaration ne s'impose pas à celui qui se prévaut, pour reprendre un bien, d'une clause résolutoire acquise avant le jugement d'ouverture [3]. La même dispense s'applique à l'exercice d'une action en revendication fondée notamment sur le fait que le vendeur à crédit de marchandises a stipulé une clause de réserve de propriété (v. *infra*, n° 1362).

> Toutefois les solutions exposées ci-dessus ne sont pas indiscutables. Certes, en pure technique juridique, celui qui intente une action en revendication agit en qualité de propriétaire et non de créancier. Or selon l'article L. 621-43 du Code de commerce la déclaration ne s'impose qu'aux créanciers. Néanmoins il faut que le tribunal connaisse l'existence de ces

---

1. Com. 23 nov. 1976, *D.*, 1977, 69 Derrida.
2. Com. 14 mars 1995, *Bull. civ.* IV, n° 77, p. 72.
3. Com. 1er févr. 1977, *D.*, 1977, 206, note Honorat, *J.C.P.*, 19788, II, 18873, note Delaporte.

revendications pour apprécier la situation de l'entreprise. Cet argument milite en faveur d'une extension non pas de l'obligation de déclaration au sens strict et technique du terme, mais d'une simple obligation d'informer à bref délai le tribunal de l'intention d'exercer un droit de nature particulière.

Sous l'empire de la loi de 1967, la non-nécessité de produire était avantageuse, car elle avait pour conséquence d'échapper à la suspension des poursuites individuelles. Cette conséquence ne se produit plus actuellement. Notamment le créancier qui veut obtenir la résolution d'un contrat voit ses poursuites suspendues, alors pourtant qu'il ne semble pas tenu à déclaration (art. L. 621-40).

1225. – *Une demande adressée au débiteur.* *La déclaration suppose une demande en paiement adressée au débiteur lui-même.* La règle paraît une évidence. Celui qui demande un paiement à un autre que le débiteur n'est pas intéressé par les procédures de redressement judiciaire. La question fait pourtant difficulté lorsque le créancier agit contre un défendeur qui, sans être le débiteur lui-même n'est pas non plus tout à fait un tiers.

a) Le cas se présente tout d'abord en cas de *poursuites contre le conjoint, commun en biens, du débiteur en redressement judiciaire.* Le créancier doit déclarer sa créance pour conserver son recours [1]. Il y a là une manifestation de l'impérialisme des procédures collectives, qui imposent leur discipline à des créanciers qui leur sont pourtant extérieurs. Mais la solution se justifie parce que le conjoint engage la communauté (C. civ. art. 1413).

b) A l'inverse, *une déclaration n'est pas nécessaire lorsque le créancier agit contre un tiers sur le fondement d'une action directe.* Tout au plus faudrait-il que le créancier mette le mandataire de justice au courant de sa démarche afin que celui-ci, connaissant l'existence de ce paiement, en déduise le montant du passif encore dû par le débiteur. En effet la créance payée par un tiers est éteinte, sauf si le tiers peut exercer un recours contre le débiteur.

– Ainsi le *sous-traitant* a le droit, sous certaines conditions, d'être payé non par l'entrepreneur principal qui lui a commandé les travaux mais par le maître de l'ouvrage au profit de qui il les a exécutés (L. 31 déc. 1975, art. 6). Ce droit au paiement direct ne disparaît pas en cas de redressement judiciaire de l'entrepreneur principal. C'est même dans ce cas qu'il présente la plus grande utilité puisqu'il met le sous-traitant en présence d'un débiteur solvable [2]. Mais le sous-traitant doit-il déclarer sa créance à l'occasion de la

---

1. Com. 14 mai 1996, *D.*, 1996, 460, note F. Derrida – 14 oct. 1997, *J.C.P.*, 1998, II, 10003, note B. Beigner – F. Derrida, *La situation personnelle du conjoint du débiteur soumis à une procédure de redressement-liquidation*, *D.*, 1997, 117 – A. Perrodet, *Le conjoint du débiteur en redressement judiciaire*, Rev. trim. dr. com. 1999, 29 – R. Rubelin, *Régimes matrimoniaux et procédures collectives*, thèse, Strasbourg, 1999.
2. Guyon, *La situation du sous-traitant dans les procédures collectives*, dans *La sous-traitance*, p. 169, Economica, 1978 – J. Larrieu, *L'entrepreneur et le sous-traitant*, ds. *La situation des créanciers d'une entreprise en difficulté*, p. 93, 1998.

procédure de redressement judiciaire ouverte à l'encontre de l'entrepreneur principal ? Il est difficile de répondre à cette question. D'un côté l'obligation de déclarer n'est pas logique puisque le sous-traitant ne demande rien à l'entrepreneur principal. D'un autre côté la dispense de déclarer n'est pas satisfaisante car le représentant des créanciers doit savoir que l'entrepreneur principal n'est plus créancier du maître de l'ouvrage (car cela diminue d'autant l'actif). Il doit aussi pouvoir, le cas échéant, contester le droit au paiement direct auquel prétend le sous-traitant.

Sous l'empire de la loi de 1967, la Cour de cassation a jugé de manière incidente mais formelle que le sous-traitant n'était pas tenu de produire [1]. Elle semble rattacher cette dispense à une politique plus globale, qui tend à augmenter la protection du sous-traitant par une interprétation extensive de la loi du 31 décembre 1975.

– La question se pose dans des termes analogues lorsque la *victime* d'un *dommage* causé par un débiteur, qui depuis a fait l'objet d'une procédure collective, s'adresse à *l'assureur* de ce dernier pour obtenir réparation en application de l'action directe que lui reconnaît l'art. L. 124-3 du Code des assurances. En effet, lorsque la responsabilité de l'assuré n'est pas déjà établie, la jurisprudence exige la mise en cause de celui-ci, lorsque la victime exerce l'action directe contre l'assureur. Cette mise en cause a pour but de prévenir les contrariétés de jugement si la victime, insuffisamment indemnisée par l'assureur, se retourne contre l'auteur du dommage. Mais il en résulte un risque de retard dans le versement des indemnités. Car l'assureur, assigné directement par la victime, demandera la mise en cause de l'assuré en redressement judiciaire, ce qui obligera le tribunal à surseoir à statuer jusqu'à l'admission de la créance de responsabilité [2].

La Cour de cassation n'a pas voulu d'une solution qui aurait retardé l'indemnisation des victimes. Elle estime que les juges doivent se prononcer immédiatement sur l'action directe, mais en présence de l'assuré et du représentant des créanciers. Ils ne doivent donc pas surseoir à statuer jusqu'à l'admission définitive de la créance de la victime [3]. Pareille solution avait déjà été donnée par la loi du 4 janvier 1978 en matière d'assurance construction (C. ass., art. L. 243-7). Elle doit être approuvée, car il ne faut pas que les victimes subissent les conséquences du redressement judiciaire de l'assuré (Pour les dommages causés après le dépôt de bilan, v. *infra*, n° 1250).

b) Enfin, *la déclaration est nécessaire pour sauvegarder les recours du créancier contre les cautions* [4]. En effet la caution contracte un engagement accessoire, qui implique l'existence d'une dette principale du débiteur envers le créancier (C. civ., art. 2011). Or les créances non déclarées sont éteintes (art. L. 621-46, al. 3). Par conséquent le créancier garanti par une caution doit tout de même déclarer sa créance.

---

1. Com. 19 mai 1980, *J.C.P.*, 1980, II, 19440, note Flécheux, *D.*, 1980, 443, note Bénabent – Paris, 27 nov. 1990, *J.C.P.*, 1992, II, 21782, note P. Dubois.
2. V. les obs. de G. Durry à la *Rev. trim. dr. civ.*, 1979, 388.
3. Ch. mixte, 15 juin 1979, *D.*, 1979, 561, note Derrida.
4. Com. 17 juill. 1990, *D.*, 1990, 495, note A. Honorat.

L'obligation de déclaration ne doit pas s'appliquer aux garanties personnelles qui, à la différence des cautionnements, ont un caractère principal et autonome, notamment les garanties à première demande et certaines garanties légales [1].

La caution elle-même peut déclarer sa créance contre le débiteur même si elle n'a pas encore payé, car l'article 2032-1 du Code civil lui ouvre un recours immédiat en indemnisation [2]. Mais cette déclaration ne présente que peu d'intérêt [3]. En effet ou bien le créancier n'a pas déclaré sa créance et la caution est libérée. Ou bien le créancier a déclaré sa créance et exercé son recours contre la caution. Celle-ci est alors subrogée dans ses droits contre le débiteur, de telle sorte que peu importe qu'elle ait ou non fait une déclaration personnelle [4].

Ces solutions manquent de cohérence. Elles engendrent une insécurité pour les créanciers et multiplient les déclarations inutiles, faites à titre conservatoire.

1226. – *Une demande indépendante de la nature du titre.* Les deux conditions ci-dessus sont à la fois nécessaires et suffisantes. Par conséquent, *tout créancier de somme d'argent doit déclarer sa créance, quelle que soit la nature de son titre.*

La déclaration s'impose tout d'abord aux *créanciers chirographaires*. Elle présente d'ailleurs ici sa plus grande utilité, car le représentant des créanciers ne les connaît pas toujours.

La situation des créanciers titulaires d'une sûreté réelle (hypothèques, nantissement) *est moins claire*. L'article L. 621-43 ne les oblige pas expressément à déclarer leur créance. Bien au contraire il prévoit qu'ils sont avertis personnellement de l'ouverture de la procédure. En effet les sûretés réelles font l'objet d'une publicité, qui permet de connaître à la fois l'identité du créancier et le montant de la créance garantie. La déclaration est logiquement surabondante, mais doit tout de même être effectuée car un créancier, même garanti par une sûreté, peut renoncer à être payé !

En effet la déclaration permettra d'être sûr que ces créanciers demanderont à être payés et à profiter de leur garantie (le contraire serait d'ailleurs étonnant). Une rédaction plus claire de l'article L. 621-43 du Code de commerce aurait été cependant préférable.

La déclaration s'impose même si la créance ne résulte pas d'un titre, c'est-à-dire si elle est contestée. La solution est logique, car elle permet au représentant des créanciers d'avoir une vue globale de tout le passif qui pourra exister. Les éventuelles contestations

---

1. Cass. Ass. plén. 4 juin 1999 : *J.C.P.*, 1999, II, 10152, note M. Behar-Touchais.
2. Com. 29 oct. 1991, *Bull. civ.* IV, n° 316, p. 218.
3. V. les obs. de J.-L. Rives-Lange, *Banque*, 1992, 211.
4. V. cep., Com. 13 avr. 1999 : *Bull. civ.* IV, n° 85, p. 69.

seront, dans la mesure du possible, tranchées par le tribunal qui connaît de la procédure collective. Cependant une instance devant une autre juridiction peut être en cours. Elle est alors suspendue et reprend, à l'initiative du créancier demandeur, dès que celui-ci a déclaré sa créance (C. com., art. L. 621-41 – Décr. 1985, art. 65).

Enfin la déclaration s'impose même en cas de créance éventuelle, c'est-à-dire lorsque le créancier n'est encore assuré ni de sa qualité ni « *a fortiori* » du montant qui lui sera dû. L'intéressé devra faire une déclaration à titre provisionnel, couvrant le maximum de ses droits [1]. Tel sera le cas notamment du maître de l'ouvrage dont l'entrepreneur est déclaré en redressement judiciaire pendant le délai de garantie des travaux [2].

Seuls les créanciers dont le titre prend naissance au cours de la procédure ne sont pas astreints à déclaration [3]. En effet ils n'ont le droit d'être payés que si leur créance est née régulièrement (V. *infra*, n° 1250). Cette régularité signifie notamment que leur créance est connue des organes chargés de décider du sort de l'entreprise. La déclaration aurait été une formalité redondante.

Ainsi l'obligation de déclaration, pour remplir son rôle d'information, doit avoir un domaine aussi général que possible et, dans le doute, le créancier doit déclarer.

Cependant quelques créanciers jouissent d'un régime dérogatoire.

b) Régimes dérogatoires

1227. – Les déclarations collectives. Ces régimes dérogatoires s'inspirent de la même idée. L'expérience a montré que certains créanciers ne participaient pas individuellement aux procédures collectives en raison de leur inexpérience ou du faible montant de la somme qui leur est due. Une personne est chargée de les représenter, c'est-à-dire de déclarer leur créance en leur nom et place.

1) Une première dérogation existait traditionnellement en faveur des *obligataires* (art. L. 228-84). Les obligataires échappent individuellement à l'obligation de déclaration en cas de redressement judiciaire de la société émettrice. En effet, l'emprunt obligataire est considéré comme une créance unique. Le représentant de la « masse » des obligataires produit pour le montant global des titres non amortis et assure la représentation des obligataires qui n'interviennent pas individuellement à la procédure [4].

---

1. Com. 12 juill. 1994, *Bull. civ.* IV, n° 263, p. 209.
2. Com. 14 mars 1989, *Bull. civ.* IV, n° 87, p. 57 – V. aussi Com. 8 juin 1999 : *ibid.*, n° 121, p. 99.
3. Com. 4 mars 1997, *Bull. civ.* IV, n° 62, p. 56.
4. J.-F. Barbiéri, *Associés et obligataires d'une société faillie*, Rev. proc. coll., 1991, 153.

Si le représentant de la masse n'agit pas, le représentant des créanciers demande en justice la désignation d'un mandataire chargé de déclarer la créance des obligataires. Cette procédure particulière est justifiée car les obligataires ont souvent une créance d'un montant minime. Ils pourraient donc juger inutile de faire une déclaration à titre individuel. La même réglementation s'applique aux porteurs de *titres participatifs* émis par des sociétés (art. L. 228-37) ou d'obligations émises par des associations (CMF art. L. 213-17). En revanche les titulaires de *bons de souscription* ne sont pas organisés en une masse. Ils doivent déclarer individuellement leur créance [1]. Cette solution est regrettable même si le préjudice subi est difficile à évaluer puisqu'il s'agit seulement de la perte d'une chance de participer à une augmentation de capital de la société émettrice du bon.

2) La loi de 1985 a instauré une deuxième dérogation en faveur des *salariés* (art. L. 621-43 et C. trav., art. L. 143-11-7)[2]. En effet l'expérience avait montré que les salariés déclaraient rarement leur créance, sans doute parce qu'ils pensaient que le paiement des arriérés de salaires avait un caractère automatique. Or cela n'était vrai que pour la fraction prise en charge par l'AGS, c'est-à-dire une faible proportion du salaire. Pour le restant le salarié devait produire. S'il ne le faisait pas il risquait de perdre ses droits.

Pour éviter cette situation injuste, le *représentant des créanciers dresse un relevé des créances salariales*, et le soumet au représentant des salariés. L'initiative provient donc du représentant des créanciers et non des salariés, qui ne sont astreints à aucune formalité, au moins si leur créance salariale n'est pas contestée. Dans le cas contraire, le salarié doit saisir le conseil des prud'hommes dans un délai de deux mois (art. L. 621-125, al. 2)[3].

Opportune dans son ensemble, la dispense de déclaration individuelle peut avoir un effet pervers, en confortant les salariés, auxquels on ne demande rien, dans l'idée que le redressement judiciaire ne les concerne pas car ils seraient créanciers de l'AGS et non de l'employeur. Une fois de plus, la loi de 1985 ne traite pas les salariés comme des adultes responsables mais comme des assistés (v. *supra*, n° 1137 à propos de l'ouverture de la procédure)[4].

3) En cas de règlement ou de liquidation judiciaire d'un établissement de crédit, les déposants sont dispensés de toute déclaration pour le remboursement des sommes qui seront prises en charge par le fonds spécial de garantie instauré par la loi du 25 juin 1999 (CMF art. L. 312-4 – Règl. 99-05, art. 10 du comité rég. bancaire – V. *infra*, n° 1357).

---

1. Y. Guyon, *Droit des affaires*, t. I, n° 772-2.
2. C. Souweine, *Les créances résultant du contrat de travail dans le redressement et la liquidation judiciaires*, p. 449, thèse Grenoble 1992.
3. Soc. 22 juin 1993, *Bull. civ.* V, n° 173, p. 117 – 14 mars 2000 : *Bull. civ.* V, n° 102, p. 79.
4. Y. Guyon, *Le rôle des salariés dans les procédures de redressement et de liquidation judiciaires*, Etudes Lyon-Caen, p. 451, 1989.

2) Montant de la déclaration

Il faut examiner le principe, puis la situation particulière du créancier qui se trouve en face de plusieurs débiteurs coobligés.

1228. – Le principe. *Le créancier doit déclarer le principal de sa créance, augmenté des intérêts échus au jour du jugement qui ouvre la procédure.* Les intérêts échus postérieurement ne peuvent pas être réclamés puisque le redressement judiciaire arrête le cours des intérêts (art. L. 621-44 – v. *infra*, n° 1242).

L'article L. 621-43 du Code de commerce précise cependant que les déclarations du Trésor et de la Sécurité sociale sont toujours faites sous réserve des impôts et autres créances non encore établis et des redressements ou des rappels éventuels. La déclaration n'a pas pour ces créanciers un caractère définitif et irrévocable [1].

Les autres créanciers doivent faire une déclaration définitive quitte, en cas de litige, à indiquer le montant de leur demande, c'est-à-dire le maximum de ce qui peut leur être accordé (Décr. 1985, art. 67) [2].

La créance libellée en monnaie étrangère doit, lors de la production, être convertie en monnaie française en tenant compte du cours du change à la date du jugement qui ouvre la procédure (art. L. 621-44). Cette règle correspond au souci de simplifier la liquidation, en arrêtant le passif à un moment unique. Elle doit être rapprochée de l'arrêt du cours des intérêts.

En somme *la demande a pour objet de fixer aussi clairement que possible la prétention maximale du créancier*. Elle permet de connaître le montant total du passif qui pourra être réclamé, dans l'hypothèse où toutes les demandes seraient jugées bien fondées.

1229. – Cas particuliers du créancier ayant plusieurs codébiteurs : théorie des coobligés. Assez souvent un créancier bénéficie de la garantie d'une caution ou a plusieurs codébiteurs solidaires. En effet la solidarité se présume dans les relations commerciales et existe de plein droit entre associés d'une société en nom collectif, membres d'un GIE et signataires d'un effet de commerce.

En principe le redressement judiciaire de l'un des débiteurs ne modifie pas les droits que le créancier peut exercer contre les autres, tant qu'ils sont demeurés « *in bonis* ». Notamment si le débiteur principal est en redressement judiciaire, le créancier peut se retourner contre la caution solidaire. Il y a là un avantage pour le créancier, puisqu'il échappe ainsi aux sujétions et aux risques qui auraient découlé de l'ouverture d'une procédure collective.

---

1. Com. 18 janv. 2000 : *J.C.P.*, 2000, E, 1330, note J. Casey – J.M. Deleneuville, *Les principes directeurs de l'admission définitive des créances fiscales* : *D.*, 2000, 1156.
2. Com. 22 juill. 1986, *D.*, 1988, Somm. 69, note F. Derrida – 12 févr. 1991, *D.*, 1992, somm. 249, note Derrida.

En revanche la détermination du montant de la déclaration déroge au droit commun lorsque tous les codébiteurs solidaires sont en redressement judiciaire car le créancier a un *droit de déclaration cumulatif*, qui confère une efficacité particulière aux sûretés personnelles (art. L. 621-51 et s.)[1].

On appréciera l'utilité de ce cumul dans les deux hypothèses qui se rencontrent le plus fréquemment.

1re hypothèse

Tous les codébiteurs solidaires sont mis en redressement judiciaire avant que le créancier ait été payé, même partiellement.

Le créancier peut déclarer pour le tout dans chaque procédure et conserver le droit de maintenir sa déclaration intégrale, alors même qu'il a reçu des paiements dans certaines d'entre elles. Mais il ne peut évidemment recevoir plus que ce qui lui est dû. En bref, il produit cumulativement dans plusieurs procédures pour une dette unique (art. L. 621-51).

Un exemple chiffré permettra de comprendre l'intérêt de ces productions cumulatives intégrales.

Un emprunt de 100 € est contracté solidairement par quatre codébiteurs. Tous font l'objet d'une procédure collective avant le début du remboursement de l'emprunt.

On supposera que l'actif de chacun de ces débiteurs permette le remboursement de :
– 25 % du nominal des créances dans la procédure ouverte contre A.
– 50 % du nominal des créances dans la procédure ouverte contre B.
– 20 % du nominal des créances dans la procédure ouverte contre C.
– 10 % du nominal des créances dans la procédure ouverte contre D.

Si la théorie des coobligés n'avait pas existé, le créancier aurait produit dans le redressement judiciaire de A pour un montant de 100 € et aurait obtenu un remboursement de 25 €.

Il aurait dû déduire cette somme de sa production dans le redressement judiciaire de B, qui n'aurait plus été que de 75 €. Il aurait obtenu un paiement de 50 % de 75 € soit 37,5 €.

La même règle aurait été suivie dans le redressement judiciaire de C. La déclaration serait de 100 – 25 – 37,5 soit 37,5 sur lesquels un remboursement de 20 % donnerait droit à 7 € (en chiffres arrondis) et dans celle de D, où le créancier obtiendrait 3 € (chiffre arrondi).

Finalement, malgré ses quatre débiteurs, le créancier ne serait remboursé que de 72 € (chiffre arrondi) alors que le montant de sa créance était de 100 €.

Au contraire, la règle des coobligés aboutit au résultat suivant :

Dans le règlement judiciaire de B et de C le créancier produit encore pour 100 €, malgré les remboursements partiels, et obtient donc 50 € puis 20 €.

---

1. C. Mouly, *Jurisclasseur commercial*, fasc. 2370.

Il aura encore le droit de produire pour 100 € dans le redressement judiciaire de D. Théoriquement il pourrait percevoir un dividende de 10 €. Toutefois cette attribution sera réduite à 5 €, car sinon il recevrait plus que le montant nominal de sa créance puisqu'il a déjà touché 95 €.

La production cumulative permet très souvent au créancier d'obtenir un remboursement total, alors pourtant que le montant nominal des créances n'est pas entièrement payé. Elle permet également un paiement plus rapide, puisque les droits des créanciers se calculent dans chaque procédure, sans avoir besoin d'attendre de connaître le paiement effectué dans les autres cas.

2e hypothèse

Le créancier a reçu un acompte, alors qu'aucun de ses codébiteurs n'avait cessé ses paiements. Puis tous sont mis en redressement judiciaire. Le paiement partiel a diminué le montant de la créance. Le créancier devra donc le déduire de sa production, qui pour le restant demeurera cumulative (art. L. 621-53).

Le coobligé ou la caution qui a payé l'acompte peut produire pour le montant de ce qu'il a versé (art. L. 621-41, al. 2).

Par conséquent les productions réunies du créancier et du codébiteur n'excèdent pas le montant de la créance.

La règle de la production cumulative entraîne une conséquence importante : *la caution ou le codébiteur perd son recours* (art. L. 621-52). Il y a là encore une dérogation au droit commun puisque selon les art. 1213 et 1214 du Code civil celui qui acquitte une portion de la dette supérieure à sa part contributive a un recours contre ses coobligés. Cette solution s'imposait. Sinon les recours risqueraient de dépasser le montant nominal de la créance. Bien que traditionnelle, la règle est peu équitable. On aurait pu admettre des recours partiels [1].

Supposons que, dans le cas examiné ci-dessus, l'obligation à la dette de chacun des co-obligés ait été de 25. A a payé ce qu'il doit. B a payé 25 de plus, C 5 de moins et D 15 de moins. En droit commun, B aurait un recours de 5 contre C et de 15 contre D. En cas de redressement judiciaire, ce recours est exclu car sans cela C et D subiraient, pour une même dette, deux recours successifs, l'un du créancier, l'autre du co-obligé. Ce seraient les autres créanciers de C et D qui seraient lésés par ce cumul.

1230. – *Théorie des coobligés (suite) : cas du compte courant.*

Ces principes s'appliquent notamment en cas de contre-passation d'effets de commerce remis en compte courant [2].

---

1. V. Roblot, Germain et Delebecque, *Droit commercial*, t. II, n° 3008-1.
2. Pour les détails v. Gavalda et Stoufflet, *Droit de la banque*, n° 397, 1974 – Rives-Lange et Contamine-Raynaud, *Droit bancaire*, n° 408 – H. Synvet, *La contre-passation en compte courant*, Mélanges Derruppé, p. 193.

Quand un effet de commerce est remis à l'escompte à un banquier, celui-ci crédite immédiatement le compte de son client du montant de cet effet. Si à l'échéance l'effet n'est pas payé, ce crédit n'a plus de raison d'être. Le banquier pourrait exercer un recours cambiaire contre le remettant, pris en sa qualité d'endosseur. Mais généralement il préfère se réserver la faculté de contre-passer l'effet, le crédit ayant été censé n'être consenti au client que si l'effet était payé. Donc, en cas de défaut de paiement, le banquier annule le crédit en portant dans le compte une écriture en sens inverse. La validité de cette pratique a été admise par la jurisprudence, du moment qu'elle a été prévue dans la convention d'ouverture du compte.

Mais que va-t-il se passer si le titulaire du compte (remettant) est mis en redressement judiciaire et que le solde de son compte est débiteur ? Deux hypothèses au moins doivent être distinguées [1].

Ou bien les effets impayés ont été contre-passés avant le jugement d'ouverture. Le banquier n'est plus porteur de l'effet. Il peut seulement produire pour le solde débiteur du compte courant [2].

Ou bien le redressement judiciaire intervient avant la contre-passation. Celle-ci demeure possible, bien qu'ainsi le banquier puisse gonfler artificiellement le passif de son client, ce qui n'est guère compatible avec la règle de l'égalité entre les créanciers. Ce premier avantage ne fait qu'en préparer un second. *Bien qu'ayant contre-passé les effets, le banquier peut, en vertu de la théorie des coobligés, en réclamer paiement aux divers signataires* [3]. Mais, bien entendu, ces recours cumulés ne doivent pas permettre au banquier d'obtenir plus que le montant des effets.

Par conséquent la déclaration cumulative donne une très grande efficacité aux sûretés personnelles, tout en aggravant l'obligation des codébiteurs puisque ceux-ci perdent leurs actions récursoires.

3) Formes et délais de la déclaration

La loi a voulu faire de la déclaration une formalité qui fixe de manière rapide et indiscutable les prétentions des créanciers. C'est pour cette raison que *l'obligation de déclaration* a un domaine général et *doit s'exécuter dès la publication du jugement d'ouverture* (art. L. 621-43).

a) L'information préalable à la déclaration

1231. – *Publicité et notifications individuelles.* Le décret du 22 décembre 1967 (art. 47) prévoyait qu'une publicité spéciale, différente de celle du jugement d'ouverture, devait être faite pour inviter les créanciers à déclarer leur créance. Ce mécanisme était avantageux pour les créanciers, dans la mesure où il les faisait bénéficier d'une double publicité. Il avait l'inconvénient de retarder la déclaration car cette seconde publicité n'était souvent faite que longtemps après le jugement d'ouverture.

---

1. X. Xuan Chanh, *La part du banquier à la liquidation des biens ou au règlement judiciaire du remettant en compte courant d'effets de commerce*, D., 1973, 243.
2. Com. 25 janv. 1955, *J.C.P.*, 1955, II, 8547 bis, note Cabrillac.
3. Com. 25 mai 1965, *D.*, 1965, 529, note Monguilan ; *J.C.P.*, 1966, II, 14477, note Gavalda.

La loi de 1985 opte pour une solution plus radicale : *la déclaration s'impose dès que le jugement d'ouverture est publié au BODAC* (art. L. 621-43. Décr. 1985, art. 21). Cette règle est redoutable pour les créanciers, car elle les oblige à se tenir de manière permanente au courant de la situation financière de leurs débiteurs. La loi de 1985 a donc prévu quelques palliatifs. Dans un délai de quinze jours à compter du jugement d'ouverture, le représentant des créanciers doit avertir personnellement :
– les *créanciers bénéficiant d'un contrat de crédit bail ou d'une sûreté publiés* (hypothèque, nantissement) (art. L. 621-43)[1],
– et les *créanciers connus,* notamment ceux qui ont adressé une facture au débiteur (Décr. 1985, art. 66).

Cette disposition est irréaliste. Le représentant des créanciers n'est pas nécessairement averti lui-même de sa désignation dès le prononcé du jugement d'ouverture (Décr. 1985, art. 19). Il lui sera difficile, en quelques jours, de retrouver les créanciers qu'il doit avertir. Pour la sanction du non respect de cette obligation, v. *infra*, n° 1234.

b) La déclaration elle-même

1232. – Formes de la déclaration. L'article 67 du décret du 27 décembre 1985 fixe les modalités de la déclaration, et notamment la consistance du *dossier que doit déposer chaque créancier,* entre les mains du représentant des créanciers qui a seul qualité pour les recevoir[2].

Celui-ci comprend d'abord une *déclaration* du montant des sommes réclamées[3]. Il s'agit de la somme exacte qui est due au jour de l'ouverture de la procédure. Le montant nominal de la créance est le cas échéant diminué des acomptes perçus, ou majoré pour tenir compte des intérêts de retard qui auraient déjà couru. Le cas échéant, la déclaration indique la sûreté dont le créancier entend se prévaloir et précise la nature exacte de celle-ci : privilège ou sûreté conventionnelle.

Sauf si elle résulte d'un titre exécutoire, la créance doit être certifiée sincère par le créancier (art. L. 621-44). Le juge-commissaire peut, en outre, demander que la déclaration soit visée par le commissaire aux comptes ou l'expert comptable du créancier.

La déclaration est faite par le créancier lui-même ou par tout *préposé* ou *mandataire* de son choix (art. L. 621-43, al. 2). Elle doit comporter la signature de son auteur pour que celui-ci puisse être identifié[4].

---

1. Com. 14 mars 2000 : *Bull. civ.* IV, n° 57, p. 50 ; Rev. trim. dr. com., 2000, 717, notes A. Martin-Serf.
2. Com. 14 févr. 1995, *Bull. civ.* IV, n° 42, p. 34.
3. Com. 2 mars 1993, *Bull. civ.* IV, n° 89, p. 61.
4. Com. 29 avr. 2002 : *D.* 2002, 1755, note A. Lienhard.

Par conséquent la déclaration n'a pas besoin d'être faite personnellement par le représentant légal de la société, ce qui aurait été une tâche écrasante dans les entreprises qui ont de nombreux débiteurs [1]. Un préposé peut recevoir une délégation de pouvoir à cet effet, accompagnée si nécessaire d'une faculté de sub-délégation [2]. Les déclarations faites pour le compte de tiers sont également possibles. Elles nécessitent un pouvoir spécial, donné par écrit, sauf si le déclarant est un avocat, mais la jurisprudence est assez souple [3].

Sauf dans le cas des salariés, le représentant des créanciers ne peut d'office se substituer au créancier, afin de lui éviter une forclusion [4]. Mais le créancier du créancier pourrait agir à sa place si les conditions de l'action oblique étaient remplies.

Le créancier joint à sa déclaration toutes les *pièces justificatives* utiles, notamment les contrats, bons de commande, etc. Ces pièces sont énumérées dans un bordereau récapitulatif (Décr. 1985, art. 67).

Une demande de paiement présentée sous une forme équivalente suffit-elle ? Il est difficile de donner une réponse ayant valeur générale. D'un côté toute demande de paiement non équivoque devrait suffire, même si elle ne comporte pas la déclaration réglementaire. D'un autre côté le représentant des créanciers n'a pas pour mission de rechercher si telle ou telle réclamation d'un créancier équivaut à une déclaration et pour quel montant.

La jurisprudence est nuancée. Elle juge que si la déclaration des créances n'est soumise à aucune forme sacramentelle, le créancier doit cependant manifester d'une façon certaine auprès du représentant des créanciers sa volonté de se faire payer une somme d'argent déterminée [5]. La jurisprudence n'admet pas non plus les déclarations non chiffrées [6]. Ce formalisme paraît excessif. Le représentant des créanciers averti de l'existence d'un créancier, pourrait inviter celui-ci à compléter ou à parfaire sa demande pour en faire une véritable production.

En revanche, et la solution est justifiée, la demande adressée à un tiers et non pas au représentant des créanciers n'équivaut pas à une déclaration. En effet, une telle demande ne remplit pas le but assigné à la déclaration puisque, étant ignorée du représentant de créanciers, elle ne lui permet pas de connaître le montant du passif.

Lorsque le débiteur a des établissements dans plusieurs pays, il serait utile de désigner un organisme dans chacun de ces pays chargé de centraliser les déclarations des créanciers et de les transmettre au tribunal qui

---

1. J.-P. Remery, *La déclaration de créances, délégation de pouvoirs et mandats*, J.C.P., 1999, I, 113.
2. Com. 14 févr. 1995, *J.C.P.*, 1994, II, 22200, note Rémery ; *Rev. soc.*, 1995, 331, note Alix – 19 nov. 1996, *J.C.P.*, 1997, éd. E, II, 932, note P. Petel – 17 déc. 1996, *ibid.*, 940, note M. Behar-Touchais ; *J.C.P.*, 1997, II, 22837, note J.-P. Rémery.
3. Ass. plén., 26 janv. 2001 : *J.C.P.*, 2001, E, 617, note M. Behar-Touchais.
4. Aix 8 mai 1973, *D.*, 1973, 703, note Vasseur.
5. Com. 16 juin 1987, *Rev. proc. coll.*, 1987, n° 4, p. 85, note Dureuil.
6. Com. 2 mars 1993, précité.

a ouvert la procédure. On éviterait ainsi les difficultés et les aléas des déclarations faites à l'étranger.

1233. – Délai de la déclaration. *La déclaration doit, en principe, être faite dans un délai de deux mois à compter de la publication du jugement d'ouverture au BODAC* (Décr. 1985, art. 66). Néanmoins en cas de résiliation ou de résolution d'un contrat en cours d'exécution, le co-contractant dispose d'un délai d'un mois à compter de celle-ci pour déclarer sa créance de dommages-intérêts (Décr. 1985, art. 66).

Il serait logique d'étendre cette solution à tous les cas où le créancier ignore l'existence de sa créance. Ainsi l'acheteur qui découvre une malfaçon ou un vice après le délai normal de déclaration devrait avoir le droit d'agir. Pourtant la jurisprudence ne le lui permet pas au motif qu'il faut bien arrêter le montant du passif à un moment donné pour pouvoir décider du sort de l'entreprise [1].

En cas de liquidation, le tribunal doit allonger, ou même rouvrir le délai, donnant ainsi une seconde chance aux créanciers retardataires (Décr. 1985, art. 119, al. 2) [2]. Lorsque le créancier est titulaire d'une sûreté publiée, le délai de déclaration court non pas de la publication de l'avis au BODAC, mais de la réception de l'avertissement personnel que le mandataire liquidateur a dû lui adresser (v. *supra*, n° 1231) [3].

Le délai de déclaration est un délai préfix et non un délai de prescription [4]. Il ne peut donc faire l'objet ni d'une suspension ni d'une interruption. Ainsi, *la loi de 1985 oblige les créanciers à faire preuve de vigilance et de célérité...* ce qui n'est pas un mal quand on connaît les habitudes du monde judiciaire.

c) Sanctions du défaut de déclaration régulière

1234. – Conditions de la forclusion. *Les créanciers qui déclarent hors délai sont forclos, c'est-à-dire écartés de la procédure de répartition* (art. L. 621-46). Cette mesure tend à stimuler la diligence des créanciers. Elle et d'une mise en œuvre délicate [5].

Les conditions de la forclusion sont larges. *En principe cette sanction est encourue du moment que le créancier n'a pas produit dans le délai légal.* En effet, dans ce domaine, seule une stricte discipline collective permet à la période d'observation de jouer son rôle.

La forclusion s'applique en principe à tous les créanciers :
– qu'ils figurent ou non au bilan, les deuxièmes étant pourtant plus difficiles à retrouver et à avertir que les premiers ;

---

1. Com. 12 janv. 1982, *D.*, 1982, 533, note Derrida – 8 juin 1999 : *Bull. civ.* IV, n° 121, p. 99.
2. Com. 19 févr. 2002 : *D.* 2002, 1068, note A. Lienhard ; *Rev. jurisp. com.* 2002, 279, note J.L. Courtier.
3. Com. 14 mars 2000 : *Bull. civ.* IV, n° 56, p. 49 ; Rev. trim. dr. com., 2000, 716, note A. Martin-Serf.
4. Paris, 6 déc. 1991, *Rev. proc. coll.*, 1992, 83, note Dureuil.
5. J. Vallansan, *Le créancier oublié* : Rev. jurisp. com., 2000, 50.

– que la déclaration tardive porte sur la totalité de la créance ou sur un supplément qui ne figurait pas dans la déclaration originaire faite en temps utile (intérêts échus au jour du jugement ; dommages-intérêts pour inexécution, etc.).

Toutefois la forclusion n'est pas opposable aux créanciers titulaires d'une sûreté réelle ou d'un crédit-bail lorsqu'ils n'ont pas été avertis personnellement de l'ouverture de la procédure (art. L. 621-46, al. 2). Par conséquent ces créanciers peuvent déclarer leur créance sans avoir besoin d'un relevé de forclusion et semble-t-il jusqu'au jugement qui arrête le plan (v. *infra*, n° 1233).

Cependant le caractère général de la forclusion supporte peut-être une autre exception. En effet, selon l'article L. 621-43 du Code de commerce, les créances du Trésor et des organismes de Sécurité sociale sont déclarées sous réserve des impôts et autres créances non encore établis. L'article 46 du décret du 22 décembre 1967 édictait une règle comparable.

Selon la Cour de cassation, l'art. 46 avait pour seul effet de soustraire le Trésor et la Sécurité sociale au caractère définitif et irrévocable des décisions d'admission [1]. Ces créanciers pouvaient, à tout moment, présenter des productions rectificatives ou complémentaires, à la suite de redressements ou de rappels. Mais la forclusion s'appliquait en cas de production nouvelle. La règle n'avait donc qu'une portée limitée. Cette jurisprudence devrait se maintenir car on ne voit pas comment le tribunal pourrait, en fin de période d'observation, décider du sort de l'entreprise si tout le passif fiscal et social n'est pas connu, au moins dans son principe (v. *supra*, n° 1228).

Il n'existe pas d'autres exceptions. Donc le domaine de la forclusion est étendu, ce qui est logique puisque l'obligation de déclaration est aussi très générale.

1235. – *Effets de la forclusion*. Les effets de la forclusion sont sévères. *Les créances qui n'ont pas été déclarées sont éteintes* (art. L. 621-46). En effet le redressement de l'entreprise ne doit pas être compromis par la révélation inopinée d'un passif. Mais l'extinction s'opère aussi en cas de liquidation. La négligence du créancier profite alors au débiteur. Cette extinction a un caractère définitif. Sauf relevé de forclusion, les poursuites ne pourront jamais reprendre.

Il ne faut pas confondre cette situation avec celle du créancier qui, ayant produit, n'a pas été payé. Certes, après clôture de la procédure pour insuffisance d'actif, l'intéressé ne retrouve pas en principe son action (v. *infra*, n° 1339). Mais, selon les articles L. 622-32 et L. 622.34 du Code de commerce, les poursuites redeviennent exceptionnellement possibles en cas de fraude ou de faillite personnelle du débiteur. Ces textes ne s'appliquent pas aux créanciers qui n'ont pas déclaré leur créance. Pour eux, l'extinction est définitive. Elle porte sur le droit et pas seulement sur l'action [2].

---

1. Com. 2 mai 1972, *D.*, 1972, 670, note Derrida.
2. Com. 30 oct. 2000 : *Bull. civ.* IV, n° 171, p. 151 – 14 nov. 2000 : *ibid.*, n° 174, p. 153.

Puisque la créance est éteinte, *le créancier négligent perd son recours éventuel contre les cautions* [1]. En effet, le cautionnement, engagement accessoire, ne saurait survivre à l'engagement principal. On peut se demander si cette extinction est d'ordre public. Il semble que non, au moins en cas de liquidation car le paiement des créances non déclarées ne peut pas compromettre le redressement d'une entreprise, qui a disparu. Le débiteur pourrait donc s'engager à payer les créances non déclarées, au cas où il reviendrait à meilleure fortune.

Au contraire, les autres co-obligés restent tenus en raison du caractère autonome de leur engagement.

Il en va notamment ainsi des co-débiteurs solidaires (C. civ. art. 1208) [2], des assureurs [3] et des caisses de garantie financière professionnelles [4]. En revanche l'associé d'une société civile est libéré car le passif social n'est pas son passif personnel [5]. Ces solutions ont leur cohérence interne mais sont autant de pièges pour les créanciers non initiés.

1236. – Relevé de la forclusion. Compte tenu de la gravité de ces effets, l'article L. 621-46 du Code de commerce a prévu une procédure de relevé de la forclusion. *Le relevé n'est possible que si la défaillance n'est pas imputable au créancier.* La formule est restrictive. Le juge doit rechercher si la défaillance du créancier est due à sa négligence ou à des circonstances extérieures à sa volonté. Par conséquent le relevé n'est généralement accordé que dans deux cas [6]. Ou bien le créancier, qui n'est pas un prêteur professionnel, a pu légitimement ignorer l'ouverture de la procédure, malgré l'insertion au BODAC. Ou bien un événement assimilable à la force majeure, par exemple une grève des postes, a empêché le créancier de déclarer dans les délais.

Les créanciers qui auraient dû être avertis de l'ouverture de la procédure et qui ne l'ont pas été n'ont pas besoin de demander un relevé de forclusion. Celle-ci leur est inopposable de telle sorte que leur déclaration, bien que tardive, est recevable (v. *supra*, n° 1234).

La procédure de relevé de la forclusion est normalement introduite par voie d'assignation dirigée contre le représentant des créanciers. Elle doit être présentée au plus tard *un an après le jugement*

---

1. Com. 17 juill. 1990, *D.*, 1990, 495, note A. Honorat ; *J.C.P.*, 1991, éd. E, II, 101, note Amlon.
2. Com. 19 janv. 1993, *J.C.P.*, 1993, II, 22056, note P. Petel ; *D.*, 1993, 331, note A. Honorat et J. Patarin – 23 oct. 2001 : D. 2001, 3432, note A. Lienhard.
3. Civ. 3, 4 oct. 1995, *J.C.P.*, 1995, II, 22545, note H. Périnet-Marquet.
4. Ass. plén., 4 juin 1999 : *Bull. civ.* IV, n° 4, p. 7 ; Rev. trim. dr. com., 2000, 175, note A. Martin-Serf.
5. Civ. 3, 22 mars 1995, *Rev. soc.*, 1995, 559, note J.-F. Barbiéri.
6. Com. 26 avr. 1979, *J.C.P.*, 1982, II, 19724, note Martin-Serf. V. la liste des cas d'admission ou de rejet de la demande de relevé donnée par M. Dureuil à la *Rev. proc. coll.*, 1988, 294 et 1993, 148.

d'ouverture, donc, le cas échéant, après la fin de la période d'observation. Dans cette hypothèse, le juge ne prononce le relevé de forclusion que si le nouveau passif n'empêche pas le redressement de l'entreprise. Les litiges en matière de forclusion sont tranchés par le *juge-commissaire* et non pas par le tribunal, sans doute afin de gagner du temps. Il n'en reste pas moins qu'un juge unique est appelé à prendre des décisions lourdes de conséquences.

> La loi de 1985 n'a pas précisé la nature de ce délai d'un an. On peut penser qu'il s'agit d'un délai préfix, qui court même si le créancier est dans l'impossibilité d'agir. Ainsi un créancier qui ne découvrirait un défaut de conformité de la chose vendue par le débiteur que plus d'un an après l'ouverture de la procédure ne pourrait plus demander le relevé de forclusion (v. *supra,* n° 1233). Il en irait de même si le débiteur s'était volontairement abstenu d'avertir le représentant des créanciers de l'existence d'une dette [1]. La solution est sévère, mais conforme à l'esprit de la loi de 1985 qui veut faciliter le redressement de l'entreprise ou, si celui-ci est impossible, ne pas accabler le débiteur sous le poids d'un passif qu'il n'a pas pu payer.
>
> Une difficulté risque de résulter du fait que le délai de déclaration court à dater de l'insertion au BODAC alors que celui de l'action en relevé de forclusion commence à courir dès le jugement d'ouverture. Dans des cas exceptionnels, notamment celui de la prorogation de la période d'observation, il se pourrait que le délai pour demander le relevé de forclusion soit expiré alors que le créancier peut encore faire sa déclaration. Cette situation serait absurde. Il faudrait donc mieux coordonner les textes, afin que le point de départ du délai d'un an soit le même que celui du délai de déclaration.
>
> Le recours contre l'ordonnance du juge-commissaire statuant sur le relevé de forclusion est de la compétence de la cour d'appel (art. L. 621-46, al. 3) [2]. Cette voie de recours est ainsi plus efficace que si elle était portée devant le tribunal, celui-ci ayant tendance à confirmer les ordonnances rendues par un juge siégeant en son sein. Un pourvoi en cassation est ensuite possible mais l'appréciation du bien fondé du motif du relevé de forclusion relève du pouvoir d'appréciation souverain des juges du fond [3].

Aucune difficulté ne se présente en cas de rejet de la demande : la forclusion produit toutes ses conséquences. Le prétendu créancier perd tous ses droits contre le débiteur.

Dans le cas inverse, le créancier ne peut concourir que pour la distribution des répartitions à venir (art. L. 621-46). Cela signifie que le relevé de la forclusion est partiel. Le créancier prend le train en marche. Il ne jouira d'aucune préférence dans les distributions à venir, au motif qu'il n'a pas pu déclarer dans le passé. La solution est sévère pour les retardataires.

---

1. Com. 26 oct. 1999 : *Bull. civ.* IV, n° 187, p. 159.
2. Com. 28 nov. 2000 : *Bull. civ.* IV, n° 189, p. 163.
3. Com. 27 mars 1990, *Bull. civ.* IV, n° 92, p. 61.

Le créancier qui a bénéficié d'un relevé de forclusion est dispensé de déclarer sa créance, celle-ci étant supposée connue du représentant des créanciers à qui l'ordonnance de relevé a été signifiée. En revanche, il demeure soumis à la procédure de vérification dans les conditions de droit commun, car le contentieux du relevé de forclusion s'est limité à l'examen du motif du retard de la déclaration, sans envisager l'existence même de la créance.

d) Conséquences d'une déclaration régulière

1236-1. – Décision provisoire sur le sort de la créance. Sous l'empire de la loi de 1967, la production des créanciers était immédiatement suivie d'une *vérification,* opérée par le syndic. Puis le juge-commissaire formulait des propositions d'*admission* ou de rejet, qui étaient portées à la connaissance des parties intéressées. Si des contestations s'élevaient, elles étaient tranchées par le tribunal. Celui-ci statuait immédiatement en cas de liquidation des biens, ce qui retardait d'autant le déroulement de la procédure. Au contraire, en cas de règlement judiciaire, le tribunal ne statuait au fond sur les réclamations qu'après le vote du concordat (L. 13 juill. 1967, art. 44). Donc le contentieux de la vérification des créances ne retardait pas, au moins en théorie, le redressement de l'entreprise.

La loi de 1985 s'inspire de la même idée, mais d'une manière plus radicale. *La déclaration n'est suivie d'aucune vérification systématique des créances.* Celle-ci s'opérera pendant la phase définitive (art. L. 621-102 ; v. *infra* n° 1312). Par conséquent *les déclarations tendent à connaître non le véritable passif mais le passif réclamé, c'est-à-dire le maximum de ce qui devra être payé, si toutes les créances sont admises.*

Normalement *la déclaration est suivie d'une inscription de la créance au plan de règlement.* A cette occasion le représentant des créanciers peut demander au déclarant de consentir un délai de paiement ou une remise de dette. Le déclarant qui ne répond pas est réputé avoir accepté ces propositions (art. L. 621-60). La règle est d'autant plus sévère qu'aucune voie de recours ne permet au créancier de contester cette renonciation tacite à ses droits. Mais l'inscription est provisoire. Elle ne deviendra définitive et n'ouvrira droit à paiement, qu'après l'admission, prononcée au cours de la deuxième phase de la procédure (art. L. 621-79).

Cependant le représentant des créanciers, saisi par l'administrateur ou un quelconque créancier, *peut immédiatement contester les créances,* du moment que celles-ci n'ont pas une nature salariale (art. L. 621-47). Le créancier doit répondre dans un délai de trente jours. Sinon il ne peut plus discuter la proposition du représentant des créanciers [1].

---

1. Com. 14 mai 1996, *Bull. civ.* IV, n° 130, p. 114 – 7 juill. 1998, *ibid.*, n° 219, p. 181 – B. Soinne, *L'absence de réponse à la contestation du représentant des créanciers et ses conséquences* : Mélanges A. Honorat, p. 209.

La loi n'a prévu aucune cause d'allongement de ce délai. Cela veut dire que le créancier dont la déclaration est contestée sera définitivement écarté de la procédure. Ce mécanisme est rigoureux. L'article 72 al. 2 du décret de 1985 a pris des précautions afin de s'assurer que le créancier est effectivement averti de la contestation de sa déclaration et de l'intérêt qui s'attache à une réponse dans le délai légal. Il faut également espérer que les représentants des créanciers ne contesteront que les créances manifestement mal fondées. Si ces précautions sont prises, ce procédé peut être un moyen simple et rapide d'écarter les créances douteuses. Son efficacité demeure cependant limitée. En effet le créancier continue à participer à la procédure du moment qu'il répond au représentant des créanciers. Le bien-fondé de son argumentation sera apprécié ultérieurement, lors de la vérification des créances.

Ce mécanisme est curieux, puisqu'il consiste à faire jouer un rôle préjuridictionnel ou parajuridictionnel mais extra-procédural à un auxiliaire de justice. En effet, le représentant des créanciers ne se borne pas à préparer la décision du juge-commissaire. Il opère déjà un premier tri de caractère définitif en écartant de la procédure les créanciers qui n'ont pas répondu à sa demande de justification. Il aurait été préférable de laisser au juge-commissaire le pouvoir de revenir sur les décisions ainsi prises par le représentant des créanciers.

1237. – Conclusion : nature juridique de la déclaration. La déclaration a une *nature juridique ambiguë*. Par certains côtés elle équivaut à une demande en justice [1]. Mais elle rappelle aussi une mise en demeure de payer, ou une formalité administrative, ce qui limite son domaine et ses effets. Elle est, en quelque sorte, le préalable nécessaire à la véritable demande qui sera présentée par le représentant des créanciers.

Par conséquent la règle « *electa una via...* » ne s'applique pas (C. proc. pén. art. 5). Le créancier qui a produit n'est pas censé avoir définitivement opté pour la voie civile. Il conserve le droit de réclamer remboursement devant la juridiction répressive, lorsque le débiteur a commis une infraction [2].

Pour les créanciers, la période d'observation ne se traduit pas seulement par une obligation de déclaration. Elle entraîne aussi des restrictions à leurs droits.

---

1. Ghozi, *Nature juridique de la production des créances dans les procédures collectives de règlement passif*, Rev. trim. dr. com., 1978, 34 – B. Soinne, *La double nature de la déclaration de créances*, Banque, 1993, 94 – Com. 14 déc. 1993, *J.C.P.*, 1994, II, 22200, note J.P. Remery ; Rev. soc. 1994, 100, note Y. Chartier. – Ass. plén., 26 janv. 2001, précité n° 1232.
2. Crim. 4 oct. 1974, *D.*, 1975, 328, note A. Honorat.

B. Les restrictions aux droits des créanciers

1238. – Intérêt de l'entreprise et intérêt des créanciers. Pendant la période d'observation, les créanciers ne peuvent plus exercer leurs droits. En effet si des poursuites individuelles continuaient d'être intentées, le tribunal ne pourrait pas arrêter un plan de redressement. La période d'observation entraîne une *sorte de moratoire général*, gênant pour les créanciers, qui doivent continuer à payer leurs propres dettes et risquent, à la limite, de se trouver dans une situation aussi grave que celle de leur débiteur en cessation des paiements. La loi de 1985 fait prévaloir ici l'intérêt de l'entreprise sur l'intérêt des créanciers. Ce choix est raisonnable. Le démantèlement de l'entreprise serait irréversible. Au contraire les créanciers peuvent généralement subir un report d'échéance sans qu'il en résulte pour eux un dommage irrémédiable.

Plus précisément les créanciers subissent trois restrictions à leurs droits :

1) L'arrêt des poursuites individuelles

1239. – Fondements de l'arrêt des poursuites individuelles. L'arrêt des poursuites individuelles est une conséquence traditionnelle des procédures de concours (art. L. 621-40). En effet celles-ci ont un aspect collectif et égalitaire, qui ne pourrait pas exister si les créanciers continuaient d'agir séparément pour obtenir paiement de ce qui leur est dû [1]. La règle est d'ordre public en droit tant interne qu'international [2].

Cet arrêt a un triple but :
– il accélère le déroulement de la procédure en concentrant toutes les actions entre les mains du représentant des créanciers, qui est un professionnel ;
– il garantit l'équité des paiements, qui ne sont plus le prix de la course. Personne n'est lésé ou avantagé par rapport aux autres créanciers ayant des droits égaux ;
– enfin, l'arrêt des poursuites évite que des biens essentiels à l'entreprise soient vendus prématurément. Il permet l'élaboration sereine d'un plan de redressement. Néanmoins l'arrêt s'applique aussi en cas de liquidation [3].

> On ignore si cet arrêt équivaut à une simple suspension des poursuites, comme l'indique l'article L. 621-40 du Code de commerce, ou à une véritable interruption, comme le laisse entendre l'article 369 du Nouveau Code de procédure civile. Il y a là une incertitude regrettable [4]. La solution de

---

1. J.-L. Vallens, *L'effet du redressement judiciaire sur les instances en cours*, Rev. trim. dr. com., 1991, 529.
2. Civ. 1, 8 mars 1988, *D.*, 1989, 577, note J. Robert – 5 févr. 1991, *Bull. civ.* I, n° 44, p. 28 – V. les obs. d'A. Huet à la *Rev. jurisp. com.*, 1991, 177.
3. Com. 19 déc. 1995, *D.*, 1996, 145, note M.-J. Campana.
4. V. les obs. de M. Perrot, *Rev. trim. dr. civ.*, 1987, 403.

conciliation consiste sans doute à admettre la suspension lorsque le débiteur fait seulement l'objet d'une mesure de surveillance, car l'administrateur ne participant pas à la procédure, il paraît inutile d'imposer de refaire les actes procéduraux déjà accomplis.

L'arrêt des poursuites en cas de redressement ou de liquidation judiciaires peut faire suite à celui qui accompagne, le cas échéant, un règlement amiable, dans le cas où cette mesure de redressement a échoué (v. *supra*, n° 1087-4).

Bien que nécessaire au bon déroulement de la procédure, l'arrêt des poursuites individuelles présente des *inconvénients*. Il risque de provoquer des faillites en chaîne car le créancier non payé à la date prévue sera parfois dans l'impossibilité de faire face à ses engagements. Il a aussi un effort anti-concurrentiel car il permet à une entreprise de se maintenir sur le marché sans assumer les obligations et les charges qui les incombent normalement. Mais malgré ces inconvénients, l'arrêt des poursuites a un domaine étendu.

a) Poursuites arrêtées

1240. – *Poursuites contre le débiteur*. L'article L. 621-40 du Code de commerce prévoit que le jugement d'ouverture interrompt ou interdit toute action des créanciers tendant :

– à la condamnation du débiteur au *paiement* d'une somme d'argent. La solution est traditionnelle, car sans elle la procédure n'aurait plus un caractère collectif. Elle est le complément de l'interdiction des paiements spontanés (v. *supra*, n° 1209) ;

– à la *résolution* d'un contrat pour défaut de paiement d'une somme d'argent. La solution est nouvelle. Elle est justifiée car le maintien de certains contrats est nécessaire au redressement de l'entreprise ;

> Toutefois le créancier conserverait son droit de résolution si l'inexécution, antérieure au jugement d'ouverture, consistait en autre chose qu'un défaut de paiement d'une somme d'argent notamment l'inexécution d'une obligation de faire ou de ne pas faire [1]. De même l'arrêt des poursuites ne fait pas obstacle au jeu d'une condition résolutoire acquise avant le jugement d'ouverture (v. *supra*, n° 1208) [2].

– à l'exercice ou à la poursuite d'une *voie d'exécution*, car une saisie pourrait priver l'entreprise d'un bien nécessaire à son redressement [3]. Mais une saisie-attribution ou un avis à tiers détenteur portant sur une créance à exécution successive, par exemple une saisie de loyer ou de salaire, pratiquée avant le jugement d'ouverture continue de produire ses effets après celui-ci, jusqu'à extinction de la dette [4].

---

1. Com. 12 mars 1992, *J.C.P.*, 1993, II, 21999, note Lévy – 26 oct. 1999 : *Bull. civ.* IV, n° 190, p. 162.
2. Com. 9 mai 1995, *Bull. civ.* IV, n° 136, p. 122.
3. Com. 22 avr. 1997, *J.C.P.*, 1997, éd. E, II, 1013, note V. Grellière – 2 févr. 1999, *J.C.P.*, 1999, éd. E, 553, note M. Cadiou.
4. Ch. mixte 22 nov. 2002 : *D.* 2003, 445, note C. Larroumet ; *J.C.P.*, 2003, II, 10033, note D. Houtcieff.

En revanche demeurent possibles les actions qui ont un autre objet. Ainsi un salarié peut demander en justice un certificat de travail [1] et, surtout le vendeur, qui a stipulé une clause de réserve de propriété peut continuer de revendiquer les marchandises qui ne lui ont pas été payées (v. *infra*, n° 1361).

Afin d'éviter des lenteurs excessives, les instances en cours ne sont interrompues que jusqu'à la déclaration de la créance, c'est-à-dire en principe peu de temps. Aussitôt après, elles reprennent leur cours devant la juridiction normalement compétente, mais uniquement en vue de faire constater l'existence de la créance et d'en fixer le montant. La décision ainsi rendue s'imposera au juge-commissaire lorsqu'il arrêtera l'état des créances (art. L. 621-41).

Peu importe la nature de la juridiction saisie et qu'il s'agisse d'une instance au fond, d'un référé ou d'une procédure arbitrale [2].

La loi n'a prévu qu'une exception, en faveur des instances prud'homales qui sont continuées afin de fixer l'existence et le montant de la créance salariale (art. L. 621-126) [3]. Toutes les autres juridictions doivent surseoir à statuer. Par conséquent, la suspension empêche les créanciers de se constituer partie civile devant les juridictions répressives lorsque le débiteur a commis une infraction dont ils demandent réparation par l'attribution de dommages-intérêts [4]. Mais, la constitution de partie civile serait recevable si elle n'avait pas pour objet le paiement de dommages-intérêts.

La suspension devrait aussi s'appliquer aux actions qui sont de la compétence des juridictions administratives, mais la question demeure discutée [5]. Il semble qu'ici aussi la juridiction saisie devrait pouvoir se prononcer sur le montant de la créance.

De même un jugement d'ouverture prononcé dans un pays empêche l'exercice de poursuites contre le débiteur dans un autre pays [6]. Cette solution doit être approuvée, car elle est conforme à la vocation universelle des procédures collectives.

En revanche, par application de la règle « le criminel tient le civil en l'état », le tribunal saisi d'un redressement judiciaire devrait surseoir à statuer sur le sort de l'entreprise si celle-ci est une personne morale sous le coup de poursuites pénales pouvant entraîner sa dissolution.

Ces règles complexes devraient être simplifiées. Lorsque l'action échappe par nature à la compétence du tribunal qui a ouvert la procédure collective, il devrait y avoir partage entre la juridiction initialement

---

1. Soc. 17 oct. 1989, *Bull. civ.* V, n° 594, p. 539.
2. Civ. 1, 4 févr. 1992, *D.*, 1992, 181, note G. Cas.
3. Arséguel, *Aspects généraux du contentieux prud'homal relatif aux créances salariales depuis la loi du 25 janvier 1985,* Dr. social 1987, 807.
4. Ch. mixte 29 avril 1977, *J.C.P.,* 1978, II, 18883, note Chartier – H. Matsopoulou, *L'incidence d'une procédure collective sur l'exercice de l'action civile* : *J.C.P.*, 1998, I, 164.
5. Conseil d'Etat, 10 déc. 1980, *J.C.P.,* 1981, II, 19692, note Bazex et Flécheux – V. les obs. de M. Ternayre, Cahiers droit de l'entreprise, 1992, n° 4, p. 34.
6. Civ. 1, 25 févr. 1986, *J.C.P.,* 1987, II, 20776, note Rémery. – 19 nov. 2002 : *J.C.P.*, 2002, II, 10201 conc. Sainte-Rose, note S. de Nere.

saisie, qui demeurerait compétente pour se prononcer sur l'existence et le montant de la créance et le tribunal de la procédure collective, qui déterminerait ensuite ses modalités de règlement. Tel serait le cas du contentieux administratif, prud'homal, immobilier et pénal. En revanche si le litige relève de la compétence du tribunal saisi de la procédure collective, les poursuites pourraient être totalement arrêtées devant la juridiction initialement saisie et transférées à celui-ci.

***1240-1. – Poursuites contre des tiers.** Seules sont interrompues les poursuites dirigées contre le débiteur en redressement judiciaire. Les actions contre des tiers demeurent recevables.* Toutefois ce principe supporte deux exceptions.

a) *Tout d'abord les poursuites contre les cautions sont arrêtées,* sauf si celles-ci sont des personnes morales (art. L. 621-48, al. 2). Cette exception prive le cautionnement d'une partie de son efficacité. Elle est cependant explicable car les cautions sont souvent les dirigeants de la société en difficulté. Ces dirigeants hésiteraient à déposer le bilan s'ils savaient que les créanciers se retourneraient immédiatement contre eux, faute de pouvoir désormais agir contre la société.

Toutefois les créanciers peuvent prendre des mesures conservatoires afin d'empêcher les cautions de profiter de l'arrêt des poursuites pour organiser leur insolvabilité. En outre les intérêts continuent de courir contre les cautions qui, si elles peuvent ne payer que plus tard, risquent d'avoir à payer davantage.

Il semble dès lors logique d'admettre que la condition peut renoncer au bénéfice de cette interruption des poursuites et payer immédiatement le créancier.

En revanche les poursuites semblent demeurer possible contre ceux qui ont donné une garantie autonome ou une garantie à première demande, car il ne s'agit pas d'un cautionnement.

b) *Une deuxième exception se rencontre lorsque tous les créanciers ont vocation à agir contre un tiers.* Le maintien des poursuites individuelles contre ce tiers risque en effet de rompre l'égalité entre les créanciers, car la solvabilité de l'intéressé n'est pas illimitée. Par conséquent seuls les créanciers qui agissent les premiers ont des chances d'être payés, à moins d'admettre, par analogie avec l'action oblique, que le recours bénéficie à tous les créanciers participant à la procédure.

Aussi la loi a-t-elle prévu que certaines actions, bien que dirigées contre des tiers, sont exceptionnellement de la compétence de l'administrateur ou du représentant des créanciers parce qu'elles intéressent tous les créanciers. Il en va ainsi des nullités de la période suspecte (art. L. 621-110) et des actions en extension de passif ou de procédure intentées contre les dirigeants d'une personne morale en redressement judiciaire (art. L. 624-6). Selon la Cour de cassation, la même solution s'applique aux actions en responsabilité de droit commun tendant à la réparation d'un préjudice collectif résultant soit de la diminution de l'actif soit de l'aggravation du passif[1]. Mais mis à part le cas particulier de l'action paulienne on ignore si l'action individuelle des créanciers demeure recevable[2].

Une réforme du droit positif s'impose[3]. L'arrêt des poursuites individuelles devrait, en principe, s'appliquer aux poursuites contre les tiers, sauf dans deux cas. Tout d'abord un créancier pourrait continuer d'agir individuellement lorsqu'il a subi un préjudice qui lui est propre. Il conserverait alors les dommages-intérêts qui lui sont attribués. En second lieu, si le préjudice subi est collectif, un créancier pourrait agir en cas d'inaction de l'administrateur ou du représentant des créanciers. Mais les dommages-intérêts seraient versés au représentant des créanciers. Cette réforme, qui clarifierait la situation actuelle, ne serait que la transposition aux procédures collectives des règles applicables à la responsabilité des dirigeants de sociétés (C. civ. art. 1843-5)[4].

Une dernière difficulté se rencontre en cas de poursuite contre le conjoint « *in bonis* » du débiteur en redressement judiciaire, lorsque les créanciers veulent saisir un bien commun. Selon la Cour de cassation, l'arrêt des poursuites individuelles s'impose aux créanciers de l'époux « *in bonis* » car celui-ci n'est pas véritablement un tiers compte tenu de l'existence d'un régime de communauté (v. *supra*, n° 1225)[5].

b) Créanciers atteints par l'arrêt des poursuites

1241. – *Caractère général de l'arrêt des poursuites*. *Tous les créanciers sont soumis à l'arrêt des poursuites individuelles,* du moment que leur créance a pris naissance avant le jugement d'ouverture (pour les créanciers postérieurs, v. *infra* n° 1251).

Aucune exception n'est prévue (art. L. 621-40) :
– *ni en faveur des créanciers titulaires de sûretés réelles spéciales.* Pourtant ces créanciers exercent un droit particulier sur un bien déterminé, dont la valeur économique leur est en quelque sorte réservée. Pour eux la procédure n'a pas un aspect totalement collectif. Néanmoins leurs poursuites doivent être aussi arrêtées car un

---

1. Com. 16 mars 1993, *D.*, 1993, 583, note Derrida – Ass. plén. 9 juill. 1993, *D.*, 1993, 469, note Derrida ; *J.C.P.*, 1993, II, 22122, note Pollaud-Dulian, conc. M. Jéol – Com. 3 juin 1997, *D.*, 1997, 517, note F. Derrida ; *J.C.P.*, 1997, éd. E, II, 988, note Behar-Touchais – 5 janv. 1999 : *Bull. civ.* IV, n° 3, p. 3.
2. Com. 8 oct. 1996, *J.C.P.*, 1997, éd. E, II, 914, note Y. Guyon ; *D.*, 1997, 87, note F. Derrida.
3. G. Bolard, *Le droit d'action des mandataires de justice dans les faillites* : Mélanges A. Honorat, p. 27.
4. Guyon, *Droit des affaires,* t. I, n° 462.
5. Ass. plén. 23 déc. 1994, *D.*, 1995, 145, rapport Y. Chartier, note F. Derrida ; *J.C.P.*, 1995, II, 22401, note Randoux – A. Perrodet, *Le conjoint du débiteur en redressement judiciaire*, Rev. trim. dr. com. 1999, 27 – P. Rubelin, *Régimes matrimoniaux et procédures collectives*, thèse, Strasbourg, 1999.

créancier titulaire d'une sûreté spéciale, notamment un créancier nanti sur fonds de commerce, ne doit pas pouvoir faire échec au redressement de l'entreprise en provoquant, de sa seule initiative, la vente d'un bien indispensable à la poursuite de l'exploitation.

Si, au cours de la période d'observation, l'administrateur vend un bien nanti ou hypothéqué, le créancier garanti peut, par exception, être payé sur le prix de réalisation de ce bien (v. *supra,* n° 1209). Mais il ne s'agit pas d'une exception au principe de l'arrêt des poursuites car l'initiative de la vente est prise par l'administrateur et non par le créancier.

– *ni en faveur du Trésor et de la Sécurité sociale.* Ces créanciers hautement privilégiés devront patienter comme les autres.

– *ni en faveur des créanciers dont le titre trouve son origine dans une activité distincte de celle ayant donné lieu à l'ouverture de la procédure collective* [1]. Notamment, en application du principe de l'unité du patrimoine, les créanciers personnels d'un commerçant personne physique voient leurs poursuites arrêtées de la même manière que ceux qui ont traité avec le débiteur agissant à titre professionnel.

Seuls les salariés bénéficient d'un traitement de faveur, en raison du caractère alimentaire de la créance salariale. Les créances qui ne peuvent pas être payées sur les fonds disponibles sont prises en charge par l'AGS (C. trav., art. L. 143-11-1). Ici encore l'exception est plus apparente que réelle. Les salariés n'exercent aucune poursuite. Ils sont payés par un tiers (AGS), qui ultérieurement agira à la procédure en leurs lieu et place, par application des règles de la subrogation (v. *infra* n° 1352).

L'arrêt des poursuites a pour conséquence que les délais impartis aux créanciers à peine de déchéance ou de résolution de leurs droits sont suspendus (art. L. 621-40, al. 3). En effet on ne peut pas à la fois interdire à une personne d'exercer ses droits et la frapper d'une sanction parce qu'elle n'a pas agi. Cette suspension devrait s'appliquer à tous les délais, y compris les délais préfix, encore que la nature de ceux-ci s'oppose en principe à toute prorogation.

Le caractère général de l'arrêt des poursuites individuelles contre le débiteur doit être approuvé. En effet seule cette suspension permet l'élaboration sereine d'un plan de redressement. Toutefois l'intérêt des créanciers ne doit pas être oublié. En principe ceux-ci seront payés après la fin de la période d'observation. Dans le cas contraire, ils ne retrouveront jamais l'entière liberté de leurs poursuites en paiement, et cela même après clôture de la procédure (v. *infra,* n° 1339).

Deux autres mesures viennent compléter l'arrêt des poursuites individuelles :

---

1. Com. 27 nov. 1991, *D.*, 1992, 81, note Derrida.

2) L'arrêt du cours des intérêts

1242. – Portée limitée de la règle. En principe, le jugement d'ouverture arrête le cours des intérêts (art. L. 621-48). La solution est traditionnelle [1]. On l'a parfois justifiée par le principe de l'égalité entre créanciers. Il ne faut pas que les uns souffrent des lenteurs de la procédure pendant que les autres continuent d'accumuler les intérêts. L'argument n'emporte pas la conviction, car le principe d'égalité n'oblige pas à traiter de la même manière des créanciers qui ont des droits différents.

En réalité l'arrêt du cours des intérêts est une *mesure de simplification* : le montant de toutes les créances est fixé au jour du jugement ouvrant la procédure collective. On évite ainsi des calculs presque impossibles puisque la date de paiement est le plus souvent indéterminable à l'avance, car elle dépend de celle de la réalisation des biens. L'arrêt du cours des intérêts est aussi un moyen, parmi d'autres, d'alléger le passif et par conséquent de faciliter le redressement de l'entreprise.

Ce fondement explique *la portée limitée de la règle. D'une part l'arrêt se limite aux intérêts proprement dits*. Par conséquent les redevances de crédit-bail continuent d'être dues, car elles rémunèrent au moins en partie l'usage du bien par le crédit-preneur et s'apparentent dès lors à un loyer. D'autre part, l'arrêt du cours des intérêts ne s'applique pas aux contrats de prêts ou aux ouvertures de crédit conclus pour une durée égale ou supérieure à un an [2]. Cette exception tend à ne pas décourager les prêts bancaires à moyen ou long terme. *Une faveur analogue profite aux fournisseurs* qui ont accepté un délai de paiement de même durée.

Bien que l'article L. 621-48 du Code de commerce vise les contrats conclus pour une durée égale ou supérieure à un an, il faut admettre que la durée à prendre en considération est la durée effective du contrat, si celui-ci a fait l'objet d'une reconduction [3]. On incite ainsi le prêteur à consentir une prorogation, dans l'espoir de bénéficier d'un maintien des intérêts, si l'emprunteur est mis en redressement judiciaire.

La suspension s'applique même aux prêts garantis par une sûreté réelle. Ces créanciers souffrent ainsi d'une nouvelle atteinte à leurs droits.

Il en va de même des créanciers qui ont consenti un règlement amiable, lorsque la procédure de redressement est ouverte à la demande d'un

---

1. M. Boizard, *Les intérêts bancaires débiteurs et la procédure de redressement et de liquidation judiciaires*, ds *Les établissements de crédit et la cessation de paiement, des entreprises*, Cahiers droit de l'entreprise, mai 1988, p. 26. A. Kornmann, *Intérêts garantis et procédures collectives*, Gaz Pal., 1990, doc. 332. B. Soinne, *La continuation du cours des intérêts*, Rev. proc. coll., 1988, 213.
2. Com. 16 avr. 1991, *D.*, 1991, 362, note C. Gavalda – 27 nov. 1991, *D.*, 1993, 229, note Sortais – 11 mai 1993, *Rev. soc.*, 1993, 652, note Y. Chaput – 9 janv. 2001 : *Rev. trim. dr. com.* 2001, 748, note M. Cabrillac.
3. Contra, Com. 29 avr. 2003, *D.* 2003, 1436.

autre créancier. En effet le règlement amiable continue de s'exécuter, mais les intérêts stipulés en faveur des signataires sont arrêtés, dans les limites prévues par l'article L. 621-48 (v. *supra*, n° 1208).

L'arrêt du cours des intérêts s'applique au Trésor et à la Sécurité sociale.

Malgré la similitude des réglementations, l'article 55 de la loi de 1985 conduit à se poser deux questions, qui ne se rencontraient pas sous l'empire de la loi de 1967.

D'abord l'arrêt du cours des intérêts se limite-t-il à la période d'observation, comme le laisserait penser la place de l'article L. 621-48 de la loi, ou s'étend-il aussi à la période définitive. La question est surtout importante en cas de liquidation judiciaire, car celle-ci peut demander un certain temps. La finalité de la règle (simplifier les calculs) conduit à conclure qu'elle doit durer aussi longtemps que la procédure.[1]

On se demande en second lieu si les intérêts qui continuent à courir bénéficient de la priorité de paiement accordée par l'art. L. 621-32 du Code de commerce aux créances nées après le jugement d'ouverture[2]. La réponse semble être négative car l'intérêt qui n'est que l'accessoire de la créance, doit obéir au même régime que celle-ci. Or cette dernière, née avant l'ouverture de la procédure, ne bénéficie pas de la priorité de paiement. En revanche le cours des intérêts n'est pas arrêté si le contrat a été conclu après l'ouverture de la procédure[3].

L'arrêt du cours des intérêts se limite au débiteur principal. Il ne profite ni aux cautions ni aux co-obligés (art. L. 621-48, al. 1).

3) *Interdiction de l'inscription des sûretés*

1243. – Respect des apparences. Cette interdiction parachève le blocage du patrimoine de l'entreprise en redressement judiciaire. En effet, on l'a vu, le débiteur ne peut plus accorder volontairement des sûretés sur ses biens dès le prononcé du jugement d'ouverture (v. *supra*, n° 1211). Mais cette interdiction ne suffit pas car des sûretés peuvent avoir été prises avant le jugement, mais ne pas avoir été publiées par le créancier. Il faut interdire à celui-ci de le faire une fois la procédure ouverte, afin de sauvegarder les intérêts des créanciers qui ont traité avec le débiteur sans connaître l'existence de ces sûretés non publiées.

Par conséquent, dès le jugement d'ouverture aucune sûreté ne peut plus être inscrite (art. L. 621-50. Pour la nullité des sûretés constituées ou inscrites en période suspecte, v. *infra*, n° 1328). L'interdiction vise principalement les hypothèques mais dans la pratique, il est peu probable que le conservateur des hypothèques refusera d'inscrire la sûreté, car il ignorera le plus souvent le jugement d'ouverture. L'inscription sera prise, puis annulée[4].

---

1. Com. 7 févr. 1989, *D.*, 1989, Somm. 214, note A. Honorat ; *Rev. trim. dr. com.*, 1989, 315, note Martin-Serf.
2. Soinne, article précité, n° 11.
3. Com. 20 juin 2000 : *Bull. civ.* IV, n° 129, p. 117.
4. Derrida, Godé et Sortais, *Redressement judiciaire* n° 249.

Toutefois deux exceptions sont prévues :

La première profite au *Trésor public*. Celui-ci bénéficie d'un délai légal pour inscrire son privilège, en principe trois mois, (*infra* n° 1346). Si la procédure s'ouvre au cours de ce délai, le Trésor conserve le droit d'inscrire son privilège. Cette disposition est redoutable pour les autres créanciers, compte tenu de l'importance considérable du passif fiscal dans la plupart des procédures collectives.

La seconde profite au *vendeur du fonds de commerce* (art. L. 141-6). Celui-ci bénéficie d'un délai de 15 jours à dater de l'acte de vente pour inscrire son privilège. Il peut le faire même si, au cours de ce délai, l'acheteur à crédit est mis en redressement judiciaire.

Ces mécanismes simples et équitables auraient pu être généralisés. *La loi de 1985 aurait dû accorder à tous les créanciers un délai préfix assez bref pour inscrire leur sûreté*, nonobstant l'ouverture d'un redressement judiciaire. En s'abstenant de le faire, elle oblige les créanciers à courir le risque de ne pas pouvoir inscrire leur sûreté si la procédure s'ouvre aussitôt après la constitution de celle-ci. Aussi en cas de prêt garanti par une hypothèque, les notaires prennent-ils la précaution de ne remettre les fonds à l'emprunteur qu'après l'inscription de l'hypothèque et non dès le jour du contrat.

Dans sa rédaction initiale, l'article 57 de la loi du 25 janvier 1985 interdisait également de publier les aliénations d'immeubles opérées avant le jugement d'ouverture. Cette interdiction qui fragilisait inutilement les ventes d'immeubles a été abrogée par la loi du 10 juin 1994 [1].

1244. – Abrogation de la déchéance du terme. Ces diverses restrictions imposées aux créanciers étaient autrefois contrebalancées par un menu avantage, *la déchéance du terme stipulé en faveur du débiteur. La loi de 1985 abroge cette règle et répute non écrites les clauses contraires* (art. L. 621-49). La déchéance du terme se justifiait par l'idée que le terme avait été consenti en faveur du débiteur. Or celui-ci ne méritait plus cette marque de confiance, en raison de la cessation de ses paiements. En outre cette déchéance facilitait l'arrêté de l'état des créances, en évitant toute discussion sur l'exigibilité des créances déclarées.

Cependant cette déchéance rendait plus difficile le redressement puisqu'elle gonflait immédiatement le passif. Sa suppression est une mesure utile, car un passif étalé dans le temps est plus facile à régler.

Par conséquent le créancier ne peut pas exercer immédiatement ses poursuites contre les cautions. Il doit attendre l'échéance initialement prévue [2]. Les clauses autorisant un recours immédiat sont réputées non écrites [3].

---

1. Derrida, *A propos de la modification de l'article 37 de la loi du 25 janv. 1985 par la loi du 10 juin 1994*, D., 1995, 257.
2. Com. 14 nov. 1989, *Rev. trim. dr. com.*, 1990, 494, note A. Martin-Serf ; *Bull. civ.* IV, n° 285, p. 193.
3. Com. 20 juin 1995, *Bull. civ.* IV, n° 184, p. 171 – Civ. 1, 24 janv. 1995, *J.C.P.*, 1996, éd. E, II, 807, note S. Piédelièvre.

L'article L. 621-49 se combine difficilement avec l'article L. 511-38 qui permet un recours immédiat contre les cosignataires d'une lettre de change en cas de redressement judiciaire du tiré [1]. En effet, les cosignataires seraient tenus de payer avant le tiré, débiteur principal de la traite, ce qui serait contraire aux principes du droit cambiaire. Il faudrait donc abroger l'article L. 511-38 du Code de commerce.

§ 2. – Les créanciers postérieurs au jugement d'ouverture

1245. – Maintien du crédit aux entreprises en redressement judiciaire.
Pendant la période d'observation, l'exploitation continue et l'on espère que cette continuation provisoire précédera et préparera un retour à l'équilibre économique et à un redressement définitif. Or l'entreprise ne trouverait aucun crédit si ceux qui lui livrent des biens ou lui fournissent des services savaient que, venant en concours avec les créanciers antérieurs, ils ne seront qu'incomplètement payés. Ils demanderaient un paiement comptant, pratiquement irréalisable compte tenu de la situation financière de l'entreprise. Ces nécessités imposent de déroger à la règle générale selon laquelle un droit antérieur est normalement préféré à un droit postérieur (« *prior tempore, potior jure* »)[2]. Celui qui a accepté de prendre des risques dans l'intérêt commun doit être payé avant les autres, au moins lorsque le redressement de l'entreprise a réussi. Par conséquent, dans le redressement judiciaire, comme dans les Evangiles, les premiers seront les derniers et les derniers seront les premiers.

Justifié dans son principe, le droit de priorité reconnu aux créanciers postérieurs risque cependant de produire un effet pervers en incitant les créanciers à attendre l'ouverture de la procédure pour consentir un crédit à l'entreprise[3]. Notamment, le banquier court moins de risques pour les prêts consentis après le dépôt du bilan que pour ceux consentis avant, car les garanties conventionnelles constituées à ce moment peuvent être remises en cause par application de la théorie des nullités de la période suspecte (v. *infra*, n° 1316).

1246. – Historique : dettes dans la masse et dettes de la masse. Dans ce domaine, le droit français antérieur à 1985 manquait de logique.

Dans les procédures de règlement judiciaire ou de liquidation des biens, les créanciers qui avaient contracté régulièrement après l'ouverture de la procédure étaient dits créanciers de la masse, par

---

1. Derrida, Godé et Sortais, *Redressement judiciaire*, n° 424.
2. A. Brunet, *Masse des créanciers et créanciers de la masse*, thèse Nancy, 1973. Potiron, *Les actions de masse dans les procédures collectives*, thèse Nantes, 1983.
3. Rép. min., 2 oct. 1989, *J.C.P.*, 1989, éd. E, II, 15656.

opposition aux créanciers antérieurs qualifiés de créanciers dans la masse. Ces créanciers étaient payés par prélèvement sur l'actif avant les autres créanciers, donc non seulement les chirographaires mais aussi le cas échéant les créanciers titulaires de sûretés. Cette priorité de paiement ne se fondait sur aucun texte précis, mais était admise par une jurisprudence séculaire, qui ne s'était jamais démentie [1].

Au contraire, dans la procédure de suspension provisoire des poursuites, les créanciers ayant traité pendant la période de curatelle ne bénéficiaient d'aucune priorité de paiement, la Cour de cassation appliquant ici strictement le principe « pas de privilège sans texte » [2].

On justifiait cette différence en disant qu'il existait une masse des créanciers seulement dans le premier cas. Le créancier était créancier de cette masse et non du débiteur en règlement judiciaire ou en liquidation des biens. Il pouvait être payé sur l'actif appartenant à cette masse, sans venir en concours avec les créanciers personnels du débiteur. Les créanciers de la masse avaient par conséquent intérêt à gonfler le patrimoine de celle-ci, alors que les créanciers antérieurs avaient un intérêt contraire. Les controverses portaient sur l'assiette du privilège, mais non sur son existence, que personne, semble-t-il, ne contestait.

Au contraire, en cas de suspension provisoire des poursuites, il n'y avait pas de masse des créanciers. Les créanciers ayant traité pendant la période de curatelle n'avaient comme cocontractant que le débiteur. Par conséquent, en raison du principe de l'unité du patrimoine, ils venaient en concours avec les créanciers personnels c'est-à-dire les créanciers antérieurs. Et comme l'ordonnance de 1967 ne leur accordait aucun privilège, ils ne pouvaient être que chirographaires. Le résultat pratique était déplorable : les entreprises en curatelle ne pouvaient se procurer aucun crédit, ce qui compromettait leur redressement.

La loi de 1985 a tiré profit de cette expérience. Son article 40, devenu l'article L. 621-32 du Code de commerce, accorde une priorité aux créances nées régulièrement après le jugement d'ouverture [3].

Bien que portant atteinte à l'égalité entre créanciers, l'art. 40 a été jugé par le Conseil constitutionnel conforme à la Constitution et aux principes généraux du droit [4]. En effet le principe d'égalité impose seulement de traiter de manière égale des créanciers en situation égale. Une discrimination fondée sur la date de naissance de la créance est par conséquent légitime.

Néanmoins on se rend compte rapidement que la priorité absolue reconnue aux créanciers postérieurs compromettait le crédit.

---

1. Civ. 7 avr. 1857, *D.P.* 1857, 1, 171 – Com. 16 mars 1965, *D.*, 1966, 63.
2. Com. 16 mars 1981, *Bull. civ.* IV, n° 138 p. 108 ; *Rev. trim. dr. com.* 1981, 587, note Soinne.
3. P. Petel, *Pour une relecture de l'article 621-32 du Code de commerce* : Mélanges Y. Guyon, p. 917, 2003.
4. Cons. constitu., 18 janv. 1985, *D.*, 1986, 425, note T. Renoux.

Notamment les banques hésitaient à consentir des prêts, même garantis par des hypothèques, car elles craignaient d'être primées par les créanciers postérieurs en cas de dépôt de bilan de leur client. Après des débats animés la loi du 10 juin 1994 revint à un meilleur équilibre en restreignant les droits des créanciers postérieurs lorsque l'entreprise est liquidée. Elle chercha également à diminuer le montant du passif postérieur en exigeant en principe le paiement comptant en cas de continuation des contrats en cours (v. *supra*, n° 1207).

Comme les créances postérieures sont souvent nombreuses, l'article L. 621-32 du Code de commerce établit entre elles une classification. Ces deux aspects seront examinés successivement.

A. La priorité accordée aux créanciers postérieurs sur les créanciers antérieurs

1247. – Fondement du droit de priorité. La priorité accordée aux créanciers postérieurs a une finalité précise. *Pendant la période d'observation, l'entreprise doit pouvoir se procurer du crédit.* Sinon son fonctionnement sera impossible, puisqu'elle est en cessation des paiements. Or ses nouveaux partenaires n'accepteront de lui faire confiance que s'ils ont la certitude d'être payés.

1) Conditions du droit de priorité

Trois conditions sont nécessaires pour que la priorité s'applique.

1248. – Créance résultant d'une continuation de l'activité. La créance doit résulter d'une continuation de l'activité. Cette première condition ne résulte pas de la lettre de l'article L. 621-32 et n'est pas unanimement admise par les tribunaux. Elle paraît cependant découler de son esprit et du fait que ce texte figure dans un paragraphe du Code de commerce consacré à la poursuite de l'activité [1].

En effet, d'une part, si l'activité n'est pas continuée, la période d'observation doit prendre fin. Des frais pourront certes être encore engagés en vue de la liquidation. Ils seront en principe couverts par le privilège des frais de justice, qui assure une garantie suffisante aux créanciers.

> Une difficulté se présente toutefois si, malgré l'arrêt de l'activité, le bail n'est pas immédiatement résilié. Les loyers courus après le jugement d'ouverture semblent pouvoir bénéficier de la priorité prévue par l'article L. 621-32. En effet le bail a été continué pour permettre sa cession. Le bailleur ne doit par conséquent pas faire les frais d'une opération conforme à l'intérêt de tous les autres créanciers.

---

1. V. les obs. de C. Saint-Alary-Houin, *Rev. proc. coll.*, 1990, 233.

D'autre part, *aucun motif économique ou moral ne justifierait l'application du droit de priorité à la créance née dans l'intérêt personnel du débiteur* et non dans celui de la continuation de l'activité. Ainsi, lorsqu'au cours de la période d'observation le débiteur ne paye plus le loyer de son logement personnel, il n'y a aucune raison de faire bénéficier le bailleur de la priorité de paiement établie par l'article L. 621-32.

1249. – *Naissance de la créance après le jugement d'ouverture*. Pour que cette seconde condition soit remplie, il suffit apparemment de comparer la date du jugement, qui est connue, et la date de la créance. Or, de ce second point de vue, la situation n'est pas toujours claire.

On peut d'abord craindre une post-date du contrat, résultant d'une collusion entre le créancier et le débiteur qui, profitant de la liberté de gestion que lui laisse plus ou moins le Code de commerce pendant la période d'observation, reconnaîtrait avoir conclu après le jugement d'ouverture un contrat passé en réalité avant. Or d'une manière générale, le droit (C. civ. art. 1328) permet de lutter contre les antidates, mais non contre les post-dates.

Il se peut aussi que la créance soit née à une date différente de celle de la conclusion du contrat. Il faut alors rechercher quel est le *fait générateur* de la créance. Les principales difficultés se rencontrent dans les cas suivants.

1) Presque toutes les entreprises concluent des *contrats de longue durée* ou des contrats à exécution successive : abonnements (eau, gaz, électricité), fournitures diverses, locations, emprunts, crédit-bail, etc. Les dettes nées à l'occasion de ces contrats doivent-elles bénéficier de la priorité prévue par l'article L. 621-32 ? La difficulté résulte du fait que le contrat a été conclu avant le jugement d'ouverture mais a été exécuté pour partie avant et pour partie après. En se fondant sur la théorie générale des obligations, on aurait pu soutenir que toutes ces dettes devraient être considérées comme antérieures, et donc soumises au droit commun, puisqu'elles ont pour origine un contrat conclu avant le début de la procédure [1]. Mais le cocontractant aurait essayé par tous les moyens de mettre fin à l'exécution d'un contrat devenu pour lui catastrophique.

A l'inverse, des créanciers, se fondant sur l'indivisibilité du contrat, auraient pu prétendre que toutes les dettes, y compris celles ayant pris naissance avant le début de la procédure devaient bénéficier d'un paiement prioritaire. Une telle solution aurait été doublement inacceptable. En droit elle aurait méconnu la nature des contrats à exécution successive, qui sont des contrats dont l'exécution est fractionnée. En

---

1. V. les obs. de J. Mestre à la *Rev. trim. dr. civ.* 1987, 748.

fait elle aurait donné aux créanciers tirant leurs droits de ces contrats un privilège sans texte, dit parfois *privilège du robinet,* qui aurait absorbé l'actif et compromis le redressement de l'entreprise. En effet, la continuation de ces contrats s'impose pendant la période d'observation, car une entreprise ne peut pas fonctionner sans électricité, sans téléphone, etc. Mais, du même coup, le paiement prioritaire de tout l'arriéré se serait fait au détriment des autres créanciers.

La jurisprudence opère une distinction logique. Lorsqu'en exécution d'un contrat conclu avant l'ouverture de la procédure, le débiteur a profité d'une prestation postérieurement à celle-ci, seule la créance née de cette prestation bénéficie de la priorité de paiement [1].

En d'autres termes, *il faut tenir compte de la date de la prestation, qui est le fait générateur de la créance et non de celle du contrat.*

2) La créance relative à la *garantie des vices cachés* naît au jour de la conclusion de la vente et non au jour de la révélation du vice [2]. La solution est sévère pour l'acheteur car sa créance étant antérieure doit être déclarée même si, pendant le délai de déclaration, le vice lui est demeuré inconnu (v. *supra*, n° 1233).

3) Une difficulté se rencontre aussi lorsque le *débiteur a commis un délit ou un quasi-délit avant l'ouverture de la procédure, mais que le jugement qui le condamne à des dommages-intérêts est postérieur au prononcé du redressement judiciaire.* En effet, si le jugement est constitutif de droit, la dette devrait être une dette postérieure [3]. Mais cette solution n'est pas logique puisque le fait générateur (en l'espèce la faute) a été accompli avant l'ouverture de la procédure.

4) La question se pose notamment en cas de *pollution de sites industriels.* L'atteinte à l'environnement est antérieure au jugement d'ouverture. Mais, selon la jurisprudence, l'obligation de remise en état ne prend naissance qu'au moment de l'arrêté préfectoral qui l'ordonne. Par conséquent si cet arrêté est postérieur au jugement, la créance de remise en état bénéficie de la priorité de paiement instaurée par l'article L. 621-32 [4]. La solution est catastrophique pour les créanciers antérieurs compte tenu du coût élevé d'une dépollution.

5) La date de naissance de la créance est également discutable en cas de résiliation d'un contrat. Mettant fin à des hésitations engendrées par une jurisprudence confuse, la loi du 10 juin 1994 a ajouté un nouvel alinéa à l'article L. 621-32 du Code de commerce aux termes duquel les indemnités et pénalités dues en cas de résiliation d'un contrat régulièrement poursuivi ne sont pas des dettes bénéficiant de la priorité de paiement. Cette solution

---

1. Com. 2 oct. 2001 : *D.* 2002, 800, note F. Derrida – F. Baron, *La date de naissance des créances contractuelles à l'épreuve du droit des procédures collectives* : Rev. trim. dr. com., 2001, 1.
2. Com. 8 juin 1999 : *Bull. civ.* IV, n° 121, p. 99.
3. V. pour une amende administrative, Com. 4 mars 1997, *Bull. civ.* IV, n° 62, p. 56.
4. Com. 17 sept. 2002 : *D.* 2002, 2735, note A. Lienhard – D. Voinot, Le sort des créances dans la procédure collective, l'exemple de la créance environnementale, *Rev. trim. dr. com.* 2001,581.

ne présente pas d'inconvénient pour les salariés car lorsqu'un licenciement intervient en période d'observation, les indemnités de rupture non payées par le débiteur sont prises en charge par l'AGS (C. trav., art. L. 143-11-2).

6) Pour les dettes de Sécurité sociale si la cotisation est exigible au moment où le salaire est versé, son fait générateur est le travail founi. Par conséquent la priorité ne s'applique que si ce travail est postérieur au jugement d'ouverture [1].

7) La même distinction s'applique en droit fiscal. Il faut que le fait générateur, et non pas seulement l'exigibilité, soit postérieur au jugement d'ouverture [2].

En exigeant que la créance soit née après le jugement d'ouverture, l'article L. 621-32 laisse entière la question de savoir si elle doit être née avant la fin de la période d'observation.

Il faut distinguer. En cas de liquidation, l'article L. 622-10 déclare la priorité applicable aux créances nées pendant la période de continuation de l'activité. Par « *a contrario* », le droit de priorité n'existe pas dans les autres cas [3]. Cela se comprend car une entreprise qui se redresse doit pouvoir payer ses créanciers.

1250 – Naissance régulière de la créance. Cette condition est évidente. Pendant la période d'observation, la gestion de l'entreprise n'est pas entièrement libre. Certains actes sont interdits et le débiteur est représenté, assisté ou surveillé par l'administrateur (v. *supra* n° 1205). Il serait anormal qu'un acte conclu irrégulièrement, et donc généralement allant à l'encontre du redressement de l'entreprise, donne au cocontractant le droit à un traitement préférentiel [4].

Par conséquent le créancier qui a traité après le jugement dans des conditions irrégulières n'a pas le droit de participer à la procédure collective. A-t-il un recours contre le débiteur pris personnellement ? Une réponse affirmative n'est pas certaine, au moins en cas de continuation de l'exploitation car ces recours pourraient compromettre le redressement définitif. Au contraire en cas de cession d'entreprise ou de liquidation, le recours paraît possible, du moment que l'acte conclu ne figure pas sur la liste des actes interdits par l'article L. 621-24. Mais ce recours sera illusoire, car le débiteur sera le plus souvent insolvable. En outre la clôture de la liquidation entraîne en principe extinction de tout le passif (art. L. 622-32). N'est-il pas dès lors paradoxal que seul survive le passif né irrégulièrement ?

On peut craindre que la notion même de créance née régulièrement ne donne lieu à d'assez nombreuses controverses car l'article L. 621-32 invite à faire une distinction.

---

1. Com. 20 oct. 1992, *Bull. civ.* IV, n° 318, p. 226 ; *D.*, 1993, somm. 7, note Derrida.
2. V. les obs. de B. Soinne, *Rev. proc. coll.*, 1987, n° 2, p. 1.
3. Com. 3 avr. 1990, *D.*, 1990, 385, note M. Jeantin ; *Rev. proc. coll.*, 1990, 230, note C. Saint-Alary-Houin.
4. Com. 4 févr. 1992, *Bull. civ.* IV, n° 54, p. 42 – *D.*, 1993, somm. 5, note Derrida.

S'agissant des prêts bancaires et de la continuation des contrats en cours avec paiement différé, une autorisation du juge-commissaire est nécessaire, qui donne lieu à publicité au registre du commerce ou au répertoire des métiers (Décr. 1985, art. 60)[1]. Les tiers peuvent ainsi connaître le montant d'une partie du passif dont le paiement est prioritaire. La loi n'a pas prévu la sanction du défaut de publicité. Il paraît s'agir d'un déclassement, le contrat de prêt étant assimilé à un contrat de droit commun (v. *infra*, n° 1255).

En revanche, pour les autres actes il est difficile de savoir si le débiteur a agi régulièrement.

Logiquement cela supposerait d'abord que la continuation de l'activité soit encore dans les délais qui fixent impérativement la durée de la période d'observation. Les tribunaux se montrent sur ce point libéraux. Ils présument que continuation de l'activité et période d'observation vont nécessairement de pair [2].

Pour les créances délictuelles ou quasi délictuelles, il faut admettre que la régularité résulte du seul fait que la faute ou le dommage est survenu à l'occasion d'une activité autorisée [3].

Pour les créances contractuelles, la régularité découle soit de l'intervention de l'administrateur, soit du fait que le contrat entre dans la catégorie des actes que le débiteur peut conclure seul.

Pour tous ces contrats, il sera difficile de savoir si le créancier a contracté dans des conditions régulières. En effet, le débiteur n'est jamais complètement dessaisi, puisqu'il continue d'accomplir les actes de gestion courante et d'exercer les « droits et actions qui ne sont pas compris dans la mission de l'administrateur » (art. L. 621-23). Un contrat conclu sans l'intervention de l'administrateur peut donc, selon les cas, être régulier ou non.

Il est probable que les tribunaux glisseront de la régularité vers l'opportunité et tendront à ne reconnaître le droit de priorité qu'aux contrats qui ont présenté un intérêt pour le redressement de l'entreprise. Mais un tel contrôle sera dangereux car les créanciers, n'étant plus assurés de bénéficier de la priorité, hésiteront à faire crédit aux entreprises en période d'observation.

Plutôt que de généraliser la nécessité d'une autorisation, on pourrait obliger l'administrateur à déclarer périodiquement au juge commissaire le passif engagé au titre de l'article L. 621.32. Ce dernier serait ainsi en

---

1. J.-M. Calendini, *Les crédits accordés par les établissements de crédit après jugement*, ds *Les établissements de crédit et la cessation de paiement des entreprises,* Cahiers de droit de l'entreprise, mai 1988, p. 22.
2. Com. 9 juin 1992, *Bull. civ.* IV, n° 231, p. 162 ; *D.*, 1993, somm. 5, note Derrida ; *Rev. proc. coll.*, 1993, 65, note C. Houin-Saint-Alary.
3. Com. 13 oct. 1998 : *J.C.P.,* 1999, éd. E, 1060, note P. Rossi.

mesure d'intervenir lorsqu'il apparaîtrait que les engagements sont anormalement élevés. Le décret de 29 décembre 1998 s'est engagé dans cette voie mais de manière trop timide puisque ne sont communiquées au tribunal que les créances demeurées impayées trois mois après la fin de la période d'observation.

Un projet de réforme prévoit de limiter le droit de priorité aux créances nées pour les besoins de la procédure. Ce nouveau critère ne paraît pas plus précis que celui de la naissance régulière de la créance.

2) Effets du droit de priorité

Les créanciers postérieurs ne sont pas des créanciers dans la procédure : ils ne sont pas tenus de déclarer leur créance (v. *supra*, n° 1226). Les intérêts ne sont pas arrêtés (v. *supra*, n° 1242). En outre l'article L. 621-32 du Code de commerce leur concède un double avantage.

1251. – Garantie de date. Les créanciers postérieurs jouissent d'une priorité de date. En effet *ces créances sont en principe payées à leur échéance*. Il faut en déduire que les poursuites individuelles des créanciers de l'article L. 621-32 ne sont pas arrêtées, contrairement à celles des créanciers antérieurs (v. *supra*, n° 1241)[1]. L'avantage est important car les autres créanciers ne sont jamais payés pendant la période d'observation et peuvent durant la deuxième phase de la procédure se voir imposer ensuite des reports d'échéance, dont la loi n'a pas fixé la durée maximum.

Toutefois le paiement à l'échéance suppose l'existence de fonds disponibles. Si le contrat a été conclu par l'administrateur, cet auxiliaire de justice aura pris la précaution de ne pas traiter à découvert (v. *supra*, n° 1207). Le risque de manque de fonds est plus sensible lorsque le contrat est conclu directement par le débiteur. On peut alors craindre l'apparition d'un passif postérieur que les disponibilités de l'entreprise ne permettront pas de régler.

Toutefois, les créanciers postérieurs ne peuvent pas saisir les sommes qui ont été versées à la Caisse des dépôts et consignations (art. L. 627-1). Or ce dépôt doit être effectué immédiatement par le représentant des créanciers (art. L. 621-33). Par conséquent l'efficacité de la priorité reconnue aux créanciers postérieurs est souvent réduite à néant par l'application combinée de ces deux textes, car on en revient indirectement à leur imposer un arrêt de leurs poursuites.

1252. – *Priorité de rang en cas de redressement judiciaire.* Depuis la loi du 10 juin 1994 la priorité de rang est différente selon que le débiteur est en redressement ou en liquidation. En effet s'il est

---

1. Com. 8 févr. 1994, *J.C.P.*, 1995, II, 22451, note T. Vignal ; *Rev. proc. coll.*, 1994, 14, note B. Soinne – 25 juin 1996, *D.*, 1996, 615, note F. Derrida – 26 avr. 2000 : *Bull. civ.* IV, n° 85, p. 75 – 20 mars 2001 : *ibid.*, n° 65, p. 61.

légitime d'imposer des sacrifices aux créanciers antérieurs en vue du redressement de l'entreprise, on ne comprend pas pourquoi on le ferait aussi en cas de liquidation, car cela montre que le soutien accordé par les créanciers postérieurs a été inefficace.

La priorité de rang joue à plein en cas de redressement. *Les créanciers postérieurs sont payés avant tous les autres créanciers antérieurs,* même lorsque ceux-ci bénéficiaient de privilèges ou de sûretés. L'article L. 621-32 ne prévoit qu'une exception : *le super privilège des salariés passe avant le droit de priorité reconnu aux créanciers postérieurs* [1]. La précision n'est pas inutile car, malgré un arrêt ambigu de la Cour de cassation, le conflit entre les créanciers de la masse et le super privilège des salariés n'avait pas été réglé [2]. Mais, salariés mis à part, les créanciers postérieurs sont payés avant tous les autres, y compris les créanciers hypothécaires. *La loi de 1985 consacre ainsi une nouvelle atteinte à l'efficacité de l'hypothèque* qui ne constitue plus, et de loin, la « reine des sûretés ».

Deux catégories d'intéressés paraissent cependant l'emporter sur les créanciers bénéficiaires de l'article L. 621-32 par application des principes généraux. Tout d'abord, le vendeur qui revendique les biens meubles dont il s'est réservé la propriété jusqu'à complet paiement semble passer avant les créanciers postérieurs. En effet, la propriété l'emporte sur un simple droit de créance (Sur la réserve de propriété, v. *infra*, n° 1361). Ces biens ne doivent pas être vendus pour payer ces créanciers, mais restitués à leur propriétaire. En second lieu, le créancier gagiste ou titulaire d'un droit de rétention semble aussi en mesure de résister aux créanciers postérieurs [3]. En effet il peut être payé, sur autorisation du juge-commissaire, afin que le bien qui se trouve entre ses mains retourne dans le patrimoine du débiteur lorsqu'il est nécessaire à la poursuite de l'activité (art. L. 621-24 al. 3).

Ce droit de priorité ne s'exerce que sur les biens du débiteur [4]. Il est illusoire en cas d'insuffisance d'actif car là où il n'y a rien, le roi lui-même perd ses droits. Le Code de commerce apporte sur ce point une simplification et une aggravation théorique aux droits des créanciers postérieurs.

Sous le régime ancien, certains avaient prétendu que le passif de masse pourrait être mis à la charge des créanciers dans la masse, lorsque le patrimoine du débiteur ne permettrait pas de le payer. La jurisprudence ne l'avait jamais admis : comment en effet obliger à effectuer un paiement un créancier qui a produit à la procédure et qui n'a personnellement rien touché. Certes l'activité a été continuée dans son intérêt. Mais il n'a pas

---

1. Com. 6 juill. 1993, *D.*, 1993, 530, note M. Ramackers.
2. Com. 26 avr. 1979, *D.*, 1980 Info. rap. 7, note Derrida ; *J.C.P.*, 1981, II, 19724, note Martin-Serf.
3. V. Com. 6 mars 1990, *Rev. trim. dr. com.*, 1990, 265, note Martin-Serf.
4. Com. 13 nov. 2002, *Bull. civ.* IV, n° 164, p. 188.

pu contrôler son déroulement. Donc il ne doit pas être obligé de payer personnellement les créanciers de la masse [1]. Les créanciers de la masse non payés avaient seulement une action en responsabilité contre le syndic [2].

La nouvelle règle supprime toute possibilité de recours contre les créanciers puisque l'activité est continuée par le débiteur. Mais on a vu que ce recours n'avait jamais été admis. En revanche elle affaiblit la situation des créanciers postérieurs sur un autre point. Lorsque le passif est né sans intervention de l'administrateur – notamment dans les procédures simplifiées où le jugement d'ouverture n'en désigne pas – les créanciers impayés perdent le recours à une action en responsabilité, qui était leur ultime espoir [3].

Donc le droit de priorité quasi absolu reconnu aux créanciers postérieurs est doublement paradoxal. D'une part c'est au moment où la masse disparaît que le législateur consacre l'une de ses principales conséquences. D'autre part ce droit, théoriquement important, risque de n'avoir qu'une incidence pratique faible car de nombreux créanciers se disputeront un actif restreint.

1252-1. – Priorité de rang en cas de liquidation judiciaire. Le sacrifice des créanciers antérieurs n'a pas autant de raison d'être lorsque l'entreprise est liquidée car l'aide des créanciers postérieurs n'a pas produit le résultat espéré. Par conséquent la loi du 10 juin 1994 rétablit les droits des créanciers hypothécaires ou titulaires de sûretés mobilières assorties d'un droit de rétention [4]. Ceux-ci sont désormais payés avant les créanciers postérieurs, ce qui restaure en partie l'efficacité des sûretés réelles.

La loi du 10 juin 1994 produit deux conséquences. D'un point de vue pratique elle incitera les créanciers hypothécaires antérieurs à préférer la liquidation au redressement chaque fois qu'il y aura un passif né au cours de la procédure. D'un point de vue théorique, elle accentue l'autonomie de la procédure de liquidation, de plus en plus différente de celle du redressement (v. *infra*, n° 1295).

1253. – Nature juridique du droit de priorité. L'article L. 621-32 du Code de commerce invite à se poser une dernière question. Quelle est la nature juridique de ce droit de priorité ? En effet, dans le droit des sûretés, *le terme « droit de priorité » n'a pas de signification technique précise.* On parle habituellement de droit de préférence. Cette modification terminologique est-elle voulue ? Les travaux préparatoires

---

1. V. cep. pour les dettes fiscales Cons. Etat Ass. 21 nov. 1979, *D.*, 1981 Info. rap. 218, note Derrida puis, en sens contraire Cons. Etat 18 juin 1984, *Rev. soc.*, 1985, 444.
2. Com. 12 févr. 1985, *D.*, 1985 Info. rap. 283, note A. Honorat.
3. Com. 2 févr. 1993, *Bull. civ.* IV, n° 39, p. 27.
4. Sur le sens de cette expression, v. les obs. de MM. Derrida et Sortais au *D.*, 1994, 282.

ne donnent pas de réponse. Il semble que la différence terminologique soit accidentelle, car le droit de préférence et le droit de priorité produisent le même effet : leur titulaire n'a pas de droits particuliers en ce qui concerne la vente des biens du débiteur. Mais lorsque celle-ci a lieu, le prix est affecté d'abord au remboursement de sa créance.

Selon la jurisprudence, *le droit de priorité instauré au profit des créanciers postérieurs n'est pas un privilège car il ne dépend pas de la qualité de la créance mais de la date de celle-ci* [1]. Notre droit connaîtrait donc désormais deux degrés de causes de préférence :
– les privilèges,
– et, venant avant eux, les droits de priorité (super privilège des salariés et droits des créanciers postérieurs).

> Il en résulterait un bouleversement du droit des sûretés. Cette conséquence est d'ailleurs l'aboutissement logique de la multiplication des privilèges. Plus les privilèges sont nombreux, moins ils sont efficaces. Il faut donc accorder un traitement super préférentiel à ceux dont le paiement intégral apparaît comme une nécessité. Politiquement cette solution est plus habile que l'abrogation de certains privilèges. Tous les privilèges, même ceux qui ne se justifient pas sont maintenus : mais leur efficacité est peu à peu réduite à néant [2].

Puisque les créanciers postérieurs risquent d'être nombreux, face à un actif réduit, l'article L. 621-32 a organisé entre eux un ordre de priorité.

B. Les rapports des créanciers postérieurs entre eux

1254. – *Un nouveau type de conflit : les conflits de priorité.* L'article L. 621-32 du Code de commerce présente l'originalité d'organiser pour la première fois un classement entre les créanciers super prioritaires. Jusqu'ici la loi se bornait à établir l'ordre des paiements entre les créanciers titulaires de sûretés ordinaires. Puis elle donnait à certains créanciers (salariés, gagistes, créanciers d'aliments) le droit d'être payés avant tout les autres. Mais elle ne se préoccupait pas plus de régler les conflits entre eux que le Code de la route ne prévoit l'ordre de passage à un carrefour d'un véhicule de police et d'une voiture de pompiers, tous deux titulaires d'une priorité absolue. Cette abstention était raisonnable tant que les super priorités étaient peu nombreuses. Leur multiplication a rendu un classement nécessaire. L'article L. 621-32 réalise un progrès en organisant une sorte de mini-procédure collective, qui se déroule au sein de la procédure principale. Mais il n'a pas tout réglé.

---

1. Com. 5 févr. 2002 : *D.* 2002, 805, note A. Lienhard ; *J.C.P.*, 2002, II, 10186, note P.F. Cuif. – B. Rajot, La difficile qualification du droit préférentiel, *Rev. jurisp. com.* 2003, 4.
2. Malaurie et Aynès, *Droit civil, Les sûretés,* n° 17. Marty, Raynaud et Jestaz, *Les sûretés,* n° 7.

1255. – Les conflits réglés par le Code de commerce. L'article L. 621-32 prévoit un double procédé de classement des créanciers postérieurs.

Le critère principal est celui de la *date d'échéance de la créance*. Les bénéficiaires de ce texte doivent être payés au fur et à mesure de la date d'exigibilité de leur créance. S'il a des fonds disponibles, l'administrateur ne peut leur imposer aucun délai (v. *supra*, n° 1251). De ce point de vue, le paiement redevient le prix de la course.

Les créances qui viennent à échéance à la même date sont réglées dans l'ordre suivant :

– *les créances salariales, dont le montant n'a pas été pris en charge par l'AGS*. Cette priorité des priorités se justifie si l'on veut que le personnel salarié continue de travailler après l'ouverture de la procédure. L'article L. 621-32 ne prévoit aucun plafond. Le droit de priorité s'applique donc au montant total du salaire échu après le jugement d'ouverture, et non pas seulement à la fraction couverte par le super privilège parce qu'elle a un caractère alimentaire. Mais il se limite au salaire sans s'étendre à ses accessoires ;

– *les frais de justice*. Il s'agit essentiellement des honoraires des auxiliaires de justice, car les frais de justice proprement dits ont été presque totalement supprimés par la loi du 30 décembre 1977 sur la gratuité de la justice [1] ;

– les *prêts* consentis par les établissements de crédit et les *créances résultant de l'exécution des contrats en cours* (art. L. 621-28).

> Les avances consenties par des prêteurs autres que des établissements de crédit paraissent ne venir qu'au dernier rang, avec les créanciers postérieurs quelconques. L'article L. 621-32 est par conséquent spécialement favorable aux banques. En revanche les prêts accordés sans l'autorisation du juge commissaire ne paraissent pas bénéficier du droit de priorité, car ils ne sont pas nés régulièrement.

– *les créances salariales* et les indemnités diverses qui ont été *versées par l'AGS* en raison de la continuation des contrats de travail pendant la période d'observation. Il s'agit du cas où l'AGS est subrogée aux droits des salariés. Mais cette subrogation ne produit pas un effet complet. Alors que le salarié lui-même serait venu en premier rang, l'AGS ne vient qu'en quatrième rang, après les banquiers et les fournisseurs. Ces derniers ont donc tout intérêt à ce que les salariés soient désintéressés par l'AGS.

La règle est compréhensible. Elle est cependant curieuse car le rang des créanciers varie en fonction des initiatives prises par l'un d'entre eux.

– *les autres créances,* selon leur rang. Il s'agit de toutes les créances nées régulièrement après le jugement d'ouverture, c'est-à-dire des *contrats nouveaux*.

---

1. Com. 31 mars 1998, *J.C.P.*, 1998, II, 10105, note J.-P. Reméry.

Ce *classement* est classique. Il a le mérite d'exister et *présente l'originalité de ne reconnaître aucun droit particulier au Trésor public et à l'Urssaf.* Par conséquent les impôts et les cotisations sociales dus pendant la période d'observation ne viennent qu'au cinquième rang. Ce sacrifice consenti par le Fisc et la Sécurité sociale est remarquable. Ces organismes, généralement insatiables, acceptent de modérer leurs prétentions pour ne pas compromettre le redressement de l'entreprise en empêchant celle-ci de se procurer du crédit bancaire et du crédit fournisseur.

1256. – Les conflits qui ne sont pas réglés par le Code de commerce. Deux types de conflit, au moins, peuvent se présenter :
– *Tout d'abord des conflits peuvent se présenter entre des créances postérieures venues à échéance à la même date et appartenant à une même catégorie.* Par exemple deux banquiers ont fait successivement des avances, que l'actif de l'entreprise ne permet pas de payer. L'article L. 621-32 du Code de commerce n'indique pas comment régler ce conflit. Le recours aux principes généraux du droit des sûretés est décevant [1].

Celui-ci donne en effet le choix entre deux critères :
• S'il s'agit d'un conflit entre créanciers dont le privilège est fondé sur la mise d'une valeur dans le patrimoine du débiteur, le plus ancien doit être préféré. C'est bien apparemment le cas du banquier : le premier prêt (première valeur mise dans le patrimoine du débiteur) devrait être remboursé avant le second.
• S'il s'agit d'un conflit entre créanciers dont le privilège est fondé sur l'idée de conservation de la chose, c'est au contraire le plus récent qui passera le premier. Or les banquiers ont contribué par leurs avances à la survie de l'entreprise, c'est-à-dire à la conservation de la chose. Le second prêt devrait être remboursé le premier, parce que sans lui la continuation de l'exploitation n'aurait pas été possible.

Face à ces solutions contradictoires, il semble que les *créanciers viendront en rang égal*, c'est-à-dire au marc le franc. Cette solution est la moins injustifiée car aucun motif objectif, tiré notamment de la nature de la créance, ne permet d'établir un ordre de préférence. Mais, pour éviter ce risque de concours avec d'autres créanciers, les banquiers et les fournisseurs subordonneront leurs avances à l'octroi d'une sûreté. On se heurte alors à une deuxième source de conflit.
– En effet, pendant la période d'observation, le juge-commissaire peut autoriser le débiteur ou l'administrateur à consentir une *hypothèque* ou un *nantissement* (art. L. 621-24 al. 2). *Comment combiner ces sûretés conventionnelles avec le droit de priorité prévu par l'article L. 621-32 ?*

Quelques cas ne font pas difficulté.
La sûreté conventionnelle produit ses effets à l'intérieur d'une même catégorie. Par exemple si un banquier a inscrit une hypothèque, il sera payé sur le prix de l'immeuble par préférence au banquier qui n'a pas d'hypothèque.

---

1. Malaurie et Aynès, *op. cit.* n° 442 bis.

De même on continuera de faire jouer les causes générales de préférence : ainsi le créancier hypothécaire postérieur continuera d'être primé par les salariés, car l'article 2105 du Code civil pose en principe que les salariés passent avant les créanciers hypothécaires. A l'inverse le créancier bénéficiaire d'un droit de rétention et de la priorité résultant de l'article L. 621-32 se fondera sur son seul droit de rétention pour être payé avant tous les autres. Ce sera notamment le cas du garagiste qui, au cours de la période d'observation, a réparé le véhicule du débiteur.

En revanche la situation est plus complexe en cas de conflit entre deux créanciers postérieurs, de rangs différents, lorsque le moins bien placé est garanti par une sûreté conventionnelle. Par exemple l'actif, par hypothèse insuffisant, doit être réparti entre un banquier (priorité de 3e rang) et un créancier nouveau (priorité de 5e rang), titulaire d'une hypothèque. Cette sûreté réelle ne présente qu'un intérêt limité, si, sur le prix de vente de l'immeuble, le créancier est primé par le banquier. D'un autre côté la confiance du banquier est surprise si, après qu'il ait accordé un prêt, le juge-commissaire autorise la constitution d'une hypothèque, qui donnera un droit de préférence à un créancier postérieur.

Ces conflits sont difficiles à résoudre. La pratique montre cependant qu'ils sont peu fréquents [1]. En effet si l'entreprise n'est pas viable, sa liquidation est ordonnée trop rapidement pour qu'un passif puisse prendre naissance après le jugement d'ouverture. Au contraire, si un redressement est envisageable, l'entreprise doit être en état de payer ses salariés et ses fournisseurs pendant les quelques semaines que dure la période d'observation.

L'examen de la période d'observation montre qu'une seule catégorie de créanciers échappe presque totalement à la remise en cause entraînée par le jugement d'ouverture. Cette catégorie, les salariés, nécessite un examen particulier.

SECTION III
La situation des salariés

1257. – Situation relativement avantageuse des salariés. Les salariés ne sont pas les grands gagnants de la période d'observation. Cependant *ils sont moins mal traités que les autres créanciers*. On le comprend car pour eux l'enjeu est double : le paiement du salaire et la sécurité de l'emploi [2].

---

1. Le Besnerais, *Premières applications de la loi du 25 janv. 1985,* Banque 1986, 643.
2. Arseguel, *Les droits individuels des salariés en matière d'emploi et de créances,* Annales Université de Toulouse 1986, 133 – H. Blaise, *La sauvegarde des intérêts des salariés dans les entreprises en difficultés,* Dr. soc., 1985, 449 – P. Girard-Thuilier, Le droit du travail face à l'entreprise en difficulté : Rapport cour de cassation 1992, 215. – Y. Guyon, *Le rôle des salariés dans les procédures de redressement et de liquidation judiciaire des entreprises,* Etudes Lyon-Caen, p. 451 Paris, 1989 – B. Teyssié (sous la direction de), *Contentieux prud'hommal et entreprises en difficulté,* Litec, 1997. V. aussi le dossier consacré à cette question par la *Rev. des proc. coll.* déc. 2001.

On donnera quelques indications sommaires sur ces deux points qui, pour l'essentiel, relèvent de l'enseignement de droit du travail.

Pour la notion de salarié, v. *infra*, n° 1350.

§ 1. – Le paiement des salaires

Le salarié a besoin de son salaire pour vivre. Il ne peut donc pas se voir imposer un délai de paiement pendant la période d'observation, comme les autres créanciers. Il a le droit d'être payé et il bénéficie de garanties pour l'avenir car, l'exploitation n'étant pas arrêtée, il continue de travailler dans l'entreprise [1].

1258. – Salaires dus avant le jugement d'ouverture. Schématiquement résumé, le système est le suivant (Pour les droits définitifs des salariés, v. *infra*, n° 1350).

Dans les dix jours du jugement d'ouverture, le représentant des créanciers, aidé par le représentant des salariés, établit un relevé des salaires garantis par le super privilège (C. trav. art. 143-11-7). Il s'agit de l'arriéré des soixante derniers jours de travail, limité à un montant fixé par décret. Le salarié est dispensé de faire une déclaration individuelle (v. *supra*, n° 1227).

Une alternative se présente alors :

– Ou bien l'actif du débiteur est suffisant pour permettre un paiement. Un acompte est payé immédiatement, sur la base du dernier bulletin de salaire, mais dans la limite de deux fois le plafond des cotisations de Sécurité sociale. Le solde est payé avec l'autorisation du juge commissaire, dès que son montant est connu. Il y a là une dérogation à la règle selon laquelle aucun paiement ne peut avoir lieu pendant la période d'observation. En revanche, les salaires non garantis par le super-privilège ne bénéficient pas de ce paiement anticipé, car ils n'ont pas un caractère alimentaire.

– Ou bien l'actif est insuffisant. Le paiement est alors assuré par l'AGS (Association pour la gestion du régime d'assurance des créances des salariés) [2].

Ce système d'assurance obligatoire a été mis en place par une loi du 27 décembre 1973. Il fonctionne bien et constitue une garantie fondamentale pour les salariés qui sont ainsi payés immédiatement.

Pour alimenter le fonds d'assurance, les employeurs doivent verser une cotisation spéciale. Mais les salariés ont droit à la garantie, même si les cotisations n'ont pas été payées.

---

1. C. Souweine, *Les créances résultant du contrat de travail dans le redressement et la liquidation judiciaires*, thèse Grenoble 1992.
2. *Dictionnaire permanent difficultés des entreprises*, V° AGS, garantie de paiement des créances salariales.

En cas de difficultés financières de l'employeur, les salariés ont donc intérêt à ce que la procédure s'ouvre sans tarder. En effet les salaires impayés ne seront pris en charge par l'AGS que si le redressement judiciaire a été prononcé. On regrettera par conséquent que l'article L. 621-2 du Code de commerce n'ait pas donné aux salariés le droit de saisir le tribunal, mais se soit contenté de leur accorder un droit d'intervention (v. *supra*, n° 1137).

1259. – *Salaires dus après le jugement d'ouverture.* Les salariés continuent de travailler pendant la période d'observation. Ils jouissent alors d'une double garantie pour le paiement de leur salaire.

– Normalement le salaire est versé par l'employeur. Son paiement est assuré par la priorité que l'article L. 621-32 du Code de commerce accorde aux créanciers postérieurs. La situation des salariés est d'ailleurs particulièrement bonne car ils seront payés à l'échéance par préférence aux autres créanciers postérieurs (v. *supra*, n° 1255).

– Si l'actif de l'entreprise est insuffisant, ce qui entraînera sa liquidation, l'AGS intervient encore pour prendre en charge les salaires, mais seulement dans la limite d'un mois et demi de travail car normalement l'exploitation doit cesser le plus rapidement possible après le jugement de liquidation (C. trav. art. 143-11-1-3°).

Ces mécanismes garantissent le paiement rapide d'un salaire minimum. En revanche pour la fraction non alimentaire du salaire, les salariés sont moins protégés (v. *infra*, n° 1349). Néanmoins, le véritable enjeu de la période d'observation consiste, pour la majorité d'entre eux, dans la crainte des licenciements.

§ 2. – Les licenciements

1260. – *Caractère exceptionnel des licenciements pendant la période d'observation.* Pendant la période d'observation, les licenciements doivent être exceptionnels. De même qu'aucun acte de disposition ne doit porter atteinte au patrimoine de l'entreprise, de même aucun licenciement ne doit diminuer son potentiel humain de production [1].

Seuls interviendront les licenciements absolument nécessaires, ce qui suppose le respect d'une procédure complexe (art. L. 621-36).

La loi de 1985 (art. 222 et 223) avait abrogé les règles qui facilitaient les licenciements en cas d'ouverture d'une procédure collective. Notamment tout licenciement pour cause économique supposait les mêmes formalités au cours de la période d'observation que si l'entreprise était « *in bonis* ». Mais ces formalités se superposaient aux exigences de la loi de 1985, de telle sorte que les licenciements constituaient une course d'obstacle, peu propice au redressement de l'entreprise. Ce régime complexe a été en partie

---

1. P. Langlois, *L'emploi des salariés,* ds. *Les innovations de la loi sur le redressemnt judiciaire des entreprises,* t. I, p. 171.

allégé par la loi du 3 juillet 1986, qui a supprimé l'autorisation administrative de licenciement. Cette réforme doit être approuvée. Une loi sur le redressement des entreprises ne peut pas être une loi exagérément protectrice de l'emploi. De ce point de vue, la loi du 25 janvier 1985 manquait et manque encore de cohérence. Les licenciements ne peuvent pas être évités par une réglementation juridique restrictive, mais par un traitement économique approprié des difficultés de l'entreprise [1].

L'administrateur doit en effet :
– *informer et consulter le comité d'entreprise* ou les délégués du personnel, en respectant les conditions de forme et de délai prévues par le Code du travail (C. trav. art. L. 321-1) ;
– *informer la direction départementale de l'emploi* (C. trav. art. L. 321-7).

Cette simple information remplace la demande d'autorisation de licenciement, prévue par la loi de 1985 dans sa rédaction initiale. Cette réforme permet de procéder plus rapidement aux licenciements nécessaires et donc, peut-on l'espérer, de sauver davantage d'entreprises.

– *enfin obtenir l'autorisation du juge-commissaire. Celui-ci vérifie :*
• *si les licenciements ont un caractère urgent, inévitable et indispensable* (art. L. 621-36). Cette cascade d'adjectifs montre que les licenciements doivent être exceptionnels à ce stade de la procédure. Normalement tout le personnel est conservé. Le principe est la continuation des contrats de travail, l'exception le licenciement.
• si l'administrateur a prévu l'indemnisation et le reclassement des salariés licenciés, ce qui est la moindre des choses.

Il semble que cette autorisation doive être obtenue avant même l'envoi des lettres de convocation aux entretiens préalables aux licenciements.

La décision du juge-commissaire peut faire l'objet d'un recours devant le tribunal (Décr. 27 déc. 1987, art. 25). Celui-ci recherchera notamment si les licenciements étaient véritablement urgents, inévitables et indispensables. Aucun recours ultérieur ne sera recevable (art. L. 623-4-2)[2]. En outre le salarié ne pourra plus demander des dommages-intérêts devant le conseil des prud'hommes au prétexte que son licenciement était dépourvu de cause réelle et sérieuse.

En revanche le conseil des prud'hommes reste compétent pour le calcul des indemnités[3]. Cette imbrication des compétences est contraire au principe de bonne justice selon lequel le tribunal qui a ouvert la procédure est compétent pour en connaître toutes les conséquences (v. *supra*, n° 1155)[4].

---

1. M. Morand, *Plans sociaux et procédures collectives*, J.C.P., 1997, éd. E, I, 691.
2. Soc. 9 juill. 1996, *Bull. civ.* V, n° 268, p. 189.
3. Soc. 3 mars 1998, *D.*, 1998, 418, note P. Bailly ; J.C.P., 1998, éd. E, 1363, note E. Serret.
4. P. Langlois, *Le divorce du droit social et du droit du redressement judiciaire* : Mélanges Jeantin, p. 419.

L'AGS couvre les créances résultant de la rupture des contrats de travail intervenu pendant la période d'observation (C. trav. art. L. 143-11-1-2°). Il y a là une garantie nouvelle, importante pour les salariés. Cette extension de la protection risque cependant d'entraîner une augmentation des cotisations d'assurance-chômage, car les indemnités de licenciement atteignent souvent des montants importants.

1261. – Conclusion. L'instauration d'une période d'observation est l'une des innovations les plus novatrices de la loi du 25 janvier 1985.

Tirant la leçon des échecs relatifs de la loi et de l'ordonnance de 1967, la loi nouvelle organise un régime
– souple : durée variable de la période d'observation ; gestion personnalisée de l'entreprise ;
– et réaliste : droit de priorité des créanciers postérieurs.

Reste à souhaiter que cette période ne dure pas trop longtemps et surtout qu'elle soit ressentie par les partenaires de l'entreprise comme une phase purement conservatoire, donc comme le prélude à un redressement et non comme le début d'une liquidation [1].

---

1. La durée moyenne de la période d'observation est de 6 mois et demi en cas de redressement et de un mois en cas de liquidation (Infostat Justice n° 19, janv. 1991).

TITRE III

La phase définitive

1262. – Jugement définitif. La phase définitive s'ouvre par un jugement qui contient deux séries de dispositions.

A titre principal, il fixe le sort de l'entreprise et arrête en conséquence les modalités de paiement des créanciers. Il décide :
– soit la continuation de l'entreprise par le débiteur lui-même,
– soit sa cession, parfois précédée d'une location-gérance,
– soit sa liquidation.

Le cas échéant, le jugement se prononce également sur les sanctions personnelles infligées au débiteur personne physique ou sur les conséquences de la procédure à l'égard des dirigeants ou des associés, lorsque le débiteur est une personne morale.

Normalement le jugement définitif intervient à l'issue de la période d'observation et est donc distinct du jugement d'ouverture. Toutefois, la liquidation peut être ordonnée immédiatement si l'entreprise a cessé toute activité ou si le redressement est manifestement impossible (art. L. 620-1).

A bien des égards le jugement définitif déroge au droit commun de la procédure. Notamment il s'impose à tous, alors qu'en règle générale l'autorité de la chose jugée est seulement relative (art. L. 621-65 al. 1). De même le tribunal n'est pas totalement lié par les prétentions des parties. C'est lui qui, le cas échéant, élabore la solution qui lui paraît la plus conforme aux intérêts de tous [1].

La phase définitive est celle de la dernière chance pour le débiteur, qui souhaite se redresser, pour les créanciers, qui entendent être payés et pour les salariés, qui espèrent ne pas être licenciés.

---

1. P. Cagnoli, *Essai d'analyse processuelle du droit des entreprises en difficulté*, n° 213, 2002.

Comme il est rarement possible de trouver une solution qui contente tout le monde, elle est aussi celle où vont s'exacerber les conflits d'intérêts jusqu'ici latents.

La phase définitive doit être envisagée sous un triple aspect :
– le sort de l'entreprise (Chapitre I),
– le sort des créanciers (Chapitre II),
– le sort du débiteur, des associés et des dirigeants (Chapitre III).

Chapitre I

Le sort de l'entreprise

1263. – *Pouvoir de choix du tribunal*. Le sort de l'entreprise est le principal enjeu de la procédure.

La solution idéale est évidemment le redressement, soit par la continuation de l'exploitation par le débiteur, soit par la cession à un repreneur. Cette éventualité est surtout souhaitable si, comme l'indique l'article L. 620-1 du Code de commerce, elle peut s'accompagner d'un maintien de l'emploi et d'un règlement satisfaisant du passif. La loi aura rempli son objet si elle permet ces redressements, qui étaient exceptionnels sous l'empire des textes antérieurs.

Le redressement suppose que l'entreprise soit saine, c'est-à-dire susceptible de réaliser des bénéfices, que le passif ne soit pas trop important et que le débiteur ou les dirigeants soient suffisamment compétents. Si cette dernière condition fait seule défaut, le tribunal pourra ordonner la cession de l'entreprise. Si les deux premiers font défaut, il devra décider la liquidation. Celle-ci sera également ordonnée si l'entreprise a un objet illicite ou immoral, car le tribunal ne saurait participer à son redressement.

Une situation particulière se rencontre à propos des entreprises agricoles qui n'ont plus de véritable activité mais perçoivent des subventions. Leur redressement peut alors être envisagé à seule fin de prolonger cette rente de situation [1]. Cette solution est anormale et révèle une fois de plus les aberrations de la politique agricole commune.

Quelle que soit la solution choisie, le tribunal décide seul. Certes il dispose des propositions du débiteur et des candidats repreneurs, de l'avis des créanciers et des salariés ainsi que du rapport de l'administrateur. Mais ce sont là des informations ou des propositions. La décision

---

1. C. Saint-Alary-Houin, *Plans des champs et plans des villes* : Mélanges E. Alfandari, p. 181, 1999.

appartient au tribunal. Elle ne résulte ni d'un vote des créanciers, comme dans la loi de 1967, ni des prétentions des parties, comme dans une procédure de droit commun (NCPC art. 4) ni même des propositions faites par l'administrateur [1]. La nouvelle procédure donne aux tribunaux, et plus spécialement aux tribunaux de commerce, un pouvoir exorbitant, de nature plus économique que juridique [2].

Cependant, malgré les apparences, le sort de l'entreprise est le résultat d'une décision assez largement négociée [3]. En effet le jugement est précédé de tractations menées par l'administrateur et d'une ultime discussion en chambre du conseil, c'est-à-dire lors d'une audience tenue hors la présence du public (Décr. 27 déc. 1985, art. 86 et 111). La procédure a ainsi un caractère plus contradictoire que ne le laisseraient penser les textes.

Les statistiques montrent que seules les entreprises importantes ont des chances appréciables de redressement, les petites étant le plus souvent liquidées [4].

On examinera les trois branches de l'option ouverte par la loi de 1985, c'est-à-dire la continuation, la cession et la liquidation.

SECTION I
La continuation de l'entreprise

1264. – Durée du plan d'entreprise. Cette première solution consiste à faire opérer le redressement de l'entreprise par le débiteur lui-même, qui doit établir à cet effet un projet de plan [5]. Elle est la plus souhaitable, mais suppose à la fois que les dirigeants soient aptes à réussir ce redressement et que le passif puisse être payé dans des conditions satisfaisantes (art. L. 621-70) [6]. Dénouement optimal de la procédure collective, la continuation risque hélas de n'être celui qui n'interviendra en fait que le plus rarement [7]. Notamment la continuation ne peut pas être ordonnée si l'entreprise est une personne morale sous le coup de poursuites pénales susceptibles d'entraîner sa dissolution (N. Code pén. art. 131-39).

---

1. Com. 12 oct. 1993, *Bull. civ.* IV, n° 334, p. 241 – 8 juin 1999 : Rev. trim. dr. com., 2000, 446, note C. Saint-Alary-Houin.
2. P. Cagnoli, *Essai d'analyse processuelle du droit des entreprises en difficulté*, n° 213, 2002. – P. Jeannerot, *L'intervention judiciaire dans les procédures de redressement judiciaire*, n° 650, thèse Paris I, 1992.
3. S. Neuville, *Le plan en droit privé*, n° 80, 1998 – A. Pirovano, *Le caractère négocié du plan judiciaire de redressement*, ds. Changement social et droit négocié, p. 81, 1988.
4. Etude du CREDA sur les plans de redressement, *J.C.P.*, 1996, éd. E, I, 566.
5. Com. 26 mai 1998, *Rev. jurisp. com.* 1999, 177, note J.-L. Courtier.
6. B. Soinne, *La continuation de l'entreprise,* ds. *Les innovations de la loi sur le redressement judiciaire des entreprises*, t. I, p. 87. M. Jeantin, *Le plan de redressement*, Annales université Toulouse 1986, p. 253.
7. La continuation est la solution retenue par un peu plus de la moitié des plans de continuation, ce qui ne représente toutefois que 3 % des procédures, puisque la plupart du temps celles-ci se terminent par une liquidation (Infostat Justice n° 19, janv. 1991).

Les modalités de la continuation sont concrétisées dans un *plan d'entreprise*. Le tribunal en fixe librement la *durée* dans la limite de dix ans dans le cas général et quinze ans si le débiteur est un agriculteur (art. L. 621-66).

Ces délais sont d'autant plus longs que les délais de paiements, qui sont un facteur essentiel du redressement, peuvent excéder la durée du plan (art. L. 621-76 al. 2). Cette dissociation de la durée du plan et de la durée des délais de paiement ne s'imposait pas. Elle provoque une période d'incertitude lorsque le plan est terminé, mais que le débiteur reste tenu de payer certaines échéances.

Le tribunal désigne également un *commissaire à l'exécution du plan* (art. L. 621-68). Celui-ci peut être l'administrateur ou le représentant des créanciers. Le tribunal détermine sa mission. Après avoir analysé le contenu du jugement arrêtant le plan, on recherchera les voies de recours qui peuvent être exercées contre lui et on examinera les conditions dans lesquelles son exécution peut être modifiée.

§ 1. – Le contenu du plan

Habituellement le plan comporte trois volets (sur le projet de plan, v. *supra*, n° 1187)[1].

A. *Le volet financier*

Le plan doit prévoir les modalités d'apurement du passif et organiser le financement de l'entreprise pendant la période du plan, qui est une période de traitement.

1) L'apurement du passif

1265. – *Le donné acte des sacrifices acceptés par les créanciers.* *Le jugement commence par donner acte aux créanciers des délais et des remises qu'ils ont acceptés* (art. L. 621-76). Cette mansuétude des créanciers n'est désintéressée qu'en apparence car mieux vaut un partenaire en activité qu'un créancier liquidé.

En effet, au cours de la période d'observation, le représentant des créanciers avait consulté ceux-ci sur l'opportunité de consentir des délais ou des remises. Les créanciers ont le droit de refuser, mais à condition de le faire expressément (art. L. 621-60).

Il semble que la caution simple bénéficiera de ces remises, parce que son engagement est l'accessoire de l'obligation du débiteur principal. Au

---

1. C. Lebel, *L'élaboration du plan de continuation de l'entreprise en redressement judiciaire*, Presses Univ., Aix, 2000.

contraire, la caution solidaire reste intégralement tenue, ce qui incite le créancier à accorder une remise finalement sans conséquence pour lui [1].

L'article L. 621-76 du Code de commerce précise, non sans quelque naïveté, que le tribunal peut réduire ces délais ou ces remises, s'il trouve les créanciers trop généreux.

Le seul point remarquable ici est le *Trésor et la Sécurité sociale ont désormais le droit de consentir ces délais et surtout ces remises* (art. L. 621-60).

> L'innovation mérite d'être notée car, pour la première fois des organismes publics et para-publics acceptent de faire des sacrifices en vue de redresser une entreprise en difficultés. Les délais peuvent être accordés dans tous les cas soit directement en matière fiscale, soit par le biais d'un sursis aux poursuites en matière de Sécurité sociale (C., Sec. soc., art. R 243-21). Les remises s'appliquent dans des cas plus limités, notamment celui des impôts directs (Décr. 1985, art. 179, al. 1 et Liv. proc. fiscales, art. L. 247) et des majorations pour retard dans le paiement des cotisations sociales (Décr. 18 févr. 1986).

La loi de 1985 devrait être complétée afin d'indiquer que ces remises ne seront jamais considérées par l'Administration fiscale comme des actes anormaux de gestion.

1266. – *L'imposition de délais*. *Le jugement peut ensuite imposer aux créanciers des délais de paiements* (art. L. 621-76 et 621-77). Il y a là une atteinte aux droits des créanciers. Mais la loi de 1985 n'a pas franchi une étape supplémentaire, comme cela avait été envisagé à un moment : *le tribunal ne peut pas imposer de remises de dettes* [2].

Ces reports d'échéance ou de terme sont plus et autre chose que la simple suspension, qui résultait de la période d'observation. Désormais les créances ne sont plus exigibles au terme stipulé par le contrat qui leur a donné naissance, mais au terme fixé par le jugement qui arrête le plan [3]. Ces reports d'échéance présentent les caractéristiques suivantes :

• *Leur durée est fixée librement par le tribunal, compte tenu des nécessités du redressement.* Les délais peuvent durer plus longtemps que le plan de redressement lui-même, ce qui n'est pas très logique. Habituellement ils sont de l'ordre de huit ans. Les paiements n'ont pas besoin de s'échelonner de manière égale pendant toute la durée du plan. L'essentiel de l'effort peut être retardé jusqu'à la dernière année.

---

1. Com. 28 mai 1991, *Bull. civ.* IV, n° 179, p. 128 ; *Rev. trim. dr. com.*, 1992, 690, note Martin-Serf – 17 nov. 1992, *D.*, 1993, 41, note D. Vidal – 17 mai 1994, *Bull. civ.* IV, n° 177, p. 141.
2. Com. 28 févr. 1995, *Bull. civ.* IV, n° 61, p. 58 – 6 janv. 1998, *Bull. civ.* IV, n° 8, p. 5.
3. J.-C. Boulay, *Réflexions sur la notion d'exigibilité de la créance*, n° 32, *Rev. trim. dr. com.*, 1990, 349.

Toutefois le premier paiement doit intervenir au cours de la première année (art. L. 621-76 al. 2). Mais la règle n'a qu'une portée symbolique puisque le tribunal fixe librement le montant de ce premier paiement. Théoriquement rien n'interdirait au tribunal d'arrêter un plan prévoyant que 99 % du passif sera payé au bout de cinquante ans, voire même davantage ! Le tribunal fixe le montant des intérêts.

• *Leur domaine est général* : le tribunal peut imposer des délais non seulement aux créanciers chirographaires mais même aux créanciers hypothécaires, nantis ou privilégiés, y compris le Trésor public et la Sécurité sociale. Il y a là une manifestation particulièrement nette de la réduction des droits que le droit des procédures collectives impose aux créanciers titulaires de sûretés. Toutefois une exception est prévue en faveur des créances salariales et des créances les plus faibles, c'est-à-dire celles dont le montant nominal ne dépasse pas 152,45 euros (art. L. 621-78 – Décr. 1985, art. 101). Elles doivent être payées immédiatement.

> Cette seconde exception n'a pas un fondement évident. Les créances dont le montant nominal est le plus faible ne sont pas nécessairement détenues par les créanciers les plus démunis. Leur paiement immédiat s'expliquerait donc non pas par des considérations sociales, mais pour des raisons de simplification. Autant alléger la procédure en payant rapidement les petits créanciers qui l'encombrent inutilement[1]. Ce paiement immédiat est peut-être justifié, mais il porte atteinte au principe de l'égalité entre créanciers. En outre l'article L. 621-78 vise les créances et non les créanciers. Par conséquent, les créanciers pourraient tenter d'obtenir un paiement immédiat en fractionnant artificiellement leur créance en demandes d'un montant inférieur à 152,45 euros. Un second plafond, celui-là applicable aux créanciers a donc été prévu : il est de 5 % du passif estimé.

• *Enfin*, en principe, *les reports d'échéance doivent être les mêmes pour tous les créanciers* qui y sont soumis[2]. *Toutefois le plan peut laisser aux intéressés le choix d'un paiement plus précoce, mais assorti d'une réduction* proportionnelle du montant de la créance. Bien qu'à certains égards diabolique la disposition doit être approuvée, car tous les créanciers n'ont pas les mêmes besoins en matière de trésorerie et de financement. On peut également penser que, compte tenu de caractère incertain de l'avenir, beaucoup de créanciers préféreront un paiement plus rapide, même s'il est partiel. Le tribunal peut donc, en décidant des reports d'échéance démesurés, contraindre indirectement les créanciers à accepter un abattement afin d'être payés plus tôt. On n'est pas très loin du cas où le tribunal pourrait imposer des remises de dette.

---

1. Y. Guyon, *Le réalisme de la loi du 25 janvier 1985 sur les procédures collectives*, n° 17 : Mélanges P. Bézard, p. 311, 2002.
2. Douai, 22 janv. 1987, *Gaz. Pal.*, 16 avr. 1987. *Rev. proc. coll.*, 1987, n° 2 p. 47, note Soinne. Pau, 24 févr. 1988, *Rev. jurisp. com.*, 1988, 314, note Gallet – Versailles, 19 mai 1988, *D.*, 1988, 572, concl. Challe.

La règle de l'égalité supporte une autre exception (art. L. 621-76 al. 3). Si avant l'expiration d'un contrat de *crédit-bail* le débiteur lève l'option, c'est-à-dire achète le bien, il doit verser immédiatement la totalité de la fraction du prix restant à payer. Par conséquent le crédit-bailleur est désintéressé immédiatement, alors qu'il aurait subi les délais, si le contrat s'était exécuté jusqu'au bout. La solution est justifiée car si l'option est levée le crédit-bailleur perd la garantie découlant de la propriété de la chose. Il est normal qu'il bénéficie alors d'une contrepartie.

On se demande si la règle de l'égalité s'applique aux créanciers titulaires d'un *prêt participatif* (CMF art. L. 313-13). Il ne le semble pas puisque ces créances sont des créances de dernier rang. Par conséquent, leur remboursement ne devrait commencer qu'après le paiement intégral des créanciers chirographaires.

Les délais ne profitent pas aux *cautions solidaires* (art. L. 621-65). Le cas des cautions simples demeure discutable, compte tenu du caractère accessoire de l'engagement qu'elles ont contracté. Si la jurisprudence antérieure se maintient, ces délais ne devraient pas leur bénéficier [1].

Ce premier aspect du plan suscite quelques réserves. Sous l'empire de la loi de 1967, les concordats pouvaient imposer aux créanciers à la fois des délais et des remises. Or ils réussissaient rarement. Les plans, qui doivent prévoir le règlement de tout le passif sauf renonciations individuelles, risquent d'être encore plus fragiles. Peu d'entreprises ont des chances d'être sauvées par ce moyen. A l'inverse, des délais accordés trop libéralement pourraient inciter les débiteurs à déposer leur bilan afin d'alléger le poids de leur passif. Il faut souhaiter que les tribunaux soient sensibles à un impératif de moralité commerciale et n'acceptent la continuation que si le débiteur fait des efforts sérieux.

2) Le financement ultérieur

1267. – Fonds propres et emprunts. La continuation de l'entreprise ne suppose pas seulement que le passif antérieur soit apuré. Il faut aussi que des ressources nouvelles soient dégagées afin que l'entreprise retrouve un fonctionnement bénéficiaire. Le plan mentionne donc les engagements souscrits en vue de ce redressement (art. L. 621-63).

a) Parmi ces ressources nouvelles, les fonds propres jouent un rôle prépondérant, car une reprise trop largement financée par l'emprunt risque d'être vouée à l'échec.

Le projet de plan doit prévoir une augmentation de capital si, du fait des pertes, les capitaux propres sont inférieurs à la moitié du capital social (art. L. 621-58 al. 2) [2].

---

1. V. Com., 26 juin 1963, *D.,* 1963, 581, note Rodière – 30 juin 1987, *Banque* 1987, 1207, note Rives-Lange – C. Mouly, *Jurisclasseur commercial,* fasc. 2370, n° 64 – Simler, *Cautionnement,* 2 éd., n° 438 – Cpr. Roblot et Germain, *Droit commercial,* t. II, n° 3177 – V. Com. 28 mai 1991, précité n° 1265.

2. Trib. com., Nanterre, 8 déc. 1987, *J.C.P.,* 1988, II, 21019, note A. Viandier ; Trib. gde inst., Béthune, 26 sept. 1986, *Rev. proc. coll.,* 1987, n° 2, p. 51, note Soinne.

Dans les autres cas, les augmentations de capital sont facultatives. Elles sont proposées, avec les autres éléments du plan, par l'administrateur dans la procédure générale et par le juge commissaire en cas de procédure simplifiée (art. L. 621-58 et 621-137-3°). Elles sont précédées d'une réduction de capital lorsque, la société étant en pertes, la valeur vénale des droits sociaux est inférieure à leur valeur nominale, ce qui découragerait les souscripteurs. On parle alors de *coup d'accordéon* [1].

Dans tous les cas ces augmentations doivent être décidées par la collectivité des associés, réunie à cet effet par l'administrateur, car le plan mentionne et non pas ordonne les modifications des statuts nécessaires à la continuation de l'entreprise (art. L. 621-58 et 621-73). En principe cette décision doit être prise avant le jugement arrêtant le plan. Si, au contraire, le jugement a été rendu avant et que la société ne procède pas à l'augmentation de capital prévue, le tribunal doit prononcer la résolution du plan [2].

Dans les sociétés anonymes, par dérogation au droit commun, l'augmentation de capital doit être libérée en totalité dès sa souscription, ce qui est explicable car la société a besoin d'argent frais (art. L. 621-75). Mais si des créanciers souscrivent à cette augmentation, ils peuvent compenser leur dette de souscription avec leur créance sur la société. Ce mécanisme n'est pas vraiment original. Il est cependant assez machiavélique car il incite les créanciers non payés à prendre de nouveaux risques en acceptant de contribuer au redressement de l'entreprise.

Lorsqu'une augmentation de capital importante est souscrite par des tiers non encore associés, ceux-ci peuvent parfois recevoir suffisamment de parts ou d'actions pour prendre le contrôle de la société. La continuation est alors économiquement proche d'une cession puisque, en renonçant à leur droit préférentiel de souscription, les anciens majoritaires ont accepté de cesser d'être les maîtres de la société.

Pour faciliter l'entrée de nouveaux associés dans le capital, les clauses d'agrément sont réputées non écrites (art. L. 621-58 dernier alinéa).

b) L'entreprise bénéficiaire du plan de continuation profite également le plus souvent de prêts bancaires. (Pour l'obligation faite au banquier d'exécuter les promesses de crédit antérieures, v. *supra* n° 1208). Ces concours financiers sont mentionnés dans le plan.

Le fait de mentionner ces engagements dans le plan ne leur donne aucune valeur juridique particulière. Ils demeurent des contrats conclus entre l'entreprise en redressement et une banque qui accepte de lui faire des avances [3]. La seule utilité de cette indication est de donner au plan un aspect plus global. Un seul document récapitule activement et passivement la situation de l'entreprise.

---

1. Com. 17 mai 1994, *Rev. soc.*, 1994, 485, note S. Dana-Demaret.
2. Com. 15 janv. 1991, *Rev. soc.*, 1991, 383, note Y. Guyon.
3. Com. 14 févr. 1989, *Rev. trim. dr. com.*, 1989, 506, note Cabrillac et Teyssié.

Le droit de priorité accordé aux créanciers par l'article L. 621-32 du Code de commerce ne s'applique pas à ces prêts, car ils n'ont pas pris naissance pendant la période d'observation mais après l'expiration de celle-ci (v. *supra,* n° 1249) [1].

c) La bonne exécution du plan peut être garantie par des cautions ou d'autres engagements pris par des tiers. Le droit commun leur est applicable.

B. Le volet juridique

1268. – Il est peu probable que l'entreprise pourra continuer sans mesures de réorganisation. La loi de 1985 est cependant dans ce domaine assez laconique. On ne voit donc pas très bien comment cette réorganisation va s'opérer.

1269.* –** ***Mesures applicables à la structure de l'entreprise. Ce seront nécessairement des mesures de portée limitée car c'est l'entreprise elle-même qui continue. Le plan ne peut pas imposer des restructurations tellement radicales qu'elles porteraient atteinte à la personnalité morale de l'entreprise, lorsque celle-ci en jouit.

– *Le plan peut d'abord prévoir la modification des statuts de la personne morale en redressement judiciaire* (art. L. 621-73). Une assemblée est convoquée à cet effet par l'administrateur. La modification la plus fréquemment envisagée est une augmentation de capital (v. *supra* n° 1267). Mais d'autres mesures de restructuration sont concevables, notamment lorsque la forme de la société ne correspond pas aux besoins de l'entreprise.

– *Le plan peut aussi imposer certaines contraintes aux dirigeants* (art. L. 621-59). En effet la présence de dirigeants médiocres, maladroits ou malhonnêtes compromet le redressement. L'entreprise doit pouvoir survivre sans eux. Cette éviction judiciaire est grave car la survie de l'entreprise l'emporte sur les droits des dirigeants. Elle s'apparente à une sorte d'expropriation pour cause d'utilité sociale et doit être utilisée avec prudence [2].

Le tribunal peut prendre les mesures suivantes :

• *remplacer les dirigeants*. Bien que l'article L. 621-59 du Code du commerce ne le précise pas, ce remplacement ne paraît pas applicable dans le cas où l'entreprise est exploitée par un commerçant personne physique. Le tribunal qui voudrait éliminer le commerçant devrait ordonner la cession du fonds, car une mise en location-gérance ne paraît pas être une solution appropriée à un redressement définitif.

---

1. Com. 3 avr. 1990, *D.*, 1990, 385, note M. Jeantin.
2. A. Cerati-Gauthier, *La société en procédure collective et son associé, entre indépendance et influence*, n° 359, Presses univ. Aix-Marseille 2002.

Au contraire, le remplacement s'applique sans difficultés dans les personnes morales [1].

- *prononcer l'incessibilité des parts ou actions des dirigeants*

Cette mesure ne fait pas double emploi avec l'incessibilité de droit, qui ne dure que pendant la période d'observation (art. L. 621-19 – v. *supra*, n° 1202). Elle s'applique pendant la durée déterminée par le tribunal [2].

- *ordonner la cession des parts ou des actions des dirigeants à un prix fixé à dire d'expert.* Ces mesures se limitent aux dirigeants. Les associés, même majoritaires, y échappent du moment qu'ils ne sont pas dirigeants de fait ce qui prive la mesure d'une partie de son efficacité [3]. Néanmoins si les dirigeants exclus étaient majoritaires, le plan de continuation produit des conséquences économiquement assimilables à celle d'un plan de cession. Certes les actifs ne changent pas de main, puisqu'ils sont la propriété de la société. Mais le contrôle de la société appartient désormais à l'acquéreur des droits sociaux, qui va gérer les actifs de la même manière que s'il les avait acquis directement.

On se demande si le tribunal peut aller plus loin et continuer d'imposer au débiteur des mesures d'assistance ou de représentation. L'article L. 621-67 inviterait à donner une réponse positive puisqu'il prévoit que le tribunal attribue à l'administrateur les pouvoirs nécessaires à la mise en œuvre du plan. Mais l'article L. 621-68 milite en sens contraire. Il dispose que le tribunal nomme un commissaire à l'exécution du plan chargé de veiller à l'exécution de celui-ci et qui remplace l'administrateur. Or le verbe « veiller », même s'il est peu juridique, semble désigner une simple mission de surveillance, excluant toute assistance et « a fortiori » toute représentation. Cette solution est la plus logique et s'inspire de celle appliquée pendant l'exécution du concordat. Le débiteur doit être remis à la tête de ses affaires, car on conçoit mal la présence à ses côtés d'un auxiliaire de justice, dont la mission durerait plusieurs années. Par conséquent, le jugement qui approuve le plan met fin aux mesures d'assistance ou de représentation, qui avaient été éventuellement imposées au débiteur pendant la période d'observation.

1270. – *Mesures applicables au patrimoine de l'entreprise.*
Afin de mieux assurer le paiement des créanciers, le plan de continuation prévoit presque toujours l'arrêt, l'adjonction ou la cession de certaines branches d'activité (art. L. 621-70). Deux mesures surtout sont intéressantes.

1) D'une part le plan peut imposer des cessions partielles d'actif. Ces cessions permettent à la fois de débarrasser l'entreprise de certains biens inutiles et de lui procurer des liquidités.

---

1. Colmar, 12 sept. 1990, *Rev. jurisp. com.*, 1990, 400, note Vallens.
2. Derrida, Godé et Sortais, *Redressement judiciaire,* n° 340.
3. Paris, 7 juin 1989, *Rev. proc. coll.*, 1990, 381, note Dureuil.

Ces cessions peuvent porter à la fois :
– soit sur des *biens isolés* et individualisés, comme par exemple des immeubles, qui ne seraient pas utilisés par l'entreprise.
– soit sur des ensembles d'éléments constituant une *branche d'activité* susceptible de fonctionner par ses propres moyens. Par exemple une entreprise exploitait deux usines, fabriquant des produits différents. Le plan peut prévoir la cession de l'une de ces usines. Ces cessions obéissent au même régime que les cessions globales d'entreprise (art. L. 621-70 al. 2, v. *infra*, n° 1274).

Si le bien vendu était grevé d'une sûreté spéciale (hypothèque, nantissement, privilège spécial), le créancier bénéficiaire de la garantie est payé par priorité (art. L. 621-80). Mais si ce paiement a lieu avant l'échéance prévue par le plan, la créance subit une réduction proportionnelle au temps qui restait à courir. Il y a là une atteinte aux droits de ces créanciers. Supposons, par exemple, une créance hypothécaire d'un million, venue à échéance le 1er janvier 1999. Le débiteur fait l'objet d'un redressement judiciaire et le plan d'entreprise impose aux créanciers un report d'échéance jusqu'au 30 juillet 2010. Puis le bien hypothéqué est vendu en 2005. Le créancier ne touchera pas un million car il a été payé avant l'échéance du plan, mais cependant après l'échéance contractuelle. Le créancier subit donc une réduction de sa créance, contrairement au principe d'intangibilité édicté par l'article L. 621-76. Néanmoins, l'article L. 621-80 est rédigé dans des termes impératifs.
Le titulaire de la sûreté n'a pas le choix entre un paiement total à la date prévue par le plan et un paiement partiel immédiat. Cette solution est regrettable, même si les deux branches de l'alternative paraissent le plus souvent financièrement équivalentes [1].
Lorsque le bien vendu était grevé d'une sûreté réelle spéciale, le tribunal peut aussi opter pour une autre solution. Le créancier n'est pas payé, mais sa sûreté est remplacée par une autre sûreté, réelle ou personnelle, jugée équivalente (art. L. 621-80 al. 3 – Décr. 27, déc. 1985, art. 100) [2]. Le créancier ne semble pas avoir le droit de faire appel car la substitution de garantie n'est qu'un des éléments du plan de continuation [3]. Cette solution, regrettable par sa sévérité, est l'une des manifestations du « laminage » dont sont victimes les créanciers titulaires de sûretés réelles (v. *infra* n° 1343).

Si le bien vendu n'était pas grevé d'une sûreté spéciale ou si un surplus reste disponible une fois le créancier désintéressé, le reliquat est versé à l'entreprise (art. L. 621-81). Le chef d'entreprise, sous la surveillance du commissaire à l'exécution du plan, paraît libre d'utiliser cette somme comme il l'entend. Il pourrait soit l'affecter à un remboursement prévu par le plan, soit à la couverture des besoins de l'exploitation.

---

1. Derrida, Godé et Sortais, *Redressement judiciaire*, n° 438.
2. Kornmann, *La substitution de garanties et la loi du 25 janvier 1985*, J.C.P., 1988, éd. N., I, 726 – D. Pohé, *La substitution judiciaire de garanties dans la loi du 25 janvier 1985*, Rev. proc. coll., 1992, 245.
3. Derrida, Godé et Sortais, *op. cit.*, n° 539.

2) D'autre part et à l'inverse, le jugement qui arrête le plan peut frapper certains biens d'inaliénabilité (art. L. 621-72). Cette mesure permet de s'assurer que les biens indispensables à la continuation de l'exploitation ne seront pas dilapidés [1]. Le tribunal fixe la durée de l'inaliénabilité, qui ne paraît pas pouvoir dépasser celle du plan.

> Des mesures de publicité sont prévues, afin que les tiers soient avertis (Décr. 1985, art. 87).
> Cette inaliénabilité n'est pas absolue. Au vu d'un rapport du commissaire à l'exécution du plan, le tribunal peut autoriser l'aliénation.
> Il semble que, conformément au droit commun, l'inaliénabilité implique l'insaisissabilité, car sinon elle ne présenterait aucune utilité [2].

Les aliénations passées en violation de cette mesure de blocage sont nulles. La nullité peut être demandée par tout intéressé pendant un délai de trois ans et semble avoir un caractère obligatoire. Ce régime est le même que celui applicable aux actes dont la conclusion est interdite au cours de la période d'observation (v. *supra*, n° 1212).

Cette inaliénabilité est critiquable. Elle donne au tribunal un pouvoir exorbitant et le conduit à s'immiscer dans la gestion de l'entreprise, ce qui n'est pas le rôle de l'autorité judiciaire. En outre toutes les inaliénabilités sont contraires à la sécurité des transactions, même si elles font l'objet d'une publicité. Enfin, l'inaliénabilité entraîne une rigidité peu favorable à un rapide redressement de l'entreprise.

C. *Le volet social*

1271. – *Garanties offertes aux salariés licenciés.* La continuation de l'entreprise implique souvent des licenciements, afin de réduire les frais généraux [3]. Donc autant les licenciements étaient exceptionnels au cours de la période d'observation (v. *supra*, n° 1260), autant ils s'imposent désormais comme une dure mais inéluctable nécessité.

Ces licenciements ne peuvent être envisagés, selon le droit commun, qu'après information et consultation du comité d'entreprise et de l'autorité administrative compétence (art. L. 621-64). Mais puisque ces licenciements font partie intégrante du plan, *la décision est prise par le tribunal* [4].

Deux éventualités peuvent alors se présenter :
– Ou bien les licenciements interviennent dans le mois suivant le jugement qui arrête le plan de redressement. Le paiement des indemnités résultant de la rupture des contrats est alors garanti par l'AGS, qui

---

1. Y. Guyon, *L'inaliénabilité en droit commercial*, n° 8, Mélanges A. Sayag, p. 270, 1999.
2. Derrida, Godé et Sortais, *Redressement judiciaire*, n° 337.
3. J.J. Savenier, Le plan social ; *Rev. proc. coll.* 2001, 227.
4. R. Vatinet, *Les droits des salariés face aux difficultés économiques des entreprises*, n° 37, *J.C.P.*, 1985, éd. E. II, 14546.

se retournera ensuite contre le débiteur (C. trav., art. L. 143-11-1). Les salariés sont assurés d'un paiement immédiat, ce qui n'est pas négligeable, compte tenu du montant souvent important de ces indemnités.

– Ou bien les licenciements, même prévus au plan, interviennent plus d'un mois après le jugement. Les indemnités sont à la charge du seul employeur. La situation des salariés paraît alors moins bonne. En réalité il n'en est rien. Si l'employeur ne peut pas payer les indemnités, une nouvelle procédure de redressement sera ouverte et le paiement de l'indemnité sera garanti par l'AGS comme toutes les sommes dues aux salariés avant le jugement d'ouverture.

Malgré ces garanties, le volet social du plan est généralement le point qui entraîne le plus de contestations. Certes, des mesures de reclassement ou de pré-retraites sont habituellement prévues. Néanmoins, presque toujours des salariés perdront leur emploi. On ne peut donc pas s'attendre à une attitude passive de leur part, même si les grèves et les occupations d'usine compromettent l'adoption puis la réussite du plan.

§ 2 – Voies de recours contre le jugement arrêtant le plan de continuation

1271-1. – Caractère restrictif des voies de recours. Les voies de recours posent un dilemme. D'un côté, elles sont nécessaires car une décision aussi essentielle que le jugement arrêtant ou rejetant le plan doit pouvoir être contestée. D'un autre côté, l'exercice abusif ou dilatoire des voies de recours peut compromettre le redressement de l'entreprise ou le paiement des créanciers. La loi de 1985 a opté pour une solution de compromis. Les voies de recours sont possibles, mais ouvertes dans des conditions restrictives [1].

Le jugement arrêtant ou rejetant le plan de continuation peut être frappé d'appel par le débiteur, l'administrateur, le représentant des créanciers, le comité d'entreprise et le ministère public (art. L. 623-1-2°) [2]. Cette énumération est limitative, de telle sorte que les créanciers agissant individuellement n'ont pas le droit de faire appel, même si le plan de continuation leur impose des délais démesurés. Toutefois un appel-nullité est recevable si le jugement comporte des irrégularités de forme ou de fond (v. *infra,* n° 1282). Le cas se présenterait notamment si le tribunal imposait une remise de dette à un créancier, puisqu'il n'a pas le pouvoir de le faire ou s'il ordonnait l'éviction d'un dirigeant alors que la survie de la société ne le justifie pas [3] ou encore s'il imposait aux associés de la société bénéficiaire du plan des charges qu'ils n'ont pas souscrites [4]. Il serait souhaitable d'assouplir cette réglementation en donnant un droit d'appel à tout créancier ou à tout groupe de créancier représentant au moins 15 % du passif.

---

1. P. Cagnoli, *Essai d'analyse processuelle du droit des entreprises en difficulté,* n° 383 et s., 2002.
2. Com. 15 janv. 1991, *J.C.P.,* 1991, éd. E, II, 165, note Barret.
3. Com. 24 avr. 1993, *Rev. soc.,* 1993, 648, note Y. Chaput.
4. Com. 28 févr. 1995, *D.*, 1995, 562, note G. Bolard.

Une difficulté se rencontre en cas de jugement mixte, c'est-à-dire écartant la continuation et ordonnant la cession. En effet l'appel du débiteur n'est pas recevable en matière de plans de cession (art. L. 623-6-II). La Cour de cassation fait, dans ce cas, prévaloir les règles applicables à la continuation, de telle sorte que l'appel du débiteur est recevable [1].

Un pourvoi en cassation peut être formé par les parties au litige qui avaient qualité pour interjeter appel. Mais l'appréciation du caractère sérieux du plan est souveraine [2].

§ 3 - Modification du plan en cours d'exécution

1272. – Souplesse et réalisme dans l'exécution du plan. En principe le plan de continuation s'exécute tel que prévu initialement, sous la surveillance du commissaire spécialement désigné à cet effet [3]. Toutefois une certaine flexibilité est souhaitable lorsque le plan s'exécute pendant une longue durée. Par conséquent, *le chef d'entreprise peut demander au tribunal de modifier le plan* (art. L. 621-69). Bien que la loi manque de clarté, il semble que ces modifications sont uniquement celles qui tendent à abréger ou à favoriser l'exécution du plan y compris en assouplissant les clauses d'inaliénabilité. Seules les modifications substantielles nécessitent une décision du tribunal. Les aménagements mineurs peuvent être autorisés par le commissaire à l'exécution du plan. En revanche le tribunal ne peut pas accorder au débiteur de nouveaux reports d'échéance ou imposer aux créanciers de nouveaux sacrifices.

Si le débiteur n'exécute pas ses engagements, le tribunal, peut prononcer la résolution du plan [4]. Il ouvre alors une procédure de liquidation judiciaire (art. L. 621-82). Mais si le manquement est minime et non constitutif d'une cessation des paiements, le tribunal peut sans doute se borner à un réaménagement du plan comportant, le cas échéant, un délai de grâce (C. civ., art. 1244-1). L'échéance reste la même, mais l'exécution est légèrement retardée.

Bien qu'utilisé par l'article L. 621-82 du Code de commerce, le terme résolution ne paraît pas techniquement exact, car la résolution sanctionne l'inexécution d'un contrat, alors que le plan n'a pas une nature purement contractuelle. En réalité le tribunal rétracte son précédent jugement et lui substitue une nouvelle décision, adaptée à la situation actuelle de l'entreprise [5].

---

1. V. Com. 6 mars 1990, *J.C.P.*, 1990, II, 21513, note Bolard – 22 mai 1990, *D.*, 1990, 415, note Derrida – 6 juill. 1999 : *Bull. civ.* IV, n° 123, p. 128 ; Rev. trim. dr. com., 1999, 987, note J.L. Vallens.
2. Com. 12 nov. 1997, *Bull. civ.* IV, n° 289, p. 250.
3. *Problèmes d'exécution des plans de redressement*, Petites Affiches, 16 juin 1993.
4. S. Neuville, *Le plan en droit privé*, n° 268, 1998 – J.-B. Seube, *Réflexions sur les effets de la résolution des plans dans les procédures collectives*, J.C.P., 1999, éd. E, 564.
5. V. les obs. de J.-P. Haehl, *J.C.P.*, 1989, éd. E, II, 15642.

L'inexécution du plan ne doit pas être confondue avec l'apparition de nouvelles dettes dont le non paiement provoque l'ouverture d'une nouvelle procédure collective [1].

1272-1. – *Chances de réussite d'un plan de continuation.* La continuation de l'entreprise sans changement de propriétaire ou d'associés est la moins mauvaise des solutions. Mais elle suppose la réunion de conditions que remplissent rarement les débiteurs en cessation des paiements ;

– un passif faible, ou des créanciers qui acceptent des remises de dettes ;

– une trésorerie suffisante pour payer immédiatement le super privilège des salaires et les dettes de faible importance ;

– la possibilité de continuer une exploitation en dégageant assez de bénéfices pour non seulement couvrir les frais généraux de celle-ci mais aussi apurer tout le passif antérieur, même si des délais ont été accordés par le jugement ;

– la confiance des partenaires en la compétence et en l'honorabilité du débiteur ;

– un climat social calme.

Ces divers facteurs ont peu de chance de se rencontrer sauf si l'entreprise a été victime d'événements accidentels, tels que la défaillance d'un cocontractant ou la nécessité d'exécuter un cautionnement. Au contraire, chaque fois que la cessation des paiements aura une cause plus liée au fonctionnement de l'entreprise, une autre solution devra être retenue.

SECTION II

La cession de l'entreprise

1273. – *La cession d'entreprise, innovation de la loi de 1985.* La cession globale de l'entreprise peut selon les cas, être la meilleure ou la pire des solutions. La meilleure parce que, surtout si elle intervient rapidement, elle permet de redresser l'entreprise, grâce au dynamisme, aux relations et aux moyens financiers de ses nouveaux propriétaires. La pire car elle peut favoriser des abus soit parce que le repreneur choisi par le tribunal n'est pas celui qui a fait l'offre globalement la plus intéressante, soit parce que la cession sera suivie non d'un redressement de l'entreprise mais d'une liquidation dans l'intérêt du seul repreneur, soit, enfin, parce que le repreneur est le prête-nom du débiteur que l'on voulait évincer. *Il faut souhaiter ici une totale transparence afin d'être sûr que la cession est conforme aux intérêts de tous :*

---

1. V. les obs. de B. Soinne : *Rev. proc. coll.* 1996, 449.

créanciers, salariés, cédant et bien entendu repreneur[1]. Cette transparence n'est pas parfaite tant que le cessionnaire est choisi par un tribunal de commerce, composé uniquement de commerçants. En effet on peut douter de l'objectivité de juges qui sont parfois aussi les partenaires ou les concurrents des candidats à la reprise. La présidence du tribunal de commerce par un magistrat professionnel pourrait mettre fin à ces soupçons. Elle n'est malheureusement plus envisagée.

Jusqu'à la loi de 1985, la cession globale n'était pas considérée comme une solution autonome des procédures collectives. Elle n'était pourtant pas ignorée mais pratiquée de manière empirique par le biais des *cessions à forfait* [2]. Prévue par l'article 88 de la loi du 13 juillet 1967, cette opération consistait à céder, avec autorisation du tribunal, un ensemble de biens, sans aucune garantie de valeur. La cession à forfait avait un *caractère global*, par opposition à la cession d'un bien isolé, et un *caractère aléatoire*. Elle portait sur des biens dont la valeur était impossible à déterminer, comme par exemple une usine occupée par son personnel ou un fonds de commerce dans une branche d'activité en pleine transformation [3]. Les cessions à forfait ont été pratiquées dans de nombreuses liquidations de biens. Elles ont permis de sauvegarder les branches d'activité qui étaient saines et ont donc eu des conséquences économiques favorables. Toutefois les cessions à forfait ont été aussi utilisées pour éviter les formalités des ventes publiques aux enchères. Elles masquaient alors des arrangements préjudiciables aux créanciers, car le tribunal ne choisissait pas toujours l'offre objectivement la plus intéressante.

La loi de 1985 a le mérite de faire de la cession d'entreprise une solution autonome de la procédure, au même titre que la continuation ou la liquidation (art. L. 621-83)[4]. L'idée est séduisante et habile car, *passée dans de nouvelles mains, l'entreprise a de fortes chances de retrouver sa rentabilité*. Mais afin de lutter contre les abus, la loi du 10 juin 1994 a cherché à « moraliser » les plans de cession, expression d'ailleurs curieuse puisque ces plans étant arrêtés par un tribunal il paraît difficile de les taxer d'immoralisme[5].

La cession globale peut être immédiate ou précédée d'une location-gérance (pour les cessions partielles, v. *supra*, n° 1270).

---

1. J. Lagarde-Recouvreur, *La cession dans le plan de cession*, thèse Pau, 1992 – H. Le Nabasque, *La cession de l'entreprise en redressement judiciaire*, J.C.P., 1990, éd. E, II, 15770 – J.-M. Lévy, *Contribution à l'étude de la cession de l'entreprise dans le redressement judiciaire*, thèse, Paris I, 1989. – B. Soinne, *Problématique du plan de cession d'entreprise*, Rev. proc. coll., 1989, 463.

2. Ch. Gallet, *La cession à forfait dans les procédures collectives d'apurement du passif*, Rev. jurisp. com., 1984, 41 – F. Gisser, *La cession à forfait*, J.C.P., 1984, éd. E, II, 14259.

3. Com. 12 juill. 1983, *D.*, 1983, 524, note Derrida – 6 mars 1984, *D.*, 1984, 566, note A. Honorat et D. Mas.

4. Limoges, 13 août 1986, *J.C.P.*, 1986, éd. E, II, 14794, note M. Cabrillac ; *D.*, 1987, 44, note Derrida.

5. P. Petel, *La moralisation des plans de redressements*, ds. *Les réformes du nouveau droit de l'entreprise*, p. 91.

§ 1. – Les cessions globales immédiates

1274. – La réglementation, relativement complexe, tend à s'assurer que la cession intervient rapidement, mais dans les conditions les plus favorables. Une concurrence est souhaitable entre les repreneurs potentiels et le tribunal doit, dans la clarté et la transparence, choisir l'offre globalement la plus intéressante [1].

A cette fin l'administrateur dépose au greffe un dossier indiquant les caractéristiques essentielles des actifs susceptibles d'être cédés.

A. *Conditions de la cession*

1) *Conditions de fond*

Le Code de commerce est dans ce domaine fort laconique. Néanmoins les conditions suivantes semblent nécessaires.

1275. – *Condition négative. Il faut que la continuation de l'exploitation par le débiteur ne soit pas possible.* En effet, la cession s'apparente à une saisie. L'entreprise est vendue sans l'accord de ses propriétaires. En application de l'article 1 du protocole additionnel à la Convention européenne des droits de l'homme, une mesure aussi grave ne doit intervenir que si des solutions plus respectueuses du droit de propriété sont impossibles à trouver. L'administrateur et le tribunal ne peuvent donc opter pour la cession qu'après avoir constaté que le débiteur ne peut pas ou ne veut pas continuer personnellement l'exploitation.

Toutefois cette interprétation n'est pas indiscutable, puisque l'article L. 621-57 du Code de commerce prévoit que les tiers peuvent déposer des offres d'achat dès l'ouverture de la procédure. Toute entreprise en redressement judiciaire serait une entreprise à vendre [2].

L'ambiguïté des textes oblige à compter sur la sagesse des tribunaux [3]. Ceux-ci devraient donner la préférence à la continuation sans cession, chaque fois qu'elle a des chances de réussir.

Il faut aussi que le repreneur n'agisse pas en sous-main au nom et pour le compte du débiteur, qui parviendrait ainsi, malgré une cession apparente, à conserver son entreprise (art. L. 621-57 al. 4). Cette condition est difficile à apprécier lorsque le repreneur est une société, car il faut s'assurer que celle-ci n'est pas contrôlée directement ou indirectement par le débiteur ou par une personne ayant contribué à l'ouverture de la procédure [4].

---

1. Y. Guyon, *La transparence dans les procédures collectives*, Petites Affiches, 21 avril 1999.
2. Derrida, Godé et Sortais, *Redressement judiciaire*, n° 347.
3. Com. 10 juill. 1990, *Bull. civ.* IV, n° 208, p. 243 – 9 juin 1998, *Rev. trim. dr. com.* 1998, 927, note C. Saint-Alary-Houin.
4. S. Heit, *L'interposition de personnes dans la loi de 1985*, Rev. jurisp. com., 1991, 264 – J.-F. Martin, *La cession de l'entreprise aux dirigeants ou actionnaires de la personne morale en redressement judiciaire ou à une société constituée par eux*, Gaz. Pal., 1989, doc. 711 – Com. 13 nov. 2002 ; *D.* 2003, 269, note F. Derrida.

1276. – Conditions positives. D'abord, c'est une évidence mais encore convient-il de le rappeler, *l'entreprise doit être susceptible de cession*. Cette condition n'est pas toujours remplie. Beaucoup de sociétés civiles immobilières ou d'associations ne constituent pas à proprement parler des entreprises car elles n'exercent pas d'activité économique. Dans d'autres cas, il y a bien une entreprise, mais dont les caractéristiques ne permettent pas une cession. Ainsi, beaucoup de sociétés civiles professionnelles ont une clientèle attachée à la personne des associés. Une cession brutale à un tiers, sans le concours actif des associés, ne correspondrait à rien. De même il n'existe pas à proprement parler de fonds artisanal, organisé de manière aussi cohérente que le fonds de commerce. La cession d'une entreprise artisanale en redressement judiciaire risque de se heurter à des difficultés spécifiques. Enfin, beaucoup de GIE se bornent à prolonger l'activité de leurs membres, de telle sorte qu'ils n'exploitent pas une entreprise autonome, susceptible d'être cédée isolément.

De nombreuses réglementations spéciales peuvent empêcher ou compliquer la cession.
Ainsi lorsque l'entreprise est une banque, le retrait de l'agrément administratif prévu par le Code monétaire et financier (art. L. 511-9) rend la cession impossible, sauf s'il y a une modification de l'activité [1].
Une autre difficulté se rencontre lorsque la société en redressement judiciaire appartient au secteur public, ce qui est notamment le cas des sociétés nationales (v. *supra*, n° 1112). Sa cession doit soit s'opérer en faveur d'un cessionnaire appartenant au même secteur, soit respecter les conditions prévues par la loi du 6 août 1986 sur les privatisations, si l'acquéreur est une personne de droit privé. Si l'entreprise a un objet agricole, le droit des procédures collectives déroge au statut du fermage afin de permettre la cession du bail rural (art. L. 621-84). Il reconnaît ainsi implicitement que celui-ci a une valeur patrimoniale. La cession des quotas laitiers paraît nécessiter une autorisation administrative. Enfin si l'entreprise est une station de radio ou de télévision, le cessionnaire doit être agréé par le Conseil Supérieur de l'Audiovisuel (v. la circulaire du 27 sept. 1989 qui entérine une regrettable démission de l'autorité judiciaire). [2]

Il faut aussi que le redressement de l'entreprise paraisse possible. La cession n'est pas le moyen de gagner du temps, en retardant une liquidation d'ores et déjà inévitable. Comme le règlement amiable, elle doit constituer une solution définitive. L'article L. 621-83 du Code de commerce précise d'ailleurs que la cession a pour but d'assurer le maintien des activités et de l'emploi. Mais cet objectif ne sera pas forcément atteint. La cession a un caractère aléatoire.

---

1. M. Vasseur, *L'affaire de la banque Majorel*, D., 1994, 317.
2. Cons. Etat, 11 déc. 1991, *D.*, 1992, 359, note C. Debbasch.

Une autre conception de la cession aurait été concevable. On aurait pu céder l'entreprise à un tiers, qui aurait paru plus apte que le liquidateur à obtenir le meilleur prix des éléments d'actif. Il y aurait eu une cession en vue d'une liquidation, ce qui aurait permis aux créanciers d'être payés plus rapidement et d'éviter les aléas de la liquidation judiciaire. La loi de 1985 n'a pas voulu de ces cessions-liquidations. Elle a sans doute bien fait car ces liquidations auraient été opérées dans des conditions brutales, l'acquéreur cherchant à tirer de la « casse de l'entreprise » nettement plus que ce qu'il a payé pour l'acquérir. Par conséquent les tribunaux refusent d'entériner de tels plans, qu'ils considèrent comme un dévoiement de la procédure collective [1].

Ensuite la cession doit avoir un *caractère global* (art. L. 621-84). Elle doit porter non sur des biens isolés mais sur des ensembles fonctionnels, c'est-à-dire des branches d'activité complètes et autonomes (usine, chaîne de production, etc.)[2]. On retrouve toujours la même idée : la cession tend à assurer la survie de l'outil de production et le maintien des emplois.

Cependant, malgré son caractère global, la cession peut ne pas porter sur la totalité de l'actif. Le reliquat est alors cédé isolément, à l'initiative du commissaire à l'exécution du plan, sous la surveillance du juge-commissaire (Décr. 1985, art. 104)[3]. Ce régime n'est pas satisfaisant, car il s'apparente à celui de la liquidation judiciaire, sans en être véritablement une. Lorsque le débiteur est une personne physique, la cession n'englobe pas les biens insaisissables, qui n'ont généralement qu'une valeur limitée. Mais parmi ceux-ci figure aussi l'immeuble où est installée la résidence principale du débiteur, si celui-ci a procédé à la déclaration prévue par la loi n° 2003-721 du 1er août 2003 (art. L. 526-1).

Mais, à la différence de la continuation, la cession ne porte que sur des actifs. Le repreneur redémarre sans passif. Il est seulement tenu de continuer les contrats de travail (C. trav. art. L. 122-12) et de rembourser les prêts consentis à l'entreprise pour le financement d'un bien, lorsque ces prêts sont garantis par une hypothèque ou un nantissement (V. *infra*, n° 1289).

Enfin, la cession doit être faite à des *conditions raisonnables* [4]. Elle doit permettre le redressement définitif, si possible sauvegarder les emplois et offrir aux créanciers des modalités de remboursement qui ne soient pas spoliatrices, tant en ce qui concerne les délais que le remboursement du principal. Initialement le projet de loi avait envisagé que le prix proposé par l'acquéreur soit au moins égal au passif.

---

1. Paris, 23 juill. 1992, *D.*, 1992, 491 – F. Derrida, *A propos des plans de cession d'entreprise, dévoiement*, *D.*, 1992, 301.
2. Metz, 13 févr. 1990, *D.*, 1991, Somm., 13, note Derrida.
3. Limoges 13 août 1986, précité n° 1273.
4. M. Armand-Prévost et L. Domain, *La morale dans les affaires, le plan de continuation et le plan de cession*, Rev. proc. coll., 1989, 321 ; F. Perrochon, *Halte au détournement de la cession judiciaire*, *D.*, 1990, 252.

La cession aurait permis l'apurement immédiat de la totalité du passif. Cette condition a été abandonnée, car elle aurait mis obstacle à la plupart des cessions. Le prix doit seulement être suffisant pour permettre d'apurer le passif dans des conditions acceptables [1]. Les tribunaux bénéficient sur ce point d'un pouvoir souverain d'appréciation. Il serait souhaitable que, dans un souci de moralisation des affaires, ils n'autorisent les cessions que si le prix offert permet au moins le paiement des créanciers garantis par des sûretés.

La cession est souvent décidée avant la vérification des créances. A ce stade de la procédure le passif n'est pas définitivement fixé puisque certaines déclarations pourront être rejetées (v. *infra*, p. 1313). On sait seulement que le passif ne pourra pas excéder le montant global des déclarations, sauf relevé de forclusion. Cette information suffit pour que le tribunal se prononce en connaissance de cause.

2) Conditions de forme et de procédure

1277. – *Nature juridique de la cession.* La cession est une opération originale. Elle s'apparente à un contrat, puisqu'elle suppose une offre d'achat émanant d'un repreneur [2]. Mais elle n'est pas un véritable contrat puisque cette offre n'est pas acceptée par le débiteur ou par l'administrateur mais par le tribunal. C'est une *forme intermédiaire entre la vente volontaire et la vente forcée aux enchères publiques* un engagement unilatéral, entériné par une juridiction [3]. Ce mécanisme est bien adapté à l'aliénation d'éléments complexes, pour lesquels les acquéreurs ne sont pas nombreux. En outre, ces cessions obligent à prendre en considération non seulement le prix mais d'autres éléments, comme le maintien de l'emploi, les perspectives de développement, etc. Une vente publique aux enchères aurait été inadaptée, car trop brutale, mais aurait eu l'avantage d'une plus grande transparence.

Le mécanisme est le suivant.

a) Offres d'acquisition

1278. – *Les offres elles-mêmes.* Les offres d'acquisition peuvent être faites dès le jugement d'ouverture (art. L. 621-57) [4]. Dans la procédure générale elles sont adressées à l'administrateur. En cas de procédure simplifiée, elles sont déposées au greffe (art. L. 621-140). Elles peuvent être déposées jusqu'à une date limite fixée par l'administrateur ou le juge-commissaire. Il serait souhaitable que le public ait une meilleure connaissance des entreprises susceptibles d'être cédées. Actuellement cette publicité n'est pas organisée de façon systématique, ce qui est regrettable.

---

1. Com. 26 juin 1990, *Bull. civ.* IV, n° 191, p. 130.
2. Derrida et Amalvy, *Plan de cession et vices du consentement*, D., 1988, 208.
3. Soinne, *Rev. proc. coll.*, 1991, 301.
4. C. Berger, *L'offre de reprise d'une entreprise en procédure collective*, Presses univ. Aix-Marseille, 2001.

Ces offres doivent comporter les indications suivantes, qui permettent de vérifier si elles permettront le maintien des activités et de l'emploi (art. L. 621-85) :

– *Prévision d'activité et de financement* soit par l'acquéreur soit par des banques, soit par des tiers, notamment des sociétés du même groupe que l'acquéreur. Les prévisions à court terme doivent être précises et chiffrées. Les prévisions à moyen et long terme auront un caractère seulement indicatif.

– *Prix de cession et modalités de règlement*, notamment au cas où le prix ne serait pas payé intégralement comptant, ce qui est habituellement le cas.

– *Date de réalisation de la cession.* Cette précision est surtout importante lorsque la cession est précédée par une location-gérance (v. *infra*, n° 1293). Dans le cas contraire, il y a tout intérêt à ce que la cession s'opère dès le jugement qui l'ordonne.

– *Niveau et nature de l'emploi.* Le repreneur doit indiquer s'il entend subordonner la reprise à des licenciements et comment l'emploi évoluera dans un proche avenir. La reprise peut en effet s'accompagner de l'embauche de personnel supplémentaire. Comme en matière d'activité et de financement, seules les prévisions à court terme doivent être précises.

– *Prévision des cessions d'actifs au cours des deux premières années d'exécution du plan.* L'objectif de cette indication est double : permettre au cessionnaire de vendre les biens inutiles au redressement tout en évitant que le nouveau propriétaire ne liquide l'entreprise au lieu de continuer à l'exploiter.

– *Garanties souscrites en vue d'assurer l'exécution de l'offre.* Ces garanties sont surtout nécessaires si la totalité du prix n'est pas payée comptant. Mais elles sont aussi utiles lorsque le cessionnaire n'exécute pas ses obligations, compromettant ainsi le redressement de l'entreprise.

Le juge-commissaire peut demander des informations complémentaires afin de pouvoir porter une appréciation éclairée sur l'offre faite par le cessionnaire.

Les dossiers sont instruits par l'administrateur et par le juge-commissaire, qui vérifient le caractère sérieux de ces offres. Ce travail de vérification est important et complexe. Il oblige à apprécier non seulement l'offre elle-même mais les capacités et la compétence de son auteur. Cette mission est donc plus économique que juridique.

Au cours de cette période d'instruction les offres peuvent être modifiées ou retirées (art. L. 621-57). Ainsi l'administrateur peut inciter le repreneur éventuel à compléter son offre, afin que celle-ci soit plus intéressante pour les salariés et les créanciers.

1279. – Dépôt des offres au greffe. Les offres reçues par l'administrateur sont déposées au greffe (Décr. 1985, art. 32). Mais il ne s'agit pas d'une mesure de publicité car ces offres ne sont communiquées qu'au juge-commissaire et au procureur de la République. En fait, ce dépôt permet de constater officiellement les engagements du repreneur éventuel. L'intéressé devra les exécuter tous, mais ne sera pas tenu au-delà (art. L. 621-63). Toutefois les créanciers contrôleurs sont informés du contenu des offres reçues par l'administrateur (art. L. 621-85-III). Bénéficiant ainsi d'informations privilégiées, il serait logique qu'ils ne puissent être personnellement candidats à la reprise.

On comprend qu'une confidentialité soit nécessaire tant que le délai pour déposer des offres n'est pas expiré. En effet il ne faut pas que les premiers déposants soient désavantagés par rapport aux autres candidats repreneurs qui pourraient améliorer leurs propositions en fonction des informations recueillies lors de la consultation des dossiers déjà déposés au greffe. En revanche une fois le délai expiré, une publicité paraît souhaitable, ne serait-ce que pour éviter que l'on soupçonne le tribunal d'avoir retenu l'offre qui n'était pas la plus intéressante [1].

Le décret (article 32) ajoute que l'auteur de l'offre doit également déposer au greffe les comptes de ses trois derniers exercices. Cette formalité simplifie la tâche de l'administrateur et du juge-commissaire, qui ont ainsi un dossier complet. Néanmoins le décret avait-il besoin de prévoir ce détail ?

b) Jugement se prononçant sur les offres

1280. – Appréciation globale des offres en présence. L'administrateur analyse les offres dans un rapport qu'il transmet au tribunal (art. L. 621-57).

Afin d'éviter que des repreneurs potentiels ne soient mis devant le fait accompli d'un jugement rendu dès le dépôt de la première offre, un délai de 15 jours au moins doit en principe s'écouler entre la réception d'une offre par l'administrateur et l'audience au cours de laquelle le tribunal examinera celle-ci (art. L. 621-85-1).

Le tribunal choisit l'offre qui concilie le redressement de l'entreprise, le maintien des emplois et l'apurement du passif (art. L. 621-83). On retrouve dans la combinaison de ces trois critères le rappel de la finalité trinitaire assignée aux procédures collectives par l'article L. 620-1 du Code de commerce. La conciliation sera souvent difficile et exigera des sacrifices de la part de tous les intéressés, c'est-à-dire un remboursement partiel ou différé et des licenciements. Le cas échéant le tribunal peut retenir plusieurs offres partielles qu'il combine, afin d'obtenir la structure qui assure le mieux la survie de l'entreprise. Mais s'il peut combiner les offres, le tribunal ne doit pas ce faisant imposer aux cessionnaires des charges qu'ils n'ont pas acceptées (art. L. 621-63 al. 3).

---

1. Y. Guyon, *La transparence dans les procédures collectives*, Petites Affiches, 21 avril 1999. – B. Sapin, Secret et transparence dans le redressement judiciaire : *Rev. proc. coll.*, sept. 2001, n° 35.

En tout cas le tribunal ne doit pas choisir la solution de facilité qui consisterait à retenir l'offre qui comporte le prix le plus élevé. Il doit se livrer à une *appréciation d'opportunité économique globale*, tenant compte de l'aptitude du repreneur à redresser l'entreprise et de l'intérêt de tous les partenaires [1]. Lorsque l'entreprise est importante, le parquet prendra vraisemblablement des réquisitions afin de faire connaître au tribunal la solution souhaitée par les pouvoirs publics.

Habituellement le tribunal ne prend sa décision qu'après avoir entendu les personnes qui ont déposé des offres. Mais cette formalité n'a rien d'obligatoire [2].

Une fois son choix opéré, le tribunal :
– *prend acte des engagements souscrits par le repreneur*,
– *ordonne la cession* (art. L. 621-83). Il ne la prononce pas, mais enjoint à l'administrateur de passer les actes nécessaires à la réalisation de celle-ci (art. L. 621-89). Il y a là une collaboration originale entre l'autorité judiciaire et un auxiliaire de justice. Il faut souligner une fois de plus le rôle actif du tribunal : celui-ci ne se borne plus à homologuer un concordat voté par les créanciers ou à admettre un plan de redressement élaboré par le débiteur. Il décide lui-même la cession et en organise les modalités,

Certains jugements autorisaient le cessionnaire à se substituer un tiers [3]. Cette pratique était regrettable, même si le cessionnaire initial n'est pas déchargé de ses obligations car sa personne est un élément essentiel du plan, dont le tribunal devrait conserver le contrôle. En outre les substitutions permettaient au débiteur de reprendre en sous-main la direction de son entreprise. Cette faculté de substitution ne semble plus possible puisque, depuis la loi du 10 juin 1994, l'administrateur doit garantir au tribunal que le repreneur est un tiers et non l'homme de paille du débiteur. (art. L. 621-86).

– *énumère les biens frappés éventuellement d'une clause d'inaliénabilité* (art. L. 621-92). Il faut, en effet, s'assurer que la cession ne masque pas un projet de liquidation,

Cette inaliénabilité est justifiée, mais peut aggraver la situation du repreneur. Elle doit se concilier avec l'indication donnée par le repreneur des biens qu'il entend aliéner dans les deux premières années du plan (v. *supra*, n° 1278). Il y aura par conséquent trois catégories de biens : ceux dont l'aliénation est prévue dans les deux premières années, ceux qui ont été déclarés inaliénables par le tribunal pour une durée fixée par

---

1. Com. 2 févr. 1993 : *Bull. civ.* IV, n° 41, p. 28 – Paris, 6 févr. 1987, *Rev. proc. coll.*, 1987, n° 3, p. 39, note J.-F. Martin. Trib. com., Paris 20 mai 1986, *J.C.P., 1986*, II, 20658, note Chaput. Trib. com., Antibes 11 avr. 1986, *D.,* 1986, 307, note Derrida.
2. Com. 22 mars 1988, *Bull. civ.* IV, n° 113, p. 79.
3. Com. 8 déc. 1998 : *J.C.P.*, 2000, II, 10234, note Brocard-Jeulan.

lui et une catégorie résiduelle qui ne pourra être aliénée qu'au bout de deux ans et si le prix de la cession a été payé (art. L. 621-91).

La loi de 1985 n'a prévu la nullité de la vente qu'en cas d'aliénation intervenue avant paiement intégral du prix de cession. Mais la même sanction devrait s'appliquer en cas de violation d'une autre cause d'inaliénabilités, dès lors que l'acquéreur est de mauvaise foi.

– et *détermine les contrats qui seront cédés avec l'entreprise* (v. *infra*, n° 1290).

Si aucune offre ne paraît satisfaisante, le tribunal doit ouvrir la liquidation judiciaire, sauf si une prorogation de la période d'observation est encore possible.

C'est sans doute à l'occasion des cessions que le tribunal exerce ses pouvoirs les plus importants et que certains abus se sont produits[1]. Il est néanmoins souhaitable que ce choix ne soit pas imposé, mais reflète un « consensus » aussi général que possible entre les créanciers, les salariés, le débiteur et le ministère public qui sont, à cette fin, entendus en la chambre du conseil (Décr. 27 déc. 1985, art. 86). De ce point de vue la présidence du tribunal de commerce par un magistrat professionnel serait une garantie d'objectivité dans l'exercice d'un pouvoir aussi important. En outre une meilleure motivation du jugement serait souhaitable. Mais elle peut être embarrassante, notamment si le tribunal écarte un cessionnaire dont l'offre est apparemment la plus avantageuse, mais dont la solvabilité ou l'expérience insuffisantes rendent aléatoire l'exécution du plan de cession. On comprend qu'en pareil cas le tribunal préfère faire preuve de discrétion.

La nature juridique de ce jugement est discutée. Comme le jugement de licitation, il serait gracieux, bien que faisant partie intégrante d'une opération qui a un caractère contentieux.

Une décision aussi importante ne peut pas être rendue en dernier ressort.

c) Voies de recours

1281. – Réglementation restrictive des voies de recours. Il faut ici concilier deux impératifs contradictoires[2] :

– d'une part *permettre le contrôle*, et le cas échéant l'infirmation, de décisions judiciaires aux conséquences spécialement graves. En effet les tribunaux de première instance sont sensibles aux contingences locales. Ils n'ont pas toujours le recul nécessaire pour exercer

---

1. V. un exemple donné par F. Derrida, *D.*, 1998, somm. 2.
2. F. Aubert, *La procédure des procédures collectives* : Mélanges A. Honorat, p. 8 – G. Bolard, *Heurs et malheurs des voies de recours dans les faillites*, Rev. proc. coll., 1991, 1 – L. Cadiet, *L'évolution de l'appel dans les procédures de redressement et de liquidation judiciaires des entreprises*, Rev. proc. coll., 1989, 371 – P. Cagnoli, *Essai d'analyse processuelle du droit des entreprises en difficulté*, n° 383 et s., 2002 – A. Pirovano, *La contestation du plan de cession de l'entreprise*, D., 1988, 273 – B. Soinne, *Le bateau ivre n° 7*, Rev. proc. coll., 1997, 111.

un choix objectif. On peut craindre que, même inconsciemment, ils ne donnent la préférence à un repreneur local, bien que celui-ci ne propose pas les conditions les plus avantageuses ou ne soit pas le plus apte à assurer le redressement ;

– d'autre part *ne pas laisser se prolonger un doute sur le caractère définitif de la cession* ordonnée par le tribunal. En effet tant que la cour d'appel ne se sera pas prononcée, la cession ne peut pas devenir effective. L'entreprise survivra péniblement pendant cette période d'attente et son véritable redressement sera compromis car le repreneur différera la réalisation de ses investissements tant que la situation ne se sera pas clarifiée.

La loi de 1985 a finalement opté pour un régime restrictif.

1282. – *L'appel.* Aux termes de l'article L. 623-6-II du Code de commerce, l'appel ne peut être interjeté que par :

– *Le ministère public*, dans tous les cas. Donc peu importe que le parquet agisse à la procédure comme partie principale ou comme partie jointe. Peu importe également que le jugement frappé d'appel ait admis ou rejeté la cession. Ce droit d'appel doit être approuvé, car le parquet est le mieux placé pour découvrir les abus éventuels. Par exception au principe applicable en matière de procédure collective, cet appel a un effet suspensif.

– *Le cessionnaire* en cas de rejet total ou en cas d'admission de la cession si le jugement lui impose des charges ou des engagements qu'il n'a pas souscrits [1]. C'est rappeler que la cession a un fondement contractuel lorsqu'on l'envisage du point de vue du repreneur. Celui-ci est lié par son offre, mais uniquement par elle.

– *Le cocontractant ou le bailleur* qui, à l'occasion de cette reprise, voit le repreneur substitué à son partenaire initial puisque la cession d'entreprise peut s'accompagner d'une cession de contrat (v. *infra*, n° 1290). En effet cette substitution peut inquiéter le cocontractant, notamment dans les contrats où la personne des cocontractants joue un rôle, ou bien encore lorsque la solvabilité et la réputation du repreneur sont moins bonnes que celles du partenaire initial. Mais l'appel interjeté par le cocontractant se limite à la partie du jugement qui emporte cession de contrat.

> Cette liste paraît trop restrictive, car elle ne mentionne ni le représentant des créanciers, qui a pourtant intérêt à agir si le prix de cession est trop faible, ni les candidats cessionnaires non retenus. Certains se sont demandés s'il ne serait pas possible de l'élargir par le recours à la théorie de *l'appel nullité*. Selon cette théorie il existerait à côté de l'appel de droit commun, dit appel réformation, un appel recevable, même sans texte, dans les cas où le jugement emporte excès de pouvoir ou a été rendu sans pouvoir juridictionnel ou bien encore a violé un principe essentiel de procédure,

---

1. Com. 12 févr. 1991, *Bull. civ.* IV, n° 38, p. 47.

de telle sorte qu'il n'a que l'apparence d'une décision de justice [1]. Appliquée en matière de cessions d'entreprises, cette théorie permet d'admettre l'appel de personnes qui ne sont pas visées par l'article L. 623-6 [2]. Mais encore faut-il que cet appel émane d'une partie au jugement de première instance [3]. Or tel n'est pas le cas du candidat repreneur dont l'offre n'a pas été retenue [4]. Par conséquent l'appel nullité est surtout interjeté par le débiteur et, plus rarement, par le représentant des créanciers. Cependant ceux qui ne peuvent pas faire appel peuvent intervenir à l'instance devant la cour, lorsque cette voie de recours a été interjetée par une partie ayant qualité pour le faire [5]. Enfin certains repreneurs évincés ont tenté de paralyser le jugement ordonnant la cession à l'un de leur concurrent par un référé devant le premier président (Décr. 1985, art. 155, al. 2). Ce moyen ne devrait pas être admis, lorsqu'il est exercé dans un but dilatoire.

L'appel-nullité produit les mêmes effets qu'un appel réformation. Notamment la Cour d'appel qui infirme le jugement doit elle-même statuer sur le fond [6].

Pour l'appel des jugements rejetant le plan de continuation et ordonnant la cession, v. *supra*, n° 1271-1.

Le *délai d'appel* est bref puisqu'il n'est que de dix jours à compter du prononcé du jugement lui-même s'il est interjeté par le cessionnaire ou à compter de sa notification s'il est interjeté par une autre partie (Décr. 1985, art. 157 modifié par le décret du 21 avr. 1988). Cette disposition exorbitante du droit commun souligne la nécessité de ne pas laisser longtemps planer le doute sur le caractère définitif de la cession.

Bien que dérogeant à l'article L. 623-6 du Code de commerce, l'appel nullité doit être interjeté dans le même délai que l'appel réformation [7]. Le délai d'appel du procureur général est de quinze jours (Décr. 1985, art. 157 al. 3).

La procédure est celle de l'appel à jour fixe, ce qui permet la plus grande célérité. L'arrêt au fond doit être rendu dans un délai maximum de quatre mois (Décr. 27 déc. 1985, art. 160 modifié par le décr. du 21 avr. 1988). Mais cette dernière disposition n'est assortie d'aucune sanction. En effet, la loi de 1985 avait initialement prévu que si la cour d'appel ne statuait pas dans le délai prescrit, le jugement entrepris serait réputé être confirmé. Le Conseil constitutionnel a censuré cette sanction dans sa décision du 18 janvier 1985 car cette disposition faisait supporter par l'appelant les conséquences

---

1. O. Barret, *L'appel nullité dans le droit commun de la procédure civile*, Rev. trim. dr. civ., 1990, 199 – G. Bolard, *L'appel nullité, D.*, 1988, 177 – L. Cadiet, *Sur l'appel nullité dans les prcédures collectives*, Rev. proc. coll., 1988, 1. – L. Maupas, L'appel nullité et les procédures collectives : *Rev. proc. coll.* 2002, 229.
2. Com. 25 janv. 1994, *D.*, 1994, 325, note Pasturel – 26 avr. 1994, *D.*, 1994, 543, note Derrida – 28 févr. 1995 : *Bull. civ.* IV, n° 57, p. 54.
3. Derrida, *La notion de parties dans les décisions relatives au redressement et à la liquidation judiciaire, D.,* 1989, 77.
4. Com. 22 mars 1988, *D.*, 1988, 375, note Derrida et Julien – 11 mai 1999 : *Bull. civ.* IV, n° 101, p. 81.
5. Colmar, 18 nov. 1987, *D.*, 1988, Info. rap. 22.
6. Com. 28 mai 1996, *D.*, 1997, 538, note G. Bolard.
7. Com. 14 mars 1995, *D.*, 1995, 518, note F. Derrida.

de la négligence de la cour d'appel. Cette rupture de l'égalité entre les justiciables a donc été réputée contraire à la Constitution.

En attendant l'arrêt au fond, le débiteur peut demander au premier président d'arrêter l'exécution provisoire du jugement ordonnant la cession (Décr. 27 déc., 1985, art. 155)[1].

1283. – Irrecevabilité des autres voies de recours. Les autres voies de recours sont, en principe irrecevables, afin que la cession ne puisse pas être remise en cause (art. L. 623-7).

Il en va ainsi, tout d'abord de la tierce opposition.

En second lieu un pouvoir en cassation ne peut être formé que par le ministère public[2]. Celui-ci n'agira qu'en cas de violation manifeste de la loi. Il y a là une illustration du recul du pouvoir normatif de la Cour de cassation en matière de procédure collective[3]. Mais après tout, les arrêts en matière de plan de cession tranchent plus des questions de fait que des questions de droit.

B. Effets de la cession

1284. – Réalisation de la cession. Le jugement ordonne la cession, qui est réalisée par l'administrateur et non, comme on aurait pu s'y attendre, par le commissaire à l'exécution du plan (art. L. 621-83 à 621-89). A cet effet l'administrateur passe tous les actes nécessaires à la réalisation de la cession. Le débiteur n'intervient pas, puisque la cession a un caractère forcé. Afin de hâter le redressement, l'administrateur peut, sous sa responsabilité, confier au cessionnaire la gestion de l'entreprise dès le jugement, et donc sans attendre la réalisation effective de la cession qui peut demander certains délais.

> Selon la Cour de cassation, la propriété des actifs inclus dans le plan est, sauf disposition contraire du jugement, transférée au cessionnaire à la date de passation des actes de cession[4]. Même si elle est juridiquement fondée, cette solution est regrettable en fait, car une période d'incertitude s'écoule entre le jugement ordonnant la cession et les actes qui la réalisent. Il aurait mieux valu admettre que le transfert rétroagit au jour du jugement[5].

Le jugement qui ordonne la cession totale prévoit également la clôture de la procédure, après accomplissement de tous les actes nécessaires à la réalisation de la cession (art. L. 621-95).

Les effets de cette cession doivent être examinés à un triple point de vue.

---

1. Com. 22 févr. 1994, *Bull. civ.* IV, n° 74, p. 57.
2. Com. 24 janv. 1989, *D.*, 1989, 484, note Derrida – 14 nov. 1989, *Bull. civ.* IV, n° 287 p. 194.
3. A. Perdriau, *Le contrôle de la Cour de cassation en matière de faillite*, n° 310 et 319, *J.C.P.*, 1987, I, 3288.
4. Com. 26 janv. 1993, *D.*, 1993, 205, note Derrida ; *Rev. proc. coll.*, 1993, 85, note Soinne.
5. H. Bureau, *La période intermédiaire entre l'adoption et la réalisation du plan de cession* : *J.C.P.*, 1999, éd. E, 1183,

1) Effets à l'égard de l'entreprise

1285. – *Originalité de l'opération.* La loi de 1985 parle de cession d'entreprise, expression ambiguë, car l'entreprise ne constitue pas en droit français une personne juridique. La cession paraît porter globalement sur les biens qui composent cette entreprise, c'est-à-dire notamment soit sur le fonds de commerce, soit sur l'actif social. Il en résulte deux difficultés.

D'une part la cession requiert autant d'actes qu'il y a d'éléments cédés. L'opération est intellectuellement indivisible, mais se matérialise par autant de cessions obéissant à des régimes propres qu'il y a de biens de nature différentes à transmettre (immeubles, fonds de commerce, droits de propriété industrielle, etc.). L'administrateur doit respecter les droits d'agrément ou de préemption légaux ou conventionnels, sauf s'ils sont inapplicables aux aliénations forcées [1].

D'autre part, si l'entreprise est une société, la personnalité morale disparaît. La société cédante est dissoute, dès lors que la cession est totale (C. civ. art. 1844-7). La société cessionnaire acquiert seulement des actifs. La solution est différente, de celle qui aurait résulté d'une cession des parts ou des actions. Mais le tribunal n'a le pouvoir d'ordonner celle-ci, que si les droits sociaux appartiennent à des dirigeants et non à de simples associés (art. L. 621-59 al. 2). Il serait souhaitable qu'un régime fiscal dérogatoire atténue les inconvénients de cette absence de maintien de la personnalité morale (v. *infra*, n° 1287).

> La dissolution de la société cédante aboutit à une impasse si la cession est résolue pour inexécution. Faut-il alors admettre que la société retrouve la personnalité morale ?

Enfin si le débiteur est une personne physique la cession, bien que globale, ne porte que sur les biens affectés à son activité. Les autres biens saisissables sont vendus isolément [2].

2) Effets de la cession entre les parties

1286. – *Obligations du cédant.* Le cédant, c'est-à-dire le débiteur en redressement judiciaire, n'a qu'une *obligation négative* : ne pas faire obstacle à la réalisation de la cession. Mais il n'a pas d'obligation positive, puisque la cession est ordonnée par voie de justice, dans des conditions qui rappellent celles d'une saisie. C'est l'administrateur qui, en vertu d'une habilitation judiciaire, conclut les actes nécessaires à la réalisation de la cession (art. L. 621-89).

Le cédant ne doit pas faire obstacle à la délivrance des biens au cessionnaire. La question ne se pose d'ailleurs que si, au cours de la période d'observation, le débiteur est resté à la tête de son entreprise.

---

1. Com. 31 janv. 1995, *J.C.P.*, 1995, II, 22460, note Y. Guyon.
2. Com. 22 avr. 1997, *D.*, 1998, com. 11, note F. Derrida.

Sinon lorsqu'il a été représenté par l'administrateur, il est déjà dessaisi de son patrimoine. Le transfert des biens s'opérera en dehors de lui.

Le cédant doit-il garantir le cessionnaire ? Il semble qu'il faille distinguer selon la nature de la garantie. L'article 1649 du Code civil exclut la garantie des *vices cachés* dans les ventes faites par autorité de justice, ce qui paraît être le cas ici. Cette exclusion se comprend car les cessions ont presque toujours un caractère aléatoire, compte tenu de leur aspect global et des conditions particulières dans lesquelles elles interviennent [1]. En outre la garantie serait illusoire puisque généralement le débiteur cédant n'a plus aucun bien. De même ne devraient pas s'appliquer les innombrables garanties instaurées par des lois spéciales : absence d'amiante (C. santé publique art. L. 1334-7) ou de termites (L. 8 juin 1999, art. 8) etc. En revanche la garantie contre *l'éviction* reste due. Le débiteur évincé ne doit pas tenter de reprendre la clientèle en se réinstallant à proximité. Pour éviter les contestations, l'acte de cession devra préciser le contenu de cette obligation de non-rétablissement, comme s'il y avait cession amiable du fonds de commerce [2].

Si l'entreprise cédée est une société, l'acte de cession ne peut pas mettre une obligation de non concurrence à la charge des associés ou des dirigeants sans leur consentement individuel car ils ne sont pas personnellement en redressement judiciaire [3].

1287. – *Obligations du cessionnaire*. Le cessionnaire doit :
– *signer les actes d'acquisition* ;
– *verser le prix d'acquisition* entre les mains du commissaire à l'exécution du plan dans les délais et selon les modalités arrêtées par le jugement ;

Comme le prix a été arrêté par le tribunal, le représentant des créanciers ne pourrait pas demander la rescision de la vente des immeubles en se fondant sur une prétendue lésion.

– *exécuter toutes les autres modalités de l'offre*, notamment en matière de redressement de l'entreprise et de maintien des emplois. Mais le cessionnaire n'est pas tenu de payer le passif [4].

Comme le cessionnaire ne peut se voir imposer des obligations qu'il n'a pas souscrites, le passif qui se révélerait après la cession n'est pas à sa charge (art. L. 621-63 al. 3).

Tant que le prix n'est pas intégralement payé, le repreneur ne peut pas céder les biens de l'entreprise, sans autorisation du tribunal (art. L. 621-91). On veut ainsi mettre fin à la pratique qui consistait à payer le

---

1. Com. 12 oct. 1993, *Bull. civ.* IV, n° 331, p. 238 ; *Rev. trim. dr. com.*, 1994, 559, note J.-P. Haehl – 3 mars 1998, *Bull.* IV, n° 93, p. 76 ; *Rev. trim. dr. civ.* 1998, 225, note P.Y. Gautier.
2. Guyon, *Droit des affaires*, t. I, n° 706.
3. Com. 17 mars 1998, *J.C.P.*, 1998, II, 10080, note Rémery ; *D.*, 1999, 236, note Picod.
4. Com. 30 mars 1993, *D.*, 1993, 384, note P. Le Cannu.

prix d'acquisition grâce aux plus-values réalisées sur des reventes immédiates d'une partie des actifs de l'entreprise, notamment des immeubles. Cette interdiction s'applique à tous les biens corporels ou incorporels, meubles ou immeubles [1]. Une seule exception est prévue en faveur des stocks. La violation de cette interdiction est sanctionnée par une nullité.

Il faut en conclure par « a contrario » qu'une fois le prix payé, le repreneur peut vendre les biens de l'entreprise. Toutefois afin d'éviter un dépeçage de l'entreprise, le plan peut lui imposer de ne pas aliéner certains biens, dont le maintien est nécessaire au redressement de l'entreprise et à la sauvegarde des emplois (art. L. 621-92).

Ces obligations ont un caractère personnel. Le cessionnaire ne saurait s'en décharger sur un tiers (v. *supra*, n° 1280).

Le cessionnaire doit rendre compte au commissaire à l'exécution du plan des conditions dans lesquelles il remplit ses obligations (art. L. 621-91 al. 4).

En cas d'inexécution d'une obligation quelconque le tribunal peut prononcer la résolution du plan [2]. Les biens reviennent alors au cédant, ce qui entraînera une difficulté si celui-ci est une société qui a été dissoute du fait de la cession (v. *supra*, n° 1285). La procédure applicable au cédant est rouverte et le cessionnaire est lui-même mis en redressement judiciaire si l'inexécution est constitutive de cessation des paiements.

Compte tenu de la gravité de ces conséquences, la résolution est facultative. Le tribunal peut ne pas la prononcer en cas de manquement véniel ou temporaire et se contenter de nommer un administrateur « *ad hoc* » (art. L. 621-93) ou même, semble-t-il, d'accorder un délai de grâce au cessionnaire (C. civ., art. 1244-1).

Cette souplesse dans l'application des sanctions est une nécessité. L'acte de cession ne saurait donc stipuler une clause de résiliation expresse en cas d'inexécution de ses obligations par le cessionnaire. En revanche, une clause pénale paraît licite, puisque son application est contrôlée par les tribunaux.

Enfin, le commissaire à l'exécution du plan peut demander au tribunal de modifier les conditions de la cession. Toutefois ces modifications doivent demeurer exceptionnelles et surtout ne pas diminuer globalement les garanties consenties aux créanciers et aux salariés. Notamment le prix de cession ne peut pas être diminué (art. L. 621-69 al 3).

La difficulté de trouver des sanctions idoines en cas d'inexécution devrait inciter les tribunaux à ne choisir que des repreneurs fiables et à ne pas leur accorder des délais trop longs pour payer le prix. En effet la responsabilité du cessionnaire pour inexécution fautive du plan, bien que théoriquement possible, n'aboutit le plus souvent à aucun résultat concret en raison de son défaut de solvabilité [3].

---

1. Com. 8 juin 1999 : *Bull. civ.* IV, n° 124, p. 101.
2. Aix, 29 oct. 1991, *D.*, 1992, 130, note Derrida.
3. Com. 26 oct. 1999 : *J.C.P.*, 2000, E, 563, note F. Delfour.

Le régime juridique de la cession devrait s'accompagner de dispositions fiscales de faveur [1]. Notamment le repreneur pourrait être incité à offrir un prix plus élevé s'il bénéficie par ailleurs de taux réduits pour le paiement des droits de mutation et de la possibilité de déduire de ses propres bénéfices une partie des pertes de l'entreprise rachetée. Le droit fiscal ne s'engage que timidement dans cette voie (L. 30 déc. 1992, art. 15, C. gén. impôts, art. 44, septiès al. 3) [2].

3) Effets de la cession à l'égard des tiers

Deux catégories de tiers sont intéressées par la cession globale de l'entreprise.

a) Effets à l'égard des créanciers de l'entreprise cédée

1288. – Créanciers chirographaires. Le prix de la cession sert à apurer le passif, y compris le passif à terme car désormais toutes les dettes deviennent exigibles (art. L. 621-94).

La cession est une solution moins avantageuse pour les créanciers chirographaires que la continuation. En effet elle se traduit non seulement par des délais de paiement – si le prix n'est pas payé comptant – mais aussi par des paiements partiels, lorsque le prix est inférieur au montant du passif (v. *supra*, n° 1276). Au contraire, en cas de continuation, le tribunal peut imposer aux créanciers des délais, mais non des remises. La solution est d'autant plus sévère que, sauf exception, la cession entraîne une extinction du passif qui n'a pas été payé car, après clôture de la procédure, les créanciers ne retrouvent pas leur droit de poursuite contre le débiteur (art. L. 621-95 al. 3. V. *infra*, n° 1339).

Le seul moyen d'éviter cette conséquence aurait consisté à n'autoriser les cessions que si le prix permettait d'apurer tout le passif. Cette exigence a été écartée car elle aurait empêché la plupart des cessions. La loi de 1985 a préféré des cessions, donc des redressements d'entreprises, opérées au détriment des créanciers. Mais ceux-ci pourront peut-être compenser la perte qu'ils subissent en continuant leurs relations commerciales avec l'entreprise cédée.

En cas de cession d'un fonds de commerce, les créanciers conservent-ils leur droit de surenchère (art. L. 143-13) ? Cette surenchère serait d'autant plus utile que les fonds sont souvent cédés pour la somme symbolique de 1 euro et que les créanciers ne peuvent pas contester ce prix en faisant appel du jugement ordonnant la cession. Le surenchérisseur court alors seulement le risque d'avoir à continuer les contrats de travail. La surenchère ferait ainsi échec au projet de cession. Le code de commerce souffre sur ce point d'une lacune [3]. Néan-

---

1. P. Serlooten, *Défaillance de l'entreprise (aspects fiscaux)*, n° 427.
2. CAA Nantes, 6 avr. 1999 : *J.C.P.*, 1999, E, 1642.
3. Derrida, Godé et Sortais, *Redressement judiciaire*, n° 351.

moins, malgré l'intérêt qu'elle présente pour les créanciers, la surenchère paraît exclue, afin de ne pas retarder la procédure. En effet, la cession d'une entreprise en redressement judiciaire est une opération originale, tant par son domaine, puisqu'elle peut porter sur des immeubles, que par ses modalités, puisqu'elle est ordonnée par le tribunal. Elle déroge au droit commun des cessions de fonds ou des ventes d'immeubles [1].

1289. – Créanciers titulaires de sûretés. En principe la cession emporte, dès paiement complet du prix, la disparition des sûretés spéciales grevant les biens cédés. Par conséquent les créanciers garantis par ces sûretés courent le risque de n'être payés que partiellement (art. L. 621-96).

Cette règle était injuste lorsque le créancier avait consenti un prêt en vue de l'acquisition d'un bien par l'entreprise. Ce créancier n'était pas payé... et le cessionnaire conservait le bien. La loi du 10 juin 1994 a corrigé cette iniquité en imposant au cessionnaire de prendre à sa charge les échéances futures [2]. Ce transfert au cessionnaire de la charge des sûretés ne s'opère que si le crédit garanti a été affecté au financement du bien. L'expression, qui n'est pas juridique, semble viser à la fois l'acquisition de celui-ci mais peut-être aussi les dépenses portant sur son entretien ou son amélioration. Cette affectation doit résulter sans équivoque de l'acte de prêt, ce qui exclut les avances en compte courant. Le montant des remboursements transmis au cessionnaire semble s'ajouter au prix de la cession des autres éléments, dont il serait totalement distinct [3].

La loi du 10 juin 1994 a généralisé un mécanisme applicable jusque-là au seul nantissement du matériel et de l'outillage.

b) Effets à l'égard des cocontractants de l'entreprise cédée

1290. – Régime général de transmission des contrats. Le jugement qui ordonne la cession de l'entreprise détermine les contrats qui seront transmis avec elle (art. L. 621-88) [4]. Il y a là une innovation car jusqu'ici *le droit français ne permettait pas, sauf cas exceptionnel, la cession de contrat sans l'accord de tous les cocontractants* [5]. On com-

---

1. Roblot, Germain et Delebecque, *Droit commercial*, t. II, n° 3198.
2. J.-M. Calendini, *La situation des créanciers titulaires de sûretés réelles spéciales après la loi du 10 juin 1994*, Rev. proc. coll., 1994, 501 – P. Dubois et G. Terrier, *Réflexions sur l'article 93 de la loi du 25 janvier 1985* : Mélanges Jeantin, p. 389 – B. Soinne, *Le bateau ivre n° 4*, Rev. proc. coll., 1997, 108 – B. Soltner, *Sûretés spéciales et cession d'entreprise* : Rev. jurisp. com., 1999, 381.
3. Com. 23 nov. 1993 : *Bull. civ.* IV, n° 420, p. 304.
4. Com. 16 oct. 1990, *Bull. civ.* IV, n° 241, p. 167.
5. Calendini, *La détermination des contrats cédés*, Rev. jurisp. com., n° spéc., nov. 1992, p. 110 – D. Fabiani, *Les conditions de la cession des contrats dans la loi de 1985*, Rev. jurisp. com., 1987, 41 – Y. Guyon, *Le droit des contrats à l'épreuve du droit des procédures collectives*, n° 9 : Mélanges J. Ghestin, p. 410 – Monserie, *Les contrats dans le redressement et la liquidation judiciaire des entreprises*, n° 248.

prend la raison de cette dérogation. La cession des actifs aurait risqué d'être inefficace en l'absence d'une transmission complémentaire des contrats qui permettent de les exploiter. C'est en cela que la cession d'une entreprise est plus globale et plus satisfaisante que la cession d'un fonds de commerce.

Les contrats susceptibles de cession à la demande du repreneur sont :
– le crédit-bail [1].
– les nantissements de matériel d'équipement (v. *supra*, n° 1288) ;
– les locations : il s'agit à la fois des locations de meubles et d'immeubles [2]. Certes, dans ce second cas, la cession du bail était déjà imposée au bailleur au profit de l'acquéreur du fonds de commerce (art. L. 145-16). Mais il peut arriver que le bail soit cédé à un autre que l'acquéreur du fonds. L'article L. 621-88 permet alors de réaliser cette cession sans l'accord du bailleur [3] ;
– les contrats de fourniture de biens et de services. Il s'agit non seulement des contrats d'abonnement (eau, gaz, électricité) mais des contrats d'approvisionnement les plus divers. En effet l'expression « contrat de fourniture » est suffisamment large et imprécise pour pouvoir s'appliquer à tous les contrats d'affaires, y compris ceux dominés par une certaine considération de la personne, comme la concession [4], la franchise [5], et les contrats administratifs [6].

> Obligatoire pour le cocontractant, la cession doit, en revanche, être demandée par le cessionnaire, car le tribunal ne saurait lui imposer des obligations qu'il n'a pas acceptées (art. L. 621-63). Cette rupture de l'égalité entre les parties se justifie par la nécessité de sauver l'entreprise.

La cession ne peut être ordonnée que si le contrat est en cours d'exécution et est nécessaire au maintien de l'activité de l'entreprise cédée [7]. Cette condition doit s'interpréter strictement, en ce sens que le tribunal doit rechercher si la non transmission rendrait impossible le redressement. Les autres contrats ne peuvent pas être cédés sans l'accord du cocontractant. Grâce à ces cessions, l'entreprise pourra continuer à fonctionner sans à-coups.

Le contrat se transmet tel qu'il existait au jour de l'ouverture de la procédure, nonobstant toute clause contraire [8]. Donc de même que la

---

1. Paris, 11 juillet 1986, *D.*, 1987, 55, note D. Fabiani.
2. Com. 1ᵉʳ oct. 1997, *J.C.P.*, 1997, II, 22941, note P. Remery.
3. Com. 6 déc. 1994, *Bull. civ.* IV, n° 368, p. 303 – 17 déc. 1996, *D.*, 1997, 387, note M.H. Monsérié.
4. Colmar, 13 juin 1990, *D.*, 1991, 97, note Fabiani.
5. Versailles, 23 juin 1988, *Gaz. Pal.* 1989, somm. 112 – *Contra,* Paris 15 déc. 1992, *Rev. jurisp. com.*, 1993, 151, note Martin-Serf ; *J.C.P.*, 1994, II, 22205, note P. Jamin.
6. G. Eckert, *Droit administratif et commercialité*, p. 777, thèse Strasbourg, 1994.
7. Com. 13 avr. 1999 : *Bull. civ.* IV, n° 87, p. 71.
8. Com. 17 mai 1988, *D.,* 1988, 488, note Derrida – 12 oct. 1993, *D.,* 1994, 353, note Playoust.

volonté individuelle ne peut pas mettre fin au contrat en cas d'ouverture d'une procédure de redressement (art. L. 621-28 al. 5), de même une clause contraire ne pourrait pas mettre en échec la transmission des contrats.

Par exception, en cas de bail commercial, est inopposable à l'administrateur la clause qui impose au cédant d'être solidaire du cessionnaire (art. L. 621-30). En effet on ne conçoit pas qu'une entreprise en cessation des paiements puisse se porter garant du paiement du loyer par le repreneur.

Enfin les contrats conclus au cours de la période d'observation semblent susceptibles de transmission [1].

En revanche le contrat est cédé sans les cautionnements qui en garantissaient l'exécution [2]. La solution peut surprendre puisque le cautionnement, qui est l'accessoire, devrait suivre le même sort que le contrat, qui est le principal. Elle est en réalité justifiée car l'article L. 621-88 autorise seulement la transmission des contrats conclus par le débiteur en redressement judiciaire. Or la caution est un tiers.

Le principe de la transmission globale supporte cependant une exception [3]. *Le tribunal peut imposer au cocontractant des délais de paiement*. Cette disposition est sévère pour le contractant qui, non seulement se voit imposer un changement de partenaire, mais peut être obligé de supporter des reports d'échéance dans la limite de la durée initiale du contrat cédé [4]. En outre cette faveur faite au cessionnaire est inquiétante, car si l'intéressé n'est pas en mesure de respecter les échéances initiales des contrats qui lui sont cédés, on peut douter de son aptitude à redresser l'entreprise.

Le cocontractant peut faire appel de la décision qui lui impose la cession (v. *supra*, n° 1282).

Par conséquent le partenaire de l'entreprise dont le contrat est cédé, et qui se voit imposer des délais de paiement, est moins bien traité que le créancier dont le titre est né pendant la période d'observation et qui bénéficie de la garantie de date résultant de l'art. L. 621-32 du Code de commerce (v. *supra*, n° 1251).

L'article L. 621-88 n'a pas prévu de mesure particulière de sauvegarde lorsque le cessionnaire présente moins de garanties que le cocontractant initial. Peut-être cette question a-t-elle paru incongrue car le cocontractant initial faisant l'objet d'un redressement judiciaire, on voit mal au premier abord comment les garanties offertes

---

1. Derrida, Godé et Sortais, n° 464.
2. Com. 21 nov. 1995, *J.C.P.*, 1996, II, 22635, note Jamin et Billau. – 10 juill. 2001, *D*. 2001, 2595.
3. P. Delebecque, *Le régime des contrats cédés en application de l'article 86*, Rev. jurisp. com., n° spéc., nov. 1992, p. 134.
4. Aix, 13 janv. 1988, *Rev. trim. dr. civ.*, 1988, 538, note J. Mestre ; *D.*, 1988, 283, note Fabiani.

par le cessionnaire pourraient être pires. Ici encore la loi accorde au tribunal un pouvoir important en lui confiant le soin d'apprécier l'opportunité de la transmission des contrats à la fois du point de vue de l'entreprise cédée mais aussi de celui du cocontractant.

La transmission des contrats se heurte à des obstacles quasi insurmontables lorsque le *cocontractant* est *étranger*. Certes la cession est régie par la loi française, applicable en tant que loi d'une procédure collective ouverte en France. Néanmoins le cessionnaire aura le plus grand mal à faire exécuter cette cession à l'étranger, car les tribunaux locaux auront tendance à juger que cette substitution forcée de cocontractant est contraire à leur ordre public. L'article L. 621-88 sera donc vraisemblablement un texte à usage interne.

Les contrats qui n'ont pas été cédés cessent d'être exécutés, puisque l'entreprise du débiteur cédant devient une coquille vide. Cette inexécution donne droit à des dommages-intérêts (v. *supra*, n° 1207).

1291. – Régimes spéciaux de transmission des contrats. Plusieurs contrats obéissent à un régime particulier.

D'une part la *cession des contrats de travail* est en principe imposée au repreneur (C. trav., art. L. 122-12). La cession du contrat est organisée ici en faveur des salariés et non pas en faveur de l'entreprise. Bien au contraire le redressement de celle-ci peut être compromis par l'existence d'un personnel trop nombreux et l'impossibilité de procéder à des licenciements. Pour éviter cet inconvénient, le repreneur indiquera dans son offre les emplois qu'il entend maintenir, de telle sorte que les licenciements interviendront avant la cession à l'initiative de l'administrateur et du tribunal [1]. Le repreneur pourra ainsi acquérir une entreprise « dégraissée ».

> Même si les contrats de travail sont continués, le statut collectif des salariés risque d'être remis en cause parce que la cession peut entraîner une caducité des accords collectifs et des usages de l'entreprise [2].

D'autre part, lorsqu'un bien a été financé par un *prêt spécialement affecté*, garanti par une sûreté, la charge des échéances futures est transmise au cessionnaire (v. *supra*, n° 1289).

De même encore le *bail de l'immeuble où est exploité le fonds* se transmet à l'acquéreur de celui-ci en application des règles propres aux baux commerciaux (art. L. 145-16). Mais le résultat est équivalent. Dans l'un et l'autre cas, le bailleur n'a pas son mot à dire. Il subit une substitution de locataire (v. *supra* n° 1290).

---

1. Soc., 27 oct. 1999 : *Bull. civ.* IV, n° 415, p. 305.
2. J. Savatier, *Les salariés face au transfert de leur entreprise,* dans *La transmission de l'entreprise, enjeux et perspectives,* p. 86, Litec, 1989.

Enfin la cession du bail rural est strictement réglementée, car elle constitue une exception au principe de l'incessibilité de celui-ci (art. L. 621-84 al. 3)[1]. Elle doit être ordonnée au profit soit d'abord d'un membre de la famille du bailleur, soit ensuite d'un cessionnaire proposé par celui-ci soit, à défaut, d'un repreneur choisi par le tribunal, qui doit donner la préférence aux jeunes agriculteurs. La faculté de choix du tribunal est ainsi plus limitée que dans le droit commun[2].

1292. – Conclusion. La possibilité de transmettre globalement l'entreprise et les contrats qui y sont attachés est une innovation doublement importante. D'une part elle contribue à l'élaboration de la théorie, encore nébuleuse, de l'entreprise puisque, pour la première fois, le législateur organise une cession globale qui n'est ni une cession de fonds de commerce, ni une cession de parts sociales ou d'actions. Il est regrettable que ce mécanisme ne s'applique pas aussi aux entreprises « *in bonis* ». D'autre part la loi organise aussi une transmission des contrats, ce qui est juridiquement révolutionnaire mais économiquement fondé, dans la mesure où ces contrats constituent souvent la force vive de l'entreprise.

La cession d'entreprise est par conséquent un mécanisme sur lequel on peut fonder d'assez grands espoirs. Il faut toutefois s'assurer que cette cession ne masque pas soit une liquidation opérée par le cessionnaire dans son seul intérêt soit une reprise en sous-main de son entreprise par le débiteur prétendument évincé[3].

§ 2. – Les cessions globales précédées d'une location-gérance

1293. – Régime de la location-gérance. La cession peut être précédée d'une période pendant laquelle le fonds de commerce est pris en location-gérance par le futur acquéreur. Toutefois la loi de 1985, qui est hostile à la location-gérance des entreprises en redressement judiciaire, réglemente celle-ci de manière restrictive (Sur les inconvénients de la location-gérance, v. *supra*, n° 1216).

La location-gérance n'est pas une solution autonome. Elle est le préalable de la cession et ne peut être conclue que par celui qui a promis de racheter l'entreprise aux meilleures conditions (art. L. 621-97).

La location-gérance est autorisée par le jugement qui arrête le plan. Elle peut être décidée même si le bail l'interdit (art. L. 621-97) et même si le commerçant ou l'artisan en redressement judiciaire n'exerce pas cette profession depuis au moins 7 ans et n'exploite pas le fonds depuis au

---

[1]. M. Nahoumovitch, *Le nouveau droit des entreprises agricoles en difficultés*, 246, thèse Paris I, 1990 – Rennes 31 oct. 1990, *Rev. proc. coll.*, 1991, 329, note B. Soinne.

[2]. Com. 30 nov. 1993, *J.C.P.*, 1994, II, 22248, note P. Ourliac – 1er oct. 1997, *J.C.P.*, 1997, II, 22941, note Remery.

[3]. M. Dublanche, *Morale des affaires et plan de cession*, ds. *La morale et le droit des affaires*, p. 171, Montchrestien, 1996.

moins 2 ans (art. L. 621-99). En effet ces délais applicables au droit commun de la location gérance tendent à éviter la spéculation résultant de la mise en location prématurée de fonds de commerce. Ce risque n'existe pas lorsque le titulaire du fonds est en redressement judiciaire. La location-gérance ne s'applique pas aux entreprises agricoles, où elle ne présenterait d'ailleurs pas d'utilité.

Le commissaire à l'exécution du plan surveille la bonne exécution du contrat de location-gérance. Il s'assure notamment que le gérant n'aliène pas des éléments du fonds. L'inexécution par le locataire-gérant de ses obligations entraîne deux conséquences (art. L. 621-98)[1].

– D'une part, le tribunal prononce la résiliation du contrat de location-gérance aux torts et griefs du locataire. Celui-ci sera condamné à verser des dommages-intérêts au loueur (titulaire du fonds). Le cas échéant, il sera mis en redressement judiciaire, notamment si l'inexécution révèle son état de cessation des paiements.

– D'autre part, le tribunal prononce la résolution du plan. Une nouvelle procédure de redressement judiciaire s'ouvre à l'encontre du loueur. La solution est sévère... mais inévitable. Néanmoins il aurait été préférable et plus simple de prévoir la réouverture de la procédure initiale comme en cas de résolution d'un plan de redressement ou de cession[2].

La location-gérance ne doit pas durer plus de deux ans (art. L. 621-100). Avant l'expiration de ce délai, et à la date prévue par le plan, *le locataire doit acquérir l'entreprise, dans les conditions fixées par le plan* (art. L. 621-101). S'il ne le fait pas, la *sanction* est *sévère* puisqu'il est lui-même mis en *redressement judiciaire*, sans que le tribunal soit tenu de constater la cessation de ses paiements. Il y a là une exception à la règle qui veut que la cessation des paiements soit le critère d'ouverture de la procédure de redressement judiciaire (v. *supra*, n° 1123). La rigueur de la sanction est toutefois tempérée par le fait que, au cas où le défaut d'acquisition n'est pas imputable au locataire, celui-ci peut demander au tribunal de modifier les conditions de l'acquisition autres que l'essentiel, c'est-à-dire le montant du prix (art. L. 621-101 al. 2). *La location-gérance est donc le préalable de l'acquisition définitive.*

> Le bien-fondé de cette règle n'est pas évident. Certes, sous l'empire de la loi de 1967, les locations-gérances avaient donné lieu à des abus car certains locataires vidaient l'entreprise de sa substance de telle sorte qu'à l'expiration du contrat, sa valeur était réduite à néant. Néanmoins la location-gérance était séduisante pour les repreneurs éventuels. Elle leur permettait de se familiariser avec l'entreprise avant de prendre une décision définitive. Elle constituait une période de fiançailles préparant un mariage, qui n'aurait pas lieu nécessairement. Ce délai de réflexion n'est plus possible. Lorsque la situation ne sera pas claire, les repreneurs se détourneront

---

1. Nancy, 1er avr. 1988, *Rev. proc. coll.*, 1989, 172 ; Paris, 19 oct. 1990, *Gaz. Pal.*, 1991, 4 avril, note Marchi.
2. Vallens, *La résolution du plan de redressement*, n° 14, *J.C.P.*, 1987, éd. E, II, 14979.

de l'entreprise, puisque la location-gérance leur fait prendre un engagement définitif. Une réforme du Code de commerce paraît souhaitable sur ce point.

1294. – *Nature juridique de la location-gérance.* Telle qu'elle existe dans les procédures de redressement judiciaire, la prétendue location-gérance est une institution dont la dénomination ne correspond pas à la nature juridique. En règle générale la location-gérance est un contrat à durée limitée, à l'expiration duquel le loueur reprend l'exploitation de son fonds. Au contraire, en cas de redressement judiciaire, le contrat débouche nécessairement sur une aliénation. Il s'apparente à une location-vente, encore que dans ce contrat le locataire a généralement la faculté de renoncer à l'acquisition lors de l'expiration du bail. L'opération est soit une *vente à terme*, soit une *vente avec transfert de propriété différé.*

Finalement le seul intérêt que présente la location-gérance pour le repreneur est de pouvoir bénéficier d'une modification du contrat en cas d'événements imprévus (art. L. 621-101 al. 2). Mais l'avantage est limité puisque le tribunal ne pourra pas modifier le prix que le cessionnaire s'est engagé à payer.

Par conséquent la location-gérance a perdu une partie de son intérêt et ne peut en aucun cas procurer un délai de réflexion au cessionnaire éventuel. Cette marginalisation d'une pratique ambiguë contribuera à la moralisation des plans de cession.

La continuation de l'exploitation par le débiteur et la cession de l'entreprise sont des solutions relativement favorables de la procédure. Il n'en va pas de même de la liquidation.

SECTION III

La liquidation de l'entreprise

1295. – *Autonomie de la procédure de liquidation judiciaire.* La liquidation est le constat d'un échec. L'entreprise n'a aucun avenir (art. L. 622-1 et s.) Deux des objectifs de la procédure collective ne seront pas atteints : l'entreprise disparaîtra et l'emploi ne sera pas sauvegardé. Le troisième ne le sera que de manière très partielle : le passif sera apuré, mais habituellement dans des conditions peu satisfaisantes, les créanciers ne touchant qu'une faible part de ce qui leur est dû, surtout s'ils sont de simples chirographaires.

Malheureusement cette solution est statistiquement la plus habituelle, car lorsque la procédure s'ouvre, il est souvent trop tard pour sauver l'entreprise [1].

---

1. Plus de 90 % des procédures se terminent par une liquidation et les chirographaires touchent rarement plus de 5 % du montant de leur créance (Infostat Justice n° 19, janv. 1991).

En général la liquidation est prononcée par un jugement rendu à l'issue de la période d'observation. Elle peut toutefois être décidée dès le jugement d'ouverture lorsque l'entreprise a cessé toute activité ou lorsque, dès ce moment, le redressement est manifestement impossible (art. L. 620-1 al. 3). Les voies de recours sont les mêmes que celles applicables au jugement entérinant un plan de continuation par le débiteur (art. L. 623-1-2° ; v. *supra,* n° 1271-1). Compte tenu de la gravité de cette décision un référé intenté devant le premier président de la cour d'appel permet d'obtenir la suspension de l'exécution provisoire, si les moyens invoqués à l'appui de l'appel paraissent sérieux (Décr. 27 déc. 1985, art. 155 al. 2)[1]. Il faut assimiler à un jugement de liquidation le jugement qui refuse d'arrêter un plan de continuation ou de cession, à un moment où la durée de la période d'observation est expirée.

A l'origine la loi du 25 janvier 1985 avait adopté une conception unitaire de la procédure. Simplement celle-ci, après la période d'observation, se diversifiait en deux branches selon que le redressement était ou non possible. Mais ces deux branches obéissaient à un droit commun.

Cette conception était irréaliste, car on ne peut traiter dans le même esprit et avec les mêmes techniques une procédure de redressement et une procédure de liquidation. Notamment, en cas de liquidation, la seule question qui se pose est l'apurement du passif. Mais le redressement de l'entreprise et la sauvegarde des emplois deviennent sans objet. Par conséquent la loi du 10 juin 1994 est revenue à une conception dualiste de la procédure. La liquidation judiciaire est une procédure autonome qui peut s'ouvrir sans période d'observation et dans laquelle l'ordre de paiement des créanciers n'est pas exactement le même qu'en cas de redressement (v. *supra,* n° 1252). En somme *la situation est désespérée, mais elle a au moins le mérite d'être claire.* Il s'agit désormais uniquement de *réaliser sans tarder les biens du débiteur en vue de désintéresser les créanciers.*

La liquidation porte sur tous les biens du débiteur, sans distinguer, lorsque celui-ci est une personne physique entre les biens professionnels et les biens à usage personnel ou familial. Par conséquent tous les biens saisissables sont vendus. Pour éviter cette conséquence désastreuse, une loi du 1er août 2003 permet au débiteur de rendre insaisissable l'immeuble où est installée sa résidence principale. Cette déclaration se fait par acte notarié et est opposable aux créanciers après sa mention au registre de la publicité foncière et au registre du commerce (art. L. 526-1).

On se demandera comment la liquidation se réalise et quels effets elle produit et comment elle se termine.

---

1. Com. 11 mai 1999 : *Bull. civ.* IV, n° 99, p. 80 ; Rev. trim. dr. com., 1999, 760, note J.L. Vallens.

§ 1. – La réalisation de la liquidation

Procédure en partie nouvelle, la liquidation suppose de nouveaux acteurs, qui agissent dans des conditions originales.

A. Le liquidateur

1296. – *Qualité du liquidateur.* *En principe, le jugement qui prononce la liquidation nomme liquidateur le représentant des créanciers* (art. L. 622-2). La solution est logique car la liquidation se réalise dans le seul intérêt des créanciers. La loi 85-99 du 25 janvier 1985 a tiré les conséquences de cette unité de fonction en créant une profession unique, les mandataires-judiciaires à la liquidation des entreprises. Ceux-ci commencent par représenter les créanciers. Puis, au stade de la liquidation, ils jouent un rôle plus actif en procédant à la vente des biens de l'entreprise [1].

Exceptionnellement le tribunal peut nommer liquidateur un mandataire autre que le représentant des créanciers.

> Cette substitution peut être soit une mesure de défiance envers le représentant des créanciers, soit une mesure de bonne administration de la justice. Elle devrait avoir un caractère exceptionnel car elle risque d'entraîner des retards puisque le nouveau liquidateur devra se familiariser avec le dossier.
>
> L'article L. 622-2 ne prévoit la présence que d'un liquidateur. Mais ce singulier ne paraît pas lier le tribunal. Si les conditions de la liquidation le rendaient nécessaire, notamment parce que les biens sont nombreux et dispersés, le tribunal pourrait désigner plusieurs liquidateurs.

Le liquidateur remplace le chef d'entreprise et doit commencer sans retard la réalisation de l'actif.

B. Les opérations de liquidation

1297. – *Souplesse des procédés de liquidation.* Normalement les ventes judiciaires s'effectuent aux enchères publiques. En effet, en principe, ce procédé garantit une concurrence parfaite entre les acquéreurs et permet par conséquent d'obtenir le meilleur prix. L'application de ce principe conduirait à vendre séparément, aux enchères publiques, les divers éléments d'actif de l'entreprise. La loi de 1985 n'a pas retenu un régime aussi brutal. D'une part, l'expérience montre que *les ventes aux enchères ne permettent pas d'obtenir toujours le meilleur prix* : la liberté des enchères n'est pas respectée dans tous les cas ; certains biens de nature particulière n'attirent pas un public suffisant pour que le mécanisme des enchères puisse jouer. D'autre part certaines unités de production peuvent avoir encore une certaine ren-

---

1. Soinne, *Procédures collectives*, n° 1127.

tabilité, si elles ne sont pas démantelées. La loi de 1985 permet donc de les céder globalement, reprenant ainsi la technique de la cession à forfait utilisée par la loi de 1967. Deux procédés de réalisation sont envisageables entre lesquels le juge commissaire doit choisir.

1298. – Les cessions d'unités de production. Il s'agit du cas où l'on trouve, à l'intérieur de l'entreprise en liquidation, des *unités de production rentables*, dont il convient d'assurer la survie (art. L. 622-17). Par « unité de production » il faut entendre, comme en matière d'apports partiels d'actifs, un ensemble de moyens matériels et humains permettant l'exercice d'une activité économique autonome [1].

Le liquidateur suscite des offres, propose celle qui lui paraît la plus intéressante et fait ordonner la cession par le juge-commissaire.

> L'opération rappelle les cessions partielles d'entreprises, qui peuvent être prévues par le plan de redressement. Quelques différences existent cependant entre ces deux cessions. D'une part, la cession-liquidation est plus simple en la forme : elle est décidée par le juge-commissaire et non par le tribunal tout entier (art. L. 622-17 et 621-83). L'ordonnance ainsi rendue est une mesure de juridiction gracieuse, qui peut donner lieu à un recours devant le tribunal, les autres voies de recours étant exclues (art. L. 623-4) [2]. D'autre part, l'article L. 622-17 n'a pas prévu que les cessions opérées en cours de liquidation s'accompagneraient de la transmission des contrats nécessaires au maintien de l'activité, comme en cas de cession d'entreprise prévue par un plan de redressement (v. *supra*, n° 1290) [3]. Enfin on ignore la sanction qui s'appliquerait au cessionnaire qui n'exécuterait pas ses obligations. Une résolution de la cession est difficilement concevable car l'entreprise cédante, ayant cessé d'exister, ne pourrait pas reprendre les biens. La meilleure solution consisterait sans doute à les vendre au profit des créanciers impayés. Les tribunaux devront combler ces lacunes. Cependant, d'une manière générale, les cessions d'unités de production intervenues en cas de liquidation obéissent au même régime que les cessions d'entreprises opérées en exécution d'un plan de redressement. Le point de départ est différent, mais le résultat est comparable. Dans un cas on décide de liquider, et on cède certains éléments. Dans l'autre cas, on décide de céder certains éléments et on liquide les autres. Le tribunal paraît disposer d'une faculté de choix absolue entre les deux méthodes. En effet, seul un critère quantitatif serait concevable : la cession supposerait que l'essentiel de l'entreprise est sauvegardé, la liquidation s'opérerait quand, au contraire, l'essentiel est vendu. Mais ce critère serait d'une mise en application complexe.

---

1. Paris, 27 févr. 1990, *Rev. trim. dr. com.*, 1990, 479, note Haehl.
2. Com. 20 déc. 1988, *D.*, 1989, Info. rap. 15 – V. les obs. de M. Dureuil à la *Rev. proc. coll.*, 1987, n° 3, p. 49.
3. Com. 19 déc. 1995, *Bull. civ.* IV, n° 303, p. 277 – 1er oct. 1997, *J.C.P.*, 1997, II, 22941, note P. Remery.

Par conséquent, *la liquidation ne se traduit forcément par une disparition de l'ensemble de l'entreprise* [1].

Le Code de commerce n'a pas prévu si ces cessions peuvent ou non être précédées d'une location-gérance. Une réponse négative semble s'imposer. La location-gérance suppose une continuation de l'exploitation de l'entreprise. Or celle-ci n'a pas lieu en cas de liquidation, sous réserve d'une période transitoire de trois mois (art. L. 622-10). L'acquéreur doit prendre un engagement ferme, sans pouvoir bénéficier de la révision pour imprévision prévue par l'article L. 621-120 al. 2.

1299. – Les cessions de biens isolés. Par biens isolés, il faut entendre les immeubles, les meubles corporels, notamment les stocks, le cas échéant les éléments incorporels du fonds de commerce (droit au bail, brevets et marques, etc.) et les biens personnels saisissables du débiteur lorsque celui-ci est une personne physique. Le Code du commerce fait ici encore confiance au juge-commissaire (art. L. 622-16 et 622-18)[2]. C'est lui qui, après avoir pris l'avis des créanciers, du débiteur et du liquidateur, fixe les formes de la vente.

– *Vente de gré à gré*, aux conditions fixées par le juge. Une certaine publicité serait souhaitable en ce domaine, afin d'éviter au juge la tentation de favoriser un acheteur qui n'offrirait pas les conditions les plus avantageuses. Malheureusement le décret ne prévoit rien (art. 138)[3].

– *Vente par adjudications amiables*, c'est-à-dire généralement par l'intermédiaire d'un notaire. Une surenchère sera possible.

– *Vente judiciaire*, c'est-à-dire vente aux enchères par un commissaire-priseur judiciaire ou un officier ministériel s'il s'agit de meubles, et vente à la barre du tribunal (vente dite à la bougie), s'il s'agit d'un immeuble.

La comparaison des articles L. 622-16 et L. 622-18 montre que s'agissant d'immeubles la vente judiciaire doit être en principe préférée alors que, pour les meubles, le choix du juge commissaire est libre. Cette différence est cependant assez formelle de telle sorte que le juge dispose dans tous les cas d'une liberté quasi-totale à condition de prendre la précaution de motiver son choix.

L'ordonnance du juge fixant la forme de la vente peut faire l'objet d'un appel devant le tribunal (art. L. 623-4-2°). Ce jugement n'est pas susceptible de pourvoi en cassation[4].

---

1. P. Petel, *Le redressement de l'entreprise en liquidation judiciaire* : Mélanges P. Catala, p. 903.
2. Daublon, *La loi du 25 janvier 1985 et les ventes d'immeubles*, Rep. Défrénois 1986, 817. – B. Soinne, *Les modalités de constatation et de réalisation des actifs mobiliers, fonction essentielle des juridictions consulaires et de leurs mandataires*, Rev. proc. coll., 1988, 1.
3. F. Aubert, *Les réalisations de gré à gré*, ds. *Les réalisations d'actifs dans les procédures de redressement et de liquidation judiciaires*, p. 65, CRAJEF, 1999. – Y. Guyon, *Le réalisme de la loi du 25 janvier 1985*, n° 17 : Mélanges P. Bézard, p. 319, 2002.
4. Com. 19 mars 1991, *Bull. civ.* IV, n° 106, p. 75, *D.,* 1992, somm. 89, note Derrida.

La vente opérée par le liquidateur sans l'autorisation du juge commissaire est frappée d'une nullité absolue [1].

Dans l'ensemble, la souplesse de cette réglementation doit être approuvée. *L'important est d'obtenir un prix aussi élevé que possible et donc de choisir le moyen qui permet d'atteindre ce résultat.* Cependant une amélioration de la transparence serait souhaitable. Le juge commissaire devrait indiquer pourquoi il a choisi tel mode de réalisation plutôt que tel autre, et les raisons qui ont conduit à fixer le prix demandé à l'acheteur. Enfin, en cas de vente de gré à gré, une certaine publicité devrait être effectuée afin de permettre à plusieurs acquéreurs de se faire connaître [2].

Toutefois, sous l'empire de la loi de 1985, comme dans les régimes antérieurs, *les opérations de liquidation risquent de durer longtemps.* Ces retards paraissent avoir *deux causes* :

– *d'une part* la lenteur, sinon la négligence de quelques liquidateurs, qui commencent trop tardivement la réalisation des actifs. La loi de 1985 peut sans doute apporter ici une certaine amélioration. Les liquidateurs, qui ne cumuleront plus leurs fonctions avec celles d'administrateurs, seront peut-être plus disponibles ;

– *d'autre part* la complexité même des opérations de liquidation, notamment lorsqu'il faut vendre un immeuble hypothéqué ou grevé d'autres droits réels (copropriété, usufruit, etc.). On dit souvent qu'une saisie immobilière demande dix ans. La constatation est sans doute exagérée. Mais la réalisation des immeubles est l'une des principales causes de l'excessive longueur des procédures de liquidation. Certes le créancier peut demander au juge commissaire l'autorisation de faire vendre lui-même l'immeuble, si le liquidateur n'a pas agi dans les trois mois du jugement de liquidation (art L. 622-23 et 622-16) [3]. Mais aucun délai n'est imposé au juge pour rendre son ordonnance, de telle sorte que la disposition reste trop souvent lettre morte (Décr. 27 déc. 1985, art. 125).

§ 2. – Les effets de la liquidation

Les effets de la liquidation doivent s'apprécier ici à un double point de vue : celui de l'entreprise et celui du débiteur (pour les effets à l'égard des créanciers, v. *supra* n° 1233 et *infra*, n° 1338).

A. *Effets à l'égard de l'entreprise*

1300. – L'activité de l'entreprise. En principe, l'exploitation est arrêtée dès que le tribunal prononce la liquidation (art. L. 622-10). La

---

1. Com. 27 oct. 1998, Bull. civ. IV, n° 259, p. 215.
2. Y. Guyon, *La transparence dans les procédures collectives*, n° 13, Petites Affiches, 21 avril 1999.
3. Com. 28 mai 1991, *D.*, 1991, somm. 333, note A. Honorat.

solution est logique. Puisque l'entreprise doit disparaître, il est inutile d'augmenter le déficit d'exploitation en la maintenant en survie artificielle pour une durée limitée.

Le liquidateur doit commencer immédiatement à vendre les biens et à licencier les salariés. Il doit cependant informer et consulter l'autorité administrative et les représentants du personnel (art. L. 622-1 al. 2). Ce formalisme est inutile. A ce stade, les licenciements sont inévitables et c'est au cours de la période d'observation que des mesures de reclassement du personnel ont pu être envisagées.

Toutefois le maintien de l'activité est possible, à titre exceptionnel, et dans des conditions restrictives : *le tribunal ne peut l'autoriser que si l'intérêt public ou celui des créanciers l'exige.* Les deux conditions sont alternatives et non pas cumulatives. L'intérêt public est une notion large, qui peut couvrir le cas où l'activité serait maintenue à seule fin d'étaler les licenciements dans le temps. En revanche l'intérêt du débiteur n'a pas été pris en considération.

L'exploitation est continuée par l'administrateur, qui demeure en fonctions à cette fin.

La loi de 1985 a pris deux précautions afin que le maintien de l'activité, en principe exceptionnel et temporaire, ne se transforme en une survie prolongée d'une entreprise moribonde :
— D'une part le maintien de l'activité ne doit pas dépasser deux mois, éventuellement prolongés de deux autres mois à la demande du seul ministère public (Décr. 1985, art. 119-2). Cette disposition n'est assortie d'aucune sanction spécifique. On peut donc se demander ce qu'il interviendra si l'exploitation continue au-delà de ce terme. Certes l'administrateur n'aura théoriquement plus aucun pouvoir. Il demeurera néanmoins le mandataire apparent ou le dirigeant de fait de l'entreprise si l'erreur du tiers est légitime. Ainsi des situations ambiguës risquent de se présenter en cas de prorogation indue. Lorsqu'il s'agit d'une exploitation agricole, le délai peut être prolongé jusqu'à la fin de l'année culturale.
— D'autre part l'activité doit être continuée pour les seuls besoins de la liquidation. Cette condition, qui figurait dans la rédaction originaire de la loi de 1985, n'a pas été reprise par la loi de 1994. Elle s'impose néanmoins pour assurer l'exécution correcte du jugement de liquidation. Elle est calquée sur celle utilisée à propos des sociétés dissoutes, qui conservent la personnalité morale pour les besoins de leur liquidation (C. civ., art. 1844-8, al. 3). Elle se heurtera aux mêmes difficultés d'interprétation, car il est malaisé de distinguer entre les opérations nouvelles, qui ne doivent pas être entreprises, et les opérations en liaison avec la liquidation, qui sont au contraire régulières.

Une continuation imprudente de l'exploitation peut générer un passif. Celui-ci doit être payé par priorité, car il s'agit d'un passif postérieur, assimilable à celui qui a pris naissance pendant la période d'observation (art. L. 622-10 al. 1 – V. *supra*, n° 1247)[1]. Si l'actif de l'entreprise est insuffisant, les créanciers impayés pourraient alors intenter une action en responsabilité contre l'administrateur[2] et peut-être même contre le juge-commissaire, coupable d'avoir lourdement manqué à son devoir de surveillance[3].

1301. – La structure de l'entreprise. *Si le débiteur est une personne physique, la liquidation ne met pas fin à l'entreprise* car le fonds de commerce ou le fonds artisanal ou rural n'a pas d'existence autonome. Le débiteur conserve un patrimoine (contenant), même si son contenu est vide[4]. Sauf cas de faillite personnelle, le débiteur a également la faculté d'entreprendre une nouvelle activité.

Si le débiteur est une société, la liquidation judiciaire entraîne sa dissolution, car celle-ci ne constitue plus qu'une coquille vide (C. civ. art. 1844-7)[5]. Bien que non prévue expressément par un texte, la dissolution paraît aussi devoir s'appliquer aux G.I.E. et aux associations car la liquidation entraîne une extinction de leur objet.

Cette disposition, justifiée dans son principe, entraîne une conséquence inattendue en matière de société uni-personnelle si l'associé unique est une personne morale. En effet la dissolution de ces sociétés entraîne la transmission universelle du patrimoine de la société à cet associé, sans qu'il y ait lieu à liquidation (C. civ. art. 1844-5 al. 3 modifié par la loi du 15 mai 2001). Par conséquent l'associé est désormais tenu personnellement du passif impayé… ce qui prive le recours à ces sociétés de toute utilité. Une différence subsiste toutefois car l'intéressé n'est pas personnellement mis de plein droit en redressement judiciaire (v. *supra*, n° 1103). Mais ce n'est pas nécessairement un avantage, car il ne bénéficie pas de l'extinction du passif provoquée par la clôture de la liquidation (v. *infra*, n° 1339).

La société étant dissoute est désormais représentée par un liquidateur au sens de l'article 1844-8 du Code civil, dont les fonctions ne se confondent pas avec celles du liquidateur nommé en exécution de la loi de 1985. Cette dualité d'organes entraîne de nombreuses difficultés[6].

La société est radiée d'office du registre du commerce à dater de la clôture de la procédure (Décr. 30 mai 1984, art. 42)[7].

---

1. Com. 20 févr. 1990, *D.*, 1991, somm. 3, note F. Derrida.
2. Y. Guyon, *Le nouveau régime de la responsabilité des administrateurs judiciaires*, n° 15, *Rev. proc. coll.*, 1988, 164 – Soinne, *Rev. proc. coll.*, 1996, 360.
3. V. Com. 18 avr. 1989, *Bull. civ.* IV, n° 120, p. 81.
4. Pour les éventuelles mesures d'assistance envers les débiteurs dans la gêne, v. Rép. minist. 14 sept. 1987, *J.C.P.,* 1987, éd. E, II, 15046.
5. V. les obs. de B. Soinne, *Rev. proc. coll.,* 1989, 185.
6. Com. 17 juill. 2001, *Rev. soc.* 2002, 52, note B. Saintourens ; Paris 7 mars 2003, *D.* 2003, 1038, note A. Lienhard. – B. Dureuil, *La représentation des sociétés déclarées en liquidation judiciaire ou frappées d'un plan de cession totale* : Mélanges A. Honorat, p. 99.
7. Rép. min., 19 déc. 1991, *J.C.P.,* 1992, éd. E, pano. 271.

B. Effets à l'égard du débiteur

1302. – Nécessité d'un dessaisissement. Le jugement qui prononce la liquidation entraîne de plein droit le *dessaisissement du débiteur*. Celui-ci est désormais représenté par le liquidateur (art. L. 622-9). La solution est différente de celle intervenue pendant la période d'observation, où le dessaisissement un caractère exceptionnel, parce qu'il constitue une mesure d'indisponibilité blessante pour le débiteur et déconcertante pour la clientèle (v. *supra*, n° 1214).

On comprend ce changement d'attitude. Désormais la survie de l'entreprise est exclue. *Aucun motif ne justifie plus que le débiteur demeure peu ou prou à la tête de son entreprise et en relation avec ses partenaires.* Bien au contraire, sa présence peut être un obstacle aux mesures de liquidation. Mieux vaut l'écarter et que son patrimoine soit désormais administré par le liquidateur [1].

La loi de 1985 renoue ici avec les solutions retenues par la loi de 1967 en cas de liquidation des biens. La seule différence est que le dessaisissement ne commence pas dès le début de la procédure, mais seulement lors du prononcé de la liquidation.

On examinera le domaine et les effets de ce dessaisissement, qui n'est pas une incapacité ou une sanction mais une mesure de sûreté [2].

1) Domaine du dessaisissement

1303. – Le principe de la généralité du dessaisissement. *En principe, le dessaisissement a une portée générale.* Il s'applique à tout le patrimoine du débiteur, l'empêchant d'accomplir valablement tous les actes d'administration et de disposition. Cette généralité est la condition d'efficacité de l'institution et constitue une conséquence du droit de « gage » dont jouissent les créanciers sur l'ensemble des biens de leur débiteur (C. civ., art. 2092 et 2093).

1) Le dessaisissement atteint à la fois :
– *les biens présents*, c'est-à-dire ceux qui figurent dans le patrimoine du débiteur au jour du jugement ouvrant la procédure, sans qu'il y ait lieu de distinguer entre les biens affectés à l'exploitation et les biens personnels, y compris les biens communs, ce qui entraîne des difficultés (v. *supra*, n° 1240-1).

> Par conséquent la procédure collective entraîne la saisie, dans les mêmes conditions, de tous les biens du débiteur sauf si celui-ci a demandé à bénéficier de l'insaisissabilité de son logement en application de la loi n° 2003-721 du 1er août 2003 (art. L. 526-1). Au contraire, en cas de saisie individuelle, le débiteur, personne physique peut demander que l'exécution forcée porte en priorité sur ses biens professionnels (L. 11 févr. 1994, art. 47, III).

---

1. M.-N. Legrand, *Les pouvoirs du débiteur dessaisi*, Rev. proc. coll., 1991, 11.
2. Com. 22 mars 1960, *Bull. civ. III*, n° 112, p. 102.

Une exception est cependant prévue en faveur des agriculteurs. Le tribunal peut, en considération de la situation personnelle et familiale de l'exploitant, lui accorder un délai de grâce pour quitter sa maison d'habitation principale (art. L. 622-16 dernier alinéa).

– *les biens à venir*, c'est-à-dire ceux qui peuvent échoir au débiteur par donation ou succession. Donc si un cohéritier est en liquidation judiciaire, le liquidateur doit exercer l'option successorale et participer aux opérations de partage. Sinon celles-ci seront irrégulières.

Le commerçant n'a pas deux patrimoines dont l'un, le patrimoine personnel et familial, échapperait aux créanciers. Il ne peut écarter ce risque qu'en constituant une société anonyme ou une SARL.

En revanche les biens du débiteur situés à l'étranger échappent en partie au dessaisissement car, en règle générale, un jugement ouvrant une procédure collective dans un Etat n'est pas exécutoire à l'étranger tant qu'il n'a pas reçu « l'exequatur »[1]. Le débiteur a donc tout le temps de dissimuler les actifs qu'il détient à l'étranger.

2) Général quant aux biens, le dessaisissement s'applique également, en principe, à tous les *actes* que peut conclure le débiteur.

Par conséquent celui qui devient créancier en exécution d'un *contrat* conclu avec le débiteur agissant seul après le jugement de liquidation judiciaire non seulement ne bénéficiera pas de la priorité de paiements accordée aux créanciers postérieurs par l'article L. 621-32 du Code de commerce mais ne pourra pas concourir avec les créanciers antérieurs.

De même les *paiements faits par le débiteur* devront être remboursés.

Le dessaisissement fait obstacle aux *aliénations*. Le bien vendu reste compris dans l'actif ou doit être restitué s'il a déjà été livré.

Enfin, toujours à cause du dessaisissement, *les obligations résultant de délits ou de quasi-délits commis par le débiteur après le jugement ouvrant la procédure ne peuvent être exécutées sur son actif* [2].

> La solution peut se justifier pour les obligations délictuelles puisque celles-ci supposent une manifestation de volonté. Elle est moins explicable pour les obligations quasi délictuelles. Par exemple, si le débiteur, que l'on suppose non couvert par une assurance, cause un accident, on ne voit pas pourquoi la réparation due à la victime passe après le paiement des créanciers. Toutefois les condamnations prononcées contre le débiteur après le jugement mais pour des faits antérieurs sont opposables aux autres créanciers. La victime produira à la procédure et sera remboursée dans les mêmes conditions que les autres créanciers antérieurs à l'ouverture de la procédure[3].

3) Général quant aux biens et aux actes, le dessaisissement s'applique aussi, en principe, aux *actions en justice*, tant en demande qu'en

---

1. Civ[1] 24 mars 1998, *J.C.P.*, 1998, II, 10155, note E. Kerckhove.
2. Com. 15 juin 1966, *D.*, 1966, 616.
3. Com. 28 avr. 1966, *D.*, 1967, 82, note Honorat.

défense. L'acte de procédure accompli par le débiteur seul est frappé d'une irrecevabilité d'ordre public [1]. Les instances en cours sont interrompues et doivent être reprises par le liquidateur ou à son encontre [2].

Le créancier n'ayant pas plus de droits que son débiteur dessaisi ne peut pas agir à la place de celui-ci en exerçant une action oblique [3].

Malgré sa généralité, le dessaisissement ne doit pas aboutir à la réduction en esclavage du débiteur. Celui-ci conserve donc une certaine sphère d'autonomie.

1304. – *Les exceptions au principe de la généralité du dessaisissement.* Ces exceptions sont nombreuses et assez disparates.

1) *Echappent tout d'abord au dessaisissement les biens qui ne font pas à proprement parler partie du patrimoine du débiteur.*

Par exemple, si le débiteur qui avait contracté une *assurance sur la vie*, décède au cours de la procédure, le capital est tout de même versé au bénéficiaire. En effet le capital est réputé acquis au bénéficiaire dès le décès, sans passer par le patrimoine de l'assuré (C. ass., art. L. 132-8).
De même, si le débiteur est un entrepreneur principal qui a sous-traité une partie du marché dans les conditions prévues par la loi du 31 décembre 1975, la liquidation judiciaire ne fait pas obstacle au paiement direct du sous-traitant par le maître de l'ouvrage (v. *infra*, n° 1357). En effet, bien que le sous-traitant soit un tiers par rapport au maître de l'ouvrage, les sommes qui correspondent aux travaux qu'il a effectuées ne transitent pas par le patrimoine de l'entrepreneur principal en liquidation judiciaire.

2) *Le dessaisissement ne s'applique pas non plus aux actes qui, par nature, ne peuvent pas porter un préjudice aux créanciers.* En effet le dessaisissement n'est pas une sanction mais une mesure de sûreté. S'il ne présente pas d'utilité pour la sauvegarde du gage des créanciers, il n'a pas de raison d'être. Il en résulte trois conséquences principales.

– *Malgré le dessaisissement le débiteur peut accomplir seul des actes conservatoires.* Ces actes ne présentent aucun danger pour les créanciers. Bien au contraire, ils contribuent à la sauvegarde de leur gage.

Le débiteur peut par conséquent interrompre une prescription, faire dresser un protêt, ou même, bien que la question soit discutée, interjeter appel d'une décision le condamnant. Toutefois le liquidateur doit alors être associé à la procédure [4]. La même faculté semble appartenir aux

---

1. Com. 14 mars 1995, *D.*, 1995, 373, note Derrida – Perdriau, *Les conséquences du règlement judiciaire ou de la liquidation des biens sur l'instance en cassation*, *J.C.P.*, 1984, I, 3134.
2. Civ. 2, 6 mars 1991, *Bull. civ.* II, n° 78, p. 43 ; *D.*, 1992, somm. 88, note Derrida.
3. Com. 3 avr. 2001, *D.* 2001, 1728.
4. Com. 9 juill. 1980, *Rev. trim., dr. civ.*, 1981, 217, note Perrot.

créanciers agissant par la voie de l'action oblique, en cas d'inaction de l'administrateur et du liquidateur.

– *Le dessaisissement ne s'applique pas aux biens insaisissables* [1]. En effet le dessaisissement s'apparente à une saisie collective, tendant à immobiliser les biens affectés à la garantie des créanciers. Il n'a aucune raison de s'appliquer à des biens qui ne pourront pas être vendus à leur profit.

Ces biens sont essentiellement les meubles meublants à usage familial, les créances alimentaires, les rentes d'accident du travail et les traitements et salaires selon les proportions fixées par la loi (L. 9 juill. 1991, art. 14 – Décr. 31 juill. 1992, art. 39). Cette insaisissabilité se justifie par des raisons d'humanité.

En revanche, lorsqu'un immeuble, propriété du débiteur, sert au logement de sa famille, les droits des créanciers passent avant le régime particulier de protection du logement familial sauf si le débiteur a demandé à bénéficier de l'insaisissabilité prévue par la loi n° 2003-721 du 1er août 2003. La vente forcée est donc possible, sans le concours du conjoint (v. *supra*, n° 1303 pour l'exploitation agricole) [2]. *De même, si le débiteur victime d'un accident corporel a droit à une indemnité, celle-ci doit être versée aux créanciers* [3]. La solution est choquante.

– *Malgré le dessaisissement le débiteur conserve le droit de conduire librement et seul sa vie personnelle.* Les droits des créanciers ont un caractère purement pécuniaire. Ils ne débordent pas sur la vie privée du débiteur. Cette restriction n'est d'ailleurs pas propre aux procédures collectives. On la rencontre aussi à propos de l'action oblique puisque les créanciers ne peuvent pas se substituer au débiteur pour l'exercice des droits et actions exclusivement attachés à sa personne (C. civ., art. 1166).

Notamment, malgré le dessaisissement, le débiteur peut se constituer partie civile, mais uniquement dans le but d'établir la culpabilité de l'auteur de l'infraction dont il a été victime. Mais le débiteur, agissant seul, ne peut pas, en principe, demander des réparations civiles (art. L. 622-9 al. 2) [4].

Ce cas mis à part, le législateur n'a rien prévu. Ce sont les tribunaux qui, sous l'empire de la loi de 1967, ont dû définir les droits ou les actions attachés à la personne du débiteur. Cette jurisprudence conserve son intérêt.

En effet, même les actes les plus personnels peuvent produire des conséquences pécuniaires qui ne sont pas indifférentes aux créanciers. En se mariant ou en reconnaissant un enfant naturel, le débiteur accroît ses charges. En se défendant mal lors de poursuites pour blessures par

---

1. Com. 11 juill. 1995, *Bull. civ.* IV, n° 209, p. 195.
2. Civ. 3, 12 oct. 1977, *D.*, 1978, 333, note Chartier.
3. Ass. plén., 15 avr. 1983, *D.*, 1983, 461, note Derrida, conclusions Dontewille ; *J.C.P.*, 1984, II, 20126, note Y. Chartier.
4. L. Boré, Capacité pour agir et se défendre devant le juge pénal : n° 32, *J.C.P.*, 2002, I, 179.

imprudence, il s'expose au versement de dommages-intérêts à la victime, etc. La jurisprudence établit une hiérarchie des valeurs. Le débiteur peut agir seul, même si l'acte produit des conséquences pécuniaires, chaque fois qu'il intéresse d'abord sa personne (mariage, divorce, etc.), son honneur (défense devant les juridictions répressives), ou ses moyens d'existence. Ainsi le débiteur pourra introduire seul une demande de pension alimentaire. Il pourra aussi se défendre seul à une action tendant à l'expulser de son logement [1]. Au contraire l'intervention du liquidateur est nécessaire pour les actions en séparations de biens ou en homologation de partage de communauté [2].

Mais l'hésitation reste possible pour d'assez nombreux actes qui ont à la fois un aspect personnel et des conséquences pécuniaires [3].

Pour la même raison, *le débiteur peut entreprendre librement une nouvelle activité professionnelle*. Il n'a besoin d'aucune autorisation.

La solution est évidente en cas *d'activité salariée*. En effet les revenus produits par cette activité sont des biens à venir, qui viennent grossir le gage des créanciers (dans la mesure où ils sont saisissables) et améliorent donc les conditions de remboursement. En outre une activité salariée ne peut pas aboutir à une diminution de l'actif existant.

Mais la même liberté se rencontre si le débiteur veut accomplir une *nouvelle activité commerciale*. Certes cette faculté d'établissement est la conséquence du principe de la liberté du commerce et de l'industrie. Elle risque cependant d'entraîner des difficultés. D'une part, l'activité devra être interrompue si le débiteur est frappé de faillite personnelle. D'autre part, en cas de nouvelle cessation des paiements, le débiteur sera soumis à une nouvelle procédure de redressement judiciaire, dont la combinaison avec la première nuira aux intérêts des premiers créanciers.

Il serait préférable de décider, même si la règle est sévère, que le débiteur ne peut pas entreprendre un nouveau commerce tant que la procédure est en cours. Le droit positif parvient déjà indirectement à ce résultat, car le débiteur trouvera difficilement du crédit. En effet, tant que la liquidation n'est pas terminée, le juge commissaire peut autoriser seulement les emprunts nécessités par la poursuite de l'activité et non ceux destinés à financer une activité nouvelle (art. L. 622-10 al. 1).

Le débiteur conserve également les mandats sociaux qu'il exerçait dans d'autres sociétés, sauf si l'exercice de ceux-ci lui est interdit au titre d'une sanction personnelle (V. *infra* n° 1414) [4].

---

1. Com. 29 janv. 1980, *Bull. civ.* IV, n° 44, p. 34 ; *Rev. trim. dr. civ.*, 1983, 799, note Perrot.
2. Com. 26 avr. 2000 : *Bull. civ.* IV, n° 81, p. 71.
3. V. par ex. à propos d'une option successorale, Com. 18 mai 1976, *D.,*, 1978, 566, note Fadlallah, ou d'une clause d'inaliénabilité, Civ. 1, 10 juin 1990, *Rev. trim. dr. civ.*, 1991, 580, note Patarin ou d'une action en réparation d'une atteinte à la réputation, Paris, 16 oct. 2000 : *D.*, 2001, 1167, note J. Ravanas.
4. Com. 27 nov. 2001, *D.* 2002, 92, note A. Lienhard.

3) *Enfin, malgré le dessaisissement, le débiteur continue de participer à la procédure collective.* Il peut notamment exercer seul les voies de recours contre le jugement qui prononce la liquidation (art. L. 623-1-2°).

A ces exceptions juridiques au dessaisissement viennent s'ajouter des *tempéraments de fait*. Les patrimoines comprennent souvent des biens faciles à dissimuler, comme la monnaie. Certes ceux-ci auraient dû être remis à l'administrateur dès le début de la période d'observation (v. *supra*, n° 1200). Mais les débiteurs peu scrupuleux s'abstiennent de donner suite à cette demande. La menace des déchéances de la faillite personnelle (sanctions civiles) ou des peines de la banqueroute (sanctions pénales) ne suffit pas à les effrayer. Trop de débiteurs continuent de vivre dans l'opulence, alors que les créanciers ne sont pas payés.

2) Effets du dessaisissement

1305. – Représentation du débiteur. Dés le jugement ordonnant la liquidation, le débiteur est représenté par le liquidateur (art. L. 622-9). Cela signifie que *désormais le liquidateur ou l'administrateur agit à la place du débiteur* qui ne participe ni aux opérations de liquidation ni, le cas échéant, à la continuation temporaire de l'exploitation. En effet la représentation aboutit à l'éviction complète du représenté, pour tout ce qui concerne la conclusion des actes juridiques et l'exercice des actions en justice. Elle provoque un dessaisissement au sens plein du terme. Le liquidateur a désormais les pouvoirs et la responsabilité d'un chef d'entreprise [1].

Cette mesure radicale a un caractère obligatoire. Contrairement aux règles applicables pendant la période d'observation, le tribunal n'a ici aucun pouvoir d'appréciation et ne peut pas ordonner une simple mesure de surveillance ou d'assistance (v. *supra*, n° 1302).

3) Sanctions des règles applicables au dessaisissement.

1306. – Inopposabilité. Le Code de commerce n'a pas précisé la sanction applicable lorsque le débiteur continue d'agir malgré le dessaisissement. Les actes ainsi accomplis sont irréguliers, mais on peut hésiter sur la nature de la sanction encourue.

S'agit-il d'une nullité ou d'une simple inopposabilité aux créanciers ? La Cour de cassation juge qu'il s'agit d'une inopposabilité [2]. Par conséquent le débiteur demeure personnellement tenu d'exécuter l'acte s'il revient à meilleure fortune. La solution est conforme à la morale mais se concilie mal avec la nullité qui sanctionne les actes dont l'accomplissement est toujours interdit au cours de la période

---

1. Soc. 24 janv. 1989, *Bull. civ.* IV, n° 53, p. 31 – O. Playoust, *Le chef d'entreprise*, p. 833, thèse Lille, 1991.
2. Com. 23 mai 1995, *D.*, 1995, 413, note F.D. – 26 avr. 2000 : *Bull. civ.* IV, n° 81, p. 71.

d'observation (art. L. 621-24 al. 4 – V. *supra*, n° 1212). La bonne foi du co-contractant n'a pas à être prise en considération[1].

D'une manière générale, les difficultés en matière de dessaisissement paraissent moins grandes que sous l'empire de la loi de 1967. En effet le dessaisissement dure moins longtemps et surtout intervient alors que la procédure est déjà ouverte depuis un certain temps. La période d'observation sert ainsi de transition entre la situation antérieure au jugement d'ouverture, caractérisée par une plénitude de pouvoirs et le dessaisissement total résultant du jugement de liquidation.

1307. – Autres effets à l'égard du débiteur. A part le dessaisissement, la liquidation judiciaire n'entraîne pas, en principe, d'autres effets à l'égard du débiteur car, à la différence de la faillite personnelle, elle n'est pas la sanction de fautes commises par celui-ci (v. *infra*, n° 1407). Elle est seulement la constatation objective de l'impossibilité d'un redressement.

Cependant une certaine suspicion continue de s'attacher aux débiteurs en liquidation, car ils ont généralement perturbé la sécurité des affaires en laissant un passif impayé. Les intéressés sont par conséquent exclus de la conclusion des marchés publics (Décr. 26 mars 1993, art. 5) et le jugement de liquidation est inscrit au casier judiciaire (C. pr. pén., art. L. 768).

En revanche le Code de commerce n'a pas repris l'interdiction faite au débiteur en liquidation d'exercer une fonction publique élective (L. 25 janv. 1985, art. 194). Une mesure aussi laxiste ne semble guère de nature à assurer une bonne gestion des deniers publics. Toutefois le débiteur en redressement ou en liquidation judiciaire n'est pas éligible aux fonctions de magistrat consulaire (C. org. jud. art. L. 413-3)[2].

§ 3. – La clôture de la liquidation

1308. – Les trois modes de clôture. La liquidation judiciaire peut prendre fin de trois manières.

Le plus souvent elle se termine sans que les créanciers aient été payés en totalité. Si la procédure a été jusqu'à son terme on parle de *clôture avec insuffisance d'actif*. La mission du liquidateur prend fin et le débiteur retrouve le libre exercice de ses droits[3].

Il arrive aussi que la procédure prenne fin prématurément parce que les fonds disponibles sont insuffisants pour permettre de couvrir les frais, notamment les honoraires du liquidateur. C'est la *clôture*

---

1. Com. 2 avr. 1996, *Bull. civ.* IV, n° 103, p. 88.
2. Civ.[2], 10 oct. 2002, *D.* 2002, 3079.
3. Com. 17 oct. 2000 : *Bull. civ.* IV, n° 155, p. 139. – Civ.[2], 17 oct. 2002 : *Rev. soc.* 2003, 154, note P.M. Le Corre.

pour insuffisance d'actif (art. L. 622-32). Ses effets sont les mêmes que dans le cas précédent. La procédure peut être rouverte, si des actifs ont été dissimulés (art. L. 622-34). Mais, dans le cas général, le débiteur est déchargé du passif impayé (v. *infra*, n° 1339).

Plus exceptionnellement la procédure peut prendre fin parce que tout le passif a été payé (art. L. 622-30). On parle alors de *clôture pour extinction du passif exigible* [1]. Cette éventualité se produit rarement, car si tout le passif peut être payé, l'entreprise est presque toujours susceptible de redressement, de telle sorte que le tribunal n'ordonne pas la liquidation mais arrête un plan de continuation ou de cession. Même dans ce cas, la société dissoute ne renaît pas.

1309. – Conclusion. Il est difficile de savoir si la loi de 1985 permet, mieux que celle de 1967, un traitement rationnel des entreprises en difficultés.

Trois éléments peuvent être inscrits à l'actif de la loi nouvelle.

D'une part, *le choix de la solution définitive est mieux éclairé*. Dès lors qu'un redressement paraît possible, ce choix intervient après une période d'observation et non pas dans l'incertitude et la précipitation qui suivent l'ouverture de la procédure collective. Le progrès est certain, encore que, sous le régime ancien, le tribunal pouvait se ménager un délai de réflexion en prononçant le règlement judiciaire à titre conservatoire, puisqu'une conversion en liquidations des biens demeurait toujours possible.

D'autre part, *les choix offerts au tribunal sont plus larges* : continuation totale ou partielle, cession totale ou partielle, liquidation totale ou partielle. En combinant ces diverses options, le tribunal peut choisir un traitement adapté à la situation de l'entreprise. Cette souplesse est incontestablement un facteur de réussite.

Enfin *les liquidations semblent se terminer plus rapidement*, ce qui est une bonne chose, car le maintien en survie artificielle d'entreprises moribondes est un phénomène malsain et coûteux pour la collectivité.

Les raisons de douter du succès de la loi de 1985 viennent d'ailleurs. Les entreprises soumises aux procédures collectives sont le plus souvent en situation déjà trop gravement compromise pour qu'un tribunal puisse les sauver. Mais peut-il, au moins, apurer le passif ? C'est la question qu'il faut examiner maintenant.

---

1. P. Petel, *Le redressement de l'entreprise en liquidation judiciaire* : Mélanges P. Catala, p. 903.

Chapitre II

La situation des créanciers

1310. – Atteintes à l'efficacité des sûretés et à la valeur économique des créances. Pendant la phase définitive, les créanciers sont dans une situation encore plus ambiguë qu'au cours de la période préparatoire [1].

D'un côté, la procédure est organisée dans leur intérêt. Certes l'apurement du passif n'est plus le but unique ni même premier du redressement judiciaire. Celui-ci tend d'abord à sauver les entreprises et les emplois (art. L. 620-1). Il n'en reste pas moins que, grâce à une procédure organisée, les créanciers sont désintéressés dans des conditions plus satisfaisantes que si le paiement avait été le prix de la course.

D'un autre côté, *les créanciers subissent passivement la procédure.* Leurs poursuites sont arrêtées, ils se voient imposer des reports d'échéance ou même parfois ne sont remboursés que partiellement. Toutes les initiatives sont prises par le tribunal. La loi de 1985 a supprimé la dernière prérogative des créanciers, qui consistait dans le vote d'un concordat, c'est-à-dire d'un plan de redressement de l'entreprise. Par voie de conséquence, elle ne mentionne plus l'existence d'une masse de créanciers, encore que l'on comprenne mal comment une procédure peut être collective sans un minimum d'organisation de ceux qui y participent ou qui la subissent. La disparition de la masse n'est donc pas certaine (v. *supra*, n° 1222) [2].

Certes *la loi du 10 juin 1994 a quelque peu amélioré la situation des créanciers* qui sont mieux – ou moins mal – informés, mieux représentés et dont les conditions de paiement sont moins mauvaises qu'en 1985. Néanmoins l'ouverture d'une procédure collective reste pour eux un pis-aller.

---

1. P.M. Le Corre, *Le créancier face au redressement et à la liquidation judiciaire des entreprises*, Presses Univ., Aix-Marseille, 2000.
2. B. Soinne, *Le bateau ivre n° 17,* Rev. proc. coll., 1997, 124.

Dès lors, les procédures collectives entraînent un mouvement de fuite. Les créanciers cherchent par tous les moyens à échapper aux effets défavorables du redressement judiciaire, afin de conserver l'exercice immédiat et intégral de leurs droits [1].

Il faudra examiner d'abord la situation des créanciers qui participent à la procédure, puis celle des créanciers qui parviennent à y échapper.

SECTION I
Créanciers soumis aux effets de la procédure

1311. – *Diversité des situations*. La procédure collective produit ses pleins effets à l'égard des *créanciers de sommes d'argent*. Il s'agit notamment des *fournisseurs* qui ont livré à crédit, sans stipuler une clause de réserve de propriété, des *entrepreneurs* ou des *prestataires de services* qui ont effectué des travaux sans être entièrement couverts par des acomptes, des *clients* qui ont payé tout ou partie du prix des marchandises ou de services avant la livraison ou la réception et enfin des *banques* qui ont accordé des prêts au débiteur en redressement judiciaire.

Tous ces créanciers sont atteints par les procédures collectives. Mais tous ne le sont pas de manière égale. *Le redressement judiciaire laisse subsister des causes de préférence, tenant à l'existence de privilèges ou de sûretés.* Il faut d'abord se demander quels sont les créanciers soumis aux procédures collectives, puis dans quelle mesure celles-ci modifient leurs droits.

§ 1. – Détermination des diverses catégories de créanciers soumis au redressement ou à la liquidation judiciaires

La détermination des diverses catégories de créanciers revient à fixer l'importance et la nature du passif. Au cours de la période d'observation les créanciers ont été invités à déclarer leurs créances et une vérification sommaire a permis d'écarter les prétentions manifestement mal fondées (v. *supra*, n° 1236-1). Le tribunal dispose ainsi de la liste des créanciers qui entendent participer à la procédure et notamment aux distributions de fonds. Cependant cette liste ne peut être admise sans vérification des créances avant de prendre une décision sur leur admission.

---

1. Soinne, *Le paradoxe ou l'entreprise éclatée*, *J.C.P.*, 1981, éd. C I, II, 13551.

A. Vérification des créances

1312. – Le Code de commerce a prévu une procédure générale et une procédure propre à la vérification des créances salariales. Le bien-fondé de cette distinction est discutable. On comprend que la déclaration des créances salariales soit soumise à des règles particulières, puisque les salariés ont des intérêts collectifs (v. *supra*, n° 1227). En revanche, lorsqu'il s'agit de vérifier les créances et de les admettre, le rôle actif est joué par le représentant des créanciers et le juge. Il n'était plus nécessaire de distinguer selon la nature de la créance vérifiée [1].

1313. – *La procédure de droit commun.* Au vu des déclarations faites par les créanciers au cours de la période d'observation, le représentant des créanciers établit une liste provisoire des créances (art. L. 621-103 ; v. *supra* n° 1223). Après hésitation, le législateur a estimé préférable de n'imposer aucun délai pour l'accomplissement de cette formalité. C'est le tribunal qui fixe le délai. En effet, la vérification des créances est une opération complexe. Elle peut obliger à s'interroger sur la validité d'une sûreté, ou à rechercher si le créancier qui a traité en période suspecte connaissait la cessation des paiements, etc. (v. *infra*, n° 1334). Ces vérifications demandent du temps.

Le représentant des créanciers prend l'avis du débiteur et transmet au juge-commissaire des propositions d'admission ou de rejet.

Le juge-commissaire a le choix entre trois solutions (art. L. 621-104) :
– *admettre la créance*, en précisant si cette admission est faite à titre chirographaire ou avec le bénéfice d'une sûreté ;
– *rejeter la créance*, en motivant cette décision de rejet, et après avoir entendu les parties intéressées, notamment le soi-disant créancier [2] ;
– *rendre une décision d'incompétence* parce que la créance fait l'objet d'une contestation que le juge-commissaire ne peut pas trancher. Par exemple, il s'agit d'une créance sur une personne morale de droit public [3]. Ou bien encore la créance d'un bailleur est contestée au motif qu'il ne serait pas le véritable propriétaire de l'immeuble pris à bail par le débiteur. Cette contestation porte sur un droit réel immobilier. Elle est de la compétence du tribunal de grande instance. Le créancier doit saisir la juridiction compétente dans les deux mois (art. L. 621-105). Cette instance parallèle retardera le déroulement de la procédure. La décision rendue par les juges du fond s'impose au juge-commissaire, qui doit admettre la créance si sa validité a été reconnue (Décr. 1985, art. 85) [4].

---

1. M.-J. Coffy de Boisdeffre, *Les dispositions de la loi du 25 janvier 1985 et du décret du 27 décembre 1985 concernant la déclaration, la vérification et l'admission des créances*, A.L.D., 1986, 111 – Soinne, *Principes et pratique de la nouvelle vérification des créances*, Rev. proc. coll. 1986, n° 4, p. 1.
2. Com. 14 mai 1996, *J.C.P.*, 1996, II, 22657, note Remery.
3. Cons. Etat, 14 juin 2000 : Rev. trim. dr. com., 2000, 1018, note J.P. Vallens.
4. Derrida, Godé et Sortais, *Redressement judiciaire*, n° 415.

Les décisions du juge-commissaire sont déposées au greffe. Ce dépôt est annoncé par une publicité faite au BODAC (Décr. 1985, art. 83).

Quinze jours après cette insertion, la liste arrêtée par le juge prend un caractère définitif, sauf si elle a été contestée par tout intéressé, notamment un autre créancier.

Les réclamations contre les décisions du juge-commissaire statuant sur les contestations du débiteur ou des créanciers sont portées devant la cour d'appel (L. 1985, art. 102) [1]. Un pourvoi en cassation est possible [2].

> La compétence de la cour d'appel qui, est une nouveauté, mérite d'être soulignée. Habituellement les recours contre les ordonnances du juge-commissaire sont portés devant le tribunal qui a ouvert le redressement judiciaire et dont ce juge fait partie. La compétence de la cour d'appel tend à rendre l'appel plus efficace car le tribunal aurait hésité à désavouer un de ses membres. Elle est aussi sans doute une mesure de défiance à l'égard des tribunaux de commerce. Le législateur n'a pas voulu qu'une étape aussi importante de la procédure soit franchie, sans le contrôle de magistrats professionnels en cas de contestation. Reste à souhaiter que ce contrôle exercé par la cour ne retarde pas le déroulement de la procédure.
>
> Lorsque les créances sont d'un faible montant, le juge-commissaire statue en dernier ressort (art. L. 621-106). Devant le tribunal de commerce, il s'agit des créances d'un montant inférieur à 3 800 euros (Décr. 3 déc. 2002). Ainsi les petites créances sont soumises à un régime discriminatoire. Tantôt elles sont traitées plus favorablement. Ainsi les créances les plus faibles doivent être payées immédiatement dans le cas où le plan prévoit la continuation de l'entreprise (art. L. 621-78, v. *supra*, n° 1266). Tantôt, comme en matière de vérification, elles sont soumises à un régime plus expéditif. Ces dérogations ne sont pas très démocratiques. Mais elles sont explicables d'un point de vue économique. Les petits créanciers ne doivent pas entraver une procédure, faite essentiellement pour les créanciers importants.

En cas de cession d'entreprise ou de liquidation, *le juge-commissaire peut décider de ne pas vérifier le passif chirographaire lorsqu'il apparaît que l'actif sera entièrement absorbé par les créanciers titulaires de sûretés.* (art. L. 621-102 – Décr. 1985, art. 71). En effet, les statistiques montrent que beaucoup de procédures collectives ne permettent pas le remboursement des créanciers chirographaires. Il est alors inutile d'accomplir des formalités vaines et coûteuses. Ici encore la règle est peu démocratique. Les créanciers chirographaires, écartés dès le début de la procédure, n'auront pas la qualité pour contester les déclarations des créanciers privilégiés ou prétendus tels. Il faut donc faire confiance sur ce point au représentant des créanciers et au juge-commissaire.

---

1. Cet article sera abrogé lors de la publication de la partie réglementaire du Code de commerce – Com. 4 févr. 1992, *D.*, 1992, 264, note Derrida – 22 oct. 1996, *Bull. civ.* IV, n° 251, p. 216 – 27 oct. 1998, *ibid.*, n° 262, p. 217.
2. Com. 26 juin 2001 ; *J.C.P.*, 2002, E, 1081, note A. Perdriau.

1314. – La procédure particulière applicable aux créances salariales. Le Code de commerce a voulu accélérer et simplifier le règlement des créances salariales (art. L. 621-125 et s.). Au cours de la période d'observation, le représentant des créanciers, aidé par le représentant des salariés, a établi un relevé des salaires qui restent dus. Individuellement, le salarié n'est donc pas astreint à l'obligation de déclaration (v. *supra*, n° 1227)[1].

Ces relevés sont vérifiés par le juge-commissaire, déposés au greffe et font l'objet d'une publicité comme les autres créances.

Le salarié dont la créance ne figure pas, en tout ou en partie, sur le relevé peut saisir le conseil des prud'hommes dans un délai de deux mois[2]. Si une instance est en cours, elle est poursuivie, en présence du représentant des salariés et de l'administrateur, et après mise en cause de l'AGS. Il y a là une exception au principe de la suspension des poursuites individuelles (art. L. 621-126)[3].

Si l'AGS refuse de prendre en charge une créance salariale, le salarié peut l'assigner directement devant le conseil des prud'hommes (art. L. 621-127). La règle est logique : la suspension des poursuites individuelles ne s'applique qu'aux actions intentées contre le débiteur. Or l'AGS est un tiers, dans une situation comparable à celle d'un assureur (v. *supra*, n° 1241).

Finalement la vérification et l'admission des créances salariales ne dérogent guère aux règles du droit commun. On ne comprend donc pas pourquoi le Code de commerce leur consacre autant d'articles.

B. Conséquences de la vérification : les nullités de la période suspecte

La vérification peut aboutir à une admission ou à un rejet de la créance déclarée.

1315. – Caractère définitif de l'admission. *Quinze jours après la publication de l'arrêté des créances au BODAC, celles qui ne sont pas contestées sont définitivement admises* (L. 1985, art. 103, Décr. 1985, art. 83)[4]. Comme cet état avait été visé par le juge-commissaire, l'admission est une décision juridictionnelle. Elle est revêtue de l'autorité de la chose jugée.

---

1. A. Arseguel, *Les droits individuels des salariés en matière d'emploi et de créance*, Annales université Toulouse 1986, 133.
2. Com. 10 oct. 1990, *D.*, 1990, 532.
3. A. Arséguel, *Aspects généraux du contentieux prud'homal relatif aux créances salariales depuis la loi du 25 janvier 1985*, Droit social 1987, 807 – P. Delebecque, *Le contentieux des procédures de redressement et de liquidation judiciaires devant le conseil de prud'hommes*, Semaine sociale Lamy, n° 419 du 25 juill. 1988, *D.*, 73 – P. Lafarge et T. Meteye, *L'AGS et le contentieux prud'homal dans la procédure judiciaire*, Gaz. Pal. 1987 doc. 391.
4. Article maintenu en vigueur jusqu'à la publication de la partie réglementaire du Code de commerce.

La décision d'admission fixe définitivement les droits du créancier dans la procédure collective. Elle porte à la fois :
— *sur l'existence de la créance*. Il ne sera plus possible d'en contester la validité en invoquant une cause de nullité, de résolution, d'extinction ou d'inopposabilité [1] ;
— *sur le montant de la créance*, en ce sens que le débiteur ne peut pas prétendre que le créancier a des droits moins importants que le montant de la créance admise [2]. Réciproquement, le créancier ne peut pas demander une admission supplémentaire, sauf s'il s'agit du Trésor public ou de la Sécurité sociale (art. L. 621-43). Toutefois la pratique connaît des admissions « sous réserve » ou « à parfaire ou à diminuer » et qui peuvent donc varier. Le fondement légal de ces errements est difficile à découvrir.
— *sur la nature de la créance*, dont le caractère chirographaire ou privilégié est définitivement fixé [3].

La jurisprudence admet cependant quelques *exceptions à l'irrévocabilité de l'admission*. Ainsi le tribunal peut revenir sur une décision d'admission obtenue par fraude. En revanche la jurisprudence hésite lorsqu'il y a eu violation d'une règle d'ordre public. Le cas se présenterait notamment si le créancier avait fait admettre une créance dont la cause serait illicite ou immorale. En effet, d'un côté la nullité absolue est radicale et imprescriptible, ce qui conduirait à revenir sur la décision d'admission. D'un autre côté la décision d'admission a l'autorité de la chose jugée, ce qui ne signifierait rien si on pouvait revenir sur elle [4].

L'admission n'entraîne pas novation. La créance admise conserve sa cause juridique antérieure. Elle est reconnue ou confortée, mais non modifiée, sauf si le juge admet la créance mais rejette la sûreté qui en garantissait le paiement.

Le juge-commissaire peut ordonner le paiement provisionnel d'une quote-part des créances définitivement admises (art. L. 622-24). Cette faculté réduit le risque de faillites en chaîne.

Toutes les créances produites ne sont pas admises. Cependant la plupart des causes de rejet ne méritent pas de commentaires particuliers, car elles ne sont que l'application du droit-commun (rejet pour défaut de preuve, par exemple). Seuls les rejets fondés sur les nullités de la période suspecte méritent d'être examinés.

---

1. Com. 3 juill. 1990, *Bull. civ.* IV, n° 200, p. 138 – 12 nov. 1991, *Rev. trim. dr. com.*, 1992, 691, note Martin-Serf.
2. Com. 16 avr. 1982, *Bull. civ.* IV, n° 123.
3. Com. 15 juin 1983, *J.C.P.*, 1984, II, 20318, note Synvet – 5 déc. 1995, *Bull. civ.* IV, n° 281, p. 260.
4. Com. 1er mars 1988, *Rev. proc. coll.*, 1988, 189, note Guyon. Pour le cas du paiement fait par erreur – Com. 17 nov. 1992, *D.*, 1193, 341, note J.-P. Sortais.

1316. – La période suspecte, situation de fait. La période suspecte est la *période qui s'écoule entre la cessation des paiements et le jugement qui ouvre la procédure* (v. *supra*, n° 1148). Sa durée est fixée par le tribunal. Elle ne saurait excéder 18 mois (art. L. 621-7)[1].

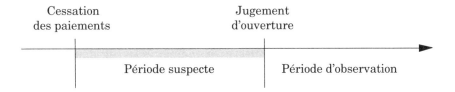

Comme la cessation des paiements est une situation de fait, dont l'existence même est assez souvent incertaine, *la singularité de la période suspecte est de n'apparaître au grand jour que de manière rétroactive*. Pendant qu'elle existe, beaucoup de créanciers peuvent l'ignorer et le débiteur lui-même peut se leurrer sur le désordre de ses propres affaires.

Il est donc difficile de se prononcer, par voie générale, sur la validité des actes conclus au cours de cette période. Certes, d'un côté beaucoup de ces actes sont suspects. Le débiteur aux abois a pu chercher à disperser son actif ou à avantager indûment certains créanciers par rapport à d'autres. L'équité milite en faveur d'une neutralisation de ces expédients de dernière minute conclus au mépris de la règle générale selon laquelle le débiteur ne doit pas s'appauvrir indûment au détriment de ses créanciers[2]. Les actes suspects seront sinon annulés au moins déclarés inopposables aux créanciers par application d'une action dont les conditions seront moins strictes que celle de l'action paulienne.

D'un autre côté aucune publicité n'accompagne, et pour cause, la cessation des paiements. Il serait dès lors dangereux pour la sécurité des transactions de remettre systématiquement en cause la validité ou l'opposabilité des actes conclus par des créanciers de bonne foi.

1317. – Historique. Notre droit a connu, sur ce point, une évolution complexe.

Dès la loi du 28 mai 1838 l'accord s'est fait sur le choix d'une *sanction sélective*. Les actes conclus au cours de la période suspecte ne doivent pas être frappés systématiquement d'inefficacité, car cela compromettrait la sécurité dans les relations juridiques puisque l'état de cessation des paiements est une situation de fait. Une sanction

---

[1]. Cette durée peut être dépassée lorsque la procédure s'ouvre à l'étranger (Com. 5 févr. 2002 : *Rev. jurisp. com.* 2002, 162, note M. Menjucq ; *J.C.P.*, 2003, E, 854, note M. Raimon.
[2]. O. Barret, *L'appauvrissement injuste aux dépens d'autrui*, p. 116, thèse Paris I, 1985 – F. Defferand, *La suspicion légitime*, n° 492, 2000.

n'atteindra l'acte que si le cocontractant du débiteur connaissait la cessation des paiements ou a traité dans des conditions suspectes. Ce premier point n'a pas varié.

En revanche l'évolution a été plus chaotique s'agissant de la *nature de la sanction encourue*. Traditionnellement, les actes conclus au cours de la période suspecte étaient susceptibles d'une *annulation*. Ils ne produisaient alors aucun effet. Le décret du 20 mai 1955 modifia la sanction en prévoyant que les actes conclus en période suspecte étaient seulement *inopposables à la masse*. Mais ils demeuraient valables dans les relations du débiteur et de son cocontractant. Le débiteur devait donc les exécuter, après clôture de la procédure. La loi du 13 juillet 1967 (art. 29 à 32) conserva cette sanction nuancée.

La loi du 25 janvier 1985 ne modifie pas les cas où les actes conclus en période suspecte peuvent être contestés (C. com., art. L. 621-107 et s.). En revanche, elle modifie la sanction [1]. En effet elle ne pouvait plus prévoir une inopposabilité à la masse des créanciers, dans la mesure où celle-ci n'existe plus. Elle en revient à la nullité. Mais cette nullité a une portée plus absolue qu'avant 1955, car elle produit ses effets à l'égard du débiteur lui-même. Les biens recueillis par le jeu des actions en nullité réintègrent son patrimoine, et faciliteront donc le redressement de l'entreprise. Au contraire, même avant 1955, l'acte prétendument nul restait valable à l'égard du débiteur et était seulement réputé non avenu à l'égard de la masse des créanciers, dont il accroissait le patrimoine [2].

> Traditionnellement destinées à protéger les créanciers, les inopposabilités de la période suspecte s'apparentaient à des interdictions de contracter. Depuis la loi de 1985, elles se rapprochent aussi d'une incapacité puisqu'elles ont aussi pour objet de faciliter le redressement de l'entreprise [3].

On examinera les règles communes à toutes les nullités de la période suspecte, avant d'exposer les dispositions propres à chaque catégorie de nullité.

1) Les règles communes à toutes les nullités de la période suspecte

a) Conditions de la nullité

i) Conditions de fond

Trois conditions sont nécessaires pour qu'un acte puisse être annulé par application des articles L. 621-107 et suivants du Code de commerce.

---

1. *Encyclopédie Dalloz de droit commercial,* V° Entreprise en difficulté – Redressement judiciaire. Phase de traitement – Les créanciers, n° 11 et s. par Y. Guyon – M.-H. Monserié, *Les contrats dans le redressement et la liquidation des entreprises,* n° 414.
2. Roblot, Germain et Delebecque, *Droit commercial,* t. II, n° 3108.
3. F. Vinckel, *L'acte suspect ou la théorie des nullités à l'épreuve du droit des procédures collectives,* thèse, Paris II, 1999.

1318. – Le préjudice. La nécessité d'un préjudice n'est pas prévue expressément par les articles L. 621-107 et s. Mais elle n'est pas discutable, ne serait-ce que par application de la maxime « pas d'intérêt, pas d'action ». Le préjudice peut avoir été subi par tous les créanciers, qui supportent tous les conséquences d'un acte qui appauvrit le débiteur. Malgré la disparition de la masse, on peut continuer de considérer que ce préjudice a un caractère collectif.

Mais le dommage peut aussi n'avoir été subi que par certains créanciers. Le cas se produit notamment lorsque l'acte dont l'annulation est demandée a eu pour conséquence de rompre l'égalité entre les créanciers. Ainsi le débiteur qui utilise un procédé anormal pour payer une dette échue ne s'appauvrit pas. Mais il cherche à avantager le bénéficiaire de cet acte en lui permettant d'être payé malgré la cessation des paiements. La nullité permet alors de rétablir l'égalité entre créanciers [1].

Par conséquent les juges ne devraient annuler l'acte qu'après avoir constaté l'existence du dommage subi par les créanciers [2]. Cependant la jurisprudence paraît admettre l'annulation même s'il n'y a pas eu préjudice pour les créanciers, du moment que l'acte compromet la reconstitution de l'actif [3].

L'action changerait de nature. Elle ne tendrait plus à protéger les créanciers mais à faciliter le redressement de l'entreprise en annulant les actes qui feraient obstacle à celui-ci.

1319. – Accomplissement de l'acte par le débiteur. Seuls peuvent être annulés les actes accomplis par le débiteur qui sera mis ultérieurement en redressement judiciaire. En effet les actes accomplis par des tiers ne causent pas de dommage aux créanciers [4].

Des difficultés se présentent cependant lorsque l'auteur de l'acte, sans être à proprement parler le débiteur en redressement judiciaire, n'est pas non plus un tiers, entièrement étranger à lui. Ainsi l'acte conclu en période suspecte par le conjoint commun en biens est susceptible d'être annulé dans les mêmes conditions que s'il avait été passé par le débiteur lui-même [5]. Un acte accompli par une société appartenant à un groupe peut être annulé s'il apparaît que cette société et la société en redressement judiciaire forment une seule et même entreprise [6]. Cette annulation constitue souvent le prélude de l'extension à la société auteur de l'acte du redressement judiciaire ouvert contre l'autre société du même groupe. De toute manière cette solution s'inscrit dans le mouvement plus général,

---

1. F. Pollaud-Dulian, *L'égalité des créanciers dans les procédures collectives*, J.C.P., 1998, I, 138.
2. Com. 8 mars 1988, *Rev. proc. coll.*, 1988, 409, note Y. Guyon.
3. Com. 16 févr. 1993, *Bull. civ.* IV, n° 62, p. 41 – 9 janv. 1996, *ibid.*, n° 10, p. 7.
4. Com. 30 nov. 1993, *Bull. civ.* IV, n° 433, p. 314.
5. Com. 2 avr. 1996, *Bull. civ.* IV, n° 106, p. 90 – *Rev. trim. dr. com.*, 1997, 333, note A. Martin-Serf.
6. Com. 24 avr. 1981, *Bull. civ.* IV, n° 182 - 12 nov. 1985, *Bull. civ.* IV, n° 268 ; *Rev. proc. coll.*, 1986, n° 2, p. 39, note Guyon.

qui tend, dans des cas de plus en plus nombreux, à considérer que les diverses sociétés d'un groupe forment une unité économique [1].

La mise en œuvre d'une clause résolutoire par le créancier, au cours de la période suspecte, ne peut être attaquée sur le fondement des articles L. 621-107 et suivants, puisque l'initiative ne provient pas du débiteur. Mais le jeu de la clause pourrait aboutir à un paiement susceptible d'annulation parce que réalisé dans des conditions anormales (v. *infra*, n° 1330).

Les mesures conservatoires judiciaires ne font pas exception à la règle. Certes, en apparence, elles sont ordonnées par le tribunal et non effectuées par un créancier. Mais, en réalité, elles sont prononcées à l'initiative d'un créancier, souvent de connivence avec le débiteur qui ne se défend pas, ce qui justifie leur annulation (v. *infra*, n° 1332).

1320. – Accomplissement de l'acte au cours de la période suspecte. Seuls sont susceptibles d'annulation les actes accomplis par le débiteur depuis la date de cessation des paiements (art. L. 621-107 et) [2]. En effet c'est entre la cessation des paiements et le jugement d'ouverture que le débiteur aux abois est en proie aux plus grandes tentations. Et c'est également à ce moment qu'il risque le plus d'y succomber, car il peut encore disposer librement de ses biens. Avant de prononcer la nullité, le tribunal doit donc constater la date de l'acte puis celle de la cessation des paiements.

Les actes accomplis par le débiteur *avant* la cessation des paiements ne sont pas susceptibles d'une annulation, par application des articles L. 621-107 et s. [3]. Mais ils peuvent être attaqués sur le fondement de l'action paulienne, lorsque les conditions requises par l'article 1167 du Code civil sont remplies [4]. L'action paulienne est surtout utile lorsque la cessation des paiements remonte à plus de 18 mois, car l'action en nullité ne s'applique pas aux actes conclus avant ce délai, compte tenu de la limitation de la durée de la période suspecte édictée par l'article L. 621-7 du Code de commerce. Elle peut aussi être intentée individuellement par le créancier qui a subi un dommage personnel et aboutit en principe à une inopposabilité et non à une nullité [5].

Les actes accomplis *après* le jugement d'ouverture ne peuvent pas être annulés par application des articles L. 621-107 et suivants. Leur validité doit s'apprécier au regard des règles, désormais variables, qui déterminent les pouvoirs du débiteur et l'étendue du dessaisissement qui

---

1. Y. Guyon, *Droit des affaires*, t. I, n° 621.
2. Com. 17 mars 1992, *Rev. trim. dr. civ.*, 1993, 359, note J. Mestre. Pour les actes accomplis le jour même de la cessation des paiements, v. Paris, 28 mars 1989, *Rev. proc. coll.*, 1990, 162.
3. Com. 15 janv. 1980, *Bull. civ.* IV, n° 19, p. 16 – 20 févr. 1996, *ibid.*, n° 56, p. 44 – 9 déc. 1997, *ibid.*, n° 327, p. 282.
4. Civ. 31 juil. 1872, *D.P.* 1872, I, 300 – Com. 13 nov. 2001, *J.C.P.*, 2002, II, 10151, note E. Bost. – C. Pizzio-Deloporte, *L'action paulienne dans les procédures collectives*, Rev. trim. dr. com., 1995, 715.
5. Com. 8 oct. 1996, *J.C.P.*, 1997, éd. E, II, 914, note Y. Guyon ; *D.*, 1997, 87, note F. Derrida.

l'atteint tant pendant la période d'observation que pendant la phase définitive de la procédure (v. *supra*, n° 1214 et 1302).

Bien que la question soit discutée, il semble que la preuve de l'acte puisse se faire librement car, en raison de la disparition de la masse, les créanciers chirographaires sont des ayants cause universels [1].

ii) Procédure de l'action en annulation

1321. – Demandeurs. L'action en nullité ne peut être exercée que par les personnes énumérées par l'article L. 621-110 du Code de commerce, c'est-à-dire *l'administrateur, le représentant des créanciers, le liquidateur* et le commissaire à l'exécution du plan. Cette énumération est limitative. Ni les créanciers agissant individuellement, même par voie d'exception, ni le ministère public ni les représentants des salariés n'ont qualité pour demander la nullité et le tribunal ne peut pas se saisir d'office [2]. Le cocontractant ne saurait d'avantage agir lorsque l'acte lui est devenu défavorable ou préjudiciable [3].

En revanche les créanciers, agissant individuellement, peuvent intenter une action paulienne quand ils ont subi un dommage personnel [4].

1321-1. – Délai pour agir. La loi ne fixe aucun délai pour agir [5]. Cependant les créances admises ne peuvent plus être annulées (v. *supra*, n° 1313) [6]. Par conséquent l'action en nullité suppose que le créancier se trouve lui-même dans les délais requis pour déclarer sa créance ou bénéficier d'un relevé de forclusion [7].

1321-2. – Déroulement de l'instance. L'action en nullité est intentée non pas contre le débiteur mais contre la personne qui a agi ou contracté avec lui au cours de la période suspecte. Elle est de la compétence exclusive du tribunal qui a prononcé le jugement d'ouverture (Décr. 1985, art. 174) [8]. Les voies de recours obéissent au droit commun.

b) Effets de la nullité

1322. – Effets entre les parties. La nullité aboutit à une remise en cause des prestations fournies par le débiteur et par son cocontractant en exécution de la convention irrégulière. Dans certains cas, le défendeur peut réclamer une restitution en nature. Ainsi en cas

---

1. V. les obs. de J.-F. Reméry, *J.C.P.*, 1997, II, 22791.
2. Com. 5 juin 1978, *Bull. civ.* IV, n° 157, p. 135 – 6 mai 1997, *Bull. civ.* IV, n° 120, p. 106, *Rev. trim. dr. com.* 1999, 201, note A. Martin-Serf – 26 avr. 2000 : *Bull. civ.* IV, n° 83, p. 73.
3. Derrida, Godé et Sortais, *Redressement judiciaire*, n° 1873.
4. Com. 8 oct. 1996, précité n° 1320.
5. Soinne, *Procédures collectives*, n° 852.
6. V. cep. Com. 7 déc. 1999 : *Bull. civ.* IV, n° 221, p. 186 ; Rev. trim. dr. com., 2000, 1016, note A. Martin-Serf.
7. Com. 12 nov. 1991, *Rev. trim. dr. com.*, 1992, 69, note A. Martin-Serf.
8. Versailles 5 sept. 2002 ; *D.* 2003, 897, note J.P. Sortais.

d'annulation d'un achat effectué par le débiteur au cours de la période suspecte, le vendeur est en droit d'obtenir la restitution de la chose vendue et a, semble-t-il, le droit de refuser de rembourser le prix tant qu'il n'a pas eu satisfaction.

Mais le plus souvent le cocontractant n'est du fait de l'annulation, que titulaire d'une créance. Sa situation est alors beaucoup moins bonne. Par exemple s'il a acheté un bien au débiteur et que le contrat est annulé, il doit restituer ce bien et déclarer sa créance de remboursement du prix à la procédure [1]. Mais cette déclaration risque de se heurter à des difficultés, car le délai de déclaration des créances est généralement écoulé. Certes l'acheteur bénéficie du droit de rétention s'il est de bonne foi. Mais le cas se rencontrera rarement, car la plupart des annulations se fondent sur le caractère anormal de l'acte ou sur le fait que le cocontractant connaissait l'état de cessation des paiements du débiteur.

Il faut appliquer ici toutes les conséquences qui découlent normalement d'une annulation. L'acte nul est censé n'avoir jamais existé : il est rétroactivement effacé. Et il ne produira aucun effet à l'avenir car la nullité, à la différence de l'inopposabilité, délie le débiteur qui, une fois revenu à meilleure fortune, ne sera tenu d'aucune obligation civile à l'égard de son cocontractant mais tout au plus d'une obligation naturelle.

> Les sommes ou les biens qui proviennent de la nullité ont pour effet de reconstituer l'actif du débiteur (art. L. 621-110). La règle est une conséquence de la disparition de la masse. Elle est imprécise. Elle semble signifier que ces nouveaux éléments d'actifs ne reçoivent aucune affectation « a priori ». Ils peuvent soit demeurer dans l'entreprise, et contribuer ainsi à son redressement soit être vendus pour servir à apurer le passif.
>
> Assez illogiquement la jurisprudence refuse la compensation entre la dette de restitution consécutive à une annulation et une créance admise au passif [2].

1323. – Effets à l'égard des tiers. L'annulation produit ses effets à l'égard des tiers, même de bonne foi. Notamment le tiers sous-acquéreur d'un bien aliéné en période suspecte devra restituer celui-ci [3]. La solution est sévère car le sous-acquéreur a été victime des apparences et d'une erreur commune car il n'avait aucun moyen de savoir que son auteur avait traité avec un débiteur en cessation des paiements.

> Les tiers n'ont pas qualité pour demander la nullité, mais peuvent toutefois se prévaloir des effets de celle-ci, une fois qu'elle a été prononcée. Notamment le créancier hypothécaire de second rang invoquera la

---

1. Com. 16 févr. 1981, *Bull. civ.* IV, n° 82 ; *D.*, 1982, Info. rap. 4, note Derrida.
2. Com. 24 oct. 1995, *D.*, 1996, 86, note F. Derrida.
3. Com. 17 déc. 1985, *D.*, 1986, 101, note Derrida – 3 févr. 1998, *D.*, 1999, 185, note A. Bénabent, *Rev. trim. dr. civ.* 1998, 362, note J. Mestre.

nullité de l'hypothèque de premier rang lors de la distribution du prix de l'immeuble. De même la caution sera libérée en cas d'annulation de la dette qu'elle garantissait (C. civ., art. 2012).

2) Les dispositions propres à chaque catégorie de nullités

Reprenant une solution traditionnelle, la loi de 1985 distingue deux catégories de causes de nullités : les nullités de droit et les nullités facultatives.

a) Les nullités de droit ou nullités objectives

1324. – *Limitations au pouvoir d'appréciation du tribunal.* Les actes nuls de droit sont énumérés par l'article L. 621-107 du Code de commerce. Cette énumération a un caractère limitatif[1]. Tous les actes mentionnés par cet article sont anormaux en eux-mêmes, de telle sorte que la nullité doit être prononcée alors même que le cocontractant aurait ignoré l'existence de la cessation des paiements.

Cependant parmi les actes énumérés par l'article L. 621-107 les uns ont des caractéristiques précises, comme, par exemple, le paiement d'une dette non échue ou la constitution d'une sûreté pour garantir une dette antérieurement contractée. D'autres au contraire laissent au juge un certain pouvoir d'appréciation, notamment lorsqu'il s'agit de savoir si un contrat est déséquilibré au détriment du débiteur ou si un mode de paiement est ou on communément admis dans les relations d'affaires.

Le terme nullité de droit peut prêter à confusion. Il ne s'agit pas d'une nullité automatique. Le tribunal doit la prononcer. Mais il est obligé de le faire dès qu'il a constaté que l'acte incriminé entre dans l'énumération de l'article L. 621-107.

Les sept causes de nullité prévues par l'article L. 621-107 peuvent se regrouper de la manière suivante.

i) Actes sans contrepartie

1325. – *Actes à titre gratuit.* La première cause de nullité atteint « les actes à titre gratuit translatifs de propriété mobilière ou immobilière » c'est-à-dire *les libéralités. En effet la gratuité d'un acte est contraire aux habitudes du commerce.* L'acte de commerce se caractérise par la recherche d'un bénéfice. La gratuité est ici d'autant plus suspecte qu'il est immoral de faire des libéralités alors que l'on ne peut plus payer ses dettes[2]. La nullité se limite donc aux actes véritablement sans contrepartie et non à ceux qui, sous une apparence gratuite, sont en réalité intéressés comme le mécénat, le sponsoring et la plupart des remises de dettes[3].

---

1. Civ 3, 20 mars 1984, *Bull. civ.* III, n° 73.
2. F. Grua, *L'acte gratuit en droit commercial*, thèse Paris I, 1977.
3. Pour une donation avec charge, v. Reims, 9 déc. 1987, *Rev. proc. coll.,* 1989, 221.

– Le mot « propriété » doit être entendu dans son sens le plus large. Certes le débiteur qui cède une valeur mobilière ou une créance transfère un droit personnel et non un droit de propriété. Cependant, pour l'application de l'article L. 621-107, les cessions de droits sont assimilées à des transferts de propriété mobilière [1]. En revanche, l'inopposabilité des *contrats de services gratuits* semble plus discutable, car ces conventions n'entraînent aucun transfert de propriété, contrairement à ce qu'exige expressément l'article L. 621-107 de la loi.

> Par conséquent, il semble que pour la fraction déjà exécutée de ces contrats, l'administrateur ou le représentant des créanciers ne puisse pas, en se fondant sur la nullité, demander au bénéficiaire des prestations gratuites de payer le prix qu'il aurait dû normalement verser pour obtenir ces services. En effet, il ne s'agirait pas d'une nullité, mais d'une disqualification, le contrat étant annulé en tant que convention gratuite de fourniture de services puis transformé en contrat onéreux. Ce faisant, on compromettrait les intérêts du cocontractant du débiteur, qui n'a peut-être accepté les prestations que parce qu'elles étaient gratuites. Mais cette difficulté ne se rencontre pas dans tous les cas. Ainsi, un cautionnement accordé gratuitement par une société-mère au bénéfice de sa filiale constitue un acte gratuit, frappé de nullité s'il est consenti en période suspecte [2].

– Les donations modiques, même si elles ont un caractère rémunératoire, paraissent nulles car on ne saurait, pour soutenir le contraire, argumenter par analogie avec l'article 1083 du Code civil. Mais les juges de fond doivent apprécier si, en fait, il y a eu donation ou au contraire paiement de services rendus.

> La question peut se poser notamment à propos des *gratifications, primes et pourboires* remis à des salariés par une personne en cessation des paiements. La nature juridique de ces sommes est discutée, car elles participent à la fois d'une intention libérale et de l'exécution du contrat de travail. Néanmoins, pour le calcul des cotisations de Sécurité sociale, la jurisprudence tend à les considérer comme des compléments de salaires lorsqu'elles sont attribuées aux salariés à intervalle régulier et non à l'occasion d'événements exceptionnels [3]. La même distinction devrait s'appliquer en cas de procédure collective, encore qu'il soit psychologiquement difficile de demander aux salariés le remboursement de primes, même si celles-ci sont assimilables à des libéralités compte tenu des circonstances [4].

Lorsqu'une libéralité est annulée, le donataire doit rendre au débiteur ce qu'il a reçu, et cela même s'il était de bonne foi.

Pour la nullité facultative atteignant les actes à titre gratuit faits dans les 6 mois précédents la cessation des paiements (v. *infra*, n° 1335).

---

1. V. par ex. Com. 29 mai 1968, *Bull. civ.* IV, n° 173, p. 153.
2. Com. 25 févr. 1986, *D.*, 1986, Info. rap. 241, note A. Honorat. – 14 févr. 1989 ; *Bull. civ.* IV, n° 62, p. 40.
3. Soc. 27 avr. 1983, *J.C.P.*, 1986, II, 20586, note Vachet.
4. V. Com. 17 déc. 1979, *Bull. civ.* IV, n° 336, p. 265.

1326. – Contrats commutatifs déséquilibrés. Il s'agit, dans ce second cas, d'une absence partielle de contrepartie. En effet sont nuls les *contrats commutatifs dans lesquels les obligations du débiteur excèdent notablement celles de l'autre partie*, c'est-à-dire les *contrats déséquilibrés*. La règle a été introduite dans notre droit en 1967. Elle s'inscrit dans la ligne de l'évolution législative et jurisprudentielle récente qui tend à accorder une plus large place à la lésion [1]. En effet, d'une manière générale, le droit français ne fait pas de l'équilibre des prestations une condition de validité des contrats conclus entre majeurs capables. La disposition nouvelle a pour conséquence l'annulation d'un contrat qui a été conclu en conformité avec les règles de la théorie générale des obligations. Elle est susceptible d'engendrer une insécurité dans les relations juridiques. Néanmoins, le danger ne doit pas être exagéré et la sanction paraît justifiée. D'une part, le principe de l'égalité des créanciers dans les procédures collectives se concilie mal avec l'exécution de contrats déséquilibrés. D'autre part, le déséquilibre manifeste permet de présumer la mauvaise foi du créancier. Ce dernier, craignant ou soupçonnant les difficultés d'exécution découlant de la cessation des paiements, mais voulant néanmoins contracter, a cherché à se ménager par avance une situation privilégiée en obtenant des avantages exorbitants. L'article L. 621-107 serait donc une application de la maxime « *fraus omnia corrumpit* ».

– Malgré ces justifications, la nullité de droit qui atteint les contrats déséquilibrés doit être maintenue dans des limites étroites.

Tout d'abord, le contrat déséquilibré doit être commutatif[2]. Un contrat est commutatif lorsque l'avantage que chacune des parties en retire est susceptible d'être évalué par elles au moment de la conclusion de l'acte, par exemple une vente.

> Au contraire, les contrats aléatoires demeurent valables car le déséquilibre, s'il existe, a un caractère normal. L'aléa est le résultat d'un événement incertain et non de la manœuvre du créancier. Cette distinction est conforme à la jurisprudence traditionnelle qui exclut l'application de la lésion dans les contrats aléatoires au motif que l'aléa rend impossible toute comparaison des prestations.

En second lieu, seul est nul le contrat déséquilibré au détriment du débiteur, c'est-à-dire de la personne en redressement judiciaire. Dans le cas inverse, les créanciers n'auraient aucun intérêt, bien au contraire, à se prévaloir de la nullité d'une convention spécialement avantageuse pour eux. Il peut s'agir d'un paiement fait par le débiteur, qui a payé trop cher, ou reçu par lui, s'il n'a pas été suffisamment payé.

---

1. Ghestin, *Droit civil, Le contrat*, n° 540 – R. Secnazi, *Le contrat léonin*, n° 319, thèse, Paris II, 2000.
2. Douai, 6 févr. 1989, *Rev. proc. coll.*, 1990, 51, note Guyon.

Il faut enfin que les obligations du débiteur excèdent notablement celles de l'autre partie. En se tenant au déséquilibre notable, sans fixer aucune proportion, l'article L. 621-107 choisit une solution sage. Prendre en considération un très faible déséquilibre aurait été générateur d'insécurité. Exiger une « *lesio enormis* » aurait trop réduit le champ d'application de la nullité.

Mieux vaut s'en remettre au pouvoir d'appréciation du juge du fond, appuyé le cas échéant sur une expertise déterminant aussi objectivement que possible la valeur du bien vendu [1]. Puis le juge s'inspirera des seuils d'admission de la lésion, par exemple plus du quart dans le partage (C. civ., art. 887) et plus de la moitié dans la vente d'immeuble (C. civ., art. 1674). Ainsi, dans l'affaire Boussac, a été déclarée inopposable à la masse une vente de chevaux de course pour 3,5 millions, alors qu'un expert en avait évalué le prix à 4,5 millions [2].

– *Les conséquences de la nullité des contrats commutatifs déséquilibrés peuvent s'entendre de deux manières. Ou bien l'on estime qu'il s'agit d'une nullité globale.* Le contrat tout entier est alors censé ne produire aucun effet. Cette première interprétation est conforme à la lettre de l'article L. 621-107. Ce texte ne distingue pas entre les effets produits par les diverses nullités. Or, en règle générale, un acte est totalement valable ou totalement nul. *Mais l'on peut aussi soutenir que la nullité s'applique seulement aux obligations excessives du débiteur.* La nullité partielle aboutirait alors à un rétablissement de l'équilibre contractuel.

Cette interprétation présente divers avantages. D'une part, elle constitue une sanction plus efficace que la nullité globale, puisque le débiteur continue de bénéficier des stipulations du contrat lorsque celles-ci lui sont favorables. D'autre part, elle paraît conforme au but poursuivi par le législateur. L'acte n'est pas ici suspect en lui-même, comme par exemple une libéralité. Il le devient seulement compte tenu des conditions dans lesquelles il a été conclu. Si ces conditions exorbitantes peuvent être supprimées, pourquoi l'acte ne serait-il pas valable ? Ce raisonnement, bien que séduisant, appelle des réserves. Le rétablissement de l'équilibre contractuel suppose des calculs qui paraissent en fait à peu près irréalisables. En outre, il semble contraire au principe de l'autonomie de la volonté d'autoriser le juge à refaire un contrat. Enfin, la nullité partielle constitue une sanction particulièrement grave pour le cocontractant du débiteur, qui devra exécuter une convention différente de celle qu'il avait conclue. Par conséquent, il paraît plus juste de s'en tenir à une nullité globale, plutôt qu'à une nullité limitée aux seules stipulations déséquilibrées [3].

---

1. Soc. 29 oct. 2002, *Bull. civ.* V, n° 325, p. 312.
2. Com. 16 févr. 1981, *Rev. jurisp. com.*, 1982, 52, note Soinne ; *D.*, 1982, Info. rap. 4, note Derrida – Pour un autre exemple, v. Pau, 7 sept. 1989, *Rev. proc. coll.*, 1990, 388, note Guyon.
3. Y. Guyon, *Le droit des contrats à l'épreuve du droit des procédures collectives*, n° 18 : Mélanges J. Ghestin, p. 416, 2001.

ii) Actes ne correspondant à aucune obligation du débiteur

1327. – Paiement de dettes non échues. La nullité de droit s'applique aussi aux paiements de dettes non échues (art. L. 621-107). On le comprend car *le débiteur montre une hâte suspecte lorsqu'il paye une dette non échue au moment même où sa trésorerie ne lui permet plus de faire face à ses engagements exigibles*. Il manifeste par là son intention de favoriser un créancier, ce qui est contraire au principe d'égalité [1].

La nullité atteint tous les paiements faits par le débiteur, au cours de la période suspecte, indépendamment de leur mode de réalisation et de la nature de la dette. Mais ne visant que les paiements, elle ne s'applique pas aux remises en compte courant.

Enfin, il faut surtout que la dette ne soit pas échue. Cette dernière condition fait toute l'originalité de cette inopposabilité de droit. En effet, c'est la hâte suspecte du débiteur, et celle-là seule, qui motive l'annulation d'un paiement normal par ailleurs. La date à prendre en considération est celle du jour du paiement.

> Si le paiement est annulé, le créancier restitue au débiteur ce qu'il a reçu. Mais il peut déclarer sa créance et en obtenir remboursement en participant à la procédure collective. La nullité n'atteint que le paiement et non le rapport de droit qui était à l'origine de celui-ci. Il n'y a pas éviction du créancier, mais rétablissement de l'égalité.

1328. – Constitutions de sûretés pour dettes antérieures : cas général. Dans les relations d'affaires normales, les sûretés sont consenties au moment de la conclusion du prêt et avant la remise des fonds. Les sûretés accordées « *a posteriori* » sont suspectes, car elles révèlent une collusion entre le débiteur et le créancier. Tantôt le créancier chirographaire découvre qu'il a été imprudent de ne pas exiger une sûreté lors de la conclusion du contrat. Il tente de réparer sa négligence en se faisant consentir une situation privilégiée au détriment des autres créanciers. Le débiteur accepte de lui faire cette faveur qui s'apparente à un acte gratuit. En effet, une fois le contrat principal conclu, rien n'oblige le débiteur à consentir une sûreté à celui qui est déjà son créancier. Tantôt le débiteur désire prolonger artificiellement la survie de son entreprise. Il propose à un créancier chirographaire de lui consentir une sûreté, à condition que celui-ci accepte de différer sa demande de paiement. Dans l'une et l'autre hypothèse la sûreté doit être annulée afin de respecter l'égalité entre les créanciers (art. L. 621-107).

> La nullité vise toutes les sûretés conventionnelles consenties sur les biens du débiteur : hypothèques, nantissement de fonds de commerce, gage, etc. En revanche, le cautionnement donné par un tiers est valable,

---

1. Montpellier, 23 févr. 1989, *Rev. proc. coll.*, 1990, 388, note Guyon.

car il ne nuit pas aux autres créanciers. De même une cession de créance réalisée par bordereau Dailly ne tombe pas sous le coup de la nullité car elle n'est pas assimilable à une sûreté [1].

En pratique cependant l'annulation des gages commerciaux sera exceptionnelle, car ces sûretés pouvant se constituer sans écrit, la preuve de leur date sera difficile à établir (art. L. 521-1).

Selon certains, la clause de réserve de propriété serait annulable sur la base de l'article L. 621-107, car elle serait assimilable à une sûreté réelle [2]. Cette qualification paraît contestable (v. *infra*, n° 1361-1). Il serait plus sûr de se placer sur le terrain des nullités facultatives, puisque celles-ci s'appliquent à des actes de toute nature (v. *infra*, n° 1334).

La nullité de droit frappe la constitution et non la publicité de la sûreté. Donc une sûreté constituée avant le début de la période suspecte est en principe valable, même si elle a été publiée au cours de celle-ci [3]. La distinction entre la constitution et la publicité est justifiée, car la publicité n'est que la mise en œuvre de ce qui a été convenu.

Mais encore faut-il que la constitution ait été définitive. Ainsi, en cas d'hypothèque conventionnelle, seule compte la date de l'acte notarié car il s'agit d'un acte juridique solennel (C. civ. art. 2127). Peu importe donc que celui-ci ait été précédé d'une promesse sous seing privé d'hypothèque, donnée avant la cessation des paiements [4].

Les *effets de la nullité* sont logiques. *Le bénéficiaire de la sûreté n'est pas écarté de la procédure, mais ramené au rang de créancier chirographaire* [5]. Si la sûreté annulée a déjà joué, le créancier doit restituer les sommes reçues [6]. L'annulation de la sûreté ne profite pas nécessairement aux créanciers chirographaires, comme cela était le cas sous l'empire de la loi de 1967 où la sûreté déclarée inopposable était transférée à la masse. Désormais *l'annulation de la sûreté profite*, le cas échéant, *au créancier qui avait sur ce même bien une sûreté valable, mais qui aurait été primée par la sûreté annulée*. Cette conséquence est paradoxale, car normalement les nullités profitent à tous les créanciers.

Des esprits chagrins ont remarqué que cette nullité risquait de ne jouer que rarement. En effet le bénéficiaire de la sûreté est généralement un banquier. Ce dernier a alors souvent avantage à soutenir son client pendant les 18 mois qui suivent la constitution de la sûreté, durée maximale de la période suspecte, afin de rendre l'opération inattaquable.

---

1. Com. 28 mai 1996, *Bull. civ.* IV, n° 151, p. 131. – C. Malecki, *Le bordereau Dailly à l'épreuve des procédures collectives* : Mélanges Y. Guyon, p. 767, 2003.
2. J.-D. Bretzner, *La clause de réserve de propriété et les nullités de la période suspecte*, Rev. proc. coll., 1991, 377.
3. Com. 3 juill. 1978, *D.*, 1979, 601, note Corrignan-Carsin. V. aussi Com. 25 oct. 1994, *Bull. civ.* IV, n° 314, p. 255.
4. Com. 3 mai 1988, *D.*, 1989, 58, note Gavalda ; *Rev. trim. dr. com.*, 1989, 318, note Martin-Serf.
5. Com 15 juill. 1968, *Bull. civ.*, 1968, IV, n° 238, p. 214.
6. Com. 25 fév. 1985, *D.*, 1986, info. rap. 240, note Honorat.

1329. – Constitution de sûretés pour dettes antérieures : cas du solde débiteur du compte courant. Des difficultés particulières se rencontrent à propos du sort des sûretés consenties en période suspecte pour garantir le solde débiteur d'un compte courant. En effet les règles propres aux comptes courants font qu'il est malaisé de savoir si la constitution de la sûreté est antérieure ou postérieure à la naissance du passif.

Dans un premier temps, la jurisprudence estimait qu'en raison du principe de l'indivisibilité, d'après lequel il n'y a ni créance ni dette tant que le compte n'est pas clos, ces sûretés demeuraient opposables à la masse alors même qu'au moment où elles étaient consenties, le solde provisoire était déjà débiteur pour le constituant [1].

Mais cette solution fut peu à peu abandonnée. Un arrêt de la Chambre commerciale de la Cour de cassation du 22 avril 1955 et divers arrêts ultérieurs déclarèrent inopposables à la masse des sûretés constituées en période suspecte pour garantir le solde d'un compte courant dès lors qu'au moment de cette constitution le solde provisoire était débiteur pour un montant égal ou supérieur à celui de la somme garantie par la sûreté [2]. Selon cet arrêt, si le solde débiteur était de 100, toute sûreté était inopposable à la masse si elle ne garantissait pas une dette supérieure à 100. Cette rigueur fut encore aggravée par la suite. Même si la sûreté était constituée pour un montant supérieur au solde provisoire du compte, elle était déclarée inopposable si, lors du jugement ouvrant la procédure, le solde définitif était inférieur à ce solde provisoire [3]. Ainsi une sûreté de 150, consentie alors que le solde débiteur provisoire était de 100, était inopposable dès lors que le solde débiteur définitif ne dépassait pas 100. Cette jurisprudence était presque unanimement critiquée, car elle méconnaissait les mécanismes des comptes courants [4]. Elle aboutissait à un illogisme lorsque le solde débiteur s'accroissait après la constitution de la sûreté. Il y avait alors dette postérieure et pourtant la sûreté demeurait inopposable à la masse. Par conséquent les banques refusaient de nouvelles avances aux commerçants en difficultés dont le compte était débiteur, car elles craignaient que les sûretés destinées à garantir ces avances ne soient déclarées inopposables à la masse.

Un revirement de jurisprudence s'imposait. Il a été opéré par quatre arrêts de la Chambre commerciale de la Cour de cassation rendus en 1970 [5]. *La Cour pose le principe nouveau que la sûreté garantissant le solde est opposable à la masse du moment qu'une dette concomitante ou postérieure à la constitution de la dite sûreté a pris naissance avant la clôture du compte.*

---

1. Civ. 24 juin 1868, *D.P.* 68, I, 326. Req. 23 mai 1927, S. 1928, I. 97, note Bourcart.
2. Com. 22 avr. 1955, *D.*, 1955, 414, *J.C.P.*, 1956, II, 8730, note Bru.
3. Com. 7 janv. 1964, *D.*, 1964, 520, *J.C.P.*, 1965, II, 14047, note Gavalda.
4. Cf. M.-T. Rives-Lange, *Le sort des sûretés consenties en période suspecte pour garantir le solde d'un compte courant en cours de fonctionnement* : Mélanges Cabrillac, p. 423.
5. Com. 11 fév. 1970, *D.*, 1971, 450, note M.-T. Rives-Lange – Com. 16 déc. 1970 ; *J.C.P.*, 1971, II, 16704, note Gavalda – V. les obs. de M. Houin, *Rev. trim. dr. com.*, 1971, 486 et Cabrillac, *ibid* 1971, 408.

Deux situations doivent être désormais envisagées. *Ou bien le solde débiteur définitif du compte est supérieur au solde provisoire.* La sûreté est alors valable, car elle est présumée garantir les avances consenties par le créancier après sa constitution et non le solde débiteur existant au moment de celle-ci. Cette solution est conforme au principe de l'indivisibilité du compte. Elle est favorable au banquier et cessera évidemment de s'appliquer au cas où il y aurait concert frauduleux entre le débiteur et celui-ci, hypothèse d'ailleurs fort improbable.

Ou bien le solde débiteur définitif est inférieur au solde provisoire. Selon la jurisprudence antérieure à 1955, la sûreté aurait alors été toujours déclarée inopposable à la masse. La position actuelle de la Cour de cassation paraît plus nuancée [1]. Il ne suffit pas de comparer le montant du solde provisoire et celui du solde définitif. Il faut aussi tenir compte de toutes les fluctuations intervenues sans fraude depuis la constitution et des causes juridiques de celles-ci. La sûreté ne sera inopposable que lorsqu'il n'y aura eu aucune nouvelle avance de la part de la banque [2].

La mise en œuvre de cette jurisprudence nécessite de recourir fréquemment à des expertises, surtout si le tribunal recherche, sous l'apparence des mouvements du solde, la réalité des opérations intervenues entre la banque et le débiteur. Par conséquent, certains tribunaux refusent de s'incliner devant la solution de la Cour de cassation et s'en tiennent à une comparaison du solde provisoire et du solde définitif [3]. Un tel retour en arrière est regrettable.

iii) Actes anormaux

1330. – Paiements de dettes échues par des moyens anormaux. Cette règle traditionnelle est le résultat d'un compromis. D'un côté la sécurité dans les transactions postule que le paiement d'une dette échue soit valable, sauf à mettre en œuvre une nullité facultative lorsque le créancier connaissait la cessation des paiements. D'un autre côté *on peut soupçonner de fraude le créancier qui a reçu autre chose que l'objet de l'obligation.* Ce mode anormal de paiement n'a sans doute été obtenu que sous la pression du créancier. Il est dangereux car le débiteur soustrait de son patrimoine un bien qui aurait dû demeurer le gage de tous ses créanciers.

L'article L. 621-107 répute normaux quatre procédés de paiement. Il s'agit :
– *des paiements en espèces.* Il faut entendre par là non seulement le versement de monnaie fiduciaire, mais aussi la remise de choses quelconques du moment qu'elle avait été prévue au moment même de la conclusion du contrat [4].

---

1. V. not. les obs. précitées de Mme Rives-Lange et de MM. Cabrillac et Gavalda.
2. Com. 10 janv. 1986, *Bull. civ.* IV, n° 7, p. 5.
3. Reims, 25 sept. 1979, *Rev. trim. dr. com.*, 1980, 584, note Cabrillac et Rives-Lange.
4. Com. 30 juin 1970, *Bull. civ.* IV, n° 226, p. 198.

La règle paraît évidente : quoi de plus normal qu'un paiement en espèces. Elle entraîne toutefois une difficulté dans la mesure où pour lutter contre la fraude fiscale et le blanchiment de l'argent les paiements en espèces sont interdits aux commerçants au-dessus de 750 euros (CMF art. L. 112-6) et aux particuliers au-dessus de 3 000 euros (CMF art. L. 112-8). Un paiement en espèces d'un montant supérieur à cette somme serait donc irrégulier au regard de cette réglementation de police économique. Mais il demeurerait valable entre les parties. L'article L. 621-107 aurait pu se montrer plus sévère et ne pas réputer normaux les paiements en espèces trop importants. Cependant la disposition n'aurait guère eu d'occasion de s'appliquer car les paiements en espèces laissent rarement des traces.

– *des paiements en effets de commerce (chèques, lettres de change, etc.).*
– *des virements.* La solution est heureuse car le virement bancaire ou postal est un procédé commode et sûr, dont l'usage doit être encouragé, à l'heure des paiements électroniques.
– *des bordereaux de cession,* couramment appelés bordereaux Dailly (CMF art. L. 313-23 et s.)[1].

Puis l'article L. 621-107, dans une formule plus générale, admet que sont valables les *autres modes de paiement communément admis dans les relations d'affaires.* Dans ce cas c'est à celui qui a reçu le paiement, de prouver que le procédé utilisé était conforme aux pratiques du secteur professionnel où il a été utilisé[2].

Les paiements par carte sont incontestablement valables, car ils sont aujourd'hui aussi habituels que les paiements par chèques.

En revanche, la discussion porte sur la validité des procédés de paiement suivants.

En général *les remises en compte courant* sont considérées comme des procédés normaux, car elles sont conformes aux usages du commerce et s'apparentent à des virements. Toutefois la nullité s'appliquerait si le compte avait été ouvert pendant la période suspecte dans le dessein frauduleux de régler une créance antérieure. Ces solutions doivent être approuvées, bien que d'un point de vue plus fondamental, on puisse se demander si la question se pose vraiment en ces termes, car il n'est pas certain que la remise en compte courant soit un paiement.

La question est également discutée en ce qui concerne la *compensation* intervenue en période suspecte. La nullité de droit ne s'applique pas, en principe, à la compensation légale, sauf si le créancier et le débiteur en réunissaient frauduleusement les conditions[3]. En revanche la nullité de droit atteint, en principe, la compensation conventionnelle[4]. En effet la

---

1. C. Malecki, *Le bordereau Dailly à l'épreuve des procédures collectives* : Mélanges Y. Guyon, p. 767, 2003.
2. Com. 23 janv. 2001 : *Rev. jurisp. com.* 2001, 311, note Courtier ; *D.* 2001, 701, note A. Lienhard.
3. Com. 29 nov. 1988, *Bull. civ.* IV, n° 325, p. 218 ; *D.,* 1989, Somm. 235, note J.-L. Aubert.
4. Civ. 7 févr. 1877. S. 1877 1, 393, note Labbé – Com. 19 déc. 2000 : *Bull. civ.* IV, n° 203, p. 176.

convention intervenue entre les parties fait présumer la fraude et porte atteinte à l'égalité entre les créanciers. Mais la compensation produit ses effets lorsque les dettes réciproques sont connexes, notamment parce qu'elles résultent d'un même contrat ou d'un même ensemble contractuel [1]. La jurisprudence récente semble admettre assez facilement l'existence de cette connexité [2]. Il serait d'ailleurs illogique de traiter plus mal la compensation intervenue en période suspecte que celle qui s'opère après le jugement d'ouverture. Or celle-ci a été expressément validée par la loi du 10 juin 1994 (art. L. 621-24, v. *infra*, n° 1364).

Des solutions nuancées sont également données à propos des *cessions de créance* [3]. Certes, en principe, la cession de créance est un mode anormal de paiement [4]. Toutefois une évolution semble s'opérer en faveur de la validité. Beaucoup de cessions de créances sont conformes aux usages professionnels et n'ont pas pour but d'avantager indûment le cessionnaire. Elles ne devraient donc pas être annulées [5]. Cette solution s'impose d'autant plus qu'il paraît irrationnel d'appliquer aux cessions de créance une nullité visant les paiements, car la cession de créance transfère l'obligation. Elle ne l'éteint pas, comme le ferait le paiement mais s'apparenterait à une sûreté, qui ne serait nulle que si elle garantit une dette déjà existante (v. *supra*, n° 1328). La controverse va cependant s'atténuer, dans la mesure où l'article L. 621-107 répute normales les cessions intervenues par l'intermédiaire des bordereaux Dailly, c'est-à-dire les cessions les plus couramment pratiquées.

En revanche les *délégations* sont en principe nulles, même si elles sont de plus en plus souvent utilisées, notamment dans le commerce international [6]. Mais la délégation est valable lorsque le débiteur y a recours, non pas pour payer ses dettes mais pour recouvrer ses créances, car une telle pratique est courante dans beaucoup de secteurs professionnels [7].

L'accord semble être fait sur la nullité des *dations en paiement* [8]. Il y a dation en paiement lorsque le débiteur fournit au créancier une prestation autre que l'objet stipulé au contrat. Par exemple un acquéreur souscrit un appartement en construction, qui n'est jamais achevé. Le promoteur en cessation des paiements propose de lui attribuer un appartement dans un autre immeuble. Cette substitution constitue le type même du paiement anormal, sauf si elle est couramment pratiquée dans les relations d'une

---

1. V. les obs. de J. Mestre à la *Rev. trim. dr. civ.*, 1988, 140 - C. Bolze, *L'unité du lien de connexité en droit des obligations, Revue de recherche juridique* 1988, 305. Pédamon et Carmet, *La compensation dans les procédures collectives de règlement du passif, D.*, 1976 123.
2. Com. 18 févr. 1986, *Bull. civ.* IV, n° 21, p. 18 ; *Rev. proc. coll.*, 1986, n° 4, p. 64, note Guyon.
3. Jeantin, *La cession de créance en période suspecte, D.*, 1980, 309 – M. Contamine-Raynaud, *La cession de créance en période suspecte* : Mélanges M. Jeantin, p. 443.
4. Com. 14 déc. 1993, *J.C.P.*, 1994, éd. E, II, 546, note Guyon.
5. Com. 30 mars 1993, *J.C.P.*, 1993, éd. E, II, 453, note Guyon.
6. Com. 30 nov. 1993, *Bull. civ.* IV, n° 439, p. 318 – M. Billiau, *La délégation de créance,* n° 259, Paris, 1989.
7. Com. 17 juin 1980, *J.C.P.*, 1981, II, 19558, note J.A. ; *D.*, 1981, Info. rap., 193, note Vasseur – 23 janv. 2001 : précité.
8. Ass. plén. 22 avr. 1974, *D.*, 1974, 613, note Derrida, *J.C.P.*, 1974, II, 17876, note Bénabent. Com. 20 févr. 1996, *Bull. civ.* IV, n° 55, p. 43.

profession déterminée [1]. Au contraire, il n'y a pas dation en paiement lorsque la remise de la chose a été faite en exécution de la convention initiale. La dation en paiement peut également intervenir à propos d'une prestation de service. La mise en œuvre de la nullité se heurte alors aux mêmes difficultés qu'en cas de service gratuit.

Enfin le paiement est réputé anormal s'il est la conséquence d'une résolution intervenue à la demande du débiteur [2].

Lorsqu'un paiement ou une dation en paiement est annulé, *le créancier doit restituer ce qu'il a reçu* [3]. Il peut *ensuite déclarer sa créance pour en obtenir paiement dans les conditions de droit commun*, c'est-à-dire s'il est encore dans les délais [4]. La nullité n'aboutit donc pas à une éviction, mais à un rétablissement de l'égalité.

Ces règles applicables à la validité des paiements sont originales et plus sévères que les règles du droit civil. En effet, en droit civil, l'action paulienne (qui aboutit à une inopposabilité aux créanciers de l'acte conclu par le débiteur) n'est pas reçue contre les paiements, sauf concert frauduleux du débiteur et de l'« accipiens ». Cette exclusion se fonde sur l'idée qu'en payant, le débiteur exécute une obligation et qu'en acceptant le créancier ne fait que profiter de son droit, puisqu'il n'existe, en matière civile, aucune procédure collective d'apurement du passif [5]. Le droit commercial est plus nuancé. Seuls les paiements normaux sont valables (Pour la nullité facultative des paiements normaux intervenus alors que le créancier connaissait la cessation des paiements, v. *infra*, n° 1334).

1331. – Dépôts et consignations effectués au cours d'une procédure de saisie. Sont nuls de plein droit les dépôts ou consignations de sommes d'argent effectués, sur décision de justice, à titre de garantie ou pour obtenir le cantonnement d'une saisie (C. civ. art. 2075-1 – art. L. 621-107). Certes l'acte est effectué en vertu d'une décision de justice. Mais celle-ci a été prise à l'initiative d'un créancier qui a voulu se donner tardivement et artificiellement une position préférentielle, ce qui justifie la nullité. Très logiquement la nullité ne s'applique pas aux dépôts et consignations opérés en application d'une décision de justice ayant acquis force de chose jugée avant le début de la période suspecte.

1332. – Inscriptions conservatoires. Cette nullité rend *inutile la manœuvre du créancier habile qui, sentant approcher le redressement judiciaire solliciterait à titre conservatoire l'inscription d'une sûreté* (art. L. 621-107). On présume qu'il y a ici une collusion entre lui et le débiteur, qui ne s'oppose pas à cette demande.

---

1. Com. 5 avr. 1994, *Bull. civ.* IV, n° 143, p. 114.
2. Com. 12 juill. 1994, *Bull. civ.* IV, n° 268, p. 213.
3. Com. 15 mars 1982, *Bull. civ.* IV, n° 100, p. 88.
4. Com. 30 oct. 2000 : *Bull. civ.* IV, n° 171, p. 151.
5. C. Colombet, *De la règle que l'action paulienne n'est pas reçue contre les paiements*, Rev. trim. dr. civ. 1965-5.

La procédure particulière d'inscription de ces sûretés conservatoires entraîne une difficulté. Selon la loi du 9 juillet 1991 (art. 78), l'inscription ordonnée par le juge n'a qu'un caractère provisoire. Elle doit être confirmée par une inscription complémentaire, prise dans les deux mois de la décision statuant au fond sur la créance. La question se pose de savoir si la sûreté est nulle du seul fait que la seconde inscription a été prise en période suspecte. La Cour de cassation a jugé à plusieurs reprises que l'inscription définitive, prise dans le délai légal, se substitue rétroactivement à l'inscription provisoire. Elle est donc valable, dès lors que l'inscription provisoire, dont seule la date compte, a été prise avant le début de la période suspecte [1]. La saisie conservatoire est également valable si elle est convertie en saisie attribution avant le jugement d'ouverture [2].

L'avis à tiers détenteur émis par le Trésor n'est pas une mesure conservatoire visée par l'article L. 621-107 [3]. En effet il emporte attribution immédiate au comptable public de la créance saisie. Il peut donc être notifié valablement au cours de la période suspecte.

b) Les nullités facultatives ou subjectives

1333. – Pouvoir d'appréciation du tribunal. A la différence des nullités dites de droit, les nullités facultatives laissent au juge un pouvoir d'appréciation (art. L. 621-108). Celui-ci peut estimer que les conditions de la nullité sont remplies et néanmoins ne pas prononcer cette sanction, compte tenu des circonstances et notamment du comportement de celui qui a contracté avec le débiteur dont le redressement judiciaire a été ultérieurement prononcé.

Il existe deux grandes catégories de nullités facultatives.

i) Régime général des nullités facultatives

1334. – Actes accomplis par un cocontractant qui connaissait l'état de cessation des paiements. Confirmant une solution traditionnelle, l'article L. 621-108 prévoit la faculté pour le juge d'annuler tous les paiements pour dettes échues effectués après la date de cessation des paiements et tous les actes à titre onéreux accomplis après cette même date, si ceux qui ont traité avec le débiteur ont eu connaissance de la cessation des paiements. Les actes visés par l'article L. 621-108 ne présentent en eux-mêmes aucun caractère anormal. Bien au contraire ce sont des actes habituels dans les relations d'affaires. La nullité sanctionne le comportement du cocontractant qui, connaissant la cessation des paiements, n'aurait pas dû profiter du désarroi du débiteur pour contracter avec lui. Contrairement à ce qui se passe en cas de nullité de droit, *le tribunal ne doit pas examiner les caractéristiques de l'acte, mais seulement l'attitude du cocontractant.*

---

1. Com. 17 nov. 1992, *D.,* 1993, 96, note Derrida.
2. Com. 10 déc. 2002, *D.* 2003, 1473, note G. Taormina.
3. Com. 16 juin 1998, *Bull. civ.* IV, n° 200, p. 166.

Cette nullité est susceptible d'atteindre des actes qui sont, en eux-mêmes, parfaitement normaux mais qui causent un préjudice aux créanciers [1]. Entrent notamment dans cette catégorie, les paiements de dettes échues, réalisés au moyen de procédés normaux, y compris par conséquent, les ventes avec réserve de propriété [2] et les remises en compte courant [3]. La sécurité dans les relations commerciales postule cependant que le cocontractant ait connu la cessation des paiements. Mais sa mauvaise foi n'est pas nécessaire, en ce sens que la loi n'exige pas qu'il ait eu l'intention de nuire aux autres créanciers.

En revanche les mesures d'exécution forcée n'entrent pas dans le champ d'application des nullités facultatives car elles ne sont pas réalisées à l'initiative du débiteur. Il en va notamment ainsi des avis à tiers détenteur, ce qui permet au Trésor de continuer de se payer en période suspecte tout en connaissant l'imminence d'un jugement d'ouverture [4].

L'administrateur ou le représentant des créanciers doivent établir que le cocontractant connaissait de façon précise l'état de cessation des paiements. Cette preuve résulte notamment de ce que le créancier a accordé des délais de paiements anormaux au débiteur [5], de ce qu'il a concouru à un pacte d'atermoiement ou à un concordat amiable [6] ou encore de ce qu'il savait que le débiteur tirait des chèques sans provision [7].

La connaissance de la cessation des paiements peut s'induire aussi des liens de parenté ou des relations d'affaires existant entre le débiteur et le créancier [8]. Il en va ainsi notamment lorsque le créancier est le banquier [9] ou l'associé [10] du débiteur ou encore lorsque les sociétés contractantes font partie d'un même groupe.

En revanche la nullité n'est pas encourue lorsque le créancier a seulement soupçonné les difficultés financières ou lorsqu'il a cru qu'elles n'avaient rien d'irrémédiable.

Une difficulté particulière se présente lorsque le cocontractant est une *personne morale*. En principe celle-ci est réputée connaître l'état de cessation des paiements à travers la personne de ses représentants ou même des représentants des représentants. Ainsi la Cour de cassation a admis qu'une société connaissait la cessation des paiements de son client dans un cas où cette situation, ignorée des représentants légaux au sens

---

1. Com. 14 oct. 1980, *Bull. civ.* IV, n° 334, p. 269.
2. Limoges, 20 oct. 1987, *Rev. proc. coll.,* 1988, 410, note Y. Guyon – J.-D. Bretzner, *La clause de réserve de propriété et les nullités de la période suspecte*, Rev. proc. coll., 1991, 377.
3. Com. 24 oct. 1995, *Bull. civ.* IV, n° 250, p. 229.
4. Com. 16 juin 1998, *Bull. civ.* IV, n° 200, p. 166 – M.P. Dumont, *L'avis à tiers détenteur notifié en période suspecte* : Rev. proc. coll., 1999, 147.
5. Com. 5 juill. 1971, *D.*, 1971, Somm. 227.
6. Com. 16 mars 1964, *Bull. civ.* III, n° 147, p. 126.
7. Com. 25 avril 1967, *D.,* 1967, Somm. 98.
8. Com. 19 févr. 1985, *Bull. civ.* IV, n° 63, p. 55.
9. V. les obs. de MM. Cabrillac et Teyssié, *Rev. trim. dr. com.,* 1986, 419.
10. Rouen, 11 déc. 1986, *Rev. proc. coll.,* 1988, 410, note Guyon.

strict, n'était connue que des chefs de service ayant seulement la qualité de salariés [1]. Cette jurisprudence se fonde sur la théorie du sous-mandat et permet d'élargir les cas de nullité facultative.

On peut enfin hésiter sur la sanction applicable à la constitution, par le débiteur, d'une EURL en période suspecte. Cette opération s'analysant en un acte unilatéral, l'art. L. 621-108 paraît inapplicable, puisqu'il n'y a pas de cocontractant ayant connaissance de la cessation des paiements. La seule solution consisterait à intenter une action paulienne.

La nullité édictée par l'article L. 621-108 est facultative. Le tribunal jouit d'un pouvoir souverain d'appréciation pour l'admettre ou pour l'écarter [2]. Cette souplesse doit être approuvée car elle permet d'annuler n'importe quel acte conclu dans des conditions contestables, sans nuire pour autant à la sécurité dans les relations d'affaires.

ii) Régimes particuliers de nullités facultatives

Ces régimes s'appliquent dans deux cas.

1335. – *Actes à titre gratuit faits dans les six mois qui précèdent la cessation des paiements.* Les actes gratuits ici visés sont les mêmes que ceux qui auraient été nuls de droit s'ils avaient été faits *depuis* la cessation des paiements (v. *supra*, n° 1325). Cette nullité se fonde sur le caractère anormal des actes à titre gratuit, qui sont inhabituels dans les relations d'affaires (art. L. 621-107, *in fine*). On peut donc, sans inconvénient pour la sécurité des transactions, sacrifier leur bénéficiaire dans des cas plus nombreux que si l'acte avait été à titre onéreux. Néanmoins, une nullité de droit ne se justifie pas, puisque le débiteur n'avait pas encore cessé ses paiements au moment où l'acte est intervenu. Dans certains cas le bénéficiaire peut être de bonne foi, car l'acceptation d'une libéralité faite par un commerçant « in bonis » n'a rien de répréhensible. Dans d'autres hypothèses, au contraire, le bénéficiaire a pu soupçonner les difficultés financières du donateur et chercher à s'enrichir au détriment des créanciers. Le caractère facultatif de la nullité permet de tenir compte de ces différences [3].

Cette cause de nullité entraîne une difficulté d'interprétation. D'un côté on se trouve en présence d'une nullité facultative, qui devrait être régie par le droit commun de ces nullités. D'un autre côté, le cas des actes à titre gratuit n'est pas réglé par l'article L. 621-108 avec les autres cas de nullité facultatives, mais par l'article L. 621-107 qui, pour l'essentiel, traite des nullités de droit.

Les conditions particulières aux nullités prévues par l'article L. 621-108 n'ont pas à être remplies ici.

---

1. Com. 4 nov. 1977, *Bull. civ.* IV, n° 246.
2. Com. 8 juin 1971, *Bull. civ.* IV, n° 164, p. 156.
3. Com. 7 nov. 1989, Bull. civ. IV, n° 271, p. 184 – 25 juin 1991, *Rev. proc. coll.,* 1992, 67 – Rennes 26 sept. 1989, *Rev. proc. coll.*, 1991, 106.

Ainsi la nullité semble être encourue même si le donataire n'a pas eu connaissance – non pas de la cessation des paiements puisque par hypothèse celle-ci n'est pas encore intervenue – mais des difficultés financières du débiteur. Néanmoins il est vraisemblable que les tribunaux prononceront plus volontiers l'annulation lorsque le donataire connaissait l'imminence de la cessation des paiements. Ils auront tendance à l'écarter dans le cas contraire. En effet, la cessation des paiements peut être antérieure de 18 mois au prononcé du jugement d'ouverture. La période suspecte peut donc ici durer deux ans, ce qui est beaucoup. En revanche, sur les autres points, le régime de cette nullité paraît être le même qu'en droit commun.

1336. – Règles spéciales à l'acquittement des effets de commerce. Aux termes de l'article L. 621-109, les dispositions sur les nullités de droit ou sur les nullités facultatives ne portent pas atteinte à la validité du paiement d'une lettre de change, d'un billet à ordre ou d'un chèque. Toutefois l'administrateur ou le représentant des créanciers peut exercer une action en rapport, qui aboutit à un résultat assez voisin [1]. Cette règle traditionnelle est le résultat d'un compromis. D'un côté le droit cambiaire suppose que les paiements aient lieu à l'échéance prévue. Le porteur d'une lettre de change ou d'un chèque est obligé de présenter son titre au paiement à l'échéance et le tiré accepteur ne doit pas pouvoir arguer de la cessation des paiements du tireur pour refuser de payer. D'un autre côté, le recours aux effets de commerce ne doit pas pouvoir permettre de réaliser des paiements qui seraient annulés ou annulables s'ils étaient effectués par un autre moyen. Ainsi le paiement par chèque d'une dette non échue est aussi contestable que le paiement de cette même dette en espèce ou par virement. De même il serait trop facile d'échapper à une nullité en tirant une traite sur le débiteur et en la présentant soi-même à l'encaissement. En revanche on comprend que le tiers porteur ou l'endossataire de la lettre de change puisse conserver ce qui lui a été payé, car en général il ignorait les conditions suspectes de l'émission.

L'action en rapport est soumise à des conditions relativement restrictives [2]. D'une part elle peut être exercée seulement contre le tireur de la lettre de change ou, dans le cas de tirage pour compte, contre le donneur d'ordre ainsi que contre le bénéficiaire d'un chèque et le premier endosseur d'un billet à ordre. Il s'agit de ceux qui ont tiré profit du paiement, sans pour autant mériter la pleine protection du droit cambiaire puisque le titre n'a pas encore circulé. Au contraire, le tiers porteur de l'effet échappe en principe tant à l'inopposabilité qu'au rapport. D'autre part, celui à qui le rapport est demandé doit avoir eu connaissance de la cessation des paiements [3].

---

1. Roblot et Germain, *Droit commercial*, t. II, n° 3141 – Pariset, *Le droit cambiaire et les règles de la période suspecte*, J.C.P., 1972, éd. CI, II, 10676 – N. Xuan – Chanh, *Paiement en effets de commerce et paiement des effets de commerce en période suspecte*, D., 1970, 105.
2. Com. 9 janv. 1985, *Bull. civ.* IV, n° 18, p. 13 – 14 mars 2000 : *ibid.*, n° 58, p. 51.
3. Paris 2 mai 1985, *Rev. trim. dr. com.*, 1986, 271, note Cabrillac et Teyssié.

1336-1. – Conclusion. L'évolution récente montre que les paiements faits en période suspecte sont de plus en plus souvent remis en cause alors que, dans le même temps, l'ouverture de la procédure n'empêche plus tous les paiements, comme cela avait été longtemps la règle traditionnelle (v. *supra* n° 1209 et 1251). Bien que surprenante au premier abord, cette évolution doit être approuvée car elle incite le créancier, qui veut être payé en toute sécurité, à provoquer l'ouverture du redressement judiciaire. Or tout ce qui va dans le sens d'une accélération de cette ouverture doit être approuvé.

Aussi minutieuse qu'elle soit, la détermination des diverses catégories de créanciers ne donne qu'une connaissance incomplète du passif. D'où la nécessité d'examiner maintenant la situation des diverses catégories de créanciers.

§ 2. – Situation des diverses catégories de créanciers soumis au redressement ou à la liquidation judiciaires

1337. – Limites de l'égalité entre créanciers. La procédure collective produit deux conséquences principales à l'égard des créanciers qui ont déclaré leurs créances et qui ont été admis.

D'une part il les astreint à une discipline collective. Tous ces créanciers voient notamment leurs poursuites individuelles arrêtées. Leurs intérêts sont désormais pris en charge par le représentant des créanciers.

D'autre part, cette procédure impose aux créanciers des sacrifices, car il est rare que l'actif permette un remboursement complet et immédiat. Cependant, ces sacrifices ne sont pas égaux, car l'égalité ne joue qu'entre des créanciers ayant des droits identiques. Les procédures collectives laissent subsister les causes habituelles de préférence (privilèges et sûretés), quitte à en limiter certaines conséquences.

A. *Règles communes à tous les créanciers*

1338. – Affaiblissement de l'organisation collective. Avant la réforme de 1985, tous les créanciers dont le titre avait pris naissance avant le jugement d'ouverture étaient groupés de plein droit au sein d'une masse (L. 13 juill. 1967, art. 13, al. 1). *La loi de 1985 ne mentionne plus l'existence d'une masse.* La portée de cette réforme est incertaine (v. *supra*, n° 1222). L'organisation collective des créanciers est affaiblie. Néanmoins, elle n'a pas entièrement disparu, car elle est la conséquence inéluctable du caractère collectif et organisé de la procédure. Ses principales conséquences sont les suivantes.

– *Au cours de la période d'observation*, tous les créanciers, sauf les salariés, doivent déclarer leurs créances, s'ils veulent être admis aux opérations de répartition (v. *supra*, n° 1223). Les créanciers voient également leurs poursuites individuelles arrêtées. En principe, c'est le représentant des créanciers qui agit en leur nom et pour leur compte (v. *supra*, n° 1239).

– *Au cours de la période définitive*, on ne rencontre à peu près pas de règles communes, mises à part celles qui découlent de l'impossibilité d'exercer individuellement une action en paiement [1]. Tout dépend de la combinaison de deux séries de facteurs. Le créancier est-il chirographaire ou bénéficie-t-il d'une sûreté et laquelle ? Le second jugement a-t-il arrêté un plan d'entreprise (cession ou continuation) ou a-t-il prononcé la liquidation ? Toutefois le jugement de liquidation produit deux conséquences à l'égard de tous les créanciers.

1338-1. – Déchéance du terme. Tout d'abord le jugement de liquidation entraîne une déchéance du terme, de telle sorte que toutes les dettes du débiteur deviennent exigibles (art. L. 622-22). Cette mesure est nécessaire, malgré sa sévérité, car après la clôture de la liquidation aucun passif ne pourra plus être payé. L'apurement doit donc avoir un caractère global.

Cette déchéance du terme contraste avec le maintien de celui-ci pendant la période d'observation (v. *supra* n° 1244). La différence est explicable. Pendant la période d'observation il ne faut pas compromettre le redressement en rendant immédiatement exigible un passif qui pourra être payé plus tard. Le motif disparaît en cas de liquidation.

> La déchéance du terme est inopposable à la caution, sauf clause contraire de l'acte de cautionnement [2]. En effet la caution qui est solvable n'a aucune raison de devoir payer avant le terme prévu, car cela alourdirait son engagement.

1339. – Impossibilité de recouvrer les dettes non payées. *En second lieu, après la clôture de la procédure de cession ou de liquidation, les créanciers ne retrouvent pas l'exercice individuel de leurs actions (art. L. 621-95 et 622-32). Le débiteur est libéré de son passif non payé* [3]. Cette règle est une innovation, inspirée de l'« order of discharge » du droit anglais. La question ne se pose pas en cas de plan de continuation puisque celui-ci suppose le paiement de tout le passif.

> Sous l'empire de la loi de 1967, les créances n'étaient pas éteintes par la clôture de la liquidation des biens. Les créanciers conservaient leur droit de poursuite, qui pouvait se révéler utile si le débiteur acquerrait de nouveaux biens. C'est seulement en cas de règlement judiciaire, que les créances dont le remboursement n'était pas prévu par le concordat étaient éteintes. La règle était logique car des poursuites individuelles auraient pu compromettre l'exécution du concordat. Toutefois le concordat contenait souvent une clause dite de retour à meilleure fortune par laquelle le débiteur s'engageait à rembourser ses créanciers, au-delà des prévisions du concordat, s'il en avait les moyens.

---

1. V. les obs. de Mme Martin-Serf à la *Rev. trim. dr. com.*, 1989, 538.
2. Com. 8 mars 1994, *D.,* 1994, 557, note E. Bazin.
3. B. Dureuil et J. Mestre, *La purge des dettes par l'article 169 de la loi du 25 janvier 1985*, Rev. proc. coll., 1989, 389.

La procédure collective devient ainsi un moyen de se débarrasser rapidement et définitivement de ses dettes, afin de repartir à zéro. Ici encore les créanciers sont sacrifiés, mais dans l'espoir, sans doute illusoire, que le débiteur ainsi libéré pourra constituer une nouvelle entreprise et éviter cette fois la cessation des paiements. (« fresh start »).

On a fait valoir, en faveur de cette règle, qu'elle a pour but de rapprocher le sort de l'entrepreneur individuel de celui des dirigeants de sociétés qui, en principe, ne sont pas tenus personnellement du passif. L'argument n'est pas convaincant car si l'exploitation personnelle et l'exploitation en société obéissaient toujours aux mêmes règles, on ne voit pas pourquoi notre droit organiserait deux formes d'entreprises là où une seule suffirait. On invoque aussi avec plus de pertinence la détresse de beaucoup de débiteurs, accablés par un passif démesurément gonflé par les indemnités, intérêts, majorations et pénalités et qui risqueraient d'être marginalisés s'ils devaient tout payer [1].

L'extinction des poursuites a finalement un fondement plus social qu'économique car le débiteur liquidé trouvera rarement le crédit nécessaire à la constitution d'une nouvelle entreprise.

La règle posée par l'article L. 622-32 entraîne un certain nombre de difficultés [2].

Incertitude quant au *domaine d'application* de l'extinction tout d'abord. L'article L. 622-32 prévoit un principe (l'extinction) et quelques exceptions. Ainsi *les poursuites demeurent possibles lorsqu'il s'agit de dettes attachées à la personne du créancier* [3], *comme par exemple une pension alimentaire, et lorsque le débiteur a fait l'objet d'une condamnation pénale, a été mis en faillite personnelle, a eu un comportement frauduleux* ou a antérieurement fait l'objet d'une liquidation clôturée par une insuffisance d'actif [4]. En effet, l'article L. 622-32 est une mesure d'indulgence, qui n'a pas de raison de s'appliquer à des professionnels de l'endettement. Les poursuites peuvent être intentées pendant 30 ans, quelle qu'ait été la durée de la prescription qui leur était originairement applicable [5]. Mais d'autres questions ne sont pas résolues. Notamment on peut se demander si l'effet extinctif s'applique au passif né au cours de la période d'observation (v. *supra* n° 1250).

Incertitude également quant à la *nature de la règle*. L'article L. 622-32 prévoit une extinction non pas du droit des créanciers, mais seulement de leur faculté d'agir contre le débiteur, c'est-à-dire de leur

---

1. V. les obs. de B. Soinne à la *Rev. proc. coll.*, 1993, 364.
2. F. Pérochon, *Fraude du débiteur et poursuites du créancier forclos* : Mélanges A. Honorat, p. 161.
3. Com. 31 mars 1992, *Rev. jurisp. com.*, 1993, 82, note A. Honorat.
4. Com. 16 nov. 1993, *D.*, 1994, 157, note Amalvy et Derrida – 9 juin 1998, *Bull. civ.* IV, n° 182, p. 150.
5. Com. 18 oct. 1988, *D.*, 1989, 83, note B. Bouloc – Trib. gde inst., Nice, 30 mai 1990, *D.*, 1991, somm. 113, note Derrida.

action. La sanction est moins radicale que celle appliquée au créancier qui n'a pas déclaré sa créance car, dans ce dernier cas, le droit lui-même est éteint (v. *supra*, n° 1235). On se trouve ainsi dans la situation, très exceptionnelle en droit français, d'un *droit démuni d'action*. Par conséquent le débiteur reste tenu d'une obligation naturelle et surtout les *cautions* ne sont pas libérées, comme elles le sont en cas d'extinction de la créance pour non déclaration (v. *supra*, n° 1235)[1]. Les créanciers peuvent continuer d'agir contre elles et elles peuvent se retourner contre le débiteur. Mais ce recours est le plus souvent illusoire, notamment si le débiteur est une société dissoute. Restent également tenus les associés tenus indéfiniment du passif, notamment ceux des sociétés civiles et les codébiteurs solidaires[2]. Comme il existe une solidarité fiscale entre époux, le résultat paradoxal de l'article L. 622-32 est que le débiteur est libéré alors que son conjoint demeure tenu, de telle sorte qu'il peut avoir intérêt à demander l'extension de la procédure. Cependant la jurisprudence ne le lui permet pas (v. *supra*, n° 1098). Il en va de même des dirigeants dans les cas où ils sont personnellement tenus du passif fiscal de la société[3].

La clôture de la liquidation judiciaire suspend l'interdiction d'émettre des chèques dont le débiteur a fait l'objet (art. L. 622-33).

Incertitude enfin quant au *caractère de la règle*. On se demande si celle-ci est d'ordre public ou si le débiteur peut s'engager à payer le passif, s'il revient à meilleure fortune[4]. Certes cet engagement peut entraver son rétablissement ultérieur. Mais il serait singulier que l'ordre public soit invoqué pour empêcher un débiteur de payer ses créanciers.

Un avant projet de loi envisage d'étendre cet effacement du passif aux simples particuliers (V. supra n° 1108).

Finalement, s'agissant des règles communes à tous les créanciers, on ne peut être que surpris, à l'heure où les relations collectives sont à la mode, de voir qu'elles s'estompent dans un domaine où elles avaient une existence plus que séculaire. En raison de cette évolution, l'examen de la situation particulière des créanciers prend encore plus d'importance.

B. *Règles particulières à chaque catégorie de créanciers*

1340. – *Classement des créanciers*. L'un des buts de la procédure de redressement judiciaire ou de liquidation est le paiement des créanciers. En cas de plan de continuation, le paiement est total, mais peut

---

1. Com. 8 juin 1993, *J.C.P.*, 1993, II, 22174, note C. Ginestet – J.-P. Delville, *Les incidences de la clôture de la liquidation judiciaire pour insuffisance d'actif sur le cautionnement*, *J.C.P.*, 1996, I, 3961.
2. Com. 11 déc. 2001, *D.* 2002, 402, note A. Lienhard.
3. Com. 28 nov. 2000 : *Bull. civ.* IV, n° 184, p. 161.
4. O. Playoust, *La clause de retour à meilleure fortune*, Rev. proc. coll., 1994, 349.

être assorti de délais. En cas de plan de cession, les créanciers sont payés sur le prix versé par le repreneur de l'entreprise. Ce prix n'est pas forcément égal au passif, de telle sorte que le paiement peut n'être que partiel et n'est immédiat que si le cessionnaire paie comptant. Enfin en cas de liquidation, les créanciers sont payés sur le prix de vente des actifs du débiteur. Lorsque celui-ci est une personne physique, il n'y a pas lieu de distinguer les biens personnels des biens affectés à l'entreprise. Les uns et les autres sont vendus dans les mêmes conditions, car c'est seulement en cas de poursuites individuelles que le créancier professionnel doit saisir de préférence les biens eux aussi professionnels (L. 9 juillet 1991, art. 22-1, v. *supra*, n° 1303). Toutefois depuis la loi n° 2003-721 du 1er août 2003, le débiteur peut rendre insaisissable l'immeuble où est fixée sa résistance principale. Il doit à cet effet procéder à une déclaration devant notaire et faire mentionner celle-ci au registre de la publicité foncière et au registre du commerce (art. L. 526-1). Cette exception au principe de l'unité du patrimoine préfigure peut-être la reconnaissance d'un patrimoine affecté à l'exercice d'une activité professionnelle et séparé du patrimoine personnel.

L'ordre de paiement varie selon la nature de la procédure.

En cas de redressement judiciaire il est le suivant :

– Les salariés sont payés en premier pour la fraction des salaires garantie par le super-privilège.

– *Les créanciers postérieurs* à l'ouverture de la procédure sont payés en second (art. L. 621-32).

– *Les créanciers titulaires de sûretés* sont payés ensuite, en respectant l'ordre établi par le Code civil. On commence par les *créanciers privilégiés*, c'est-à-dire ceux dont la situation préférentielle a une origine légale (C. civ. art. 2095). Entre ceux-ci l'ordre de paiement est fixé par la loi, compte tenu de l'importance que celle-ci attache au remboursement de la créance. On paye ensuite les *créanciers hypothécaires*, en suivant la date d'inscription de l'hypothèque (C. civ. art. 2134). Par conséquent une hypothèque, même de premier rang, n'est pas une garantie absolue car elle sera le cas échéant primée par un privilège immobilier, notamment celui des salariés.

> Cet ordre ne suffit pas à connaître l'étendue des droits du créancier puisqu'il existe des privilèges généraux, des privilèges immobiliers et des privilèges mobiliers. Des conflits peuvent se présenter et atteindre un degré de complexité tel qu'il est impossible de dresser un tableau donnant un classement valable dans tous les cas. Le représentant des créanciers propose l'ordre de paiement qui lui paraît le plus régulier... et les contestations sont, le cas échéant, tranchées par le tribunal. Une simplification serait souhaitable.

– *Les créanciers chirographaires* sont payés ensuite de manière égale, dans la mesure où il reste quelque chose. Ils subissent un abattement, calculé par le juge-commissaire et qui est le quotient du passif par l'actif. On dit qu'ils sont payés au *marc le franc*. Les sommes attribuées aux créanciers chirographaires sont généralement faibles. Il arrive même, dans trop de procédures, qu'aucune répartition ne soit effectuée parce que les créanciers titulaires de sûretés ont absorbé la totalité de l'actif.

– Enfin les *créanciers qui ont consenti un prêt participatif* sont remboursés en dernier rang, derrière les chirographaires. En cas de pluralité de prêts, la répartition s'opère au marc le franc (CMF art. L. 313-15)[1]. Le dernier rang assigné à ces bailleurs de fonds, montre que ceux-ci sont plus associés aux risques de l'entreprise que des créanciers ordinaires.

En cas de liquidation, les créanciers titulaires de sûretés réelles spéciales, notamment les créanciers hypothécaires, sont payés avant les créanciers postérieurs (v. *supra*, n° 1252-1).

1341. – Garanties qu'il convient de maintenir aux créanciers titulaires de sûretés. La situation des créanciers titulaires de sûreté mérite une attention particulière. En effet, le commerce suppose le crédit et le crédit n'est accordé que si le prêteur se voit reconnaître des garanties de remboursement, c'est-à-dire des sûretés[2].

De ce point de vue, la procédure collective devrait laisser les sûretés produire leur plein effet. Une telle solution est difficilement acceptable. D'une part, les créanciers titulaires de sûreté absorberaient généralement tout l'actif, ne laissant rien aux chirographaires. La procédure collective deviendrait inutile puisque la plupart des biens du débiteur seraient affectés par avance au paiement d'un créancier déterminé (créancier gagiste, créancier hypothécaire, etc.) et que le surplus ne serait pas partagé au marc le franc, mais réparti selon un ordre de préférence fixé par la loi. D'autre part, l'exercice absolu des droits découlant des sûretés pourrait empêcher le redressement de l'entreprise. Le cas se produirait notamment si le créancier nanti sur le fonds de commerce pouvait faire vendre celui-ci de sa seule initiative. Comment l'entreprise survivrait-elle dans ces conditions ? Par conséquent si toute procédure collective implique une réduction des droits des créanciers titulaires de sûretés, il en va « a fortiori » encore davantage en cas de procédure de redressement. Dans ce dernier cas d'ailleurs, le créancier conserve un partenaire avec lequel il continuera de réaliser des affaires. Or mieux vaut un client en activité qu'un débiteur en liquidation.

---

1. Rép. min. 31 août 1987, *J.C.P.*, 1987, éd. E, II, 15030 – V. les obs. de M. Derrida au *D.*, 1988, somm. 73 – L. Faugerolas, *La subordination des créances*, Mélanges Derruppé, p. 227, Paris, 1991.
2. M.-J. Campana, *La situation des créanciers*, ds *Les innovations de la loi sur le redressement judiciaire*, t. I, p. 171 – P. Delebecque, *Les sûretés dans les nouvelles procédures collectives*, *J.C.P.*, 1986, éd. N, p. 185 – M. Vasseur, *Le crédit menacé, brèves réflexions sur la nouvelle législation relative aux entreprises en difficulté*, *J.C.P.*, 1985, I, 3201.

La loi de 1967 avait déjà réduit les droits des créanciers titulaires de sûreté. La loi de 1985 accentue ce mouvement. *Les créanciers sont désormais les mal-aimés de la procédure* [1]. Mais peut-être a-t-elle été trop loin dans ce mouvement d'égalisation, car si les sûretés sont traquées, le crédit est détraqué [2]. La loi du 10 juin 1994 restaure dans une certaine mesure les droits des créanciers titulaires de sûretés, surtout dans l'hypothèse d'une liquidation. Ce nouvel équilibre devrait satisfaire les banques et restaurer le crédit.

Les règles particulières édictées par la loi de 1985 s'inspirent presque toutes d'une opposition entre les sûretés soumises à publicité et les sûretés occultes. Les premières sont tolérées. Les secondes, au contraire, sont, si possible, réduites car les autres créanciers ont pu faire confiance à la solvabilité apparente du débiteur.

1) Les sûretés soumises à publicité

1342. – En principe, les sûretés publiées avant le jugement d'ouverture sont opposables aux autres créanciers. Elles confèrent à leur titulaire une priorité de paiement. Exceptionnellement cependant, ces sûretés peuvent être annulées en application de la théorie des nullités de la période suspecte (v. *supra*, n° 1328, 1332 et 1334). Au contraire, dès le jugement d'ouverture, aucune sûreté ne peut plus être inscrite (art. L. 621-50). Cette règle traditionnelle est une application de l'arrêt des poursuites individuelles. Il serait choquant qu'au cours de la procédure un créancier se ménage une situation préférentielle (v. *supra*, n° 1243).

Les catégories suivantes de créanciers méritent quelques précisions.

a) Créanciers hypothécaires

1343. – Affaiblissement du crédit hypothécaire. Considérée longtemps comme la reine des sûretés, l'hypothèque a vu son efficacité se réduire au fil des réformes, notamment en cas de procédure collective. La loi du 10 juin 1994 marque un coup d'arrêt à cette évolution afin de restaurer le crédit immobilier [3]. Néanmoins l'hypothèque continue de souffrir de nombreux handicaps.

1) *Les créanciers hypothécaires peuvent se voir imposer des délais*, c'est-à-dire n'être payés que longtemps après l'échéance stipulée par le contrat.

Toutefois lorsque le bien hypothéqué est vendu au cours de la *période d'observation*, le juge-commissaire peut autoriser le créancier hypothécaire à bénéficier d'un paiement provisionnel, à condition de

---

1. P. Ancel, *Nouvelles sûretés pour créanciers échaudés*, Cahiers de droit de l'entreprise, 1989, n° 5, p. 3 – C. Saint-Alary-Houin, *Les créanciers face au redressement judiciaire de l'entreprise*, Annales université Toulouse, 1990, 187.
2. L. Martin, *Sûretés traquées, crédit détraqué*, Banque, 1975, 1133.
3. M. Cabrillac et P. Petel, *Le printemps des sûretés réelles ? D.*, 1994, 243.

fournir une caution bancaire (art. L. 621-25 al. 2). L'avantage découlant de ce paiement plus rapide risque par conséquent d'être absorbé par les frais de la garantie bancaire.

En cas de plan de continuation de l'entreprise, la durée des délais de paiement est fixée librement par le tribunal car elle peut excéder celle du plan (art. L. 621-76). De ce point de vue, les créanciers hypothécaires ne sont pas mieux placés que les créanciers chirographaires.

> On peut même se demander s'ils ne sont pas soumis à un régime encore plus désavantageux. En effet le tribunal peut décider de frapper d'inaliénabilité les immeubles du débiteur, pour une durée qu'il fixe (art. L. 621-72). Si l'inaliénabilité de l'immeuble hypothèque dure davantage que celle du plus long délai de paiement, le créancier hypothécaire sera remboursé après les créanciers chirographaires. Cette solution est inacceptable, car l'article L. 621-76 prévoit que les créanciers doivent subir des délais uniformes. L'inaliénabilité de l'immeuble hypothéqué ne devrait pas durer plus longtemps que les délais de paiement prévus par le plan.

En cas de plan de cession, lorsque le créancier hypothécaire a consenti un prêt en vue du financement de l'immeuble, la cession n'implique pas purge de l'hypothèque (v. *supra*, n° 1289). C'est désormais l'acquéreur qui sera tenu de payer les échéances, ce qui est avantageux pour le créancier hypothécaire. Mais cette substitution ne s'opère que si le prêt garanti par l'hypothèque a été affecté de manière précise à l'acquisition ou peut-être à l'entretien de l'immeuble (art. L. 621-96 al. 3).

C'est seulement en cas de liquidation que la situation des créanciers hypothécaire est un peu moins mauvaise. Ceux-ci peuvent provoquer la vente de l'immeuble trois mois après le jugement qui a prononcé la liquidation (art. L. 622-23)[1]. Le délai de paiement reste cependant long puisque ces trois mois peuvent venir s'ajouter à la période d'observation et qu'une vente immobilière requiert le plus souvent un temps non négligeable (v. *supra*, n° 1299).

2) *Les créanciers hypothécaires ne jouissent pas d'une priorité de paiement absolue.* En effet, après la vente de l'immeuble, *ils sont primés* sur le prix de celui-ci par les créanciers titulaires de privilèges immobiliers (C. civ., art. 2105) et notamment par *les salariés* (art. L. 621-80)[2]. Par conséquent, les hypothèques n'offrent une garantie sérieuse que si le débiteur n'emploie pas de personnel. Il en résulte une désaffection à l'égard des hypothèques, souvent remplacées par des opérations de crédit-bail. Ou encore le banquier prêteur demande que l'immeuble hypothéqué soit cédé par la société d'exploitation à une société immobilière qui n'a aucun personnel salarié.

---

1. Com. 19 mars 1991, *D.*, 1991, 360, note A. Honorat.
2. V. cep. pour le cas particulier de l'hypothèque sur aéronef, Trib. gde. inst. du Puy, *J.C.P.*, 1987, éd. E, II, 14994, note J.-P. Le Gall.

En outre, mais seulement *en cas de redressement judiciaire, les créanciers hypothécaires sont primés par les créanciers postérieurs*, bénéficiaires du droit de priorité instauré par l'article L. 621-32 du Code de commerce (v. *supra*, n° 1252). Cette conséquence est particulièrement redoutable car, au moment où il inscrit l'hypothèque, le créancier n'a aucun moyen de se prémunir contre une éventuelle cessation des paiements de son débiteur, génératrice d'un passif postérieur important. Par conséquent *la loi du 10 juin 1994 a restauré la primauté du créancier hypothécaire en cas de liquidation des biens*. En effet il n'y a pas de raison de sacrifier le créancier hypothécaire au profit de créanciers postérieurs dont le crédit a été inefficace puisque l'entreprise ne s'est pas redressée.

3) *Les créanciers hypothécaires n'exercent aucun contrôle sur le prix auquel est vendu l'immeuble.* Ils risquent par conséquent d'être spoliés si ce prix est inférieur à la valeur véritable de l'immeuble, ce qui se produit parfois en cas de cession globale de l'entreprise parce que le repreneur est bien placé, notamment en faisant un chantage aux licenciements, pour obtenir des conditions qui lui sont très favorables [1]. Toutefois si une saisie avait été engagée avant l'ouverture de la procédure, elle peut être continuée par le liquidateur (art. L. 622-16 al. 2). Le prix est alors celui qui avait été fixé par le créancier saisissant.

4) Enfin en cas de vente de l'immeuble, ces créanciers peuvent se voir imposer une *substitution de garantie*, c'est-à-dire qu'ils ne seront pas payés, mais que leur hypothèque sera remplacée par une autre sûreté réputée équivalente (v. *supra*, n° 1210 et 1270). Cette solution devrait être exceptionnelle, car elle constitue une expropriation pour cause d'utilité privée puisque le créancier est dépossédé du droit réel accessoire qu'il avait sur l'immeuble hypothéqué afin que la vente de celui-ci permette le redressement de l'entreprise.

Par conséquent même si la loi du 10 juin 1994 a corrigé certains excès, l'hypothèque reste une sûreté dont l'efficacité est limitée. Mais aucune sûreté n'est parfaite, notamment depuis que l'ouverture de la procédure arrête les recours contre les cautions (v. *infra*, n° 1356).

Cette relative décadence des hypothèques conduit à une renaissance de *l'antichrèse*, sûreté immobilière avec dépossession qui donne au créancier un droit de rétention [2]. L'antichrèse est d'autant plus séduisante qu'elle peut se combiner avec une location de l'immeuble au débiteur. Celui-ci reste dans les lieux, comme en cas d'hypothèque. Mais juridiquement le créancier a toujours la qualité de possesseur, donc le droit de rétention. Néanmoins, cette construction est artificielle puisque le débiteur, qui est toujours propriétaire, paye un loyer pour jouir de ses propres locaux !

---

1. V. les obs. de M. Senéchal aux Mélanges Derruppé, p. 368, Paris, 1991.
2. R. Tendler, *L'antichrèse, mythe ou réalité, D.*, 1989, 143.

Si les créances hypothécaires et les privilèges immobiliers n'absorbent pas la totalité du prix de vente de l'immeuble, le surplus est réparti entre les autres créanciers.

b) Créanciers gagistes et créanciers nantis

1344. – Le principe : maintien des garanties résultant du droit de rétention. La publicité de ces sûretés peut s'opérer de deux manières. Tantôt elle résulte de la « dépossession » du débiteur et de la remise matérielle de la chose au créancier (gage de droit commun portant sur des objets mobiliers corporels). Tantôt la publicité s'opère par une inscription lorsque le nantissement porte sur un bien incorporel (fonds de commerce) ou peut se constituer sans dépossession (véhicules automobiles, biens d'équipement, etc.).

Les créanciers gagistes et les créanciers nantis sont dans une situation relativement favorable [1].

Au cours de la période d'observation, le créancier gagiste peut être payé immédiatement, lorsque la chose donnée en gage est nécessaire à la poursuite de l'activité (art. L. 621-24 – v. *supra*, n° 1209). Ainsi le garagiste qui a réparé un camion nécessaire à la poursuite de l'activité pourra refuser de la restituer tant que la réparation n'aura pas été payée. Il y a là une illustration de l'extraordinaire efficacité du droit de rétention. La force d'inertie triomphe de tout.

En cas de liquidation, la situation se présente généralement de la manière suivante (art. L. 622-21) [2]. Comme tout créancier, le gagiste a dû déclarer sa créance. Soumis à la règle de l'arrêt des poursuites individuelles, il ne peut prendre aucune autre initiative. Lorsqu'il est en possession de la chose, il retient celle-ci, par application de son droit de rétention. On risque donc d'aboutir à un blocage, qui serait préjudiciable à tous, car plus le temps passe plus le bien perd de sa valeur, même s'il est correctement entretenu.

L'article L. 622-21 fait alors passer l'initiative aux mains du liquidateur. Celui-ci bénéficie d'une option.

– *Le liquidateur peut conserver le bien nanti.* En effet la vente isolée du bien nanti peut faire perdre de la valeur au reste de l'actif. Ainsi, lorsque le matériel nanti fait partie d'une chaîne de fabrication, il vaut généralement mieux procéder à une vente globale, donc conserver provisoirement le bien.

---

1. J. Devèze, *Les créanciers titulaires d'un gage, d'un nantissement ou d'un droit de rétention*, Rev. proc. coll., 1992, 119 – P.-M. Le Corre, *Les créanciers gagistes face au redressement judiciaire et à la règle du concours*, Rev. proc. coll., 1991, 21 – F. Macorig-Venier, *Les sûretés sans dépossession dans le règlement et la liquidation judiciaires des entreprises*, thèse Toulouse, 1992.
2. V. les rapports de MM. Delebecque, Petel et Neveu à la *Rev. proc. coll.*, n° spéc. nov. 1994.

Le liquidateur doit alors demander au juge-commissaire l'autorisation de payer intégralement la créance du gagiste (art. L. 622-21).

– *Le liquidateur peut aussi provoquer la vente du bien nanti.* Cette solution s'impose lorsque ce bien a une valeur supérieure à la créance garantie, car il ne faut pas que le droit de rétention du gagiste empêche la vente d'un bien qui permettrait le paiement d'autres créanciers. *Dans ce cas, le privilège attaché au droit de rétention est de plein droit reporté sur le prix* (art. L. 622-21 al. 4). Au premier abord rien ne semble changé dans la situation du gagiste : il exerce sur le prix les droits qu'il exerçait sur la chose. Il y a subrogation.

En cas de plan de cession, si un bien nanti est transmis au cessionnaire de l'entreprise, celui-ci doit acquitter les échéances aux lieu et place du cédant [1]. L'opération est par conséquent neutre pour le créancier nanti à ceci près que le tribunal peut accorder au cessionnaire des délais de paiement (art. L. 621-96 al. 2).

Cette substitution de débiteur garantit efficacement le créancier nanti. Limitée initialement aux bénéficiaires d'un nantissement sur matériel d'équipement, elle a été étendue à tous les titulaires de sûretés réelles spéciales par la loi du 10 juin 1994, du moment que le crédit a été accordé en vue du financement de ce bien (v. *supra*, n° 1289).

Le gagiste peut opposer son droit de rétention au repreneur dans les mêmes conditions qu'au cédant. Il peut par conséquent refuser de restituer le bien tant qu'il n'a pas été payé [2].

Le gagiste ne peut pas se voir imposer une substitution de garantie [3].

1345. – Les difficultés d'application. Malgré sa simplicité apparente, ce mécanisme entraîne quelques difficultés.

D'abord, la subrogation ne peut jouer que si le créancier jouissait d'un droit de rétention. Or, selon le droit commun du gage, ce droit existe non seulement en cas de dépossession matérielle du débiteur (le bien est transféré dans les magasins du créancier gagiste) mais aussi, même si cela est plus discutable, en cas de dépossession symbolique (gages sur véhicules automobiles ou biens d'équipement).

Mais selon la jurisprudence, le droit de rétention n'existe pas en cas de nantissement d'un fonds de commerce [4] ou d'un marché public [5]. Donc le créancier nanti sur le fonds est, en cas de vente de celui-ci par le liquidateur, primé par le Trésor. Par conséquent, le nantissement du fonds n'a guère d'utilité. De même, le créancier nanti sur un marché n'a aucun privilège absolu sur la créance résultant de ce marché.

---

1. M. Cabrillac et P. Petel, *Le printemps des sûretés réelles ? D.*, 1994, 243.
2. Com. 20 mai 1997, *Bull. civ.* IV, n° 151, p. 135.
3. Com. 4 juillet 2000 : *Bull. civ.* IV, n° 136, p. 123 ; Rev. trim. dr. com., 2000, 1009, note A. Martin-Serf.
4. Com. 26 oct. 1971, *D.*, 1972, 61, note Derrida ; *J.C.P.*, 1972, II, 17058, note Spitéri.
5. Com. 12 mai 1981, *D.*, 1982, 205, note Agostini-Soinne, *Le nantissement sur marchés publics, dépérissement définitif ou rémission, J.C.P.*, 1981, éd. C I, II, 13637.

A l'inverse, le créancier qui a un droit de rétention fondé sur une pure situation de fait est assimilé au gagiste. Il doit être payé par préférence sur le prix, si le liquidateur lui impose la vente du bien [1].

En second lieu, on peut se demander ce qui se passera en cas de conflit entre le créancier, titulaire de son droit de rétention, et un autre créancier jouissant du droit d'être payé avant tous les autres. Le cas se rencontre notamment pour les créances d'aliments (L. 2 janv. 1973) et pour la fraction des salaires garantie par le super-privilège (C. trav., art. 143-10). Un texte spécial a parfois tranché le conflit entre ces super-priorités. Ainsi le créancier nanti sur l'outillage doit être payé après les salariés en application de l'article L. 525-9 du Code de commerce [2]. En dehors de ces cas particuliers, les tribunaux n'ont pas une position nettement fixée.

Ainsi le créancier bénéficiaire d'un nantissement de marché public est primé par le sous-traitant qui exerce son action directe contre le maître de l'ouvrage [3]. De même, en cas de gage portant sur un meuble corporel, le gagiste est primé par le créancier qui a effectué sur la chose des réparations après la constitution du gage [4]. Le privilège du réparateur l'emporte sur celui du gagiste. La solution s'impose si l'on veut que l'objet remis en gage soit entretenu. En revanche, le gagiste l'emporte sur les salariés [5]. La solution est raisonnable car le conflit se déroule généralement entre personnes interposées puisqu'une Assedic a payé les salaires, et plaide contre le gagiste en sa qualité de subrogé aux droits des créanciers. Or, comme les Assedic sont subrogées pour des sommes importantes, les faire passer avant les créanciers nantis priverait cette sûreté d'une bonne part de son utilité.

De même encore on ne sait qui doit l'emporter du créancier titulaire du droit de rétention et du créancier bénéficiaire de la priorité prévue par l'article L. 621-32 du Code de commerce. Le droit de rétention semble devoir triompher, en raison de sa matérialité [6]. Ces conflits ne sont pas propres au droit des procédures collectives. Ils y prennent néanmoins une acuité particulière, car les créanciers profitent de leur dernière chance d'être payés. Une remise en ordre de l'ensemble du droit des sûretés éviterait ce tohubohu.

La situation est plus simple lorsque le créancier peut demander l'attribution judiciaire de la propriété du bien gagé (C. civ. art. 2078 – art. L. 622-21 al. 3). Cette arme absolue lui appartient même lorsque le

---

1. Cabrillac et Mouly, *Droit des sûretés*, n° 896.
2. Com. 18 juill. 1977, *D.,* 1978, 404, note Mouly ; *J.C.P.*, 1980, II, 19316, note Chartier.
3. Com. 19 mai 1980, *D.*, 1980, 443, note Bénabent.
4. Com. 4 févr. 1980, *D.*, 1980, Info. rap. 478, note A. Robert.
5. Com. 15 oct. 1991, *Bull. civ.* IV, n° 288, p. 200 ; *Rev. trim. dr. com.,* 1992, 464, note A. Martin-Serf.
6. Com. 6 mars 1990, *Rev. trim. dr. com.*, 1990, 265, note Martin-Serf.

gage est commercial[1] et même s'il s'agit d'un gage sans dépossession, notamment un nantissement de matériel d'équipement[2]. Mais cette faculté n'est intéressante que si le bien présente pour le créancier une utilité directe ou peut être facilement revendu. Elle suppose aussi que la valeur du gage et le montant de la créance soient comparables. Le créancier gagiste peut demander cette attribution même avant l'admission définitive de sa créance. Le cas échéant, il remboursera le trop perçu (art. L. 622-21 al. 3). Pour une fois la loi de 1985 se montre favorable aux créanciers.

En revanche, le gagiste doit se garder de vendre le bien, car ce dessaisissement entraînerait la perte de son droit de préférence sur le prix[3].

Malgré ces hésitations, le mouvement d'ensemble est clair. *Plus une sûreté est simple et brutale, plus elle est efficace.* Il y a là une régression, car toute l'évolution, depuis le droit romain, avait consisté à mettre au point des sûretés sans dépossession conciliant la souplesse et l'efficacité.

c) Autres créanciers dont le privilège est soumis à publicité

Deux privilèges méritent d'être mentionnés compte tenu de l'importance des sommes qu'ils garantissent généralement.

1346. – *Les privilèges du Trésor*. Pendant longtemps ces privilèges ont eu un caractère exorbitant du droit-commun. Le fisc avait tous les droits. On pouvait voir là l'illustration d'une sorte d'égoïsme collectif, car si le Trésor n'est pas remboursé, les contribuables devront payer davantage d'impôts lors de la prochaine année budgétaire. Pourtant la situation a évolué. De plus en plus le Trésor tend à rentrer dans le rang car il doit, comme les autres créanciers, consentir des sacrifices en faveur du redressement des entreprises en difficulté[4]. De plus les impôts non recouvrés du fait de la défaillance de ces contribuables sont une goutte d'eau dans l'océan du déficit budgétaire.

Les privilèges du Trésor portent uniquement sur les meubles du débiteur. Ils garantissent le paiement des contributions directes, de la TVA (très importante puisque celle-ci est perçue par le redevable pour le compte du fisc), des droits indirects ou de douane, des droits d'enregistrement ainsi que, depuis la loi du 31 décembre 1981 (art. 8-1) les majorations et pénalités appliquées à ces diverses impositions[5].

---

1. Com. 31 mai 1960, *D.*, 1960, 601, note Guyon.
2. Com. 6 mars 1990, *D.*, 1990, 311, note Derrida ; *J.C.P.,* 1990, éd. E, II, 15815, note Amlon ; *Rev. trim. dr. com.*, 1990, 264, note Martin-Serf ; *Rev. proc. coll.*, 1990, 421, note Dureuil.
3. Com. 15 janv. 1957, *D.*, 1957, 267, note Hémard.
4. K. Rodriguez, Le Trésor face à l'obligation de déclarer les créances ; *J.C.P.*, 2002, I, 161. – P. Serlooten, *Défaillance de l'entreprise (aspects fiscaux)*, n° 372, 1997.
5. Serlooten, *L'entreprise en difficulté, le Trésor, la Sécurité sociale et les autres* : Etude Weill, p. 495, 1983 – V. aussi *Le Trésor public créancier de l'entreprise en difficulté* : *J.C.P.*, 2000, E, 24.

La loi du 28 décembre 1966 a organisé la publicité de ces privilèges par une inscription prise sur un registre tenu au greffe du tribunal de commerce, à la diligence du Trésor. Cette publicité n'est obligatoire qu'à partir du moment où, au dernier jour d'un trimestre civil, les sommes dues par un contribuable dépassent 12 200 euros (C. gén. impôts, art. 1929 quater). Il aurait été préférable d'imposer l'inscription, à peine de déchéance, dans un bref délai dès le dépassement du montant. En effet, dans le système actuel, la publicité n'intervient souvent que lorsque les dettes fiscales absorbent tout l'actif.

Lorsque la publicité est obligatoire, le Trésor ne peut exercer son privilège que s'il y a eu inscription régulière. Il faut approuver cette réforme favorable au développement du crédit.

On aurait pu envisager une mesure plus radicale consistant à obliger le Trésor à informer le président du tribunal ou même à demander l'ouverture de la procédure dès que l'impayé dépasse un certain montant.

Le Trésor bénéficie d'un avantage important résultant de l'utilisation de l'*avis à tiers détenteur*, qui lui permet de saisir les créances que le débiteur a sur des tiers. Le Trésor peut ainsi non seulement recouvrer les impositions venant à échéance au cours de la période d'observation [1] mais aussi procéder à des recouvrements pendant la période suspecte sans s'exposer, comme un autre créancier, à une action en nullité (V. *supra*, n° 1334). Seules les sommes déposées à la Caisse des dépôts et consignation échappent à son emprise (art. L. 627-1).

Le Trésor est désormais autorisé à consentir des remises de dettes (art. L. 621-60 – Décr. 1985, art. 179 à 181 – Décr. 10 mars 1986 modifié par le décret du 3 avril 1987). Cette réforme doit être approuvée. Il était anormal que le Trésor soit, avec la Sécurité sociale, le seul créancier inapte à accepter des remises de dettes, ce qui empêchait le redressement de beaucoup d'entreprises. Certes une remise est une perte de recettes. Mais on peut espérer que cette diminution des recettes sera compensée, et même au-delà par la survie d'une entreprise, qui acquittera par la suite de nombreux autres impôts. Deux cents ans après La Fontaine, le Trésor a compris qu'il n'était pas de bonne politique de tuer la poule aux œufs d'or.

Ces remises sont consenties par le directeur général des impôts, dans des conditions prévues par l'article L. 247 du livre des procédures fiscales. Elles peuvent notamment porter sur les *impôts directs*, mais sont exclues en matière de TVA (Livre des procédures fiscales, art. L. 247). Cette dernière restriction est regrettable.

En outre les frais de poursuites et les pénalités encourues avant le jugement d'ouverture sont remis de plein droit (C.G.I., art. 1740 octies).

1347. – *Le privilège de la Sécurité sociale*. Il a un double aspect. Lorsqu'il porte sur les immeubles, c'est une hypothèque soumise à la

---

1. Com. 25 juin 1996 : *D.*, 1996, 615, note F. Derrida.

nécessité d'une inscription. Lorsqu'il porte sur les meubles, c'est un privilège général, soumis à publicité à partir du moment où, au dernier jour d'un trimestre civil, les sommes dues par un assujetti dépassent 12 200 euros (C. séc. soc., art. 243-5). Cette publicité s'impose à peine de déchéance. Désormais *la Sécurité sociale peut, comme le Trésor, consentir des remises de dettes* (art. L. 621-60 – Décr. 18 févr. et 30 juill. 1986). Celles-ci portent essentiellement sur les *majorations de retard* et peuvent être accordées même si les cotisations elles-mêmes n'ont pas été payées.

Dans beaucoup de procédures collectives, ces deux privilèges absorbent tout l'actif car le débiteur en difficulté commence presque toujours par ne plus payer ses impôts et ses cotisations sociales. Par conséquent, bien que fondés sur l'intérêt général, *ces privilèges ont un effet pervers*. Ils incitent le Trésor et l'Urssaf à ne pas demander rapidement l'ouverture d'une procédure collective, puisque ces organismes savent que leurs droits seront garantis, même si le passif chirographaire continue à s'accumuler [1]. Leur réduction, sinon leur suppression devrait être envisagée. Mais jusqu'ici seul le Danemark s'est engagé franchement dans cette voie [2].

2) *Les sûretés occultes*

1348. – *Dangers présentés par les sûretés occultes*. Les sûretés occultes, comme leur nom l'indique, ne sont soumises à aucune publicité [3]. Elles sont dangereuses pour les tiers qui doivent en subir les conséquences alors mêmes qu'ils ignoraient leur existence ou au moins leur étendue. Elles sont donc de moins en moins nombreuses.

La loi du 30 décembre 1977 sur la gratuité de la justice a supprimé une bonne partie de l'intérêt du privilège des *frais de justice*. Certes celui-ci est invoqué par les divers auxiliaires de justice (administrateur, représentant des créanciers) pour le paiement de leurs honoraires. Mais ce privilège se combine avec le droit de priorité accordé aux créanciers dont le titre est postérieur au jugement d'ouverture. Les auxiliaires de justice seront donc payés immédiatement après les salariés.

Restent deux privilèges occultes. L'un est réduit, dans un esprit de transaction ; l'autre, au contraire, prend une importance de plus en plus considérable.

a) *Le bailleur d'immeubles*

1349. – *Double réduction des droits du bailleur*. Le bailleur de l'immeuble subit une double restriction à ses droits en cas de

---

1. V. les obs. de M. Bolard au *D.*, 1983, doc. 175.
2. Gomaar, *Le droit danois des entreprises en difficultés, aspects de droit commercial : Journées de la société de législation comparée 1984*, p. 403.
3. Il ne faut donc pas confondre les sûretés occultes et les sûretés non publiées, alors qu'elles étaient soumises à publicité.

redressement ou de liquidation judiciaire de son locataire (art. L. 621-29 et 621-31) [1].

a) *En premier lieu le prononcé du redressement judiciaire empêche le bailleur d'obtenir la résiliation du bail en raison du non-paiement des loyers échus avant le jugement d'ouverture.* Cette règle n'est que la transposition aux baux d'immeubles du régime général des contrats en cours (v. *supra* n° 1206). Sa nécessité est évidente car l'entreprise ne pourrait pas continuer d'être exploitée ou être cédée à un tiers si elle devait quitter les locaux qui servent de support à son fonds de commerce. La résolution n'est même pas possible si une clause expresse la stipulait, car cette clause est réputée non écrite. Elle est en revanche admise si elle se fonde sur d'autres fautes commises par le locataire, comme par exemple une dégradation des lieux ou un défaut d'entretien [2]. Enfin, le bailleur conserve le droit d'agir en justice pour faire exécuter le jeu d'une clause résolutoire acquise avant l'ouverture de la procédure, par une décision passée en force de chose jugée (v. *supra*, n° 1206) [3].

Par conséquent, le bail continue malgré l'ouverture du redressement judiciaire sauf si l'administrateur en demande la résiliation. Le paiement des loyers postérieurs est garanti par le droit de priorité de l'article L. 621-32 (v. *supra* n° 1247). Si néanmoins ces loyers ne sont pas payés, le bailleur peut obtenir la résiliation du bail, mais seulement deux mois après le jugement d'ouverture (art. L. 621-29). En somme, *le bailleur est tenu à un crédit forcé durant les deux premiers mois de la procédure.* La solution est logique car, de manière générale, les contrats en cours ne doivent être continués que si l'administrateur peut payer le cocontractant (v. *supra*, n° 1206).

Ce délai entraîne une difficulté car la revendication des marchandises situées dans les locaux loués, peut s'opérer dans les trois mois suivant la publication du jugement d'ouverture (v. *infra*, n° 1362). Il est donc parfois nécessaire de louer un local où l'on entreposera ces biens en attendant leur revendication, ce qui entraînera des frais.

La situation est différente en cas de liquidation judiciaire, car il faut seulement éviter qu'une résiliation intempestive du bail à la demande du bailleur ne réduise à néant la valeur du fonds qui va être vendu au profit de tous les créanciers. Le bailleur peut par conséquent demander la résiliation pour une cause antérieure au jugement de liquidation, mais il doit le faire dans les trois mois (art. L. 622-13). Ce délai est assez arbitraire [4].

b) *En second lieu, le privilège accordé au bailleur pour le recouvrement des loyers subit de notables réductions en cas de procédure collec-*

---

1. F. Auque, *Le bail commercial n'est pas un contrat comme les autres*, Rev. proc. coll., 1997, 131 – J. Moneger, *Baux commerciaux et réforme du droit des entreprises en difficultés*, J.C.P., 1995, éd. E, I, 438.
2. Civ. 3, 21 juill. 1999 : *J.C.P.*, 2000, II, 10391, note F. Roussel.
3. Com. 19 déc. 1989 et 12 juin 1990, *D.*, 1990, 450, note Derrida.
4. F. Perochon, *Entreprises en difficulté*, n° 378.

tive (art. L. 621-31). En règle générale, l'art. 2102 du Code civil accorde au bailleur d'immeubles un privilège sur les meubles garnissant les lieux loués. Ce privilège garantit le paiement des loyers échus et aussi à échoir, lorsque le bail a date certaine et est conclu pour une durée déterminée, ce qui est le cas de la plupart des baux commerciaux. Ce privilège a très vite paru exorbitant. D'une part, le montant des loyers est tellement élevé qu'il risque d'absorber la totalité de l'actif. D'autre part, le « mobilier » au sens juridique du terme qui garnit les lieux loués a souvent une valeur considérable (outillage, marchandises, etc.). Par conséquent, les droits du bailleur ont été réduits dès la fin du XIXe siècle, époque pourtant favorable aux propriétaires fonciers.

Si le bail est résilié après le jugement d'ouverture, le bailleur n'est privilégié que pour les deux dernières années de location échues et pour l'année en cours (art. L. 621-31). Pour les autres loyers non encore éteints par la prescription quinquennale, il n'est que créancier chirographaire (C. civ. art. 2277). Cette restriction s'explique parce qu'en octroyant de trop longs délais de paiement à son locataire, le bailleur a trompé les autres créanciers sur la solvabilité apparente du débiteur. Le bailleur est également simple chirographaire pour les indemnités de résiliation. En pratique la résiliation du bail est rare. L'administrateur a généralement intérêt à en demander la continuation ou la cession.

Si *le bail continue*, la jurisprudence avait décidé après hésitation, que la réduction de l'assiette du privilège demeurait la même pour les *loyers échus*. Le privilège ne garantissait donc que les deux années antérieures et l'année en cours. Cette solution était logique, mais ne paraissait pas conforme à une interprétation littérale de l'art. 53, al. 2 de la loi de 1967 [1]. Cette jurisprudence devrait se maintenir sous l'empire des textes actuels. *Pour les loyers à échoir*, il faut distinguer. Si les sûretés antérieures sont maintenues, le bailleur n'a aucun droit particulier. Dans le cas contraire, une interprétation « *a contrario* » de l'article L. 621-31 al. 3 permettrait au bailleur de demander le paiement immédiat de *tous* les loyers à échoir et de bénéficier de la priorité accordée par l'article L. 621-32 aux créanciers postérieurs. Le bailleur serait alors avantagé, ce que la loi de 1985 n'a certainement pas voulu. Les tribunaux devront élucider ce point.

Le bail peut être continué non seulement par le locataire originaire, mais aussi par le cessionnaire de la totalité de l'entreprise, ou par l'acquéreur d'une branche d'activité voire par un cessionnaire à titre particulier. Dans ces derniers cas, la cession s'opère au profit d'une personne qui n'est pas l'acquéreur du fonds de commerce, ce qui entraîne une modification de la destination des lieux (art. L. 621-70). Cette cession s'impose néanmoins au bailleur. Il y a là une dérogation supplémentaire au droit commun des baux commerciaux (Décr. 30 sept. 1953, art. 35-1) [2].

---

1. Com. 9 janv. 1974, *J.C.P.*, 1974, II, 17777, note Thuillier ; *D.*, 1974, 237.
2. Guyon, *Droit des affaires*, t. I, n° 672 – Com. 6 déc. 1994, *Bull. civ.* IV, n° 368, p. 303.

En cas de cession au cours de la période d'observation, l'administrateur ne peut se voir opposer la clause du bail stipulant une solidarité entre le cédant et le cessionnaire en vue de garantir le paiement des loyers (art. L. 621-30). En effet il n'est pas concevable que l'entreprise en redressement judiciaire garantisse les dettes d'un tiers. Cette inopposabilité devrait être généralisée, afin de ne pas entraver les cessions de bail.

La soumission des agriculteurs aux procédures collectives (L. 30 déc. 1988) conduit à se demander si les art. L. 621-29 et L. 621-31 s'appliquent aux baux ruraux. Il semble qu'il faille répondre par l'affirmative car ces articles visent les baux d'immeubles, catégorie qui englobe les baux ruraux. Seule la cession forcée du bail rural est soumise à un régime dérogatoire (art. L. 621-84 – v. *supra*, n° 1291).

b) Les salariés

1349-1. – Nécessité de garantir les droits des salariés. A la différence de celui du bailleur, le privilège des salariés a une importance de plus en plus grande [1].

En effet, la situation des salariés en cas de procédure collective est une question préoccupante et difficile à régler. La loi de 1985 contient sur ce point des innovations fondamentales parce qu'elle associe le comité d'entreprise et le représentant des salariés au déroulement de la procédure. L'idée est bonne car une entreprise ne peut pas se redresser sans le concours de son personnel salarié. Notre droit est parvenu à garantir de manière satisfaisante le paiement des salaires. En revanche, le maintien du contrat de travail et donc la sauvegarde de l'emploi ne peuvent pas être assurés (v. *supra*, n° 1257).

i) Le paiement des salaires

1350. – La diversité des situations. La nécessité de garantir le paiement des salaires n'est pas sérieusement discutable, au moins lorsqu'il s'agit de la fraction du salaire qui a un caractère alimentaire.

Mais, d'un autre côté, on ne peut pas reconnaître une priorité absolue à toute créance de salaire. En effet, les procédures collectives impliquent, par hypothèse, une situation de pénurie. Tous les créanciers ne pourront pas être payés immédiatement et intégralement. Or, *favoriser à tout prix tous les salariés risque d'aboutir à des injustices.* Ainsi, comme on l'a vu notamment dans l'affaire Lip, sacrifier les fournisseurs aux salariés revient à sacrifier indirectement les salariés de ces fournisseurs. De même, certains créanciers de l'entreprise en redressement judiciaire sont eux aussi des salariés, dont les économies risquent d'être englouties. On peut notamment penser aux épargnants qui ont versé des avances en vue de l'acquisition d'un logement ou d'un bien quelconque qui ne leur sera jamais livré. Enfin le salariat recouvre des réalités sociologiques différentes. Il n'y a rien de commun entre le manœuvre qui demande le paiement de son SMIC et

---

1. V. la biblio. citée *supra* n° 1257.

le dirigeant qui se prétend créancier de salaires élevés, souvent sans rapport avec le travail fourni et qui est parfois plus ou moins responsable de la mauvaise gestion à l'origine de la cessation des paiements.

Une question préalable consiste donc à déterminer qui sont les véritables salariés [1]. Elle a donné lieu à une jurisprudence abondante, notamment lorsqu'une même personne prétend cumuler un contrat de travail et la gérance ou la direction d'une société [2]. Cette question ne sera pas examinée ici, car elle dépasse le domaine des procédures collectives [3].

Il faut aussi se demander si la garantie doit se limiter au salaire proprement dit ou s'étendre aux autres sommes dues en exécution du contrat de travail : remboursement de frais professionnels, indemnité de congés payés, primes diverses, dont notamment la prime de participation aux bénéfices et les indemnités de licenciement qui atteignent souvent des montants non négligeables [4].

Le droit positif n'a que partiellement pris en compte ces différences à propos des garanties du paiement des salaires dus au jour du jugement d'ouverture (Pour les salaires dus en raison de la continuation de l'exploitation pendant la période d'observation, v. *supra*, n° 1259).

1351. – Privilège et super-privilège des salariés. Les salariés jouissent d'abord d'un *privilège général*, mobilier et immobilier, qui garantit le paiement *des six derniers mois de salaires* (C. civ., art. 2101 et 2104). On assimile au salaire les indemnités de congés payés, de délai-congé, de rupture abusive, et certaines indemnités de licenciement. En revanche, le privilège ne semble s'étendre ni aux sommes dues au titre de la participation des salariés à l'expansion de l'entreprise, ni aux gratifications variables versées au personnel [5].

Bien que paraissant constituer une garantie efficace, ce privilège souffre en réalité de plusieurs faiblesses. Tout d'abord son rang n'est pas excellent. Sur les meubles, il est primé notamment par les droits résultant d'un gage et les privilèges du Trésor. Il vient en concours avec le privilège de la Sécurité sociale. Sur les immeubles, la situation est plus favorable, puisque le privilège prime les créanciers hypothécaires (C. civ., art. 2105). Mais la réalisation des immeubles est lente et difficile, ce qui entraîne la seconde faiblesse de ce privilège. A supposer que malgré tous ces prélèvements, le privilège vienne encore en rang utile, il ne résout pas les difficultés de trésorerie qui sont aiguës pour les salariés de rang modeste. Le privilège confère un droit. Mais sa réalisation pratique n'est assortie d'aucune date fixe. Or le salarié et sa famille ne peuvent pas se nourrir uniquement d'espoir.

---

1. G. Lyon-Caen, *Quand cesse-t-on d'être salarié ? Le salarié-employeur, D.*, 1977, 109.
2. V. par exemple, Com. 7 juin 1988, *Bull. civ.* IV, n° 191, p. 133.
3. Guyon, *Droit des affaires*, t. I, n° 321.
4. Soc. 17 déc. 1991, *Bull. civ.* V, n° 587, p. 364 – 8 nov. 1994, *D.*, 1995, 143, note A. Honorat, *J.C.P.*, 1995, éd. E, II, 667, note Y. Saint-Jours – 7 juill. 1998, *Bull. civ.* IV, n° 366, p. 277.
5. Soc. 18 juin 1981, *Bull. civ.* V, n° 571, p. 429.

Aussi un décret-loi du 8 août 1935, devenu l'art. L. 143-10 du Code du travail, a instauré une garantie supplémentaire portant sur une partie des créances privilégiées. La pratique désigne cette faveur sous le nom de *super-privilège* [1].

Le domaine d'application de ce super-privilège est doublement limité. Il ne couvre que l'arriéré des *60 derniers jours de travail*. Il ne s'applique pas à la totalité du salaire, mais à un *montant plafonné* à deux fois le plafond retenu pour les cotisations de Sécurité sociale (C. trav., art. D. 143-1 – Directive UNEDIC du 3 janv. 1997). Il ne garantit pas non plus l'indemnité de licenciement. Mais, en contrepartie, le super-privilège est spécialement efficace. *En effet le salarié doit être payé « nonobstant l'existence de toute autre créance privilégiée »* (C. trav., art. L. 143-10). La formule est particulièrement énergique. L'article L. 621-32 précise d'ailleurs que les salariés l'emporteront sur les créanciers dont le titre est né au cours de la période d'observation, et qui jouissent pourtant eux aussi d'une priorité de paiement absolue. *Les salariés doivent cependant s'incliner devant le créancier gagiste*, dont le droit de rétention s'est reporté sur le prix (art. L. 622-21 al. 4, v. *supra*, n° 1344) et devant le *Trésor* qui a signifié un avis à tiers détenteur avant le début de la procédure. En effet cet avis lui attribue immédiatement la créance que le débiteur a sur le tiers saisi [2].

Le caractère alimentaire du salaire protégé par le super-privilège a conduit le législateur à en assurer un paiement rapide. En principe, celui-ci doit s'opérer dans les dix jours du jugement, si l'administrateur dispose des fonds nécessaires (art. L. 621-131 al. 1). Cette mesure demeure néanmoins trop souvent lettre morte, compte tenu des calculs complexes que nécessite l'établissement du montant de ce super-privilège.

Par conséquent, avant même l'établissement de la créance, l'administrateur doit verser immédiatement aux salariés, à titre provisionnel et sur la base du dernier bulletin de paie, *un mois de salaire* plafonné comme le super-privilège (art. L. 621-131 al. 2). On a parlé en l'occurrence d'un *super super-privilège*. L'expression n'est pas exacte. Il s'agit du versement d'un acompte et non d'un classement préférentiel [3].

Ce versement suppose une autorisation du juge-commissaire et, bien entendu, l'existence de fonds disponibles.

1352. – Garantie de paiement des créances salariales. La situation est plus préoccupante lorsque les disponibilités font défaut, ce qui est malheureusement assez courant, soit parce que le débiteur est insolvable, soit parce que la réalisation de son actif nécessite des délais. Or la plupart des salariés ne peuvent pas attendre le paiement de ce qui leur est dû.

---

1. Derrida, *Le super-privilège des salariés*, D., 1973, 65.
2. Com. 13 nov. 2002, *D.* 2002, 3206, note A. Lienhard.
3. Roblot, Germain et Delebecque, *Droit commercial*, t. II, n° 3248.

Une loi du 27 décembre 1973, incorporée dans les art. L. 143-11 et s. du Code du travail, a donc organisé un système *d'assurance contre le risque de non-paiement des salaires*, plafonnés à un montant fixé par décret selon des grilles complexes tenant compte d'un multiple du plafond de la Sécurité sociale variable selon que le contrat de travail a été conclu plus ou moins de six mois avant le jugement d'ouverture (C. trav., art. D. 143-2) (pour la garantie applicable aux indemnités de licenciement, v. *infra* n° 1353)[1].

L'assurance couvre les créances résultant de l'exécution du contrat de travail impayées au jour de l'ouverture de la procédure. En revanche la garantie est limitée pour les salaires dus postérieurement, car leur paiement est normalement assuré par l'application de l'article L. 621-32. Par conséquent l'AGS ne couvre qu'un mois et demi de salaire pendant la période d'observation et 15 jours après la liquidation. En cas de cession les salaires sont payés par le repreneur.

Le régime s'inspire de celui de l'assurance chômage. Il s'applique aux salariés employés par des commerçants, des artisans des agriculteurs ou des personnes morales de droit privé[2]. Son étude relève du droit du travail. Il suffit d'indiquer que l'Association pour la Gestion du régime d'assurance des créances des Salariés (AGS) doit fournir au représentant des créanciers, dans un délai de 5 jours, les disponibilités qui lui font défaut pour régler les sommes définitivement établies[3]. Si l'AGS refuse de payer, le représentant des salariées saisit le conseil des prud'hommes (art. L. 621-127)[4].

Pour alimenter le fonds d'assurance, les employeurs versent une cotisation spéciale recouvrée par les Assedic. Mais les salariés ont droit à la garantie même si les cotisations n'ont pas été payées (C. trav., art. L. 143-11-3).

L'AGS est subrogée aux droits des salariés[5]. Elle participe alors à la procédure collective en invoquant, selon le cas, le privilège ou le super-privilège. L'assurance insolvabilité ne modifie donc pas l'étendue du passif garanti par le privilège des salariés. Cette subrogation peut étonner puisque l'AGS est financée par les cotisations versées par les entreprises. C'est un peu comme si l'assureur se retournait contre l'assuré.

Par conséquent malgré la terminologie utilisée, il ne s'agit pas d'une assurance car celle-ci ne jouerait que si l'employeur assuré a payé les primes et exclurait toute action en remboursement contre lui.

Cette sécurité sociale des salaires donne de bons résultats[6]. Une protection analogue a été réclamée par les consommateurs qui ont payé un objet que le commerçant ne leur a pas livré[7], les agriculteurs

---

1. Dictionnaire permanent difficultés des entreprises, V° AGS, garantie de paiement des créances salariales – A. Arséguel, *Le recouvrement des créances sociales*, Annales université Toulouse, 1990, 267.
2. Soc. 25 févr. 1981, *D.*, 1981, Info. rap. 433, obs. Langlois.
3. Soc. 1er juin 1994, *D.*, 1995, 76, note C. Souweine.
4. Soc. 21 mars 1989, *Bull. civ.* V, n° 233, p. 136.
5. Com. 6 juill. 1993, *D.*, 1993, 580, note Ramackers.
6. Derrida, *Commentaire de la loi du 27 déc. 1973, D.*, 1974, 119.
7. Rép. min., 9 mars 1981, *J.C.P.*, 1981, IV, 254.

qui ont livré à crédit et qui n'ont pas été payés, les PME se trouvant dans une situation identique, etc. L'admission de ces revendications catégorielles priverait les procédures collectives de leur raison d'être et leur financement augmenterait les frais généraux des entreprises « *in bonis* », obligées d'adhérer à des fonds de garantie. Néanmoins dans quelques cas très particuliers les créanciers bénéficient d'une garantie résultant d'une assurance obligatoire de leur cocontractant ou d'une solidarité professionnelle (v. *infra*, n° 1357).

Ainsi l'AGS réalise une certaine socialisation des risques entraînés par la défaillance financière d'un cocontractant. Mais si le salarié est relativement bien protégé contre le risque de non-paiement de son salaire, il continue de courir le risque d'être licencié.

ii) Les licenciements

1353. – Limites de la protection accordée aux salariés. Dans sa seconde phase, la procédure collective se traduit presque toujours par la nécessité de procéder à des licenciements. La loi ne peut pas les éviter. Elle peut simplement s'efforcer de les rendre moins brutaux. Pour la période d'observation, v. *supra*, n° 1260 [1].

– *Tout d'abord les licenciements sont mieux contrôlés*. Sous l'empire de la loi de 1967, les licenciements intervenus au cours de la procédure collective échappaient aux contraintes et formalités applicables dans les entreprises « *in bonis* ». Ce régime de faveur a disparu car la procédure collective ne doit plus être le moyen pour l'entreprise d'alléger ses coûts sociaux (art. L. 621-64 et 622-5 al. 4). Désormais, les licenciements supposent l'information et la consultation des représentants du personnel. Ils sont autorisés par le tribunal soit expressément en cas de plan de continuation ou de cession, soit implicitement en cas de liquidation. Ils sont exécutés par l'administrateur ou le liquidateur. Bien que louables, ces précautions de forme témoignent d'une certaine naïveté du législateur. Presque toute procédure collective entraîne des licenciements, car on ne peut vouloir à la fois le redressement d'une entreprise et continuer de lui imposer des charges salariales trop lourdes pour elle.

> La consultation des salariés est une mesure plus psychologique que juridique. Elle permet de leur expliquer une solution inévitable. Malheureusement elle ne permet que rarement d'améliorer leur situation.

– *En second lieu, les licenciements devraient être plus supportables*. En effet, d'une part le plan de continuation ou de cession doit comporter un volet social, qui envisage le « niveau et les perspectives de l'emploi » (art. L. 621-63). Cela signifie que les licenciements doivent être réduits

---

1. P. Langlois, *L'emploi des salariés*, ds. *Les innovations de la loi sur le redressement judiciaire*, t. I, p. 153.

au minimum et que le plan doit se préoccuper de l'avenir des salariés licenciés (mise à la retraite anticipée, reclassement dans une autre entreprise, etc.). D'autre part *le paiement des indemnités de licenciement est garanti par l'AGS* dans les cas suivants (C. trav. art. L. 143-11-1) :

• en cas de continuation de l'entreprise : licenciements intervenus dans le mois qui suit le jugement qui arrête le plan de redressement,

• en cas de liquidation : licenciements intervenus dans les 15 jours du jugement de liquidation ou pendant la période transitoire du maintien de l'activité [1].

Si l'on ajoute à cela que les licenciements intervenus avant le jugement d'ouverture ou en période d'observation sont également couverts, on peut en conclure que la quasi-totalité des indemnités de licenciements est garantie par l'AGS. Les salariés licenciés ne seront donc pas les victimes de l'insuffisance d'actif de l'entreprise soumise à la procédure collective (v. *supra*, n° 1260).

Les indemnités couvertes sont non seulement les indemnités légales mais le cas échéant les indemnités conventionnelles [2].

Les licenciements constituent un aspect particulièrement douloureux des procédures collectives. Mais, à ce stade, non seulement il est trop tard pour les éviter mais surtout, en cherchant à les limiter, on risque de mettre en péril les entreprises saines. La seule voie réaliste consiste à créer de nouveaux emplois et à recycler les salariés licenciés et non à s'acharner à maintenir en fonction ceux qui sont devenus inutiles.

1354. – Conclusion. Par conséquent, sans être assurés d'un paiement total et/ou immédiat, les créanciers bénéficiaires de sûretés sont dans une situation plus favorable que les créanciers chirographaires. Notamment les titulaires de gages, avec ou sans dépossession, sont dans une position relativement bonne. Très souvent d'ailleurs, l'enjeu pratique de la procédure ne concerne que ces créanciers en situation préférentielle. Le redressement judiciaire et la liquidation deviennent l'affaire de spécialistes, tels que les prêteurs professionnels (banques), le Trésor, la Sécurité sociale et l'AGS.

Toutefois, d'autres créanciers jouissent d'une situation encore meilleure parce que, ne participant pas vraiment à la procédure collective, ils échappent aux sujétions qui découlent de l'application de celle-ci.

SECTION II

Créanciers échappant aux effets de la procédure

1355. – La fuite devant la loi. Le fait de ne pas participer à une procédure collective a parfois des conséquences néfastes pour les

---

1. Soc. 20 juin 1992, *Bull. civ.* V, n° 320, p. 199.
2. Soc. 15 déc. 1998, *D.*, 1999, 205, note C. Souweine.

créanciers. Ainsi les créanciers qui n'ont pas été admis ne seront pas payés. Il en va de même de ceux qui ont contracté, après l'ouverture de la procédure, avec un débiteur agissant irrégulièrement. Le cas se présenterait notamment si le débiteur concluait seul un contrat, alors que le jugement d'ouverture lui imposait de se faire représenter ou assister par l'administrateur.

Mais, dans d'autres hypothèses, *la non-participation à la procédure permet au créancier ou plus généralement au partenaire de l'entreprise, un exercice plus rapide et plus complet de ses droits.* Sa situation est alors plus que privilégiée parce qu'il échappe à la discipline collective.

Cette fuite des créanciers est un phénomène malsain. Si elle se généralise, les procédures collectives n'auront plus pour résultat que de partager les débris du patrimoine du débiteur entre ceux qui n'ont pas eu l'habileté de se ménager un autre recours. Paradoxalement une procédure instaurée à l'origine par les commerçants et dans leur intérêt serait au contraire ressentie comme une atteinte à leurs droits. L'article L. 620-1 du Code de commerce incite à cette méfiance puisque l'apurement du passif – et non le paiement des créanciers – n'y est plus mentionné que comme le troisième objectif de la procédure après le redressement de l'entreprise et le maintien des emplois. Par conséquent de plus en plus nombreux sont les créanciers qui tentent d'échapper à la discipline commune, soit parce qu'ils agissent contre des tiers – ce qui est à la rigueur admissible – soit même lorsqu'ils agissent contre le débiteur, ce qui est beaucoup plus contestable [1].

§ 1. – Les recours contre les tiers

Il paraît au premier abord normal que le créancier échappe aux contraintes de la procédure collective lorsqu'il exerce un recours, non contre le débiteur principal mais contre un tiers solvable.

Ces cas se rencontrent fréquemment.

1356. – Les cautions. Au premier abord le cautionnement paraît être la meilleure des garanties puisque la dette du débiteur en redressement ou en liquidation judiciaire devrait être payée par la caution, à supposer que celle-ci soit solvable. Cette efficacité est encore renforcée du fait que les cautions solidaires ne peuvent se prévaloir des dispositions du plan favorables au débiteur, notamment les délais de paiement (art. L. 621-65 – v. *supra*, n° 1266). Toutefois le recours contre les cautions est soumis à deux conditions.

Tout d'abord, *le créancier*, bénéficiaire du cautionnement, *doit avoir déclaré sa créance* à la procédure ouverte contre son débiteur principal [2].

---

1. M. Desmichelle, *Les créanciers qui échappent aux procédures collectives*, thèse Paris I, 1994 – M. Laugier, *Les créanciers hors procédure*, thèse Lille, 2002. – B. Soinne, *Le paradoxe ou l'entreprise éclatée, J.C.P.*, 1981, éd. CI, II, 13551.
2. Com. 17 juill. 1990, *D.* 1990, 495, note A. Honorat.

En effet, à défaut de déclaration, la créance principale est éteinte, ce qui entraîne la disparition du cautionnement en raison de son caractère accessoire.

En second lieu, *le jugement d'ouverture suspend les poursuites à l'égard des cautions personnes physiques* (art. L. 621-48)[1]. La règle est surprenante puisque l'arrêt des poursuites concerne en principe le débiteur en redressement judiciaire alors que la caution est un tiers. Elle s'explique parce que la caution, qui est souvent le dirigeant de la société en difficulté, serait dissuadée de déposer le bilan si elle savait que cette formalité aura pour effet quasi inéluctable de déclencher des poursuites contre elle (v. *supra*, n° 1240-1). Mais la caution doit fournir des garanties et ne profite pas de l'arrêt du cours des intérêts. Les poursuites peuvent reprendre après le jugement arrêtant le plan de redressement ou prononçant la liquidation. Dans ce dernier cas, la caution qui a payé conserve un recours contre le débiteur principal, malgré le principe de l'extinction du passif (v. *supra*, n° 1339).

Ces difficultés ne devraient pas se rencontrer en cas de garantie à première demande, puisque cet engagement a un caractère autonome. Ce serait une raison d'utiliser cette technique dans les relations internes et non pas seulement dans les contrats internationaux.

Après clôture de la procédure s'il reste un passif impayé, les créanciers n'ont plus d'action contre le débiteur mais peuvent continuer de se retourner contre les cautions (art. L. 621-95 et L. 622-32 – v. *supra*, n° 1288 et 1339). Il y a là un avantage important. Le créancier garanti par une caution solvable, sera payé avec retard, mais finira par être payé.

1357. – Les garanties légales. Le créancier bénéficie aussi parfois d'une garantie légale, qui lui permet d'être payé par un tiers. Les techniques utilisées à cette fin sont variables. Tantôt le débiteur a dû se couvrir par une *assurance obligatoire* : l'assureur se substitue à lui en cas de défaillance. Telle est la situation des salariés, sous la réserve que les Assedic paient les salaires même si l'employeur était en retard de ses cotisations mais disposent en contrepartie d'un recours contre l'employeur (v. *supra* n° 1352). Tantôt le débiteur, qui exerce une activité réglementée, est couvert par une *garantie professionnelle*. Il en va ainsi des déposants en cas de redressement judiciaire d'un établissement de crédit. Leurs dépôts sont remboursés par un fonds spécial de garantie alimenté par les cotisations des banques (CMF art. L. 312-4 et s.)[2]. Un mécanisme comparable garantit les souscripteurs d'assurance-vie (C. ass. art. L. 310-1)[3]. Tantôt enfin le créancier bénéficie d'une *action directe* qui lui permet d'être payé par le débiteur solvable de son débiteur défaillant.

---

1. V. les obs. de MM. Derrida et Sortais, *D.*, 1995, 286.
2. J. Stoufflet, *Les systèmes de garantie des épargnants*, Rev. dr. bancaire, 1999, 145.
3. J. Bigot, *L'assurance et la loi relative à la sécurité financière*, J.C.P., 1999, E, 1665.

Cette faculté est reconnue à la *victime d'un accident* causé par un débiteur assuré, faisant ultérieurement l'objet d'une procédure collective (art. L. 124-3, Code assurances). La victime n'a pas besoin de participer au redressement judiciaire de l'assuré. Mais l'action est jugée en présence de l'administrateur (v. *supra*, n° 1225) [1].

De même le *créancier d'aliments* dispose d'une action directe contre les tiers, débiteurs de la personne tenue au paiement de la pension (L. 2 janv. 1973). Cette action facilite notamment le paiement des pensions dues après divorce. Elle peut être exercée même lorsque le débiteur d'aliments est en redressement judiciaire [2].

Enfin le *sous-traitant* peut exercer une action directe contre le maître de l'ouvrage, en cas de défaillance de l'entrepreneur principal (L. 31 déc. 1975, art. 6, v. *supra*, n° 1225). Mais une incertitude provient du fait que la sous-traitance n'existe que s'il y a contrat d'entreprise. Or, dans la pratique, la distinction du contrat de vente et du contrat d'entreprise n'apparaît pas toujours clairement [3]. En outre tous les sous-traitants ne bénéficient pas de l'action directe. Certains industriels qui se croyaient sous-traitants, et donc bénéficiaires de l'action directe, risquent de voir leur situation contestée [4].

Des mécanismes d'assurance se rencontrent, dans le domaine de la construction. Ainsi les *contrats de construction de maisons individuelles* doivent prévoir l'intervention d'un garant au cas où le constructeur interromprait les travaux en raison de sa mise en redressement judiciaire (C. const. art. 231-6-III ajouté par la loi du 19 déc. 1990). A l'inverse, et afin cette fois de protéger l'entrepreneur contre la défaillance de son client, le maître de l'ouvrage qui conclut un marché de travaux doit garantir le paiement de l'entrepreneur soit par une délégation du crédit qui lui a été accordée soit par un cautionnement bancaire (C. civ., art. 1799-1 ajouté par la loi du 10 juin 1994). Cette protection spécifique se justifie parce que l'entrepreneur immobilier ne peut pas recourir à la clause de réserve de propriété. Elle ne s'applique pas aux contrats conclus par de simples particuliers (L. 1er févr. 1995, art. 12).

Ces recours ne sont pas critiquables en eux-mêmes. Mais ils perturbent le déroulement des procédures collectives. En effet la caution ou l'AGS qui a payé le créancier est subrogée dans ses droits. Elle vient à la procédure aux lieu et place de celui-ci, mais avec un certain retard. Dans d'autres cas, le recours contre un tiers diminue l'actif du débiteur. Ainsi lorsque le sous-traitant est payé directement par le maître de l'ouvrage, la créance de l'entrepreneur principal sur ce dernier est éteinte. Il faut attendre que ces recours soient réglés pour pouvoir payer les autres créanciers. Ceux-ci sont les victimes de ces actions contre des tiers, ne serait-ce que par les retards qu'elles entraînent.

---

1. Ch. mixte, 15 juin 1979, *D.*, 1979, 561, note Derrida.
2. Com. 15 juill. 1986 : *D.*, 1987, 192, note Massip – J.-C. Groslière, *Divorce et faillite*, Mélanges Breton-Derrida, p. 131.
3. Périnet-Marquet, *Le fabricant sous-traitant, une hybridation difficile*, *J.C.P.*, 1989, éd. E, II, 3399.
4. C. Jamin, *La notion d'action directe*, n° 192, Paris, 1991 – H. Synvet, *Nouvelles variations sur le conflit opposant banquiers et sous-traitants*, *J.C.P.*, 1990, I, 3425.

Ces garanties légales sont fréquemment complétées par des *garanties conventionnelles*. Cette évolution vers une mutualisation des risques n'est pas sans inconvénients. Certes elle garantit les créanciers. Mais elle augmente les frais généraux de toutes les entreprises, qui doivent cotiser aux fonds de garantie, ce qui entraîne une baisse de leur compétitivité. Mieux vaudrait sans doute que les créanciers, professionnels ou particuliers, acceptent les risques plutôt que de chercher une sécurité collective hors de prix.

1358. – *Les actions en responsabilité contre des tiers*. Enfin, on l'a vu à propos des banques (v. *supra*, n° 1074) certains créanciers essaient de mettre en cause la *responsabilité de ceux qui ont indûment soutenu l'entreprise en difficulté*.

Une amélioration de la réglementation serait souhaitable. En effet certaines actions, bien qu'intentées contre des tiers, ont tout de même des répercussions sur la procédure collective parce qu'elles exercent une influence sur les droits des autres créanciers. Ainsi, le créancier, qui agit individuellement contre le banquier coupable d'avoir indûment soutenu l'entreprise en difficulté, obtient des dommages-intérêts. Au contraire, les créanciers qui n'ont pas agi ou qui ont agi trop tard n'obtiendront rien. Cette inégalité ne paraît pas conforme à l'esprit des procédures collectives. *Il faudrait souhaiter que les actions contre les tiers soient exercées par le représentant des créanciers*, sauf dans deux cas :

• celui où le créancier agit en vertu d'un droit qui lui est personnel, par exemple s'il a pris la précaution de se faire garantir par une caution ou s'il a subi un dommage personnel [1] ;

• celui où le représentant des créanciers n'ayant pas agi contre le tiers, un créancier se substitue à lui pour pallier cette carence (pour l'action contre les dirigeants, v. *infra*, n° 1379) [2].

Un semblable mécanisme existe dans le droit des sociétés pour faciliter l'exercice des actions en responsabilité contre les dirigeants [3].

Il est déjà contestable, dans certains cas, qu'une action intentée contre un tiers permette d'échapper aux conséquences de la procédure collective. Ce mouvement de fuite est beaucoup plus critiquable quand il s'opère dans les relations des créanciers avec le débiteur en redressement judiciaire.

§ 2. – Les droits exercés contre le débiteur

1359. – Dans deux séries de cas les partenaires de l'entreprise en difficultés tirent argument de leur situation particulière pour échapper

---

1. Com. 8 oct. 1996, précité n° 1320.
2. Com. 16 nov. 1993, *D.*, 1994, 57 conc. de Gouttes, note Derrida et Sortais.
3. Guyon, *Droit des affaires*, t. I, n° 462.

aux contraintes de la procédure collective et plus spécialement à l'arrêt des poursuites individuelles. Ils invoquent à cette fin, tantôt la nature de leur droit, tantôt la date de naissance de leur créance.

A. Régime particulier fondé sur la nature des droits du partenaire

De par leur origine historique, les procédures collectives sont orientées vers le paiement des créanciers. Par conséquent celui qui demande autre chose qu'un paiement et qui n'est donc pas un créancier au sens strict peut, dans une large mesure, continuer de faire valoir ses droits comme si le débiteur était encore « *in bonis* ». Il en va ainsi notamment dans les trois cas suivants.

1) L'exception d'inexécution

1360. – Marchandises non encore définitivement livrées. En principe les actions en résolution sont arrêtées dès le jugement d'ouverture (art. L. 621-40 – v. *supra*, n° 1240). Les créanciers peuvent seulement tirer les conséquences d'une résolution définitivement acquise avant celui-ci [1]. Mais, ils ne peuvent pas demander la résolution d'un contrat en invoquant l'inexécution de celui-ci par le débiteur avant l'ouverture de la procédure. Cette solution se fonde sur la volonté d'éviter que le redressement de l'entreprise soit compromis par une résolution, à la demande du co-contractant, des contrats nécessaires à son fonctionnement. Le sort des contrats est entre les mains de l'administrateur.

Mais, dans certains cas, *le créancier peut continuer d'invoquer l'exception d'inexécution à l'encontre du débiteur en redressement judiciaire* [2]. Puisque le débiteur n'a pas exécuté sa prestation, le créancier n'exécutera pas non plus la sienne.

La question se pose principalement à propos du vendeur de marchandises à crédit, hypothèse habituelle dans les relations commerciales.

– *Lorsque des marchandises vendues ne sont pas encore expédiées, le vendeur a le droit de les retenir dans ses magasins* (art. L. 621-120). Peu importe que la propriété en ait déjà été transférée à l'acheteur ou que la vente ait été conclue à terme. Le droit de rétention joue dans tous les cas.

Cependant l'administrateur a la faculté d'exiger la livraison des marchandises, à condition d'en payer intégralement le prix, ce qui est la solution la plus satisfaisante pour le vendeur (art. L. 621-28 – v. *supra*, n° 1207).

Dans le cas contraire, le droit de rétention n'apporte qu'une solution provisoire. Le vendeur devra mettre l'administrateur en demeure de payer le prix et de prendre livraison (art. L. 621-28). A défaut il aura droit de conserver celles-ci et d'obtenir des dommages-intérêts.

---

1. Com. 12 juin 1990, *D.* 1990, 450, note Derrida.
2. E. Cadou, *Justice privée et procédures collectives*, Rev. trim. dr. com., 2000, 817.

– Lorsque les marchandises sont en cours d'expédition, le vendeur peut en reprendre la possession tant qu'elles n'ont point été livrées dans les magasins du débiteur ou de ses représentants (art. L. 621-119). Cet arrêt en cours de route est connu dans la pratique sous le nom bizarre de « *stoppage in transitu* ».

Le vendeur ne peut exercer ce droit que si les conditions suivantes sont remplies :
– L'identité des choses vendues doit être prouvée, sinon on ne voit pas sur quoi porterait la revendication.
– La tradition ne doit pas encore avoir été faite dans les magasins de l'acheteur ou de son représentant.
Il est donc essentiel de savoir ce qu'il faut entendre par « magasins de l'acquéreur ». La question a donné lieu à une jurisprudence abondante. L'idée de base est que doivent être considérés comme magasins de l'acquéreur tous les lieux où les marchandises apparaissent au public comme étant à sa disposition [1]. Ce serait le cas notamment d'un wagon stationnant sur un embranchement privé, ou d'un navire mouillé dans un port appartenant à l'acquéreur.
Bien plus, la jurisprudence admet que la livraison peut avoir lieu chez le vendeur lui-même, par exemple lorsqu'il met des magasins individualisés à la disposition de l'acheteur.
– Enfin, il ne faut pas qu'avant leur arrivée, les marchandises aient été vendues ou données en gage, sans fraude, par l'acheteur. Le cas se rencontre notamment pour les marchandises embarquées sur navire puisqu'elles sont représentées par le connaissement (art. L. 621-119 al. 2). La même solution est admise en cas de vente sur facture, ce qui est plus étonnant, puisque la facture ne représente pas la marchandise.

Mais le cocontractant « *in bonis* » ne peut pas invoquer l'exception d'inexécution en dehors des cas prévus par la loi. Notamment le prestataire de services ne peut subordonner la continuation de ceux-ci au paiement des arriérés. Il n'y a pas de privilège du robinet (v. *supra* n° 1206).

2) Les revendications et la réserve de propriété

1361. – Risques courus par le vendeur à crédit. Le vendeur à crédit qui a livré les marchandises est dans une position vulnérable car la propriété s'est transmise à l'acquéreur dès l'échange des consentements (C. civ., art. 1583). En cas de défaillance de l'acheteur, il peut seulement déclarer sa créance, mais étant un simple chirographaire, il a peu de chances d'être payé.

Par conséquent, les vendeurs à crédit stipulent fréquemment que l'acquéreur ne deviendra propriétaire des marchandises qu'après paiement complet du prix. Ainsi, en cas d'ouverture d'une procédure collective à l'encontre de l'acheteur, le vendeur peut revendiquer la propriété de marchandises, qui n'ont pas cessé de lui appartenir,

---

1. Com. 13 mai 1986, *Bull. civ.* IV, n° 92, p. 79.

même si elles ne sont plus en sa possession, et en obtenir la restitution. Il invoque un droit réel et non un droit de créance, ce qui oblige à trancher entre des intérêts également dignes de protection.

D'un côté le droit réel est par essence opposable à tous, donc d'une efficacité absolue. Il doit permettre à son titulaire d'échapper à la loi du concours, car il crée un lien direct entre lui et la chose. D'un autre côté, les créanciers chirographaires font valoir le danger que présentent pour le crédit les droits réels occultes. Ils se sont fiés à la solvabilité apparente du débiteur et doivent avoir les moyens juridiques de remettre en cause certains droits réels, considérés comme abusifs.

> Une jurisprudence ancienne et bien établie, privait d'effet la clause de réserve de propriété lorsque l'acheteur était en règlement judiciaire ou en liquidation des biens. Elle se fondait sur deux arguments d'inégale valeur. D'une part certains créanciers se fieraient, pour faire crédit, à la solvabilité apparente du commerçant. Ils seraient donc trompés si les magasins de celui-ci contenaient des marchandises dont il n'est pas propriétaire. L'argument n'emporte pas la conviction, car les créanciers bénéficient aujourd'hui de sources de renseignements autrement plus fiables. De toute manière le stock de marchandises a généralement une valeur assez faible, par rapport aux autres éléments du fonds. Enfin, compte tenu de la dématérialisation des relations commerciales, celui qui fait crédit ne connaît pas toujours les magasins de son cocontractant. D'autre part, et c'était là le véritable fondement de la jurisprudence, le droit des procédures collectives doit s'efforcer d'assurer une certaine égalité entre les créanciers. Or, de ce point de vue il n'y a aucune raison de mieux traiter le vendeur à crédit de marchandises que celui qui a fourni des services à crédit.
>
> Toutefois cette jurisprudence était critiquée. On lui reprochait notamment de provoquer des « faillites en chaîne », car la défaillance de l'acheteur entraînait celle du vendeur qui ne pouvait ni être payé ni reprendre les marchandises livrées à crédit. On faisait valoir que le droit allemand ne connaissait pas ces inconvénients, parce que les vendeurs y pratiquaient couramment la clause de réserve de propriété [1].

La revendication des immeubles n'appelle pas de remarques particulières. En revanche celle des meubles a fait l'objet d'une réforme importante [2]. En effet la loi du 12 mai 1980 a autorisé la revendication des marchandises vendues à crédit, lorsqu'une clause du contrat subordonne le transfert de la propriété au paiement complet du prix [3]. Par conséquent *le vendeur, au lieu de devoir déclarer sa créance et d'attendre un paiement tardif et aléatoire, peut immédiatement revendiquer les*

---

1. T. Margellos, *La protection du vendeur à crédit d'objets mobiliers corporels à travers la clause de réserve de propriété (droit comparé)*, Paris, 1987. M. Pédamon, *Considérations comparatives sur la loi du 12 mai 1980*, Etudes Rodières, p. 209, Paris, 1982. C. Witz, *Les sûretés réelles mobilières en RFA*, Rev. int. dr. comp. 1985, 27.
2. Pour la revendication des valeurs mobilières en compte, v. L. 3 janv. 1983, art. 30.
3. Derrida, *La clause de réserve de propriété et le droit des procédures collectives*, D., 1980, 293. Houin, *L'introduction de la clause de réserve de propriété dans le droit français de la faillite*, J.C.P., 1980, I, 2978.

marchandises livrées à l'acheteur. Le vendeur peut obtenir la restitution sans devoir, au préalable, demander la résolution du contrat, ce que l'arrêt des poursuites individuelles lui aurait interdit de faire. En effet le transfert de la propriété a été retardé jusqu'au complet paiement, qui n'aura peut-être jamais lieu [1]. Ainsi le vendeur échappe aux principaux inconvénients de la mise en redressement judiciaire de son client ce qui est important d'un point de vue pratique car la quasi-totalité des ventes commerciales sont faites à crédit, le commerçant acheteur ne payant qu'après avoir lui-même revendu les marchandises.

On aurait pu s'attendre à ce que la loi du 25 janvier 1985 rétablisse l'inopposabilité aux créanciers de la clause de réserve de propriété. En effet, celle-ci met obstacle au redressement puisqu'elle prive l'entreprise de son stock de marchandises, repris par le vendeur à crédit dès l'ouverture de la procédure. Cependant la validité de la clause a finalement été maintenue par l'art. 121 al. 2 de la loi du 25 janvier 1985 [2] et les lois du 10 juin 1994 et 1er juillet 1996 ont encore facilité l'exercice de l'action en revendication (art. L. 621-122 al. 2).

1361-1. – Nature juridique de la clause de réserve de propriété. Malgré les apparences, la clause de réserve de propriété n'est pas une sûreté. Elle a un caractère principal, alors que la sûreté est un accessoire d'une créance. Elle porte sur un bien appartenant à son titulaire, alors que les véritables sûretés réelles, comme le gage ou l'hypothèque, ont pour assiette un bien du débiteur. Elle n'est pas totalement transmissible, alors que les sûretés conventionnelles le sont. Enfin la réserve de propriété ne figure pas dans la liste légale des sûretés. Or il n'y a pas de sûreté si un texte n'en consacre pas l'existence.

Pourtant la réserve de propriété produit des effets comparables à ceux d'une sûreté et même, dans une certaine mesure, encore plus efficaces puisqu'elle confère à son titulaire une situation préférentielle [3].

Cette incertitude rejaillit notamment sur le régime de transmission de la clause, qui se heurte à des objections de principe qui ne se seraient pas rencontrées en présence d'une véritable sûreté [4].

1362. – Conditions de validité de la clause de réserve de propriété. Ces conditions sont de deux ordres : les unes ont un

---

1. Jestaz, *La réserve de propriété ou la vente éclatée*, Etudes Holleaux, p. 225, Paris, 1990.
2. J. Ghestin et C. Jamin, *La protection du vendeur sous réserve de propriété et la survie de l'entreprise en difficulté,* Rev. proc. coll., 1989, 291 – P. Merle, *L'interprétation jurisprudentielle de la clause de réserve de propriété,* Rev. proc. coll. 1986, n° 2, p. 1 – F. Perrochon, *La réserve de propriété dans les ventes de meubles,* Paris, 1988 – Vallens, *La clause de réserve de propriété et la procédure de redressement judiciaire, J.C.P.,* 1986, éd. E, II, 14651.
3. Com. 23 jan. 2001, *Bull. civ.* IV, n° 23, p. 21.
4. A. Ghozi, *Nature juridique et transmissibilité de la clause de réserve de propriété, D.*, 1986, 317.

caractère préalable, les autres doivent être remplies lors de l'exercice de la réserve de propriété.

a) Les *conditions préalables* doivent être respectées au moment où les parties au contrat de vente stipulent la clause retardant le transfert de la propriété jusqu'au moment du paiement de la totalité du prix.

– *La clause doit être stipulée dans un écrit dressé au plus tard au moment de la livraison.* Il peut s'agir soit du contrat de vente lui-même, soit des conditions générales de vente, qui régissent l'ensemble des relations entre acheteur et vendeur.

– *La clause doit être acceptée par l'acheteur* soit expressément soit tacitement [1]. Mais, cette acceptation est en quelque sorte présumée, car l'acheteur ne plus écarter la clause par une stipulation de ses conditions générales d'achat. Il doit au plus tard, au moment de la livraison, conclure avec le vendeur un accord dérogeant expressément aux conditions générales de vente. Cette disposition exorbitante du droit commun a pour objet de protéger les fournisseurs contre les pressions des centrales d'achat.

La disposition est néanmoins singulière. Il aurait été plus logique de prévoir que, sauf clause contraire du contrat de vente, le transfert de la propriété est retardé jusqu'au complet paiement. En effet la loi du 1er juillet 1996 se limite au cas des procédures collectives. Par conséquent en cas de conflit entre des conditions générales de vente qui stipulent une réserve de propriété, et des conditions générales de vente, qui l'écartent, le transfert s'opère « solo consensu » sauf en cas de procédure collective.

– *La clause doit porter sur des « biens »*, terme général substitué par la loi du 10 juin 1994 à celui plus restrictif de « marchandises ». La clause peut par conséquent s'appliquer à des biens meubles ou immeubles [2], corporels ou incorporels [3]. Mais elle ne s'applique pas aux sommes d'argent [4]. Son domaine d'élection demeure les marchandises, c'est-à-dire les biens mobiliers corporels destinés à une revente à la clientèle, en d'autres termes les stocks.

Le matériel d'équipement vendu à crédit peut, au choix du vendeur, faire l'objet soit d'une réserve de propriété soit d'un nantissement spécial régi par les articles L. 525-1 et suivants du Code de commerce [5].

Un fonds de commerce peut, comme tout bien mobilier, être vendu avec une réserve de propriété. Toutefois cette solution est plus dangereuse qu'utile car le revendiquant serait tenu de continuer les contrats de travail alors qu'il ne retrouverait qu'un fonds généralement dépourvu de toute valeur.

---

1. C. Voinot, *Le refus par l'acheteur de la clause de réserve de propriété*, D. 1997, 312.
2. Com. 9 janv. 1996, *D.*, 1996, 184, note Derrida – 2 mars 1999, *J.C.P.*, 1999, II, 10180, note C. Cutajar.
3. Com. 21 nov. 1995, *D.*, 1996, 211, note Regnault-Moutier.
4. Com. 10 mai 2000, *Bull. civ.* IV, n° 98, p. 87.
5. Com. 13 mars 1985, *J.C.P.*, 1987, II, 20843, note A. Joly – Pour le cas des sommes déposées dans un compte bloqué, v. Com. 25 mars 1995, *Rev. dr. bancaire*, 1997, 127, note Campana et Calendini.

b) *Les autres conditions doivent être remplies lors de l'exercice de la revendication.*

— *La revendication doit être exercée dans un délai de trois mois* (art. L. 621-115). En règle générale le délai court à partir de la publication du jugement d'ouverture. Exceptionnellement il ne commence à courir que du jour de la résiliation du contrat lorsque celui-ci était en cours d'exécution [1]. Cette règle vise principalement le cas des ventes à crédit échelonné. Tant que l'administrateur paie les échéances, le vendeur n'a aucune raison de revendiquer et il serait injuste de le priver du droit de le faire au motif que le délai est écoulé si l'administrateur cesse d'honorer les échéances plus de trois mois après l'ouverture de la procédure.

> Ce délai est le résultat d'un compromis entre la finalité des procédures collectives et les principes généraux applicables au droit de propriété [2]. D'un côté les créanciers chirographaires sont pressés d'être payés. Or un délai de revendication trop long aurait risqué d'empêcher l'élaboration du plan de redressement ou le début des opérations de liquidation, puisque la propriété de certains meubles serait demeurée douteuse. D'un autre côté, en droit commun, la propriété ne s'éteint pas par le non-usage. Par conséquent, la revendication est possible tant qu'il n'y a pas eu prescription acquisitive, c'est-à-dire écoulement d'un délai de 30 ans, bien qu'il s'agisse de meubles. En effet, le débiteur, à le supposer possesseur, serait de mauvaise foi. Or un délai aussi long aurait paralysé la procédure. Un délai de 3 mois a paru plus conforme aux nécessités et aux usages du commerce. Par conséquent, si l'administrateur vend des marchandises au cours de ce délai, parce qu'elles sont périssables ou soumises à dépréciation, il devra en consigner le prix, en vue de son attribution à d'éventuels bénéficiaires d'une clause de réserve de propriété. Ce délai a un caractère préfix [3]. Il ne peut être ni interrompu ni suspendu. Toutefois, on peut se demander si une citation en référé, notamment en vue de faire désigner un huissier pour une identification de la marchandise, ne serait pas susceptible d'interrompre le délai (C. civ. art. 2244). Aucun relevé de forclusion n'est prévu.

La demande de restitution n'est soumise à aucun délai lorsque le propriétaire a publié le contrat qui donne au débiteur le droit d'utiliser le bien (art. L. 621-116). Il s'agit essentiellement des crédits bailleurs.

Pour la coordination de ce délai avec celui de la résiliation du bail, *supra*, n° 1349.

— *Les marchandises doivent se retrouver en nature dans les magasins de l'acquéreur.* Cette condition s'apprécie au jour du jugement d'ouverture [4].

---

1. Com. 3 avr. 2001, *Rev. trim. dr. civ.* 2001, 631, note M. Bandrac et P. Crocq.
2. V. les obs. de F. Zénati à la *Rev. trim. dr. civ.*, 1996, 653.
3. Com. 11 févr. 1997, *D.*, 1997, Info. rap. 82.
4. Com. 26 mars 1985, *Bull. civ.* IV, n° 109, p. 94.

L'existence des marchandises est établie par l'inventaire dressé par le juge-commissaire dès l'ouverture de la procédure et qui doit, si possible, faire état de la réserve de propriété (art. L. 621-18, Décr. 1985, art. 51). Toutefois l'absence d'inventaire ne fait pas obstacle aux revendications. Le vendeur peut alors prouver, par tous moyens si l'on est en matière commerciale, que les marchandises lui appartiennent. Mais cela ne suffit pas. Le vendeur doit aussi établir que les marchandises mentionnées sur l'inventaire sont bien celles qui ont été vendues à crédit. Cette preuve est difficile lorsque la revendication porte sur des biens fongibles c'est-à-dire des biens déterminés dans leur espèce et non dans leur individualité [1]. La revendication n'est possible que si l'on trouve chez l'acheteur des biens de même espèce et de même qualité. Pour cette raison la jurisprudence n'admet pas, en principe, la revendication d'une somme d'argent [2]. La preuve de l'identité est également délicate lorsque les marchandises ont subi des transformations, ce qui est habituel si l'acheteur est un industriel ou un artisan. L'essentiel est que ces transformations n'aient pas modifié les caractères essentiels ou distinctifs des marchandises vendues.

Elle a donné lieu à une jurisprudence abondante et parfois pittoresque. Ainsi on s'est demandé s'il y avait transformation lorsque les poussins vendus étaient devenus des poulets [3], ou lorsque des fils ont été incorporés dans des vêtements [4] ou que des animaux de boucheries ont été découpés en quartiers [5] etc. Les parties ne sauraient infléchir cette condition en stipulant une clause d'identité entre les marchandises vendues et celles trouvées dans les magasins de l'acheteur au jour du jugement d'ouverture. En effet, cette présomption conventionnelle est inopposable aux autres créanciers [6].

Toutefois la revendication reste possible si le bien vendu, qui a été incorporé à un autre bien, peut en être séparé sans dommage (art. L. 621-122 al. 3). Tel serait le cas, par exemple, de pneumatiques montés sur un véhicule. La revendication est également possible lorsqu'elle porte sur des biens fongibles dès lors que l'on retrouve, chez l'acheteur, une quantité au moins égale de biens de même espèce et de même qualité. Tel serait le cas de produits pétroliers identiques, mais de provenances diverses, mélangés dans une même cuve. Si la quantité retrouvée est insuffisante pour satisfaire tous les revendiquants, il faut, semble-t-il, faire subir à chacun un abattement proportionnel à la quantité livrée.

En revanche, si les marchandises ont été revendues par le premier acquéreur, le vendeur initial ne peut pas exercer son droit de revendica-

---

1. Com. 5 mars 2002 : *D*. 2002, 1139.
2. Com. 4 févr. 2003, *D*. 2003, 1230, note Lienhard – D. Martin, De la revendication des sommes d'argent, *D*. 2002, 3279.
3. Rennes 12 sept. 1984, *D*., 1986, I.R. 169, note Derrida.
4. Trib. com., Castres 18 janv. 1982, *Rev. jurisp. com.*, 1982, 215, note J. Mestre.
5. Com. 22 mars 1994, *Bull. civ* IV, n° 121, p. 94.
6. Com. 9 janv. 1990, *D.*, 1991, 130, note Virassamy.

tion sur le prix, même si celui-ci a été versé à un compte avec affectation spéciale. En effet, en droit français, la réserve de propriété n'est pas une véritable sûreté. Elle n'entraîne pas un droit de suite. La seule exception s'applique lorsque des marchandises assurées par l'acquéreur ont été détruites. Le droit du propriétaire des marchandises se reporte alors sur l'indemnité, qui doit lui être versée (C. ass. art. L. 121-13)[1].

– *La revendication doit être exercée par le vendeur initial.* Mais ici encore des extensions sont souhaitables. Ainsi la Cour de cassation admet la transmission de la clause de réserve de propriété au banquier qui a été conventionnellement subrogé dans les droits du vendeur, lorsqu'il a consenti à l'acheteur un prêt pour lui permettre de payer les marchandises[2]. En effet le banquier devient titulaire non seulement de la créance, mais de ses accessoires, y compris la réserve de propriété[3].

La même solution devrait être admise en cas de cession de créance. Mais la Cour de cassation n'a pas encore pris parti[4], sauf cas de mobilisation de la créance dans une lettre de change[5].

– *Enfin le prix ne doit pas avoir été payé.* Cette condition est évidente. Par conséquent, la revendication est paralysée par le paiement immédiat du prix ou par l'octroi d'un délai consenti par le juge-commissaire, mais avec l'accord du revendiquant (art. L. 621-122 al. 4). En pratique le créancier n'acceptera ces délais que s'il a intérêt à voir son client continuer son exploitation.

Aucune condition de publicité n'est requise pour rendre la clause de réserve de propriété opposable aux tiers. Simplement les marchandises vendues dans de telles conditions doivent figurer sur une ligne distincte à l'actif du bilan de l'acquéreur (L. 12 mai 1980, art. 3). Si une publicité est effectuée en application d'un texte particulier, la revendication n'est soumise à aucun délai (art. L. 621-116).

1363. – *Mise en œuvre de la revendication.* La reprise des marchandises par le vendeur s'opère sans intervention judiciaire si la clause de réserve de propriété n'est pas contestée (art. L. 621-123. Décr. 1985, art. 85-1)[6]. Le revendiquant doit commencer par présenter une demande au représentant des créanciers. Celui-ci peut y faire droit, c'est-à-dire lui restituer les marchandises.

---

1. Com. 6 juill. 1993, *Bull. civ.* IV, n° 282, p. 200. – P. Crocq, *La revente après l'ouverture d'une procédure collective de l'objet d'une réserve de propriété* : Mélanges AEDBF, III, p. 109-.
2. Com. 15 mars 1988, *D.,* 1988, 330, note F. Perrochon ; *J.C.P.*, 1989, II, 21348, note Morançais ; *Rev. trim. dr. com.,* 1989, 702, note Cabrillac et Teyssié.
3. M. Cabrillac, *Les accessoires de la créance*, Etudes A. Weill, p. 107.
4. Genty, *Condition du banquier subrogé dans les droits du vendeur de meubles corporels*, Banque et droit 1988, 47.
5. Com. 11 juill. 1988, *Bull. civ.* IV, n° 241, p. 166.
6. Com. 6 mars 2001, *D.*, 2001, 1099, note Lienhard.

Dans le cas contraire, une nouvelle demande est portée devant le juge-commissaire qui statue au vu des observations du créancier revendiquant, du débiteur et de l'administrateur ou du représentant des créanciers.

Ce mécanisme en deux temps a été diversement apprécié. Certains pensent qu'il fait gagner du temps. D'autres estiment que l'intervention du juge-commissaire, qui sera souvent nécessaire, obéit à un régime complexe qui sous prétexte de gagner du temps aboutit en réalité à en faire perdre [1].

Puisque le vendeur ne demande pas un paiement, il n'est tenu à aucune obligation de déclaration de sa créance de prix [2].

1364. – *Effets de la clause de réserve de propriété*. Lorsqu'elle est valable, la clause permet au vendeur non encore payé de reprendre la propriété des marchandises et d'échapper ainsi aux conséquences de la procédure collective, puisqu'étant seul propriétaire, il ne se trouve en concours avec aucun autre créancier. Il doit en contrepartie restituer les acomptes perçus. C'est seulement si la valeur des marchandises ne couvre pas la totalité de la dette, que le vendeur doit déclarer sa créance résiduelle. Cependant le vendeur revendiquant peut se trouver en conflit :
– *avec un créancier rétenteur*, par exemple si un camion vendu avec une clause de réserve de propriété se trouve chez un garagiste qui refuse de le rendre tant que les réparations ne seront pas payées. Le rétenteur paraît l'emporter ;

– *avec le bailleur d'immeuble*, qui prétend exercer le privilège que lui accorde l'article 2102 du Code civil sur les meubles garnissant les lieux loués, y compris les marchandises en stock. Ce privilège paraît l'emporter sur la clause de réserve de propriété sauf si le bailleur connaissait l'existence de cette clause [3] ;
– *avec un créancier hypothécaire*, dans le cas où les meubles ont été attachés à perpétuelle demeure à un immeuble propriété de l'acquéreur, car ils sont devenus des immeubles par destination (C. civ. art. 522 et s.) [4].
– *avec un sous-acquéreur*, si les marchandises ont été revendues avant paiement, ce qui n'est pas en soi une irrégularité eu égard aux usages du commerce. L'acquéreur de bonne foi l'emporte, s'il est en possession des marchandises (C. civ. art. 2279) [5]. Cependant, s'il ne les a pas encore payées, le vendeur initial peut lui réclamer le paiement (art. L. 621-124) ;

– *avec un créancier gagiste* ou *nanti*. Il s'agit du cas, anormal en lui-même, où l'acheteur a mis en gage les marchandises dont il n'était

---
1. V. les obs. de B. Soinne à la *Rev. proc. coll.*, 1994, 486.
2. Com. 9 janv. 1996, *D.*, 1996, 184, note Derrida.
3. V. Civ. 1, 12 mai 1969, *D.*, 1970, 43, note Malinvaud.
4. V. Com. 6 janv. 1987, *D.*, 1987, 242, note Prévault.
5. Com. 3 mars 1987, *Rev. proc. coll.*, 1987 n° 2, p. 77, note B. Soinne.

pas encore propriétaire, se procurant ainsi du crédit dans des conditions irrégulières. En cas de gage avec dépossession, le gagiste pourra exercer son droit de rétention [1]. En cas de gage sans dépossession, la situation est moins claire [2]. Il semble que le gagiste ait intérêt à se faire subroger dans le bénéfice de la clause par le vendeur initial, ce qui est concevable lorsque le prêt qu'il a consenti à l'acheteur a servi à payer le dit vendeur.

— Enfin avec le banquier cessionnaire des créances nées de la revente de ces matériels. Le vendeur doit l'emporter, car l'acheteur n'a pas pu valablement revendre des marchandises dont il n'était pas encore propriétaire et céder à une banque sa créance sur le sous-acquéreur [3].

La clause de réserve de propriété entraîne d'autres difficultés, lorsque la vente a un *caractère international*. La loi française est applicable si la procédure collective s'est ouverte en France [4]. Mais l'exécution forcée de la restitution requiert l'intervention du juge étranger lorsque les biens ne sont pas situés en France.

L'opportunité des clauses de réserve de propriété n'est pas évidente. D'une part, elles rompent l'égalité entre les fournisseurs de marchandises et les prestataires de services. Or, dans une économie développée, les seconds jouent un rôle plus important que les premiers. D'autre part, elles compromettent la reprise de l'activité du débiteur puisque celui-ci verra son stock disparaître dès l'ouverture de la procédure. Enfin, en consacrant un droit prédéterminé du vendeur sur une partie de l'actif du débiteur, elles contribuent à rendre inutiles les procédures collectives. Car, à la limite, il ne restera rien à répartir après l'exercice des revendications et des sûretés.

Le déposant peut également revendiquer les marchandises qui se trouvent chez un dépositaire en redressement judiciaire (art. L. 621-122 al. 1). La règle est traditionnelle. Son utilité pratique est indéniable dans les professions où les marchandises confiées aux détaillants ne leur sont pas vendues. Le cas se rencontre généralement dans les relations des éditeurs et des libraires. Ainsi le déposant (éditeur) est garanti contre le risque de défaillance financière de son client, le libraire. Il peut, en principe, reprendre les stocks de livres invendus.

En revanche, afin d'assurer la sécurité des marchés financiers, les dépôts effectués par les donneurs d'ordre auprès des adhérents à une chambre de compensation ne peuvent donner lieu à aucune revendication (CMF art. L. 442-6 al. 2). Les procédures collectives s'inclinent devant la puissance de l'argent.

---

1. Com. 14 nov. 1989, *Bull. civ.* IV, n° 290, p. 196 ; 13 févr. 1990, *ibid*, n° 45, p. 30.
2. Com. 5 avr. 1994, *Bull. civ.* IV, n° 146, p. 116.
3. Com. 20 juin 1989, *D.*, 1989, 431, note Perochon, *Banque*, 1989, 760, note Rives-Lange – M. Cabrillac, *Réserve de propriété, bordereau Dailly et créance du prix de revente* : *D.*, 1988, 225 – V. les obs. de M.-J. Mestre à la Rev. trim. dr. civ., 1988, 752.
4. Y. Loussouarn, *Les conflits de lois en matière de réserve de propriété*, Etudes Houin, p. 275, Paris 1985 – P. Mayer, *Les conflits de lois en matière de réserve de propriété après la loi du 12 mai 1980*, *J.C.P.*, 1980, I, 3019 – Civ. 1, 8 janv. 1991, *D.*, 1991, 276, note Reméry. – Com. 8 janv. 2002, *Rev. trim. dr. com.* 2002, 729, note A. Martin-Serf.

3) Le jeu de la compensation

1365. – *Le principe : arrêt du jeu de la compensation.* On se demande si le redressement judiciaire empêche le jeu de la compensation entre une créance sur le débiteur et une dette envers lui. La question se pose lorsque les conditions de la compensation (liquidité et exigibilité de la dette) n'ont été remplies qu'après le jugement d'ouverture [1].

L'enjeu pratique est considérable. Si la compensation ne joue pas, le tiers doit commencer par payer sa dette puis produire à la procédure pour obtenir remboursement de ce qui lui est dû. Mais ce paiement sera toujours tardif et généralement partiel. Au contraire, si la compensation s'opère, les deux dettes en sens contraire s'éteignent à concurrence de la plus faible d'entre elles. Le tiers est dispensé de payer, et comme le débiteur ne lui doit plus rien, il échappe aux aléas de la procédure de redressement ou de liquidation.

On peut hésiter sur la réponse à donner [2]. D'un côté la compensation, au moins lorsqu'elle est légale, s'opère de plein droit. Elle ne nécessite pas l'intervention de la volonté des parties (C. civ., art. 1290). Peu importe par conséquent que le débiteur soit dessaisi de la gestion de ses biens. D'un autre côté, la compensation permet à l'un des créanciers d'obtenir un remboursement intégral et immédiat, alors que les autres seront payés partiellement et avec retard. Elle est donc contraire à l'égalité des créanciers. Enfin la procédure collective s'apparente à une saisie. Elle fixe le patrimoine du débiteur, sans qu'il soit ultérieurement possible de modifier sa consistance.

La jurisprudence a été sensible à ces arguments. *En principe aucune compensation ne peut plus s'opérer à partir du jugement qui ouvre la procédure.* Peu importe la nature de la compensation, conventionnelle, légale ou judiciaire. Toutes sont frappées d'inefficacité parce qu'elles contreviennent au principe de l'égalité entre créanciers et à la règle qui interdit tout paiement d'une dette particulière dès le jugement d'ouverture [3].

1366. – *Les exceptions : cas où la compensation est possible.*
Toutefois la compensation reste possible dans deux cas.

La première exception est précise et limitée. La compensation continue de s'opérer lorsque les créances et les dettes se trouvent inscrites

---

1. E. Cadou, *Justice privée et procédures collectives*, Rev. trim. dr. com., 2000, 816 – G. Duboc, *La compensation et les droits des tiers*, Paris, 1989 – O. Lutun, La compensation en droit des procédures collectives, *J.C.P.*, 2003, E, 230. – Montredon, *La compensation des dettes connexes après le jugement déclaratif peut-elle survivre à la loi du 25 janvier 1985 ?*, *J.C.P.*, 1991, I, 3480 – M. Pédamon, *La compensation des dettes connexes*, Rev. jurisp. com., n° spéc., nov. 1992, p. 72.
2. V. les obs. de M. Rémy à la *Rev. trim. dr. civ.*, 1983, 466.
3. Civ. 22 oct. 1907, *D.P.*, 1907, I, 508 – Com. 14 mai 1996, *D.*, 1996, 502, note Le Dauphin.

dans un même compte [1]. L'hypothèse vise essentiellement le *compte courant* fonctionnant entre le banquier et son client. Le banquier a donc l'avantage de n'être tenu de produire que pour le solde débiteur définitif. Lorsque le débiteur a plusieurs comptes l'efficacité de cette garantie est renforcée, par des lettres de fusion qui permettent de compenser le débit d'un compte par le crédit d'un autre.

L'autre exception générale et imprécise est prévue par l'article L. 621-24 du Code de commerce. La compensation s'opère dès la période d'observation s'il y a *connexité*, c'est-à-dire *si les deux obligations résultent de l'exécution d'un même contrat ou ont même cause économique* [2]. En effet l'un des contractants pourrait refuser de s'exécuter si l'autre ne le faisait pas. Ainsi, un actionnaire peut compenser le solde créditeur du compte qui lui a été ouvert par la société avec sa dette de libération des apports qu'il a souscrits mais non encore versés [3]. En effet sa créance et sa dette résultent de sa qualité d'associé et sont donc connexes. En revanche l'associé ne pourrait pas compenser sa dette de libération des apports souscrits avec une somme que la société lui doit en exécution d'un contrat sans rapport avec sa qualité d'actionnaire. [4].

Une première difficulté se présente lorsque les parties sont liées par des contrats matériellement distincts mais intellectuellement unis. Le cas se rencontre souvent car beaucoup d'opérations commerciales donnent lieu à des *chaînes ou à des groupes de contrat*, par exemple un prêt, une vente de matériel et, un contrat d'entretien ou encore des contrats répétitifs portant sur des marchandises de même nature. La question se pose aussi chaque fois qu'un contrat cadre est suivi de contrats d'applications, les uns et les autres générant des créances et des dettes de sens contraire. Il faut alors se demander, dans chaque hypothèse, s'il y a *indivisibilité* auquel cas il y aurait unité de convention, malgré la multiplicité des contrats qui ont été conclus. La jurisprudence est hésitante. Tantôt elle admet [5], tantôt elle refuse la compensation [6]. Mais elle évolue dans un sens favorable puisqu'elle admet qu'une compensation peut s'opérer entre une créance antérieure et une dette postérieure au jugement d'ouverture [7].

Une deuxième difficulté se rencontre lorsque *l'une des créances porte sur des dommages-intérêts dus à raison de la mauvaise exécution ou de la résiliation du contrat*. La question est envisagée par l'art. L. 621-28 du

---

1. R. Bonhomme, *Variations sur la compensation en compte* : Mélanges M. Cabrillac, p. 426, 2000.
2. J.-C. Ranc, *La compensation pour dettes connexes dans les procédures collectives,* thèse, Paris II, 1996.
3. Com. 8 janv. 2002, *D.* 2002, 485, note A. Lienhard.
4. Com. 17 juill. 2001, *D.* 2001, 2515, note A. Lienhard.
5. Com. 18 juill. 1989, *J.C.P.*, 1991, éd. E, II, 108, note M. Goré – Com. 9 mai 1995, *J.C.P.*, 1995, II, 22448, note Remery ; *D.*, 1996, 322, note Loiseau.
6. Com. 5 avr. 1994, *Bull. civ.* IV, n° 142, p. 113 – 20 mai 1997, *Bull. civ.* IV, n° 144, p. 130 – 7 juill. 1998, *ibid.*, n° 220, p. 182.
7. Com. 19 mars 1991, *J.C.P.*, 1991, II, 21726, note Montredon ; *D.*, 1991, 542, note Duboc ; *Rev. jurisp. com.* 1992, 24, note Pédamon – 2 mars 1993, *J.C.P.*, 1993, II, 22169, note Montredon – 27 avr. 1993, *D.*, 1993, 426, note M. Pédamon.

Code de commerce. En principe il ne peut pas y avoir de compensation entre les dommages-intérêts dus en raison de la résolution et les acomptes à restituer. L'acheteur doit produire au passif pour les dommages-intérêts et restituer les acomptes. Toutefois l'art. L. 621-28 ajoute que le tribunal saisi de l'action en résolution peut différer la restitution des acomptes « jusqu'à ce qu'il ait été statué sur les dommages-intérêts ». Ce texte semble donc autoriser le tribunal à admettre la compensation. La jurisprudence est divisée. Dans l'ensemble elle est néanmoins plutôt favorable à la compensation [1]. Cette incertitude est regrettable, mais la variété des situations empêche d'appliquer des règles trop tranchées.

Une plus franche évolution en faveur de la compensation serait souhaitable. En effet celle-ci n'est pas contraire au principe de l'égalité entre les créanciers puisqu'elle peut bénéficier à n'importe lequel d'entre eux, qu'il soit client ou fournisseur, vendeur ou prestataire de services. Elle s'apparente aussi au droit de rétention et devrait être traitée comme lui [2]. Le Code monétaire et financier préfigure ce mouvement puisque, pour rassurer les opérateurs étrangers, il admet le jeu de la compensation pour les opérations entre banques ainsi que pour celles réalisées sur des marchés réglementés (CMF art. L. 311-4 et 431-7) [3].

Celui qui invoque la compensation doit, comme tout créancier, avoir déclaré sa créance (v. *supra* n° 1224) [4].

La situation préférentielle des partenaires ne résulte pas seulement de la nature des droits qu'ils exercent contre le débiteur. Elle peut aussi découler de la date de naissance de leur titre.

B. *Régime particulier fondé sur la date de naissance de la créance*

1367. – Droit de priorité des créanciers postérieurs. On retrouve ici une situation déjà rencontrée (v. *supra*, n° 1245). L'article L. 621-32 du Code de commerce accorde une priorité aux créanciers dont le titre a pris naissance après le jugement d'ouverture. Ces créanciers ont vocation à un paiement intégral et immédiat. Ils échappent aux sujétions qui découlent normalement de l'existence d'une procédure collective. Toutefois la priorité ne s'applique qu'aux créances nées pendant la période d'observation et à l'occasion de la liquidation et non à celles nées pendant le plan de redressement (art. L. 622-10).

---

1. Com. 15 juill. 1969, *J.C.P.*, 1970, II, 16210, note Cozian – 4 juill. 1973, *D.*, 1974, 425, note Ghestin – V. cep. Com., 25 mai 1976, *Bull. civ.* IV, n° 180, p. 152.
2. N.C. Ndoko, *Les mystères de la compensation*, Rev. trim. dr. civ., 1991, 660.
3. J.M. Bossin et C. Lucas de Leyssac, *Le sort des produits dérivés en cas de redressement judiciaire*, *D.A.*, 1998, 1568. – J.J. Daigre, *Le domaine matériel de la compensation des dettes et des créances afférentes aux transferts temporaires de propriété d'instruments financiers* : Mélanges Y. Guyon p. 271, 2003. – D. Robine, *La sécurité des marchés financiers face au procédures collectives*, n° 454, 2003.
4. Com. 14 mars 1995, *Bull. civ.* IV, n° 77, p. 72.

1368. – Conclusion : le recul des droits des créanciers. Bien que leur sort ait été amélioré sur certains points par la loi du 10 juin 1994, *les créanciers demeurent les grands sacrifiés de la loi de 1985*. Ce sont les témoins impuissants d'une débâcle financière, dont les conséquences sont réglées en dehors d'eux. Ils n'ont plus aucune garantie de paiement. De manière d'ailleurs très symptomatique, l'article L. 620-1 du Code de commerce n'envisage plus de paiement des créanciers mais d'apurement du passif. Or le passif peut être apuré sans paiement. Mais le législateur a sans doute des circonstances atténuantes. La procédure collective ne peut que donner de mauvais résultats parce qu'elle s'ouvre trop tard. Toutefois le manque de sincérité de la loi de 1985 consiste à laisser espérer que le sacrifice des créanciers permettra de sauver l'entreprise et les emplois. Ce mélange des objectifs aboutit à une inefficacité généralisée et il faut se féliciter que la loi du 10 juin 1994 ait amorcé un mouvement de restauration des droits des créanciers.

Si les créanciers ont peu d'espoir d'être payés, ils ont au moins la maigre et peu glorieuse consolation de voir que le redressement judiciaire produit parfois des conséquences fâcheuses pour le débiteur lui-même.

Chapitre III

La situation du débiteur, des associés et des dirigeants

1369. – *Conséquences indirectes du redressement judiciaire : obligation au passif et sanctions personnelles.* C'est seulement dans des circonstances exceptionnelles que la procédure collective produit des conséquences personnelles à l'égard du débiteur, lorsque celui-ci est une personne physique ou de ses dirigeants et associés lorsqu'il s'agit d'une personne morale.

En effet, lorsque le débiteur est une personne physique, la loi de 1985 retient le principe de la séparation du sort de l'entreprise et du sort du débiteur (v. *supra*, n° 1013). Normalement le redressement judiciaire s'applique à l'entreprise et uniquement à celle-ci. Toutefois comme l'entreprise n'a pas de patrimoine propre, ce sont tous les biens du débiteur, y compris les biens non professionnels, qui sont soumis à la procédure collective [1]. Cette conséquence rigoureuse a été atténuée par la loi 2003-721 du 1er août 2003 puisque le débiteur peut, par une déclaration notariée, rendre insaisissable l'immeuble où est fixée sa résidence principale. Mais seul le débiteur qui a commis des fautes s'expose à des sanctions personnelles. De ce point de vue, la loi de 1985 continue l'évolution amorcée en 1838 et accélérée par la loi de 1967. *L'aspect répressif et sanctionnateur des procédures collectives s'atténue.* Le seul fait d'être en cessation des paiements ne constitue plus une faute (V. cep. *supra* n° 1307). La loi distingue de plus en plus nettement le commerçant malheureux, car victime des circonstances, et le commerçant fautif, seul passible de sanctions [2].

Lorsque le débiteur est une personne morale, la cloison devrait être encore plus étanche. La procédure collective devrait se limiter à celle-ci, sans rejaillir sur les associés ou les dirigeants, sauf s'ils ont

---

[1]. P. Rubelin, *Régimes matrimoniaux et procédures collectives*, thèse Strasbourg, 1999.
[2]. C. Saint-Alary-Houin, *Morale et faillite*, ds. *La morale et le droit des affaires,* p. 159, Montchrestien, 1996.

cautionné les dettes sociales. Mais ce principe supporte des exceptions qui *rapprochent la situation des dirigeants ou de certains associés de celle des commerçants personnes physiques* [1].

On constatera ce double mouvement à l'occasion des trois conséquences que peuvent produire les procédures collectives à l'égard des associés, des dirigeants ou du débiteur :
– conséquences pécuniaires,
– conséquences personnelles,
– conséquences pénales.

SECTION I
Les conséquences pécuniaires

1370. – *Opacité ou transparence de la personne morale en redressement judiciaire*. Le débiteur personne physique subit les conséquences de la procédure de redressement ou de liquidation judiciaires. En effet, il n'a qu'un patrimoine. Ce sont donc à la fois les biens affectés à l'usage de son commerce mais aussi ses biens personnels qui sont, le cas échéant, vendus pour payer les créanciers. Le commerçant personne physique, l'artisan et l'agriculteur courent le risque d'une ruine illimitée. Et si le débiteur était marié sous un régime de communauté, ce qui est le cas notamment des époux qui n'ont pas fait de contrat de mariage, les biens communs sont aussi le gage de ses créanciers.

La situation est différente lorsque le débiteur est une personne morale. Celle-ci a un patrimoine, qui est en principe seul atteint par la procédure de redressement judiciaire. Pourtant une solution traditionnelle liait au sort de la société celui des associés tenus indéfiniment et solidairement du passif social. Cette extension s'appliquait aux associés d'une société en nom collectif et aux commandités. Son domaine est aujourd'hui plus vaste puisqu'il couvre aussi les associés des sociétés civiles professionnelles et les membres des GIE.

Cependant cette extension était insuffisante. La pratique révélait deux sortes d'abus [2].

Tantôt des dirigeants, qui avaient commis des fautes et provoqué la cessation des paiements, échappaient à toute obligation de réparation parce que le droit commun de la responsabilité civile ne permettait de les condamner à des dommages-intérêts que dans des conditions difficiles pour le demandeur.

Tantôt des associés de SARL ou des actionnaires invoquaient la limitation de leur engagement au montant de leurs apports alors

---

1. A. Cerati-Gauthier, *La société en procédure collective et son associé, entre indépendance et influence*, Presses Univ. Aix-Marseille 2002. – F.X. Lucas (sous la direction de), Le droit des sociétés à l'épreuve des procédures collectives, *Petites Affiches,* 9 janv. 2002.
2. N. Fadel-Raad, *L'abus de la personnalité morale en droit privé*, Paris, 1991.

pourtant qu'ils s'étaient conduits comme les maîtres de la société sous le couvert de laquelle ils avaient fait le commerce. Une déviation des mécanismes sociétaires leur permettait d'appréhender les bénéfices en période faste, mais de laisser les créanciers supporter les pertes, lorsque la situation se dégradait.

Une réaction s'est opérée à partir de 1935. *Le législateur a levé le voile de la personnalité morale afin d'atteindre les dirigeants responsables de la cessation des paiements* [1].

Les mesures retenues sont nuancées. Tantôt les dirigeants sont seulement obligés de combler le passif social. Tantôt, sanction plus grave, la procédure de redressement judiciaire ouverte à titre principal contre la société est étendue aux associés et aux dirigeants.

§ 1. – **Les extensions de passif**

1371. – Historique. Jusqu'à une époque assez récente, la « faillite » d'une société n'entraînait aucune conséquence particulière pour ses dirigeants. En effet ceux-ci sont les représentants de la société. Ils n'engagent par leurs actes que le patrimoine de cette personne morale et non leur patrimoine personnel. Si une procédure collective était ouverte contre la société, ils n'étaient pas tenus de payer le passif et s'ils étaient eux-mêmes associés d'une SARL ou actionnaires d'une société anonyme, ils continuaient de n'être tenus du passif que dans la limite de leurs apports.

Certes ils étaient responsables de leur mauvaise gestion tant à l'égard des associés que des créanciers sociaux. Mais, conformément au droit commun de la responsabilité, les demandeurs devaient prouver leur faute et le lien de causalité unissant cette faute à la cessation des paiements. La complexité des faits empêchait presque toujours de rapporter ces preuves [2]. La mauvaise gestion n'était donc pas spécialement sanctionnée lorsqu'elle aboutissait à la ruine de la société.

Un décret-loi du 8 août 1935 adopta une position plus sévère en permettant de déclarer la faillite de la société commune à toute personne qui, sous le couvert de celle-ci, avait fait des actes de commerce dans son intérêt personnel et disposé des actifs sociaux comme de ses biens propres. Malgré son intérêt, ce texte présentait l'inconvénient de se placer sur le plan de la répression beaucoup plus que sur celui de la réparation. La gravité de ses conséquences conduisit les tribunaux à ne l'appliquer qu'exceptionnellement. Il fallut envisager une mesure moins rigoureuse mais plus efficace.

---

1. J. Larrieu, *Les sanctions*, ds. *La réforme du droit des entreprises en difficulté*, p. 141, Montchrestien, 1995.
2. V. cep. Civ. 1, 13 déc. 1967, *J.C.P.*, 1968, II, 15676, note Couturier.

C'est pourquoi une loi du 16 novembre 1940 sur les sociétés anonymes et un décret du 9 août 1953 sur les SARL ont établi dans des termes très voisins, une présomption de faute et une présomption de causalité permettant de condamner les dirigeants à supporter personnellement tout ou partie du passif de la société mise en faillite ou en règlement judiciaire. La sanction était purement pécuniaire, et ne s'accompagnait d'aucune déchéance. Elle faisait figure de responsabilité civile aggravée [1].

Après diverses modifications de détails, cette obligation a été reprise par *l'article 99 de la loi du 13 juillet 1967.*

Pendant longtemps les actions en comblement de passif n'ont été intentées que de manière exceptionnelle par les syndics. En effet elles étaient souvent inutiles, soit parce que le dirigeant s'étant porté caution de la société était déjà tenu du passif, soit parce que l'insuffisance de sa solvabilité les privait de tout intérêt. En outre, la lenteur de la procédure laissait aux dirigeants peu scrupuleux le temps d'organiser leur insolvabilité, même si l'exécution provisoire était théoriquement possible. Enfin les syndics hésitaient à accabler les dirigeants, qui faisaient plus figure de victimes que de coupables.

Mais les mentalités et les pratiques ont évolué. Surtout devant les grands tribunaux, l'application de l'article 99 était devenu habituelle [2].

Cette généralisation a été critiquée. On a reproché à la double présomption de faute et de causalité qui servait de fondement à l'article 99 d'être exagérément sévère car, notamment en période de crise économique, les défaillances d'entreprises sont provoquées plus par des circonstances extérieures défavorables que par des insuffisances de gestion. On a également remarqué que la conception extensive des « dirigeants » retenue par les tribunaux compromettait le redressement des entreprises en difficultés, car les éventuels apporteurs de fonds propres craignaient d'être ensuite considérés comme des dirigeants de fait et condamnés à combler un passif important [3].

Certes la possibilité qu'avaient les dirigeants de se couvrir par une assurance diminuait les conséquences de ce risque [4]. Néanmoins l'article 99 paraissait exagérément sévère à une époque où, en raison de la crise, les dépôts de bilans tendaient à constituer des accidents presque impossibles à éviter.

L'article 180 de la loi du 25 janvier 1985 a mis fin pour l'avenir à cette rigueur en supprimant la présomption de faute et surtout la présomption

---

1. Bourel, *L'obligation au passif social des dirigeants de sociétés anonymes et à responsabilité limitée en cas d'insuffisance d'actif,* Rev. trim. dr. com., 1960, 785.
2. E. Bertrand, *La défaillance des entreprises,* p. 44 éd. Doc. fr. 1981 – CREDA *L'application du droit de la faillite,* n° 295, Litec 1982 – M. Fabre, *Etude jurisprudentielle des sanctions civiles applicables aux dirigeants de sociétés en liquidation des biens ou en règlement judiciaire,* thèse Montpellier, 1982.
3. Vasseur, *Le droit français et spécialement l'article 99 de la loi de 1967 est-il un handicap pour l'apporteur de fonds propres ?,* Banque 1979, 7 et 187.
4. Obs. Derrida sous Trib. com. Pontoise 26 janv. 1979, *D.,* 1979, 459.

de causalité qui faisaient l'originalité de l'article 99 (art. L. 624-3). Mais la loi nouvelle a toutefois laissé subsister certaines règles particulières applicables à la responsabilité des dirigeants en cas de redressement judiciaire de la société, règles qui sont plus favorables que le droit commun. On est ainsi passé d'un excès de rigueur à un excès d'indulgence [1].

Assez curieusement, à la même époque, l'Angleterre suivait une évolution inverse puisque l'« Insolvency Act » de 1986 admet la possibilité d'une responsabilité personnelle des dirigeants fondée seulement sur leur imprudence de gestion (Wrongfull trading) et non plus comme précédemment sur leur mauvaise foi (fraudulent trading). La République d'Irlande a également adopté cette solution.
Les résultats ont été décevants [2].

On examinera les conditions de l'obligation de combler l'insuffisance d'actif, son régime et enfin son domaine.

A. Les conditions de l'obligation de combler l'insuffisance d'actif

1372. – Nature juridique de l'action en comblement. *La nature juridique de l'obligation faite aux dirigeants de combler le passif doit être précisée* [3].
Il ne s'agit pas d'une conséquence automatique du redressement judiciaire, comme l'obligation qui incombe aux associés tenus indéfiniment et solidairement du passif. *L'obligation de combler le passif suppose une décision librement appréciée par le tribunal, car elle emprunte la plupart de ses traits à la responsabilité civile* [4]. Elle n'a pas pour objet principal de sanctionner un dirigeant incapable ou malhonnête, mais de réparer le dommage subi par les créanciers incomplètement payés en raison de l'insuffisance de l'actif social. Les dirigeants ont souvent commis une faute en laissant se créer une insuffisance d'actif. Ils doivent réparer le dommage qui en résulte pour les créanciers. Néanmoins l'action en comblement a aussi un aspect sanctionneur et est ressentie comme telle par les dirigeants sociaux. La loi du 10 juin 1994 milite d'ailleurs en ce sens puisqu'elle réglemente l'action en comblement dans un chapitre consacré aux sanctions [5].

---

1. F. Derrida, *Procès de l'action en comblement d'insuffisance d'actif social*, D., 2001, 1377 – D. Plantamp, *Contribution à la recherche de certaines responsabilités encourues en cas de défaillance d'une société commerciale,* thèse Grenoble, 1987.
2. A. Hicks et S.H. Goo, *Company law*, 2 éd., p. 665.
3. Aix 21 avr. 1971, *D.,* 1972, 164, note Berdah ; *J.C.P.,* 1972, II, 17073, note Martin. – J.P. Sortais, *Les contours de l'action en comblement de l'insuffisance d'actif* : Mélanges P. Bezard, p. 321, 2002.
4. Com. 22 mai 1957, *Rev. trim. dr. com.,* 1957, 1015, note Houin – V. aussi Com. 9 févr. 1988, *Bull. civ.* IV, n° 61, p. 43.
5. V. les obs. de MM. Derrida et Sortais au *D.,* 1995, 289.

Néanmoins si l'on regarde ses conditions de fond, l'action en comblement est calquée sur la responsabilité civile car le demandeur doit prouver un dommage, une faute et un bien de causalité (art. L. 624-3).

1373. – *Le dommage subi.* Sur ce point, aucune difficulté ne se présente. *Le dommage est l'insuffisance d'actif, c'est-à-dire la fraction des créances qui n'a pas pu être remboursée grâce à des fonds provenant du patrimoine de la société.* Par conséquent, l'article L. 624-3 ne devrait pas s'appliquer en cas de plan de continuation pure et simple de l'entreprise. En effet, l'adoption de ce plan suppose que les créanciers peuvent être intégralement payés, car le tribunal ne peut leur imposer que des délais et non pas des remises. L'article L. 624-3 ne jouerait qu'en cas de cession et surtout de liquidation. Cependant, cette solution n'est pas certaine car ce texte est rédigé dans des termes ambigus, surtout depuis la réforme du 10 juin 1994.

L'insuffisance d'actif doit exister dès l'ouverture de la procédure, et non pas résulter d'une continuation déficitaire de l'exploitation. L'importance de cette insuffisance est d'ailleurs différente selon qu'on en détermine le montant avant ou juste après le jugement qui prononce le redressement judiciaire. En effet le dépôt du bilan entraîne une accumulation de dettes nouvelles du fait de la résiliation de certains contrats en cours et une dépréciation de l'actif. Bien que les tribunaux ne donnent pas de réponse nette, il semble que le passif doive s'apprécier juste après le jugement (v. *supra*, n° 1118).

L'insuffisance d'actif doit être indiscutable. Mais point n'est besoin d'attendre la fin de la procédure, dès lors que, même non chiffrée, l'insuffisance d'actif est certaine [1]. Le tribunal peut donc statuer dès que la période d'observation est terminée. Le cas échéant, le tribunal prononce une condamnation provisionnelle, qui sera majorée lorsque le montant exact de l'insuffisance d'actif sera connu.

Enfin l'insuffisance d'actif doit s'apprécier globalement lorsque une procédure collective est étendue à plusieurs sociétés d'un même groupe [2].

L'étendue de l'insuffisance d'actif est constatée souverainement par les juges du fond qui, on le verra, ne sont pas tenus d'en mettre la totalité à la charge des dirigeants [3].

1374. – *La faute commise par les dirigeants.* L'article L. 624-3 mentionne expressément la faute de gestion [4]. Celle-ci doit s'entendre au sens large. Elle peut consister non seulement en une erreur de gestion ou en une imprudence, mais en une violation de la loi ou des sta-

---

1. Com. 25 janv. 1994, *Bull. civ.* IV, n° 31, p. 24.
2. Com. 26 mars 1974, *Bull. civ.* IV, n° 112 p. 89 – 23 mai 2000, *ibid.*, n° 108, p. 97.
3. A. Perdriau, *Le contrôle de la Cour de cassation en matière de faillite,* n° 176, *J.C.P.*, 1987, I, 3288.
4. M. Bourrié-Quenillet, *La faute de gestion du dirigeant en cas d'insuffisance d'actif,* J.C.P., 1998, I, 112 – A. Martin-Serf, *Panorama des fautes de gestion*, Rev. trim. dr. com., 1999, 983.

tuts. Une faute légère suffit, mais encore faut-il qu'elle existe et que le tribunal la constate, indépendamment de l'insuffisance d'actif[1].

La faute de gestion ne fait l'objet d'aucune définition légale. Elle consiste en la conclusion d'accords commerciaux ruineux pour la société[2], en la poursuite abusive d'une exploitation déficitaire[3], en des apports insuffisants de fonds propres[4] ou encore dans le fait de témoigner une confiance aveugle au président et de s'abstenir de toute vérification ou de toute critique[5]. Il ne faut donc jamais accepter un poste d'administrateur par pure complaisance. Elle doit avoir été commise avant l'ouverture de la procédure[6].

Bien qu'engageant la responsabilité des dirigeants à l'égard des tiers, cette faute n'a pas besoin d'être détachable de leurs fonctions[7].

Depuis la loi de 1985, *la faute doit être prouvée conformément au droit commun.* Les progrès des techniques de gestion facilitent cette preuve, qui était autrefois presque impossible. La gestion des entreprises n'est plus une pratique balbutiante. Elle est une discipline, reposant sur des normes précises, notamment en matière de comptabilité analytique. Dès lors deux cas peuvent se présenter. Ou bien la comptabilité a été correctement tenue. Son examen révélera l'existence d'indices d'alerte dont les dirigeants auraient dû tenir compte en vue de tenter le redressement de la société. Parfois d'ailleurs leur attention aura été spécialement attirée par une alerte déclenchée par le commissaire aux comptes ou les représentants des salariés (v. *supra*, n° 1050). Les dirigeants ont alors commis une faute s'ils n'ont pas pris ou tenté de prendre les mesures de redressement qui s'imposaient. Ou bien la comptabilité n'a pas été correctement tenue. Les difficultés étaient alors imprévisibles. Mais le défaut de tenue d'une comptabilité suffisante eu égard à la dimension de l'entreprise est en soi une faute, dont la preuve ne fait pas difficulté.

Le demandeur peut trouver des éléments de preuve dans l'enquête sur la situation économique de l'entreprise, qui a été effectuée par le juge-commissaire au cours de la période d'observation (art. L. 621-55). En effet, cette enquête ne manquera pas de révéler les fautes de gestion qui sont éventuellement à l'origine de la cessation des paiements.

1375. – *Le lien de causalité entre la faute et l'insuffisance d'actif.* Selon l'article L. 624-3 la faute doit avoir contribué à l'insuffisance d'actif. Cette preuve est difficile à rapporter, compte tenu de la

---

1. Com. 15 déc. 1992, *Rev. soc.,* 1993, 442 – 19 janv. 1993, *Bull. civ.* IV, n° 334, p. 271.
2. Com. 11 juill. 1995, *J.C.P.,* 1995, II, 22549, note D. Gibirila.
3. Com. 14 mai 1991, *Bull. civ.* IV, n° 164, p. 118 – 8 oct. 1996, *J.C.P.,* 1997, éd. E, II, 917, note J.-J. Daigre.
4. Com. 19 mars 1996, *Rev. sociétés,* 1996, 840, note Bruguier.
5. Com. 31 janv. 1995, *Rev. sociétés,* 1995, 763 – 9 mai 1995, *Bull. civ.* IV, n° 134, p. 120.
6. Com. 14 mars 2000, *J.C.P.,* 2000, E, 1527, note D. Poracchia.
7. Com. 28 avr. 1998, *J.C.P.,* 1998, éd. E, 1258, note Y. Guyon.

complexité des faits qui sont à l'origine de presque toutes les défaillances d'entreprises (v. *supra*, n° 1045). Le dirigeant pourrait cependant apporter la preuve contraire, en démontrant, par exemple, que des interventions maladroites de l'Etat ont retardé le dépôt du bilan, sans pour autant permettre un redressement définitif [1].

On peut toutefois se demander si en utilisant le verbe « contribuer » à l'insuffisance d'actif et non le verbe « causer », qui est plus traditionnel, l'article L. 624-3 ne se contenterait pas d'une causalité partielle. La tendance serait comparable à celle de la loi du 5 juillet 1985 qui, pour la réparation des accidents de la circulation substitue la notion d'« implication » à celle de causalité (v. *infra*, n° 1381).

1376. – Appréciation de la réforme. *La situation des dirigeants s'est améliorée par rapport au régime antérieur ce qui est explicable car en période de crise, il est de mauvaise politique d'accabler ceux qui ont accepté de courir des risques dans l'espoir d'un redressement.* Un dépôt de bilan a rarement pour cause unique la faute des dirigeants. Il faut tenir compte de toutes les circonstances qui ont conduit l'entreprise à sa perte et n'obliger les dirigeants à ne réparer que les conséquences directes de leurs fautes.

Si la loi du 25 janvier 1985 s'en était tenue à un retour au droit commun, point n'aurait été besoin d'analyser plus longtemps l'article L. 624-3. Assez paradoxalement cependant, elle soumet cette responsabilité à un régime particulier.

B. Le régime de l'action en comblement

1377. – Maintien d'un régime procédural spécifique. Sous l'empire de l'article 99 de la loi de 1967, un régime particulier se justifiait. Il était, dans l'ensemble, favorable aux dirigeants et contrebalançait les rigueurs de la présomption de faute et de la présomption de causalité.

Logiquement, la loi de 1985 aurait dû abroger ce régime, puisqu'elle a supprimé les présomptions de faute et de causalité. La responsabilité des dirigeants aurait été entièrement régie par le droit commun de la responsabilité civile. La loi de 1985 ne l'a pas fait. Elle laisse subsister un régime de l'action, plus favorable aux dirigeants que le droit commun de la responsabilité civile. *Les dirigeants gagnent par conséquent sur les deux tableaux.*

1) Exercice de l'action en comblement

1378. – Demandeurs. L'action contre les dirigeants est une action contre un tiers qui, à la différence de la personne morale, n'est

---

1. Trib. com. Paris 24 juillet 1986, *Gaz. Pal.* 1986, 506, rendu à propos de la responsabilité des dirigeants de Creusot-Loire.

pas en redressement judiciaire. L'arrêt des poursuites individuelles ne s'applique pas. Cependant *les demandeurs à l'action sont énumérés limitativement par l'article L. 624-6 du Code de commerce*. La règle permet de sauvegarder l'égalité des créanciers car un dommage collectif doit être réparé par une action elle-même collective.

Il s'agit d'abord de l'administrateur, du représentant des créanciers et du liquidateur. Les créanciers ne peuvent pas agir individuellement, alors pourtant qu'ils sont les victimes directes de l'insuffisance d'actif [1]. Cette solution est fondée si le préjudice subi par les créanciers a un caractère collectif [2]. Il doit être réparé par une action intentée par un auxiliaire de justice agissant dans l'intérêt général. Au contraire l'action individuelle doit être déclarée recevable si le créancier a subi un dommage qui lui est propre (v. *supra*, n° 1240-1 et *infra*, 1394).

L'action peut être aussi exercée par le commissaire à l'exécution du plan. Le cas se rencontre si lors de la cession le passif n'était pas encore connu dans sa totalité, car, dans le cas contraire, le représentant des créanciers aurait agi.

L'auxiliaire de justice demandeur bénéficie d'un pouvoir souverain d'appréciation pour décider si, en présence d'une insuffisance d'actif, il doit ou non intenter l'action. En cas de pluralité de dirigeants, il peut également choisir ceux qu'il entend poursuivre [3].

Le tribunal peut aussi se saisir d'office. Il peut ainsi pallier l'impéritie éventuelle des organes de la procédure et les collusions entre le dirigeant et certains créanciers. Mais encore faut-il qu'il soit en mesure d'établir la faute des dirigeants. Cette faculté d'action d'office souligne l'aspect quasi répressif de l'obligation au passif car, s'il s'agissait d'une simple réparation, on comprendrait mal que celle-ci soit ordonnée alors que les victimes ne l'ont pas réclamée.

Comme les saisines d'office sont rares, l'article L. 624-6 de la loi de 1985 permet au *procureur de la République* d'intenter l'action en comblement du passif. Cette réforme va dans le sens de l'évolution récente, qui donne au parquet un rôle actif dans le déroulement des procédures collectives (v. *supra*, n° 1168). Elle doit être approuvée car la matière intéresse l'ordre public.

En revanche, les salariés ne peuvent pas agir. Ils ne bénéficient pas, en ce domaine, de plus de droits que les autres créanciers.

1379 – Compétence. *L'action tendant à mettre les dettes sociales à la charge des dirigeants est de la compétence exclusive du tribunal qui a prononcé le redressement judiciaire* (Décr. 1985, art. 163). Cette règle est conforme au principe selon lequel toutes les actions intéressant une

---

[1]. Com. 8 janv. 1985, *D.*, 1987, 88, note F. Derrida – Rép. min., 15 juin 1992, *Rev. soc.*, 1992, 641.
[2]. Pour le cas du préjudice individuel, V. les obs. de F. Derrida au *D.*, 1989, 530.
[3]. Com. 19 avr. 1983, *Bull. civ.* IV, n° 120 p. 102.

même procédure collective sont portées devant le même tribunal (v. *supra*, n° 1155). Elle a notamment pour conséquence que l'action en comblement du passif ne peut jamais être intentée par la voie civile, devant les juridictions répressives [1]. De même, le droit international rattache cette action au droit des procédures collectives, ce qui exclut l'application de la Convention de Bruxelles du 27 septembre 1968 sur la compétence judiciaire et l'exécution des décisions [2].

En cas de mise en cause de la responsabilité d'une personne morale de droit public (Etat, commune, etc.), la compétence appartient à la juridiction judiciaire saisie de la procédure collective, si cette personne morale est dirigeant de droit [3]. Dans le cas contraire, seule une juridiction administrative est compétente [4].

2) *Procédure de l'action en comblement*

1380. – Respect des droits de la défense. La procédure n'appelle que peu de remarques particulières. *Le dirigeant est convoqué devant le tribunal statuant en chambre de conseil,* c'est-à-dire en dehors de la présence du public. La discrétion du procédé permet au dirigeant de présenter ses moyens de défense sans craindre de divulguer un renseignement qui pourrait nuire à la société ou à un tiers (Décret 1985, art. 164).

L'affaire vient ensuite en audience publique. Le tribunal statue après avoir entendu le *rapport du juge-commissaire* et le cas échéant le ministère public à qui le dossier doit être communiqué (NCPC art. 425) [5].

Conformément au droit commun un sursis à statuer peut être ordonné lorsque le résultat d'une instance répressive encore en cours peut exercer une influence sur l'action en comblement du passif.

Le jugement ordonnant le comblement du passif est publié selon les mêmes modalités que le jugement qui a ouvert la procédure collective (Décr. 1985, art. 167. v. *supra,* n° 1173).

Les voies de recours s'exercent dans les conditions de droit commun, faute d'une disposition contraire de la loi de 1985.

3) *Résultats de l'action en comblement*

1381. – Point de vue du dirigeant. L'art. *180 confère au juge un pouvoir d'appréciation exceptionnel* pour fixer la somme que le dirigeant devra verser en vue du comblement du passif [6]. Sous l'empire

---

1. Crim. 13 mars 1978, *Rev. soc.,* 1978, 802, note Honorat.
2. CJCE 22 févr. 1979, *Rev. soc.* 1980, 526, note Bismuth.
3. Trib. conflits, 2 juill. 1984, *J.C.P.* 1984, II, 2036, note Labetoulle – Com. 16 févr. 1993, *Rev. soc.* 1993, 644, note Y. Guyon – 26 oct. 1999, *J.C.P.*, 1999, II, 10221, note J.P. Remery. – 11 févr. 2003 ; *D.* 2003, 624, note A. Lienhard.
4. Trib. conflits, 23 janv. 1989, *D.*, 1989, 367, conc Flipo, note Amselek et Derrida ; *Rev. soc.,* 1989, 706, note Guyon ; *J.C.P.* 1990, II, 21397, note E. Alfandari – 15 nov. 1999, *Bull. civ.*, n° 35.
5. Ch. mixte 21 juill. 1978, *Rev. soc.* 1979, 573, note Chartier.
6. Com. 19 janv. 1970, *D.,* 1970, 480, note Poulain ; *Rev. trim. dr. com.* 1971, 465, note Houin. 24 janv. 1983, *D.*, 1983 Info. rap. note Derida.

de l'article 99 de la loi de 1967 ce «*jus moderandi*» contrebalançait la facilité avec laquelle la responsabilité des dirigeants pouvait être retenue. Il évitait donc les injustices. En effet, dans le droit commun de la responsabilité, le tribunal qui constate l'existence de la faute doit condamner le défendeur à une réparation égale au montant du dommage causé. Ici rien de tel. Non seulement la condamnation du dirigeant n'est pas une suite nécessaire de l'existence d'une dette sociale impayée, mais *le tribunal peut fixer l'étendue de la réparation à ce qu'il croit juste, compte tenu de la gravité de la faute,* de la nature des fonctions, de l'indépendance du dirigeant,[1] etc. Simplement le tribunal ne peut pas prononcer une condamnation d'un montant supérieur à celui de l'insuffisance d'actif[2]. Parfaitement explicable sous l'empire de la loi de 1967, cette faculté de modération est moins justifiée dès lors que la condamnation du dirigeant repose sur une faute prouvée. On peut y voir soit une mesure d'indulgence envers les dirigeants soit, au contraire, le moyen donné au tribunal de prononcer des condamnations adaptées aux ressources des dirigeants et donc de rendre l'article L. 624-3 plus efficace.

> Le montant des condamnations est très variable[3]. Le record semble être une condamnation à 400 millions de francs prononcée, il est vrai, dans une affaire où le passif dépassait les deux milliards[4].
> En cas de pluralité de dirigeants et de faute commune, c'est également le tribunal qui, compte tenu des circonstances, décide s'il y a ou non lieu à *solidarité* entre les responsables.

Bien que jouant le plus souvent en faveur du dirigeant, le pouvoir d'appréciation du tribunal peut produire aussi l'effet inverse. En effet un dirigeant peut être condamné à combler la totalité de l'insuffisance d'actif, même si sa faute n'est à l'origine que d'une partie de celle-ci[5].

L'art. L. 624-3 n'entraîne aucune autre conséquence à l'égard du dirigeant. Notamment celui-ci demeure à la tête de ses affaires personnelles puisque l'obligation de combler le passif n'équivaut pas à une mise en redressement judiciaire.

Une fois la condamnation intervenue, deux éventualités peuvent se produire.

– *Ou bien le dirigeant verse la somme qui a été mise à sa charge*. Il jouit alors d'un avantage, qui rend la condamnation moins lourde qu'il ne paraît au premier abord. En effet, *le montant de la condamnation est déductible des revenus imposables du dirigeant.* dans la mesure où

---

1. Aix 26 mai 1981, *D.*, 1983, IR, 60, note Derrida.
2. Com. 20 déc. 1988, *Rev. soc.*, 1989, 502, note A. Honorat – 23 janv. 1996, *D.*, 1996, Info. rap., 132.
3. CREDA, *L'application du droit de la faillite* n° 353.
4. Com. 3 janv. 1995, *Bull. Joly*, 1995, 266, note A. Couret.
5. Com. 17 févr. 1998, *Rev. soc.*, 1998, 580, note Y. Guyon.

l'obligation au passif se rattache directement à l'activité professionnelle de l'intéressé[1]. Par conséquent, lorsque le dirigeant est imposé selon les tranches les plus élevées du barème, le poids de la condamnation est sensiblement allégé. Cette solution se justifiait lorsque la condamnation au passif reposait sur une faute présumée. Elle semble se maintenir même depuis que la condamnation suppose une faute prouvée[2].

Sous l'empire de la loi de 1967, certains admettaient que le dirigeant pouvait exercer un recours contre la société. Cette action récursoire ne paraît plus recevable dans la mesure où la condamnation a désormais pour fondement une faute prouvée.

Le dirigeant ne peut pas prétendre que les dommages-intérêts auxquels il a été condamné se compensent avec les sommes que la société lui doit éventuellement, car la connexité fait défaut[3]. Il doit exécuter la condamnation et demander ce qui lui est dû en déclarant sa créance au redressement judiciaire de la société.

Compte tenu de l'importance des sommes auxquelles ils peuvent être condamnés, certains dirigeants souhaitent contracter une *assurance,* analogue dans son principe à celle qui couvre les conséquences d'une responsabilité professionnelle. De telles assurances sont possibles, mais le montant des primes est élevé[4].

– Ou bien le dirigeant ne verse pas la somme qui a été mise à sa charge. Cette défaillance peut entraîner sa mise en redressement judiciaire (art. L. 624-4). Cette sanction, obligatoire sous l'empire de la loi de 1967, est désormais facultative, ce qui constitue un progrès. Si le tribunal la prononce, le dirigeant subit toutes les conséquences du redressement judiciaire, sans préjudice de l'application de la faillite personnelle (art. L. 625-6). Il s'agit donc d'un des rares cas où une personne physique non commerçante peut faire l'objet d'une procédure collective (v. *supra*, n° 1106).

Cette mesure n'est pas très logique car le dirigeant n'est pas personnellement à la tête d'une entreprise susceptible d'être redressée. Mais même dans ce cas le dirigeant n'est pas tenu de payer le passif au-delà de la somme mise à sa charge car il ne s'agit pas d'une extension de la procédure ouverte à l'encontre de la société mais d'une procédure distincte[5].

Cette menace devrait inciter le dirigeant non seulement à ne pas dissimuler certains de ses biens, mais même à se procurer des concours

---

1. Cons. Etat, 29 avr. 1977, *Rev. soc.,* 1977, 433, note Cozian – 2 févr. 1983, *J.C.P.,* 1984, éd. E, II, 14195, note Bissara.
2. Cons. Etat 18 févr. 1985, *J.C.P.,* 1985, éd. E, II, 14526, note C. David – 27 mai 1987 ; *J.C.P.* 1988, éd. E, II, 15361, note Rezgui – V. les obs. de M. Cozian au *J.C.P.,* 2002, E, 366.
3. Com. 18 mai 1981, *Rev. soc.,* 1981, 640, note Honorat.
4. C. Freyria, *L'assurance de responsabilité civile du « management »*, D., 1995, 120.
5. Com. 28 mars 2000, *Bull. civ.* IV, n° 71, p. 59.

familiaux ou autres pour exécuter la condamnation. Elle constitue d'ailleurs la seule utilité de l'obligation au passif fondée sur l'article L. 624-3 car, pour le reste, le droit commun de la responsabilité civile permettrait une condamnation plus sévère du dirigeant, notamment en ne donnant pas au tribunal le pouvoir d'apprécier le montant de la condamnation.

En outre, dès le début de la procédure ouverte contre la société, les parts ou actions appartenant aux dirigeants ne peuvent plus être cédées qu'avec l'autorisation du juge-commissaire (art. L. 621-19 – v. *supra* n° 1202). Ce blocage tend à faciliter l'exécution d'une éventuelle condamnation en comblement du passif. En fait, il est le plus souvent illusoire car le redressement judiciaire entraîne l'effondrement de la valeur des parts ou des actions détenues par les dirigeants. De plus le tribunal peut charger le juge-commissaire d'enquêter sur la situation patrimoniale du dirigeant (art. L. 624-7).

Malgré ces précautions, beaucoup de condamnations ne sont pas exécutées parce que le dirigeant n'est qu'un prête-nom, quasiment insolvable que la menace d'une mise en redressement judiciaire n'effraie aucunement. Ces difficultés de recouvrement sont une raison de plus pour souhaiter la généralisation d'une assurance des dirigeants sociaux.

1382. – *Point de vue des créanciers.* Mettant fin à des controverses qui s'étaient développées sous l'empire de la loi de 1967, l'article L. 624-3 al. 3 décide que les *sommes versées par les dirigeants entrent dans le patrimoine de la personne morale.*

En cas de plan de continuation, les sommes ainsi versées servent au redressement de l'entreprise. La formule est ambiguë. Elle paraît s'expliquer parce que, en cas de plan de continuation, tout le passif étant par hypothèse payé, on ne voit pas d'autre affectation des sommes ainsi versées. Mais si tout le passif a été payé il n'y a pas insuffisance d'actif et l'une des conditions d'application de l'article L. 624-3 fait défaut.

En cas de cession ou de liquidation, les sommes sont réparties de manière égale entre tous les créanciers, sans tenir compte des privilèges ou des super-privilèges, c'est-à-dire proportionnellement au montant de leur créance[1]. La solution est équitable : *l'article L. 624-3 permet ainsi aux créanciers chirographaires de bénéficier d'un paiement supplémentaire.* Elle est cependant dénuée de tout fondement juridique. Si les sommes entrent dans le patrimoine du débiteur, elles devraient être partagées entre les créanciers en tenant compte des causes de préférence, légales ou conventionnelles[2].

Il semble que l'égalité voulue par l'article L. 624-3 postule que les créanciers chirographaires antérieurs à l'ouverture de la procédure ne soient pas, sur ce point, primés par les créanciers postérieurs,

---

1. Com. 20 mai 1997, *Rev. jurisp. com.*, 1998, 27, note Calendini.
2. V. Zénati, *Le produit de l'action en comblement du passif et la masse des créanciers*, D., 1983, 213.

bénéficiaires de l'article L. 621-32. En revanche cette égalité ne s'étend pas aux titulaires de prêts participatifs, qui sont payés après les chirographaires (CMF art. L. 313-15).

4) Extinction de l'action en comblement

1383. – Prescriptions triennales. L'action en comblement du passif se prescrit par trois ans à compter du jugement qui arrête le plan d'entreprise ou qui prononce la liquidation (art. L. 624-3 al. 2)[1]. C'est en effet à ce moment que l'on connaît le montant du passif. On sait alors si les biens de la société permettront d'en assurer le paiement intégral. Dans le cas contraire, il n'y a aucune raison de différer la mise en cause des dirigeants[2].

L'action en comblement cesse également d'être recevable après la clôture du redressement judiciaire. Mais les créanciers peuvent semble-t-il exercer une action en responsabilité de droit commun (v. *infra* n° 1394).

Les règles relatives à la prescription ont seulement pour objet de fixer le moment de la procédure collective à partir duquel l'action en comblement ne sera plus recevable. Mais elles ne prennent pas en considération la date des fautes. Dans la mesure où l'action en comblement s'apparente à une action en responsabilité, il convient d'appliquer le droit commun. L'action serait par conséquent prescrite trois ans après les faits dommageables ou leur révélation s'il s'agit d'un dirigeant de droit (art. L. 225-254). Il y aurait par conséquent deux délais de prescription.

C. Domaine de l'obligation faite aux dirigeants de combler l'insuffisance d'actif

Ce domaine doit se déterminer à un double point de vue : celui de la personne morale et celui du dirigeant.

1) Nature de la personne morale

1384. – L'obligation de combler l'insuffisance d'actif peut être mise à la charge des dirigeants de toutes les personnes morales de droit privé (art. L. 624-2). Par conséquent tout dirigeant d'une personne morale sujette à redressement ou à liquidation judiciaire peut se voir condamné à combler l'insuffisance d'actif.

1385. – Existence d'une personne morale. Lorsque le débiteur en redressement judiciaire est une personne physique, celui qui a collaboré avec lui peut faire l'objet d'une procédure d'extension, mais non d'une condamnation à payer tout ou partie du passif sur la base de l'article L. 624-3[3]. Il en va de même des dirigeants d'une société en formation avant son immatriculation au registre du commerce[4].

---

1. Rép. min. 6 févr. 1986, *J.C.P.*, 1986, éd. E. II, 14711.
2. Trib. com. Bordeaux 20 mai 1976, *D.*, 1978, 387, note Caporale.
3. V. Com. 15 mars 1982, *D.*, 1982, 404, note Derrida.
4. Com 15 janv. 1991, *Bull. Joly* 1991, 395, note Calendini.

– Bien que susceptible de s'appliquer, l'article L. 624-3 ne présente qu'une utilité réduite lorsque les associés ou les membres de la personne morale sont indéfiniment et solidairement tenus du passif. Le cas se rencontre notamment dans les sociétés en nom collectif (art. L. 221-1), les sociétés civiles professionnelles (L. 29 nov. 1966, art. 15) et les GIE (art. L. 251-6). En effet les créanciers doivent être payés d'abord par les associés ou les membres, puisque ceux-ci sont tenus de plein droit du passif et que le redressement judiciaire de la personne morale produit ses effets à leur égard (art. L. 624-1). C'est seulement en cas d'échec de ces recours qu'ils ont intérêt à agir contre les dirigeants non associés. Pour cette raison, la jurisprudence n'a pas, semble-t-il, donné d'exemple d'application de l'obligation au passif aux dirigeants de ces personnes morales. Mais l'action est théoriquement possible.

– L'article L. 624-3 présente son utilité maximum dans les sociétés par actions et les SARL, y compris les sociétés unipersonnelles. En effet les associés n'y sont tenus du passif que dans la limite de leurs apports. Si l'actif social est insuffisant pour payer la totalité des dettes, seul un recours contre les dirigeants permet le remboursement des créanciers.

– L'article L. 624-3 peut s'appliquer lorsqu'une personne morale étrangère fait l'objet en France d'une procédure de redressement judiciaire [1]. Cette solution est conforme au caractère d'ordre public des procédures collectives. Son utilité sera cependant limitée si le dirigeant condamné n'a pas de biens en France.

1386. – Caractère de droit privé de la personne morale. L'article L. 624-2 rappelle cette seconde condition. En réalité il n'avait pas besoin de le faire, car seules les personnes morales de droit privé sont susceptibles de redressement judiciaire et sans redressement judiciaire, il ne peut pas y avoir de condamnation à combler l'insuffisance d'actif. Par conséquent le caractère public de la personne morale sera généralement invoqué « *in limine litis* » pour faire échec à l'ouverture du redressement judiciaire (v. *supra*, n° 1111).

Cependant, au moment des poursuites intentées sur le fondement de l'article L. 624-3, le dirigeant a encore, semble-t-il, la faculté d'utiliser comme moyen de défense l'argument tiré du caractère public de la personne morale qu'il dirige. Si cet argument est retenu, on se trouvera dans une situation embarrassante. En effet le tribunal ne devra-t-il pas mettre fin à une procédure qui a été ouverte à tort, puisque la personne morale n'a pas un caractère privé ? Mais, d'un autre côté, cette procédure a déjà produit des effets irréversibles. Il semble préférable dans ce cas de considérer que le principe de l'autorité relative de la chose jugée permet de ne pas appliquer l'article L. 624-3 au dirigeant, sans pour autant remettre en cause « *erga omnes* » le caractère privé de la personne morale et donc la validité des opérations de redressement judiciaire qui ont déjà produit leurs effets.

---

1. V. Douai 1er déc. 1955, *D.*, 1956, 223, note Goré ; *Rev. crit. dr. int.* 1956, 490, note Loussouarn.

1387. – Exercice d'une activité économique. Cette condition supplémentaire a été supprimée par la loi du 10 juin 1994. La raison de cette réforme est sans doute que la détermination du caractère économique de l'activité de certaines personnes morales, notamment les associations, entraînait de nombreuses difficultés [1]. Néanmoins la réforme risque de dissuader les rares personnes qui acceptaient d'exercer des fonctions de direction dans des associations à but désintéressé. Il faut compter ici sur la prudence des tribunaux qui n'accableront pas les dirigeants qui ont cherché à rendre service, même si leur gestion a été fautive.

2) *Nature des fonctions du dirigeant*

1388. – Si la jurisprudence antérieure se maintient, l'obligation de combler l'insuffisance d'actif sera susceptible de s'appliquer non seulement aux dirigeants en fonction le jour du jugement d'ouverture, mais aussi aux dirigeants retirés.

a) Dirigeants en fonction

L'art. L. 624-3 donne à l'obligation au passif un domaine très large en précisant qu'elle s'applique dans trois séries de cas.

1389. Dirigeants de droit et dirigeants de fait. L'obligation au passif pèse aussi bien sur les dirigeants de droit que sur les dirigeants de fait.

1) Ont la qualité de dirigeants de droit tous ceux qui, désignés dans des conditions régulières, ont pour mission de gérer la société, sans être les préposés de celle-ci. Peu importe que la désignation ait ou non été publiée [2]. Par conséquent l'obligation au passif incombe aux gérants de SARL, aux administrateurs, au président du conseil d'administration au directeur général et aux directeurs délégués dans la société anonyme de type classique, ainsi qu'aux membres du directoire dans la société de type nouveau. La responsabilité de ces personnes est encourue, sans qu'il soit besoin de rechercher le rôle qu'elles ont en fait joué dans la gestion [3]. Les salariés qui siègent au conseil d'administration ou de surveillance en application de l'ordonnance 86-1135 du 21 octobre 1986 sont soumis à l'article L. 624-3 dans les mêmes conditions que les autres dirigeants. Dans les sociétés par actions simplifiées, ce sont les statuts qui désignent l'organe qui a la qualité de dirigeant mais il doit y avoir un président (art. L. 227-5 et 227-6).

En revanche, les *directeurs techniques,* c'est-à-dire ceux qui sont unis à la société par un contrat de travail, échappent à l'obligation au passif (sauf s'ils deviennent dirigeants de fait). En effet, malgré l'importance de

---

1. V. par exemple Com. 16 févr. 1993, *Rev. soc.*, 1993, 644, note Y. Guyon.
2. Com. 26 janv. 1988, *Rev. soc.,* 1988, 284, note Chaput.
3. Com. 9 mai 1995, *Rev. sociétés,* 1995, 765.

leurs fonctions, ils demeurent des employés de la société et sont, en cette qualité, tenus à une obéissance hiérarchique.

De même, l'obligation au passif n'incombe normalement pas aux membres du *conseil de surveillance,* car ceux-ci se bornent à contrôler l'action du directoire. Aussi l'art. L. 225-257 décide-t-il que les membres du conseil de surveillance n'encourent aucune responsabilité en raison des actes de la gestion et de leur résultat [1]. Mais les membres du conseil demeurent responsables, dans les termes du droit commun, de leurs fautes personnelles, notamment si leur incurie a facilité la mauvaise gestion du directoire ou en a aggravé les conséquences. En outre les intéressés pourraient être considérés comme des dirigeants de fait, relevant de l'article L. 624-3, s'ils ont joué un rôle actif dans la gestion [2]. Le cas risque de se présenter de plus en plus souvent puisque, depuis la loi du 5 janvier 1988, le conseil de surveillance doit autoriser les ventes d'immeubles, les cessions de participation et les constitutions de sûretés (art. L. 225-68). Les statuts peuvent compléter la liste des actes soumis à cette autorisation préalable. Les fonctions du conseil de surveillance se rapprochent alors de celles du conseil d'administration, ce qui devrait entraîner un alignement du régime des responsabilités.

Enfin l'obligation au passif n'incombe pas au *commissaire aux comptes.* Celui-ci, en effet, se borne à une mission de contrôle des comptes et à une vérification de la régularité de la vie sociale. Mais il ne doit pas s'immiscer dans la gestion et ne saurait être présumé responsable des mauvais résultats de celle-ci [3]. Cependant sa responsabilité pourrait être engagée sur la base du droit commun s'il n'a pas déclenché l'alerte en temps utile.

2) L'obligation au passif incombe aussi aux *dirigeants de fait,* car il faut pouvoir atteindre le patrimoine de ceux qui, ayant eu la prudence de ne pas se faire nommer gérants ou administrateurs, se comportent cependant comme des dirigeants et dont les initiatives sont à l'origine de l'insuffisance d'actif. La notion de dirigeant de fait est difficile à préciser. On estime généralement qu'elle suppose une *activité positive et habituelle de haute gestion en toute indépendance et liberté* [4]. Le dirigeant de fait est le plus souvent apparent : il agit ouvertement à l'égard des tiers. Il peut aussi être occulte, c'est-à-dire confier la gestion externe à un homme de paille, dépourvu de toute initiative. La preuve de la qualité du dirigeant de fait incombe au demandeur à l'action [5].

La jurisprudence est, dans ce domaine, abondante et nuancée. La question se pose principalement dans les cas suivants.

---

1. Com. 9 mai 1978, *D.,* 1978, 419, note Vasseur.
2. J.-F. Martin, *Les membres du conseil de surveillance sont-ils des dirigeants sociaux au sens de la loi du 25 janv. 1985, Gaz. Pal. doc.* 15 janv. 1991.
3. Agen, 26 janv. 1981, *Bull. Cons. nat. des com. aux cptes* 1981, 239.
4. Com. 6 janv. 1998, *J.C.P.,* 1998, II, 10068, note J.J. Daigre – 6 févr. 2001 : Bull. civ. IV, n° 33, p. 30 – Paris, 3 nov. 2000, *Rev. soc.*, 2001, 134 – Notté, *La notion de dirigeant de fait au regard du droit des procédures collectives, J.C.P.,* 1980 éd. CI, I, 8560.
5. Com. 6 mai 1980, *Bull. civ.* IV n° 175 p. 139.

On se demande tout d'abord s'il est possible de distinguer l'*associé majoritaire* du dirigeant de fait. Les tribunaux opèrent la distinction suivante. L'associé, même très largement majoritaire, ne devient pas dirigeant de fait s'il se borne à assister aux assemblées et s'il laisse aux dirigeants les principales initiatives en matière de gestion [1]. Sinon la limitation de l'obligation au passif des associés des SARL et des sociétés anonymes serait un leurre. Peu importe donc que les associés se soient montrés négligents [2]. Mais l'associé deviendrait dirigeant de fait s'il se comportait comme le maître de la société, le dirigeant de droit n'étant qu'un exécutant dépourvu de tout pouvoir de décision [3]. Par conséquent la *société-mère* peut être condamnée à combler le passif de sa filiale, lorsqu'en fait elle en a assuré la direction. Un tel recours est utile pour les créanciers de la filiale [4]. On peut se demander si la qualité de dirigeant de fait ne sera pas assez fréquemment reconnue à l'associé unique d'une société unipersonnelle à responsabilité limitée, lorsque celle-ci est gérée par un tiers. Certes l'EURL demeure une SARL et donc l'associé majoritaire n'est pas un dirigeant de droit. Néanmoins il sera rare que l'associé unique ne se soit pas comporté comme le maître de l'affaire.

Depuis une période récente, on a parfois voulu démontrer que des *banques* s'étaient comportées en dirigeant de fait des entreprises qu'elles avaient soutenues. On espérait ainsi les faire condamner à supporter une partie des dettes de leur client en redressement judiciaire. La difficulté provient ici du fait qu'il est malaisé de distinguer le devoir de conseil de l'immixtion dans la gestion [5]. La banque n'outrepasse pas son rôle de prêteur et ne devient pas dirigeant de fait lorsqu'elle suggère la préparation d'un plan de redressement cohérent ou le remplacement des dirigeants en fonctions par une équipe plus compétente, ou encore lorsqu'elle surveille l'emploi de ses fonds [6]. En revanche, elle devient dirigeant de fait lorsqu'elle s'immisce de plus en plus dans la gestion d'une société cliente en participant à son capital et surtout en y déléguant un préposé qui impose aux dirigeants sociaux les décisions les plus importantes [7]. Les mêmes solutions s'appliquent au franchiseur et au concédant [8].

Bien que la question soit discutée, il semble que l'Etat ou une personne morale de droit public pourrait être considéré comme un dirigeant de fait, en cas d'immixtion dans la gestion d'une entreprise privée [9].

Comme l'obligation de combler le passif s'apparente à la responsabilité civile, le dirigeant de fait n'y échappe pas au motif qu'il était frappé d'une *incapacité* [10].

---

1. Paris, 10 mai 1989, *J.C.P.*, 1989, éd. E, II, 15558, note G.N.
2. Com. 15 avr. 1959, *D.*, 1959, 385.
3. Com. 25 oct. 1977, *Rev. soc.*, 1978, 294, note Randoux.
4. Aix 26 mai 1981, *D.*, 1983, IR, 60, note Derrida.
5. Rép. minist. 25 juillet 1983, *J.C.P.*, 1984, IV, 74.
6. Com. 9 mai 1978, *D.*, 1978, 419, note Vasseur. Nancy 15 déc. 1977, *J.C.P.*, 1978, II, 18912, note Stoufflet. Paris 17 mars 1978, *D.*, 1978, IR, 420, note Vasseur.
7. Paris 3 mars 1978, *D.*, 1978, IR, 420, note Vasseur.
8. L. Gimalac, *Le contrat d'intégration révélé par les actions en comblement et en extension du passif*, Rev. trim. dr. com., 1999, 601.
9. Trib. conflits 23 janv. 1989, précité n° 1379.
10. Civ. 1, 9 nov. 1983, *D.*, 1984, 139, note Derrida.

Les tribunaux bénéficient d'un pouvoir souverain pour apprécier la qualité de dirigeant de fait, mais la Cour de cassation exerce un contrôle sommaire de la motivation [1].

La présence d'un dirigeant de fait n'exonère pas le dirigeant de droit, même si ce dernier n'a joué aucun rôle dans la gestion de la société [2].

1390. – *Dirigeants rémunérés et dirigeants bénévoles*. L'obligation au passif s'impose aux dirigeants rémunérés comme aux dirigeants bénévoles. *La gratuité des fonctions n'est pas une cause d'irresponsabilité* [3]. Cependant le tribunal doit apprécier avec plus d'indulgence le comportement d'un dirigeant bénévole que celui d'un dirigeant rémunéré (C. civ. art. 1992 al. 2). En outre le tribunal peut en usant du pouvoir d'appréciation que lui donne l'article L. 624-3 ne faire supporter par le dirigeant bénévole qu'une fraction de l'insuffisance d'actif moins importante que s'il avait perçu une rémunération.

L'exercice bénévole de fonctions de direction est habituel dans les groupes de sociétés. La gratuité y est d'ailleurs plus apparente que véritable. En effet, si les fonctions de direction ou d'administration d'une filiale ne donnent lieu à aucune rémunération, c'est sans doute parce que les appointements versés par ailleurs couvrent ces fonctions annexes. De même la gratuité des mandats d'administrateur est de règle dans les sociétés relevant du secteur public (L. 26 juill. 1983).

1391. – *Dirigeant personne physique et dirigeant personne morale*. Enfin l'obligation de combler l'insuffisance d'actif incombe aux dirigeants personnes physiques et aux dirigeants personnes morales.

Le cas du dirigeant personne physique ne nécessite pas de commentaires particuliers.

En revanche, lorsque le dirigeant est une personne morale, ce qui se produit notamment lorsqu'une société-mère est administrateur de sa filiale, la loi a prévu deux responsables.

D'abord l'obligation au passif incombe à la personne morale elle-même. La solution est normale puisqu'en principe les personnes morales ont la même capacité et les mêmes obligations que les personnes physiques. Elle est avantageuse pour les créanciers qui, en cas d'insolvabilité d'une filiale, peuvent ainsi se retourner contre la *société-mère* qui l'administre [4].

Mais, en second lieu, l'obligation au passif incombe aussi à la personne physique qui est le représentant permanent de la personne morale au conseil d'administration [5]. En effet, d'une manière générale,

---

1. Com. 16 mars 1999, *Bull. civ.* IV, n° 64, p. 53.
2. Com. 9 mai 1995, *Rev. sociétés*, 1995, 765.
3. Com. 21 juill. 1987, *Bull. civ.* IV, n° 204, p. 150.
4. Amiens 10 oct. 1961, *J.C.P.* 1964, II, 13943 – Aix 26 mai 1981, *D.*, 1983, Info. rap. 60, note Derrida.
5. Com. 2 déc. 1986, *Rev. soc.,* 1987, 409 – Paris, 18 juin 1991, *Rev. soc.*, 1991, somm. 827.

le représentant permanent encourt les mêmes responsabilités que s'il était administrateur en son nom (art. L. 225-20).

Bien que justifiée dans son principe, cette responsabilité personnelle est critiquable. Elle peut sembler inutile en fait car le représentant permanent est le plus souvent un salarié de la société-mère. Son patrimoine personnel est rarement en rapport avec les activités exercées par la société qu'il dirige. L'obligation au passif serait donc plus une sanction qu'une mesure de réparation. En outre, la responsabilité personnelle peut conduire à des injustices. En effet, le représentant légal ne jouit pas toujours d'une indépendance suffisante. Les décisions qui lui sont reprochées peuvent lui avoir été dictées par la société-mère.

Il serait plus équitable que l'obligation de combler le passif atteigne d'abord et pour le principal la personne morale qui a la qualité de dirigeant. Ensuite, mais à titre seulement subsidiaire, la responsabilité du représentant permanent pourrait être retenue.

Quoique rédigé dans des termes très larges, l'art. L. 624-3 ne vise que les dirigeants en exercice. Pourtant la jurisprudence a toujours admis que les dirigeants ayant cessé leurs fonctions pouvaient être condamnés à combler l'insuffisance d'actif.

b) Dirigeants retirés

1392. – Cas général. La mise en cause des dirigeants retirés est nécessaire si l'on veut éviter des démissions provoquées par le seul souci d'échapper à une éventuelle responsabilité, démissions qui ne feraient qu'aggraver les difficultés de la société. Mais, d'un autre côté, le dirigeant retiré, même à un moment où la situation sociale était déjà critique, n'est pas toujours responsable d'une insuffisance d'actif, qui aurait pu être évitée si la gestion de ses successeurs avait été plus efficace. Par conséquent des distinctions s'imposent [1].

Le dirigeant en fonction lors de la cessation des paiements, mais retiré lors du jugement d'ouverture, est évidemment passible d'une condamnation à combler l'insuffisance d'actif.

Plus embarrassante est la situation du dirigeant qui a quitté ses fonctions avant la cessation des paiements. En principe, il est dégagé de toute responsabilité. Il peut toutefois être condamné à combler l'insuffisance d'actif si la situation ayant abouti à celle-ci a pris naissance alors qu'il était encore en fonction [2]. En effet, il serait inadmissible que l'intéressé puisse s'assurer une impunité en abandonnant la société qu'il a mise en difficulté. Mais il ne faudrait pas aller trop loin dans ce sens en jugeant que chaque dirigeant est responsable de toute l'insuffisance d'actif qui existait lors de la cessation de ses fonctions.

---

1. Creff, *La responsabilité des dirigeants sociaux retirés*, Rev. trim. dr. com., 1978, 479 – J.-F. Humbert, *Le retrait des dirigeants de sociétés,* thèse Paris I, 1984.
2. Com. 1er juill. 1975, *Rev. soc.,* 1976, 499, note Sortais – 13 déc. 1982, *Bull. civ.* IV, n° 408, p. 341.

Ce serait oublier que ses successeurs avaient le pouvoir et le devoir de rétablir la situation, et que s'il faut en arriver à l'ouverture d'une procédure collective, ce sera généralement tout autant la conséquence de leur faute que celle de leurs prédécesseurs.

> Le facteur chronologique joue ici un rôle essentiel. La responsabilité du dirigeant retiré diminue au fur et à mesure que le temps s'écoule depuis la cessation de ses fonctions. De toute manière l'action serait irrecevable lorsque les fautes commises par le dirigeant retiré sont prescrites en application du droit commun (v. *supra*, n° 1383).

Le dirigeant demeure obligé au passif social si, malgré la cessation de ses fonctions, il continue de gérer la société. Il est alors considéré comme un dirigeant de fait [1].

1393. – Cas du dirigeant dont la retraite n'a pas été publiée. Une difficulté se présente lorsque la cessation des fonctions, bien qu'effective, n'a pas été publiée au registre du commerce. Ce cas n'a pas été prévu par le législateur. Certes selon l'article L. 210-9 al. 2 la société ne peut se prévaloir à l'égard des tiers d'une cessation de fonctions d'un dirigeant tant qu'elle n'a pas été publiée. Mais ce texte signifie que la société continue d'être représentée par le dirigeant, malgré sa retraite. Or, en l'espèce, il s'agit de la responsabilité personnelle du dirigeant, ce qui est une autre question. On ne saurait davantage tirer argument de l'article L. 123-9. Ce texte dispose que les personnes assujetties à l'immatriculation au registre du commerce ne peuvent opposer aux tiers les faits sujets à mention que si ceux-ci ont été publiés. Sans doute la cessation des fonctions est-elle soumise à publicité. Mais le dirigeant n'est pas personnellement assujetti à l'immatriculation. L'article L. 123-9 paraît donc inapplicable [2]. Par conséquent une retraite effective fait échapper à l'obligation de combler l'insuffisance d'actif, même si elle n'a pas été publiée [3]. Mais le représentant des créanciers ou l'administrateur pourrait soutenir qu'en l'absence de publicité, le dirigeant est demeuré un dirigeant apparent, comme tel susceptible d'être tenu au passif.

> Les mêmes solutions s'appliquent à la *responsabilité du dirigeant décédé,* car l'action découlant de l'art. L. 624-3 n'étant pas une sanction personnelle peut être intentée contre les héritiers [4].

1394. Conclusion : combinaison de l'action en comblement de passif avec la responsabilité de droit commun. Le régime dérogatoire de l'action en comblement de passif conduit à se demander si

---
1. V. Crim. 16 nov. 1987, *Rev. proc. coll.,* 1988, 205, note Devèze.
2. Com. 23 mars 1982, *Rev. soc.,* 1982, 834, note P. Merle.
3. Com. 24 avr. 1981, *Bull. civ.* IV, n° 180 p. 144.
4. Com. 14 oct. 1997, *Rev. sociétés,* 1998, 380, note D. Randoux.

cette action est la seule qui permette de mettre en jeu la responsabilité des dirigeants ou si une action fondée sur le droit commun de la responsabilité civile demeure recevable.

Après hésitation, la jurisprudence s'est fixée dans le sens suivant. Les organes de la procédure collective ne peuvent agir que sur la base de l'article L. 624-3. Une action fondée sur le droit commun de la responsabilité civile est par conséquent irrecevable [1]. De leur côté, les créanciers qui invoquent le dommage résultant du non-paiement de leur créance, c'est-à-dire un dommage collectif, ne peuvent agir contre les dirigeants ni en application de l'art. L. 624-3 ni en invoquant le droit commun de la responsabilité [2]. En revanche, une action individuelle de droit commun serait sans doute recevable dans le cas très exceptionnel où la faute du dirigeant a causé à un créancier un dommage qui lui est propre [3].

> Une condamnation à combler l'insuffisance d'actif n'est pas incompatible avec la mise en jeu de la responsabilité du dirigeant en application des textes propres au droit fiscal [4]. Par conséquent le Trésor est mieux placé que les autres créanciers puisqu'il peut exercer des poursuites individuelles contre les dirigeants.
> Après clôture de la procédure, les créanciers ne peuvent pas agir si les organes de la procédure ont intenté l'action de l'article L. 624-3. Dans le cas contraire, une action de droit commun paraît recevable, tant que la prescription n'est pas acquise. En effet, la clôture de la procédure n'éteint le passif qu'à l'égard de la personne morale et non de ses dirigeants (art. L. 622-32).

La loi de 1985 a allégé la responsabilité des dirigeants en cas d'insuffisance d'actif. Mais la réforme a surtout une portée psychologique : les dirigeants ne sont plus traités comme des suspects. En revanche, ses conséquences pratiques paraissent plus limitées car, dans la presque totalité des cas, les syndics n'intentaient l'action que s'ils pouvaient prouver la faute des dirigeants. La présomption de faute établie par l'article 99 de la loi de 1967 était donc peu utilisée. Son abrogation n'en est pas moins bienvenue.

Sur un autre point en revanche, la loi de 1985 n'apporte que des modifications secondaires. Il s'agit de l'extension du redressement judiciaire aux associés et aux dirigeants, c'est-à-dire d'une mesure dont les conséquences sont beaucoup plus graves.

§ 2. – Les extensions de procédure

1395. – *Gravité des extensions de procédure.* L'extension de procédure produit des conséquences plus lourdes que l'extension du passif.

---

1. Com. 20 juin 1995, D., 1995, 448, note Derrida.
2. Com. 28 févr. 1995, D., 1995, 390, note Derrida.
3. Versailles, 22 juin 2000, D.A., 2000, 367 – Pour une critique de cette jurisprudence, v. les obs. de B. Soinne à la *Rev. proc. coll.*, 1995, 249.
4. Com. 9 déc. 1997, *Bull. civ* IV, n° 331, p. 286.

Non seulement l'associé ou le dirigeant doit payer les dettes de la société, mais il est soumis à tous les inconvénients et à toutes les restrictions de pouvoirs résultant de l'ouverture d'une procédure collective.

L'extension du redressement ou de la liquidation judiciaire a un double aspect. Tantôt elle est inéluctable. C'est la solution traditionnelle applicable aux associés en nom collectif et étendue par l'article L. 624-91 du Code de commerce à tous les membres d'une personne morale tenus indéfiniment et solidairement du passif. Tantôt elle laisse au tribunal un pouvoir d'appréciation. Il en va notamment ainsi lorsqu'elle est alors prononcée contre les dirigeants de sociétés qui ont commis des fautes plus graves que celles justifiant une simple obligation au passif (Pour l'extension du passif aux sociétés d'un même groupe, v. *supra* n° 1119).

A. L'extension aux associés tenus indéfiniment et solidairement au passif

Dans certaines personnes morales, les associés ou les membres sont tenus indéfiniment et solidairement des dettes sociales. La cessation des paiements de la personne morale suppose donc qu'aucun des membres n'a été en mesure de régler le passif. Tous doivent être déclarés en redressement judiciaire. Cette conséquence inéluctable de leur statut d'associé n'a rien d'une sanction.

1) Domaine d'application de l'extension

Deux conditions doivent être réunies pour que la cessation des paiements d'une personne morale entraîne le redressement judiciaire de ses membres.

1396. – *Existence d'une personne morale*. Le groupement doit être *doté de la personnalité* morale. En effet, si cette condition n'est pas remplie, le groupement n'a pas d'existence légale. Il ne peut pas faire l'objet d'une procédure de redressement judiciaire (v. *supra*, n° 1110). On ne voit donc pas comment celle-ci pourrait être étendue à ses membres. L'hypothèse se rencontre notamment en cas de cessation des paiements d'une *société en participation,* d'une *société créée de fait* ou d'une *société non encore immatriculée* au registre du commerce et des sociétés [1].

Mais, pour les associés, le résultat sera équivalent. Les tribunaux tendront à considérer qu'ils ont acquis la qualité de commerçants de fait. Ils seront donc, à ce titre, mis en redressement judiciaire [2]. Simplement la procédure aura un caractère principal alors que, si elle

---

1. F. Derrida, Les sociétés crées de fait et le droit du redressement et de la liquidation judiciaires, étude de jurisprudence : Mélange P. Bezard p. 311, 2002.
2. Com. 16 déc. 1975, *Rev. soc.,* 1976, 502, note Honorat ; *D.,* 1978, 298, note Temple.

était ouverte en application de l'article L. 624-1 elle aurait été le prolongement de celle concernant la personne morale.

En revanche, l'article L. 624-1 s'applique aux *sociétés de fait,* c'est-à-dire aux sociétés qui ont été annulées après avoir acquis la personnalité morale. En effet la nullité des sociétés tant civiles que commerciales opère comme une dissolution. Elle ne rétroagit pas (C. civ. art. 1844-15).

1397. – *Existence d'une obligation indéfinie et solidaire au passif.* Il faut aussi que les associés ou les membres soient indéfiniment et solidairement tenus du passif. Cette condition ne donne pas lieu à difficulté.

Elle conduit à soumettre tout d'abord au redressement judiciaire les associés d'une *société en nom collectif* et les commandités dans les sociétés en commandite. Cette règle, qui est traditionnelle, ne déroge pas aux principes puisque ces associés ont personnellement la qualité de commerçant (art. L. 221-1, 222-1 et 226-1)[1].

Mais le redressement judiciaire s'applique aussi aux associés d'une *société civile professionnelle* en cessation des paiements (L. 29 nov. 1966, art. 15). Il s'agit de l'un des rares cas où une personne physique non commerçante peut faire l'objet d'une procédure collective. La solution est d'autant plus remarquable qu'elle s'applique indépendamment du point de savoir si les associés ont exercé la profession dans des conditions régulières ou non. Cela souligne le caractère objectif des procédures de redressement judiciaire, qui ne sont pas des sanctions mais des mesures d'apurement du passif[2].

Enfin le redressement judiciaire s'étend aussi aux *membres des GIE,* puisque ceux-ci sont tenus indéfiniment et solidairement du passif (art. L. 251-6).

> Une difficulté se rencontre toutefois lorsque le membre du GIE est une personne morale de droit public qui échappe, en raison de sa nature administrative, à l'application des procédures collectives (art. L. 620-2). Il n'est pas possible d'admettre que l'appartenance à un GIE fait exception à ce principe, car on ne conçoit pas, par exemple, qu'une collectivité territoriale ou un établissement public administratif fasse l'objet d'une procédure de redressement ou de liquidation judiciaires.
>
> Le groupement européen d'intérêt économique, bien que cousin germain du GIE, obéit sur ce point à un régime différent. Sa mise en redressement judiciaire n'entraîne pas automatiquement celle de ses membres (Rég. CEE du 25 juill. 1985, art. 36). Il faut mettre chaque membre en demeure de payer avant de constater, le cas échéant, qu'il est personnellement en état de cessation des paiements.

---

1. Com. 25 mai 1988, *Rev. soc.,* 1989, 276, note J.-J. Daigre. – 13 nov. 2002, *J.C.P.,* 2003, E, 494, note J.P. Legros.

2. Dereu, *L'application aux associés des sociétés civiles des procédures collectives de liquidation,* Rev. soc., 1979, 247.

Echappent au contraire à l'extension du redressement judiciaire les associés dont l'obligation au passif est limitée au montant des apports (*SARL,* y compris celles qui ne comportent qu'un seul associé, et *sociétés par actions*), ceux dont l'obligation est plafonnée à un certain montant (par exemple les sociétés civiles autorisées à faire publiquement appel à l'épargne) et ceux dont l'obligation est indéfinie mais conjointe (*sociétés civiles* de droit commun. C. civ. art. 1857). En effet, dans tous ces cas, la société peut être en cessation des paiements même si un associé a payé tout ce qu'il devait. Or il serait injuste de mettre en redressement judiciaire celui qui ne doit plus rien.

Pour l'extension fondée sur la fictivité de la société, v. *infra,* n° 1405.

Des difficultés peuvent provenir d'un changement de droit applicable, notamment parce que la société s'est transformée. Ainsi lorsqu'une société en nom collectif se transforme en société anonyme ou en SARL, le redressement judiciaire doit être étendu aux associés si la transformation s'est opérée après la cessation des paiements ou n'a été faite qu'en vue d'échapper à l'obligation indéfinie et solidaire au passif. Une difficulté voisine se rencontre lorsqu'un associé en nom collectif quitte la société. Cette retraite ne le fait pas échapper à l'extension du moment que la cessation des paiements existait déjà et que la procédure est ouverte dans l'année qui suit la publicité de cette retraite (art. L. 621-15)[1].

2) Mise en œuvre et résultats de l'extension

1398. – Unité de juridiction, diversité des procédures. Il existe une liaison entre le jugement qui prononce le redressement judiciaire de la personne morale et l'application de cette procédure à chacun des associés. On parle donc d'*extension* bien que le terme ne soit pas exact.

L'extension ne s'opère pas de plein droit. Un jugement est nécessaire pour constater que la personne morale est en cessation des paiements et que l'associé ou le membre est indéfiniment et solidairement tenu du passif. Mais lorsque ces conditions sont remplies, le tribunal n'a aucun pouvoir d'appréciation. Il doit prononcer le redressement judiciaire.

Un lien existe entre la procédure ouverte contre la personne morale et la procédure suivie contre l'associé ou le membre. Par conséquent le tribunal qui a prononcé le redressement judiciaire de la société est seul compétent à l'égard des associés.

Cette unité de juridiction peut faire obstacle aux règles normales de la compétence territoriale ou même de la compétence d'attribution (v. *supra* n° 1139)[2]. De même la date de la cessation des paiements est en principe, la même pour tous les intéressés[3].

---

1. Com. 9 juin 1998, *Rev. soc.* 1998, 775, note F.X. Lucas.
2. Pour le cas où l'associé est domicilié à l'étranger, V. Civ 1, 31 janv. 1990, *D.*, 1990, 461, note Reméry.
3. Com. 17 janv. 1967, *J.C.P.,* 1967, II, 15704, note Nectoux ; *Rev. trim. dr. com.,* 1967, 569, note Houin.

Mais, malgré ces éléments communs, *la procédure suivie contre chaque associé demeure distincte de celle applicable à la personne morale.* Le terme « extension » qui est couramment utilisé est inadapté, car il risque de laisser croire à une unité des procédures. Toute autre est ici la situation. Les organes sont différents : il y a plusieurs représentants des créanciers, plusieurs juges-commissaires et les procédures de déclaration, de vérification et d'admission des créances sont distinctes, [1] etc. Plus fondamentalement encore, les procédures peuvent avoir des solutions différentes : redressement de la société qui bénéficie d'un plan d'entreprise et liquidation des associés ou réciproquement [2].

L'extension du redressement judiciaire aux associés indéfiniment et solidairement tenus du passif est une mesure de portée trop limitée pour protéger efficacement les créanciers sociaux. En effet elle ne s'applique pas dans les formes de sociétés les plus usuelles, telles que les SARL et les sociétés anonymes. Certes, on l'a vu, les dirigeants peuvent y être contraints de combler l'insuffisance d'actif avec leurs propres deniers (v. *supra* n° 1371). Mais cela ne suffit pas toujours. Confirmant les solutions antérieures, la loi du 25 janvier 1985 a prévu que le redressement judiciaire de la société pouvait aussi être étendu aux dirigeants.

B. *L'extension aux dirigeants*

1399. – L'extension du redressement judiciaire d'une personne morale à ses dirigeants est une sanction. Elle n'a donc jamais un caractère automatique, comme l'extension aux associés. Elle suppose des manquements précis et prouvés.

Cette extension est possible dans trois séries de cas.

1) *Commanditaire s'immisçant dans la gestion*

1400. – ***Notion d'immixtion dans la gestion.*** Cette hypothèse ne présente plus beaucoup d'intérêts, compte tenu du petit nombre de sociétés en commandite qui existent actuellement même si un regain d'intérêt s'est manifesté récemment pour cette forme de société [3].

Les commandites se caractérisent par la présence de deux catégories d'associés. Les commandités, qui jouent un rôle actif dans les affaires sociales, sont tenus au passif dans les mêmes conditions que les associés en nom. Au contraire les commanditaires, dont la situation se rapproche de celle de bailleurs de fonds, ne sont obligés au passif que dans la limite de leurs apports (art. L. 222-1 et L. 226-1). Mais en contrepartie de cette garantie, les commanditaires ne doivent pas s'immiscer dans la gestion externe de la société (art. L. 222-3 et 222-6). Sinon les tiers seraient trompés par les apparences. Ils compteraient sur la solvabilité personnelle du commanditaire. Par conséquent le commanditaire qui agit au nom et pour le compte de la société est assimilé à un commandité. Il devient

---

1. Com. 20 févr. 2001 : *J.C.P.*, 2001, II, 10522, note J.P. Remery.
2. Com. 3 mai 1988, *Rev. soc.,* 1989, 271, note J.-J. Daigre.
3. CREDA, *La société en commandite entre son passé et son avenir,* 1983.

indéfiniment et solidairement tenu du passif. En cas de cessation des paiements de la commandite, il sera déclaré en redressement judiciaire. Les tribunaux jouissent d'un pouvoir d'appréciation pour décider si les actes d'immixtion sont suffisamment nombreux et caractéristiques pour entraîner ce changement de statut [1].

Le commanditaire qui se livrerait à des actes de gestion interne serait traité comme un dirigeant de fait, par application du droit commun.

2) Dirigeant qui abuse de sa gestion

1401. – Insuffisance des textes légaux. L'article L. 624-5 du Code de commerce a prévu l'extension du redressement ou de la liquidation judiciaire au dirigeant social qui abuse de ses fonctions. Mais ce texte ne recouvre pas toutes les hypothèses. L'extension est aussi possible lorsque la société est fictive. Par conséquent, dans ces deux cas, on refuse d'appliquer les conséquences normales de la personnalité morale de la société. La dette sociale est considérée comme étant la dette personnelle du dirigeant qui, bien que non commerçant, est soumis à une procédure de redressement judiciaire [2].

a) Extension imparfaite fondée sur la faute

1402. – Conditions de l'extension. Elles sont précisées par l'art. L. 624-5.

1) *L'extension est possible dans les mêmes personnes morales que celles auxquelles s'applique l'action en comblement* (v. *supra*, n° 1384). Par conséquent il faut et il suffit qu'il s'agisse de dirigeants d'une personne morale de droit privé (art. L. 624-2).

Le domaine d'application du texte couvre notamment les sociétés, les GIE et les associations. Mais cette extension ne présente aucun intérêt lorsque le dirigeant a aussi la qualité d'associé ou de membre indéfiniment et solidairement tenu du passif social. En effet, l'extension s'opère déjà de plein droit. Le tribunal ne peut que la constater. Au contraire, dans le cas du dirigeant, il dispose d'un pouvoir d'appréciation.

2) *L'extension est possible à toutes les catégories de dirigeants.* La situation est la même qu'à propos de l'obligation de combler l'insuffisance d'actif.

Peu importe par conséquent que le dirigeant soit rémunéré ou bénévole, et ait la qualité de personne morale ou de personne physique. Peu importe également qu'il s'agisse d'un dirigeant de droit ou de fait [3]. Le recours à la

---

1. Roblot et Germain, *Droit commercial*, t. I, n° 879.
2. M.C. Piniot, *La personnalité morale des sociétés face au droit des procédures collectives* : Mélanges P. Bezard, p. 283, 2002. – C. Saint-Alary-Houin, *La responsabilité patrimoniale des dirigeants de sociétés en difficulté* : Cahiers droit entreprise 2001, n° 3, p. 30.
3. V. Com. 6 mai 1980, *Bull. civ.* IV, n° 1750, p. 139, Paris 20 févr. 1978, *Rev. soc.*, 1979, 122, note Sortais.

notion de dirigeant de fait est surtout utile dans les groupes de sociétés, car il permet d'étendre la procédure ouverte contre une filiale à la société-mère, généralement plus solvable, voire aux dirigeants de la société-mère.

3) *Enfin les dernières conditions,* et les plus importantes, *ont trait au comportement du dirigeant.* L'art. L. 624-5 permet l'extension dans des cas limitativement énumérés qui sont plus et autre chose que de simples fautes de gestion du type imprudence ou négligence, génératrices éventuellement d'une simple obligation de combler l'insuffisance d'actif :

• *Lorsque le dirigeant a, sous le couvert de la personne morale masquant ses agissements, fait des actes de commerce dans son intérêt personnel.* Le cas se rencontre notamment lorsque le dirigeant spécule sous le couvert de la société [1].

• *Lorsque le dirigeant a disposé des biens de la personne morale comme des siens propres ou en fait un usage abusif,* ce qui constitue généralement le délit d'abus de biens sociaux. Il en va ainsi notamment lorsqu'un dirigeant de société anonyme ou de SARL se fait consentir des avances par la société, fait cautionner par elle ses dettes personnelles, encaisse personnellement des effets de commerce dont la société était bénéficiaire [2] ou perçoit une rémunération excessive [3].

Mais il n'est pas nécessaire que la disposition des biens sociaux ait en définitive profité au gérant. Seul compte, au regard de l'art. L. 624-5, l'acte irrégulier de disposition [4]. Ces détournements doivent avoir été faits soit dans l'intérêt direct du dirigeant, soit dans l'intérêt d'une entreprise qu'il contrôle.

• *Lorsque le dirigeant a poursuivi abusivement, dans son intérêt personnel, une exploitation déficitaire* qui ne pouvait conduire qu'à une aggravation du passif [5].

• *Lorsque le dirigeant n'a pas tenu de comptabilité* [6]. En effet, ce manquement aux obligations des commerçants fait présumer que des biens sociaux ont été appréhendés par le dirigeant.

• *Enfin, lorsque le dirigeant a détourné ou dissimulé tout ou partie de l'actif* ou frauduleusement augmenté le passif de la personne morale.

Par conséquent, tous ces cas d'extension ont un fondement commun : *le dirigeant a plus ou moins confondu le patrimoine de la société avec son propre patrimoine.* On ne sait plus quels sont les biens

---

1. Com. 20 juill. 1973, *J.C.P.,* 1973, IV, 344 obs. J.A. – V. aussi Com. 13 oct. 1969, *Bull. civ.* IV, n° 287 p. 272.
2. Com. 29 janv. 1973, *Rev. trim. dr. com.,* 1973, 353, note Houin. 20 janv. 1987, *Rev. soc.,* 1987, 273, note A. Honorat.
3. Paris, 27 sept. 1994, *J.C.P.,* 1995, IV, 656.
4. Com. 11 juill. 1978, *Rev. soc.,* 1980, 131, note Sortais.
5. Com. 25 janv. 1972, *Rev. soc.,* 1973, 325, note Honorat – 2 févr. 1982, *Bull. civ.* IV, n° 39, p. 33, 13 nov. 1990, *Bull. civ.* IV, n° 276 p. 193.
6. Com. 28 mars 1995, *Bull. civ.* IV, n° 107, p. 94.

sociaux et quels sont les biens personnels. La seule solution est de permettre aux créanciers sociaux de poursuivre le dirigeant sur ses biens personnels.

Lorsque ces conditions ne sont pas remplies, le tribunal ne peut pas prononcer le redressement judiciaire du dirigeant, même si celui-ci a commis des fautes de gestion, du moment que la société n'est pas fictive.
Mais, même lorsque le dirigeant se trouve dans un cas visé par l'article L. 624-5, le tribunal dispose d'un pouvoir d'appréciation. Il peut donc juger que le comportement du dirigeant est excusable et refuser d'ouvrir contre lui une procédure collective [1].

1403. – Action en extension. Elle peut être intentée par les mêmes personnes que celles qui ont qualité pour exercer l'action en comblement (art. L. 624-7. V. *supra* n° 1379). L'action des créanciers est donc irrecevable.

La jurisprudence avait donné la solution contraire sous l'empire de la loi de 1967 [2]. La règle nouvelle paraît préférable. L'égalité entre les créanciers est mieux respectée si toutes les actions contre des tiers, ce qui est le cas ici, sont intentées dans le cadre de la procédure ouverte contre la société.
La prescription triennale applicable à la responsabilité des dirigeants ne joue pas ici, de telle sorte que les fautes reprochées aux dirigeants peuvent remonter à plus de trois ans [3].

1404. – Effets de l'extension. Ils sont analogues à ceux de l'extension à un associé. *Non seulement le dirigeant doit payer personnellement tout le passif, mais il est soumis à toutes les conséquences du redressement ou de la liquidation judiciaire,* y compris les restrictions que l'ouverture de cette procédure apporte à ses pouvoirs en matière patrimoniale. En outre il peut se voir frappé de la faillite personnelle (art. L. 625-4). Les conséquences sont donc plus graves que s'il y avait eu seulement obligation de supporter tout ou partie de l'insuffisance de l'actif social.
Puisque la procédure ouverte contre le dirigeant est la conséquence de la cessation des paiements de la personne morale, *le tribunal compétent pour prononcer l'extension est celui qui connaît du redressement judiciaire de la personne morale.* De même, la date de la cessation des paiements est celle fixée par le jugement prononçant le redressement judiciaire de la personne morale (art. L. 624-5-III) [4]. Par conséquent cette date peut, le cas échéant, être antérieure de plus de dix-huit mois au jugement étendant la procédure au dirigeant [5]. Il y a là une exception à la durée maximum de la période suspecte prévue par l'art.

---

1. Com. 13 nov. 1979, *Rev. jurisp. com.* 1981, 331, note du Cheyron.
2. Com. 22 janv. 1985, *Bull. civ.* IV, n° 32, p. 26.
3. Com. 7 déc. 1981, *Bull. civ.* IV, n° 424, p. 338.
4. Com. 4 févr. 2003, *D.* 2003, 555, note A. Lienhard.
5. Com. 19 juin 1978, *Bull. civ.* IV, n° 170, p. 144.

L. 621-7 du Code de commerce (v. *supra* n° 1148). Enfin le passif de la procédure ouverte contre le dirigeant comprend, outre son passif personnel, celui de la personne morale (art. L. 624-5-II). Les créanciers admis au passif de la personne morale n'ont donc pas besoin de déclarer à nouveau leur créance [1].

Mais il y a dualité de procédures. Notamment, *la société peut bénéficier d'un plan de redressement qui sera refusé au dirigeant ou réciproquement.*

Par conséquent, le terme « extension » qui est couramment utilisé n'est pas plus approprié ici que dans le cas des associés tenus indéfiniment et solidairement du passif. En revanche, l'extension sera complète en cas de fictivité de la société.

b) Extension complète fondée sur la fictivité de la société
ou la confusion des patrimoines

1405. – Origine jurisprudentielle de cette extension. Depuis longtemps les tribunaux décident, lorsqu'une procédure collective a été ouverte à l'encontre d'une société qui se révèle fictive, de l'étendre à ceux qui apparaissent comme les véritables maîtres de l'affaire [2]. Cette jurisprudence conserve son utilité, malgré l'article L. 624-5, car elle permet la *mise en redressement judiciaire des associés ou des dirigeants des sociétés fictives ou de ceux qui ont confondu leur patrimoine personnel avec celui de la société* [3]. Tel est assez souvent le cas des groupes de sociétés, parce que la société mère méconnaît la personnalité morale de ses filiales qu'elle gère comme si elles étaient de simples succursales [4]. Il y a là plus et autre chose qu'une simple unité d'entreprise, comme celle qui découle d'une identité d'associés ou d'une communauté des intérêts commerciaux ou financiers et qui ne suffit pas à justifier l'extension de procédure [5]. La fictivité ou la confusion des patrimoines sont une condition à la fois nécessaire et suffisante. Le tribunal n'a pas, en outre, besoin de rechercher si le dirigeant était en cessation des paiements [6].

---

1. Com. 17 févr. 1998, *Bull. civ.* IV, n° 77, p. 60.
2. Req. 29 juin 1908, *D.,* 1910, 1, 2, note Percerou – J.-M. Deleneuville, *L'extension de procédure pour confusion, fictivité ou fiction* : Rev. proc. coll. 1999, 63 – C. Saint-Alary-Houin, *Les effets de la confusion des patrimoines et de la fictivité des sociétés* : Mélanges Jeantin, p. 453 – D. Tricot, *La confusion des patrimoines et les procédures collectives*, Rapport Cour de cassation, 1997, 165.
3. Com. 5 avr. 1994, *Rev. soc.*, 1994, 318, note Y. Guyon – 28 mars 1995, *Bull. civ.* IV, n° 102, p. 90.
4. P. Delebecque, *Groupes de sociétés et procédures collectives, confusion de patrimoines et responsabilité des membres du groupe*, Rev. proc. coll. 1998, 129.
5. Civ 1, 5 juill. 1989, *Bull. civ.* I, n° 272, p. 181 – Com. 20 oct. 1992, *Rev. soc.*, 1993, 449 – Com. 31 janv. 1995, *Rev. soc.,* 1995, 757, note Randoux – F. Derrida, *L'unité d'entreprise est-elle une cause autonome d'extension de la procédure de redressement judiciaire,* Mélanges Derruppé, p. 29.
6. Com. 16 juin 1987, *Bull. civ.* IV, n° 147, p. 111.

Les juges du fond admettent facilement cette cause d'extension. La Cour de cassation se montre plus respectueuse de la personnalité morale et retient une conception assez restrictive de la fictivité ou de la confusion des patrimoines.

La société fictive est celle qui n'a ni patrimoine ni d'activité propres, dont les organes se confondent avec ceux du maître de l'affaire et qui agit comme le simple exécutant des directives qui lui sont données par lui [1]. La société frauduleuse est assimilée à la société fictive.

La fictivité de la société est fréquente dans les petites entreprises où le dirigeant, qui est aussi l'associé largement majoritaire, fait mal la distinction entre les biens sociaux et ses biens personnels. Ce risque d'extension est spécialement à craindre dans les *entreprises unipersonnelles à responsabilité limitée*. Pour cette raison, cette forme de société n'offre aux commerçants qu'une sécurité illusoire, à moins qu'ils n'acceptent de respecter à tout moment une stricte séparation entre leurs biens personnels et le patrimoine social [2].

La confusion des patrimoines implique que les éléments d'actif et de passif des deux sociétés sont à ce point enchevêtrés qu'il devient impossible de savoir ce que possède et ce que doit chacune d'entre elles [3].

Les comptes des deux sociétés se confondent et il y a eu entre elles des flux financiers anormaux se traduisant par des transferts d'actifs non causés ou des services rendus sans contre-partie. Mais une simple dépendance économique ne suffit pas.

On se demande si cette extension peut être mise en œuvre par tout intéressé, y compris les créanciers, ou si les personnes énumérées par l'article L. 624-6 (représentant des créanciers, administrateurs, etc.) ont seules qualité pour agir. Dans la mesure où cette action a une existence autonome, elle devrait pouvoir être intentée par tout intéressé. Mais d'un autre côté mettant en jeu un intérêt collectif, elle relève de la compétence des organes de la procédure [4].

Dans les cas de fictivité, puisqu'il y a unité, *c'est la même procédure qui s'applique à la société fictive et aux dirigeants. L'extension est complète.* Il n'y a qu'une seule déclaration de créances. Le tribunal compétent et les organes de la procédure sont les mêmes. Les solutions sont nécessairement identiques [5].

Le développement des groupes internationaux de sociétés devrait conduire à admettre une extension transnationale des procédures collectives. Celle-ci risque cependant de se heurter à des obstacles. D'une part la différence de loi applicable aux diverses sociétés rend moins fréquente

---

1. Com. 19 mars 1996, *Rev. sociétés* 1996, 267, note P. Le Cannu ; 23 nov. 1999, *Bull. civ.* IV, n° 204, p. 173.
2. Guyon, *Droit des affaires*, t. I, n° 134.
3. Com. 12 oct. 1993, *Rev. soc.,* 1994, 326, note B. Saintourens. – 10 déc. 2002, *Rev. soc.* 2003, 151, note Y. Guyon ; 7 janv. 2003, *D.* 2003, 347.
4. Com. 16 mars 1999, *Bull. civ.* IV, n° 67, p. 55.
5. Com. 1er déc. 1992, *Rev. soc.*, 1993, 126, note A. Honorat – Com. 17 févr. 1998, *Bull. civ.* IV, n° 75, p. 58 ; *Rev. trim. dr. com.* 1998, 924, note C. Saint-Alary-Houin. – Com. 11 déc. 2001, *D.* 2002, 402, note A. Lienhard.

l'existence d'une confusion totale. D'autre part l'extension supposerait une collaboration judiciaire internationale qui, dans le domaine des procédures collectives n'est encore que très embryonnaire [1].

Il ne faut pas confondre l'extension limitée découlant de la faute du dirigeant (art. L. 624-5) et l'extension complète fondée sur la fictivité de la société en cessation des paiements ou la confusion des patrimoines. Malheureusement la distinction est parfois d'une mise en œuvre difficile. En effet, l'art. L. 624-5 vise le dirigeant qui fait des actes de commerce sous le couvert de la société. Or, si ces actes personnels sont nombreux et répétés, la société risque de n'avoir plus d'activité, donc d'être fictive ou, ce qui revient au même, le patrimoine du dirigeant se confond avec celui de la société. On comprend donc que dans certains cas on puisse hésiter pour savoir s'il y a unité ou pluralité de procédure. Le choix paraît plus dépendre d'une différence de degré que d'une différence de nature. La confusion partielle des affaires du dirigeant et de la société conduirait à une extension partielle fondée sur l'article L. 624-5, la confusion totale à une extension elle-même totale.

Les tribunaux aboutissent à une solution analogue lorsqu'ils jugent que le passif d'une entreprise personnelle doit être pris en charge par son cocontractant en raison de la domination économique qu'il exerçait sur elle [2] ou des liens de famille qui l'unissaient à celle-ci [3].

3) *Dirigeant qui n'exécute pas l'obligation de combler l'insuffisance d'actif*

1406. Caractère facultatif de cette sanction. Les dirigeants sociaux à la charge desquels a été mis tout ou partie de l'insuffisance d'actif d'une personne morale, en application de l'art. L. 624-3 de la loi de 1985, peuvent être mis personnellement en redressement judiciaire lorsqu'ils n'exécutent pas la condamnation (art. L. 624-4). Un texte spécial était nécessaire, car s'il y a bien cessation des paiements, le dirigeant ne s'exposait pas de ce fait à une procédure collective, à moins d'être une personne morale ou d'avoir la qualité de commerçant, d'artisan ou d'agriculteur. *Cette mesure doit être prononcée par le tribunal, qui bénéficie d'un pouvoir d'appréciation.* Cette souplesse doit être approuvée. L'inexécution n'est pas toujours fautive : le dirigeant peut être malade, au chômage, etc. Le frapper d'une sanction supplémentaire serait alors inéquitable.

L'action ne peut être intentée que par les personnes qui avaient qualité pour demander que le dirigeant soit condamné à combler l'insuffisance d'actif. La règle est logique puisque cette seconde action est le prolongement de la première.

---

1. V. les obs. de M. Vasseur, *D.*, 1991, 116.
2. Com. 15 mars 1982, *D.*, 1982, 404, note Derrida.
3. Com. 11 déc. 2001 : précité.

Cette mesure paraît bien constituer une sanction, ce qui n'est pas conforme à la logique générale de la loi de 1985 où le redressement judiciaire est une procédure objectivement destinée à améliorer le paiement des créanciers. Mais elle est efficace pour dissuader le dirigeant d'organiser son insolvabilité. Dans bien des cas, celui-ci préférera payer, quitte à emprunter pour cela, plutôt que de subir les inconvénients du redressement judiciaire et de risquer les déchéances de la faillite personnelle (art. L. 625-6).

La menace d'ouverture d'une procédure collective entraîne une gêne pour les dirigeants des sociétés en difficultés. En effet, lorsque ceux-ci veulent réaliser, à titre personnel, une opération quelconque, le cocontractant hésite à s'engager, craignant que, par la suite, l'acte ne soit annulé parce que conclu en période suspecte.

La liquidation judiciaire du dirigeant produit cependant une conséquence inattendue. Dès la clôture de la procédure le dirigeant ne peut plus être poursuivi (art. L. 622-32-I). Au contraire en cas de simple obligation de combler l'insuffisance d'actif les poursuites demeurent possibles tant que les créances ne sont pas prescrites, c'est-à-dire le cas échéant pendant trente ans.

Ces extensions contribuent à moraliser les procédures collectives en évitant l'impunité des dirigeants fautifs. Mais elles ne doivent être admises que dans des circonstances exceptionnelles, car elles bouleversent les droits des créanciers. En effet elles sont favorables aux créanciers sociaux en leur permettant de se payer sur les actifs des dirigeants. Mais elles sont au contraire désavantageuses pour les créanciers personnels des dirigeants qui doivent subir le concours des créanciers sociaux.

Le redressement judiciaire ne produit pas seulement des conséquences pécuniaires à l'égard des dirigeants et des associés. Il peut aussi provoquer l'application de sanctions personnelles.

SECTION II
Les conséquences personnelles

1407. – Affaiblissement des sanctions personnelles. Traditionnellement la « faillite » avait un aspect répressif. Celui-ci, très marqué dans l'Ancien droit, s'est peu à peu atténué dans le courant du XIXe siècle. Mais la multiplication des abus et des scandales à la suite de la crise économique de 1929 a provoqué le retour à plus de sévérité et surtout une certaine assimilation dans ce domaine des dirigeants des sociétés aux commerçants personnes physiques. En effet, lorsqu'une société a déposé son bilan dans des conditions scandaleuses, l'équité et la morale postulent que ses dirigeants ne demeurent pas impunis.

La loi du 13 juillet 1967 a retenu une voie moyenne, qui n'était pas la plus facile mais qui était la plus intelligente. Elle distinguait le sort du débiteur du sort de l'entreprise (v. *supra* n° 1013). *Les déchéances et les sanctions n'ont jamais un caractère automatique* [1]. En effet, même si l'entreprise est vouée à disparition et si la liquidation est ordonnée, le débiteur peut avoir eu un comportement irréprochable. Il serait injuste et contraire à l'intérêt général de l'empêcher de reprendre, s'il le souhaite, l'exercice d'une activité commerciale. La loi du 25 janvier 1985 conserve cette distinction et même, dans une certaine mesure, l'accentue. *Les sanctions personnelles ne sont encourues que dans les cas les plus graves.* En revanche, et là aussi l'évolution était largement commencée, la loi nouvelle traite de la même manière les personnes physiques et les dirigeants sociaux [2].

Les tribunaux de commerce semblent avoir été peu sensibles à cet appel à l'indulgence. Ils prononcent fréquemment des sanctions personnelles, alors qu'ils font un usage modéré de l'obligation de combler l'insuffisance d'actif.

Les sanctions civiles qui peuvent atteindre le débiteur ou les dirigeants sont graves, car elles provoqueront, dans la plupart des cas, son élimination de la vie des affaires, ce qui l'obligera à changer d'activité. Elles sont donc soumises à des conditions strictes.

§ 1. – Les conditions de l'application des sanctions personnelles

A. *Conditions de fond*

La *faillite personnelle* et les sanctions assimilées sont soumises à deux séries de conditions.

1408. – Personnes passibles d'une sanction personnelle. Les sanctions personnelles ne s'appliquent qu'à des personnes physiques [3]. Elles sont toujours la conséquence d'une procédure de redressement judiciaire ouverte soit directement contre elles, soit contre la personne morale qu'elles dirigeaient.

L'article L. 625-1 prévoit que sont passibles de faillite personnelle les personnes suivantes :
– les commerçants personnes physiques,
– les artisans,
– les agriculteurs,

---

1. V. cep. *supra* n° 1307 pour l'inéligibilité aux fonctions de juge consulaire.
2. D. Tomasin, *Les sanctions civiles et professionnelles applicables aux dirigeants sociaux,* Annales Université Toulouse 1986, 267.
3. V. cep. pour la rétrogradation des clubs de football, Cons. Etat, 15 mai 1991, *D.,* 1992, 4, note Lachaume ; *Rev. proc. coll.*, 1991, 335, note Soinne.

— les personnes physiques dirigeants de droit ou de fait d'une personne morale exerçant une activité économique y compris par conséquent, le cas échéant, les dirigeants d'associations (v. *supra*, n° 1384)[1]. Ces personnes n'ont pas besoin d'avoir fait l'objet d'une extension de procédure.

> L'exigence d'une activité économique a été maintenue ici alors qu'elle a été supprimée par la loi du 10 juin 1994 s'agissant de l'action en comblement de l'insuffisance d'actif ou en extension de procédure (v. *supra*, n° 1387). La question se pose principalement à propos des dirigeants d'associations. L'activité économique n'implique pas la recherche d'un bénéfice, mais suppose une intervention habituelle dans le domaine de la production, de la distribution ou des services (art. L. 410-1)[2]. Tel est le cas notamment des sociétés d'économie mixte[3].

— les personnes physiques représentants permanents d'une personne morale ayant elle-même la qualité de dirigeant de la personne morale en redressement judiciaire.

L'assimilation de ces cinq catégories est justifiée. Les uns et les autres ont pu commettre les mêmes fautes, ayant provoqué ou aggravé la cessation des paiements. Ils doivent être passibles des mêmes sanctions.

> En revanche les personnes physiques membres d'un GIE ou associées d'une société civile professionnelle, bien que soumises à la procédure de redressement judiciaire, ne sont pas passibles, en cette seule qualité, de la faillite personnelle. La raison est sans doute que l'on n'a pas voulu accabler ceux qui n'ont été attraits qu'indirectement dans les procédures collectives.

1409. – *Causes des sanctions personnelles.* La loi de 1967 (art. 106) frappait de faillite personnelle les commerçants ou les dirigeants qui avaient commis des actes de mauvaise foi ou des imprudences inexcusables ou qui avaient enfreint gravement les règles et usages du commerce. Ce régime, qui avait l'avantage de la simplicité, a été remplacé par un mécanisme plus complexe. Certes la faillite personnelle n'est encourue que si l'intéressé a commis des fautes limitativement énumérées par la loi. Il doit avoir eu, avant l'ouverture de la procédure, un comportement répréhensible, différent des négligences qui auraient suffi à l'obliger à prendre en charge une partie de l'insuffisance d'actif. Mais les causes varient avec la qualité de l'auteur de la faute.

a) Certaines causes s'appliquent aux *commerçants, artisans* et *agriculteurs* (art. L. 625-3). La faillite personnelle est encourue dans les cas suivants :

---

1. Com. 6 janv. 1998, *J.C.P.*, 1998, II, 10068, note J.J. Daigre.
2. Com. 18 juin 1985, *Rev. soc.*, 1986, 281, note Y. Guyon – 6 juill. 1993, *Bull. civ.* IV, n° 290, p. 205.
3. Com. 8 janv. 2002, *J.C.P.*, 2002, II, 10057, note D. Landbeck.

– *avoir poursuivi abusivement une exploitation déficitaire*. Cette cause est justifiée, car le maintien artificiel de l'activité entraîne une diminution de l'actif, de telle sorte qu'au moment de l'ouverture de la procédure non seulement le redressement de l'entreprise est impossible, mais les créanciers ne pourront pas être payés de manière satisfaisante [1].

– *absence de comptabilité conforme aux dispositions légales*. En effet la comptabilité permet de connaître l'actif et le passif. Son absence compromet les droits des créanciers. Cependant seuls les commerçants sont astreints à la tenue d'une véritable comptabilité (art. L. 123-12). La même obligation ne s'impose pas aux artisans et aux agriculteurs, à qui ce cas de faillite personnelle semble par conséquent difficilement applicable.

– *avoir dissimulé une partie de l'actif ou frauduleusement augmenté le passif*. La difficulté est ici de savoir ce qu'est une dissimulation et notamment si une simple réticence suffit ou si une manœuvre positive est nécessaire (v. *supra*, n° 1200).

Il aurait été sans doute plus logique de sanctionner seulement les dissimulations d'actif frauduleuses et toutes les augmentations de passif.

b) D'autres causes de faillite personnelle s'appliquent aux *dirigeants de personnes morales* (art. L. 625-4). Ces causes sont les faits qui permettent une extension de procédure, c'est-à-dire essentiellement les cas où les dirigeants ont confondu l'exploitation sociale avec leur patrimoine personnel (v. *supra*, n° 1402) ou n'ont pas exécuté une condamnation à combler l'insuffisance d'actif (art. L. 625-6) [2].

c) Enfin d'autres causes sont communes aux dirigeants, aux commerçants, aux artisans et aux agriculteurs (art. L. 625-5).

Certaines de ces causes sont fondées, notamment le fait d'avoir exercé une activité ou des fonctions dans des conditions irrégulières [3]. Il s'agit du commerçant ou du dirigeant qui méconnaît une interdiction ou une déchéance, ou encore qui n'a pas obtenu les autorisations nécessaires comme par exemple l'étranger dépourvu de carte de commerçant.

En effet, les interdictions, contrairement aux incapacités, n'empêchent pas d'acquérir la qualité de commerçant ou plus précisément la qualité de commerçant de fait, car il est peu probable que l'intéressé parvienne à s'immatriculer au registre du commerce. Or en cas de cessation des paiements, il serait injuste que l'intéressé puisse invoquer l'interdiction qu'il a violée pour échapper au redressement judiciaire (v. *supra*, n° 1097). Tout au contraire, pour mieux marquer la

---

1. C.A. Likillimba, *Le soutient abusif d'une entreprise en difficulté*, 2 éd., 2002.
2. Com. 11 juill. 1995, *J.C.P.*, 1995, II, 22549, note D. Gibirila – 6 janv. 1998, précité, n° 1408.
3. Com. 10 oct. 1995, *Bull. civ.* IV, n° 226, p. 277.

différence entre l'exercice régulier et l'exercice irrégulier du commerce, la loi de 1985 prévoit ici une sanction particulière.

D'autres causes paraissent inutiles, car elles ne font que préciser les modalités de la poursuite abusive d'une exploitation déficitaire, comportement déjà visé par les articles L. 625-3 et 625-4. Il s'agit des faits suivants :
– achats pour revendre en dessous du cours ;
– emploi de moyens ruineux pour se procurer des fonds ou du crédit ;
– acceptation d'engagements trop importants, etc.

> Les intéressés tentent souvent de se justifier en démontrant qu'ils n'ont pas profité de la continuation de l'activité, notamment parce qu'ils ont accepté une diminution de leur rémunération, ou même parce que les pouvoirs publics les ont incité à ne pas déposer leur bilan, afin d'éviter des licenciements. Les tribunaux apprécient la pertinence de ces arguments [1].
>
> Enfin d'autres causes visent des faits précis comme la non-déclaration de cessation des paiements dans le délai de 15 jours ou les paiements irréguliers en période suspecte [2].

En revanche l'importance de l'insuffisance d'actif n'est pas, en elle-même, une cause de faillite personnelle même si elle met en évidence l'incompétence du débiteur ou des dirigeants. Elle ne pourra être sanctionnée qu'indirectement, notamment en l'assimilant à la souscription d'engagements trop importants. De même il serait souhaitable de pouvoir mettre en faillite personnelle le débiteur ou le dirigeant qui refuse systématiquement de collaborer avec les organes de la procédure, entravant ainsi le bon déroulement de celle-ci.

Cette réglementation est inutilement complexe. Il aurait mieux valu, comme le faisait la loi de 1967, s'en tenir à des causes plus générales et faire confiance aux tribunaux pour les appliquer.

B. Conditions de forme

1410. – Caractère facultatif de cette sanction. La faillite personnelle est toujours facultative. Le tribunal se saisit d'office ou est saisi par l'administrateur, le représentant des créanciers, le liquidateur, ou le Procureur de la République (art. L. 625-7).

> La saisine d'office devrait être supprimée car elle permet de soupçonner les magistrats consulaires de vouloir éliminer un concurrent.
>
> Le tribunal peut prononcer cette sanction à toute époque de la procédure, donc le cas échéant dès la période d'observation.

---

1. Trib. com. Paris 19 nov. 1985, *Gaz. Pal.* 1986, 46, note Marchi.
2. Com. 8 oct. 1996, *Bull. civ.* IV, n° 225, p. 197 – 13 oct. 1998, *Bull. civ.* IV, n° 238, p. 199.

La procédure elle-même est souple et rapide. Le juge-commissaire fait un rapport au président du tribunal. Celui-ci convoque le débiteur devant la chambre du conseil afin d'entendre ses explications [1]. Compte tenu du caractère quasi répressif de la procédure, le débiteur peut se faire assister par un avocat afin que les droits de la défense soient garantis.

Le jugement est prononcé par le tribunal tout entier (Décr. 1985, art. 169). Il est susceptible d'appel [2].

La faillite personnelle peut également être prononcée par le tribunal correctionnel, accessoirement aux peines de la banqueroute (art. L. 626-6). Le juge répressif peut ainsi pallier l'excessive indulgence d'un tribunal de commerce, qui se serait abstenu de prononcer la faillite personnelle dans un cas où cette sanction paraît justifiée. Néanmoins, il est choquant qu'un commerçant réputé innocent par un tribunal puisse se voir reprocher les mêmes faits par une autre juridiction et appliquer la sanction que la première avait refusé de prononcer (v. *infra*, n° 1417).

Le jugement qui prononce la faillite personnelle est mentionné au registre du commerce et sur le bulletin n° 2 du casier judiciaire de l'intéressé (C. proc. pén. art. 768 et 775). Cette dernière mesure de publicité n'est pas logique, puisque la faillite personnelle, à la différence de la banqueroute, n'est pas une sanction pénale. Ses conséquences pratiques sont cependant limitées puisque le bulletin n° 2 n'est pas communiqué au public.

§ 2. – Les effets des sanctions civiles

1411. – Sous l'empire de la loi de 1967, la principale sanction était la faillite personnelle. Elle était trop rigide car elle était perpétuelle, produisait des effets globaux et, dans certains cas s'imposait au tribunal. Elle ne permettait pas une suffisante individualisation de la sanction. La loi de 1985 (art. L. 625-2) a donc assoupli son régime. Mais elle maintient aussi une sanction moins sévère, la simple interdiction de diriger une entreprise.

On examinera le contenu de ces deux sanctions et on verra comment elles prennent fin.

A. *Contenu de la sanction*

La loi de 1985 offre au tribunal le choix entre deux sanctions.

1) La faillite personnelle

1412. Effet principal de la faillite personnelle. La faillite personnelle demeure une *sanction bloc*, c'est-à-dire qu'elle produit de nombreuses conséquences qui atteignent le dirigeant dans sa personne et dans ses biens (art. L. 625-2). Elle s'apparente à la fois à une sanction disciplinaire ou pénale, et à une *mesure de sûreté* [3].

---

1. Paris 26 janv. 1996, *D.,* 1997, 52, note A. Bernard.
2. Com. 18 oct. 1977, *D.,* 1978, 315, note Derrida.
3. W. Jeandidier, *Droit criminel et droit de la faillite,* n° 11, Etudes Roblot p. 501, Paris 1984.

Dans une décision 99/410 DC du 15 mars 1999, le Conseil constitutionnel a considéré que les effets globaux de la faillite personnelle étaient incompatibles avec le principe de la nécessité des peines. Une réforme s'impose donc afin d'individualiser la sanction (v. *supra*, n° 1307).

A titre principal, la faillite personnelle entraîne l'interdiction d'exercer une activité commerciale, agricole ou artisanale et de diriger toute personne morale ayant une activité économique, notamment une société. Le failli est malhonnête ou gravement incompétent. Il doit être écarté de la vie des affaires, où son comportement a déjà causé suffisamment de troubles. Cette sorte de mise hors la loi ou d'excommunication a une utilité indéniable, car l'expérience montre que ce sont souvent les mêmes personnes qui provoquent la cessation des paiements de leur entreprise.

Malheureusement son efficacité est limitée. Certes le failli ne pourra pas s'immatriculer au registre du commerce, puisque le greffier demandera communication de son casier judiciaire. Mais il pourra entreprendre une activité commerciale de fait et ruiner à nouveau ses créanciers. Il s'exposera alors à une sanction pénale (art. L. 627-4).

Mais le failli n'est pas soumis au dessaisissement, sauf s'il est aussi en liquidation judiciaire [1]. *Il peut continuer d'exercer une activité personnelle,* sauf lorsqu'un texte le lui interdit (professions libérales réglementées, offices ministériels). Il peut notamment être salarié ou V.R.P. [2]. Cette solution se justifie. Le failli ne doit pas être contraint à l'inactivité, car il tomberait à la charge de la collectivité. Il doit seulement être écarté des activités à l'occasion desquelles il risque de porter de nouvelles atteintes au crédit.

1413. – *Autres effets de la faillite personnelle.* Ces effets sont nombreux.

Le failli reste tenu de payer le passif (art. L. 622-32-II). L'effet extinctif de la clôture de la liquidation judiciaire ne se produit pas (v. *supra*, n° 1339). Cet effet devrait conduire les liquidateurs à demander le plus souvent possible la faillite personnelle, puisque celle-ci sauvegarde l'avenir des droits des créanciers. Contrairement au commerçant en simple redressement judiciaire, le failli continuera de traîner le boulet d'un passif impayé.

Le failli est frappé de déchéances de caractère afflictif. Puisqu'il est immoral de ne pas payer ses dettes, le failli est donc :
– radié des listes électorales (C. électoral, art. 5-5) ;
– écarté de la fonction publique ou judiciaire au cas où il voudrait y entrer ou y demeurer (ce qui vise principalement les magistrats consulaires) ;

---

1. Civ. 3, 27 janv. 1999, *Bull. civ.* III, n° 20, p. 13.
2. Rép. minist. 29 juin 1972, *J.C.P.*, 1972, IV, 253.

— radié du corps des officiers de réserve, privé du droit de porter ses décorations, etc.

Ces déchéances ne peuvent être étendues par voie d'analogie. Notamment *le failli conserve son entière capacité personnelle et la libre disposition de son patrimoine*. Il n'est plus représenté par l'administrateur dès que la procédure est terminée.

— *Les dirigeants sociaux faillis sont déchus de leur droit de vote dans les assemblées de la société*. Le tribunal désigne un mandataire qui exerce ce droit à leur place (art. L. 625-9 al. 1).

— *Enfin le tribunal peut ordonner à ces dirigeants de céder leurs parts ou actions* (art. L. 625-9 al. 2)[1].

Cette mesure a un double but. Elle est un *moyen de faciliter le recouvrement de la part des dettes sociales éventuellement mises à la charge des dirigeants* en application de l'article L. 624-3. En effet l'article L. 625-9 prévoit que le produit de la vente est affecté au paiement de ces dettes. La vente forcée n'est donc pas une simple saisie, car de ce point de vue une mesure particulière n'aurait pas été nécessaire. Les créanciers ont toujours le droit de saisir ou de faire vendre les parts ou les actions détenues par leur débiteur. La loi instaurerait une sorte de privilège au profit des créanciers de la personne morale, ce qui est singulier car on ne voit pas pourquoi ceux-ci devraient avoir priorité sur les créanciers personnels du dirigeant. De toute manière ce privilège est peu utile car la valeur des parts ou des actions est sans doute faible ou nulle puisque la société fait l'objet d'une procédure collective.

L'obligation de vendre les parts tend aussi à *assurer la séparation de l'homme et de l'entreprise*. Elle permet d'éliminer complètement et définitivement le dirigeant, non pas en cette qualité (la faillite personnelle entraînerait cette conséquence), mais en tant que détenteur éventuel du pouvoir attaché à la propriété des droits sociaux.

L'obligation de vendre les droits sociaux serait finalement une *sorte d'expulsion destinée à éviter que le dirigeant ne profite d'un éventuel retour à meilleure fortune de la société*.

Le régime de cette sanction manque de clarté. On se demande notamment si la vente forcée peut être ordonnée lorsque le dirigeant est en faillite personnelle sans avoir été condamné à combler l'insuffisance d'actif. On se demande également si le tribunal peut se saisir d'office. Enfin, pour se limiter aux difficultés principales, la vente forcée est contraire à l'« intuitus personae » qui domine certaines sociétés. Il faudrait donc que le nouvel associé soit agréé dans les conditions de droit commun[2]. Or on peut

---

1. J.-M. de Bermond de Vaulx, *Le sort des droits sociaux détenus par les dirigeants d'une société en redressement ou en liquidation judiciaire*, Rev. soc. 1990, 221 – M. Cabrillac, *La vente de ses parts ou actions imposée au dirigeant social en faillite personnelle*, Etudes Jauffret, p. 163, 1974.
2. Cpr. Com. 31 janv. 1995, *J.C.P.*, 1995, II, 22460, note Y. Guyon ; *D., 1995*, 426, note G. Parléani.

Chapitre III - La situation du débiteur, des associés et des dirigeants / 453

craindre une opposition des associés anciens, notamment lorsque ceux-ci sont unis à l'exclu par des liens d'intérêts, d'amitié ou de famille. Mais, d'un autre côté, puisque cette vente a pour objet de mieux payer les créanciers, elle devrait avoir lieu aux enchères publiques et aboutir à une adjudication au plus offrant, indépendamment de toute considération de personne.

Il est d'ailleurs probable que cette mesure s'appliquera rarement, car les cessions forcées les plus utiles interviendront par application de l'article L. 621-59 lors de l'élaboration du plan de continuation (v. *supra*, n° *1269*).

La faillite personnelle est donc une sanction globale, applicable aux débiteurs et aux dirigeants particulièrement indignes. Dans les cas moins graves, le tribunal prononcera seulement l'interdiction de diriger une entreprise.

2) Interdiction de diriger une entreprise commerciale ou artisanale ou une personne morale

1414. – *Caractère nuancé de cette sanction*. Au lieu de prononcer la faillite personnelle avec son cortège inéluctable de conséquences, le tribunal peut individualiser la sanction en se bornant à des mesures d'interdictions plus limitées et plus modulables (art. L. 625-8).

L'interdiction peut être prononcée non seulement dans tous les cas où la faillite personnelle est encourue mais encore lorsque le débiteur ou le dirigeant aura, de mauvaises fois, omis de remettre au mandataire la liste de ses créanciers. Cette disposition est inhabituelle car la loi sanctionne un comportement postérieur à l'ouverture de la procédure.

Le tribunal dispose d'un large pouvoir d'appréciation pour adapter le contenu de l'interdiction à la nature et à la gravité des fautes commises par le débiteur ou le dirigeant. Trois solutions principales sont possibles.

1) Le tribunal peut prononcer l'interdiction générale et absolue de diriger ou de contrôler toute entreprise commerciale agricole ou artisanale et toute personne morale.

Le verbe « contrôler » doit s'entendre dans son sens technique. L'interdiction s'appliquerait aux fonctions de commissaire aux comptes et de membre du conseil de surveillance. Mais le débiteur pourrait continuer d'être associé majoritaire, c'est-à-dire de « contrôler » la société au sens courant de l'expression.

Malgré son caractère général, l'interdiction de gérer n'entraîne aucune des déchéances de caractère afflictif qui résultent de la faillite personnelle. Elle s'apparente à une mesure de sûreté, consistant en une faillite personnelle, limitée à sa conséquence principale.

2) Le tribunal peut prononcer l'interdiction de diriger ou de contrôler une personne morale. Le débiteur ou le dirigeant conserve le droit d'exer-

cer le commerce à titre individuel. En effet la gestion des personnes morales est plus risquée que celle des entreprises individuelles car la dimension des personnes morales étant souvent plus importante, le montant des impayés sera plus grand. En outre les associés doivent être protégés contre les dirigeants malhonnêtes ou notoirement incapables.

3) *Enfin le tribunal peut limiter l'interdiction à la gestion de certaines personnes morales* qu'il détermine, par exemple certaines formes de sociétés commerciales notamment celles qui font publiquement appel à l'épargne.

La violation de l'interdiction de diriger est sanctionnée pénalement (art. L. 627-4).

La souplesse de ces sanctions est encore accentuée du fait que, le tribunal peut en déterminer la durée [1].

B. Durée de la sanction

1415. – *La faillite personnelle, sanction temporaire.* La sanction n'est pas perpétuelle. La faillite ou l'interdiction prennent donc fin (art. L. 625-10) :

– *par l'expiration de la durée fixée par le tribunal* [2]. La loi a prévu un minimum (5 ans) mais pas de maximum.

> Cette manière de procéder peut paraître étrange. Elle est cependant explicable car les sanctions personnelles ne sont pas des sanctions pénales. Le tribunal doit prévoir une durée fixe. Il ne pourrait pas, semble-t-il, décider que la sanction s'appliquera jusqu'au décès du débiteur ou du dirigeant. Il semble que, malgré la cessation de la faillite personnelle, le débiteur reste tenu de régler le passif impayé (art. L. 622-32-II).

– *par la clôture de la procédure pour extinction du passif :* si tous les créanciers ont été intégralement payés, on ne peut plus rien reprocher au débiteur ou au dirigeant. Le législateur est réaliste. Certes le paiement intégral n'efface pas les fautes qui ont pu être commises. Il s'apparente à ce que les pénalistes appellent le repentir actif. Il doit néanmoins être encouragé ;

– *lorsque le failli a apporté une contribution suffisante au paiement du passif.* Cette dernière cause de réhabilitation suppose une intervention du tribunal, qui bénéficie d'un large pouvoir d'appréciation [3]. Elle n'est pas très logique puisque la création d'une insuffisance d'actif n'était pas en elle-même, une cause de faillite ou de déchéance. La réhabilitation peut être totale ou partielle.

> La procédure était autrefois solennelle, afin de mieux marquer la réintégration du pécheur repentant dans la communauté des marchands.

---

1. Crim. 8 janv. 2003, *J.C.P.*, 2003, E, 904, note J.H. Robert.
2. Com. 9 janv. 1996, *Bull. civ.* IV, n° 9, p. 6.
3. Paris 12 juin 1990, *Rev. jurisp. com.* 1991, 181, note Marchi.

Ainsi César Birotteau, le héros de Balzac, était mort d'émotion le jour où la Cour d'appel, en audience d'apparat, avait prononcé sa réhabilitation. Ce formalisme a disparu. Le failli préfère la discrétion d'une audience ordinaire, afin de ne pas rappeler de mauvais souvenirs.

La faillite est déjà une sanction grave. Un nouvel échelon peut cependant être franchi lorsque le débiteur ou le dirigeant a eu un comportement spécialement indigne : il s'agit des sanctions pénales de la banqueroute.

SECTION III

Les conséquences pénales

1416. – Dépénalisation et unification des infractions. Habituellement, le fait de ne pas payer ses dettes ne constitue pas en soi une infraction. Traditionnellement, le droit commercial adopte une attitude plus rigoureuse. Certes toute cessation des paiements n'est pas en soi un délit, même si le débiteur a commis des fautes qui justifient la faillite personnelle [1].

Cependant, le commerçant aux abois est souvent tenté de se livrer à des manœuvres qui, destinées à redresser la situation ou à retarder la cessation des paiements, vont le plus souvent compromettre encore davantage les intérêts déjà menacés des créanciers.

Par conséquent, selon les circonstances propres à chaque procédure, il peut y avoir :
– aucune sanction contre le débiteur, mais seulement redressement judiciaire de l'entreprise ;
– faillite personnelle (sanctions civiles et professionnelles) ;
– banqueroute (délit correctionnel).

L'expression banqueroute a son étymologie dans le droit des foires italiennes à la fin du Moyen Age. Lorsqu'un commerçant cessait ses paiements, son banc à l'assemblée des marchands était brisé (banca rotta) pour bien montrer qu'il n'appartenait plus à la communauté.

Jusqu'en 1958, la banqueroute frauduleuse était un crime, passible de la Cour d'assises. Cette qualification donnait de mauvais résultats, car elle correspondait de moins en moins aux mœurs. Les jurés, effrayés par la gravité des peines encourues, préféraient souvent acquitter l'accusé. Aussi, afin de permettre des poursuites plus efficaces, l'ordonnance du 23 décembre 1958 a correctionnalisé la banqueroute frauduleuse.

---

1. B. Bouloc, *La réforme de la banqueroute,* Mélanges Vitu p. 65, Paris 1989. J.-P. Laborde, *Le nouveau droit pénal des procédures collectives ou la réforme sans bruit,* Rev. proc. coll. 1987, n° 1 p. 1. Langlade, *La réforme de la banqueroute par la loi du 25 janvier 1985, J.C.P.,* 1986, éd. E. I, 15710. G. Roujou de Boubée, *Les sanctions pénales,* Annales Université Toulouse 1986, 291.

La loi de 1985 a encore accentué ce mouvement de dépénalisation (art. L. 626-1 et s.). Elle a supprimé les anciens cas de banqueroute simple pour ne sanctionner pénalement que les agissements qui constituaient autrefois la banqueroute frauduleuse. Elle a abrogé toute distinction entre d'une part les commerçants, les artisans et les agriculteurs et d'autre part les dirigeants de personnes morales. Les uns et les autres sont susceptibles de commettre le même délit : la banqueroute [1].

La dépénalisation des procédures collectives doit être approuvée, car la menace de sanctions pénales pour des faits peu graves et mal caractérisés dissuadait certains commerçants de déposer leur bilan en temps utile. Cependant le nouveau Code pénal (art. 265), entré en vigueur le 1er septembre 1993, marque une certaine renaissance de la répression pénale, puisqu'il prévoit qu'une personne morale peut commettre le délit de banqueroute.

On se limitera ici à une étude rapide de ces sanctions pénales puisque leur examen détaillé relève du droit pénal des affaires.

1417. – Banqueroute. Le délit de banqueroute suppose trois séries d'éléments [2].

1) Il faut une *procédure de redressement judiciaire* (art. L. 626-2). Il s'agit là d'une composante du délit qui doit être constatée par une juridiction autre que la juridiction répressive, c'est-à-dire d'une question préjudiciable. Sous l'empire de la loi de 1967 (art. 139), la cessation des paiements suffisait, même si elle n'avait pas donné lieu à ouverture d'une procédure collective. La solution actuelle paraît meilleure, car les moyens d'action donnés au ministère public sont tels qu'on ne redoute plus qu'une juridiction consulaire paralyse les poursuites en refusant de prononcer le redressement judiciaire d'un débiteur manifestement en état de cessation des paiements.

> La faillite virtuelle a disparu de notre droit, car le tribunal correctionnel est lié par le jugement du tribunal de grande instance ou de commerce qui se prononce sur l'*état* de cessation des paiements. En revanche le tribunal correctionnel peut continuer de fixer une *date* de cessation des paiements différente de celle retenue par la juridiction qui a ouvert la procédure collective [3].

Malgré sa logique cette condition présente l'inconvénient d'empêcher le Parquet de déclencher une enquête préliminaire tant que le redressement n'a pas été prononcé car, aussi blâmable que soit le comportement du débiteur, le délit de banqueroute n'existe pas encore faute de ce pre-

---

1. V. les obs. de M. Bouloc à la *Rev. sc. crim.* 1985, 613.
2. W. Jeandidier, Le droit pénal de la banqueroute ou les avatars de la dépénalisation : *Rev. jurisp. com.* n° spéc. nov. 2001, 131. – M.-C. Sordino, *Le délit de banqueroute,* Litec, 1996.
3. Crim. 18 nov. 1991, *J.C.P.*, 1993, II, 22102, note Sordino – F. Derrida, *La renaissance de la faillite virtuelle,* Etudes Larguier, p. 95.

mier élément. Mais une fois la procédure ouverte, des actes accomplis au cours de la période suspecte pourront être considérés comme constitutifs de banqueroute.

2) La banqueroute ne punit pas la témérité ou l'imprudence. Elle suppose des *faits volontaires* qui s'apparentent à des faux ou à des détournements. Ces faits, qui doivent avoir été commis après la cessation des paiements [1], sont peu nombreux, mais définis d'une manière imprécise, ce qui n'est guère conforme au principe de la légalité des délits. L'article L. 626-2 énumère les actes suivants :

– *Le détournement ou la dissipation d'une partie de l'actif.* Par conséquent, pour les commerçants, l'organisation volontaire de l'insolvabilité est un délit. Mais un simple paiement préférentiel ne suffirait pas [2] (Pour les paiements irréguliers intervenus au cours de la période d'observation, v. *supra*, n° 1212) [3].

– *La tenue d'une comptabilité fictive,* l'absence de toute comptabilité ou la tenue d'une comptabilité manifestement incomplète ou irrégulière. Cette incrimination rappelle la cause de faillite personnelle (v. *supra*, n° 1409) [4].

– *Le fait de se reconnaître frauduleusement débiteur de sommes que l'on ne doit pas.* Il ne s'agit plus de diminuer l'actif mais de majorer le passif au profit le plus souvent d'un complice. Le résultat pour les autres créanciers est d'ailleurs le même.

– *L'emploi de moyens ruineux pour se procurer du crédit ou pour retarder l'ouverture du redressement judiciaire.* Cette dernière hypothèse sera sans doute la plus fréquente. C'est aussi celle qui laisse au tribunal le pouvoir d'interprétation le plus large.

3) Ces faits doivent avoir été commis (art. L. 626-1) :
– soit par un commerçant, un agriculteur ou un artisan [5],
– soit par le dirigeant d'une personne morale exerçant une activité économique [6].
Dans ce dernier cas, l'intéressé doit avoir fait lui-même l'objet d'une procédure de redressement judiciaire, s'il est poursuivi comme auteur principal. Mais cette condition n'est pas nécessaire s'il est seulement recherché en tant que complice, car le complice n'a pas besoin de remplir les conditions requises de l'auteur principal [7].
– soit par une personne morale, c'est-à-dire le plus souvent la personne morale en redressement judiciaire (art. L. 626-7).

---

1. Crim. 27 oct. 1999, *J.C.P.*, 2000, E, 1045, note J.H. Robert.
2. Crim. 16 janv. 1989, *J.C.P.*, 1989, IV, 115.
3. Crim. 21 sept. 1994, *J.C.P.*, 1995, éd. E, II, 690, note A. Dekeuwer.
4. Crim. 19 janv. 2000, *Rev. soc.*, 2000, 574, note B. Bouloc.
5. P. Conte, *La banqueroute du commerçant radié du registre du commerce*, Mélanges Larguier, p. 203, Grenoble, 1993.
6. Crim. 2 juin 1999, *Rev. trim. dr. com.*, 1999, 981, note C. Mascala.
7. V. Crim. 9 oct. 1989, *Rev. soc.*, 1990, 280, note Bouloc.

La banqueroute est punie de peines correctionnelles qui sont une amende de 75 000 € maximum et un emprisonnement ne pouvant excéder 5 ans (art. L. 626-3. Pour les peines encourues par les personnes morales, v. art. L. 626-7).

Le tribunal correctionnel peut en outre prononcer à l'encontre du délinquant une sanction de faillite personnelle ou d'interdiction de gérer [1].

1418. – Abus de biens sociaux. L'ouverture d'une procédure collective est souvent le prélude de poursuites en abus de biens sociaux intentées contre des dirigeants de sociétés anonymes ou de SARL. En effet les intéressés, lorsqu'ils détiennent la quasi totalité du capital social ou n'ont pas à craindre les contestations des minoritaires, ont une fâcheuse tendance à utiliser les biens sociaux à des fins personnelles. Cette pratique lèse les créanciers sociaux impayés et les incite à intenter des poursuites pénales contre les dirigeants. De ce point de vue par conséquent les dirigeants de sociétés sont plus vulnérables que les exploitants personnes physiques, puisque ces derniers ne sont pas exposés à des sanctions pénales pour l'unique raison qu'ils n'ont pas payé leurs créanciers [2]. Mais, à la différence des dirigeants sociaux, ils engagent tout leur patrimoine. Le choix est donc entre la ruine pour les uns et le déshonneur pour les autres.

1419. – Délit de malversation. Ce délit, qui est susceptible d'être commis par les auxiliaires de justice avait été jugé contraire à la Constitution par une décision du Conseil constitutionnel du 18 janvier 1985 (précitée n° 1246). En effet, la loi du 25 janvier 1985 ne le définissait pas de manière suffisamment précise. Une nouvelle intervention du Parlement a été nécessaire (L. 30 déc. 1985, art. 85, devenu l'article L. 626-12). Elle a d'ailleurs confirmé la définition jurisprudentielle du délit de malversation [3].

> Pour que le délit soit consommé, il ne suffit pas que le mandataire ait commis une faute de gestion. Le ministère public doit prouver l'existence de détournements de fonds ou l'attribution d'avantages indus notamment à l'occasion des plans de cession [4]. Le cas se rencontrerait également si l'administrateur judiciaire se décharge d'une partie de sa mission légale sur un tiers, qu'il fait rémunérer par le débiteur [5]. C'est rappeler que la procédure collective est organisée dans l'intérêt de l'entreprise et des créanciers et non dans celui des auxiliaires de justice. En tout cas une définition stricte du délit s'imposait, car le climat conflictuel dans lequel les administrateurs et les mandataires exercent leur mission les exposent à des plaintes souvent infondées.

---

1. Com. 31 mars 1998, *Bull. civ.* IV, n° 122, p. 97 ; *Rev. trim. dr. com.* 1998, 949, note C. Mascala – Paris 19 mai 1999 : *J.C.P.* 1999, éd. E, 1083.
2. Crim. 7 avr. 1998, *Rev. trim. dr. com.*, 1998, 947, note C. Mascala.
3. C. Freyria, *La notion de malversation*, Rev. proc. coll., 2000, 174.
4. Crim. 30 juin 1999, *Rev. soc.*, 2000, 553, note B. Bouloc.
5. Crim. 26 sept. 2001, *D.* 2001, 3198, note A. Lienhard ; *Rev. soc.* 2002, 81, note B. Bouloc.

1420. – Conclusion. Les sanctions qui atteignent le débiteur ou les dirigeants sont surtout utiles par l'effet dissuasif qu'elles peuvent produire. Elles ne permettent pas seulement d'éliminer des affaires un commerçant indigne. La menace de leur application peut aussi détourner des pratiques abusives et déloyales les commerçants en difficultés.

La loi du 25 janvier 1985 a réalisé des progrès dans ce domaine difficile.

D'une part, à quelques détails près en matière de causes de faillite personnelle, elle a parachevé l'assimilation des commerçants et des dirigeants sociaux, ce qui est justice.

D'autre part, elle a assoupli les conditions d'application des sanctions pécuniaires, civiles ou pénales. Elle a ainsi rendu les procédures collectives moins dissuasives, ce qui devrait inciter les intéressés à s'en remettre à la justice dès la cessation des paiements. Ouvertes moins tardivement, ces procédures pourraient être plus efficaces.

Conclusion générale

1421. – La grande illusion des juristes. En choisissant une réforme d'ensemble, plutôt que l'amélioration des textes de 1967, le législateur de 1985 a pris un risque car l'expérience montre que les tribunaux et les auxiliaires de justice ont besoin d'un certain temps pour appliquer correctement une réforme. Une période de flottement se produit nécessairement (v. *supra*, n° 1015). Néanmoins les premiers bilans de l'application de la loi de 1985 permettent d'être relativement optimiste. Certes seuls quelques parlementaires naïfs pouvaient espérer qu'une bonne loi suffirait à sauver les entreprises en difficulté alors que, plus sûrement, une mauvaise loi peut seulement compromettre leur redressement. Or la loi du 25 janvier 1985 s'applique tant bien que mal, mais elle s'applique. Les professionnels du droit, qui avaient vivement critiqué le projet et prédit un blocage de la machine judiciaire, ont fait preuve ensuite d'une remarquable faculté d'adaptation dans la mise en œuvre des nouvelles procédures. De son côté la Cour de cassation a correctement joué son rôle régulateur en tranchant rapidement, et dans un sens raisonnable, les principales controverses.

Les véritables motifs d'inquiétude sont donc ailleurs [1].

– *D'une part la réforme de 1985 est partielle.* Elle laisse de côté le droit des sûretés et l'intervention de l'Administration en faveur des entreprises en difficultés. Tant qu'à n'opérer qu'une réforme finalement limitée, le législateur aurait pu s'en tenir à un replâtrage de la loi et de l'ordonnance de 1967.

– *D'autre part la réforme de 1985 est ambiguë.* Ses finalités sont mal définies. On ne sait si elle constitue une loi sociale ou une loi économique, une loi en faveur des entreprises ou une loi anti entreprise,

---

1. A.-M. Frison-Roche, *Les difficultés méthodologiques d'une réforme des faillites,* D., 1994, 17 – B. Soinne, *Bilan de la loi du 25 janvier 1985,* Rev. proc. coll., 1993, 345 – *Le bateau ivre, ibid.,* 1997, 105.

une loi réaliste ou une loi qui laisse prospérer les illusions [1]. On a cependant l'impression que la loi de 1985 accélère la liquidation des entreprises non rentables, facilite le redressement des autres et permet au débiteur d'apurer commodément son passif pour repartir sur des bases nouvelles. Le redressement et même la liquidation ne seraient plus des sanctions, même atténuées, mais des faveurs, ce qui entraîne des distorsions en matière de concurrence [2].

Les techniques utilisées par la loi de 1985 sont flottantes. Le tribunal voit ses pouvoirs augmentés, mais ne peut les exercer que trop tard (après la cessation des paiements) et dans un climat de suspicion. La juridiction consulaire composée de commerçants élus est placée sous le contrôle du parquet, et parfois même des représentants des salariés. L'attitude de la loi à l'égard des créanciers n'est guère plus cohérente surtout lorsqu'ils sont titulaires de sûretés. Le plus souvent elle restreint leurs droits, même si, pour restaurer un crédit par trop compromis la loi du 10 juin 1994 a en partie redonné efficacité aux sûretés réelles et s'est efforcée d'associer les créanciers au déroulement de la procédure. Mais parfois la loi leur accorde des prérogatives exorbitantes, comme notamment la réserve de propriété qui est à la fois la négation du caractère collectif de la procédure et un obstacle non négligeable au redressement du débiteur.

– Enfin la loi de 1985 est *trop complexe*. Elle comporte 243 articles, et son principal décret d'application près de 200. Les mécanismes s'entrecroisent. Ainsi, il existe près d'une demi-douzaine de moyens de céder l'entreprise en difficultés. Surtout les organes intervenant à la procédure sont trop nombreux. Les rédacteurs de la loi de 1985 étaient partis d'une idée juste – redresser plutôt que liquider – et d'un modèle simple, l'ordonnance du 23 septembre 1967 sur la suspension provisoire des poursuites. Ils sont arrivés à un ensemble complexe, détaillé, touffu, au moins s'agissant de la procédure générale et qui entraîne des délais de procédure intolérables [3].

Mais ces constatations alarmistes doivent être relativisées.

D'une part les perspectives sont faussées par l'ampleur des difficultés rencontrées dans quelques affaires spectaculaires, qui monopolisent l'attention des médias et aussi parfois des commentateurs juridiques. Or la plupart des procédures se déroulent rapidement dans le calme des audiences des petits tribunaux de commerce et se

---

1. Y. Guyon, Le réalisme de la loi du 25 janvier 1985 sur les procédures collectives : Mélange P. Bezard p. 311, 2002.
2. E. Le Corre-Broly, *Droit de la concurrence et procédures collectives*, Cahiers droit de l'entreprise, 2000, n° 3, p. 40.
3. P. Darrousez, *Le fonctionnement des procédures collectives, plaidoyer pour une révision*, Gaz. Pal., 1988, 622 – A. Lienard, *De nouvelles propositions pour réformer la loi du 25 janvier 1985*, Rev. proc. coll., 1991, 1 – B. Lyonnet, *Les réformes de la réforme du droit des procédures collectives*, Gaz. Pal., 1987, doc. 517. – Cour europ. dt. homme, 17 janv. 2002, D. 2002, 807 ; *Rev. jurisp. com.* 2002, 272, note J.P. Sortais.

terminent par la liquidation de maigres actifs mobiliers dans l'atmosphère poussiéreuse d'une salle des ventes de banlieue. Certes cela n'est guère satisfaisant, mais on voit mal ce que les juristes pourraient faire de mieux devant cette indigence au quotidien.

D'autre part si la loi de 1985 est idéaliste voire dogmatique dans ses objectifs, elle fait preuve d'un étonnant réalisme dans ses techniques : existence d'une procédure simplifiée, souplesse de la gestion de l'entreprise pendant la période d'observation, élimination rapide des petites créances ou des créanciers négligeants, liberté laissée au tribunal dans le choix du repreneur ou dans le mode de réalisation des actifs, adaptabilité des plans de continuation, etc.

Enfin, les procédures collectives sont en partie artificielles. Dans la plupart des cas, les créanciers titulaires de sûretés se partagent la quasi-totalité de l'actif selon un ordre et des modalités voisins de ceux qui s'appliqueraient si l'entreprise était « *in bonis* ». Les créanciers chirographaires se répartissent ensuite un reliquat dérisoire. Le monde judiciaire gaspille beaucoup de temps, d'énergie et d'argent pour un résultat médiocre. On pourrait dire, paraphrasant l'Evangile, qu'il serait préférable de laisser aux économies mortes le soin d'enterrer les entreprises mortes. En effet, les procédures collectives constituent toujours un pis-aller. L'essentiel n'est pas de chercher à les perfectionner en s'acharnant à éviter les liquidations et les licenciements. Mieux vaut créer une dynamique favorable aux entreprises existantes, à la création d'activités nouvelles et à la formation des salariés. Le meilleur droit des entreprises en difficultés serait donc celui qui permettrait qu'il n'y ait pas d'entreprises en difficultés.

Eléments bibliographiques

N.B. *Cette bibliographie ne signale que les ouvrages publiés après la réforme de 1994.*

I. Monographies

BONNARD (J), *Droit des entreprises en difficulté*, Hachette (les fondamentaux), 2000.

CHAPUT (Y), *Droit du redressement et de la liquidation judiciaires des entreprises*, 3 éd., PUF, 1996.

CHARVERIAT (A) et MARTIN (S), *Défaillances d'entreprises*, éd. Francis Lefebvre, 1997.

COURET (A), MORVILLIERS (N) et DE SAINTENAC (G.-A.), *Le traitement amiable des difficultés des entreprises*, Economica (Droit poche), 1995.

DIDIER (P), *Droit commercial*, t. V, *L'entreprise en difficulté*, PUF, 1995.

JACQUEMONT (A), *Procédures collectives*, 2 éd., Litec, 2002.

JEANTIN (M) et LE CANNU (P), *Droit commercial (Instruments de paiement et de crédit – Entreprise en difficulté)*, 6 éd., 2003.

KERCKHOVE (E), *Procédures collectives de paiement*, Montchrestien, 1998.

LE CANNU (P), (sous la direction de), *Entreprises en difficultés*, GLN Joly éditions, 1994.

LE CORRE-BROLY (E), *Droit des entreprises en difficulté*, Armand-Colin, 2001.

LE CORRE, *Pratique des procédures collectives*, Dalloz (référence), 2001.

MARTIN (J-F), *Redressement et liquidations judiciaires*, 7 éd., Delmas, 1999.

PÉROCHON (F) et BONHOMME (R), *Entreprises en difficulté, Instruments de crédit et de paiement*, 5 éd., LGDJ, 2001.

PETEL (P), *Procédures collectives*, 2 éd., Dalloz (cours), 1998.

PEYRAMAURE (P) et SARDET (P), *L'entreprise en difficulté (prévention, restructuration, redressement)*, 3 éd. ; Delmas, 2002.

ROBLOT (R) DELEBECQUE (P) et GERMAIN (M), *Droit commercial*, t. II, 16 éd. LGDJ, 2000.
SAINT-ALARY-HOUIN (C), *Droit des entreprises en difficulté*, 4 éd., Montchrestien, 2001.
P. SERLOOTEN, *Défaillance de l'entreprise* (aspects fiscaux), Dalloz, 1997.
SOINNE (B), *Traité des procédures collectives*, 2 éd., Litec, 1995.
VALLANSAN (J), *Redressement et liquidations judiciaires* (commentaire de textes), Litec, 1996.

II. Répertoires

Dictionnaire permanent des difficultés des entreprises, (Ed. législatives).
Jurisclasseur commercial, fasc. 1605 et suivants.
Lamy Droit commercial (redressement et liquidation judiciaires).
Répertoire Dalloz de droit commercial, vis Entreprises en difficulté – Redressement judiciaire.

III. Colloques et journées d'étude

Le nouveau droit des défaillances d'entreprises (sous la direction de M.-A. Frison-Roche), Dalloz 1995.
La réforme des procédures collectives, Rev. proc. coll., 1994, 435.
Les réformes du nouveau droit de l'entreprise (commentaire des lois des 11 février et 10 juin 1994), Montchrestien, 1995.
La réforme du droit des entreprises en difficulté (sous la direction d'A. Couret et de C. Saint-Alary-Houin), Montchretien, 1995.
La réforme du droit des entreprises en difficulté, les principales innovations du décret du 21 oct. 1994 (sous la direction d'A. Honorat), Université Nice, 1995.
Continuation des contrats en cours et sort du bail dans le redressement et la liquidation judiciaires (sous la direction d'A. Honorat), Université Nice, 1996.
La situation des créanciers d'une entreprise en difficulté (Centre de droit des affaires de l'Université de Toulouse), LGDJ, 1998.
Les réalisations d'actif dans les procédures de redressement et de liquidation judiciaires (sous la direction d'A. Honorat), Université Nice, 1999.
Procédures collectives et droit des affaires, Mélanges A. Honorat, éd. Frison-Roche, 2000.
Le droit des sociétés à l'épreuve des procédures collectives (sous la direction de F.X. Lucas), *Petites Affiches,* 9 janv. 2002.
Droit patrimonial de la famille et entreprises en difficulté, Petites Affiches, 24 avr. 2003.

IV. Périodiques

Une revue est spécialement consacrée à la prévention et au traitement des difficultés des entreprises. Il s'agit de la *Revue des procédures collectives,* publiée par les Editions Techniques depuis 1986.

D'autres revues, de caractère plus général, consacrent d'importants développements au droit des entreprises en difficultés :
- *Revue de jurisprudence commerciale*
- *Revue des sociétés*
- *Revue trimestrielle de droit commercial*
- *Revue de droit bancaire*

Enfin le Dalloz et le J.C.P. publient régulièrement des chroniques et des revues de jurisprudence sur le droit des procédures collectives.

Annexe

Testez vos connaissances

Vous trouverez la réponse au numéro indiqué entre parenthèses.

Niveau 1
- Quelles différences y a-t-il entre la cessation des paiements et l'insolvabilité ? (n° 1116 et 1119)
- Un salarié peut-il demander la mise en redressement ou en liquidation judiciaire de son employeur en cessation des paiements ? (n° 1137)
- La période d'observation est-elle une phase nécessaire de la procédure ? (n° 1182)
- Définissez la période suspecte. (n° 1148)
- Le créancier qui n'a pas déclaré sa créance peut-il exercer un recours contre les cautions du débiteur ? (n° 1235)
- Un membre d'une profession libérale peut-il faire l'objet d'une procédure collective ? (n° 1106)
- En cas de plan de continuation, le tribunal peut-il imposer aux créanciers des remises de dettes ? (n° 1266)
- En cas de plan de cession, le tribunal est-il obligé de choisir le repreneur qui offre le meilleur prix ? (n° 1280)
- Une dation en paiement intervenue au cours de la période suspecte est-elle valable ? (n° 1209)

Niveau 2
- Celui qui effectue « au noir » des travaux d'entretien et de réparation peut-il faire l'objet d'une procédure collective ? (n° 1104)
- Quelle est la sanction applicable à l'acte accompli par le débiteur seul, au cours de la période d'observation, lorsque le jugement d'ouverture avait prévu l'intervention de l'administrateur ? (n° 1214)

- La loi du 31 décembre 1989 permet-elle au particulier surendetté de bénéficier d'une remise de dette ? (n° 1108)
- L'ouverture d'une procédure collective à l'encontre d'un groupement européen d'intérêt économique produit-elle des effets à l'égard de ses membres ? (n° 1397)
- Un commerçant de fait peut-il demander à être mis en redressement ou en liquidation judiciaire ? (n° 1099)
- Le recours à la location gérance est-il possible en cas de procédure simplifiée ? (n° 1219)
- L'action en comblement de l'insuffisance d'actif peut-elle être exercée en cas de plan de continuation ? (n° 1373)
- Dans quels cas la compensation peut-elle jouer après l'ouverture d'une procédure collective ? (n° 1366)
- Un commerçant domicilié à l'étranger peut-il faire l'objet d'une procédure collective en France ? (n° 1140)
- L'arrêt du cours des intérêts s'applique-t-il à un prêt conclu initialement pour moins de deux ans mais dont l'échéance a été reportée ? (n° 1242)
- Le Trésor peut-il valablement recouvrer une créance fiscale en émettant un avis à tiers détenteur au cours de la période suspecte ? (n° 1332 et 1334)

Index alphabétique

Les chiffres renvoient aux numéros et non aux pages

A

Abrogation des textes antérieurs 1015, 1020
Abus de biens sociaux 1418
Accordéon (coup d') 1079
Acte à titre gratuit 1325, 1335
Acte de commerce 1096
Acte de disposition 1210
Acte de gestion courante 1210
Action civile 1304
Action directe 1357
Action en justice 1155
Action paulienne 1326
Activité économique 1085, 1113, 1387, 1408
Actif disponible 1119
Admission des créances 1236, 1313, 1315
Administrateur « *ad hoc* » 1065, 1287
Administrateur judiciaire 1160, 1218
Administrateur provisoire 1065
Administration 1027
Agriculteur 1085, 1105, 1263, 1276, 1291, 1349, 1408
Aides publiques 1068
Alerte 1044
Antichrèse 1343
Appel 1086
Appel nullité 1282
Apurement du passif 1265
Arbitrage 1027
Artisan 1104
Assignation d'un créancier 1132
Assistance 1214

Associé 1058, 1106, 1370, 1396
Associé majoritaire 1389
Association 1051, 1109, 1387, 1397
Assurance 1208, 1225, 1370
Assurance garantie des salaires (AGS) 1352
Auditions 1145, 1191
Augmentation de capital 1041, 1080, 1267
Avis à tiers détenteur 1332, 1334, 1346

B

Bail d'immeubles 1349
Bail rural 1276, 1291, 1349
Banque 1030, 1073, 1121-1, 1136, 1227, 1334, 1357, 1389
Banqueroute 1417
Bilan économique et social 1184
Bordereau de cession 1330
Branche d'activité 1270, 1298

C

Caisse des dépôts et consignations 1251, 1346
Capital social
    augmentation du... 1041, 1080, 1269
    perte du... 1041, 1042, 1061
Carte de paiement 1330
Casier judiciaire 1174, 1306-1, 1410
Caution 1087, 1225, 1240-1, 1266, 1308, 1323, 1339, 1356
Cessation des paiements 1023, 1114, 1148
Cession de contrat 1290
    de créance 1330
    d'entreprise 1273
    partielle 1270, 1298
    de parts sociales 1269, 1419
Chèque 1209, 1330
CIRI 1069
Clause résolutoire 1208, 1240, 1319
Clôture de la procédure 1308-1
CODEFI 1069
Commerçant 1095
Commerçant de fait 1099
Commerçant retiré 1100
Commissaire aux comptes 1033, 1051, 1232, 1305, 1389
Commission départementale 1066
Comité d'entreprise 1055, 1112, 1169
Communes 1071
Compensation 1330, 1364
Compétence 1139, 1155
Comptabilité (absence de) 1409, 1417
Comptes bancaires 1199, 1207

Comptes consolidés 1033
Compte courant 1230, 1329, 1330
Comptes d'associés 1078, 1132
Comptes prévisionnels 1034
Conciliateur 1084
Concordat amiable 1084
Concurrence 1239
Confusion des patrimoines 1397, 1405
Conjoint du commerçant 1098, 1225, 1240-1
Conseil constitutionnel 1246, 1282, 1307, 1418
Conseil de surveillance 1389
Construction (entreprise de) 1357
Continuation de l'exploitation 1197, 1264, 1300
Continuité de l'exploitation 1052
Contrat commutatif déséquilibré 1326
Contrats en cours 1206
Contrôleur de gestion 1065
Convention de sauvegarde des droits de l'homme 1013, 1034, 1275
Coobligés 1229
Copropriété 1113
CORRI 1069
Coup d'accordéon 1079
Créances de faible montant 1266, 1313
Créanciers antérieurs 122
    contrôleurs 1166
    gagiste, v. gagiste
    petits créanciers 1266
    postérieurs 1245
Crédit abusif 1074

D

Dation en paiement 1330
Débiteur et entreprise (distinction) 1013
Décès 1102, 1393
Déclaration du débiteur 1129
Déclaration des créances 1223
Déconfiture 1023
Défaisance 1119
Délai de grâce 1066, 1265
Délai de paiement 1087
Délégation 1330
Délégués du personnel, v. Comité d'entreprise
Délits et quasi-délits 1249, 1303
Dépôt de bilan 1129
Dessaisissement 1213, 1302
Dettes non échues 1327
Dimension de l'entreprise 1025, 1127
Dirigeants (en général) 1269
Dirigeants bénévoles 1390

474 / *Droit des affaires*

Dirigeants de fait 1389
Dirigeants de sociétés 1098, 1106, 1370, 1388
Dissolution 11285, 1301
Documents prévisionnels 1035
Donation 1325, 1335
Droit comparé 1017
Droit communautaire 1019, 1069
Droits de l'homme 1013, 1128, 1134, 1421
Droit fiscal 1070, 1287, 1381
Droit international privé 1019, 1028, 1140, 1155, 1228, 1290, 1363, 1385, 1405
Droit de priorité 1253
Droit privé 1111, 1386
Droit de rétention 1343

E

Effets de commerce 1336
Egalité des créanciers 1028, 1266, 1312, 1316, 1337
Engagement financier 1088
Enquête 1144
Entreprise 1013, 1093, 1264
Entreprise agricole, v. Agriculteur
Entreprise publique 1111, 1276
Environnement (atteintes à l') 1249
Etat 1069, 1111, 1389
EURL 1103, 1301, 1334, 1389, 1397, 1405
Exécution provisoire 1177, 1295
Expertise de gestion 1060
Expert en diagnostic 1171, 1184
Exploitation déficitaire 1073, 1375, 1402, 1409, 1417
Extension de procédure 1395
Extinction des créances 1339, 1413

F

Faillite 1009
Faillite civile 1107
Faillite personnelle 1013, 1408
Faillite virtuelle 1128, 1417
Faits de nature à affecter la situation économique de l'entreprise 1056
Faits de nature à compromettre la continuité de l'exploitation 1052, 1059, 1116
Financement approprié 1085
Fonction publique élective 1307, 1413, 1414
Fonds monétaire international 1111
Fonds propres 1041, 1061, 1269
Forclusion 1234
Frais de justice 1255, 1348
Franchise (contrat de) 1208

G

Gagiste (créancier) 1209, 1291, 1344
Garantie autonome 1225
Going concern 1052
Groupes de sociétés 1086, 1119, 1140, 1389, 1397, 1405
Groupement d'intérêt économique 1276, 1395
Groupement de prévention agréée 1039

H

Habitation principale 1303, 1304
Hypothèque 1243, 1328, 1343

I

Inaliénabilité 1270, 1287
Incapacité 1097
Incompatibilité 1097
Indices de difficulté 1046
Information 1033
Information prévisionnelle 1035
Inscriptions (arrêt du cours des) 1243
Insolvabilité 1116
Insuffisance d'actif 1371, 1374
Interdiction 1097, 1412, 1414
Intérêts (arrêt du cours des) 1242
Inventaire 1200

J

Juge-commis 1146
Juge-commissaire 1157
Jugement décidant du sort de l'entreprise 1190, 1262
Jugement d'ouverture 1147

L

Lésion 1286, 1288
Lettres missives 1201
Licenciements 1249, 1260, 1271, 1353
Liquidateur 1163, 1296
Liquidation des biens 1013, 1295
Liquidation immédiate 1150, 1182
Liquidation judiciaire 1011, 1150, 1195
Location-gérance 1080 ,1123, 1216, 1219, 1293, 1298
Logement familial 1341, 1369

M

Malversation (délit de) 1419
Mandataire « ad hoc » v. Administrateur « ad hoc »
Mandataire « ad litem » 1110
Mandataire judiciaire au redressement et à la liquidation des entreprises 1163
Marché à terme 1366
Marchés publics 1203, 1306-1
Masse des créanciers 1027, 1222, 1246
Mesures conservatoires 1198
Ministère public 1136, 1167
Moyens anormaux de paiement 1330

N

Nantissement, v. Gagiste
Nullités de la période suspecte 1316

O

Obligations 1227
Obligation de combler l'insuffisance d'actif 1372, 1406
Opposition 1177
Option de l'administrateur 1206
Ordre de paiement des créanciers 1340
Organisation collective des créanciers 1027, 1338
Ouverture de crédit 1074, 1208

P

Paiements 1209, 1327, 1330, 1334
Parts sociales 1202, 1269, 1381, 1413
Passif exigible 1118
Période d'observation 1150, 1180
Période d'observation (durée) 1181
Période d'observation (nécessité) 1150
Période suspecte 1316
Personne morale 1108, 1385
Personne morale de droit privé 1111
Personne qualifiée 1218
Plan 1187, 1194, 1264
Pollution 1249
Pourvoi en cassation 1177
Poursuites individuelles (arrêt des) 1239
Président du tribunal 1061, 1086, 1156
Prêts 1208, 1250, 1255
Prêts participatifs 1079, 1340
Prévention 1020, 1031
Procédure simplifiée 1124, 1141, 1149, 1185, 1218

Production, v. Déclaration des créances
Profession libérale 1096
Projet de réforme 1022
Promoteur immobilier 1096
Publicité 1173, 1231
Publicité foncière, 1243.

Q

Questions écrites 1059

R

Radio (station de) 1276
Redressement civil 1108
Redressement extra judiciaire 1030, 1063
Redressement judiciaire 1020
Régime simplifié, v. Procédure simplifiée
Registre du commerce 1099, 1174, 1301
Règlement amiable 1084, 1105, 1123
Règlement amiable agricole 1085 et 1087-1
Règlement amiable civil 1066, 1107-1
Règlement judiciaire 1012, 1013
Réhabilitation 1415
Remise de dettes 1190, 1265
Repreneur 1081, 1083
Représentant des créanciers 1163, 1358
Représentant permanent 1391
Représentant des salariés 1169
Représentation 1214, 1305
Reprise d'activité 1304
Réserve de propriété 1328, 1361
Résolution 1206, 1240, 1360
Revendication 1361

S

Saisine du tribunal 1129
Salariés 1082, 1137, 1169, 1227, 1255, 1257, 1314, 1349-1
Scellés 1200
Secret de l'instruction 1184
Sécurité sociale 1288, 1347
Siège social 1140
Situation difficile 1116
Société civile professionnelle 1112, 1396
Société civile 1109
Société créée de fait 1109
Société dissoute 1110
Société en nom collectif 1396
Société en participation 1109

Société d'exercice libéral 1106
Société fictive 1397, 1405
Sous-capitalisation 1041, 1046
Sous-traitant 1255, 1357
Statistiques 1003
Subsides 1201
Substitution de garantie 1210, 1270, 1289
Super privilège des salariés 1351
Surenchère 1288
Surendettement des particuliers 1043, 1066, 1108, 1116
Sûretés 1211, 1328, 1332
Surveillance 1214
Suspension provisoire des poursuites, v. Poursuites individuelles
Syndicat 1169
Syndicat de copropriétaires 1113
Syndic de faillite 1159

T

Terme (déchéance du...) 1244, 1338-1
Traitement extra judiciaire des difficultés 1030
Travail au noir 1104
Trésor 1228, 1346
Trésorier-payeur général 1066, 1069, 1175
Tribunal 1152
Tribunal de commerce 1021, 1026, 1139

U

Unité de production, v. branche d'activité

V

Valeurs mobilières composées, 1227
Vérification des créances 1236, 1271-1, 1312
Virement 1330
Voies de recours 1176, 1281

Table des matières

Introduction générale 1

Première partie
LE TRAITEMENT EXTRAJUDICIAIRE DES DIFFICULTÉS DES ENTREPRISES

Chapitre I – La prévention des difficultés 39

Section I - La prévention par l'information 40
    § 1. – L'amélioration de l'information tournée vers le passé 40
    § 2. – L'instauration d'une information prévisionnelle 42
        A. L'information prévisionnelle obligatoire 42
        B. L'information prévisionnelle facultative 45

Section II - La prévention par le financement 46
    § 1. – Le renforcement des fonds propres 47
    § 2. – La reconstitution des fonds propres 49

Section I - Le dépistage des difficultés 51

Chapitre II – L'alerte 51

    § 1. – L'aspect global : les causes des difficultés des entreprises 52
    § 2. – L'aspect individuel : les indices révélateurs
        de l'existence de difficultés 54

Section II - La révélation des difficultés
                et les procédures d'alerte 56

    § 1. – Le devoir d'alerte des commissaires aux comptes 56
        A. Domaine de l'alerte 56
        B. Mécanisme de l'alerte 58
        C. Sanctions 60
    § 2. – Le droit d'alerte du comité d'entreprise 61

§ 3. – Le droit d'alerte des associés 63
§ 4. – Le pouvoir d'alerte du président du tribunal 64

**Chapitre III – Le redressement amiable des entreprises
en difficultés** 69

Section I   -   Les initiatives individuelles 70
§ 1. – Mesures d'urgence 70
§ 2. – Mesures définitives de redressement............................... 74
    A. Les initiatives publiques 74
    B. Les initiatives privées 80

Section II -   Les initiatives collectives en vue du redressement
des entreprises : le règlement amiable 90
§ 1. – Les conditions de mise en application
du règlement amiable 92
    A. Conditions de fond 92
    B. Conditions de forme 94
§ 2. – Les effets du règlement amiable 96
    A. L'élaboration du plan de redressement 96
    B. Les caractères et le contenu du plan de redressement..... 98
§ 3. – L'inexécution du règlement amiable 100

Deuxième partie
LE TRAITEMENT JUDICIAIRE
DE LA DÉFAILLANCE DES ENTREPRISES

TITRE I   –   L'OUVERTURE DE LA PROCÉDURE DE
REDRESSEMENT JUDICIAIRE 105

Section I   -   Conditions relatives
aux caractéristiques juridiques de l'entreprise 107

**Chapitre I   – Les conditions de fond de l'ouverture
de la procédure de redressement ou de liquidation**   107

§ 1. – L'application du redressement
judiciaire aux personnes physiques 108
    A. L'application directe
de la procédure aux personnes physiques 109
    B. L'application de la procédure aux personnes physiques
par voie de conséquence 119
§ 2. – L'application du redressement judiciaire aux personnes
morales 125
    A. L'existence de la personnalité morale 126
    B. Le caractère privé de la personne morale 128

Section II -   Conditions relatives à la situation financière
de l'entreprise : la cessation des paiements 130
§ 1. – La problématique du moment de l'ouverture des procédures
collectives 131

§ 2. – Le droit positif du moment de l'ouverture des procédures collectives.. 133
    A. Le principe : la cessation des paiements 134
    B. Les exceptions 140

Section III - Condition relative à la dimension de l'entreprise............ 143

Chapitre II – Les conditions de forme de l'ouverture de la procédure de redressement ou de liquidation 147

Section I - Saisine du tribunal 148
§ 1. – Déclaration du débiteur 148
§ 2. – Assignation d'un créancier 151
§ 3. – Saisine d'office du tribunal 153
§ 4. – Saisine par le ministère public.. 155
§ 5. – Intervention des salariés 156

Section II - Compétence.. 157
§ 1. – Détermination de la compétence.. 157
    A. Compétence d'attribution.. 158
    B. Compétence territoriale... 159
§ 2. – Les conflits de compétence... 162

Section III - Auditions 164
§ 1. – Auditions obligatoires 165
§ 2. – Auditions facultatives 166

Section IV - Jugement d'ouverture.. 167
§ 1. – Fixation de la date de la cessation des paiements 168
§ 2. – Prononcé du redressement ou de la liquidation judiciaire 169
§ 3. – Mise en place des organes de la procédure............................. 171
    A. Organes de décision 171
    B. Organes de contrôle 185
    C. Organes d'information 190

Section V - Publicité du jugement d'ouverture..................................... 192

Section VI - Voies de recours 195

TITRE II – –LA PÉRIODE D'OBSERVATION 199

Section I - Le bilan économique et social de l'entreprise.................... 203
§ 1 – Elaboration du bilan 203

Chapitre I – Le but de la période d'observation........................... 203
§ 2. – Contenu du bilan.. 205

Section II - Le projet de plan 206

Section III - Le jugement décidant du sort de l'entreprise.................. 209
§ 1. – Conditions de forme du jugement décidant du sort de l'entreprise.. 210

§ 2. – Contenu du jugement décidant du sort de l'entreprise............ 212
§ 3. – Modification du jugement décidant du sort de l'entreprise..... 214

Chapitre II – La situation des partenaires au cours de la période d'observation................................. 217

Section I - La situation de l'entreprise... 218
  § 1. – Les mesures conservatoires... 218
    A. Mesures atteignant le patrimoine du débiteur lui-même... 218
    B. Mesures atteignant les associés ou les dirigeants de la personne morale dont le redressement judiciaire a été ordonné................. 222
  § 2. – La gestion de l'entreprise.. 223
    A. La gestion de l'entreprise dans le régime général............ 224
    B. La gestion de l'entreprise dans la procédure simplifiée ... 240

Section II - La situation des créanciers.. 242
  § 1. – Les créanciers antérieurs au jugement d'ouverture............ 242
    A. L'obligation de déclarer les créances................................. 244
    B. Les restrictions aux droits des créanciers........................ 263
  § 2. – Les créanciers postérieurs au jugement d'ouverture............ 272
    A. La priorité accordée aux créanciers postérieurs sur les créanciers antérieurs................................ 274
    B. Les rapports des créanciers postérieurs entre eux.......... 282

Section III - La situation des salariés... 285
  § 1. – Le paiement des salaires... 286
  § 2. – Les licenciements... 287

TITRE III – –LA PHASE DÉFINITIVE... 291

Chapitre I – Le sort de l'entreprise... 293

Section I - La continuation de l'entreprise.. 294
  § 1. – Le contenu du plan.. 295
    A. Le volet financier... 295
    B. Le volet juridique.. 300
    C. Le volet social... 303
  § 2 – Voies de recours contre le jugement arrêtant le plan de continuation.. 304
  § 3 – Modification du plan en cours d'exécution........................... 305

Section II - La cession de l'entreprise.. 306
  § 1. – Les cessions globales immédiates.. 308
    A. Conditions de la cession... 308
    B. Effets de la cession... 318
  § 2. – Les cessions globales précédées d'une location-gérance......... 327

Section III - La liquidation de l'entreprise.. 329
  § 1. – La réalisation de la liquidation... 331
    A. Le liquidateur.. 331
    B. Les opérations de liquidation... 331

§ 2. – Les effets de la liquidation 334
   A. Effets à l'égard de l'entreprise 334
   B. Effets à l'égard du débiteur 337
§ 3. – La clôture de la liquidation 343

Chapitre II – La situation des créanciers 345

Section I - Créanciers soumis aux effets de la procédure 346
   § 1. – Détermination des diverses catégories
      de créanciers soumis au redressement ou à la liquidation
      judiciaires 346
      A. Vérification des créances 347
      B. Conséquences de la vérification :
         les nullités de la période suspecte 349
   § 2. – Situation des diverses catégories de créanciers soumis
      au redressement ou à la liquidation judiciaires 372
      A. Règles communes à tous les créanciers 372
      B. Règles particulières à chaque catégorie de créanciers 375

Section II - Créanciers échappant aux effets de la procédure 394
   § 1. – Les recours contre les tiers 395
   § 2. – Les droits exercés contre le débiteur 398
      A. Régime particulier fondé
         sur la nature des droits du partenaire 399
      B. Régime particulier fondé
         sur la date de naissance de la créance 411

**Chapitre III – La situation du débiteur, des associés
               et des dirigeants** 413

Section I - Les conséquences pécuniaires 414
   § 1. – Les extensions de passif 415
      A. Les conditions de l'obligation
         de combler l'insuffisance d'actif 417
      B. Le régime de l'action en comblement 420
      C. Domaine de l'obligation faite aux dirigeants
         de combler l'insuffisance d'actif 426
   § 2. – Les extensions de procédure 434
      A. L'extension aux associés tenus
         indéfiniment et solidairement au passif 435
      B. L'extension aux dirigeants 438

Section II - Les conséquences personnelles 445
   § 1. – Les conditions de l'application des sanctions personnelles 446
      A. Conditions de fond 446
      B. Conditions de forme 449
   § 2. – Les effets des sanctions civiles 450
      A. Contenu de la sanction 450
      B. Durée de la sanction 454

Section III - Les conséquences pénales	455
– **Conclusion générale**	461
– **Eléments bibliographiques**	465
Testez vos connaissances	469
Index alphabétique	471
– **Table des matières**	1

Réalisé en P.A.O. par STDI - Z. A. Route de Couterne - 53110 LASSAY-LES-CHÂTEAUX
Imprimé en France. - JOUVE, 11, bd de Sébastopol, 75001 PARIS
N° 332237P. - Dépôt légal : Septembre 2003